北京顺义年鉴

BEIJING SHUNYI NIANJIAN

2012

北京市顺义区党史区志办公室 编

中 华 书 局

图书在版编目（CIP）数据

北京顺义年鉴. 2012/北京市顺义区党史区志办公室编.
—北京：中华书局，2013.6
ISBN 978—7—101—09342—1

Ⅰ. 北… Ⅱ. 北… Ⅲ. 顺义区—2012—年鉴
Ⅳ. Z521.3

中国版本图书馆 CIP 数据核字（2013）第 092086 号

责任编辑：金 锋

北京顺义年鉴 2012
北京市顺义区党史区志办公室编
*
中 华 书 局 出 版
（北京市丰台区太平桥西里 38 号 100073）
http://www.zhbc.com.cn
E-mail:zhbc@zhbc.com.cn
廊坊市金虹宇印务有限公司
*
787×1092 1/16 32 印张 106 插页 799 千字
2013 年 6 月第 1 版 2013 年 6 月第 1 次印刷
印数：2500 册 定价：140.00 元

ISBN 978—7—101—09342—1

北京市顺义区地方志编纂委员会

顾　问

张延昆

主　任

王　刚

副主任

周颖博　车克欣　林向阳　肖承继
冯庆森　燕　瑛　田建国

委　员

（按姓氏笔画排列）

丁文强　王福印　王金广　王　颖
冯义国　李国新　刘庆顺　刘振河
闫志广　吴建国　张尚强　张守旺
单德智　赵殿江　贾文禹　秦拥军
梁　军　盛德利　董建华　董占云
解长春

统计局提供，照片由各有关单位提供。

九、本年鉴的编辑工作得到各撰稿单位及各方面的热情关怀和大力支持，在此深表谢意。由于水平有限，对本书的疏漏之处及不足，恳请各界批评指正。

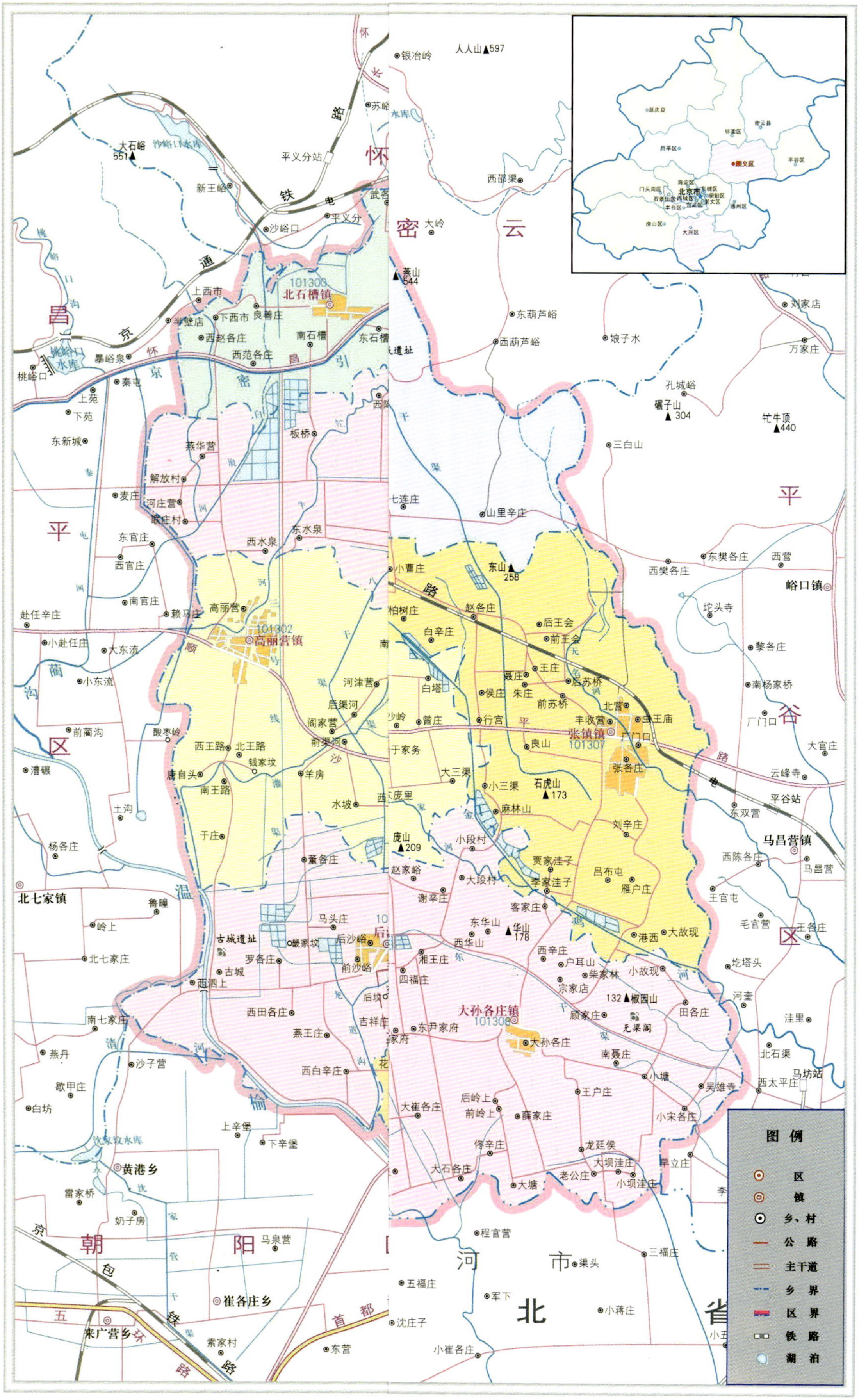

图 例
区
镇
乡、村
公 路
主干道
乡 界
区 界
铁 路
湖 泊
昌 平 区
怀
密 云
平 谷 区
朝 阳 区
河 北 省
河 市
京通铁路
京包铁路
京承铁路
五环路
首都
北石槽镇
101300
高丽营镇
101302
张镇镇
101307
大孙各庄镇
101308
北七家镇
峪口镇
马昌营镇
黄港乡
崔各庄乡
来广营乡
延庆县
怀柔区
密云县
昌平区
平谷区
顺义区
北京市
海淀区
门头沟区
石景山区
西城区
东城区
朝阳区
丰台区
宣武区
崇文区
通州区
房山区
大兴区
银冶岭
人人山▲597
苏峪
大石峪
551▲
沙峪口水库
平义分站
新王峪
沙峪口
平义分
武各
西邵渠
大岭
蓝山
▲544
上西市
半壁店
下西市
良善庄
西赵各庄
南石槽
东石槽
西范各庄
暴峪泉
桃峪口
桃峪口水库
秦屯
上苑
下苑
东新城
燕华营
板桥
解放村
麦庄
河庄营
庄村
东水泉
西水泉
东官庄
西官庄
南官庄
赖马庄
高丽营
赴任辛庄
小赴任庄
大东流
小东流
前蔺沟
酸枣岭
西王路
北王路
钱家坟
唐自头
南王路
羊房
水坡
于庄
土沟
杨各庄
董各庄
岭上
北七家庄
鲁疃
古城遗址
古城
罗各庄
后沙峪
前沙峪
西田各庄
燕王庄
西白辛庄
吉祥庄
后坟
东葫芦峪
西葫芦峪
娘子水
孔城峪
碾子山
▲304
牤牛顶
▲440
三白山
七连庄
山里辛庄
东山▲
258
小曹庄
柏树庄
赵各庄
后王会
前王会
白辛庄
王庄
侯庄
朱庄
后苏桥
前苏桥
北营
丰收营
东王庙
厂门口
张各庄
白塔
河津营
后渠河
阎家营
前渠河
沙岭
曾庄
行宫
良山
于家务
大三渠
小三渠
石虎山
▲173
麻林山
庞山
▲209
小段村
大段村
赵家峪
谢辛庄
贾家洼子
李家洼子
吕布屯
雁户庄
刘辛庄
客家庄
东华山
西华山
华山
178
港西
大故现
小故现
西辛庄
户耳山
柴家林
宗家店
132▲椒园山
顾家庄
无梁阁
田各庄
湘王庄
四福庄
东尹家府
家府
大孙各庄
南聂庄
小塘
王户庄
后岭上
前岭上
薛家庄
大崔各庄
佟辛庄
龙廷侯
大石各庄
大坝洼庄
小坝洼庄
老公庄
大塘
小宋各庄
吴雄寺
早立庄
刘家店
万家庄
东樊各庄
西营
西樊各庄
坨头寺
黎各庄
南杨家桥
厂门口
大官庄
云峰寺
平谷站
东双营
马昌营
西陈各庄
王官屯
毛官营
王各庄
坨塔头
河奎
洼里
北石渠
马坊站
西太平庄
南七家庄
燕丹
沙子营
歇甲庄
白坊
上辛堡
下辛堡
沈家坟水库
雷家桥
奶子房
马泉营
索家村
东营
程官营
渠头
三福庄
五福庄
军下
小蒋庄
沈庄子
小崔各庄
小王
李

12 月 1 日，中共中央政治局常委、中央政法委书记、中央社会管理综合治理委员会主任周永康（右三）到马坡镇庙卷村调研村庄社区化管理工作

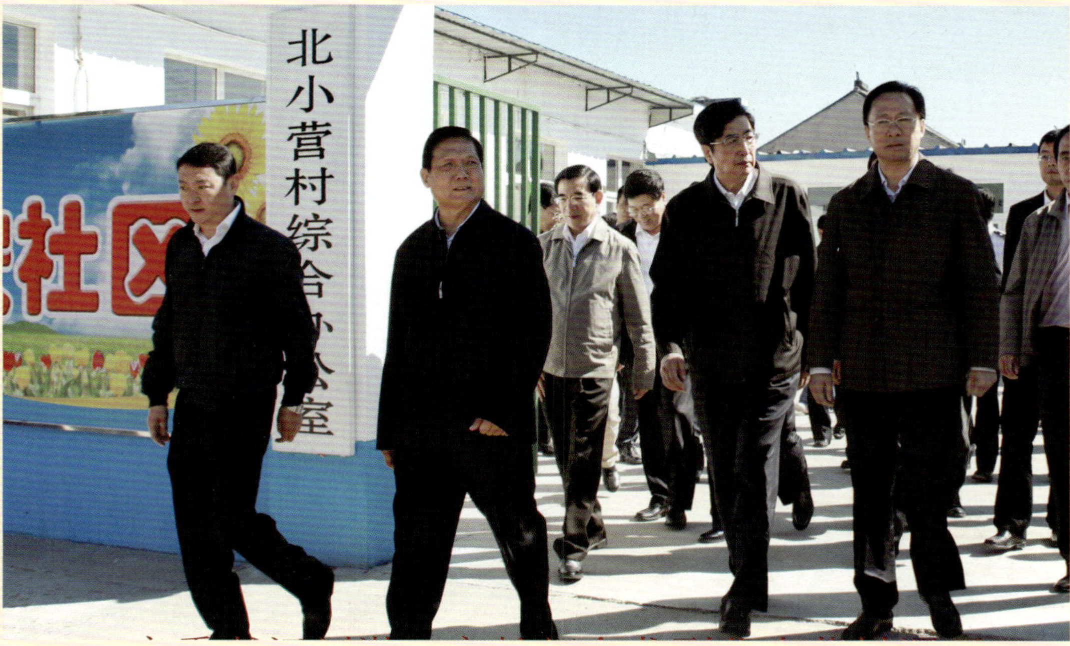

9 月 20 日，市委书记刘淇、市长郭金龙到北小营镇北小营村调研基层群众工作

5 月 24 日，全国政协副主席李兆焯到顺义考察水利建设和水资源管理制度落实情况

2 月 15 日，中央纪委驻工业和信息化部纪检组组长、工业和信息化部党组成员郭炎炎一行到顺义区调研

7 月 7 日，全国政协委员、全国政协教科文卫体委员会副主任、教育部原副部长赵沁平一行到顺义调研学前教育发展情况

7 月 29 日，国家安监总局党组成员、副局长付建华到顺义调研安全生产事故隐患排查治理自查自报工作

10 月 10 日，北京市市长郭金龙等市领导与农业部部长韩长赋等部领导在顺义区视察

11 月 15 日，市政协主席、市委副书记、政法委书记王安顺（右一）到天竺镇二十里堡村调研村庄社会管理创新工作

9月2日，北京市人大常委会副主任赵凤山、副市长夏占义到顺义视察“潮白河流域综合治理”和“顺义区雨洪利用工程”情况

6月22日，副市长丁向阳到顺义调研人口调控和医疗卫生工作

10 月 18 日，副市长陈刚到顺义调研经济运行及重大项目建设情况

12 月 29 日，副市长程红到顺义区调研

9 月 23 日，副市长洪峰来到顺义区检查节前安全生产工作

4 月 23 日，副市长夏占义调研顺义区花卉产业发展情况

4 月 2 日，市政协副主席马大龙、蔡国雄在顺义区参加全民义务植树活动

3 月 31 日，市政协副主席赵文芝到顺义视察

12 月 14 日，中国共产党北京市顺义区第四次代表大会胜利闭幕

12 月 22 日，北京市顺义区第四届人民代表大会第一次会议胜利闭幕

12 月 21 日，政协北京市顺义区第四届委员会第一次会议胜利闭幕

4 月 27 日，顺义区第一次妇女代表大会隆重开幕

5 月 5 日，中国共产主义青年团北京市顺义区第二次代表大会隆重开幕

在世纪坛举办“绿港党旗红”主题党日活动

北京天竺综合保税区入口

顺鑫集团生鲜肉分割车间工人在操作

顺义区第二十届啤酒节，啤酒广场上人们开怀畅饮

2011年，区建设45.9万平方米的保障性住房和344万平方米的回迁房

裕龙菜市场开业

潮白河城市环境建设示范区

目　　录

政协北京市顺义区委员会

北京天竺综合保税区

纪检·监察

民主党派

群众团体

顺义区总工会

共青团顺义区委员会

顺义区妇女联合会

综合经济管理

顺 义 概 况

顺义区是北京市区县之一，位于北京东北郊，城区距市区30公里。北邻北京市怀柔区、密云县；东界北京市平谷区，南与河北省三河市、北京市通州区接壤，西南、西与北京市朝阳区、昌平区隔温榆河为界。地理位置北纬40°00′40°18′，东经116°28′116°58′，镇域东西长45公里，南北宽30公里，总面积1020平方公里。地势北高南低，东北边界屏障燕山，境内平原为河流洪水携带沉积物质造成，表面堆积物主要是砂、亚砂土，面积占95.7%。北部山地最高点海拔为637米，境内最低点海拔为24米，平均海拔35米。潮白河等河流分流其间，均呈南北走向，地下水源丰富，年均可开采量4亿立方米，部分地区蕴藏有地热资源。全境属温带大陆性半湿润季风气候，四季分明。年平均气温11.5℃，年日照时数2746小时，年相对湿度58%，无霜期195天左右，年均降雨量610毫米。境内建有首都机场，大秦电气化铁路穿越北境，京承铁路、京承高速公路穿越西境，国道、市道、区道公路纵横交错，形成便捷交通网络。

顺义历史悠久，新石器时代，潮白河沿岸已有人类活动，秦以前属冀、属幽、属燕。汉高祖十二年(公元前195年)在今顺义区后沙峪镇古城村北置安乐县，顺义区北小营镇北府村南狐奴山下置狐奴县。唐乾元元年(758年)在今顺义境设顺州。明洪武元年(1368年)改顺州为顺义县。新中国建立后，成立顺义县，归河北省通州专区所辖。1958年4月顺义县划归北京市设为顺义区，1960年1月设为北京市顺义县，1998年3月改为北京市顺义区。2011年，顺义区辖19个镇、6个街道办事处、426个行政村。2011年，顺义区户籍人口587605人，其中，男，291272人，女，296333人；非农业人口311532人，男，156737人，女，154795人；农业人口276073人，男，134535人，女，141538人。顺义区流动总人口241107人。

特　　载

打造临空经济区　建设世界空港城　实现新起点上的新跨越

——2011年12月13日在中国共产党北京市顺义区第四次代表大会上的报告

区委书记　张延昆

各位代表、同志们：

现在，我代表中共北京市顺义区第三届委员会向大会作报告。

过去五年工作的主要成就和基本经验

区第三次党代会召开以来的五年，是区域发展极不平凡的五年，是我区经济实力显著提升、城乡面貌全面改善、社会建设创新推进、人民群众充分受益的五年。面对严峻复杂的宏观环境、艰巨繁重的发展任务和举办重大活动的现实考验，区委在党的十七大精神指引下，在市委的正确领导下，团结带领全区广大党员干部群众，解放思想，抢抓机遇，开拓创新，胜利完成了区第三次党代会确定的各项任务，续写了顺义科学发展的崭新篇章。

——奥运花博重大活动精彩圆满，带动发展的效应充分释放。北京奥运会水上项目和第七届中国花卉博览会，是我区有史以来承办的最为重大的国际国内体育赛事和大型展会。区委紧抓历史机遇，举全区之力，实现了奥运水上项目好评如潮、花博盛会空前成功。重大活动带动了千亿元固定资产投资，一大批辐射带动力强的优质产业项目相继落户，T3航站楼、白马路、滨河左右堤路等重点基础设施投入使用，区域文明程度和群众文明素质全面提升，绿色国际港的影响力和受知度显著增强，顺义向建设产业发达、功能完善、绿色宜居的重点新城迈出了坚实步伐。

——临空经济区建设实现新跨越，综合经济实力显著增强。坚持以临空经济区建设为核心，以重大项目建设为抓手，区域经济总量跃上新台阶。2011年，预计完成地区生产总值1000亿元，一般预算收入80.6亿元，2006年以来年均分别增长26.8%和29.8%，五年累计完成全社会固定资产投资1740亿元，主要经济指标位居全市前列；产业结构日趋优化，产业体系更加完善，以临空产业和现代制造业为先导、多产业支撑的经济发展格局进一步巩固，三次产业比重由2006年的

5.4∶55.4∶39.2 调整为 2011 年的 2.5∶42∶55.5;重大项目建设实现历史性突破,北京现代第三工厂、北京自主品牌乘用车基地、国家地理信息科技产业园、中航工业北京航空产业园、民生银行总部基地等相继入区;经济功能区示范带动效应强劲,实现税收占到全区的 55%;北京天竺综合保税区封关运行并完成机场口岸平移,政策平台优势日益显现,高端要素加速聚集,顺义外向型经济发展迈入新的里程。

——城乡发展一体化取得新突破,群众生活品质切实提升。立足顺义新城功能定位,坚持以城带乡、以业兴城,城乡一体化加速推进。顺义新城规划获得批复,32 个街区控规深化方案、潮白河两岸城市设计、4 个重点镇规划等重要专项规划相继编制完成;五年累计整建制拆迁村庄 39 个,5.9 万农民融入城市,户籍人口城市化率从 2006 年的 39.7%提高到 52.1%;医疗中心、文化中心、体育中心、新殡仪馆等十大工程全面启动,M15 号线顺义段年底前全线通车运行,水电气热路等市政基础设施建设全面加快,城市综合功能和承载能力显著增强;重点镇建设各具特色,初步实现了"打基础、出形象";累计投入 35 亿元,四种类型新农村建设扎实推进,农村面貌全面改善;累计投入 18 亿元实施潮白河综合整治、滨河森林公园、"引温入潮"等生态工程,"滨水、生态、国际、活力、宜居"的城市特色进一步彰显,成功争创"全国绿化模范城市",顺利通过"国家生态示范区"验收;科教文卫体等各项事业蓬勃发展,城乡居民就业和社会保障水平稳步提高,城乡劳动力二三产业就业率达到 93%,城镇居民人均可支配收入达到 27500 元,农村居民人均纯收入达到 14300 元,年均分别增长 9.3%和 11.5%。

——加强和创新社会管理开创新局面,社会更加和谐稳定。坚持"见物见人"的工作取向,将加强社会建设作为推动区域科学发展、促进社会和谐的战略任务和重大举措,不断健全工作机制,推动实践创新。积极推进行政管理体制改革和政府机构改革,构建起"32＋2"政府机构管理格局;紧紧抓住作为市级社会服务管理创新试点区的有利契机,出台了"1＋X"系列文件,人口规模调控的成功经验和安全生产分类分级自查自报管理模式分别在全市、全国推广;围绕构建"五大秩序",建立部门联动、信息共享机制,强力推进城乡环境综合整治,严厉打击"违法建设、违法生产、违法经营";扎实推进"平安顺义"建设,人民群众幸福感和满意度保持全市前列,获得"全国平安建设先进区县"、"全国信访系统先进集体"、"全国法制宣传教育先进区"荣誉称号。

——党建工作科学化得到新推进,执政能力不断提高。坚持党要管党、从严治党,坚持总揽全局、协调各方,区委领导核心作用不断强化。带领全区深入开展学习实践科学发展观活动和创先争优活动,组织开展庆祝建国 60 周年、建党 90 周年系列活动,凝聚了全体党员干部群众的向心力、提高了战斗力。支持人大、政府、政协依法开展工作,支持区委部门和群团组织拓展职能、创新工作,出台了《关于进一步加强和改进全区党的建设的意见》等"1＋4"文件,形成了党委统一领导、各级组织协调联动、各条战线团结奋斗的良好局面。坚持党管干部原则,坚持正确的用人导向,选好干部、配强班子,累计公开选拔副处级干部 39 人,干部选拔任用、教育培训和管理监督全面加强。探索建立基层党建分级分类精细化管理机制,村书记主任"一肩挑"和"两委"交叉任职比例达到 85%和 75%,基层党组织在拆迁、打非、维稳等重点工作中的战斗堡垒作用充分发挥;党风廉政建设深入推进,惩治和预防腐败力度持续加大,廉政风险防控管理工作的典型经验在全国推广,被评为"全国纪检监察信访举报工作先进单位"。

同志们，走过的道路刻骨铭心，取得的成果来之不易，骄人的成绩令人鼓舞。这些成绩的取得，是中央、市委正确领导的结果，是全区人民团结奋斗的结果。在此，我代表中共顺义区第三届委员会，向全区党员干部和广大人民群众，向社会各界人士，向驻区部队和武警官兵，向所有关心、支持和参与顺义建设的同志，表示衷心的感谢！

回顾过去五年的工作，我们最深切的体会是：

必须坚持思想引领的执政原则，凝心聚力促发展。统一思想是推动发展的前提和基础，依靠正确的发展思路和共同的目标追求增强归属感、责任感，是我区多年来实现又好又快发展的关键。一直以来，区委始终坚持用发展统一思想，把丰富完善思路作为践行科学发展观的首要任务，在深化发展理念和思路中凝聚发展合力；始终坚持用事业凝聚人心，以重大活动、重大项目、重点工程、重点工作为抓手，推动政策集成、资源整合，实现了上下同心、协调联动；始终坚持以人为本的发展第一要义，明确共同富裕是顺义文化的价值追求，最大限度地维护好、实现好、发展好群众利益，真正使老百姓坐上了全区改革发展的快车。

必须坚持抢抓机遇的战略眼光，牢牢把握发展主动权。抓住机遇乘势而上是顺义长期保持高速发展的重要因素。善于创造机遇。将顺义的发展放到首都、全国的大背景下定位谋划，面对可能存在的机遇超前研究，注重从变化的形势中捕捉和把握难得机遇，在逆境中发现和培育有利因素，变压力为动力，化危机为生机，赢得了一个又一个发展先机。善于利用机遇。将发展机遇与区域实际相结合，凭借天道酬勤的韧劲、奋发有为的干劲和志在必成的信念，用好机遇，用足政策，乘势而上，推动发展，真正将机遇转化为现实的发展动力。

必须坚持继承创新的辩证方法，切实做到打基础、利长远。发展的本质是实践基础上继承与创新的辩证统一。坚定发展方向不动摇。坚定不移地以科学发展观统领发展，坚定不移地推进工业化、城市化、现代化、国际化，坚定不移地走经济社会与人口资源环境协调发展之路。承继发展理念不折腾。传承历届区委提出的经过实践检验、证明正确的发展理念，保持区域整体发展战略的稳定性、延续性。深化发展思路不僵化。适应不断变化的形势，不因循守旧、固步自封，使区域发展思路在拓展中完善、在充实中提升。推进创新发展不懈怠。结合顺义发展实际，勇于面对改革发展中的矛盾和问题，敢于突破传统的思维方式和工作方式，善于以创新的思想、机制和举措推进工作。

必须坚持以我为主、攻坚克难的优良作风，大力弘扬区域执政文化。先进的执政文化是一个地区长久发展的不竭动力。我们坚持将党的创新理论和路线方针政策与顺义的发展实际相结合，将战略上的整体性、系统性与战术上的具体化、精细化相结合，将团结协作的团队精神与勇挑重担的责任意识相结合，将强化区处两级班子执政能力与发挥基层党组织战斗堡垒作用相结合，以优良的党风带政风促民风，形成了党群同心、部门联动、各尽其责的工作局面，展现出顺义干部敢于担当、敢于负责、敢于创新的良好形象。

回顾过去的工作，我们也要清醒地看到存在的差距和不足，主要是：经济发展方面，临空优势还有很大释放空间，产业之间、区域之间仍需协调发展，聚集高端要素、强化创新驱动、集约节约发展亟需加大力度。新城建设方面，城市综合功能、承载能力和管理水平有待提升，城乡之间发展不平衡的问题依然存在，城乡一体化、城市现代化任务依然繁重。社会建设方面，完善社会治理结构需要深入探索，社会服务管理精细化水平还需提高，一些关系群众切身利益的重大民生问题仍需下大力气加以解决。文化建设方面，文化自觉、人文环境需要大幅度提升,文化建设水平与经济社会发展的地位还不相称,公共文化服务的软硬件建设远不能满足人民群众需求,文化产业规模、层次和水平亟待提升。党的建设方面,新形势下各级班子的领导水平和执政能力需要进一步加强,干部人才队伍结构亟需优化,基层党建创新还要深入推进,反腐倡廉建设仍然是重要而紧迫的任务。对于存在的问题和不足,我们必须高度重视,增强责任感和紧迫感,采取切实有效措施着力克服和解决。

今后五年的形势和主要任务

新起点孕育新希望。当前,顺义正由工业强区向服务业大区战略转型。今后五年,是我区经济发展提质量、城市建设出形象、社会管理上水平、城乡一体化新突破的发展关键阶段。首都机场加快建设大型国际枢纽机场,天竺综保区加速成为外向型经济发展的窗口,为临空经济大发展强化了区位资源优势和政策、功能平台优势;我区的产业结构、基础设施、人口规模、生态环境都具备了良好的基础,为承接新的重大产业项目和首都核心城区功能转移提供了有利条件;经过艰巨任务的锻炼和考验,我区形成了一支勇于承担重任、善于攻坚克难的干部队伍,为我们完成各项目标任务提供了坚实可靠的保障。厚积薄发的顺义必将大有作为、再铸辉煌。

新要求催生新动力。站在北京看全国、看世界,我们正处在大发展大变革大调整时期,创新发展、转型发展已经成为最紧迫、最重要的战略任务。产业结构优化升级势在必行,经济发展面临增总量和调结构的双重压力;土地、水、电等资源环境约束加大,传统的资源利用模式难以为继;统筹城乡发展愈加紧迫,加快推进城乡一体化任务繁重;人民群众需求更加多元,解决好重大民生问题尤需加倍努力;区域间竞相发展的态势更趋激烈,不进则退,慢进也要落后。面对新形势新任务新要求,我们必须多一些责任担当,多一些苦干实干,多一些探索创新,凝心聚力建设更加现代文明和谐的新顺义。

新使命开启新征程。未来的顺义,应该是临空产业聚集、高端人才汇聚、城市功能完善、文化特色彰显、发展环境优越的现代化国际城市和城乡一体化先行区、示范区。进一步壮大临空经济、加快转变经济发展方式,是提高区域经济综合实力、保持良好发展态势的关键因素;进一步完善城市综合功能、提升新城形象,是拓展顺义城市品牌价值、吸纳更多更好发展资源的重要前提;进一步强化公共服务、提高社会事业水平,是我区破解瓶颈制约、引进高端企业和高端人才的现实需要。机遇面前等不得,挑战面前慢不得,我们必须以强烈的责任感和紧迫感,以只争朝夕、奋发有为的精神状态,锐意进取,不辱使命。

沧海横流,方显英雄本色。我们要赢得主动、发挥优势、开创未来,照搬照抄不行,循规蹈矩不行,必须解放思想、开拓创新,进一步开放思维、开放胸怀、开放视野,解决好“钱从哪里来、人往哪里去、结构怎么调、社会怎么管、民生怎么办”等重大核心问题。具体把握好三方面关系:一是经济增长和调整结构的关系。调结构、稳增速是党性、觉悟,增总量、提速度是能力、水平。必须在保持经济平稳较快增长的前提下,着力扩大三产比重,以创新为动力推动产业结构的优化,实现经济增长和结构调整的良性互动。二是加快产业发展和完善城市功能的关系。必须深化业城融合,强化城市的产业支撑,增强城市对产业的吸附功能、聚集功能和服务功能,特别要把产业园区作为城市功能的重要组成部分,实现功能一体、形象一致。三是局部和全局的关系。必须坚持整体性、系统性的观点,着眼首都总体战略谋划区域发展,按照北京赋予顺义的功能定位优化空间布局;把各项具体工作放在大局中定位，使全区各项事业形成系统、整体推进。

今后五年全区工作的指导思想是：坚持以邓小平理论和“三个代表”重要思想为指导，以科学发展为主题，以加快转变经济发展方式为主线，紧紧围绕“打造临空经济区、建设世界空港城”的目标，全力推进“北京国际航空中心核心功能区”建设，以城市化和城市现代化为引领，以保障和改善民生为重点，以弘扬先进文化为精神动力，深入推进城乡发展一体化、经济发展多元化、社会管理精细化、党建工作科学化，将顺义建设成为北京东北部中心城市。

今后五年全区的奋斗目标和主要任务是：

——转变经济发展方式取得实质性成果。高端要素引领经济转型，总量增加带动持续增长，创新驱动促进产业升级，临空经济产业结构更优、内生动力更足、开放度更高，资源利用更加集约高效。地区生产总值年均增长12%以上，工业总产值突破4000亿元，一般预算收入突破150亿元。

——重点新城建设迈出标志性步伐。城市化、城市现代化水平大幅提升，户籍人口城市化率达到75%，全区常住人口总量控制在100万人左右。城市基础设施更加完备，综合功能更趋完善，城市形象显著提升，生态环境持续改善，现代化、国际化的空港型城市初具规模。

——社会建设和管理实现突破性进展。社会治理结构不断完善，公共服务体系更加健全，全区群众的就业、就学、就医、社保、住房条件明显改善。城乡劳动力二三产业就业率达到95%；城镇居民人均可支配收入年均增长10%，农村居民人均纯收入年均增长11%；民主法治建设持续加强，社会更加和谐稳定。

——文化强区建设展开新的一页。顺义文化软实力进一步增强，文明程度、人文素质明显提高，区域公共行为文明指数保持在全市前列。文化发展政策体系进一步完善，基层文化设施建设覆盖率和利用率进一步提高，公共文化服务的投入、运行、管理、考核机制不断健全。文化产业成为区域经济支柱性产业。

——党建工作科学化水平全面提升。各级领导班子年龄结构、知识结构和专业结构进一步优化，领导水平和执政能力不断提高；基层党建工作分级分类管理机制进一步巩固，基层党组织功能显著增强；党员干部队伍能力素质进一步提升，先进性和表率作用更加突出；党风廉政建设进一步加强，惩治和预防腐败体系更加完善。

一、以临空经济区建设为中心，加快打造首都经济新的增长极

坚持“优化一产、做强二产、做大三产”的发展思路，构建“一核两轴两带”的产业布局，建立三次产业融合发展的现代产业体系。

提升临空优势，增强经济实力。依托和服务首都机场，引导临空指向型产业加速聚集，全力推进“北京国际航空中心核心功能区”建设，推动临空经济区国际化、高端化、特色化发展。全面拓展首都机场独特资源优势。坚持服务机场、强化国际空港功能，为首都国际机场日常运营和持续发展提供优质、高效的服务，重点加强市政基础设施和公共服务设施建设，增强首都机场整体运行保障能力，提高首都机场服务北京乃至全国的水平和效果。坚持利用机场、发展壮大临空经济，巩固完善以首都国际机场为核心、以航空及相关企业总部为主体、以临空现代服务业为主导的临空产业发展格局。深入挖掘天竺综保区政策、功能平台优势。立足服务首都外向型经济、辐射带动临空经济发展，充分发挥天竺综保区口岸、保税等服务功能，不断完善管理运行的体制和机制，进而向空港型自由贸易园区转型升级。同时增强天竺综保区与各经济功能区之间的横向联系，形成政策互补、功能叠加、优势聚集的发展联合体。充分发挥经济功能区辐射带动优势。通过拓展空间、招优引强、腾笼换鸟,优化产业结构,完善产业链条;充分发挥经济功能区的品牌、资金、项目和人才优势,促进其与各镇二三产业就业基地高效整合、深度融合;推进临空经济区综合体制改革,变各功能区分散运营为统分结合的管理运作,推动功能区之间统筹规划、统一政策、整合资源、综合协调,实现错位发展、协同发展,提升临空经济区整体功能和运行质量。

坚持高端方向,优化产业结构。直接瞄准北京未来高端,推动产业集群式发展,促进产业结构高级化、产业环节高端化、产业模式低碳化。服务业要高端发展、壮大规模。集中发展与重点产业相关联的高端生产性服务业。做大做强以航空物流、航空信息、航空保障为重点的航空枢纽服务业,重点引进面向全国进行调拨的核心流通企业;着重发展直接为机场与临空型产业服务的高端商务服务业,完善高端商务配套设施,促进商务服务业高端化、国际化发展;大力发展产业金融、离岸金融和功能性总部金融,打造北京东北部区域金融中心;积极发展以高端化、专业化为特色的国际会展业,提升空港地区展览展示业的影响力。着力提升生活性服务业水平。按照国际、现代、便利、舒适的要求,不断丰富服务产品类型、扩大服务供给、提高服务质量;依托商业中心区建设,发展中高端生活性服务业,大力引进商业综合体等大型商业业态,大力发展商务休闲消费,满足不同层次的消费需求,打造北京东北部商业中心。制造业要有进有退、提升层次。面对全市产业布局调整和人口资源环境约束的实际,必须审视产业发展方向,进一步明晰发展战略,推动制造业优化升级。突出发展以航空研发制造、汽车制造等为代表的现代制造业,培育壮大航空、汽车两大千亿级产业集群;限制引进和淘汰转移占用资源多、投入产出比低的企业。战略性新兴产业要选择最有基础和条件的领域进行重点突破。大力发展地理信息、高端装备制造、新能源、新材料、新能源汽车等产业,加快形成我区的竞争优势,抢占未来发展的制高点。重点依托国家地理信息科技产业园建设,促进地理信息产业集聚发展。都市型现代农业要提高对北京高端农产品市场的占有率和控制力。围绕农业生产规模化、都市农业工厂化和农业合作组织化,推进国家现代农业示范区和国家现代农业科技城项目建设,大力发展农产品深加工、物流、交易、高端花卉和籽种产业等农业产业链的高端环节,提高农业生产科技含量和农产品附加值,加快建设绿色农产品大区、农产品加工大区、籽种产业大区和花卉产业大区,使顺义农业成为展示首都乃至全国都市型现代农业的窗口。

深化创新驱动,促进转型发展。通过创新驱动引领产业升级,实现区域发展由要素驱动、投资驱动向创新驱动的转变。依托项目聚集高端要素。坚持把项目带动作为优化产业结构、加快转变经济发展方式的实现途径和重要支撑,严格控制项目引进关口,积极吸引创新、科技和人才等要素,抢占科技创新和高新技术产业发展的战略制高点。促进新成果入区转化。加强政策集成和创新,增进与全市大专院校、科研院所的联系,借助中关村国家自主创新示范区大发展的机遇,积极承接知识经济、科技成果在顺义的产业化,形成“研发创新在中关村、转化和产业化在顺义”跨区域产业链。提升自主创新能力。建立健全区域技术创新体系,在政策、资金等方面加大对企业研发的扶持力度,壮大区域创新主体规模,支持企业开发具有自主知识产权的关键技术;探索建立专利服务交易平台,鼓励“专利+金融”合作发展模式,通过直接购买和先期扶持等途径,控制区域主导产业发展的核心专利和技术。大力发展品牌经济。把实施品牌战略作为提升产业核心竞争力的重要抓手，完善品牌培育发展机制，进一步巩固现有品牌、扶持企业创名牌和引进品牌企业；鼓励企业通过信用贷款、上市融资、发行债券和申请专项资金等途径，加大资本运作力度，进一步拓展发展空间、提升质量效益。

二、以城市化和城市现代化为引领，加快推进城乡一体化

立足"一港、两河、三区、四镇"的城镇空间格局，以城市中心区—小城镇—新型农村社区为节点，增强城市承载能力，完善城市功能，提升城市形象，统筹城乡发展。

科学定位，构建相对独立的城市体系。着眼提高对中心城区的反磁力、对高端要素的吸引力、对周边区域的辐射力，更加注重产业发展与城市建设的协调、衔接、融合，更加注重市政基础设施的承载功能和先导作用，更加注重公共服务设施的完善配套和科学运营，更加注重建立健全城市综合管理体系，不断强化城市的产业支撑、市政支撑、服务支撑、管理支撑，成为辐射带动周边地区发展的北京东北部中心城市。

瞄准高端，形成完备现代的城市功能。按照国际化都市标准，以实现空港地区全面城市化为突破，以完善新城组团基础设施和综合功能为重点，着力提升城市的现代化、国际化水平。加快中心城区和空港区建设。高标准打造新城综合服务中心，加速马坡组团、牛栏山组团开发建设，尽早完成综合行政办公区迁建，不断强化高端商业服务、时尚生活服务、高效政务服务功能，建立与高端产业及人口相配套的公共服务体系，展现现代城市风貌。以高端航空服务、特色国际商务功能为核心，强化后沙峪地区核心带动作用，打造空港区现代化的城市基础设施和高水平的综合服务体系。适时启动河东新区建设。立足建设国际交往及国际新兴产业聚集的重要功能区，全面提升河东新区的产业层次、市政基础、综合功能、生态环境，积极承接高端产业向潮白河以东地区转移，沿潮白河两岸拓展城市发展空间。积极推进"智慧城市"建设。加快"无线城市"、"数字顺义"建设进度，科学整合公共管理信息资源，全面提升政府公共服务和城市综合管控的信息化水平，基本实现城市智能运行、市民智能生活、政府智能服务。

双轮驱动，深化城乡统筹的发展格局。坚持把加强重点新城建设作为最根本的方向，把强化小城镇建设作为最关键的环节，把深化新农村建设作为最基础的工作，把创新城镇化的途径和机制作为最有效的方法，全面推动城镇化进程。以重点镇建设为依托，加快发展小城镇。坚持"规划、设施、产业、环境"先行，立足人口规模定量、主导产业定位、建设标准定型，以产业发展和带动就业为核心，以完善市政基础设施和公共服务功能为基础，继续推进重大产业项目在重点镇布局，全面增强重点镇的统筹发展能力，尽快"上水平、出形象"，辐射和带动周边镇村发展。以新型农村社区建设为目标，着力强化城镇化的基础。坚持以新城建设引领新农村建设，加速城乡空间一体、功能一体，促进城乡生产要素合理流动、公共资源均衡配置。加大对农村地区的资金投入和政策倾斜力度，按照现代化城镇标准建设镇、保留村的市政基础设施和公共服务设施，启动保留村新民居建设，打造城乡融合、产业发展、交通便捷、生态宜居的都市化新农村。加强土地保护和管理，规范农村土地流转，深化农村集体经济产权制度改革等农村各项改革步伐，使更多农民成为有资产、有保障的新市民。以创新机制为抓手，不断提升城乡发展活力。着眼破解用地难、融资难，以项目为龙头，实施捆绑式开发，推动政策创新、思路创新、融资渠道创新，走出一条政府主导、社会参与、多元投入、共同发展的小城镇建设之路。

彰显特色，营造舒适靓丽的生态环境。生态是城市文明的灵魂。围绕建设"国家生态区”,加强生态资源的涵养与开发,打造兼具国际化、田园化特色的生态型城市。坚持将山水田林路作为城市的基础设施,统筹规划,合理布局,着力加快浅山地带生态涵养和休闲旅游功能的开发,形成一批标志性生态景观。坚持科学管水、用水、治水、节水,加强水资源保护开发利用,依托北京市三大流域治理工程,推进潮白河景观带、温榆河生态走廊和汉石桥湿地引水工程建设,再现潮白河湖泊水面和芦苇丛生的优美环境,着力构筑以潮白河、温榆河为主轴、区域循环联通的城乡生态水系,建设亲水型城市。坚持“统筹规划、分步实施、建管并重、协调发展”的原则,重点抓好河东新区和四个重点镇水系规划、休闲公园建设和农村社区公园绿地建设,保持市容环境水平处于全市前列,打造体现“绿色国际港”特色的城乡面貌。

三、以创新社会服务管理为重点,加快建设和谐宜居家园

围绕实现人的全面发展、构建和谐社会、营造良好发展环境的根本目标,全面、系统、深入地推进社会建设、加强和创新社会管理,打造幸福顺义、和谐顺义、平安顺义。

坚持民生优先,全方位增进百姓福祉。大力实施充分就业、“三名”教育、健康顺义、城乡社保一体化、安居保障“五大民生工程”,让老百姓生活更舒心、更满意、更幸福。促进城乡劳动力高质量就业。坚持就业是民生之本、和谐之基。以创建“充分就业区”为契机,以解决好农村转移劳动力、新生劳动力和就业困难人员就业为重点,强化产业发展带动就业、产业基地支撑就业、政策体系扶持就业、服务体系引导就业,促进城乡劳动力由充分就业、稳定就业向高端产业、高效企业、高薪岗位就业转变。为全社会提供优质教育。坚持教育优先发展,推进教育公平,打造教育品牌。继续推进城乡教育布局调整,优化教育资源配置,推进基础教育、学前教育优质均衡发展;整合区内职业教育资源,加快职教中心建设,促进职业教育与主导产业发展相适应;加强学习型城市建设,创建学习型城区示范区。使全区人民享有良好医疗服务。全面落实医药卫生体制改革,优化医疗卫生资源配置,合理规划医疗机构布局,健全三级医疗服务网络,推进区域医疗中心建设和三级医疗机构合作项目,建设覆盖区域医疗卫生机构的卫生信息平台,力争全区健康指标位居全市前列。统筹城乡高水平社会保障。着眼建立城乡居民一体化、均等化社保体系,实现社会保障人群全覆盖,完善“五险合一”征缴机制。统筹城乡社会救助制度,逐步实现城乡低保标准统一,健全大病、助学、住房等社会救助体系,拓展民政“一卡通”金融功能并实现民政对象全覆盖。完善针对养老、优抚安置、福利企业、慈善事业的社会福利政策,推进社会福利由补缺型向普惠型转变。构建多层次住房保障体系。合理发展高档住房,严格控制普通商品房,大力发展保障性住房,坚决杜绝小产权房,坚决遏制违法建房,满足老百姓、入区企业员工和高端人才的住房需求。特别要加快回迁安置房和公租房、廉租房建设,形成完善的保障性住房供应体系。同时,大力推动科技、体育等社会事业全面发展,进一步提升群众生活品质和幸福感。

实现共建共享,多维度完善社会治理结构。深入推进“社会管理网格化、公共服务优质化、社区工作规范化、社区政务自治化”,按照党委领导、政府负责、社会协同、公众参与、依法治理的要求,构建社会服务管理新格局。将“抓党建”作为共建共享的根本保证。各级党委要牢牢把握社会建设的正确方向,强化党对社会工作的组织领导;切实加强基层党组织建设,增强基层组织联系群众、服务群众和化解矛盾的功能;着力做好基层干部培训培养,提高社会管理素质和社会工作能力;坚持党建带群建,深化社会领域党的建设特别是“两新”组织党建工作,以党的工作全覆盖引领和推动社会服务管理创新。将“强管理”

作为共建共享的重要导向。坚持政府主导，进一步"完善机制、健全平台、信息共享、部门联动"，严格落实流动人口服务管理、打击"三违法"等精细化制度和措施，形成加强和创新社会管理的长效机制。加快转变政府职能，围绕强化社会管理和公共服务，进一步创新工作举措、提高行政效能，打造发展型、服务型、管理型政府。以社会规范特别是法治建设为保障，不断优化法制环境、政务环境和社会环境。将"大社会"作为共建共享的有效举措。完善"枢纽型"社会组织工作体系，引导带动各类社会组织加强自身建设、增强服务社会能力；创新社会组织管理模式，加快政社分开、管办分离的步伐，逐步将行业管理与协调、社会微观事务服务与管理等职能转移给社会组织；建立健全政府购买社会服务制度，调动发挥社会组织在提供公共服务、反映利益诉求、促进社会发展等方面的积极作用。将"活基层"作为共建共享的基础环节。资源向基层倾斜，好事让基层干，荣誉让基层得，威信在基层立。全面推行网格化社会管理模式，健全信息网络、基层工作网络、专业服务网络，为群众提供便利、个性化、精细化的服务。以社区工作规范化为抓手，积极创新社区工作体制机制，建设"管理有序、服务完善、文明祥和"的新型城乡社区。特别要进一步丰富内涵、拓展功能，大力推行村庄社区化管理。将"广参与"作为共建共享的实现途径。依靠和发挥群众的主体作用，引导群众积极参与社会服务管理事务，完善修订"村规民约"和"社规民约"，切实提高村(居)民自我管理、自我教育、自我服务的能力，形成以基层党组织为核心，村(居)民自治组织为基础，社会组织为重要组成部分，全区群众广泛参与的社会服务管理新格局。

维护公平正义，深层次营造良好法治环境。稳定是硬任务，公平正义是社会稳定的基础。要深化民主法制建设，不断巩固和发展民主团结、和谐稳定的良好局面，使顺义成为首都最安定有序的地区之一。大力推进民主政治建设。支持各级人大依法履行职能，保障人大代表依法行使职权，保证决策和监督更好地体现人民意志；支持政协围绕团结和民主两大主题履行职能，进一步提高政治协商、民主监督、参政议政的质量和成效，营造融洽和谐的民主政治环境。坚持和完善党务公开、政务公开、厂务公开、村务公开制度，依法推进信息公开，进一步巩固和扩大基层民主，依法保障全体社会成员平等参与、平等发展的权利。全面加快依法治区进程。深入开展"六五"普法教育，大力营造人人自觉知法守法用法的社会氛围；全面推进依法行政，深化行政管理体制改革；提高政法机关执法办案质量，加强政法干部队伍建设；拓展和规范法律服务，完善法律援助和司法救助制度；把诚信建设摆在突出位置，大力推进政务诚信、商务诚信、社会诚信和司法公信建设。源头治理维护社会稳定。建立健全科学有效的社会稳定风险评估机制、利益协调机制、诉求表达机制、矛盾调处机制、权利保障机制，"早小了好"地将矛盾纠纷化解在基层、化解在萌芽状态。深化"平安顺义"建设，加强社会治安综合治理，有效预防、依法严厉打击各种违法犯罪活动，确保安全生产、食品药品安全、消防安全等方面不出现重大责任事故，维护良好社会秩序。

四、以建设文化强区为动力，加快提升区域文化软实力

深入贯彻落实党的十七届六中全会精神，紧紧围绕首都建设有世界影响力的文化中心的战略目标，坚持以提高市民文明素质和满足人民群众精神文化需求为出发点和落脚点，着力抓好公益性文化事业和文化产业发展，建设具有较强影响力、传播力、凝聚力和竞争力的文化强区。

夯实全区共同思想基础，提升文化的引领功能。推进社会主义核心价值体系建设，在全区形成统一指导思想、共同理想信念、强大精神力量、基本道德规范,巩固干部群众的共同思想基础。弘扬区域特色文化,形成共同价值追求。共同富裕是社会主义的本质特征。要坚持“共同富裕”的核心价值追求,强化人民利益至上、公共利益至上的思想共识,强化共同建设美好家园、共同享有发展成果的思想导向。大力弘扬“爱国、创新、包容、厚德”的北京精神和“同心向上、科学创新、脚踏实地、追求卓越”的顺义精神,培育发展体现产业、城市特色的区域品牌文化,搞好重大主题宣传,扩大思想文化阵地,提高舆论引导能力,凝聚广大干部群众的思想意志,不断增强推动发展的源动力和内驱力。加强精神文明建设,提高区域人文素质。加强社会公德、职业道德、家庭美德和个人品德教育,引导群众增强道德判断力和道德荣誉感,自觉履行法定义务、社会责任、家庭责任,在全社会形成知荣辱、讲正气、作奉献、促和谐的良好风尚。建立健全精神文明创建长效机制,按照“全国文明城市”的标准和要求,制定出台并逐步完善我区文明城市建设的基本指标和测评体系,结合广泛开展“做文明有礼的北京人”等群众性精神文明创建活动,宣传引导群众转变思想观念和生活方式适应城市化进程,进一步提高城市文明程度和市民文明素质。

完善公共文化服务体系,提升文化的惠民功能。坚持文化事业发展的公益性原则,始终把社会效益放在首位,促进基本公共文化服务均等化,着力改善和保障群众的文化民生。完善基层文化服务。坚持政府主导,按照公益性、基本性、均等性、便利性的要求,统筹推进城乡文化基础设施建设,确保公共财政文化投入的增长幅度高于经常性收入增长幅度。深入推进文化惠民工程,加快形成以区文化中心为核心、镇(街道)文化中心为支点、村(社区)文化活动室为基础的三级公共文化服务网络。力争在全市郊区率先建成覆盖全社会、管理体制更加健全、服务功能较为完善的公共文化服务体系。丰富群众文化生活。对接首都高端文化资源,拓展“二月新春”、“五月鲜花”、“十月金秋”系列品牌文化活动的内涵,提升燕京啤酒节、传统民俗节庆活动的层次,实现形式更多样、内容更丰富、群众参与面更广。积极引导、大力支持农村、社区广泛开展老百姓喜闻乐见的自发性文体活动,让广大群众在文化共建中享受文化繁荣成果。加强文化队伍建设。完善文化人才、文化工作者的引进、培养和使用机制,发挥文化干部、大学生村官和文化志愿者的骨干作用,实现区级有专业文化人才、镇级有专职文化干部、村级有特色文艺团队。

推动文化产业大区建设,提升文化的支撑功能。坚持把文化产业作为调整优化产业结构的重要着力点,实施重大文化产业项目带动战略,提高规模化、集约化、专业化水平,推动文化产业成为区域经济支柱性产业。着力打造独具特色的文化产业集群。培育壮大广告会展、设计服务、时尚文体休闲、高端出版印刷四大优势产业,积极打造全国会展服务中心、北京工业设计服务中心、北京时尚体育休闲中心和全国出版印刷产业基地。大力支持、加快发展一批“专、精、特、新”的中小型文化企业。建立健全促进文化产业大发展的政策扶持体系。深入研究文化产业发展趋势,逐步增加产业扶持资金,切实在市场准入、财政税收、土地使用、劳动保障等方面,加大对文化产业的扶持力度,为文化产业发展创造良好的政策环境。切实加强文化市场建设与管理。加大对高层次文化产品、高品味文化服务的培育和引进力度,优化区域文化消费结构,开发健康、时尚、高端的文化消费市场。完善区、镇(街)、村(社区)三级文化市场管理网络,构建统一、高效、便捷、合理的文化市场监管体系。

五、以加强和改进党的领导为保障,加快提升党建工作科学化水平

推动区域科学发展,实现新起点上的新跨越,关键在加强和改进党的领导,以党的建设新成效为改革发展稳定提供坚强的政治、思想和组织保障。

以科学的理论武装头脑，巩固驾驭发展的思想基础。坚持思想理论建设常抓不懈。深化理想信念教育，进一步增强广大党员干部党的意识、责任意识和使命意识，用共同的理想、坚定的信念凝聚人心、保障发展。推动理论指导实践创新。充分发挥各级理论中心组统一思想、提升理念、完善思路、服务决策、指导实践的重要平台作用，重视以学习型党组织建设带动学习型社会建设，切实把党的创新理论成果转化为谋划发展的思路、促进发展的举措、领导发展的本领，提高党员干部运用科学理论指导实践、解决问题的能力。

以科学的机制提升执政能力，建设奋发有为、干事创业的领导班子和干部人才队伍。健全决策和落实机制。区级班子要围绕“谋大事、想问题、善决策、求发展”的职责要求，健全民主集中制，规范议事规则和决策程序，完善重大事项征求意见制度和决策咨询制度，不断提高科学决策、民主决策、依法决策水平。处级班子要围绕“讲大局、抓服务、比贡献、出成效”的职责要求，完善政策研究、责任分解、效能督查、考核激励机制，进一步提高领会精神、统筹协调、创新发展的能力，推动区委决策有效落实。完善选人用人机制。坚持凭实绩选干部的用人导向和德才兼备、以德为先的用人标准，坚持民主、公开、竞争、择优原则，建立健全干部选拔任用、培训交流、管理监督、考核评议和激励保障机制，推进干部公开选拔、竞争上岗和轮岗交流常态化，真正让想干事者有机会、能干事者有舞台、干成事者有地位。深化人才培养引进机制。坚持人才强区战略，建立高层次人才、领军型人才和紧缺急需人才的绿色通道，完善多元化人才培养和激励机制，营造“引得来、留得住、用得好”的人才环境。

以科学的标准创新基层党建，夯实推动发展的执政基石。科学把握不同层次、不同类别、不同领域基层党建工作特点，进一步提升精细化管理水平。农村党组织要按照“连民心、办实事、保稳定、有发展”的职责定位，立足城乡统筹发展的现实要求，把握农民意愿，创新工作机制，改进方式方法，真正成为群众的主心骨和领路人。街道、社区党组织要强化领导、组织和协调功能，全面推动社区各项工作，拓展社区服务领域，在和谐社区建设中发挥引领作用。国有企业党的建设要融入生产经营的全过程，在促进企业发展中发挥导向和保障作用。机关党的建设要增强政治引领功能、执行政策功能、服务发展功能、管理干部功能，不断提升理念、创新履职、推动大局。“两新”组织党的建设要适应社会结构深刻变动的新形势，着力建立组织、健全机制、强化功能，在把握方向、提供服务、反映诉求、规范行为等方面发挥独特作用，确保实现党的基层组织和党的工作全覆盖。还要加强离退休干部、党员的服务和管理，使老同志老有所养、老有所乐、老有所为。

以科学的体系深化党风廉政建设，营造风清气正的发展环境。深入贯彻落实党风廉政建设责任制，把党风廉政建设作为必须始终抓好的重大政治任务，坚持“标本兼治、综合治理、惩防并举、注重预防”的方针，扎实推进惩治和预防腐败体系建设。坚持反腐倡廉教育是基础。以理想信念、宗旨意识、党风党纪为主要内容，加强示范教育、警示教育和岗位廉政教育，引导各级领导干部带头讲政治纪律、带头讲组织纪律、带头讲廉政纪律，筑牢广大党员干部拒腐防变的思想防线。坚持廉政风险防范是关键。对“一把手”廉政风险和“三重一大”事项实施动态化管理，构建凭制度管权、靠制度管事、用制度管人的长效机制；实行廉政风险等级管理，推进廉政风险防范管理向农村、社区、国企等岗位延伸，实现廉政风险点的查找和监督全覆盖；建立健全廉政风险信息化防控体系，推广和完善廉政风险信息管理系统，进一步增强“科技反腐”

和“科技防腐”能力。坚持强化监督制约是核心。严格执行、不断完善领导干部问责、重大事项报告、经济责任审计等制度,探索建立干部诚信体系;坚持党内监督与党外监督相结合,专门机关监督与群众监督、舆论监督相结合,加强对重点领域、重点对象、重点部门的专项监督,预防和减少各类职务犯罪。坚持查处惩治腐败是最有力的手段。牢固树立查办案件是尽职、查处不力是失职、有案不查是渎职的观念,对违纪违法案件做到发现一起查处一起,始终保持惩治腐败的高压态势,用反腐败的实际成果取信于民。

以科学的方法做好新时期群众工作,密切党和人民的血肉联系。深刻认识人民群众是历史的主人,是发展的主体,是事业的基础和支撑,始终做到在思想上尊重群众、感情上贴近群众、行动上深入群众、工作上依靠群众。尊重基层,相信群众。善于从人民群众身上汲取发展的动力,善于从人民群众的创造中寻找破解问题的办法。既要广泛宣传动员群众,让老百姓了解我们的工作和相关政策,赢得群众的理解和支持;又要尊重基层和群众的首创精神,注重总结推广基层的好经验、好做法。转变作风,深入群众。提倡艰苦奋斗、勤政为民,改进文风会风,坚决治庸治懒,力戒形式主义、官僚主义。各级领导干部每年都要拿出固定的时间,深入基层,深入一线,带着感情和责任开展调查研究,察民情、解民忧、聚民心。创新载体,服务群众。在坚持和拓展工青妇等群团组织凝聚群众、“一助一”帮扶活动、干部联系基层等途径的基础上,深入研究新形势下群众工作的特点和规律,探索、推广“1+1+15”等联系群众的新型工作模式,建立健全做好新时期群众工作的长效机制。实行党代表任期制,搭建活动平台,创造有利条件,建立党代表常态化工作模式,既要“会上负责”,更要“会后尽责”,真正成为党情民意的“全程代表”,进一步增强党和政府的公信力。

各位代表、同志们,实现新起点上的新跨越,是时代赋予我们的光荣使命!让我们高举中国特色社会主义伟大旗帜,以邓小平理论和“三个代表”重要思想为指导,深入贯彻落实科学发展观,团结带领全区人民,创新实干,锐意争先,朝着“打造临空经济区、建设世界空港城”的目标奋勇前进!

顺义区第三届人大常委会工作报告

——2011年12月20日在北京市顺义区第四届人民代表大会第一次会议上

顺义区第三届人大常委会主任　马庚良

各位代表、同志们:

我代表顺义区第三届人民代表大会常务委员会,向大会报告五年来的工作,请予审议。

区三届人大常委会任期的五年,是我区经济快速发展,社会和谐稳定,改革开放和现代化建设取得辉煌成就的五年,也是区人大及其常委会开拓创新,不断进取的五年。五年来,区人大常委会在中共顺义区委的领导和市人大常委会的指导下,坚持以邓小平理论和“三个代表”重要思想为指导，深入贯彻落实科学发展观，认真贯彻党的十七大和十七届历次全会精神，围绕全区中心工作和改革发展稳定大局，认真履行宪法和法律赋予的职责，有效发挥了地方国家权力机关的作用，为坚持和完善人民代表大会制度，保障和促进全区政治、经济、文化和社会建设的全面协调可持续发展，做出了积极贡献。

一、围绕推进全区民主法制进程，深入开展法律监督工作

为创造良好法制环境，维护公平正义，推进民主法制进程，五年来，常委会重点围绕四个方面加强法律监督工作。

（一）认真开展执法检查，促进依法行政

为确保法律法规在本行政区域内的贯彻实施，五年来，常委会先后组织代表对《中小企业促进法》、《劳动合同法》、《防震减灾法》、《全民健身条例》及北京市实施办法等57部法律法规的贯彻执行情况进行了执法检查，并听取了区政府专题工作报告。为提高执法检查的效果，常委会不断改进工作，创新方式，总结出了较完善的执法检查流程，并连续三年对关系国计民生的《食品安全法》、《农产品质量安全法》、《老年人权益保护法》等法律法规进行跟踪检查，每次检查都突出重点，解决实际问题。区政府根据检查中代表提出的建议，积极完善执法方式，制定整改措施，对推动依法行政，深化依法治区工作起到了积极作用。

（二）有效监督司法工作，促进公平正义

常委会采取多种形式，不断加大对司法工作的监督力度。五年来，常委会先后听取审议了区法院关于劳动争议案件审理、民事案件审理和执行等5项报告，区检察院关于法律监督、贯彻市人大常委会《关于加强检察院对诉讼活动的法律监督工作的决议》等5项报告；累计组织代表300余人次参加13个案件审理的旁听活动，并参加了有关案件审理的座谈，现场监督了区法院的强制执行案件，加强了对“两院”公正司法情况的了解和监督。此外，常委会还组织代表视察了社区矫正、人民调解、流动人口管理、社会治安综合治理、基层司法所等项工作；主任会议专题听取了“两院”及公安局对群众关注的有关案件办理情况的汇报，有效促进了司法公正。

（三）积极推进普法工作，提高群众法律素质

法制宣传教育是提高全民素质，推进依法治区的基础性工作。常委会对“五五”普法规划的实施进行了持续监督，定期听取政府部门的“五五”普法规划执行情况报告，并作出了批准“六五”普法规划的决议。区政府认真落实决议，不断加大法制宣传力度，加强制度机制建设，开展了“法律六进”、基层司法所长集体“充电”工程、应对突发事件培训等一系列活动，有力推进了普法工作的深入开展，促进了全民法律素质的不断提高。

（四）高度重视信访工作，维护社会和谐稳定

常委会坚持把群众的来信来访作为维护人民群众合法权益、履行监督职能的重要职责，做到热情接待，认真办理。五年来，共接待群众来访1159人次，办理群众来信336件。对重要来信来访件，常委会与“一府两院”共同研究，依法办理，促使问题得到及时处理和妥善解决，既支持了“一府两院”工作，又维护了公民的合法权益和社会稳定。

此外，常委会还积极参与上级人大立法工作，多次组织人大代表、政府职能部门进行座谈、研讨，完成了上级人大交付的30余部法律法规草案的意见征集工作。

二、围绕促进全区科学发展进行监督，不断增强监督实效

五年来，常委会坚持围绕中心，突出重点，不断探索改进监督方式，依法有效行使各项职权，切实增强监督实效，积极解决关系全区改革发展稳定大局的重大问题和关系民生的突出问题，有力推动了“一府两院”的各项

工作。五年来,共召开常委会会议44次、主任会议92次,听取和审议"一府两院"工作报告81项,开展了33次视察、19次执法检查。

(一)创新监督方式,推动经济发展

1. 围绕全区发展重点,促进临空经济区建设

临空经济作为北京市的重要增长极,常委会予以高度关注。五年来,先后听取审议了区政府关于临空经济区建设及招商引资情况的报告,多次组织代表视察汽车产业基地、航空产业园、林河开发区、天竺综保区及顺义新城马坡组团建设情况等,专题听取了国门商务区发展情况汇报;主任会议还专题调研了北京汽车生产基地、临空国际高新技术产业基地基础设施建设情况。常委会在视察、调研的基础上,就临空经济区发展提出了加快公共服务设施建设,改善投资环境;加大招商引资力度,加快项目落地,促进已签约项目建设,形成区域经济发展的产业链;塑造临空经济统一品牌,形成我区的"临空经济区建设发展模式"等一系列建议。建议的落实对促进临空经济的发展起到了积极作用。

2. 关注重大项目、重点产业、重要活动的开展,促进顺义形象提升

五年来,我区重大项目纷纷落地,大型企业相继入驻,重要活动不断举办。全区GDP由2006年的304.7亿增加到2010年的867.9亿,产业不断升级,产业结构进一步优化,今年预计会突破1000亿。常委会围绕重大项目、重点产业、重要活动开展监督,取得了较好效果。

为促进产业结构优化,五年来,常委会就全区经济发展、现代服务业发展、重点工程建设、经济开发区建设、科技发展、重点功能区与镇级二三产业基地合作建设、文化创意产业发展等进行了多次视察;主任会议听取了金融业发展情况汇报,力促全区经济快速、科学、可持续发展。

2008年我区举办了奥运水上项目;2009年举办了第七届花博会,参加了国庆60周年阅兵的方阵表演及后勤保障工作;新国展建成后,每年展览众多。为保证这些重大活动的顺利开展,常委会通过视察、检查、调研、安保督查等形式,力促各项活动的场馆建设如期完成,运行保障精益求精,万无一失,后期运行妥善有序。

2008年底,全球性金融危机影响了我国,我区也受到冲击。为鼓舞全区人民斗志,应对金融危机,常委会在2009年7月份专门组织召开了三届四次人代会,专题审议了政府的经济工作报告,总结了全区应对危机的成果,明确了今后的工作思路。2009年,全区GDP完成690.2亿元,比上年增长27.2%,净增约150亿元,仍保持了较快的增长速度,稳居全市第五。

3. 关注新农村和重点镇建设,积极推进城乡一体化进程

为进一步加快新农村建设进程,促进4个重点镇建设尽快"出形象、见效益",常委会每年组织代表就新农村建设,重点镇基础设施建设及产业发展,都市型现代农业,农民就业、转非安置及农村教育、医疗、养老机构建设等进行视察。代表们提出的建议,对我区新农村的发展和城乡一体化进程都起到了较好的推动作用。

(二)增强监督实效,促进社会和谐

五年来,常委会把推进民生工程作为建设和谐顺义的重要抓手,作为常委会监督的重点,不断改进监督方式,加强跟踪问效的力度,力促经济发展的物质成果惠及全区人民特别是广大农民。

一是力促教育均衡发展。为推动教育的均衡发展,常委会于2008年和2009年先后对《义务教育法》进行了执法检查;2010年又结合代表建议办理和市人大代表视察,听取了政府关于教育第三次布局调整、全区中小学校舍加固工程和"十二五"教育发展规划编制情况报告;2011年,主任会议则就学前教

育进行了调研。

二是关注卫生事业发展。常委会组织代表视察了全区公共卫生体系建设、农村医疗卫生工作情况，并对《药品管理法》、《食品安全法》进行了执法检查，主任会议还调研了中医药事业发展情况。为推进区医院综合楼建设，常委会通过多次调研、视察，提出了相关建议，建议得到政府高度重视。

三是推进保障性住房建设。在2008年至2010年主任会议连续三年调研我区经济适用房、廉租房、限价商品房建设工作的基础上，常委会又连续两年组织代表进行了视察，并于2011年听取了政府保障性住房、定向安置房落实情况专项工作报告，并组织代表全程监督了我区第一次两限房摇号选房过程。通过常委会的推动及各部门的努力，我区的保障房建设提前完成市里下达的指标，实现了1:1配售。

四是助推全区环境建设。为提升全区环境水平，确保奥运会举办环境良好，2007年，常委会专题审议了政府关于环境综合整治的情况报告，同时对《道路交通安全法》进行了执法检查。2008年，主任会议听取了政府关于奥运场馆、机场周边环境整治、景观布局、主干道两侧绿化美化及奥运期间城市管理措施情况汇报，常委会专题审议了政府关于《水污染防治法》贯彻执行情况报告。2008年至2010年，连续三年就《水污染防治法》及北京市实施办法进行了执法检查。2010年，主任会议听取了政府关于全区垃圾处理情况汇报。2011年又视察了拆除违法建设情况。政府积极采纳常委会的建议和意见，做了大量富有成效的工作，使我区的环境质量有了明显提升。

五是推动民生工程的落实。五年来，常委会组织代表视察了和谐社区建设，检查了农产品质量安全法、就业促进法、物业管理条例等有关民生的法律法规贯彻执行情况；连续跟踪检查了养老设施规划、建设情况，推动了全区养老服务设施建设和管理服务工作的进一步发展。主任会议还听取了提高全区社会保障水平、人口与计划生育及老旧小区设施改造等情况汇报。常委会还连续三年就社区市场建设进行了调研、视察、连续跟踪检查，并于2009年听取了政府的专项工作报告，促进了社区便民市场建设的完善，使这项工作走在全市前列。尤其是东兴小区便民市场，是在常委会根据群众和代表的反映，多次协调与监督，反复与政府部门沟通的基础上建成的，最终解决了周边六个小区居民的买菜难问题。

三、服务改革发展，依法决定重大事项和人事任免

（一）依法决定全区发展中的重大事项

五年来，人大及其常委会对涉及全区发展的重大事项行使了决定权，依法做出了决议、决定。常委会每年依法听取审议区政府上半年财政预算执行、国民经济和社会发展计划执行情况报告，年度财政预算执行和其他财政收支审计及财政决算等专项报告，审议“六五”普法规划、生态示范区及生态区建设等报告，做出相应的决议、决定。“十一五”期间，常委会每年都要听取区政府关于“十一五”规划进展、落实、完成情况的报告。2010年，听取了“十二五”规划编制情况的报告，并组织部分区人大代表参加了规划纲要和专项规划的讨论、座谈。区政府积极吸纳代表们的意见和建议，不断完善规划纲要，为人代会审查批准规划奠定了良好基础。

常委会十分重视各项决议、决定的落实情况。为确保常委会批准的贷款落到实处，常委会专题审议了政府关于区人大常委会批准的贷款使用情况的审计报告，还先后三次听取了推进依法行政工作的情况报告。

（二）依法行使人事任免权

依法任免国家机关工作人员，是常委会的重要职权。五年来，常委会一是坚持依法、按程序任免“一府两院”工作人员；二是坚持对被任命人员进行任前法律知识考试;三是坚持对新任命的国家机关工作人员的任后监督。五年来,常委会依法任免国家机关工作人员382人次,其中接受2位区长、7位副区长、1位检察长的辞职请求,任命代理区长2人,代理检察长1人,副区长8人,在被任命的国家机关工作人员中形成了认真学法、自觉守法、依法行政的良好氛围和自觉接受人大监督的意识。

四、发挥代表主体作用,不断提高代表工作水平

五年来,常委会进一步完善工作机制,努力提高服务水平,支持和保障人大代表依法履行职责,代表工作取得新进展。

(一)完善服务措施,为发挥代表作用提供保障

为了帮助代表知情知政,更好地履行职责,常委会采取了许多好做法:一是加强代表培训。结合形势特点和代表履职需求,通过举办培训班、考察、工作研讨交流、视察、执法检查等方式,增强培训的针对性与实效性,提高代表履职水平。二是坚持"自选式"服务。将常委会年度执法检查和工作视察项目安排提前寄发代表,代表自主选择参加,发挥代表的专长和积极性。三是畅通信息渠道。坚持"一府两院"工作通报制度,向代表及时提供区情、政情、社情,并积极组织他们开展形式多样的视察和调研,保障代表知情知政。

根据市人大的要求,常委会积极为市人大代表服务,制定了市、区两级人大代表加强联系的办法,先后组织市人大代表活动50余次,为他们了解区情、履行职责创造了良好条件。

(二)创新活动方式,为代表履职搭建平台

为方便代表履职,常委会积极创造条件,完善代表工作制度,创新代表活动方式,建立了市区两级人大代表短信交流平台。常委会还成立了22个代表小组,以方便代表发挥各自优势,提高代表闭会期间活动的质量。每个小组都定期组织代表集体学习;不定期组织代表调研,了解社情民意。各小组在抓好常规的工作视察、执法检查的同时,还开展了代表进社区、接待选民日等活动。为进一步促进代表联系选民,反映选民意愿,常委会坚持开展代表向选民述职活动,每年有20%的代表向选民汇报履职情况,听取选民建议,接受选民监督。

(三)加大督办力度,保障代表权利

人大代表提出议案、建议是代表人民行使权力的重要形式,也是监督工作的重要组成部分。五年来,常委会不断加大对代表议案、建议、批评和意见办理工作的督查力度,建立了常委会领导牵头督办、各工作委员会按系统督办,代表联络室综合协调的督办机制,每年专题听取审议区政府关于代表建议的办理情况报告,并就建议落实情况进行视察。五年来,区人大代表共提出604件议案和建议,"一府两院"各相关部门加强对建议的梳理,积极与代表沟通,强化承办单位间的协调配合,使代表的建议落到实处。常委会还加强了对重点建议件办理情况的跟踪检查,并及时推广承办单位办理代表建议的好经验、好做法。督办力度的加大,既提高了建议、意见的办复率,又解决了群众关心、关注的热点难点问题,使百姓得到了实惠,也进一步提高了代表履职的积极性。

(四)加强指导,提高镇人大及人大街工委水平

镇人大和人大街工委在加强基层民主政治建设中具有不可忽视的作用。常委会坚持镇人大主席、人大街工委主任联席片会,列席常委会会议及定期通报情况等制度,把指导和推进镇人大、人大街工委工作作为一项重要任务来抓。每年年初,常委会都要组织各镇人大主席、人大街工委主任传达市人代会精神,通报常委会一年的工作安排,及时对各镇人大和人大街工委年度工作提出指导性意

见，推动各项工作制度的完善。常委会还通过定期培训、召开片会、区镇两级人大上下联动的执法检查等活动，提高镇人大、人大街工委的工作水平。

五、精心组织，依法完成市、区、镇人大代表选举工作

五年中，我们圆满完成了市、区、镇人大代表选举工作。2006年12月，补选了1名顺义区出席北京市第十二届人民代表大会的代表。2007年11月，按照市人大常委会的总体部署，筹备召开了区三届人大二次会议，选举产生了22名顺义区出席北京市第十三届人民代表大会的代表。2009年和2010年，常委会组织补选了15名区人大代表。

2011年8月至11月，在区委的领导下，常委会依法组织区镇两级人民代表大会代表的换届选举工作，把坚持党的领导、严格依法办事、充分发扬民主贯穿于换届选举的全过程。在全区各单位的积极配合下，51万选民依法选举产生了228名新一届区人大代表，1076名镇人大代表。新一届人大代表结构更为合理，整体素质明显提高，为做好人大及其常委会的工作奠定了坚实基础，必将为促进顺义区的全面、协调、可持续发展，实现顺义区未来五年的奋斗目标发挥重要作用。

六、不断加大自身建设力度，提高常委会依法履职能力

五年来，常委会从学习培训、转变作风、规范制度入手，加强自身建设，不断提高依法履职的能力和水平。

一是加强学习培训，提高履职能力。常委会全面贯彻落实市委人大工作会议精神，利用深入学习实践科学发展观、创先争优、作风建设年等专题活动，健全学习制度、改进学习方式，不断提高学习实效，提高常委会组成人员和机关干部的理论水平和履职能力。

二是加强制度建设，提供工作保障。常委会致力于将工作规范化、制度化，一是结合监督法的实施，修定和完善了常委会规章制度，并认真抓好落实。二是坚持市人大代表、镇和街道人大领导列席常委会会议制度，增强了人大工作透明度。

三是加强组织建设，提供组织保障。常委会设立了市人大代表联络处，成立了人大信访接待室，独立设置了研究室，还在全市率先成立了区级农村人大代表小组，理顺了有关工作机构的职能，加大了干部交流和选拔任用力度，为做好人大工作提供了组织保障。

四是加强作风建设，改进工作作风。常委会在工作中始终坚持民主集中制原则，充分发扬民主，集体行使职权，注重发挥主任会议的作用，深入实际开展调研，形成了代表、各委室、常委会领导、主任会议四个层面的调研格局；始终坚持用制度规范行为，用机制调动积极性，促进了常委会及机关工作效能的提高。

五是加强宣传工作，营造履职氛围。常委会高度重视人大宣传工作。常委会召开的重要会议和开展的重要活动，都要安排区属新闻媒体及时报道，较好宣传了人民代表大会制度和人大工作，营造了民主法制建设的良好舆论氛围。常委会还把人大自身宣传阵地建设作为推进人大宣传工作的重要途径，通过区人大网站、编发《工作通讯》和向各级人大刊物投稿的方式及时宣传常委会的重要工作；先后在《北京人大》等刊物刊发文章，宣传多名区镇人大代表立足岗位，积极履职的典型事迹，展示代表风采，塑造代表形象。常委会还结合市委第三次人大工作会议及地方人大常委会成立30周年等重大活动开展宣传，提高全社会的民主法制意识与人大意识，增强坚持和完善人民代表大会制度的自觉性。

各位代表、同志们：

五年来的工作实践，使我们深切地体会到：

第一，做好人大工作，必须坚持党的领导，以保证方向，推动发展。常委会认真贯彻执行党的路线、方针、政策及区委的决议、决定,定期向区委请示汇报工作,主动争取区委的领导,通过人大的法定程序把区委的决策与人民群众的意愿有机统一起来,确保了人大工作的正确方向。实践证明,只有坚持党的领导,人大工作才能稳步推进,人民代表大会制度才能不断加强和完善。

第二,做好人大工作,必须坚持以科学发展观为统领,精选议题,突出重点。区委工作的重点就是人大工作的重点。区人大常委会每年监督的议题,都是围绕区委中心工作、市人大常委会要求以及人代会决议确定的。人大工作只有与区委保持一致,才能突出监督重点,突出科学发展,才能与"一府两院"心往一处想,劲往一处使,共同推进现代文明和谐新顺义建设。

第三,做好人大工作,必须坚持发挥代表主体作用,不断增强监督力度。代表是人大监督工作的主体。代表作用发挥得好,人大的监督工作才更有力。为了充分发挥代表作用,提高代表的履职热情,常委会一是根据全年工作重点组织代表开展视察和执法检查,提出意见和建议。二是结合审议议题,常委会给代表出题目,搞调研,了解社情民意。三是开展代表述职、进社区等活动,广泛听取选民意见,接受选民监督,更好地发挥代表主体作用。实践证明,只有加强代表工作,人大代表的主体作用和常委会的职能才能得到真正发挥。

第四,做好人大工作,必须坚持创新工作方式,不断提高监督实效。为了使监督工作更有实效,更好地推动"一府两院"的工作,人大工作必须进行创新。如工作视察,在做好常规视察的同时,要注重随机抽查及代表的提前暗访,这样更能发现问题,提高监督实效。实践证明,只有及时适应新形势,认真研究新情况,不断解决新问题,始终保持与时俱进,才能找准人大工作的切入点,实现人大工作的不断创新与发展。

第五,做好人大工作,必须坚持跟踪问效,切实解决实际问题。本届常委会注重连续跟踪问效,力促一些重点问题和民生问题的解决,力求每一次检查,都能解决一两个实际问题。实践证明,坚持不断的连续跟踪检查,对于保证常委会及代表所提建议落到实处,切实推动"一府两院"工作会起到积极作用。

各位代表,本届常委会工作取得了一定的成绩,这是区委正确领导、区人大常委会组成人员共同努力和人大代表发挥作用的结果,也是"一府两院"支持配合、全区人民和社会各界关心帮助的结果。在此,我代表区第三届人大常委会,向所有关心、支持人大工作的同志们、朋友们,表示崇高的敬意和衷心的感谢!

在肯定成绩和总结经验的同时,我们也清醒地认识到,常委会的工作还存在需要改进的地方:重大事项决定权的行使还需进一步强化;常委会会议的审议质量还有待进一步提高;监督工作的针对性和实效性还应进一步增强;代表建议办理的督办力度还应进一步加大等。对于这些问题,今后需要认真研究,不断改进。

各位代表、同志们:

新一届人大常委会即将依法选举产生。新一届人大常委会任期的五年,是我区改革开放取得新成就,综合实力迈上新台阶,城乡一体化取得新突破,城市形象实现新提升,社会管理开创新局面的关键阶段。刚刚闭幕的顺义区第四次党代会为我区未来五年的发展明确了指导思想和奋斗目标,对人大工作提出了新的要求。为做好新时期的人大工作,新一届人大常委会要坚持以邓小平理论和"三个代表"重要思想为指导,以科学发展观为统领,认真贯彻落实党的十七届六中全会精神,按照区第四次党代会提出的工作目标和任务,凝聚全区人民的智慧和力量,拓展新思路,采取新举措,力求新实效,更好地履行宪法和法律赋予的各项职权。

一是着力围绕区委中心工作依法履职,在监督的深度和实效上有新进展。要深入贯彻《监督法》,抓住经济建设这个中心不动摇,紧紧围绕经济社会发展的重大问题和"十二五"规划的实施,明确工作重点,健全监督机制,加大监督力度,强化跟踪落实,使监督更具针对性和实效性。

二是着力推进民主法制建设,在法律监督方面有新举措。要围绕推动依法行政,深化依法治区工作,通过多种途径,采取各种措施,深入开展法律监督,促进司法水平和司法效率的提高,推动"六五"普法规划的落实,推进我区民主法制进程,维护安定团结、和谐稳定的社会局面。

三是着力关注民生问题的解决,在促进社会服务水平提高方面有新作为。要注重发挥人民代表大会制度优势,畅通群众利益诉求渠道,促进群众普遍关心和社会普遍关注问题的解决,特别是就业、养老保险、医疗卫生、教育等方面问题的解决,积极维护和实现人民群众的根本利益。

四是着力加强与人民群众的联系,在发挥代表主体作用上有新成效。要加强代表的培训,健全和完善三级代表联系群众的网络制度和机制,切实组织好闭会期间的各项代表活动,强化议案建议的办理力度和效果,有效发挥人大代表的桥梁纽带和模范带头作用。

五是着力增强履职能力,在常委会自身建设方面有新突破。要坚持从提高综合素质入手,创新工作制度、工作机制和工作方法,加强思想政治建设,深入开展调研,提高履职能力和服务水平。加强对人大街工委工作的领导和对镇人大工作的指导,进一步提高人大工作的整体水平。

各位代表、同志们:

我们相信,在区委的领导下,新一届人大及其常委会一定能够认真履行宪法和法律赋予的职责,深入贯彻落实市委第三次人大工作会议精神,不辱使命,不负重托,不断开创人大工作新局面,为推进我区民主法制进程,实现"打造临空经济区,建设世界空港城"的目标做出新的、更大的贡献!

政府工作报告

——2011年12月19日在顺义区第四届人民代表大会第一次会议上

顺义区人民政府区长 王 刚

各位代表:

现在,我代表顺义区人民政府,向大会报告本届政府过去五年的工作,对新一届政府工作和2012年工作安排提出建议,请予审议,并请各位政协委员提出意见。

一、过去五年工作回顾

区第三届人民代表大会第一次会议以来的五年,区政府在市委、市政府和区委的正确领导下,在区人大、区政协的监督支持下,在全区人民的共同努力和奋力拼搏下,高举中国特色社会主义伟大旗帜,抢抓机遇,锐意进取,攻坚克难,务实创新,顺义改革开放和现代化建设取得新的重大成就,圆满完成了本届政府的各项目标任务。

(一)经济发展实现新跨越。坚持以重大项目为支撑,以园区建设为载体,以创新发展为驱动,在持续扩大经济总量中,推动产业结构优化升级,顺义在北京郊区科学发展中发挥了排头兵作用。综合实力大幅提升。2011年,地区生产总值预计完成1000亿元,五年年均增长26.8%。属地财税收入预计实现370亿元,一般预算收入实现80.6亿元,分别比2006年增长3倍和2.7倍,年均分别增长32%和29.8%。五年累计完成全社会固定资产投资1740亿元。结构调整步伐加快。三次产业比重预计达到2.5:42:55.5。高端制造业地位不断巩固,汽车、航空两大产业集群规模不断壮大,工业总产值突破2000亿元。现代服务业比重加快提升,金融保险、航空服务、文化创意产业快速集聚。都市型现代农业效益不断提升,农业"四个大区"建设初见成效。节能减排成效明显,万元GDP能耗、水耗五年年均分别下降4.7%和21%,获得"北京市节能减排先进区"荣誉称号。重大项目建设成效显著。累计引进亿元以上实体项目239个,总投资2099亿元。现代二工厂、首钢冷轧、新国展一期等重大项目投产运营,现代三工厂、民生银行总部基地即将竣工,北京自主品牌乘用车基地、国家地理信息科技产业园、中航工业北京航空产业园、金蝶软件、新国展一期配套等重大项目建设进展顺利。创新能力不断提高。累计认定国家级高新技术企业57家、国家级企业技术中心5家、市级企业技术中心18家,授权专利567件。中国驰名商标达到13件,北京市著名商标达到38件,成为首批53个国家商标战略实施示范区之一。上市公司达到12家,累计募集资金593亿元。区属国有企业加快发展,市场影响力和竞争力不断提升。园区带动作用切实增强。临空经济区在区域发展中的功能和地位进一步提升。天竺综合保税区获得国务院批复,实现封关围网运营和口岸平移,政策功能优势加快显现。2011年,预计完成关税及代征税350亿元,完成进出口总值670亿美元,进出口增速在全国各综合保税区中名列第一。空港开发区对地方财政收入贡献更加突出,示范带动作用充分发挥。空港物流基地、汽车生产基地等重点功能区支撑作用不断强化,与各镇二三产业基地协同发展态势良好。临空经济区政策体系不断完善,发展环境进一步优化。

(二)城乡建设展现新面貌。坚持以城市化和城市现代化为引领,以举办北京奥运会水上项目和第七届中国花卉博览会等重大活动为契机,统筹推进城乡建设,城乡一体化水平不断提高。城市承载能力显著提升。五年累计实施重点工程700项,投入资金约1110亿元,行政中心、体育中心、文化中心、职教中心、劳动力实训基地建设加快推进,区污水处理厂、区生活垃圾综合处理中心、4个集中供热中心、4座110KV变电站、1座220KV变电站等一批重要基础设施投入运营。道路交通体系日臻完善。新建、改造公路260公里,白马路等一批主干道路顺利竣工,轨道交通15号线顺义段年底前全线通车运行。城乡生态环境明显改善。潮白河、减河整治效果明显,"引温入潮"跨流域调水工程顺利完成,新城滨河森林公园、汉石桥湿地生态景观功能初步显现。水源地保护成效显著,主要河流水质综合达标率达到82.7%。城乡绿化美化深入推进,全区林木绿化率达到26.95%,新增城市公共绿地42万平方米。全面推进城乡环境综合整治,环境卫生水平大幅提升。成功创建"全国绿化模范城市",顺利通过"国家生态示范区"验收。城乡统筹发展不断深入。顺义新城规划、19个镇域规划和全区土地利用总体规划修编获得批复,32个街区控规深化方案、潮白河两岸城市设计等重要专项规划编制完成。重点镇中心区基础设施和公共服务设施建设加快实施。新农村建设扎实推进,391个村集体经济产权制度改革顺利完成,五项基础设施建设全面竣工,“百村万户”绿化美化工程成效显著,农村生产生活条件明显改善。累计整建制拆迁村庄39个、5.9万农民融入城市,户籍人口城镇化率提高至52.1%。

(三)民生改善取得新成效。把解决好民生问题作为社会建设的核心任务,突出保障和改善民生,人民群众得到更多实惠。人民生活水平不断提高。城镇居民人均可支配收入、农村居民人均纯收入预计分别达到27500元和14300元,五年年均分别增长9.3%和11.5%。城乡劳动力二三产业就业率达到93%,城镇登记失业率控制在1.5%以内。社会保障体系加快完善。社会救助水平全面提升,城乡低保、大病救助、教育救助、社会救灾等标准逐年提高。五年累计投入城乡低保救助金1.1亿元,4.33万人次从中受益,完成1582户农村贫困对象和优抚对象危旧房改造,安置随军家属、退役士兵1675人,蝉联全国双拥模范城。广泛开展慈善救助项目,2万余人获得救助。“民政一卡通”在全市率先实行。新农合参合率达到99.8%。把回迁安置房和保障性住房建设作为重点民生工程,加强调度,强力推进,累计开复工回迁安置房和保障性住房总建筑面积728万平方米、62563套,竣工回迁安置房总建筑面积300万平方米、23000套,竣工保障性住房总建筑面积18万平方米、2292套。社会事业全面发展。社会事业投入力度不断加大,教育、卫生队伍待遇切实提高。新建中小学和幼儿园10所,扩建15所,完成32所学校校舍安全改造,教育教学条件进一步改善。素质教育深入推进,教学质量稳步提高,高考升学率稳居北京郊区第一。职业教育水平切实提高,服务经济社会发展作用日益突出。文化、体育、人口计生等各项事业蓬勃发展,获得“全国社区教育示范区”、“全国人口计生综合改革示范区”、“全国中医药特色社区卫生服务示范区”等荣誉称号。

(四)社会服务管理开创新局面。作为市级社会服务管理创新试点区,切实加强社会服务管理机构建设,大力发展“枢纽型”社会组织,加快推进城市网格化管理,社会服务管理体制机制不断完善,社会环境更加和谐稳定。和谐社区建设和村庄社区化管理深入推进,社区居委会办公用房和居民活动场所条件明显改善。切实加强流动人口服务管理,人口调控经验成为全市典范。深入推进安全生产分类分级管理和自查自报工作,安全隐患排查治理体系在全国推广,成为全国安全生产标准化建设示范试点地区。建立健全源头治理长效机制,深入开展打非专项行动,违法建设、非法生产经营行为得到有效遏制。土地管理更加严格规范,集约节约利用水平不断提高。节约用水分类分级管理和规范取用水工作扎实推进。公共安全、食品安全、药品安全、公共卫生安全监管体系不断完善,信访排查调处和社会治安综合治理切实加强。获得“全国信访系统先进集体”、“全国法制宣传教育先进区”、“全国平安建设先进区”等荣誉称号。

(五)改革开放迈上新台阶。北京奥运会水上项目、第七届中国花卉博览会等重大活动和国际汽车展、服装展等重要展会圆满举办,聚焦效应充分释放,高端要素加速集聚,区域文明程度和国际影响力显著提高。政府职能加快转变,区政府机构改革、乡镇机构改革、财政体制改革、医药卫生体制改革、投融资体制改革、集体林权制度改革和农村综合改革深入推进,经济社会发展动力不断增强。对外开放不断扩大。天竺综合保税区作为首都重要的战略性基础设施和外向型经济窗口的地位不断提升。过去五年,全区累计实际利用外资预计达到18.8亿美元,比上一个五年增长70%。

(六)政府自身建设得到新提升。深入推进依法治区,认真落实行政执法责任制和评议考核制,依法行政不断加强。自觉接受人大法律监督、工作监督和政协民主监督,高度重视人大代表和政协委员建议、提案办理工作,累计办理人大代表建议604件、政协委员提案710件,办理质量不断提高。始终坚持重大事项集体决策制度,行政规范性文件清理工作切实加强,区、镇政府投资管理更加规范,重大合同审核备案成效明显;不断加强全程办事代理、政风行风评议、政府信息公开工作,深入开展学习实践科学发展观和"创先争优"活动,认真落实党风廉政建设责任制,政府工作科学化、制度化、规范化水平不断提高。

五年来,社会主义民主法制和精神文明建设成效显著。基层民主进一步扩大,村务公开、厂务公开切实加强。"五五"普法圆满完成,全民法律素质进一步提高。各类主题教育和群众性精神文明创建活动深入开展,城市志愿服务深入推进,关爱互助的社会氛围日益浓厚。对口援助不断加强,区域合作进一步深化。民族、宗教、侨务和对台工作健康发展,国防建设、妇女儿童、残疾人、广播电视等各项事业迈出新步伐。

这些成绩的取得,得益于市委、市政府和区委的正确领导,得益于区人大、区政协的监督和支持,离不开社会各界的关心和帮助,凝聚着全区人民的智慧和汗水。在此,我代表区政府,向全区人民,向各位人大代表、政协委员,向各民主党派、工商联和无党派人士、各人民团体以及社会各界,向驻区中央、市属单位、部队和企业,表示衷心的感谢!

各位代表,回顾过去的五年,奋斗的历程难以忘怀,取得的成绩令人振奋,积累的经验弥足珍贵,我们深刻体会到:必须坚持以科学发展观为统领,加快转变发展方式。牢牢抓住经济建设这个中心,自觉践行科学发展观,紧紧围绕首都赋予顺义的功能定位,把握发展规律,创新发展模式,优化发展路径,做大做强主导产业和优势产业,不断壮大区域综合经济实力,提升经济增长的质量和效益,为促进社会全面进步提供坚实的物质基础。必须坚持抢抓发展机遇,赢得发展新优势和主动权。牢牢把握国家和北京市发展战略及宏观政策,提升区域发展战略,紧紧抓住首都产业布局、城市空间布局调整等历史机遇,以承办重大活动、承接重大项目为引领,努力在发展中赢得新机遇,谋求新发展,增创新优势,推动区域经济社会跨越发展。必须坚持以我为主、攻坚克难,积极破解制约发展的各种矛盾和问题。充分发扬敢于担当、敢于负责、敢于创新的精神,积极应对宏观环境变化、区域竞争加剧、要素制约凸显带来的新挑战,变压力为动力,积极探索,主动作为,大胆破解发展难题,勇于解决突出矛盾,不断增强经济社会的可持续发展能力。必须坚持以人为本、执政为民。把满足群众的愿望和要求作为政府工作的根本出发点,坚持发展为了人民、发展依靠人民、发展成果由人民共享,加快城乡统筹,推动充分就业,完善社会保障,发展社会事业,切实解决涉及群众切身利益的突出问题,努力营造更加和谐稳定的发展环境和社会氛围。

在看到成绩的同时,我们也清醒地认识到,经济社会发展中还存在一些困难和问题,主要是:产业结构需要加快优化,消费拉动、创新驱动作用还需不断增强,转变发展方式的任务十分艰巨;城市功能需要加快完善,城市承载能力有待不断增强,社会公共服务水平需要加快提升。城乡一体化还要深入推进,区域之间、城乡之间发展尚不平衡,城乡居民收入水平有待进一步提高;文化建设需要切实加强,社会服务管理精细化水平还需不断提高,发展环境仍需进一步优化。对这些问题,我们将高度重视,切实加以解决。

二、今后五年的奋斗目标和主要任务

今后五年,是顺义深入贯彻落实科学发

展观、实现发展新跨越的关键五年，是大力提升核心竞争力、增创发展新优势的关键五年。我区作为北京重点建设的新城、临空经济高端产业功能区和现代制造业基地，作为首都对外交往的门户和外向型经济发展的窗口，应该而且能够在首都加快转变经济发展方式、率先形成城乡一体化发展新格局等方面发挥更大作用，做出更大贡献。我们一定要始终保持清醒头脑，增强机遇意识和忧患意识，更加注重全面、协调、可持续发展，更加兢兢业业、扎扎实实地做好政府各项工作，不断开创顺义改革开放和现代化建设的新局面。

今后五年经济社会发展的总体要求：

坚持以邓小平理论和“三个代表”重要思想为指导，以科学发展为主题，以加快转变经济发展方式为主线，深入贯彻落实中央和市委、市政府决策部署和区第四次党代会精神，紧紧围绕“打造临空经济区、建设世界空港城”的目标，全力推进北京国际航空中心核心功能区建设，着力优化产业结构，着力推进城乡一体化，着力保障和改善民生，着力加强和创新社会管理，加快文化强区建设，努力将顺义建设成为北京东北部中心城市。

今后五年经济社会发展的主要目标：

一是经济实力更加雄厚。预计到2016年底，全区地区生产总值超过1800亿元，年均增长12%以上。全区属地财税收入突破600亿元，一般预算收入突破150亿元，年均分别增长10%和12%以上。

二是产业结构更加优化。现代服务业加快发展，现代制造业核心竞争力切实增强，战略性新兴产业和文化创意产业成为区域发展新的增长点，消费拉动和创新驱动对经济发展的作用不断提升，三次产业比重达到1.5:38.5:60。

三是城乡发展更加协调。城市化、城市现代化水平大幅提升，城乡一体化步伐明显加快，顺义新城功能加快完善，与新城功能定位相匹配的社会公共服务设施不断健全，重点镇建设初具规模，新农村建设水平进一步提升，户籍人口城镇化率达到75%。

四是人民生活更加幸福。城镇居民人均可支配收入达到46340元，农村居民人均纯收入达到24100元，年均分别增长10%和11%。城乡劳动力二三产业就业率达到95%，城镇登记失业率控制在1.5%以内。

五是人口资源环境更加和谐。到2016年底，全区常住人口总量控制在100万人左右。生态环境质量持续改善，资源集约、节约利用水平明显提高，万元GDP能耗、水耗分别累计下降20%和25%。

六是区域发展更加开放。顺义作为首都对外交往门户和外向型经济发展窗口的作用进一步彰显，天竺综合保税区政策平台优势进一步发挥，辐射带动作用明显增强。区域国际化水平大幅提升。五年累计实际利用外资突破20亿美元。2016年，全区进出口总额超过250亿美元，天竺综合保税区进出口总值超过1450亿美元。

今后五年经济社会发展的主要任务：

一是加快转变发展方式，提升经济运行质量和效益。坚持在持续扩大总量中优化产业结构，按照“一核、两轴、两带”的产业空间布局，优化一产、做强二产、做大三产，突出发展现代服务业，加快提升现代制造业，培育壮大战略性新兴产业，大力发展都市型现代农业，实现经济发展规模、速度、质量和效益的全面提升。完善临空服务功能，促进高端产业集聚，全力推进北京国际航空中心核心功能区建设。

二是加快完善城市功能，建设北京东北部中心城市。深入落实“一港、两河、三区、四镇”的城市空间布局，加快实现空港地区全面城市化，提升中心城区综合服务水平，适时启动河东新区建设，全面推进重点镇和新农村建设，加快城乡一体化进程。大力发展符合新城定位的高端产业，着力完善与北京东北部中心城市相匹配的城市功能，按照“新产业、新功能、新贡献、新形象”四个方面的要求,推进顺义新城建设成为北京东北部中心城市。

三是加快发展社会事业,注重保障和改善民生。将更多的财力物力投向社会民生,以弘扬先进文化为引领,以提高城乡居民收入水平为核心,以完善社会保障为支撑,着力解决就业、住房、社保、医疗和教育等群众最关心、最直接、最现实的利益问题,使发展成果最大限度地惠及全区人民,让人民群众的幸福感与经济社会跨越发展同步提升。

四是加强和创新社会管理,营造和谐稳定社会环境。以实现人的全面发展、构建和谐社会为目标,以解决关系人民群众切身利益与影响社会和谐的突出问题为重点,积极探索加强社会服务管理的新模式、新途径和新方法,建立健全社会服务管理体系,完善社会治理结构,全面提升社会服务管理的精细化水平,最大限度激发社会活力、最大限度增加和谐因素、最大限度减少不和谐因素。

五是深化改革和扩大开放,增强区域发展动力和活力。充分发挥市场配置资源的基础性作用,加大重点领域和关键环节的改革力度,构建充满活力、富有效率、有利于科学发展的体制机制。立足首都对外交往门户和外向型经济窗口的定位,推动天竺综合保税区向空港型自由贸易区转型升级,在更大范围、更宽领域、更深层次开展对外交流与合作,不断提升对外开放和国际化水平。

各位代表!经过五年的努力,顺义将发展成为以临空和汽车产业为主导、现代服务业发达、战略性新兴产业集聚的重点新城;成为城市体系相对独立、综合功能日臻完善、区域中心地位更加突出的重点新城;成为推动首都科学发展、辐射带动周边、贡献更加突出的重点新城;成为国际化水平显著提升、对外交往作用充分发挥、首都门户形象更加彰显的重点新城。我们坚信,有市委、市政府和区委的正确领导,有区人大、区政协的监督支持,有全区人民的拼搏奋斗,顺义的明天将更加美好!

三、2012年工作安排

2012年是新一届政府的开局之年,也是实施“十二五”规划的关键一年,做好明年工作,责任重大,意义深远。面对国内外经济环境仍然复杂严峻,不稳定、不确定性因素增多,发展竞争更加激烈的形势,我们要牢牢把握发展第一要务,坚持稳中求进,迎难而上,奋发有为,把稳增长、控物价、调结构、惠民生、抓改革、促和谐更好地结合起来,坚定不移地推动区域经济社会又好又快发展,以优异的成绩迎接党的十八大胜利召开。

2012年全区经济社会发展的主要预期目标:预计地区生产总值达到1120亿元,同比增长12%。属地财税收入达到410亿元,同比增长10%;一般预算收入达到90亿元,同比增长12%。全社会固定资产投资完成475亿元,同比增长10%。社会消费品零售额实现252亿元,同比增长16%。实际利用外资完成4.2亿美元。城镇居民人均可支配收入达到30530元,同比增长11%。农村居民人均纯收入达到16010元,同比增长12%。

为实现上述目标,2012年要重点抓好以下五个方面的工作:

(一)以发展现代服务业为引领,全力推进产业结构优化升级。

将结构调整作为加快转变经济发展方式的关键环节,以项目引进和建设为支撑,加快建立三次产业融合发展的现代产业体系。

提升现代服务业发展水平。把加快发展现代服务业作为新一轮产业发展的主攻方向,促进服务业上规模、上水平,进一步提高服务业比重。着力提升航空服务业,加快推进北京国际航空中心核心功能区规划建设,吸引航空及关联企业加速集聚;加快中航信高科技产业园、中航油总部基地建设,促进航空物流、航空油料、航材贸易等产业做大做强。加快发展金融产业,启动正德人寿总部、中信银行数据中心建设，推动现有金融分支机构提升为区域总部或区域结算中心；加大对金融业新衍生业态的吸引力度，积极筹建小额贷款公司和发行集合票据，促进金融产业向集群化、高端化、总部化和国际化发展。加快文化创意产业发展，围绕发展广告会展、设计服务、时尚文体休闲、高端出版印刷产业，规划建设一批文化创意产业集聚区；加快新国展一期配套和二、三期建设，做好新国展周边商业设施规划，完善新国展服务管理体制和运行保障机制，加快周边道路系统建设及公共交通体系建设，完善会展功能和基础设施配套，促进会展及关联产业加速集聚。充分利用市区两级产业扶持政策，着力引进和扶持一批优质企业，打造一批特色鲜明的文化创意产业标志性项目。加快中国出版集团文化创意产业园发展。全力推进国家地理信息科技产业园建设，切实做好一期招商引资工作，积极启动二期建设。各经济功能区、各镇要立足自身功能定位、发挥各自优势，积极发展信息咨询、服务外包、商务会展、现代物流等现代服务业。

优化现代制造业和现代农业。做大做强汽车产业。加快推进现代三工厂、北京自主品牌乘用车基地建设，不断完善周边市政道路等基础设施，全力确保项目如期建成投产。积极培育和发展新能源汽车产业，完善汽车上下游产业链，着力吸引研发设计、汽车金融、汽车贸易等高端要素，打造具有国际影响力和竞争力的汽车制造及研发基地。加快高端装备制造业发展，以北京市启动“精机工程”为契机，支持北一数控等龙头企业发展，聚集优势资源，提升产业规模，全力打造高端数控机床产业创新基地。大力发展战略性新兴产业，加快中航工业北京航空产业园建设，积极推进航天科工北京航天产业园土地一级开发和项目落地，着力引进优质项目入园。加快国家农业科技园区建设，深化农业结构调整，加强农田水利建设，不断提升农业“四个大区”建设水平，促进农业与二三产业融合发展，完成5.3万亩农业综合开发工程以及3.5万亩农业节水灌溉工程。以筹办第十一届中国菊花展为契机，推进现代花卉产业快速发展。加快农村改革和水务改革步伐，不断深化林权制度改革，完成剩余12个村集体经济产权制度改革。

推进园区产业转型升级。加强临空经济区科学规划和统筹发展，整合优化发展资源，创新运行体制机制，全力打造临空经济区整体品牌。加快出台全区产业发展指导意见，统筹全区招商资源和产业布局，强化信息沟通和衔接，推动产业合理布局。天竺综合保税区要充分发挥航空物流口岸和保税功能优势，大力提升口岸操作区运营水平和区域通关效率，加大航材、医药、文化贸易、金融租赁等重点项目引进和落地力度；加快推进二期规划建设，尽快启动规划范围内村庄拆迁工作，不断完善基础设施和综合服务设施，实现与周边地区和其他经济功能区融合发展。空港开发区、空港物流基地、汽车生产基地、林河开发区等功能区要坚持高端化、集群化、集约化发展方向，通过引进一批、升级改造一批、盘活置换一批的方式，加速高端要素集聚，促进园区优化升级；要深化与木林、大孙各庄等镇级二三产业基地的合作共建，带动镇级基地加快发展。

增强消费拉动和创新驱动能力。加快构建投资、消费协调拉动的经济发展格局，着力扩大消费需求，全力促进消费增长。通过提高消费能力、创新消费方式、转变消费理念、激发消费潜力等措施，增强消费在经济发展中的拉动能力。围绕建设北京东北部商业中心的目标，切实加快金街商业区建设和招商引资进度，推进东风商场片区改造，加强高端商业业态引进，优化商业中心周边环境，营造浓厚商业氛围。打造商务活动聚集区和特色休闲产业聚集区，规划建设绿色生态消费圈。大力发展会展消费、旅游消费、商务休闲和文化体育产业,积极吸引机场客流、商务人群在顺义消费,打造品牌集聚地、消费目的地。深入挖掘和整合区域旅游资源,打造特色旅游品牌。加强农村消费市场建设,深入落实“家电下乡”等惠农政策,充分挖掘农村市场消费潜力。加快创新驱动发展。紧抓中关村空间布局调整机遇,对拟纳入的临空国际产业基地等园区,统筹规划招商,吸引中关村“创业板块”上市公司和新募投项目入驻,使“研发创新在中关村、转化和产业化在顺义”的构想落实到具体项目。健全企业创新激励机制,支持企业技术创新、品牌培育、申请专利、上市融资,力争完成3家企业上市,认定国家级企业技术中心1家、市级企业技术中心2家,争创中国驰名商标1件、北京市著名商标2件。积极支持中小企业发展,加强区内投融资平台建设,优化企业发展环境。不断完善和深入落实临空经济区发展政策,对企业项目落地、高管人员激励、职工住房、人才引进、自主创新等加强支持和保障。

(二)以完善城市功能为核心,全面提升新城综合竞争力。

立足高标准建设北京东北部中心城市,加快完善城市功能,提高城市承载能力,全面推进全区城市化和城市现代化。

深化城乡规划设计。完成城市中心区城市设计,科学确定各片区功能定位,推动城市中心区建设改造。编制和完善轨道交通15号线沿线产业发展规划、城市景观设计规划、商业布局规划、土地利用规划,完善沿线功能设施配套,统筹开发利用土地资源,促进产业和功能设施优化布局,发挥其对周边的辐射带动作用,将轨道交通15号线沿线打造成为高端服务业集聚、功能设施配套完善、展现顺义新城风貌的重要窗口。编制和完善城市绿道系统规划方案,抓紧实施顺安路沿线城市设计方案,积极推进轨道交通L1线北延至顺义新城规划方案的实施,加快商务机通用机场规划选址和建设等前期工作。加强农村集体产业用地规划研究。

统筹推进城乡建设。统筹考虑新城、镇中心区和新农村基础设施、公共服务设施和功能配置标准,形成布局科学、功能合理、社会保障全覆盖的城乡一体化发展格局。加强统筹调度,全程跟踪管理,切实抓好2012年重点工程建设。完善新城基础设施和公共服务设施。行政中心、党校迁建、中医院迁建、残疾人康复中心等重点工程要加快推进,文化中心、体育中心、职教中心、劳动力实训基地要基本完成主体工程。继续实施一批城市道路建设,完成便民街道路、新国展周边、新顺南北街、光明街、顺安路等道路改造和景观提升工程,加快推进通怀路一期、白马路东延等道路建设工程。完成西马220KV、出口加工区110KV输变电工程和一批电力设施改造工程。加快推进东北部浅山区联络线建设,制定和落实沿线产业发展规划,不断改善基础设施配套条件,促进浅山地区产业发展和农民增收致富。加快各镇中心区基础设施和公共服务设施建设,提升中心区整体形象和公共服务水平,吸引人口向镇中心区集中,产业向二三产业基地集聚。全面推进重点镇建设。坚持规划引领、产业为本、基础先行、多元投入、突出特色,强化政策集成、资金集中、要素集聚,充分利用北京市小城镇发展基金,吸引放大社会投资,推进镇中心区拆迁改造,不断完善综合功能,增强吸附和辐射带动能力。完善区镇财政体制,健全各镇分类考核机制,加大对边远地区农村基础设施建设的投入力度。不断深化新农村建设。对有条件的重点保留村,集中投入、整体改造、批次推进,加快就地城镇化步伐。继续实施一批村庄整建制拆迁。推进新型农村社区和新民居建设,实施农民住宅新建翻建和节能改造工程。

提高城市管理效能。切实加强交通规划建设和运营管理,把方便群众出行,作为重点民生工程和优化发展环境的重要举措,着力构建方便、快捷、安全的交通体系。突出抓好轨道交通15号线与公交线路接驳工作，加快推进国门商务区、汽车生产基地、杨镇等公交场站建设，增加和优化公交线路，实现公交线网与轨道交通的高效衔接。加快首都机场周边道路建设和改造，完善交通体系，优化交通环境。加快道路微循环系统建设，完善路网功能，实施交通重要节点疏堵改造，完成怡馨家园、便民街东口等5处地下通道建设工程。全面推进交通精细化管理，优化完善信号灯和道路标志设置，加强停车设施建设和管理，提高交通设施“科学化、系统化、人性化”设置水平。加强交通文明宣传引导，大力整治违法违章行为。完成杜尹路、焦孙路等5条道路路灯安装工程和80公里乡村公路建设，营造良好的交通环境。完善应急、抢险、救援体系建设，切实提高城市运行保障水平。强化城市公用保障能力，加快推进中心城区电力隧道建设，启动北务天然气高压调压站建设。坚持建管并重，建立健全属地管理、行业主责、部门联动、联合执法、综合监察的工作机制。深化城乡环境综合整治，做好城市重点地区和农村地区日常环境建设。按照“减存量、控增量”的要求，坚决切断非法利益链条，强化责任追究，建立长效管理机制，切实遏制违法建设和非法生产经营行为。继续开展城市运行秩序专项整治行动，加强户外广告管理，规范门店经营行为。

优化城乡生态环境。深入贯彻落实清洁空气行动计划，大力推广使用清洁能源，推进镇级集中供热中心建设，确保二级和二级以上天数达到76%以上。强化垃圾规范化管理，推进社会单位垃圾分类工程，启动区生活垃圾综合处理中心升级改造工程。加强水源地保护，加快小中河、金鸡河等中小河道生态治理，确保主要河流断面100%达标。新建杨镇、马坡、赵全营和北务4座再生水厂，加快推进牛栏山等5个镇级再生水厂前期工作，加快天竺污水处理厂迁建工程和区污水处理厂升级改造工程。编制河东新区和4个重点镇水系规划，实施潮白河生态修复、设施改造和汉石桥湿地引水工程，打造生态水系，营造滨水景观。启动城南水厂建设，加强用水规范化管理和精细化服务，强化安全用水管理，进一步增强城乡供水保障能力。启动顺平路、顺安路等重点道路绿化景观改造工程，完成新城滨河森林公园建设工程，加快推进3.5万亩镇村隔离地区森林公园建设。完成40个市级生态村、5个国家级生态村的创建工作。

（三）以提高民生水平为根本，全面推进和谐顺义建设。

坚持把保障和改善民生作为政府工作的出发点和落脚点，实现好、维护好、发展好广大人民的根本利益，让全区人民共享幸福美好的生活。

提高城乡居民收入水平。认真落实国家和北京市促进居民收入增长的各项政策，积极鼓励和引导企业健全职工工资正常增长机制，不断提高工资水平。支持群众通过自主创业、投资理财等多种途径，增加投资和财产收益。加大农村地区基础设施和项目的投入力度，增加农民就业机会，拓宽农民增收渠道，增加非农收入比重；建立农村土地流转价格保护和增长机制，确保农民人均纯收入持续增长。完善城乡统一的公共就业服务体系，切实加大就业教育培训力度，提升城乡劳动力就业质量和收入水平，实现城乡新增就业12000人，促进6000名城镇登记失业人员再就业，帮助6000名农村劳动力实现转移就业，城镇登记失业率控制在1.5%以内，城镇登记失业人员就业率达到65%。加强重要生产生活资料储备和市场供应，强化价格调控和监管，确保居民消费价格总水平基本稳定。

不断完善社会保障体系。扩大社会保险覆盖面，继续加大财政支出对社会保障的投入。建立健全城乡低保标准与物价水平同步增长的调整机制,完善城乡最低生活保障和医疗救助制度,稳步提高保障标准和救助水平。完善养老、慈善、优抚安置等福利政策,推进社会福利向适度普惠型转变。加快区老年公寓和镇办敬老院改扩建工程,积极推进托老所建设。完成区殡仪馆搬迁。

优化住房供应结构。坚持“统筹规划、集中建设、统一管理、资金封闭运行”的要求,全面推进牛栏山、后沙峪等镇8.6万平方米公开配租公租房和望泉寺地块40万平方米配套公租房建设。启动临空经济核心区和国家地理信息科技产业园、现代三工厂、北京自主品牌乘用车基地等重点项目配套公租房建设,为全区产业发展提供配套条件。加快推进回迁安置房和保障性住房建设,开复工回迁安置房和保障性住房总建筑面积477万平方米、48753套,竣工回迁安置房总建筑面积130万平方米、11000套,竣工保障性住房总建筑面积32万平方米、4425套。严格落实房地产调控政策,保持房地产市场平稳健康发展。

切实加强和创新社会管理。建立健全社会管理创新核心指标体系、工作标准和考核评价体系,完善镇、街道终端服务管理机制和城乡社区全覆盖服务管理机制,切实提高社会服务管理水平。加快网格化管理体系建设,积极应用现代信息技术,完成社会服务管理电子监控中心建设,启动城市网格化管理试点工作。实施老旧小区市政设施改造,完善老旧小区物业管理制度,优化群众生活环境。深入推进和谐社区创建工作。新建65个农村社区服务站,实现农村社区服务全覆盖。完成第八届居委会换届选举,修订完善村规民约,充分发挥村务监督委员会作用,提高居民自治水平。加大政府购买服务力度,发挥枢纽型社会组织桥梁纽带作用。完善流动人口科学调控机制,加强出租房屋管理,提高流动人口服务管理水平。紧抓作为全国安全生产标准化建设示范试点地区的机遇,全面推进安全生产标准化建设,有效预防安全事故发生。加强校车管理,不断完善校车运行保障机制。进一步整顿和规范食品、药品生产经营秩序,保持对不法食品、药品生产经营行为的高压态势,确保区域食品、药品安全。构建多元化社会矛盾化解体系,推行重大事项社会稳定风险评估,健全定期与群众沟通机制,变上访为下访,积极预防和化解各种矛盾。加强社会面整治与防控工作,强化社会治安综合治理,严厉打击各类违法犯罪行为,对恶性刑事案件做到逢案必破。完善应急管理体制,加强专项指挥部和应急队伍建设,强化应急救援和演练,提升突发事件应对处置能力。

(四)以建设文化强区为重点,全面提升社会事业发展水平。

紧紧围绕首都建设有世界影响力的文化中心的战略目标,着力建设文化强区,加快构建与经济社会发展水平和人民群众需求相适应的社会公共服务体系,不断增强区域发展软实力。

促进文化大发展、大繁荣。着力推进社会主义核心价值体系建设,大力弘扬北京精神、顺义精神,不断增强推动发展的凝聚力和向心力。按照公益性、基本性、均等性、便利性的要求,加强文化基础设施建设,完善公共服务设施网络,构建以区文化中心为龙头、以镇级文化中心和村级文化活动室为支撑,体现顺义特色和时代精神的文化精品设施。支持鼓励社会力量兴办各类公益文化事业,整合社会文化资源,提高文化设施利用率。打造特色文化品牌。高质量办好燕京啤酒节、郁金香文化节、北京端午文化节等系列文化品牌活动,积极培育汽车、航空、会展等特色文化。引进培养优秀文化人才,扶持培育特色文化团体,鼓励创作文化艺术精品。切实加强文化市场建设与管理,优化区域文化消费结构,不断净化文化环境。坚持文化产业与文化事业相互促进、共同发展,着力打造独具特色的文化产业集群，活跃和繁荣文化市场，满足群众多层次、多方面的文化需求，增强文化活力和竞争力。全面推进文明创建活动。深入开展文明镇村、文明窗口、文明单位创建活动，集中解决一批环境卫生、社会秩序、窗口服务等群众关心的突出问题。大力实施市民素质提升工程，加强社会公德、职业道德、家庭美德、个人品德建设。加强志愿者队伍建设，营造平等友爱、融洽和谐的社会氛围。加快社会诚信体系建设，营造诚实守信的社会环境。

推动社会事业高水平、均衡化发展。坚持把教育放在优先发展的战略地位，高质量完成全区校安工程，继续实施一批幼儿园改造工程。推进城乡联动教育改革，深入实施“三名”工程，加快与区外优质教育资源的合作共建，做大做强区内重点示范学校，促进城乡间优秀教师交流，进一步提升全区教育教学水平。继续完善终身教育体系和终身学习服务体系，深入推进学习型顺义建设。深化医药卫生体制改革，加快落实区域卫生规划，着力建设高水平的医疗服务和公共卫生服务体系，扎实推进北京友谊医院、口腔医院与区内医疗资源合作共建，积极争取阜外医院等优质医疗资源入区发展。进一步强化疾病预防控制、卫生监督执法和医疗急救体系建设，切实提高公共卫生服务和保障水平。深入落实全民健身行动计划，广泛开展全民健身活动；新建健身场所50个，构建“十五分钟体育活动圈”。继续办好第二届环北京职业公路自行车赛顺义赛段比赛，做好第七届全国农民运动会参赛工作。加大人才培养和引进力度，为区域经济社会又好又快发展提供人才和智力保障。

(五)以加强政府自身建设为着力点，全面优化区域发展环境。

坚持以转变职能为核心，以制度建设为根本，以公开透明为基础，以作风建设为保障，全面加强自身建设，努力建设为人民服务、对人民负责、让人民满意的政府。

坚持执政为民，建设服务型政府。加快政府职能转变，进一步强化经济调节、市场监管、社会管理和公共服务职能，切实简化办事程序，优化工作流程，规范服务标准，提高办事效率和服务水平，营造更加公平的市场和社会环境；把公共服务和社会管理放在更加重要的位置，促使更多的公共资源向农村、基层和困难群众倾斜，全心全意为人民服务、为发展服务。

坚持依法行政，建设法治政府。深入贯彻落实《行政强制法》等法律法规，严格按照法定权限和程序行使权力、履行职责，依法管理经济社会事务。高度重视人大代表建议和政协委员提案的办理工作，不断提高建议、提案办理质量和水平。严格行政审批和资金拨付管理，建立重大合同分类分级管理机制，强化重大合同的审核备案。拓宽政府信息公开、政务公开范围，认真落实预算公开制度，增强政府工作的透明度，依法保障公民的知情权、参与权和监督权。

坚持务实勤政，建设高效政府。大力弘扬为民、务实、高效的工作作风，推进工作重心下移，深入基层、深入群众，解决实际问题。政府工作要按照定性、定量、定时的总体要求，科学谋划，准确定位，不断提高政府决策的科学性；分解任务，量化工作，不断增强政府工作的针对性；倒排工期，督促落实，不断提升政府工作的时效性。

坚持从严治政，建设责任政府。建立健全各项工作制度，用制度管权、按制度办事、靠制度管人，加强对权力运行的监督，严格责任追究。深入推进办事公开，加大对许可项目、工程招投标、政府采购等事项的公开力度。强化对窗口单位、关键部门和岗位的重点监督，坚决纠正损害群众利益的不正之风。加强腐败源头治理，营造风清气正的行政环境。

各位代表，回顾过去，丰硕成果令人鼓舞；

展望未来,美好前景催人奋进。让我们在市委、市政府和区委的坚强领导下,高举中国特色社会主义伟大旗帜,以邓小平理论和“三个代表”重要思想为指导,深入贯彻落实科学发展观,同心同德,继往开来,为实现“打造临空经济区、建设世界空港城”的目标而努力奋斗!

中国人民政治协商会议北京市顺义区第三届委员会常务委员会工作报告

——2011 年 12 月 18 日在政协北京市顺义区第四届委员会第一次会议上

田建国

各位委员:

我受政协北京市顺义区第三届委员会常务委员会委托,向大会报告五年来的工作,请审议。

一、五年工作回顾

政协北京市顺义区第三届委员会及其常务委员会自 2006 年 12 月成立以来,在中共顺义区委的正确领导和市政协的有力指导下,坚持以邓小平理论和“三个代表”重要思想为指导,深入贯彻落实科学发展观,秉持“维护核心、围绕中心、凝聚民心”,以及“深入民众、体察民情、反映民意、关注民生、集中民智”的工作理念,紧紧围绕全区工作大局,认真履行政协各项职能,有效地发挥了协调关系、汇聚力量、建言献策、服务大局的重要作用,为促进全区各项事业发展做出了积极贡献。

(一)注重学习培训,提高委员素质

继承和发扬人民政协重视学习的优良传统,采取切实有效措施加强委员学习培训工作,促进了委员自身素质和履职能力的提升。五年来,陆续印发《学习资料摘编》60 期,并赠阅《人民政协报》、《中国政协》、《北京观察》、《学习》、《顺义时讯》等报刊,为委员进行经常性的学习创造了条件。通过半年经济形势通报会、常委会、专题座谈会、委员视察等多种形式,听取各方面工作情况通报共计 36 次,使委员开阔了视野、加深了对区情的认识,为委员知情议政创造了条件。先后举办了提案工作知识、人民政协基本理论、奥运水上项目知识及文明观赛礼仪、花博会筹办工作等专题报告会,请有关方面的领导、专家为全体委员作专题辅导报告;组织全体委员参加第三次顺义区政协工作会议,深入学习了《中共北京市顺义区委关于贯彻落实市委加强人民政协政治协商制度建设意见的实施意见》,以及区委领导的重要讲话,使委员进一步明确了职责、提高了认识、增强了履行职责的自觉性。

(二)加强制度建设,夯实工作基础

高度重视制度建设,大力推进政协工作制度化、规范化、程序化建设,为各项工作的顺利开展提供了制度保证。2007 年,抓住换届之初的重要时机,在认真执行原有制度的基础上,又制定和实施了《关于政协委员履行职责的暂行规定》、《关于贯彻落实<政协北京市委员会反映社情民意信息工作条例>的实施意见》、《界别活动实施办法(试行)》、《关

于推荐政协委员担任特约工作人员的暂行办法》四项新的制度规定。2009年,创办了《协商意见》,使政协全体会议、常务委员会会议、主席会议、协商座谈会、各专门委员会会议形成的协商意见,有了正式的书面载体,为委员开辟了一条向区委、区政府及有关部门建言献策的新途径,标志着我区政治协商的制度化、规范化、程序化建设又迈进了一步,对于规范协商工作、提高协商质量、增强协商实效,起到了促进作用。2010年,区政协认真贯彻落实第三次北京市政协工作会议精神,积极协助区委筹备和召开第三次顺义区政协工作会议。区委颁发了《中共北京市顺义区委关于贯彻落实市委加强人民政协政治协商制度建设意见的实施意见》,进一步明确了政治协商的重要意义、总体要求、主要内容、主要形式和基本程序,就加强党对人民政协政治协商的领导提出了具体要求。区委《实施意见》的颁发,标志着顺义区政协工作"三化"建设迈上了一个新台阶。

(三)认真履行职能,服务全区大局

始终坚持围绕中心、服务大局的工作原则,自觉践行"三心五民"的工作理念,充分发挥人民政协包容各界、联系广泛、人才聚集的独特优势,扎实有效地做好履行职能各项工作。

1.着力抓好政治协商工作

一是先后召开5次区政协全体会议,就全区国民经济和社会发展"十一五"规划执行情况及"十二五"规划制定工作、区政府工作报告、区国民经济和社会发展计划报告、区财政预决算报告、区人民法院和区人民检察院工作报告以及举办2008年北京奥运会、2009年第七届中国花卉博览会等事关本区经济社会发展全局的重大问题进行全面协商。会议期间,委员通过在分组讨论时发言,撰写提案,在区委、区政府领导及有关部门负责人与部分委员座谈会上发言等形式,积极建言献策,提出了很多有参考价值的意见和建议。

二是先后召开27次区政协常务委员会会议,其中17次是对区委、区政府高度重视,人民群众关心、关注,涉及民生和发展全局的重点、难点、热点问题进行专题协商,分别听取了区市政管委、区住建委、区纪委和区监察局等13个党政部门的工作情况通报,视察了34个基层单位的实际工作,通过多种形式形成了许多重要的协商意见;另外10次是就区政协常委会工作报告、区政协常委会关于提案工作情况的报告、区政协常委会年度工作要点和区政协内部的其他重要事务进行协商讨论。

三是先后召开15次区政协专门委员会会议,就经济社会发展某些领域的重要问题进行对口协商,分别视察了区人力社保局、区流动人口管理服务中心、区体育局等15个单位的工作,听取了各单位负责人所作的工作情况通报,就加强和改进有关工作提出了意见和建议。

四是在2010年7月召开了顺义区政协"十二五"规划协商议政专题座谈会,与会委员就"十二五"期间加快发展金融业、加速国际空港城建设、科学应对地铁M15号线开通带来的机遇和挑战等关系本区经济社会发展全局的问题提出了许多建设性意见。会后编印了《顺义区政协"十二五"规划编制工作研讨文集》,报送区委、区政府领导及有关部门参阅。

2.切实发挥民主监督作用

一是坚持经常性监督。寓监督于视察、提案、反映社情民意等各项履职工作中,组织委员在深入调查研究的基础上,认真负责地提出意见、建议,引起区委、区政府领导及有关部门的重视,促成了一些问题的解决。

二是认真开展特约监督。共有36位委员应邀担任区司法机关和政府部门的特约监督员、监察员,分别参加了对全区各单位党风廉政建设和反腐败工作的检查以及政风、行风评议。

三是积极参与专项监督。配合区委、区政府及有关部门做好领导班子和领导干部考察、处级干部公开选拔面试打分、双限房摇号分配等工作,严格按要求选派委员参加,较好地发挥了政协民主监督作用。

3. 认真履行参政议政职能

一是切实抓好提案工作。高度重视提案工作在政协履行职能中的重要地位和作用,围绕保证提案质量、提高提案工作水平,切实抓好提案的提出、办理、服务等关键环节,做到征集前提供要点、办理中跟踪督促、办结后宣传表彰,调动了委员做好提案工作的积极性。坚持每年选择重点单位召开一次提案办理座谈会,促进了提案办理工作。在区委、区政府高度重视和有关部门的大力支持下,在各界委员的共同努力下,提案质量、办理质量、服务质量都有了新的提高。五年来,共收到委员提案712件,内容涉及政治、经济、文化、社会生活诸多方面。提案办复率为100%。政协提案在全区社会生活中产生了广泛的影响,对提升政府形象,密切党和政府与人民群众的关系,推进全区经济建设和社会各项事业的发展起到了积极作用。

二是及时反映社情民意。高度重视反映社情民意这项具有政协特色的重要工作,围绕充分发挥《社情民意反映》的"直通车"作用、进一步做好反映社情民意工作,采取召开专题座谈会、扩大信息员队伍、加强信息员培训、对优秀信息员进行表彰、完善报送和跟踪反馈机制等一系列切实有效措施,加强反映社情民意工作。五年来,共向区委、区政府领导及有关部门报送《社情民意反映》80多期,其中绝大部分意见和建议得到采纳和落实。反映社情民意工作在实践中有效地发挥了党和政府与人民群众之间的桥梁和纽带作用,推动了各方面工作的改进和完善,密切了党群、干群关系,促进了社会的和谐稳定。

三是深入开展调查研究。注重发挥调查研究谋事、资政的重要作用,强化各专委会的职责,组织各界委员参与到调查研究工作中来,抓住事关全区改革发展稳定的重大问题和政协工作中的重要问题,深入开展调查研究。五年来,陆续向区有关部门提交了《认真贯彻落实区委三届二次全会精神,全力推进奥运水上公园周边综合开发建设》、《加快发展生产性服务业,推进产业结构升级》等区政协领导主持撰写的调研报告20多篇,为党政部门科学决策提供了参考依据。

四是精心组织座谈研讨。2008年4月,举办了"顺义区文化创意产业发展研讨会",组织部分政协委员和民主党派成员,就顺义区文化创意产业的发展现状、发展模式和发展前景等问题进行研讨,议政建言,并在会后编印了《顺义区政协文化创意产业发展研讨文集》,报送区委、区政府领导及有关部门参阅。2009年9月,召开纪念人民政协成立60周年座谈会,组织来自各民主党派、人民团体和各族各界的部分政协委员参加会议,就关系本区经济社会发展全局的重要问题,当面向区委、区政府领导建言献策,会后编印了《纪念人民政协成立60周年文集》,报送区委、区政府领导及有关部门参阅。

五是认真参加党政会议。区政协主席、各位副主席经常应邀参加区委常委会议、区政府常务会议,就有关问题提出意见建议,发挥了参政议政、建言献策的作用。

4. 全力助推区域经济发展

始终坚持把促进发展作为政协履行职能的第一要务,一方面,积极倡导和大力支持经济界委员和民营企业家将所属企业做大、做优、做强,不断提升对区域经济发展的贡献率。通过多方努力,委员所属企业北京东方雨虹防水技术股份有限公司、北京嘉寓门窗幕墙股份有限公司喜获"中国驰名商标"认证,北京江河幕墙股份有限公司、北京朗姿服装有限公司、北京金路易速冻食品有限公司、北京大三环食品有限责任公司也获颁"北京市著名商标",成为顺义品牌经济的重要力量。北京东方雨虹防水技术股份有限公司、北京嘉寓门窗幕墙股份有限公司、北京江河幕墙股份有限公司、北京朗姿服装有限公司还成功上市融资，既开辟了企业发展的新天地，又为区域经济发展做出了新贡献。另一方面，积极响应区委号召，充分发挥自身优势，主动配合区政府有关职能部门开展工作，以经济界委员和民营企业家为重点，动员和组织广大政协委员积极招商引资，努力为区域经济发展多做贡献。五年来，坚持每年举办一次由部分经济界委员和民营企业家参加的招商引资专题座谈会或项目推介会，邀请区政府主管领导和有关部门负责人、重点经济功能区负责人出席会议、通报情况，与到会的经济界委员和民营企业家座谈，共话招商引资，共谋经济发展。平时，坚持政协机关工作人员联系和走访委员制度，积极帮助协调解决委员在招商引资中遇到的困难和问题。根据《政协北京市顺义区委员会关于表彰招商引资、促进区域经济发展的优秀政协委员的决定》，在每次政协全会的预备会上，都对实绩突出的优秀政协委员进行表彰，起到了很好的激励、促进作用。从实际情况看，广大政协委员在引进项目、资金、技术、人才，增加税收，安置劳动力就业方面做了大量工作，帮助促成了国家地理信息产业园、嘉和一品总部建设等一批重大项目、知名品牌落户顺义，为促进区域经济社会发展做出了重要贡献。

5. 积极促进社会和谐稳定

五年来，我们始终牢牢把握团结和民主两大主题，充分发挥人民政协作为大团结、大联合组织的作用，广泛凝聚各方面的智慧和力量，努力为构建和谐顺义多做贡献。

一是广泛开展多种形式的联谊活动。坚持以各种节日、纪念日为契机，加强与各界群众的交往和联系，广交朋友、深交朋友，努力把各界群众团结在中共顺义区委的周围。每年春节期间，区政协与区委统战部共同举办全区各界代表人士联欢会；“古尔邦节”和“开斋节”，区政协会同区委统战部到民族村中对穆斯林群众进行慰问；“三八”妇女节开展以女政协委员为主体的有意义的纪念活动；“五一”劳动节会同区总工会组织劳动模范参观座谈；“教师节”会同区教委组织教育界委员参观学习；“中秋节”会同区委统战部组织各界人士联谊会。这些联谊活动，对于凝聚民心、促进和谐起到了积极作用。2009 年 9 月和 2011 年 6 月，分别召开了纪念人民政协成立 60 周年座谈会和纪念建党 90 周年座谈会，邀请区委、区人大、区政府领导及有关部门负责人出席会议，与参加座谈会的区内各族各界代表人士共谋发展，共话和谐，起到了凝心聚力的积极作用。

二是积极组织连民心办实事活动。先后 5 次组织医务界政协委员和民主党派医疗专家送医下乡，分别到地理位置较为偏远的大孙各庄镇、龙湾屯镇、张镇、北务镇、李桥镇为广大基层群众义诊，看病群众累计达 2000 多人次。2009 年，开展“捐助特殊教育，无私奉献爱心”捐献活动，组织 23 名民营经济界委员，在“六一”前夕来到顺义区特殊教育学校，为在这里就读的孩子们送上节日的祝福，并捐助善款。五年来，我们每年“九一”前，都组织政协委员为我区考入高校而来自于低保家庭的大学新生捐助善款，帮助他们克服家庭经济困难，顺利升学就读。此外，还有部分委员采取建立奖学基金、捐款捐物、安排所帮扶的大学毕业生在所属企业就业等多种形式积极参与社会公益事业。同时，我们按照区委的部署，认真开展“一助一”工作，大力支持新农村建设，积极帮助所联系的镇、村筹措资金和物资，解决了村民出行难、洗澡难和农机具不足等生产、生活中的实际问题，促使当地的面貌发生了明显改观。通过这些连民心、办实事活动，有效地促进了社会的和谐稳定。

6. 鼎力支持重大专项工作

一是大力支援抗震救灾。2008 年“5.12”四川汶川特大地震灾害发生后，广大政协委员和政协机关工作人员表现出了“一方有难、八方支援”的团结互助、无私奉献精神，大力支援抗震救灾。全区165名政协委员个人捐款共计125.16万元，政协委员所属企业捐款捐物共计5399.45万元；全体机关工作人员及离退休人员共捐款45500元。

二是全力投入奥运服务。在筹办2008年北京奥运会的过程中，北京长久物流有限公司、中国国际航空股份有限公司、北京普洛斯空港物流发展有限公司、北京雅昌企业公司等一批委员所领导的企业和单位，通过多种形式直接参与奥运服务和保障工作，为奥运会的成功举办做出了重要贡献。区政协通过召开全会、常委会、座谈会、形势通报会，开展专题调研等多种形式，围绕成功举办高水平、有特色的奥运会，组织各界委员听取相关情况通报，实地视察工作，并积极建言献策，形成了许多有参考价值的协商意见。

三是积极参与花博盛会。在争办、筹办、举办2009年第七届中国花卉博览会的过程中，区政协在区委领导下，积极献策出力，做了大量工作。一些区政协常委亲自参与花博会争办，宣传顺义优势，代表企业就赞助花博会作出承诺，为顺义获得花博会主办权贡献了力量。区政协通过召开全会、常委会、座谈会、形势通报会等多种形式，围绕成功举办花博会，组织各界委员听取相关情况通报，实地视察工作，并积极建言献策，形成了许多有参考价值的协商意见；中国国际航空公司还通过飞机喷涂彩绘的形式宣传花博会，这些举措促进了花博会的筹办工作。在花博会举办过程中，区政协按照区委、区政府的统一部署，承担了大量的接待服务工作，为花博会的成功举办做出了重要贡献。

四是全力配合环境整治。2010年全区环境综合整治工作动员部署大会召开后，区政协及时向全体委员印发了区委、区政府主要领导在这次会议上的讲话，还发出了“致全体政协委员的信”，动员委员积极投身到全区环境综合整治工作中来，并旗帜鲜明地提出四点要求，有效地引导和规范了委员的行为。2011年，区政协又专门安排一次常委会，听取全区环境综合整治情况通报，并进行实地视察，在此基础上提出多项协商意见。同时，再次对政协委员、特别是政协常委支持全区环境综合整治提出了明确要求，有力地配合了这项工作。

(四)营造良好环境，促进履职工作

按照《中共北京市顺义区委关于贯彻落实中央、市委加强人民政协工作意见的实施意见》的要求，高度重视和切实抓好人民政协理论与实践研究、政协宣传及文史编研工作，努力营造有利于人民政协事业发展的良好环境，促进了政协履行职能各项工作的扎实有效开展。

1. 加强政协宣传报道

坚持每年召开一次政协宣传工作会议和在政协全会前召开宣传报道工作座谈会，与区委宣传部、区广电中心、区信息中心及区内各主要媒体共商做好政协宣传报道工作，并加强具体工作中的协调配合，保证了宣传报道工作的顺利开展。五年来，区电视台、区广播电台、《顺义时讯》、“顺义网城”、《顺义区情》及时宣传报道政协工作的最新动态；围绕纪念人民政协成立60周年集中进行了一系列的宣传报道工作；区电视台、区广播电台还陆续制作播出了30期“委员风采”、20期“政协之窗”、20期“政协之声”专题片，宣传了区政协和政协委员围绕中心、认真履职，为我区经济社会发展建言献策、建功立业的典型事迹；区电视台制作播出了《政协北京市顺义区第三届委员会五年工作回眸》专题片。同时，我们充分利用自办的区政协网站、《政协简讯》开展宣传报道工作，及时刊发各类政协工作信息。此外，我们坚持在全区“两会”期间，举办政协委员绘画、书法、摄影作品展览，展示了履职成果和委员风采。

2. 开展政协理论研究

2009年,以纪念人民政协成立60周年为契机,全面系统地回顾总结了顺义区人民政协事业的发展历程和基本经验。2010年,以迎接市检查组来我区检查指导政协工作为契机,认真总结了第二次政协工作会议以来,我区政协工作的主要做法和经验体会。同时,每年都在市政协指导下,就政协工作中的理论与实践问题,开展专题研究,陆续上报了一批理论文章,部分优秀文章被编入论文集。

3.做好文史编研工作

按照市、区有关部门的部署,认真完成了历年的《顺义区政协年鉴》和《政协北京市顺义区(县)委员会组织史(1987年至2010年)》的编写任务。同时,认真做好《政协大事记》的编写工作。

(五)注重机关建设,提高服务水平

我们始终坚持把加强政协机关自身建设作为一项十分重要的工作来抓,切实把握为政协履行职能、开展工作服务这一政协机关的职能定位,采取多种措施,突出强化服务,努力创建学习型、服务型、创新型、和谐型机关。

1.大力加强思想建设

认真坚持每周一上午机关全体人员集中学习制度,采取多种形式学习邓小平理论、"三个代表"重要思想、科学发展观、党和国家的大政方针、党的统一战线和人民政协理论知识、市情、区情等,深入进行党风廉政教育。根据区委的统一部署和工作要求,紧密结合实际,认真组织政协机关人员,开展深入学习实践科学发展观活动、创先争优活动、纪念人民政协成立60周年活动和庆祝建党90周年活动,有力地推动了政协机关自身建设,提高了机关工作人员的思想政治素质,促进了机关作风的转变和服务意识的增强。

2.积极开展业务培训

按照有关部门的工作要求,认真组织有关人员参加网上培训,进行在线学习;积极选派人员参加各级各部门组织的学习培训活动,有效地提高了机关工作人员的业务素质,为做好工作、搞好服务打下了坚实基础。

3.不断完善管理制度

不断完善机关工作制度,强化各项管理措施,狠抓制度落实,本着厉行节约、注重实效的原则办文、办会、办事,有效地推动了党风廉政建设,提高了机关工作水平。

4.突出抓好服务委员

坚持把为委员服务放在机关工作的突出位置,通过多种形式对委员进行经常性的走访慰问,积极帮助委员解决工作、生活中的实际困难和问题,坚持为全体委员寄送生日贺卡、在政协会议期间为委员庆祝生日。通过人性化的服务举措,增强了政协组织的凝聚力,调动了委员履职的积极性。

5.科学调整机构设置

2007年,根据形势发展和工作需要,将原经济委员会办公室、科教文卫体委员会办公室、提案委员会办公室、社会与法制委员会办公室依次分别更名为专委会工作一室、二室、三室、四室,并增设研究室。2011年,又经上级有关部门批准成立了区政协城建环保委员会、区政协民族宗教委员会,相应地在区政协机关设立了专委会工作五室、六室,为全面加强和改进政协工作,助推区域经济社会发展提供了更加有力的组织保障。

6.切实做好接待工作

五年来,多次接待了全国政协、市政协、区县政协和其他省市政协的考察团,来顺义参观考察,既交流了政协工作,又宣传了我区经济建设和社会发展各项事业取得的成就,促进了我区与外界的交流合作。

各位委员!

五年来,区政协牢牢把握团结和民主两大主题,切实突出推动科学发展、促进社会和谐的工作主线,扎实有效地开展了履行职能各项工作,政治协商有序推进,民主监督逐步强化,参政议政成果显著,服务经济建设贡献突出,维护社会稳定作用彰显。同时,区政协自身建设得到全面加强,政协理论与实践研究和政协宣传工作取得新的进展,有力地保障和促进了政协履行职能各项工作的顺利开展。可以说,这五年是人民政协事业继往开来、不断发展的五年,是政协工作大有作为、成果丰硕的五年。

三届区政协所取得的工作成绩,是区委正确领导和市政协有力指导的结果,是区人大、区政府及社会各方面大力支持的结果,是参加区政协的各党派团体、各族各界委员共同努力的结果。在此,我代表三届区政协及其常委会向重视、支持政协工作的各级领导,各有关单位,以及社会各界人士,表示衷心的感谢!

三届区政协的工作在取得成绩的同时,也存在着不足。主要是:政协工作服务全区各项事业发展的总体水平仍要不断提升,政协履行职能各项工作的制度化、规范化、程序化建设有待深入推进,政协界别作用潜力尚需大力挖掘,政协自身建设还应继续加强。

二、主要工作体会

回顾和总结五年来的政协工作实践,我们体会到,做好新时期、新阶段的政协工作应着重把握好以下几点:

第一,要始终坚持正确的指导思想。理论是行动的指南。要做好政协工作,必须认真贯彻执行中共十一届三中全会以来的一系列理论、路线、方针、政策,坚持中国特色社会主义理论体系,自觉而坚定地用邓小平理论、“三个代表”重要思想、科学发展观,以及马克思主义的政党理论、统一战线理论和人民政协理论武装头脑、指导实践。

第二,要切实加强党对人民政协的领导。党的正确领导是保证人民政协事业健康发展的关键因素。要不断加强和改善党对人民政协的领导,按照党总揽全局、协调各方的原则,支持人民政协依照章程独立负责、协调一致地开展工作,善于运用人民政协这一政治组织和民主形式为实现党的总任务、总目标服务,切实加强党对人民政协工作的研究和领导,及时解决人民政协工作中的重大问题,为人民政协事业发展提供可靠的政治保证。

第三,要认真践行科学的工作理念。正确把握人民政协的性质、地位、职能和作用,以科学定位促有效履职,自觉树立“维护核心、围绕中心、凝聚民心”以及“深入民众、体察民情、反映民意、关注民生、集中民智”的工作理念。要坚定不移地维护中共顺义区委这一全区各项事业和各级各类组织的坚强领导核心,把政协工作始终置于区委的正确领导之下;要坚定不移地把促进发展作为政协履行职能的第一要务,紧紧围绕经济建设这个中心开展履行政协职能各项工作,促进本地区经济社会又好又快发展;要坚定不移地充分发挥优势,凝聚民心,把社会各界、各方面人士团结到中共顺义区委的周围。

第四,要善于发挥独特的组织优势。充分运用政协组织包容各界、联系广泛、人才聚集的有利条件,全面发挥政协常务委员会的领导作用、政协专门委员会的基础作用、政协委员的主体作用和政协界别作用,以“促进发展、构建和谐”为工作主线,在通过视察、座谈、提案、信息、调研等多种形式履行职能的同时,着力抓好动员和组织广大政协委员招商引资、促进区域经济发展,以及开展多种形式的连民心、办实事、送温暖活动,维护社会的和谐稳定等方面的工作,切实发挥协调关系、汇聚力量、建言献策、服务大局的重要作用。

第五,要着力抓好政协的自身建设。全面加强政协委员、政协机关工作人员这两支队伍的思想、组织和制度建设,为做好政协履行职能各项工作奠定坚实基础、提供可靠保证。要坚持把思想理论建设放在首位,坚持不懈地开展学习和培训工作;要切实加强思想道德建设和反腐倡廉建设,营造风清气正、团结进取的环境氛围;要根据工作需要和形势发展,科学设置和及时调整组织机构,并不断优化政协委员、政协机关工作人员两支队伍的结构要素;要逐步建立健全各项制度规定,扎实推进政协开展履行政治协商、民主监督、参政议政职能各项工作的制度化、规范化、程序化。

第六,要努力营造有利的履职环境。高度重视和切实抓好关于人民政协的理论研究、宣传和教育工作,有计划、有重点地组织新闻媒体宣传中国共产党领导的多党合作和政治协商制度,宣传人民政协的性质、地位和作用,宣传政协组织履行职能的情况,形成有利于人民政协事业发展、有利于政协组织开展履行职能各项工作的良好氛围。

第七,要牢固树立强烈的创新意识。坚持解放思想、与时俱进、求真务实、开拓创新,紧跟时代发展的步伐,以奋发有为的精神状态和科学求实的工作态度,积极探索和创造有效发挥政协职能作用的新方法、新途径,承前启后、继往开来,努力开创政协工作的新局面,把人民政协事业不断推向前进。

三、对新一届政协工作的建议

各位委员!

今后五年将是我们国家以及北京市、顺义区发展历程中的关键时期,我们将迎来中共十八大的胜利召开,全区人民将在中共顺义区委的正确领导下,深入贯彻落实党的十七大、十七届六中全会、十八大以及顺义区第四次党代会精神,全面实施顺义区"十二五"规划,奋力实现规划所确定的各项目标、任务,努力开创顺义区各项事业的新局面。这预示着未来五年将是顺义区各项事业继往开来、蓬勃发展的重要历史时期,也将是区政协与时俱进、大有作为的重要历史时期。区政协要切实把握新时期、新阶段的新形势、新任务,以更加奋发有为的精神状态开展工作,紧紧围绕全区大局,认真履行各项职能,充分发挥独特作用,全力促进区域发展,只有这样,才能不负时代的要求、区委的重托和人民的期望。为此,我们向区政协第四届委员会及其常务委员会提出如下建议:

(一)以思想理论建设为重点,大力加强区政协的自身建设

要高度重视并切实抓好区政协的自身建设。坚持把思想理论建设放在自身建设的首位,突出抓好委员的学习培训工作。采取专题讲座、情况通报、印发资料、赠阅报刊等多种行之有效的方式,组织委员深入学习邓小平理论、"三个代表"重要思想和科学发展观。深入贯彻落实党的十七大、十七届六中全会、胡锦涛总书记"七一"重要讲话和将要召开的党的十八大精神,紧密联系实际,认真学习贯彻区委的重大决策部署。同时,还要组织委员认真学习党的统一战线和人民政协理论知识,重点学好《政协章程》,切实掌握履行职责必备的提案、反映社情民意等方面的知识和技能。通过学习,深刻理解和准确把握区委关于全区今后五年工作的指导思想、奋斗目标和主要任务,深刻理解和准确把握区政协的职能定位和工作要求,切实增强围绕中心、服务大局的自觉性和责任感,不断提高履行职责的能力和水平。在抓好思想理论建设的同时,还要全面加强区政协的组织、制度、纪律、作风建设,为做好履行职能各项工作奠定坚实基础、提供可靠保障。

(二)以促发展建和谐为主线,认真开展履行职能各项工作

要牢牢把握团结和民主这两大主题,深入贯彻落实科学发展观,坚定不移地把促进发展作为政协履行职能的第一要务,紧紧抓住促发展、建和谐的工作主线不放松,紧密围绕顺义区"十二五"规划确定的"打造临空经济区,建设世界空港城"战略目标以及区委、区政府的中心工作,找准位置,选好角度,全力投入,充分发挥常委会的领导作用、专委会的基础作用、政协委员的主体作用和政协界别优势,认真履行政治协商、民主监督、参政议政职能。要积极主动开展政治协商,就全区经济建设、政治建设、文化建设、社会建设

以及生态文明建设中的重大事项进行协商讨论,提出意见建议。要切实加强民主监督,及时反映社情民意,着力做好特约监督工作,促进经济发展,维护社会稳定。要充分发挥人民政协包容各界、联系广泛、人才聚集的独特优势,认真做好提案、反映社情民意、调研等工作,不断提高参政议政的针对性和实效性。同时,进一步加大招商引资、促进区域经济发展的工作力度,继续广泛深入地开展多种形式的连民心、办实事、送温暖活动,努力为促进顺义的新发展和构建和谐顺义做出更大的贡献。

(三)以政协会议精神为引领,不断开创政协工作的新局面

要继续深入贯彻落实第三次北京市和顺义区政协工作会议精神,紧密结合履行职能的工作实际,着力抓好《中共北京市顺义区委关于贯彻落实市委加强人民政协政治协商制度建设意见的实施意见》的具体落实。要充分认识人民政协政治协商工作的重要意义,切实增强做好工作的责任感。要切实把握政治协商的总体要求、主要内容、主要形式和基本程序,精心组织好多层次、多形式的协商议政活动。要坚持统筹推进,在开展好政治协商工作的同时,继续抓好民主监督和参政议政。要加强探索和总结,全面推进政治协商、民主监督、参政议政工作的制度化、规范化、程序化建设,从总体上不断提升政协工作的科学化水平,努力开创我区政协工作的新局面。

各位委员!

面对新时期、新阶段的新形势、新任务,让我们更加紧密地团结在中共顺义区委的周围,认真学习贯彻邓小平理论、“三个代表”重要思想,深入贯彻落实科学发展观,牢牢把握团结和民主两大主题,围绕中心、服务大局,发挥优势、认真履职,同心同德、群策群力,为促进全区各项事业不断发展,为进一步开创政协工作的新局面而努力奋斗!

坚持惩防并举　主动服务大局
为顺义实现新起点上的新跨越提供坚强保证

——中共北京市顺义区纪律检查委员会向区第四次党代会的工作报告

区委常委、区纪委书记　肖韵竹

(2011年12月14日)

同志们:

现在,我代表中共北京市顺义区纪律检查委员会,向大会作工作报告,请予审议。

过去五年的工作

区第三次党代会以来,在区委和上级纪委的坚强领导下,各级纪检监察机关坚持以邓小平理论和“三个代表”重要思想为指导,深入落实科学发展观,认真履行党章和行政监察法赋予的职责,坚持标本兼治、综合治理、惩防并举、注重预防方针,围绕中心、主动作为,锐意进取、开拓创新,积极构建具有顺义特色的惩治和预防腐败体系,深入推进反

腐倡廉建设，为顺义区又好又快发展提供了有力保证。

——强化大局观念，保障科学发展更加坚强有力

着力营造良好的发展氛围。面对“黄金发展期”的新形势，各级纪检监察机关坚持定位服务全局，目标围绕全局，选准切入口，把握着力点，增强工作主动性和实效性。准确把握预防与惩治、监督与保护、治标与治本的辩证关系，坚定不移地依纪依法查处腐败案件，实事求是地为受到失实举报的干部澄清是非，做到旗帜鲜明地惩处腐败者、支持改革者、保护创业者，大力营造勤政廉政、干事创业的良好氛围。全力保障重大活动顺利完成。实行场馆建设、赛事运行和外围保障“三位一体”模式，加强奥运会各项工作的监督检查，实现了“廉洁办奥运、节俭办奥运”的目标。总结运用奥运经验，做好花博会、国庆六十周年等监督工作，保证了各项活动成功举办。紧紧围绕重00要决策开展监督检查。强化对重大项目、重点工程、大额资金的督查，深化工程建设领域突出问题专项治理，认真查找和纠正问题，完善制度措施。对征地拆迁、保障性住房、拆违“打非”、环境整治、重点村建设项目等，实施全过程监督，确保了政令畅通。

——加强教育监督，党员干部拒腐防线不断巩固

着力强化领导干部的教育监督。围绕理想信念、宗旨意识、科学发展观、正确政绩观和权力观等内容，采取专家集中授课、参观警示教育基地等形式，狠抓岗位廉政教育。坚持廉政谈话制度，凡新提拔和调整岗位的必谈，凡在信访监督中发现有苗头性问题的必谈。针对个别干部违纪违法案件，深入开展党纪政纪法纪专题教育活动。严格落实报告个人事项、述职述廉等规定。出台《关于加强领导干部廉政管理的规定》、《关于设立廉政账户和实行收受物品上交的规定》等制度。深入开展“小金库”和公务用车专项治理工作。加强对《廉政准则》落实情况的检查考核，促进了领导干部廉洁履职。加大反腐倡廉宣传力度。充分发挥反腐倡廉“大宣教”格局作用，健全联席会议制度，形成教育合力。扎实开展“大讲堂”活动，成立反腐倡廉教育宣讲团，进行“菜单式”宣讲，受教育面达5万多人次。实施“六网合一”和“十廉文化”工程，组织廉政文艺汇演、举办党纪条规竞赛、播放廉政公益广告等，营造了廉荣腐耻的社会氛围。

——严肃查办案件，惩治腐败综合效益日益彰显

认真贯彻党要管党、从严治党方针，严肃查办腐败分子，纯洁党员干部队伍。五年来，区纪检监察机关共立案79件，结案73件。共处分75人，受党纪政纪双重处分8人，其中党纪处分72人（开除党籍54人、留党察看7人、撤销党内职务1人、严重警告9人、警告1人），政纪处分11人（开除6人、撤职3人、记过1、警告1人）。坚持依纪依法、安全文明办案，不错不漏，不枉不纵。充分发挥反腐败协调小组、法纪联席会议和经济责任审计联席会议作用，完善办案联动机制，增强查办大要案的合力。充分发挥信访举报工作的案件线索主渠道作用，认真做好案件线索排查工作。充分发挥案件治本功能，加强剖析，查漏补缺，完善机制，取得了较好的政治、社会和法纪效果。

——突出权力管控，廉政风险防范管理持续深化

牢牢抓住“一把手”风险防范不放松。严格落实民主集中制、廉政承诺、廉政谈话、述职述廉、经济责任审计、纪委监督、问责等制度，积极打造“1+7”制度链条。紧紧锁定“三重一大”事项，明确决策范围，完善决策程序，规范“一把手”权力行使。着力推进廉政风险防范上下延伸。顺义区上下围绕思想道德、制度机制、岗位职责、外部环境等深入排查风

险点,有针对性地制定防控措施,实现了风险防控上下延伸、全面覆盖。积极探索科技控权新思路。研发“廉政风险防范信息管理系统”,对处级“一把手”和政府投资项目廉政风险进行全程监控,实行三级预警。“一把手”廉政风险防控专题片,在“全国加强廉政风险防控规范权力运行工作会议”上进行了播放,得到了贺国强等中央领导的肯定。

——完善机制建设,源头防治腐败力度明显加大

构建惩防体系基本框架。认真落实中央《建立健全惩治和预防腐败体系2008－2012年工作规划》,整体推进教育、预防、纠风、惩治等方面的制度建设,基本形成了内容科学、程序严密、配套完备、有效管用的反腐倡廉制度体系。认真梳理中央、市、区反腐倡廉重要法规、文件,编辑下发了一系列文件汇编。积极推进各项改革。协助和督促有关部门进一步深化行政审批、财政管理、投融资和干部人事制度改革,完善工程招投标、经营性土地使用权招拍挂出让、政府采购和产权交易进入市场等制度。扎实开展“七规范”活动。针对投资项目监管、建筑市场、房屋拆迁、专项资金使用、政府采购、土地管理、医药购销等重点领域存在的突出问题,完善配套制度,形成了治本抓源的长效机制。

——坚持纠建并举,人民群众权益切实得到维护

推进政风行风建设。深入开展评比达标表彰、庆典论坛等专项治理工作,定期进行政风行风评议,政风行风热线共受理办结6407件。中央纪委、国务院纠风办多次来顺义区视察调研。强化行政效能监察。认真开展绩效考核评估工作,加强对行政机关和工作人员的监督检查。加大行政投诉直查快办力度,共受理办结701件。深入开展政务服务品牌创建活动,政府服务效能进一步提升。深化全程办事代理。加强委办局“服务窗口”、镇(街道)综合行政服务中心和村级便民服务室建设,形成三级联动、覆盖顺义区的服务网络,共为群众办理各类事项260万次。加强基层各项公开工作。将党务公开与政务、村务、厂务、校务、司法、警务公开等有机结合,群众知情权、监督权、参与权得到有力保障。

——夯实工作基础,基层党风廉政建设深入推进

着力深化农村党风廉政建设,深入贯彻《农村基层干部廉洁履行职责若干规定(试行)》,加强村务监督委员会建设,积极开展“廉政模范村”创建活动,完善制度,加强监督,顺义区137家单位成为“廉政模范村”,区委先后两次在全市大会上介绍经验,中央、北京市有关领导先后来顺义调研,给予了肯定。深入推进国有企业党风廉政建设,以创建“四好”企业活动为载体,完善企业内控规范体系,加大对企业资产处置、产权转让等的监督力度,实现了国有资产保值增值;认真落实《国有企业领导人员廉洁从业若干规定》,促进了领导人员廉洁从业。加强教育、医疗卫生等系统党风廉政建设。深入开展创建“六无区”活动,对教育、医疗、农民工工资、企业负担等领域存在问题进行了治理,基层党风廉政建设取得了新成效。

——注重队伍建设,纪检监察干部素质整体提高

加强区纪委常委会建设,严格执行民主集中制,坚持科学决策、民主决策,充分听取区纪委委员、基层干部和社会各界的意见建议,建设团结和谐、奋发进取的领导集体。深入开展“做党的忠诚卫士,当群众的贴心人”和创建“学习型、服务型、廉洁型、创新型”组织活动,做到工作标准更高、创新意识更强、学习氛围更浓、队伍管理更严。强化纪检监察组织机构建设,委局机关机构增至10室1中心;在11个部门派驻纪检监察机构,实行统一管理;43家单位设置了监察科。积极开展公开选拔、竞争上岗、轮岗交流和集中培训

等工作，提升了纪检监察干部队伍的服务效能、监督能力和执纪执法水平。区纪委监察局被评为“全国纪检监察信访举报工作先进单位”，“北京市先进纪检监察组织”，“11·16”办案组荣立市级集体一等功。

过去五年工作的体会

回顾五年来的工作实践，主要有以下几点体会：

第一，必须加强党对反腐倡廉建设的统一领导，形成推进党风廉政建设和反腐败工作的强大合力。五年来，我们始终坚持党的统一领导，把党风廉政建设纳入各级党委、政府的总体工作规划。认真落实党风廉政建设责任制，不断完善反腐倡廉的领导体制和工作机制。充分发挥各级纪检监察机关的组织协调作用，建立联席会议制度，有效整合各方面力量和资源，切实调动了各方面开展反腐倡廉工作的积极性和主动性。正是由于各级党委、政府的坚强领导，广大党员干部和群众的同心同力，才确保了顺义区反腐倡廉建设的深入推进。

第二，必须围绕中心、服务大局，切实保证区委、区政府重大决策部署落实到位。五年来，顺义区各级纪检监察机关，主动服务大局，加大对重大活动、重大项目、重点工程、大额资金的监督检查力度，为顺义经济社会健康快速发展提供了有力保证。实践证明，纪检监察工作只有紧紧围绕党委、政府的中心工作，实现反腐倡廉建设与经济社会发展的良性互动，才能更好地发挥职能作用，增强反腐倡廉工作的实际成效。

第三，必须坚持惩防并举，扎实推进惩治和预防腐败体系建设。五年来，我们在坚决惩治腐败的同时，更加注重治本，更加注重预防，更加注重制度建设。着力强化廉政风险防控，规范权力正确运行，加强对重点领域、重点部门、重要岗位和关键环节的监督，提升了反腐倡廉建设科学化水平。实践证明，只有坚持惩防并举，更加注重预防，实行关口前移，才能加强权力运行的有效监控，从源头上防治腐败。

第四，必须树立“以人为本、执政为民”理念，切实维护人民群众的根本利益。五年来，各级纪检监察机关始终坚持立党为公、执政为民，不断深化专项治理，强化便民服务工作，有力纠正损害群众利益的不正之风。事实证明，只有坚持以人为本、执政为民，才能做到权为民所用、情为民所系、利为民所谋，才能更好地维护公平正义，促进社会和谐稳定。

五年来，顺义区党风廉政建设和反腐败工作取得了明显成效。这些成效的取得，是区委和上级纪委正确领导的结果，是各级党委、政府和纪检监察机关不懈努力的结果，是顺义区广大党员干部和人民群众积极参与、大力支持的结果。肯定成绩的同时，我们也清醒地认识到，反腐倡廉建设与顺义事业发展要求和群众期待相比还有一定差距：个别单位和领导干部对反腐倡廉建设重要性认识还有待进一步提高；个别党员干部遵纪守法的意识还有待增强，违纪违法的行为仍时有发生；从源头上预防腐败的力度还需要进一步加大；纪检监察机关对新形势下的新情况、新问题还要不断探索研究。对此我们必须高度重视，在创新思路、破解难题上下功夫，推动反腐倡廉建设迈上新台阶。

今后五年的工作建议

今后五年，是顺义“打造临空经济区、建设世界空港城，实现新起点上新跨越”的关键时期。当前，顺义反腐倡廉建设不断取得新的明显进展，但形势依然严峻、任务依然艰巨。我们一定要从政治和全局的高度，充分认识坚决惩治和有效预防腐败，关系人心向背和党的生死存亡，是党必须始终抓好的重大政治任务。要积极应对长期执政、改革开放、市场经济和外部环境的考验,着力防止精神懈怠、能力不足、脱离群众和消极腐败的危险,以更加坚定的信心、更加坚决的态度、更加有力的举措,把党风廉政建设和反腐败工作进一步引向深入。

推进顺义区党风廉政建设和反腐败工作,要坚持以邓小平理论和“三个代表”重要思想为指导,深入贯彻落实科学发展观,切实履行党章和行政监察法赋予的职责,标本兼治、综合治理、惩防并举、注重预防,不断加强惩治和预防腐败体系建设,探索一条具有时代特征、顺义特点的反腐倡廉之路,提高反腐倡廉建设科学化水平,为全面实现区第四次党代会提出的各项目标任务提供坚强有力的政治保证。

一、严明党的政治纪律,推动科学发展重大决策贯彻落实

政治纪律是我们党最重要的纪律。严明政治纪律对于维护党的团结统一、保持党的先进性和提高党的执政能力、妥善应对各种风险和挑战、深入推动科学发展至关重要。

坚决维护党的政治纪律。各级党组织要深入开展政治纪律教育,引导广大党员干部增强党的意识、宗旨意识、执政意识、大局意识、责任意识,坚定政治立场,增强政治敏锐性和政治鉴别力。严禁出现违反党的政治纪律的行为,各级纪检监察机关要着力加强对政治纪律执行情况的监督,不断维护党的集中统一。

切实加大监督检查力度。各级纪检监察机关要按照区第四次党代会的要求,紧紧围绕加快转变经济发展方式的主攻方向和重点内容,会同有关部门加强对经济结构调整、社会服务管理创新、城乡一体化建设、生态文明建设、保障和改善民生、重点实事工程等重大决策部署执行情况的监督检查。把握监督检查关键,严把政策落实关、项目实施关、资金管理关,保证监督检查工作科学、规范、高效进行。坚决纠正有令不行、有禁不止、执法不严现象,严肃处理违纪违法行为,确保各项重大决策部署落到实处。

二、加强和改进党的作风建设,始终保持党同人民群众血肉联系

良好作风是凝聚党心民心的巨大力量,是维护清正廉洁的重要保障。要进一步推进思想作风、学风、领导作风、工作作风和生活作风建设,真正做到为民、务实、清廉,以优良的党风促政风、带民风。

着力加强领导机关和领导干部作风建设。大兴密切联系群众之风、求真务实之风、艰苦奋斗之风、批评和自我批评之风。坚持领导干部群众联系点、定期接访、定期下访等制度,对群众反映的问题要及时反馈、限时办结。认真听取群众意见建议,凡涉及群众切身利益的重要改革方案、重大政策措施、重点工程项目,在决策前要广泛征求群众意见。健全领导班子和领导干部考核评价机制,对作风飘浮、敷衍塞责引发重大事件或造成重大损失的,对弄虚作假、虚报浮夸的,必须严肃追究责任。坚持和完善民主生活会制度,把党性分析作为民主生活会的重要内容,不断增强党内生活的原则性和实效性。

着力推进基层党风廉政建设。深入贯彻《农村基层干部廉洁履行职责若干规定(试行)》,研究制定《顺义区村级干部廉洁履行职责行为规范和问责办法(试行)》,进一步规范村级干部履职行为。加强村务监督委员会建设,强化对“两委”班子决策及农村资金、资产、资源的监管力度,实现纪律监督向农村组织延伸。严格执行《国有企业领导人员廉洁从业若干规定》和任期、离任经济责任审计制度。进一步推进教育、医疗卫生等系统党风廉政建设。强化对城市社区公共资源营业性收入、公共建设投入等资金使用情况的监督检查。继续加强非公有制经济组织和新社会组织党的纪律监督工作,扩大工作覆盖面,增强监督效果。

着力深化各项公开工作。以党务公开和政务公开为先导，认真落实《关于党的基层组织实行党务公开的意见》和《关于深化政务公开加强政务服务的意见》。推进村务、厂务、校务、司法、警务等各项各类公务公开，更好地落实党员和群众的知情权、监督权、参与权。

三、完善惩治和预防腐败体系，提高反腐倡廉建设水平

建立健全惩治和预防腐败体系，是当前和今后一个时期推进反腐倡廉建设的重点任务。要全面贯彻反腐倡廉战略方针，切实做到惩治和预防两手抓、两手都要硬，不断取得体系建设的阶段性成果。

加强反腐倡廉教育。认真贯彻落实《中共中央关于深化文化体制改革、推动社会主义文化大发展大繁荣若干重大问题的决定》，加大反腐倡廉宣传教育力度，积极推进廉政文化建设，为深入开展反腐倡廉工作提供思想保证、精神动力、舆论支持和文化支撑。充分发挥反腐倡廉"大宣教"格局作用，把反腐倡廉宣传教育纳入顺义区宣传教育总体部署，调动各部门和社会各方面的力量。以理想信念、党风党纪为重点内容，加强正面典型示范教育、反面典型警示教育、岗位廉政教育，不断增强党员干部廉洁从政意识。狠抓领导干部廉洁自律，加强对《廉政准则》等党纪政纪法纪落实情况的监督检查，严肃查处违纪违规行为；严格执行领导干部报告个人重大事项、述职述廉、诫勉谈话等制度，促进领导干部廉洁从政。

深化机制制度创新。全面实施"三个一"工程(即，一项权力建立一项制度、一项监督健全一项制度、一起案件完善一项制度)；积极探索"四项回避"制度(即，党政主要领导不直接分管人事、财务、物资采购和工程项目)。继续推进行政审批制度改革，进一步精减和调整行政审批事项，规范审批流程，创新审批方式，加强后续监管。积极稳妥地推动干部人事制度改革，健全促进科学发展的党政领导班子和领导干部考核评价机制。健全司法回避、司法问责等制度规范。深化财政管理改革，健全财政专项资金管理，探索建立财政预算公开制度。推行党政领导干部问责制、廉政承诺制、行政执法责任制。坚持把提高制度执行力作为制度建设的重点任务，建立健全保障制度执行的工作机制，严肃处理违反制度的行为，维护制度权威性。

强化廉政风险防控工作。认真落实北京市《关于进一步加强廉政风险防控管理的意见》，突出重点对象、重点领域、重点环节、重点任务，加强权力运行的制约和监督。完善廉政风险动态防控的长效机制，促进廉政风险防控与各部门领导班子建设、业务工作、重要任务深度融合，增强风险防控的针对性。拓展廉政风险防控的广度，深化各级领导班子风险防控，推动国有企事业单位、人民团体廉洁从业风险防控，扩大防控覆盖面。继续探索科技控权的新思路，实现风险防控的制度化、科技化和精细化。

加大查办案件工作力度。坚持把查办案件作为推进反腐倡廉建设的重要手段，做到有案必查、违纪必究，坚决维护党纪国法的严肃性。突出办案重点，严肃查办重点领域和关键岗位违纪违法案件，推进查办案件工作理念思路、方式方法和机制的创新。加强依纪依法和安全文明办案工作，提高办案能力和水平。完善查办案件组织协调机制，充分发挥反腐败协调小组的作用，坚持查办腐败案件联席会议、协调联动、信息通报等制度，加强与法院、检察、公安、审计等机关和职能部门的协调配合。扩大办案效果，实现政治、社会和法纪效果相统一。

四、坚持以人为本、执政为民，切实维护群众根本利益

反腐倡廉建设中存在的问题，人民群众看得最清楚、感受最深切，也最有发言权。要通过解决这些问题，实现好、维护好、发展好人民群众的根本利益。

扎实推进专项治理工作。加强工程建设领域突出问题专项治理,切实解决当前政府投资工程建设中带有普遍性的问题,严肃查处违规项目审批、规划调整以及规避招标、虚假招标、转包、违法分包等行为。深化“小金库”、公务用车、评比表彰、庆典论坛专项治理工作。继续抓好教育、医疗、食品药品安全、征地拆迁、安全生产等领域的专项治理工作,切实解决群众反映强烈的突出问题。

积极创建政务服务品牌。强化服务理念,改进工作作风,提高服务效能。制定《政风行风评议实施办法》,扩大评议范围,深化评议内容,通过评作风、问责任、促整改,树立部门和行业良好形象。拓展区、镇(街道)、村(社区)三级便民服务网络,强化服务窗口建设,实现“一门受理、网上传递、互联审批、全程办理”的服务模式,着力打造低成本、高效率的政务环境。

切实推动行政效能监察。启动行政效能监察现代化工程,通过机制和技术创新,增强行政效能监察工作的科学性和可操作性。加大绩效考核和绩效评估力度,健全岗位责任、服务承诺、限时办结、首问负责、失职追究等制度。认真落实《北京市行政问责办法》、《北京市行政效能监察办法》等制度,健全政务服务体系,优化服务质量。

畅通社情民意反映渠道。积极构建融来信、来访、在线接访、短信举报、媒体舆情于一体的信访综合受理平台,健全群众诉求表达畅通、处理快捷的工作机制,做到信访举报件件有结果、实名举报事事有回音。认真做好行政投诉和政风行风热线工作,及时受理和解决群众反映的问题。

五、全面履职尽责,保证反腐倡廉建设任务落实到位

各级党委、政府和纪检监察机关要切实适应新形势新任务的需要,认真履行职责,促进反腐倡廉建设深入开展。

严格执行党风廉政建设责任制。各级党委、政府要积极坚持和完善反腐败领导体制和工作机制,领导班子要对职责范围内的党风廉政建设负全面领导责任,主要负责人要认真履行第一责任人的职责,做到重要工作亲自部署、重大问题亲自过问、重点环节亲自协调、重要案件亲自督办;领导班子其他成员要根据分工,对职责范围内的党风廉政建设负主要领导责任。党委、政府各职能部门要认真抓好本部门本系统的党风廉政建设和反腐败工作,积极完成所承担的反腐倡廉工作任务。各级纪检监察机关要认真抓好组织协调,加强督促检查,实行分类指导,保证党风廉政建设责任制落到实处。

大力加强纪检监察机关自身建设。要深入开展创先争优活动,进一步巩固“四型”机关活动成果,努力建设一支政治坚强、公正清廉、纪律严明、业务精通、作风优良的纪检监察干部队伍。认真贯彻执行民主集中制,进一步完善领导班子工作机制、议事规则和决策程序,着力提高领导班子和领导干部的执行能力和创新能力。加大纪检监察机关领导干部交流力度,使领导干部在多种环境和岗位得到锻炼和提高。深化纪检监察干部人事制度改革,扩大干部公开选拔和竞争上岗范围,切实把德才兼备的优秀干部充实到领导岗位上来。注重选调熟悉经济、法律、审计等业务的干部,改善纪检监察干部队伍结构。完善派驻机构统一管理工作,探索联合派驻等新的工作模式。广大纪检监察干部要加强学习,强化党性锻炼和作风养成,带头遵守党纪国法,主动接受党组织和人民群众的监督。

各位代表,同志们,完成区第四次党代会提出的目标任务,纪检监察机关使命光荣、责任重大、任务艰巨,让我们在新一届区委的坚强领导下,万众一心,团结拼搏,以更加昂扬的斗志、更加扎实的举措,不断取得党风廉政建设和反腐败斗争新成效,为实现“打造临空经济区、建设世界空港城”的战略目标做出新的更大贡献。

关于顺义区 2011 年国民经济和社会发展计划执行情况与 2012 年计划草案的报告(书面)

——2011 年 12 月 19 日在顺义区第四届人民代表大会第一次会议上

顺义区发展和改革委员会主任 董建华

各位代表:

受顺义区人民政府委托,向大会提交顺义区 2011 年国民经济和社会发展计划执行情况与 2012 年计划草案的报告,请予审议,并请政协委员提出意见。

一、2011 年国民经济和社会发展计划执行情况

2011 年,在市委、市政府和区委的坚强领导下,在区人大和区政协的监督支持下,全区人民共同努力,以科学发展为主题,以转变经济发展方式为主线,围绕“打造临空经济区、建设世界空港城”的奋斗目标,坚决贯彻落实各项宏观调控政策,认真执行区三届人大六次会议各项决议,扎实推进经济发展和社会建设,着力调结构、转方式、促发展、惠民生,国民经济和社会继续朝着又好又快的方向发展,各项年度主要目标和重点任务落实执行有力,顺利实现了“十二五”规划开局好、起步稳。

(一)主要计划指标圆满完成,区域发展水平进一步提升。

经济发展实现新跨越。坚持高端、高效、高辐射力发展,积极采取保增长措施,经济运行实现了速度、质量和效益全面提升。经济综合实力显著增强。预计地区生产总值完成 1000 亿元,在北京城市发展新区率先实现经济总量千亿元级目标;属地财税收入实现 370 亿元,同比增长 32%;一般预算收入实现 80.6 亿元,同比增长 38%。需求拉动能力持续提升。预计社会消费品零售额完成 217 亿元,同比增长 17%;全社会固定资产投资达到 433 亿元;实际利用外资完成 4 亿美元;天竺综保区进出口总值实现 670 亿美元,圆满完成年初计划目标。节能减排取得明显成效。预计万元地区生产总值能耗、水耗同比分别下降 4.13% 和 6%,二氧化硫、氮氧化物、化学需氧量和氨氮排放总量分别下降 2.9%、2.1%、3.9% 和 2.6%。城乡居民收入不断提高。预计城镇居民人均可支配收入完成 27500 元,同比增长 11%;农村居民人均纯收入完成 14300 元,同比增长 11%,超额完成年初任务。

社会建设取得新成就。坚持以保障和改善民生为出发点和落脚点,基本公共服务均等化、社会管理精细化水平进一步提升。就业和社会保障水平不断提高。预计城镇登记失业率控制在 1.5% 以内,城乡劳动力二三产业就业率达到 93%,城乡居民养老、城镇居民医疗和城镇职工五项保险参保率分别提升到 96%、90.1% 和 95.6%。市场监管力度切实加大。食品安全监测、药品抽检合格率预计分别达到 98% 和 98.8%。人口调控成效明显。预计户籍人口自然增长率控制在 4‰,常住流动人口控制在 22.3 万人;户籍人口城镇化率达到 52.1%。公共服务水平进一步提高。预计高中阶段教育毛入学率为

98.4%,新增劳动力平均受教育年限为15.3年;甲乙类传染病发病率控制在300/10万以内,新型农村合作医疗参合率达到99.8%;全区林木绿化率为26.95%,城区人均公共绿地面积30.53平方米;再生水利用率为65%,城市污水处理率为97.5%,全区生活垃圾无害化处理率为95%;空气质量二级和好于二级天数比例达到75%。

(二)产业结构持续优化,经济发展方式加快转变。

坚持优化一产、做强二产、做大三产,产业结构在经济总量持续扩大中不断优化,三次产业比重预计达到2.5 42 55.5。年初确定的100项重大产业项目进展顺利。

产业结构调整深入推进。一是生产性服务业健康发展,引领作用更加凸显。第三产业预计实现增加值555亿元,同比增长17.5%。现代物流、金融保险等生产性服务业保持较快增长,信息服务、文化创意、旅游休闲等产业成长良好。民生银行总部基地、康捷空中国区总部即将竣工,国家地理信息产业园建设顺利,正德人寿总部、中信银行数据中心等一批高端服务业项目相继签约。二是制造业结构加快调整,高端化、集群化趋向明显。预计第二产业实现增加值420亿元,同比增长12.4%;工业总产值突破2000亿元,同比增长12%以上。围绕打造汽车、航空两大千亿元级产业集群目标,重点项目加快推进,现代三工厂即将竣工,北京自主品牌乘用车基地和中航工业北京航空产业园等一批为长远发展积累势能的高端项目开工建设。三是农业产业化、规模化水平不断提高。预计实现增加值25亿元,同比增长12.6%。绿色农产品、农产品加工、籽种产业和花卉产业“四个大区”建设深入推进,向二三产业不断延伸融合。新增花卉及彩色苗木2000亩、花卉销售连锁店2家;成功获得第十一届全国菊花展览会承办权,圆满举办了2011年北京郁金香和菊花文化节。

临空经济区辐射带动作用进一步增强。预计核心区增加值完成770亿元,同比增长16.5%。政策支撑体系不断完善。出台了《顺义区进一步优化临空经济区发展政策环境的若干意见》、《顺义区促进金融产业发展办法》、《顺义区进一步促进中小企业发展实施意见》等6个文件。园区建设深入推进。天竺综保区“区港一体”成效明显,“五大中心”建设扎实推进,监管运营水平显著提升,率先实现了“三个统一”监管模式。空港木林高端制造业基地启动建设,汽车生产基地与杨镇、赵全营合作共建不断深化;物流基地、国门商务区、林河开发区、临空国际、板桥创意天承土地一级开发有序推进,基础设施建设水平明显提高。

创新驱动能力不断增强。新认定国家级高新技术企业10家,江河幕墙成为首批国家技术创新示范企业。朗姿股份、江河幕墙顺利上市,实现融资37.5亿元,全区上市企业达到12家。国家商标战略实施示范区建设深入推进,“百强”成功争创中国驰名商标,“江河”、“鑫大禹”成功争创北京市著名商标,全区中国驰名商标达到13件,北京市著名商标达到38件。严格项目准入,“招商选资”成效显著,新引进千万元以上项目192个,其中亿元以上项目57个。第20届燕京啤酒节圆满成功,第三届中国服务贸易大会金融服务板块成果丰硕。

(三)城市建设不断加强,服务功能和承载能力有效提升。

立足高标准建设北京东北部中心城市,着力完善城市功能,提升城市品位,年初确定的171项政府投资重点工程进展顺利。

城乡建设统筹推进。新城重点工程建设有序,殡仪馆迁建、老干部活动中心、政务数据中心即将竣工,文化中心、行政中心、体育中心、职教中心、劳动力实训基地建设加快推进。重点镇、新农村建设统筹推进,高丽营镇中心区市政及道路一期工程全面竣工,赵全营镇、杨镇产业基础不断夯实，李遂镇成为北京市小城镇发展基金支持的首批试点。农村改革不断深化，187个村集体经济产权制度改革全面展开，整建制拆迁村集体资产处置试点工作积极开展。土地流转集约化、规模化水平进一步提高，新增土地流转面积7569亩。

基础设施更加完善。道路建设不断加强，轨道交通15号线顺义段年底前全线通车运行，交通接驳准备就绪。顺白路、任李路等一批新改建道路和顺平路等5项市级公路大修全部完工，城区微循环道路改造、国泰路口地下通道等工程进展顺利。全面启动了西马220KV变电站、出口加工区110KV变电站建设，西府、董各庄110KV变电站已经立项。完成了怀牛110KV线路、牛北一35KV线路迁改。8个老旧小区供热管网改造完成。

生态环境质量不断提高。大力推进环保模范城区创建，完成了3个国家级生态镇、5个国家级生态村、1个市级环境优美镇、199个市级生态村的创建申报。生态环境工程建设扎实推进，顺义新城滨河森林公园滨水景观初步形成，龙道河生态治理、引温入潮二期水利工程即将竣工，彩色树种造林、第二道绿化隔离地区绿化工程全面完工。节能减排力度不断加大，各项目标圆满完成年度任务，获评全市节能攻坚先进区县；以水污染物削减和水源地保护为重点，12个断面治理工程和23个排污口治理任务顺利完成。能源预警、应急和协调能力不断提高，能源在线监测系统平台一期即将竣工，行政事业单位供热计量改造深入推进。全面落实清洁空气行动计划，完成了12家大气重点源单位在线监测设施安装，大气质量不断提高。

（四）社会民生持续改善，和谐顺义建设进一步加快。

民生工程成效显著。回迁房和保障性住房建设加快推进，17个回迁房项目已开工15项，开工面积276.2万平米。预计全年竣工回迁房和保障性住房7140套。坚决落实房地产调控政策，房价过快上涨势头得到有效控制。

就业和社会保障能力切实增强。积极推进“充分就业区”创建，城乡劳动力充分就业格局基本形成。启动了“221”金蓝领工程，劳动力技能水平和就业质量切实提升。社会保险覆盖面不断扩大，五项社会保险累计收缴基金和平均参保人数同比分别增长41.4%和13.5%。顺利完成了“一老一小”和无业居民医疗保险、公费医疗保险和城镇基本医疗保险两个并轨，2.8万享受公费医疗人员全部纳入了基本医疗保险管理；启动社保卡二期工程，实现了门诊、住院费用实时结算。民政“一卡通”在全市率先实施，实现了民政对象住院医疗报销即时结算。农村低保标准由年人均3360元提高到4800元，达到城市低保标准的80%。大病救助最高标准由8万元提高到10万元。306户农村贫困和优抚对象危旧房翻修顺利完成。

基本公共服务水平不断提高。城乡联动教育改革实验全面启动，教育均衡化、优质化水平不断提升；素质教育深入推进，学生综合素质稳步提高；校安工程加固项目完成，新建、改建工程快速推进。医药卫生体制改革稳步推进，各项任务完成良好；新建中医特色诊区7个，社区医疗机构中医科覆盖率达到100%；与北京口腔医院等三级医院合作共建扎实推进；院前急救体系建设全面推进，“一个中心五个站”机构审批和站点设置等工作有序开展。文体事业发展良好，首届环北京职业公路自行车顺义赛段比赛圆满落幕，纪念建党90周年系列活动精彩纷呈；群众性文体活动丰富多彩，北京市第三届端午文化节成功举办，全区第七届全民健身体育节等活动顺利举行。

社会服务管理力度加大。以市政市容工作为试点，城管工作网格化管理加快推进。社区规范化建设扎实推进，11个街道服务中心建设和11个城市社区用房达标工程顺利推进,205个农村社区服务站建设全面完成,4个社区成为市级“一刻钟社区服务圈”示范点。人口服务与管理不断加强,人口素质进一步提高。人口信息共享系统全面升级,流动人口服务站规范化建设进一步加强,集中居住服务水平不断提高。平安顺义建设大力推进,安全生产、公共安全和社会维稳工作不断加强,社会风险防控机制进一步完善。“打非”工作成效显著,违法建设非法生产经营行为得到有效遏制,后沙峪镇旧货市场顺利拆除,鑫粤顺、兴德、建美顺3个违法建材城拆除工作基本完成。

2011年全区经济实现了平稳较快增长、结构不断优化,社会全面发展,民生不断改善。但我们也清醒地看到,当前经济社会发展还面临一些困难和问题:一是调结构、转方式任务依然繁重,现代服务业高端化、规模化发展还要加快,制造业结构仍需不断优化,消费拉动和创新驱动对经济发展的促进作用还需加强。二是新城形象、品位需要加快提升,城市综合服务功能、资源环境承载能力、管理水平有待进一步提高,统筹城乡一体化发展需切实加强。三是保障和改善民生的力度需要进一步加大,公共服务均衡化、优质化发展仍需努力,社会管理精细化还需深入推进。这些困难和问题需要我们采取更加扎实有力的措施,在今后工作中认真加以解决。

二、2012年国民经济和社会发展计划安排与主要措施

2012年是我区加快转变经济发展方式,全面提升城市形象和品位,站在新起点谋划新发展的关键一年,也是我们以优异的成绩迎接党的“十八大”胜利召开之年,安排好全年国民经济和社会发展计划至关重要。

发展计划安排的总体思路:深入贯彻党的十七届六中全会精神,以科学发展为主题,以加快转变经济发展方式为主线,围绕“打造临空经济区、建设世界空港城”的奋斗目标,全力推进北京国际航空中心核心功能区建设,坚持以城市化和城市现代化为引领,以保障和改善民生为重点,以加强项目建设为关键,加快产业结构调整,全面提升新城形象,深入推进社会服务管理创新,进一步巩固和扩大发展改革成果,调结构、转方式取得明显成效,努力实现区域经济社会又好又快发展。

发展计划安排的主要原则:一是更加注重年度计划与“十二五”规划衔接。处理好当年和五年的关系,确保规划目标执行顺利。二是更加注重发展动力优化和质量提升。坚持高端带动、创新驱动,努力培育内生增长动力,为经济可持续发展提供强劲支撑。三是更加注重发展成果共享和民生改善。处理好促发展和惠民生的关系,改善公共服务,推动成果共享,为转型发展提供坚实保障。四是更加注重城市功能完善和管理提升。加强制度安排、推动建管并重、强化科技支撑,多措并举,着力解决城市建设运行管理中的突出矛盾和问题,促进城市功能完善和管理服务水平提升。五是更加注重城市品牌塑造和软实力提升。着眼于培育和提升城市软实力,大幅提升城市形象与品位,彰显人文魅力,培育城市精神,扩大城市国际竞争力和影响力。

经济社会发展主要预期目标:

经济发展主要预期目标:

——地区生产总值增长12%;常住人口人均地区生产总值达到1.9万美元左右;临空经济区核心区增加值增长15%。

——属地财税收入增长10%;一般预算收入增长12%。

——全社会固定资产投资增长10%。

——实际利用外资4.2亿美元;全区进出口总额170亿美元;天竺综保区进出口总值750亿美元。

——社会消费品零售额增长16%。

——城镇居民人均可支配收入增长11%;农村居民人均纯收入增长12%。

——万元地区生产总值能耗下降4.13%;万元地区生产总值水耗下降4%;二

氧化硫排放总量下降2%；氮氧化物排放总量下降1%；化学需氧量排放总量下降3.4%；氨氮排放总量下降3.5%。

——限额以上工业总产值增长12%。

社会发展主要预期目标：

——城镇登记失业率控制在1.5%以内；城乡劳动力二三产业就业率达到95%。

——城乡居民养老保险参保率达到96%；城镇居民医疗保险参保率为90.5%；城镇职工五项保险参保率为96%。

——食品安全监测合格率达到98%；药品抽检合格率达到98.8%。

——户籍人口自然增长率控制在5‰；常住流动人口控制在24.1万人；户籍人口城镇化率为55%。

——新增劳动力平均受教育年限为15.4年。

——甲乙类传染病发病率控制在350/10万以内；新型农村合作医疗参合率99.8%。

——全区林木绿化率提高到27.05%；城区人均公共绿地面积达到30.63平方米。

——再生水利用率达到70%；城市污水处理率达到97.8%；全区生活垃圾无害化处理率达到96%。

——空气质量二级和好于二级天数比例达到76%以上。

为顺利完成2012年国民经济和社会发展计划任务，要重点做好以下工作：

(一)加快产业结构调整优化，着力转变经济发展方式。

坚持在扩大经济总量中调整优化产业结构，积极推动经济发展多元化，加快构建“一核、两轴、两带”的产业空间格局，实现经济运行规模、质量和效益协调统一。

大力推进产业结构调整。继续坚持优化一产、做强二产、做大三产，研究制定全区产业发展指导意见；以发展服务业、提升制造业和培育战略性新兴产业为重点，进一步优化产业结构，三次产业比重调整为2.3 41.5 56.2。加快现代服务业发展。坚持高端化、规模化发展，促进航空服务、金融服务、物流服务、商务服务、信息服务等生产性服务业发展。积极推进文化与科技、旅游、体育、信息、金融、会展等产业的融合发展，加强龙头企业引进和培育，壮大广告会展、设计服务、文体休闲、出版印刷四大优势文化创意产业。充分挖潜和开发旅游资源。着力提升商业服务业水平，积极发展家政服务业，促进生活性服务业发展。全力推进国家地理信息科技产业园建设，加快启动正德人寿总部、中信银行数据中心项目，规划建设一批文化创意产业集聚区，全面推进商务机通用机场规划建设前期工作。着力提升制造业水平。实施重大项目带动战略，进一步增强产业配套能力，加快产业链向研发设计和市场销售服务双向延伸，培育壮大汽车、航空两大千亿元级产业集群，促进研发、制造、总部一体化发展。加快发展新一代信息技术、新能源汽车、高端装备制造、生物医药、新能源、新材料等新兴产业。优化发展以电子信息为代表的高新技术产业。通过标准提升、业态创新等途径，改造提升都市型工业和基础工业等传统制造业。优化发展第一产业。加快国家农业科技园区建设，实施鲜花港“花卉服务产业科技促进工程”，大力发展农产品深加工、物流、交易、花卉和籽种产业，着力打造农业“四个大区”。积极实施新一轮“菜篮子”工程，不断提高设施农业效益，完成5.3万亩农业基础设施建设及综合开发。

全力推动临空经济区建设。以推进北京国际航空中心核心功能区建设为引领，不断完善和落实临空经济区政策体系，对企业项目落地、高管人员激励、职工住房、人才引进、自主创新等加强支持和保障。天竺综保区要立足“七大产业、五大中心”的功能定位，充分发挥航空物流口岸和保税功能优势，大力提升口岸操作区运营水平和区域通关效率，加大航材、医药、文化贸易等重点项目引进和落地力度,加快推进二期规划建设,尽快启动规划范围内村庄拆迁工作,不断完善市政基础设施和综合服务体系,加快与周边地区和其他经济功能区的融合发展。空港开发区在加快推进现有开工项目建设的同时,加快中航油集团总部、金汉王等项目手续办理,争取早日开工。汽车生产基地围绕北京现代三工厂和北京自主品牌乘用车基地建设,切实做好服务保障,确保项目如期竣工投产。加快推进中航工业北京航空产业园建设。林河开发区积极推进四、五期土地入市交易,加快推进北京韩美药品、中国石油测井等在谈项目签约。物流基地加快启动基地东区土地一级开发,全力推进科园信海、高鸿股份等项目入驻。国门商务区加快推进核心区征地工作,全力推动国家地理信息产业园等项目建设。临空国际加快数码视讯一期施工进度,积极推进航天科工北京航天产业园土地一级开发和项目落地。板桥创意天承加快君玺国际和运通汽车城开工进度,扎实推进二期土地一级开发。北方新辉印刷产业基地加大土地一级开发力度,加快北汽大世、至美数码等项目建设进度。统筹推进重点经济功能区和镇级二三产业基地建设。继续深化空港开发区、物流基地、汽车生产基地等功能区与各镇二三产业基地的合作,充分发挥成熟功能区品牌、管理、招商等优势和二三产业基地的土地资源优势,通过合作共建和资源整合,破解重点经济功能区发展资源瓶颈,全面提升镇级二三产业基地发展水平。

加强项目支撑和创新驱动。严格项目准入和落地双重环节。坚决实施“招大引强、招商选资”的政策导向,严格项目招商准入,按照各经济功能区、各镇产业定位和区域产业空间布局,加强项目规划选址力度,严格项目选址准入标准。坚持“能早则早、能快则快”的原则,倒排工期,加强调度,严格项目落地进度,对投资1亿元以上重点项目制定施工计划,对投资5亿元以上的重大项目制定倒排工期,确保把有限的资源、资金配置到投资规模大、增长潜力大、带动能力强的项目。打造中关村科技成果转化示范基地。借助中关村国家自主创新示范区空间范围和布局调整的机遇,对拟纳入的临空国际产业基地等园区,统筹规划、统筹招商、统筹带动,着力吸引中关村“创业板块”上市公司和新募投项目入驻,使“研发创新在中关村、转化和产业化在顺义”的构想落实到具体项目。健全企业创新激励机制,鼓励支持企业进行技术创新、申请专利和上市融资。

(二)调整优化需求结构,保持经济平稳较快发展。

以扩大内需为重点,努力提升消费需求,保持投资稳步增长。着力把握好投资、消费在支撑经济发展上相互补充、相互促进、相互协调的作用,进一步增强经济发展的稳定性、协调性。

积极调整消费结构,培育新的消费热点。积极应对汽车、住房政策调整对消费市场的影响,更加注重引导消费需求和培育消费替代,推动消费结构优化升级。巩固传统消费,培育新兴消费。做好家电下乡和以旧换新,搞好集贸市场、连锁超市、农产品批发市场和零售网点建设;进一步扩大旅游消费、文化消费、健康消费、网络消费等时尚消费和新兴消费。打造消费热点区域。加快商业特色街区建设,打造2条特色商业步行街和2条特色餐饮街,推动商业、旅游与文化元素的深度融合,提升特色消费。继续优化消费环境。加大商业配套设施完善和信息基础设施提升,加快推进电子商务示范工程和刷卡无障碍工程,继续推进“三通工程”建设,进一步扩大终端机投放范围和数量。

优化投资结构,提高投资质量。进一步提高投资对经济发展的引导和支撑作用。科学安排政府投资。继续按照“定量、定性、定时”的工作原则和“实施一批、推进一批、储备一批”的项目管理模式，着重在“提高城市品位、完善城市功能、加快旧城改造、促进改善民生、推进城乡一体化”等方面安排一批具有重大影响的项目。注重创造投资落地条件，加强项目前期准备，力争一季度完成绝大部分重点项目的立项审批工作。努力扩大社会投资。发挥政府投资引导带动作用，鼓励引导民间资本进入基础产业和基础设施、市政公用事业、社会事业等领域。进一步调整房地产投资结构，优化土地一级开发，合理安排土地入市节奏。积极拓宽融资渠道。进一步完善融资体系，多渠道筹集资金，保障重点项目和产业发展资金需求。加强中小企业融资服务平台建设，发挥北京临空创业投资公司引导作用，继续推广中小企业集合信托、集合票据发行，充分利用北京市高端制造业投融资服务平台，通过担保解决企业融资难题。完善企业上市联动机制，扩大资本市场直接融资，积极筹建小额贷款公司。加强投资全过程监管。加强政府投资绩效管理，重视项目审批建设与后续运营、养护环节的衔接配套。继续落实工程建设领域突出问题专项治理的各项整改工作，推进规范投资管理、提高资金效益的长效机制建设。

稳定出口需求，优化外贸结构。依托首都国际机场资源平台和天竺综保区政策功能平台，不断提升对外开放水平。大力发展服务外包和离岸金融，通过融入全球产业链带动进出口规模扩大。加强与海关商检等部门沟通联系，完善便企措施，扩充“A级”和“双A级”企业数量，提高进出口企业综合实力。进一步优化利用外资结构，推动引进外资向引进技术、管理和人才转变。鼓励和支持企业特别是民营企业实施“走出去”战略，建立境外风险防控机制，积极为企业提供法律、商务、谈判等高端服务。

（三）以提高民生水平为根本，全面推进和谐顺义建设。

紧贴社会和人民群众的需求，进一步提升民生保障、社会服务与管理水平，全面推进和谐顺义建设。

着力优化住房供应结构。坚持统筹规划、集中建设、统一管理、资金封闭运行，全面推进牛栏山、后沙峪等镇8.6万平方米公开配租公租房和望泉寺地块40万平方米配套公租房建设，启动临空经济核心区、国家地理信息科技产业园、现代三工厂、北京自主品牌乘用车基地等重点项目配套公租房建设，为全区产业发展提供配套条件。加快推进回迁安置房和保障性住房建设，开复工回迁安置房和保障性住房总建筑面积477万平方米、48753套，竣工回迁安置房总建筑面积130万平方米、11000套，竣工保障性住房总建筑面积32万平方米、4425套。加强保障性住房申请审核，确保配售（租）公平、公正、公开。严格落实房地产调控政策，保持房地产市场平稳健康发展。

探索建立“增收入、降物价”长效机制。积极鼓励和引导企业健全职工工资正常增长机制，不断提高职工工资水平，确保城镇居民人均可支配收入持续增长。探索拓宽农民增收渠道，增加非农收入比重，建立农村土地流转价格保护和增长机制，优化农村集体资产收益分配，确保农民人均纯收入持续增长。强化价格调控和监管，保障基本生活必需品、重点农副产品和重要生产资料的市场供给，控制居民消费价格总水平过快上涨。

深入推进城乡统筹就业，健全社会保障体系。加快充分就业区创建，不断提高劳动力就业水平，新增城乡就业1.2万人，重点做好高校毕业生、农村转移劳动力、城镇就业困难人员和新生劳动力就业。加强劳动关系协调，切实维护劳动者合法权益。做好灵活就业人员、自由职业者、个体工商户业主的参保缴费工作，不断提高社会保险参保率，努力实现社会保障由制度全覆盖向人群全覆盖转变。加快征地转非安置工作，促使更多的农村劳动力纳入城镇社会保障体系。完善城乡最低生活保障和医疗救助制度,稳步提高保障标准和救助水平。加快推进适度普惠性社会福利体系建设,启动区级老年公寓改扩建和精神病医院康复病房楼建设。加大福利企业扶持,建设残疾人康复中心,维护残疾人职工合法权益。

加强社会服务管理创新。加快网格化管理体系建设,积极应用现代信息技术,完成社会服务管理电子监控中心建设,启动城市网格化管理试点工作。开展"六型"社区达标创建工程,加快构建以城乡社区为重点的基层社会管理服务体系,着力推进社区用房达标、"一刻钟社区服务圈"和社区服务站服务规范试点建设。完善人口综合管理信息平台,加快人口信息化建设步伐,进一步完善全员人口数据库建设。继续稳定适度低生育水平,加强出生缺陷干预,提高出生人口素质;扎实推进流动人口服务站规范化建设,不断健全流动人口科学调控机制,引导流动人口有序流动。

大力推进平安顺义建设。以全国安全生产标准化建设示范试点城市为契机,全面推进安全生产标准化建设,有效预防生产安全事故发生。强化食品、药品的生产、流动、消费等环节监管,确保人民群众生命安全。密切关注重大政策和重大项目推进实施过程中的社会舆情反映,加强正面引导和社会诚信体系建设,深入推进"信访代理制",完善社会调解机制,构建多元化社会矛盾化解体系。完善应急管理体制,加强专项指挥部和应急队伍建设,提升突发事件应对处置能力。

(四)突出新城功能完善,统筹推进城乡建设。

以北京东北部中心城市为目标,按照"新产业、新功能、新形象、新贡献"的新城建设要求,进一步提升和完善新城综合服务功能,不断增强城市服务生活、承载发展的能力和水平。

强化基础设施系统完善。加强交通能力建设,完成光明街、新顺南北街改造,加快通怀路一期、减河北路东延、北京自主品牌乘用车基地和现代三工厂周边道路建设。研究编制轨道交通L1线北延至顺义新城规划方案。进一步完善轨道交通15号线7个交通站点与公交接驳线路,建设地铁俸伯站、后沙峪站公交枢纽。开通社区通勤公交和旅游公交专线。加快水、电、气、热供应能力建设,不断提升城市运行保障水平。启动城南水厂建设,推进节水分类分级管理和农村饮水计量收费管理。继续加大电力工程建设力度,完成西马220KV和出口加工区110KV输变电工程,新建顺义-王四营220KV送电线路和西府、董各庄110kV变电站;启动城西架空线、天竺110KV变电站和顺平路高压线路架空线入地;加快老旧小区电力改造和梁庄、新城、庄子营、军营等4座110KV输变电工程建设速度。加快天然气高压气源站和管道天然气建设,启动牛栏山和高丽营供热中心建设。

加强生态环境建设。加快新城滨河森林公园、潮白河与减河交汇处湿地公园园林绿化工程建设,启动防护林更新改造、播草盖沙、重要道路绿化景观改造等项目。提升污染物排放处理能力,启动垃圾处理厂焚烧二期工程建设。加快汉石桥湿地引水和小中河等4条河流综合治理,启动杨镇、马坡、赵全营和北务4座再生水厂建设,加快区污水处理厂改造。加大燃煤锅炉改造与整合力度,开展供热中心脱硝设施建设,加大地源热泵建设和天然气管网铺设力度,推广太阳能、生物质能、地源热泵等可再生能源。鼓励企业提高资源利用效率、推广节能减排技术、高效使用清洁能源。深入贯彻落实清洁空气行动计划,确保达到空气质量优良天数比例。

统筹推进城乡发展。着力提升中心区品位,启动行政中心、党校迁建和检察院、法院大楼建设,确保文化中心、劳动力实训基地、体育中心和职教中心年内基本完成主体工程。加快商业中心区建设,启动东风商场片区开发，完成金街项目建设。加快轨道交通15号线站点及周边土地开发利用，加强景观设计和功能配套，切实增强产业集聚能力。全面推进重点镇建设，充分利用北京市小城镇发展基金，吸引放大社会投资，加快推进重点镇中心区拆迁改造，不断完善路网、集中供热、污水处理等配套设施建设，做好土地一级开发和上市工作，促进4个重点镇早出形象。加快其他各镇中心区基础设施和公共服务设施建设，提升中心区整体形象和公共服务水平，推动人口向镇中心区集中，产业向二三产业基地集聚。加快推进东北部浅山区联络线建设，不断改善基础设施配套条件，促进浅山地区产业发展和农民增收致富。深入推进新农村建设，加快农村基础设施和公共服务设施建设，健全已建设施运行管护长效机制，继续开展农宅抗震节能住房建设和既有农房保温节能改造。加快水务改革步伐，不断深化林权制度改革，完成剩余12个村集体经济产权制度改革。

（五）突出文化建设，推动社会事业繁荣发展。

深入贯彻十七届六中全会精神，以建立健全公共文化服务体系为重点，促进全区文化大发展、大繁荣。坚持基本公共服务均衡化、高端化、优质化发展，使发展成果更好的惠及人民。

加强文化强区建设，提升城市文化魅力。完善公共文化服务体系，深入实施文化惠民工程，加强基层文化设施规划建设，推进镇级文化中心和村级文化活动室、农村数字电影放映厅、文化信息资源共享，抓好农村“益民书屋”达标建设。建设重大功能性文化设施，力争将文化中心打造成为顺义文化新地标。加强特色文化品牌建设，高质量办好燕京啤酒节、郁金香文化节、端午文化节等系列文化品牌活动，精心举办“百姓周末大舞台”、第三届“京冀风景线”等文化交流活动，积极培育汽车、航空等特色文化，不断扩大顺义文化的影响力和渗透力。推进新城建设与文化遗产保护的有机统一，注重城市街区和建筑整体设计。加强焦庄户地道战遗址、无梁阁、元圣宫和牛栏山酒厂酿酒工艺等文化遗产保护，积极挖掘整理历史典故、名人、传说、民俗等资源，大力弘扬“曾庄大鼓”等民间文艺，鼓励传统文化、表演、手工等“传帮带”。加强文化传播基础设施建设，积极利用数字传媒、网络技术等现代科技手段，不断提升区域文化的影响力。努力培育和壮大文化消费市场，以规范网络文化发展为重点，切实加大文化市场管理。进一步加强社会主义精神文明建设，积极开展全国文明城市创建。

提升教育、医疗卫生、体育等公共服务水平。促进教育事业优先发展，深入推进素质教育，以牛栏山一中、顺义一中、杨镇一中三所示范高中为龙头，积极推进城乡联动教育改革实验，探索建立城乡教师定比例流动的工作机制。完成全区校安工程，继续实施一批幼儿园改造。坚持职业教育、成人教育市场化、企业化，围绕市场需求设置专业和课程，提高职业教育办学水平。继续完善终身教育体系和终身学习服务体系，深入推进学习型顺义建设。深化医药卫生体制改革，认真做好重大传染病监测与防控，不断完善院前急救体系，进一步提高中医药服务能力，加强卫技人员培养培训；扎实推进北京友谊医院、口腔医院与区内医疗资源合作共建，积极争取阜外医院等优质医疗资源入区发展，切实提高区域医疗卫生服务水平。精心组织第二届环北京职业公路自行车顺义赛段比赛。大力开展全民健身活动，以群众性比赛活动为载体，加快体育与文化事业融合发展，继续开展百村万户助农健身工程，新建健身场所50个，构建“十五分钟体育活动圈”。

（六）加强运行监测分析，确保全年计划任务按进度完成。

紧密围绕《顺义区2012年国民经济和社会发展主要预期目标计划（草案）》提出的24

项经济发展主要目标和19项社会发展主要目标,建立健全及时、准确、全面的监测预警体系,实施经济监测预警联席会议,做好季度分析工作。推动部门联动、资源共享,密切关注国内外发展环境变化,了解把握国家、北京市宏观政策走向,对各领域出现的新情况、新问题认真加以研究,加强信息和数据的采集分析工作,及时发现异常情况和潜在风险,对经济走势和重要经济指标变化及时做出预警,提出应对的政策措施建议,为全区经济发展和社会建设提供决策参考和信息支撑。

各位代表,新的一年,让我们在市委、市政府和区委的正确领导下,在区人大和区政协的监督支持下,紧紧依靠和团结全区人民,以科学发展观统领全局,进一步增强责任感和使命感,齐心协力、扎实工作,圆满完成各项工作任务,为实现“打造临空经济区、建设世界空港城”的目标而努力奋斗!

顺义区2011年财政预算执行情况和2012年财政预算(草案)报告(书面)

——2011年12月19日在顺义区第四届人民代表大会第一次会议上

顺义区财政局局长　赵殿江

各位代表:

受顺义区人民政府委托,现将顺义区2011年财政预算执行情况和2012年财政预算(草案)的报告提请区四届人大一次会议审议,并请各位政协委员提出意见。

2011年财政预算执行情况

2011年是“十二五”开局之年,在市委、市政府及区委的正确领导下,我区认真执行区三届人大六次会议的各项决议,深入贯彻落实科学发展观,充分发挥公共财政职能,切实提高资金配置效率,圆满完成了全年预算任务。

一、2011年全区财政收支完成情况

2011年,全区属地财税收入预计完成370亿元,完成年度预算的122.1%,同比增长32%。

全区一般预算收入预计完成80.6亿元,完成年度预算的120.3%,同比增长38%;一般预算支出预计完成122亿元(其中:市追加专项资金预计12.5亿元),完成年度预算的134.2%,同比增长28.4%。

全区基金预算收入预计完成35亿元,完成年度预算的100%。基金预算支出预计完成80亿元(其中:市追加专项资金预计2.5亿元),完成年度预算的228.6%。

根据《预算法》和《北京市预算监督条例》的规定,重点向大会报告区本级预算执行情况。

二、2011年区本级财政收支项目完成情况

(一)区本级一般预算收支项目情况

区本级一般预算收入预计完成53.6亿元,完成年度预算的132%,同比增长45.8%。

区本级主要收入项目完成情况:税收收入预计完成48.6亿元,同比增长49.2%。非

税收入预计完成5亿元,同比增长19%。

区本级一般预算支出预计完成101亿元,完成年度预算的148.1%,同比增长33.3%。

区本级主要支出项目完成情况:一般公共服务及公共安全支出预计9.6亿元,同比增长14.3%;农林水事务支出预计11亿元,同比增长23.7%;社会保障和就业支出预计14.9亿元,同比增长46.8%;教科文卫支出预计29.3亿元,同比增长31.1%;城乡社区事务、交通运输和环境保护等支出预计10.1亿元,同比增长22.4%;资源勘探电力信息、粮油物资储备及商业服务业等事务支出预计16亿元,同比增长41.8%。

(二)区本级基金预算收支项目情况

区本级基金预算收入预计完成35亿元。主要项目是:国有土地使用权出让金收入预计完成33.6亿元。其他基金预算收入预计完成1.4亿元,主要项目是:城市公用事业附加收入、残疾人就业保障金收入和新型墙体材料专项基金收入等。

区本级基金预算支出预计完成78.5亿元。主要项目是:国有土地使用权出让金支出预计76.3亿元。主要用于重点工程建设、土地储备、偿还政府债务以及农村基础设施建设等方面。其他基金预算支出预计2.2亿元。主要项目是:城市基础设施配套费支出、地方水利建设基金支出、城市公用事业附加支出、残疾人就业保障金支出、彩票事务支出、新型墙体材料专项基金支出等。

需要说明的是,以上数据根据预算执行情况初步汇总,待财政决算完成后,还将有一些变化。

三、2011年财政主要工作

2011年,区本级预算执行情况总体良好,重点税源企业发展稳定,重点支出保障有力,公共财政建设得到进一步加强,各项社会事业得到稳步发展。

(一)发挥财政资金引导作用,促进经济结构调整。

一是加强财源建设。继续加强对总部经济、金融和文化创意等行业的扶持力度,吸引更多高附加值、低能耗的企业入驻,形成行业规模效应。二是推进重大项目建设。通过专项补助、贷款贴息、争取市级资金等多种方式筹措资金,支持天竺综合保税区、国门商务区等重点经济功能区征地拆迁及基础设施建设,加快推进北京现代第三工厂、北京自主品牌乘用车基地等重大项目进程,促进主导产业聚集。三是引导经济协调发展。落实全区各项经济发展政策,培育会展等新兴产业,对企业技改、名优品牌、节能减排等重点项目给予支持,注重培育创新型企业,支持中小企业发展,提高经济发展的协调性。四是落实消费促进政策。及时审核兑现家电下乡、以旧换新财政补贴资金,刺激消费需求。

(二)优化财政资金投入配置,统筹城乡协调发展。

一是加快新城建设。全年投入城市建设、环境建设、城市运行维护资金68亿元,支持了职教中心、文化中心、体育中心、劳动力实训基地、殡仪馆迁建等工程建设,安排了西单金街地下通道、城区微循环道路改造和顺白路等道路建设,以及M15号线顺义段站点交通接驳工程及周边环境整治,老旧城区供电改造,滨河森林公园、“引温入潮”二期工程、龙道河生态治理等项目建设;拨付了土地储备、村庄拆迁等项目所需资金,安排了基础设施贷款还本付息资金。加大环境整治力度,继续对全区更新淘汰黄标车给予补助,支持垃圾分类工作,加强污染防治和生态保护,新城环境得到进一步改善。安排重点镇建设补助资金2亿元,加快重点镇发展,发挥重点镇的辐射带动作用。

二是增加“三农”投入。拨付社会服务管理创新资金1.6亿元,支持试点村村庄社区化平安建设,对村级公益事业给予补助,推进新农村社区试点建设规划等工作。投入资金

2.5亿元用于农业发展和农村综合改革,支持土地治理、农业产业化、设施农业、政策性农业保险和病虫害防治等项目,落实生态林补偿机制,保障水务运转经费,推进农村集体经济产权制度改革。投入专项资金1000万元促进农民就业,着力增加农民收入。

(三)加大民生投入力度,积极推进社会建设。

一是加大社会保障力度。落实征地转非安置费用和就业转非政策,拨付专项资金2.3亿元。继续落实养老保障政策,累计支出城乡居民养老保险基础养老金和无保障老年居民福利养老金3.9亿元,惠及全区8万余人。及时发放城乡低保补助资金2064万元,全区共有7188人享受了低保待遇,困难群众基本生活得到有效保障;提高无固定收入重残人员生活补助标准,降低享受政策的残疾等级,进一步扩大了享受范围;将孤儿基本生活救助纳入社会救助体系,加大社会救助力度。继续发放养老(助残)券1320万元,对高龄老人和重度残疾人给予补贴。加快推进托老所、敬老院建设,支持老年餐桌、居家养老服务等项目,促进养老事业发展。拨付残疾人就业保障金5406万元,实施了残疾人家庭无障碍设施改造等项目,保障残疾人就业。拨付就业补助资金8500万元,全面落实岗位补贴、社会保险补贴、小额担保贷款贴息等就业政策,促进城乡劳动力充分就业。

二是促进社会公共事业全面发展。教育预计支出17.5亿元,达到了依法增长的目标。除保障正常经费外,主要用于中小学校舍安全工程、北京八中顺义仁和分校扩建等项目,改善办学条件,保障中小学和幼儿园安保经费。科学技术、文化体育与传媒支出预计3.3亿元,主要用于科学技术普及、科技发展专项、高清交互数字电视推广、文化创意产业发展、农村文化建设以及农村和社区健身场所建设等项目,促进科学文体事业发展。大力发展公共交通,全年投入公交客运票价折扣补贴和石油价格改革补贴资金1.3亿元,方便了群众出行。拨付资金支持回迁房和保障性住房建设,着力解决低收入群众住房困难问题。公共安全支出预计4.2亿元,加大政法部门装备配备投入力度,加强安全防控体系建设,提高了公共安全保障水平。

三是推进医药卫生体制改革。医疗卫生预计支出8.5亿元,为医药卫生体制改革提供了资金支持。投入公共卫生资金3458万元,免费向全区广大城乡居民提供10大类42项基本公共卫生服务项目和15项重大公共卫生服务项目,确保了免费接种疫苗、农民体检、妇女两癌筛查、慢性病防治等项目顺利开展。投入公立医院和基层医疗卫生机构资金2.3亿元,提高医疗卫生服务水平。落实公费医疗改革,将原享受公费医疗的单位人员纳入基本医疗保险,按照工资总额的4%安排了补充医疗保险资金。加大新型农村合作医疗补助力度,全年拨付补助资金1.3亿元,全区参合人员达到30万人,人均筹资标准达到520元。提高医疗保障水平,将城镇居民医疗保险财政人均补助由60元提高到460元,涉及参保人员6.95万人,财政支出3217万元。

(四)加强财政科学化精细化管理,提高财政管理绩效。

一是推进部门预算公开。按照预算信息公开对预算编制的要求,选择首批10家试点单位公开了部门预算。二是推进国库集中收付制度改革。改革单位个数达到了188家,近4万人纳入了统发范围。三是加强政府采购管理。规范支出行为,扩大采购范围,全年政府采购预计立项510项次,用心打造阳光采购。四是加大财政投资评审力度。全年预计审核资金40亿元,审定资金32亿元。五是加强资金安全管理,积极防范财政风险。按照中央和北京市相关部门要求,对区镇两级财政专户进行清理整顿,认真做好政府债务管理和融资平台公司清理规范工作。六是强化资产绩效管理。制定并下发了《关于加强区属行政事业单位国有资产处置管理工作的通知》,规范资产处置流程。在编制2012年预算时,要求所有项目支出填报绩效目标,强化全过程绩效管理。七是加强财政监督。配合纪检监察部门推进"小金库"专项治理工作和完成公务车专项治理任务,完善内部监督和外部监督相结合的检查机制。加强会计监管,提高会计信息质量。

各位代表,2011年财政预算执行情况良好,有力的保障了经济社会又好又快发展。在看到成绩的同时,我们也清醒地认识到,全区一般预算收入规模相对偏小,财源建设还需加强,收支矛盾依然突出,财政支出结构需要进一步优化。针对以上存在的问题,我们将认真加以研究解决。

2012年财政预算(草案)

一、2012年预算安排的指导思想

结合《顺义区国民经济与社会发展第十二个五年规划纲要》的要求,根据依法理财、落实事权、突出重点、注重绩效的原则编制2012年预算,主要考虑因素有以下两个方面:

收入预算安排坚持实事求是、积极稳妥,按照财政收入增长与经济增长相适应的原则,既要考虑我区良好的经济基础、不断优化的产业结构以及新增重大项目的发展潜力,又要考虑到国内外经济形势依然复杂,政策调控等不确定性因素依然较多,我区财政收入增长压力较大。综合考虑以上各项因素,结合"十二五"规划确定的工作目标,编制2012年全区财政收入预算。

支出预算安排坚持"保基本,保民生,保重点,保稳定,促发展"的原则。在保障行政事业单位履行基本职责,维持机构正常运转的前提下,控制行政运行成本,压缩车辆购置、公务接待、出国(境)等项经费支出。着力保障和改善民生,坚持向"三农"倾斜,增加对公共服务领域的资金投入,促进城乡统筹和社会和谐。保障重点工程、实事工程的顺利实施,确保各项依法增长的支出需要。进一步推动产业结构调整和经济发展方式转变,确保全区经济及各项社会事业平稳较快发展。

根据以上两个方面考虑,确定2012年财政预算工作的指导思想是:以科学发展观为统领,转变经济发展方式,调整优化产业结构和税源结构,促进财政收入稳定快速增长;统筹城乡发展,完善城市功能,加大民生保障力度,优化支出结构,促进基本公共服务均等化;完善公共财政体系,提高财政科学化精细化管理水平。

二、2012年全区预算安排总体情况

2012年全区属地财税收入计划安排410亿元,同比增长10%。其中:一般预算收入计划安排90亿元,同比增长12%。基金预算收入计划安排30亿元。

分级收入计划为:区本级一般预算收入计划安排59.8亿元,同比增长12%。镇级一般预算收入计划安排30.2亿元,同比增长12%。

(一)一般预算财力及支出计划

根据市对区县财政体制计算,2012年市对我区体制返还和转移支付计划安排16.6亿元,市级定额补助资金计划安排8.5亿元,市级提前下达2012年专项经费4.1亿元。市级上解支出0.2亿元。2012年全区一般预算财力预计为119亿元。全区一般预算支出计划安排119亿元,同比增长30.9%。

(二)基金预算财力及支出计划

2012年基金预算财力预计为30亿元。基金预算支出计划安排30亿元。

三、2012年区本级财政收支主要项目安排情况

(一)区本级一般预算收支项目安排情况

区本级一般预算收入计划安排59.8亿

元,同比增长12%。

区本级主要收入项目安排情况是:税收收入计划安排54.8亿元,同比增长13%;非税收入计划安排5亿元,同比持平。

区本级一般预算支出计划安排93亿元,同比增长36.4%。

区本级主要支出项目安排情况是:一般公共服务及公共安全支出计划安排10.1亿元,同比增长27.2%;农林水事务支出计划安排11.9亿元,同比增长28%;社会保障和就业支出计划安排13.8亿元,同比增长36.1%;教科文卫支出计划安排27.5亿元,同比增长29.5%;城乡社区事务、交通运输和节能环保等项支出计划安排13.6亿元,同比增长57.6%;资源勘探电力信息、粮油物资储备及商业服务业等事务支出计划安排11.9亿元,同比增长58.7%。

(二)区本级基金预算收支项目安排情况

区本级基金预算收入计划安排30亿元。主要项目是:国有土地使用权出让金收入计划安排28.7亿元。其他基金预算收入计划安排1.3亿元。主要项目是:城市公用事业附加收入、残疾人就业保障金收入、新型墙体材料专项基金收入等。

区本级基金预算支出计划安排30亿元。主要项目是:国有土地使用权出让金支出计划安排28.7亿元。主要安排偿债资金、土地储备资金、重点工程以及重点镇建设资金。其他基金预算支出计划安排1.3亿元。主要项目是:城市公用事业附加支出、残疾人就业保障金支出、新型墙体材料专项基金支出等。

四、2012年财政主要工作及措施

2012年,财政及有关部门将紧紧围绕“抓财源、抓支出、抓监管”,做好增收节支工作,完善预算管理机制,提高财政科学化精细化管理水平,确保圆满完成全年财政预算任务。

(一)抓财源,促发展。

充分发挥财政职能作用,促进经济发展方式转变和产业结构优化升级,着力增加经济总量,不断扩大财政收入规模。一是紧紧围绕全年财政收入增长目标,加强组收工作,强化财政、税务、工商等部门的协调配合,确保各项收入足额入库,继续细化、分解、落实收入任务;密切关注税源动态,积极涵养税源,努力挖掘增收潜力,确保财政收入持续快速增长。二是支持重点经济功能区发挥引领作用,持续增加区域经济增长动力。安排园区基础设施建设和奖励扶持资金21亿元,用于天竺综合保税区、空港开发区、林河开发区、汽车生产基地、空港物流基地、国门商务区、印刷产业基地等重点经济功能区基础设施建设和重大项目发展,巩固重点财源,培植后续财源。三是引导资金向现代服务业等领域倾斜,培育新的财源增长点。安排金融、会展、旅游等产业扶持资金1.6亿元,落实《顺义区促进金融产业发展的办法》,加大金融产业扶持力度;增加上市企业培育资金、中小企业发展扶持资金,支持品牌建设,促进重点产业和中小企业发展,构建多元化的财源结构。

(二)抓支出,保重点。

着力优化财政支出结构,继续加大对“三农”、社会保障和就业、教育、医疗卫生等民生领域的投入力度,持续改善民生福祉。

一是推进城乡一体化建设,实现区域协调发展。安排城市建设及维护资金30亿元,加快推进新城建设,支持重点工程和生态工程建设,继续安排偿债资金,加强市政设施养护和改造,保障垃圾处理、污水处理、环卫运行经费,增加非正规垃圾填埋场治理、垃圾中转站改造和农村公厕运行管理等专项资金,提高公共设施运行水平,提升城市功能和新城整体形象。安排重点镇建设资金3亿元,加快推进城乡一体化进程。

二是创新支农资金投入机制,进一步深化新农村建设。安排“三农”资金4亿元,推进新型农村社区和新民居试点建设、既有农宅节能保温改造等项目,健全新农村建设长效管护机制。落实农业政策性资金,支持农业产业结构调整、设施农业建设、政策性农业保险、绿色农产品加工和花卉产业等重点项目,引导发展高端、高效、高辐射的都市型现代农业。安排农村土地确权登记颁证资金,加快农村改革步伐。

三是完善城乡统筹的社会保障体系,着力提高民生水平。社会保障和就业支出安排13.8亿元,同比增长36.1%。安排城乡低保补助资金5123万元,进一步提高城乡居民最低生活保障补助标准;为享受定期生活补助的优抚对象发放取暖补贴和为农村贫困群体和优抚对象实施危房改造,提高困难群众的生活质量;安排城乡居民基础养老金和无保障老年居民福利养老金3.2亿元,发放养老助残券700万元,继续对老年人和残疾人实施优惠政策;支持残疾人就业和职业康复,安排残疾人复明手术和安装假肢等项目经费,对残疾人康复治疗和无固定收入重残人员给予补助,解决残疾人就业的实际困难;继续对公益性就业组织给予工资性和保险补贴,对就业困难人员进行社保补贴和岗位补贴,落实用人单位补贴和安置就业奖励,对自谋、灵活就业人员给予社会保险补贴等,加大对失业人员和农村劳动力培训,积极促进就业。

四是加大社会公共服务领域投入,促进社会事业全面发展。坚持优先发展教育。安排教育支出16.1亿元,确保教育经费依法增长。将继续对中小学校舍进行抗震加固并实施一批幼儿园改造;加强学校与幼儿园安保投入;继续为义务教育阶段中小学生减免学杂费、教科书、作业本费和校服费,帮扶家庭经济困难学生;安排购置教学设备、教师培训和农村地区教师班车运行维护等资金,提高教育资源的配置水平;继续完善职业教育和成人教育体系,促进教育事业均衡发展。支持科技创新体系建设。安排科技支出3300万元,加大科普宣传力度,加快科技成果转化。推动文化大发展大繁荣。安排文化体育与传媒支出1.1亿元,用于支持文化创意产业发展、镇级文化中心和村级文化活动室建设、农村数字电影放映、非物质文化遗产保护等重点工作,保障焦庄户地道战遗址纪念馆和图书馆向社会免费开放运行经费,继续加强农村和社区健身场所建设,更新部分全民健身器材。加强和创新社会管理。安排政法部门装备配备、基层综治、流动人口管理、计划生育服务与管理、食品安全等专项经费7289万元,加强社会治安综合治理,强化社区建设,维护社会和谐稳定。继续落实各项政策性资金。安排公交票价折扣补贴和老年人免费乘车补贴资金1.2亿元,大力发展公共交通。安排成品油、煤炭、防汛、防火、防冻等物资储备及应急储备专项资金1190万元、粮食风险基金300万元,提高政府应急管理能力。安排居民供热补贴资金3665万元,确保居民温暖过冬。

五是落实医药卫生体制改革,提高基本医疗卫生服务水平。安排医疗卫生支出10亿元,同比增长33.3%。医疗卫生专项资金安排1.4亿元,主要用于免费开展公共卫生服务项目、药品零差率销售补贴、急诊综合病房楼设备更新及信息系统建设、卫生系统修缮及设备购置、120急救中心“收支两条线”管理改革以及医疗救助等项目,努力建设覆盖城乡的基本医疗卫生服务体系。落实卫生人员绩效工资改革,安排经费6000万元用于保障公共卫生从业人员待遇。加大医疗保障力度,安排新型农村合作医疗补助资金1.2亿元,进一步提高筹资水平;继续推进“一老一小”和城镇劳动年龄内无业居民大病医疗保险补贴、大病救助和优抚对象医疗救助等政策,实现医疗保障全覆盖。

(三)抓监管,提绩效。

立足把有限的资金用好、用活、用出最大的效益,推进财政管理的科学化、精细化。一是强化预算管理。将资产管理、绩效评价结果与预算编制有效衔接起来,增强预算的约束力和严肃性,严格控制一般性支出,加强结余资金管理,提高预算编制水平。二是稳步推进财政预、决算公开工作。建立健全政府预、决算和部门预、决算信息公开机制,逐步扩大公开范围,细化公开内容,提高政府管理水平。三是全面推进国库集中收付制度改革,逐步建立与公共财政要求相适应的现代国库运行机制。四是综合运用政府采购、投资评审、绩效评价等手段,加大对重点项目、重点单位、重点资金的监管力度,强化跟踪问效,努力提高财政资金的使用效益。五是实施国有资本经营预算制度,对我区国资委监管的国有出资企业收取国有资本收益,加强国有资本经营预算监管。六是加强财政监督,继续巩固"小金库"和公务车专项治理工作成果。七是加强对镇级财政财务工作的监管和指导,不断提升基层财务管理水平。八是对政府融资平台公司进行动态监管,加强政府债务管理,防范财政风险。

各位代表,2012年将迎来党的"十八大",我们将继续以科学发展观为指导,在市委、市政府和区委的坚强领导下,在区人大、区政协的监督和支持下,稳步增加财政收入、不断优化支出结构、充分发挥公共财政职能,以优异的成绩迎接党的"十八大",为实现"打造临空经济区、建设世界空港城"的目标而努力奋斗!

北京市顺义区人民法院工作报告

——2011年12月20日在顺义区第四届人民代表大会第一次会议上

顺义区人民法院院长　郭铁相

各位代表:

现在,我代表顺义区人民法院向大会报告工作,请予审议。

五年工作回顾

区第三届人民代表大会以来的五年,我院在区委的正确领导、区人大及其常委会的有效监督和上级法院的悉心指导下,在区政府、区政协和全区人民的大力支持下,认真贯彻落实党的十七大精神,深入学习实践科学发展观,始终坚持"三个至上"指导思想,紧紧围绕"为大局服务、为人民司法"工作主题,充分发挥审判职能,妥善化解矛盾纠纷,为全区经济社会科学发展做出了不懈努力。

一、充分发挥审判职能,全力维护社会和谐稳定

执法办案是法院工作的第一要务。我院根据经济社会发展的客观要求,以高度的政治责任感,圆满完成了各项审判执行任务。五年共受理案件86049件,办结83396件,解决争议标的额61.8亿余元,与上一个五年相比,分别上升18.3%、15.4%和40.5%。

(一)依法惩治刑事犯罪,营造安全稳定的社会环境

稳定的社会环境,是人民群众安居乐业

的基础。我院始终把维护社会安全稳定作为首要的政治任务，依法打击刑事犯罪，全面落实宽严相济的刑事政策，营造了安全稳定的社会环境。五年共审结刑事案件4501件，判处罪犯6151人。

该严则严，依法严惩严重刑事犯罪。为确保奥运会、国庆60周年庆典、第七届中国花卉博览会等重大活动顺利开展，重点打击放火、绑架、抢劫、盗窃等危害公共安全和人民群众生命财产安全的犯罪，依法审理了高元等13人“碰瓷”团伙危害公共安全、付致勇等3人绑架抢劫等重大案件，净化了社会治安环境，增强了人民群众安全感，五年共审结此类案件1400件。严厉打击非法经营、生产销售伪劣商品等经济犯罪，依法审理了王明成等2人向31个省市销售伪劣种子、张家平等3人发展4000余人参与非法传销等案件，规范了市场经济秩序，五年共审结此类案件77件。依法审理了原顺义区中医医院院长李春耕受贿等一批职务犯罪案件，推动了反腐倡廉工作的开展。五年来，共判处五年以上有期徒刑396人。

当宽则宽，减少对抗增加和谐因素。对轻微犯罪、未成年人犯罪，依法从轻、减轻或免除处罚，减少社会对立面。建立非监禁刑审访体系，依据社会调查报告，依法适当多判处非监禁刑，并在判决后进行回访帮教，五年共判处非监禁刑1906人，61.2%的未成年罪犯得以监外服刑，提高了他们自我改造的积极性。推进量刑规范化工作，对故意伤害、寻衅滋事等15种常见犯罪，依法公开计算刑期，确保量刑公正，96.8%的罪犯服从了法院判决。

（二）着力强化民事审判，构建和谐有序的发展环境

民商事案件占全部受理案件总数的65%，是社会矛盾在审判工作中的集中反映。我院以服务发展为宗旨，通过公正裁判、倾心调解，妥善化解民商事纠纷，让群众得以安心生活，让企业得以放心发展。五年共审结民商事案件54615件，同比上升28.3%。

稳妥审理民事纠纷，保障民生促进和谐。针对离婚、继承、分家析产等案件中家庭矛盾尖锐的特点，注重保护妇女、儿童、老人的合法权益，努力从道德和亲情角度进行说服感化，促进了家庭和睦，五年共审结此类案件7273件。针对相邻关系、物业、拆迁安置补偿等案件中双方意见分歧大的特点，努力协调各方利益，促进了区域稳定，五年共审结此类案件10866件。在案件数量上升、利益冲突激烈的情况下，稳妥审理交通事故、医疗纠纷、劳动争议等案件，着力保护弱势群体利益，促进了社会和谐，五年共审结此类案件13358件，同比上升61%。

妥善审理商事纠纷，能动司法促进发展。坚持推动产业结构优化升级的裁判导向，妥善审理在调结构、扩内需、促转变中发生的公司治理、航空物流等案件，对暂时经营困难的企业，慎重采用财产保全措施，保障和服务辖区经济发展方式转变，五年共审结此类案件15009件。为应对国际金融危机冲击，组织辖区6家银行召开防范金融风险座谈会，妥善审理借贷担保、保险票据等案件，保障和服务金融业发展，五年共审结此类案件3483件。根据宏观调控政策变化，妥善审理房地产开发、房屋买卖等案件，针对“一房两卖”、恶意违约等投机行为，加强证据审查，严格执行国家政策，维护社会诚信和交易安全，五年共审结此类案件3129件。坚持统筹城乡发展的裁判导向，与区农村工作委员会等部门积极搭建涉农纠纷协调平台，依法化解土地承包、集体经济权益等纠纷，保障和服务城乡一体化发展，五年审结此类案件173件。

（三）审慎化解行政争议，优化依法行政的执法环境

行政诉讼是依法保护行政相对人合法权益的重要渠道，也是促进行政机关依法行政的重要方式。近年来，随着我区拆迁拆违力

度加大,行政审判呈现案件数量大幅上升、化解难度不断增大的特点,五年共审结行政案件412件,占行政诉讼法实施21年来审结行政案件总数的50%,审查非诉执行案件112件。针对行政审判的新形势、新要求,对涉及重点工程的行政非诉执行案件,依法快审快结,确保重点工程顺利进行;对合法行政行为,依法予以维持,支持行政机关依法行政;对发现的行政瑕疵,加大协调力度,通过参加联席会议、发送司法建议等形式予以反馈,促使行政机关依法履行职责,保护行政相对人合法权益。在审结的行政案件中,经协调得以稳妥解决的案件占18.4%,维持行政机关决定、驳回起诉的达76.2%,全部或部分撤销行政机关决定、确认违法的只占5.4%。

(四)创新加强执行工作,创建科学高效的执行环境

生效裁判得不到执行,既侵害了胜诉当事人的合法权益,也损害了司法权威。我院着力改善外部执行环境,针对被执行人难找、执行财产难寻等现实问题,与公安、房管、银行等部门建立联动机制,集中力量开展清理执行积案活动,加大夜间执行、媒体曝光力度,尽最大可能查车辆、查房产、查存款、查被执行人下落;对具有偿还能力但拒不履行生效裁判的被执行人,依法适用司法拘留、限制出境、限制高消费等措施,对情节严重构成犯罪的,依法追究刑事责任。着力优化内部执行环境,将执行裁决权从执行权中分离,将标的额5万元以上的案件执行程序划分为财产查控、财产处置、款物发放等阶段,改变一名法官"一包到底"的传统执行模式,实现内部分工制约,在此基础上,成立执行局,增加人员配备。五年来,共执结案件23677件,执结标的额26.7亿余元,妥善执结了一批涉及重点工程建设用地的拆迁腾退案件,为区域发展提供了有力保障。对农民工讨薪、人身损害赔偿等涉民生案件,坚持优先执行、尽快执结,维护弱势群体合法权益。强化执行效果,促使当事人达成执行和解,避免矛盾激化,五年来通过和解方式执结案件839件。

二、始终坚持司法为民,积极回应群众司法需求

司法为民是人民法院的根本宗旨。我院始终把人民群众满意作为工作评判标准,努力满足人民群众对司法公正高效的需求。

(一)着力提高审判质量。公正是司法为民的核心要求,过硬的审判质量是司法公正的具体体现。我院通过创新审判管理方式,努力以管理保质量、促公正。一是开展案件评查。构建审判监督部门专职评查、审判庭自行评查、院领导抽查督导的评查格局,既检查裁判结果是否公正、审判程序是否合法,又检查司法行为是否规范,五年共评查案件1.1万余件,促进了问题整改,提高了办案质量。二是加强院、庭长办案。院、庭长在抓好审判管理工作的同时,亲自办精品案,着力开示范庭,五年共审结案件16864件,占结案总数的20.2%,带动全院审判质量不断提高。三是统一执法尺度。调整民、商事审判庭案件管辖分工,解决因管辖交叉导致的同案不同判问题;针对醉酒驾车、医疗纠纷等新类型、疑难案件,制定审判指导规范性文件82个,编发指导案例57个,有效规范了法官自由裁量权。四是强化实时监督。在立案、信访窗口和法庭安装监控设备,规范立案、审判、信访各个环节的司法行为,促进司法公正。

(二)着力完善便民措施。方便快捷是司法为民的基本要求,也是人民群众的期盼。结合我区实际,我院采取了一系列便民利民措施。一是设立诉讼服务中心,为当事人提供诉讼引导、案件查询、材料收转等"一站式"服务,努力让当事人一次即可办理全部诉讼事务,中心成立三年来共接待来院人员约9.5万人次。二是一次性告知当事人立案需要提供的诉讼材料,努力让当事人最多来院两次即可立案。三是加大司法救助力度,对

经济困难的当事人缓、减、免交诉讼费用364.4万元，让当事人打得起官司。四是推行巡回审判、“农时法庭”、“假日法庭”、“拆迁临时法庭”等做法，让出行不便、农时繁忙、政策不明的当事人就地就近解决纠纷。五是实行诉讼指导和风险提示制度，指导当事人正确行使权利，降低诉讼风险。六是为聋哑被告人聘请手语翻译，为没有委托辩护人的未成年被告人指定辩护律师，充分保护特殊群体诉权。七是提高简易程序适用比例，加快诉讼进程，五年来适用简易程序案件数占审结案件总数的82.7%。八是加强节点管理，运用审判管理系统，对立案、审判、执行的每个环节进行实时监控，加强审限提示和预警，严格延审报批程序，提高纠纷化解效率。

（三）着力做好信访工作。涉诉信访工作是坚持司法为民、维护社会稳定的重要工作。一方面，我院把工作重点放在切实解决问题、减少信访存量上，对确有问题的案件，依法再审纠错；对信访人理解法律有偏差的，按照法官、庭长、院长的顺序，递进式做好释法说理工作，促使其息诉罢访；对信访人生活确有困难的，主动协调相关部门予以解决。另一方面，注重从源头减少涉诉信访，控制信访增量，院、庭长每天接待来访群众听取意见，承办法官认真答复群众通过“政法民声热线”提出的问题，及时改进工作。五年来共化解信访案件225件，审结案件的服判息诉率达到87.6%，我院先后荣获“北京市信访工作先进集体”、“北京市信访排查调处工作先进集体”、“顺义区信访接待优秀窗口”等荣誉称号。

三、改革创新工作机制，有效化解社会矛盾纠纷

改革创新是确保司法公正高效的动力。我院按照中央推进社会矛盾化解、社会管理创新、公正廉洁执法三项重点工作的部署，立足本职，注重创新，不断巩固提高化解矛盾的实际效果和服务社会的工作水平。

（一）建立专业化审判机制。针对社会矛盾类型化、复杂化的特点，推行专业化、精细化审判，推动整体办案水平的提高。一是加强专业审判庭建设。针对交通事故、医疗事故等赔偿案件增多、处理难度加大的特点，成立专门的损害赔偿审判庭；为加强知识产权司法保护，成立知识产权审判庭，通过审理著作权、商标权、特许经营合同纠纷等案件，鼓励自主创新。二是加强专业合议庭建设。合议庭是审判庭的组成单元，也是专业化审判的基础。我院根据案件类型的不同，成立未成年人犯罪、劳动争议、房屋买卖等专业合议庭，根据专业特长，安排固定的审判人员进行审理，使每位法官都能够集中精力办好特定类型案件。三是加强专业化调解工作。树立调解是高质量审判、高效益审判的理念，在专业化合议庭建设的基础上，开展调解法官专业化、调解方法特定化的类型化调解，及时平复社会矛盾，确保案结事了人和。五年共以调解或撤诉方式结案31731件，调撤率达到58.1%，同比提高3个百分点。

（二）建立多元化纠纷解决机制。充分调动各方面力量，共同参与矛盾化解，为人民群众提供更多可供选择的纠纷解决方式。一是开展立案前化解工作。组织人民调解员、平民调解员等社会力量，帮助群众第一时间化解矛盾，避免了小矛盾酿成大问题。这项工作开展一年来共化解纠纷2964件，60%的纠纷在5天内成功化解，减轻了群众诉累。二是参与构建“大调解”工作格局。与村民调组织、镇司法所建立三级联动机制，与区总工会、人力资源和社会保障局、司法局、信访办公室建立劳动争议调解五方联动机制，通过各部门协调配合、诉讼与非诉讼相衔接，形成化解社会矛盾的合力，努力把矛盾解决在基层，化解在萌芽状态。

（三）建立民意沟通机制。一是加强司法公开。在继续加强立案、庭审公开的基础上，建立执行进展主动反馈机制，开通顺义法院网国际互联网站,网上公开裁判文书,组织法院开放日活动,不断提高司法工作透明度。二是加强人民陪审员工作。组织选任的60名人民陪审员参与案件审理、调解、评估鉴定等工作,广泛了解社情民意,实现法律效果和社会效果的有机统一,五年来人民陪审员共陪审案件9100余件。三是拓宽民意沟通渠道。围绕醉驾入刑、航班晚点等社会热点问题,发表宣传稿件9200余篇,录制电视广播节目610余期,开展庭审网络直播336期,组织普法宣传270余次,发送司法建议277件,增强了群众法制意识,增进了群众对法院工作的了解和理解。

四、全面加强队伍建设,着力增强干警司法能力

政治坚定、业务过硬、一心为民、公正廉洁的高素质法官队伍,是司法公正的重要保证。我院始终把队伍建设作为法院工作的重中之重,努力提高队伍的司法能力。

(一)加强思想政治建设。按照"以党建带队建、以队建促审判"的工作思路,把社会主义法治理念教育作为思想建设的主线,深入开展"听呼声、走百家、送服务"、"人民法官为人民"、"群众观点大讨论"等主题实践活动。通过组织专家讲座、知识竞赛、纪念建党90周年等活动,践行"忠诚、公正、廉洁、为民"的政法核心价值观,激发全院干警创先争优、干事创业的进取精神。五年来,在案件数量上升、审理难度增大的情况下,经过全院努力,每年结案率都超过95%,法官年人均结案256件,个人年最高结案达705件,190余人次荣获"全国优秀法官"、"北京市人民满意的政法干警"、"北京市劳动模范"等称号。

(二)加强优秀人才培养。将人才选拔培养作为队伍建设的重心,五年共录用大学生88名,其中具有研究生学历的78名,35岁以下干警已经达到全院干警总数的61%。针对年轻高学历干警增多的情况,通过开展"百名干警下基层"活动,增强他们与群众的感情,丰富他们的社会阅历和实践经验;实行带教培养制度,由优秀法官对其进行一对一指导,让他们尽快适应法院工作;加大提拔任用力度,对优秀青年干警委以重任,五年共开展中层竞争上岗3次,11名青年干警走上中层领导岗位。针对审判形势的变化,着力加强业务培训,五年共组织1.4万余人次参加培训329期,进一步提升了法官的司法能力,2名干警在北京法院第一届司法业务能力比赛中荣获"业务标兵"称号。

(三)加强党风廉政建设。开展预防渎职侵权违法犯罪、公正廉洁执法警示教育、"纠偏防险"、"查微纠小"等活动,通过举办主题演讲、专题党课、观看廉政专题片等形式,增强廉政教育效果;认真查找重点部门和关键岗位的廉政风险点,逐项制定风险防范措施,增强风险防控的针对性和实效性。聘任24名业务骨干担任廉政监察员,分布于15个业务部门,监督执法办案工作。认真落实党风廉政建设责任制,将群众举报投诉、廉政得分情况进行累积,作为干警职级晋升和部门评先的参考依据。这些做法,有效提升了司法公信力,获得了群众认可。五年来,我院共收到当事人赠送的锦旗460余面,寄送的感谢信、表扬信120余封,出现了原、被告共同赠送一面锦旗的和谐场面。

五、自觉接受人大监督,不断提高法院工作水平

人大的有效监督,是人民法院公正司法的重要保障。我院始终高度重视人大对法院工作的监督。一是坚持重大事项报告制度,主动向人大及其常委会报告工作,并按照决议意见,认真进行整改。二是为代表监督法院工作创造条件,设立了人大代表联络办公室,通过组织旁听、邀请视察、走访座谈、寄送院刊等形式,及时通报信访案件终结、案件质量评查、重大案件办理等工作情况,征求代表意见建议,主动接受代表监督。五年来共向区人大及其常委会、主任会议报告工作11

次，邀请人大代表旁听案件、监督执行63次，邀请视察21次，走访座谈111次。

回顾五年工作，我们深刻体会到，法院工作必须坚持党的领导，认真贯彻市委、区委部署，确保审判工作的正确政治方向；必须坚持以科学发展观为指导，找准审判工作在顺义发展大局中的职能定位，推动经济社会科学发展；必须坚持司法为民，通过公正高效的审判工作，切实保障民生；必须坚持改革创新，不断探索加强法院工作的新举措，努力满足新形势、新任务对审判工作的新要求；必须坚持强化监督，自觉接受人大监督、法律监督和社会监督，着力完善内部监督制约机制，促进司法公正高效。

各位代表，五年来，我院能够完成繁重的审判任务、成功化解大量矛盾纠纷，离不开区委、区人大、区政府、区政协和社会各界的领导、监督和支持。各位代表为解决法院工作中的问题和困难，提出了许多宝贵的意见和建议，有力地促进了法院工作开展。在此，我代表区法院，向一直以来关心、理解和支持法院工作的人大代表、有关部门表示衷心的感谢！

在肯定成绩的同时，我们也清醒地认识到，工作中还存在一些问题和困难：一是个别干警存在违法违纪问题，对审判权的监督制约，需要进一步强化。二是个别干警大局意识和司法为民意识不强，一些案件的处理，不能较好地实现法律效果和社会效果的有机统一，群众观念和作风建设，需要进一步加强。三是顺义的发展定位决定了我们必须高标准推进各项工作，如何在现有条件下创新工作机制，挖掘内部潜力，有效履行审判职责，需要进一步思考。上述问题，我院将认真研究并加以解决。

今后工作任务

2012年是党的十八大召开之年，是实施全区“十二五”规划的关键之年。我院将认真学习贯彻党的十七届六中全会精神，深入贯彻落实科学发展观，在中国特色社会主义法律体系形成的背景下，严格依法办案，努力确保当事人在顺义法院打一个公正、明白、便捷、受尊重的官司。重点做好以下工作：

第一，依法履行审判职责，服务全区中心工作。依法严惩危害公共安全和社会稳定、严重损害群众利益、严重破坏经济社会秩序犯罪，继续深入贯彻宽严相济的刑事政策，实现惩罚犯罪和保障人权并重。加强民商事、行政审判工作，妥善协调各方利益，努力做到案结事了，为实现社会和谐、促进经济发展提供司法保障。加强知识产权保护力度，促进全区文化创意产业发展，推动社会主义文化大发展大繁荣。进一步探索更加有效的执行机制和措施，加大执行力度，努力解决执行难问题。通过公正高效的执法办案工作，保障民生，服务发展，促进和谐。

第二，健全司法为民机制，维护群众合法权益。紧紧抓住人民群众关心的公共安全、权益保障、公平正义等问题，推进审判管理精细化，认真解决影响审判质量、效率和效果的深层次、实质性问题。依法公正审理就业、医疗、住房、消费等涉民生案件，切实维护群众合法权益。完善司法便民利民措施，加强立案信访窗口建设和司法救助工作，有效解决群众信访中反映的合理诉求。

第三，加强权力监督制约，提高廉洁执法水平。着眼于风险防范，健全廉政风险防控机制，摸清权力底数，找准权力运行风险点，完善防控措施，全面建立事前预防、事中监控、事后惩治的风险防控体系。进一步增强接受人大监督的自觉性，加强与人大代表的联系，根据代表提出的意见建议，及时整改提高。

第四，坚持改革创新精神，实现自身科学发展。进一步创新多元纠纷解决方式，争取更多的社会力量参与纠纷解决，完善司法调解与人民调解、行政调解的衔接配合，为人民群众提供更加多样的权益保护机制。继续优化审判资源配置,着力推进均衡结案,形成良好的审判运行态势。继续创新人才培养机制,把理念教育、群众观点教育和国情区情教育放在更加重要的位置,加强教育培训,深化法院文化建设,为优秀人才脱颖而出创造有利条件。

各位代表,面对新形势下的发展机遇和挑战,我院将在区委的坚强领导、区人大及其常委会的有效监督下,依法履行审判职责,求真务实,振奋精神,扎实工作,为党的十八大胜利召开,为实现“打造临空经济区、建设世界空港城”的目标提供坚实的司法保障!

法院工作报告名词解释

1. 非监禁刑审访体系:法院在对主观恶性不深、社会危害性不大的被告人或未成年被告人,拟判处管制、缓刑等非监禁刑时,要参考司法所和看守所提供的社会调查报告;在判处非监禁刑后,要实现执行阶段人与手续同步无缝衔接,确保将监外服刑人员纳入社区矫正体系;在重大节假日及重大政治和社会活动举行前,对其进行回访教育。

2. 拆迁临时法庭:为了及时处理拆迁过程中产生的各类纠纷,2010 年 8 月,我院在天竺村设立“拆迁临时法庭”,解答拆迁相关法律问题,妥善化解了大量拆迁纠纷。2011 年 11 月,我院又在后沙峪镇设立“拆迁临时法庭”,为人民群众提供便利、高效、直接的司法服务。

3. 立案前化解:立案前化解是指人民法院在收到当事人起诉状或者口头起诉之后、案件立案之前,自行、委托或者联合其他组织和个人,在平等自愿基础上组织当事人对纠纷进行调解的过程。我院于 2010 年 8 月正式开展这项工作。

4. 平民调解机制:对于婚姻家庭纠纷、邻里纠纷和小标的额借贷纠纷等案件,选聘村干部、德高望重的老人等热心公益事业的社会人士,担任平民调解员调解案件。平民调解员参与调解,能够拉近与当事人的心理距离,维护当事人之间的亲人邻里关系,有助于彻底解决纠纷。

5. 三级联动机制:在纠纷发生后,经当事人同意,先由村民调组织进行一级调解;调解不成的,由镇司法所进行二级调解;再次调解不成的,由人民法庭进行三级调解;调解仍不成功的,依法立案,及时判决。三级组织之间加强信息共享和工作配合,人民法庭加强工作指导,必要时可参与前两级组织的调解过程,确保各个环节衔接顺畅,共同化解纠纷。

6. 劳动争议调解五方联动机制:2007 年,我院与区总工会、区人力资源和社会保障局沟通协商,建立了“工会→劳动保障部门→法院”“三点一线”劳动纠纷防化机制,联动化解劳动争议纠纷。2010 年,经区总工会牵头,在原有机制基础上,区司法局和信访办公室也参与其中,共同构建了劳动争议调解五方联动机制。

7.“百名干警下基层”活动:为落实区委政法委开展“五百干警下基层”为民实践活动的要求,深入推进三项重点工作,我院从 2010 年 6 月起开展了“百名干警下基层”活动,每位院党组成员选择 2 个镇(街道)、每位法官选择 1 个村(社区)作为基层联系点,主动走出去,与人民群众面对面交流沟通,及时解决群众反映的问题,进一步密切与人民群众的血肉联系。

8. 廉政监察员:廉政监察员从各部门业务骨干中选聘,是监督所在部门执法办案工作的内部监督力量,一般由具有同级正职或者副职非领导职务的资深法官担任,也可以由部门副职领导兼任。廉政监察员在所在部门主要负责人和本院监察部门的双重领导下开展工作,负责对本部门干警进行日常廉政教育和日常廉政监督。

北京市顺义区人民检察院工作报告

——2011年12月20日在顺义区第四届人民代表大会第一次会议上

顺义区人民检察院检察长 张守良

各位代表:

现在,我向大会报告区第三届人民代表大会第一次会议以来,特别是2011年以来的检察工作情况,请予审议。

一、五年来检察工作回顾

区第三届人民代表大会第一次会议以来,我院在区委和上级检察机关的领导下,在区人大及其常委会的监督下,在区政府、区政协和社会各界的关心支持下,深入贯彻落实科学发展观,全面履行法律监督职能,努力为维护社会和谐稳定、促进本地区经济社会发展提供有力的司法保障。

——打击刑事犯罪成绩突出。五年来,共批准逮捕各类刑事犯罪嫌疑人3879人,提起公诉6609人。依法办理了涉案金额达18.8亿元的虚开用于骗取抵扣税款发票案和涉及31个省市2万余名被害人的"假种子"案等一批较大社会影响的案件。认真贯彻宽严相济刑事司法政策,对不符合逮捕和起诉标准的,依法不批捕681人,不起诉143人;实施轻微刑事案件快速办理、量刑建议、检调对接等工作机制,积极推动和谐社会建设。

——查办和预防职务犯罪成效明显。五年来,共立案侦查贪污贿赂犯罪案件36件40人,立案侦查渎职侵权犯罪案件6件6人,通过办案为国家挽回直接经济损失1900余万元。依法查办了原区财政局局长马万林受贿295万元案,致国家税收损失1.8亿元的原区地税局李桥税务所工作人员张爱民、牛金灵玩忽职守案等一批职务犯罪大要案。积极开展职务犯罪预防工作,在行政机关、企事业单位和镇、村开展预防教育1849次,发放宣传资料35000余份,参与人员达56000余人次,推动了全区反腐倡廉建设的深入开展。

——诉讼监督工作取得实效。强化立案监督,对应当立案而不立案的,要求侦查机关说明不立案理由54件,监督立案39件。强化侦查监督,及时纠正侦查活动违法8件;对应当逮捕而未提请逮捕的,依法追捕62人,对应当起诉而未移送起诉的,依法追诉105人。强化刑事审判监督和民事行政诉讼监督,对认为确有错误的刑事裁判提出抗诉12件,对认为确有错误的民事裁判提请或建议提请抗诉9件,发出民事再审检察建议5件。强化刑罚执行和监管活动监督,完善在押人员羁押期限告知、预警催办等监督机制,确保了区看守所连续18年无超期羁押。

——服务大局水平进一步提高。出台《顺义区人民检察院关于进一步提升为经济社会科学发展服务水平的意见》和《顺义区人民检察院服务城乡一体化发展的工作意见》,积极服务平安奥运建设、"保增长、保民生、保稳定"大局和城乡一体化建设。深入推进社会矛盾化解,妥善处理来信来访2000余件次,检察长接待来访群众297批644人次。我院控申处连续七届荣获全国"文明接待室"称号。深入推进社会管理创新,创新建立检察长联系人大代表和联系镇村制度,探索设立"检察官工作室",积极参与五百干警下基层活动,促进了社会平安建设。

——检察队伍建设不断加强。加强思想政治建设,开展社会主义法治理念教育、学习实践科学发展观、"恪守检察职业道德、促进公正廉洁执法"等活动,增强了检察人员的职业道德意识和公正执法理念。加强领导班子建设,举办中层干部研修班,开展领导干部竞岗、轮岗,坚持党组民主生活会、述职述廉等制度,努力建设为民、务实、清廉的领导班子。加强队伍专业化建设,不断改善队伍结构,大学本科以上学历人员达到94.7%,具有硕士学位的31人;加大教育培训力度,紧贴实际需要开展岗位培训和业务练兵,努力提高检察人员的专业素质。加强纪律作风建设,认真落实党风廉政建设责任制,深入开展廉政风险防范管理,在全国检察机关廉政风险防控机制建设座谈会上做了典型发言;在全市率先推行检务督察制度,切实增强检察人员廉洁从检意识。五年来,没有发生检察人员违法违纪。

五年来,我院检察工作全面发展,取得了一定的成绩,2007年、2009年连续两届被评为北京市先进检察院,2010年获得了"全国模范检察院"称号,荣获了集体一等功、首都精神文明单位标兵等荣誉,先后有68个集体、124名个人受到区级以上党政机关和检察机关表彰,涌现出了全国政法系统优秀党员、全国巾帼建功标兵、北京市人民满意政法干警标兵等先进典型。成绩的取得,离不开区委和上级检察机关的正确领导,离不开人大及其常委会的有力监督,离不开政府、政协以及社会各界的大力支持和帮助。在此,我代表区检察院全体检察人员表示崇高的敬意和衷心的感谢!

二、2011年的主要检察工作

2011年,我院紧紧围绕加快转变经济发展方式的主线,以服务和保障全区"十二五"规划顺利开局为主要任务,深入贯彻科学发展观,努力深化三项重点工作,不断强化法律监督、自身监督和队伍建设,各项检察工作取得了新进展。

(一)坚持打击犯罪与化解矛盾相结合,积极维护社会和谐稳定

依法严厉打击严重刑事犯罪。共批准逮捕犯罪嫌疑人707人,提起公诉1179人,同比分别上升18%和14.2%。突出打击抢劫、抢夺、盗窃等多发性刑事犯罪,批捕起诉了叶晓根等5人在京密路连续拦路抢劫案和史富军盗窃、抢劫、强奸案等一批恶性案件,保障了人民群众生命财产安全。依法打击影响农村稳定、侵害农民合法权益、危害农业生产的刑事犯罪,批捕起诉了王成良等3人盗割农村变压器电线的破坏电力设备案、赵岐山等7人阻碍拆除农村违章建筑的妨害公务案等涉农刑事案件,促进了城乡一体化建设。

着力提高办案质量、效率、效果。进一步强化办案人员的证据意识、程序意识、规范意识和审限意识,狠抓案件质量,使每件案件都"捕得准、诉得出",精确打击各种刑事犯罪活动。积极推行轻微刑事案件快速办理机制,建议法院适用简易程序审理案件609件,占起诉案件的69.3%,有效提高了办案效率。积极推进检调对接机制,对民事申诉案件和轻微刑事案件,促成当事人达成和解23件,有效增强了办案效果。加强未成年人权益保护,与区司法局、法院等单位分别签订了《办理未成年人刑事案件法律援助工作实施细则》等6项制度,积极保障犯罪未成年人诉讼权利。

积极防范和化解社会矛盾。建立健全执法办案风险评估、释法说理等工作机制,落实检察长接待日制度和"三首办"(检察长接待首办、控告申诉工作首办、办案人员首办)责任制,坚持领导包案、带案下访和联合接访,创新运用"听、引、调、处"四步工作法,认真接待和妥善处理信访409件次,检察长接待案件31件、接待来访群众65人次,对群众来信来访做到了事事有回音,件件有答复。认真

落实检察环节的社会治安综合治理措施,广泛开展检察官送法进社区、进企业、进学校、进农村活动,实行案件办理后的跟踪帮教,积极参与社区矫正工作等,有效防范社会矛盾的发生。

(二)坚持查办与预防职务犯罪相结合,积极促进党风廉政建设

深入查办贪污贿赂犯罪。围绕全区工作重点,突出打击贪污贿赂犯罪,共初查案件线索30件41人,立案侦查7件10人。立案查办了原北京市鑫顺投资担保有限公司总经理王培柱涉嫌受贿85万元案等。加大办案力度,开展为期百天的"夏季攻势"活动,从个案中深挖窝串案3件5人,确保案件线索得到及时有效的处理。加强侦查一体化建设,实行上下一体、横向结合、互相协作的大侦查工作模式,增强了办案合力。强化科技侦查,运用心理测试、文证检验、痕迹检验等技术手段,提高了突破案件、证明犯罪的能力和水平。

深入查办渎职侵权犯罪。共初查渎职侵权线索7件,与市检二分院共同立案侦查李忠等3人涉嫌放纵走私案,孙慧宝、史玉春涉嫌走私动物珍贵制品案。与安全生产监督管理部门配合,积极介入重大责任事故调查,共介入顺建水泥厂、北京三立车灯有限公司等安全事故调查6起,严查事故背后的渎职案件。积极参加全区违章建筑整治活动,与区纪委、监察局组成联合调查组,调查治理违章建筑背后的失职渎职行为。不断提高查办渎职侵权犯罪的工作能力和水平,办理的刘淑梅滥用职权案、王俊富滥用职权案分别入选全市检察机关反渎职侵权"十件精品案件"和"十件优质案件"。

深入推进预防职务犯罪工作。结合办案实际,积极开展警示教育940次、预防咨询1016次、参与人员达23000余人次;举办了"和谐顺义,廉政同行——预防职务犯罪宣传展",全区304家单位、4200余人参观了展览,取得了良好的社会效果。积极开展工程建设领域质量安全管理和农村产权制度改革专项预防,协助建设单位和主管部门同步开展职务犯罪预防。积极拓展预防领域,在区委组织部和党校举办的处级领导干部培训班、青年后备干部培训班、农村优秀青年干部培训班上开设预防职务犯罪课程,进一步提高了各级领导干部和有关人员抵御风险的能力和廉洁从政意识。

(三)坚持强化监督与依法维权相结合,积极维护社会公平正义

加强对刑事立案和侦查活动的法律监督。监督侦查机关立案21件,依法追捕21人、追诉42人、不批捕254人、不起诉43人,改变案件定性23件30人。在全市创新建立犯罪线索查证与检察监督衔接制度,向相关部门移送犯罪嫌疑人检举的犯罪线索12件。深入推进"两法衔接"机制建设,现已报备行政处罚案件10891件,成功流转犯罪线索17件并全部立案侦查,其中6件7人经我院起诉后已获法院有罪判决。我区"两法衔接"机制建设经验在全市得到推广。

加强对审判活动的法律监督。加大刑事审判监督力度,提出刑事抗诉2件,均获上级院支持;发出纠正违法通知书3份,均收到回复;与区法院、公安分局、司法局会签了《关于规范量刑证据若干问题的实施意见》,共发出量刑建议410件,在目前获判的344件案件中,312件被采纳,采纳率为90.7%。加大民事行政审判监督力度,与区法院建立了民事诉讼监督情况通报、民事执行联席会议等制度,办理民事、行政申诉案件56件,提请和建议上级院提请抗诉2件,均获上级院支持;发出再审检察建议4件,均被法院采纳。

加强对刑罚执行和监管活动的法律监督。深入开展对收押释放、安全防范、卫生防疫、械具使用、交付执行等环节的监督检查252次,提出建议29次,确保了监管场所的安全。开展监外执行专项检察和脱管、漏管

专项检察,进行社区矫正检察24次,召开联席会议4次,依法规范监外执行罪犯的交付执行、监督管理工作。坚持检察官约见制度,与在押人员谈话88次,重新设置监室检察信箱49个,切实保障在押人员合法权益。

(四)坚持依法履职和服务大局相结合,积极保障经济社会发展

坚持调研先行,深入天竺综合保税区和全区19个镇开展专题调研,掌握基本情况,确定服务重点。坚持制度跟进,制定了《顺义区人民检察院深化社会矛盾化解、社会管理创新、公正廉洁执法的实施意见》,将服务和保障我区社会稳定和经济发展的总体要求贯穿检察工作始终。坚持立足实际,紧紧围绕我区经济高速发展和加快推进城乡一体化的实际情况,先后3次向区委、区人大专项汇报服务与保障"十二五"规划良好开局、深化三项重点工作、服务全区城乡经济社会发展一体化的创新举措。坚持突出效果,探索在南彩镇、后沙峪镇、杨镇、牛栏山镇设立派驻检察室,延伸检察职能,实现检力下沉;针对执法办案中发现的社会管理问题,及时提出消除隐患、完善制度的检察建议143份,促进了相关单位堵塞漏洞、强化管理;积极提供行贿犯罪档案查询服务,向95家企业提供服务110次,为企业取得工程投标资格提供便利条件,促进了社会诚信体系建设。

(五)坚持队伍建设和自身监督相结合,积极塑造良好检察形象

加强思想政治建设。认真开展了"发扬传统、坚定信念、执法为民"主题教育实践活动,采取开展"解放思想找差距、创新发展争一流"大讨论活动、组织检察人员参观革命圣地、观看红色电影、阅读红色书籍、唱红色歌曲等多种方式,不断提升队伍政治素质。

加强检察人才建设。组织了"学习之星"、"公诉之星"、"办案之星"、"写作之星"、"文明之星"评比活动,与中国法学会刑事诉讼法学研究会举办了全国性的"法律监督的新视野"主题研讨会;开展业务培训和岗位练兵活动30余次,受训人数达470余人次;在全市检察机关第四届技能比武中,8人进入"十佳"、1人进入"十优",总成绩名列全市基层院第五名、郊区院第一名。

加强党风廉政建设。制定了《党风廉政建设监督员工作规则》,开展了公正廉洁执法警示教育活动,积极开展案件质量、队伍建设、综合保障等检务督察,进一步强化了对全院检察人员的教育、监督、管理。

各位代表,回顾过去的检察工作,在看到成绩的同时,我们也清醒地认识到工作中还存在不少困难和问题,主要表现在:服务大局的思路与措施仍需不断拓宽和强化;执法办案的能力和水平有待进一步提高;检察工作的基础建设仍显落后等。我们决心在今后的工作中,进一步加强对新形势下检察工作特点和规律的研究,勇于探索,积极进取,不断改进,使存在的问题逐步得到解决。

三、今后五年工作思路和明年重点工作

今后五年,是我国全面落实"十二五"规划的重要时期,也是我区经济社会全面发展的重要时期。我们清醒地认识到所肩负的责任重大,会更加奋发有为地履行好检察职能。面对新形势、新要求,今后五年我院检察工作的总体思路是:以邓小平理论和"三个代表"重要思想为指导,深入贯彻落实科学发展观,以深化三项重点工作为着力点,坚持"强化法律监督、维护公平正义"的检察工作主题,不断强化法律监督、强化自身监督、强化队伍建设,真抓实干,锐意进取,努力提高检察工作科学发展水平,为实现我区"打造临空经济区,建设世界空港城"的战略目标提供强有力的司法保障。围绕这一思路,明年重点抓好以下五方面的工作:

(一)围绕全区中心工作,服务经济社会发展大局

牢固树立服务发展的大局观,紧紧围绕加快经济发展方式转变、改善民生等重大决

策部署，坚持以执法办案为中心，依法履行各项法律监督职能，积极营造诚信有序的市场环境、和谐稳定的社会环境、廉洁高效的政务环境和公平正义的法治环境，以优异的工作业绩迎接党的十八大胜利召开。

（二）围绕深化三项重点工作，维护社会和谐稳定

把深化三项重点工作摆在突出位置，积极参与全区社会管理创新，着力在检察环节建立健全群众诉求表达机制、执法办案风险评估预警机制、贯彻宽严相济刑事政策工作机制、检调对接机制、涉检舆情汇集分析和应对机制等，完善下访巡访、联合接访和检察长接待等工作制度，妥善处理涉检上访，及时化解社会矛盾，全力维护社会和谐稳定。

（三）围绕保障和改善民生，提高执法质量和效果

依法打击严重暴力犯罪和多发性侵财犯罪，切实增强人民群众的安全感。加大查办职务犯罪工作力度，突出办案重点，严肃查办商业贿赂、涉农职务犯罪，切实保障党和国家惠民政策的落实。进一步加强预防职务犯罪工作，积极开展个案预防、行业预防和专项预防，深入全区重大工程项目开展同步预防，积极推进行贿犯罪档案查询、预防咨询、预防调查等措施，促进从源头上遏制和减少职务犯罪。

（四）围绕维护司法公正和权威，加强诉讼监督工作

进一步落实市人大常委会《关于加强人民检察院对诉讼活动法律监督工作的决议》，全面加强立案监督、侦查监督、审判监督、刑罚执行监管活动监督以及民事行政诉讼活动监督。正确使用好抗诉、检察建议、纠正违法通知等监督手段，确保司法公正。深入推进行政执法与刑事司法衔接工作，切实纠正有罪不究、以罚代刑等问题。突出监督重点，严肃查处执法不严、司法不公背后的职务犯罪。更新执法理念，改进监督方式，增强监督实效，努力实现法律效果、政治效果和社会效果的有机统一。

（五）围绕公正廉洁执法，强化高素质队伍建设

坚持以党建带队建，全面推进思想、作风、组织、纪律、制度建设。深入实施文化育检战略，不断提升检察文化层次和内涵。加强岗位练兵和创建学习型检察院活动，探索法学博士挂职处长助理制度，强化业务能力建设，提升执法水平。加强检察机关自身反腐倡廉工作，加强内外部监督制约，主动接受人大及社会各界监督，树立检察机关良好的执法形象。加强基层院建设，积极推进23000平米的新检察办案和技术用房建设，为检察工作科学发展提供坚实的基础。

各位代表，人民检察院肩负着宪法和法律赋予的法律监督职责，使命光荣、任务艰巨。我院将在区委和上级检察机关的领导下，在区人大及其常委会的监督下，在区政府、区政协和广大人民群众的关心、支持下，振奋精神，奋勇拼搏，切实履行检察职能，为优化全区发展环境、建设和谐平安顺义作出新的更大的贡献！

专　记

新年致辞

区委副书记、代区长　王　刚

同志们、朋友们:

新年的钟声即将敲响,历史又将翻开新的一页。值此新年到来之际,我谨代表区委、区政府,向全区人民,向关心、支持和参与顺义现代化建设的各界人士,致以节日的问候和新年的祝福!

即将过去的2010年是不平凡的一年。全区人民在市委、市政府和区委的坚强领导下,坚持以科学发展观统揽全局,紧抓机遇,攻坚克难,团结拼搏,扎实工作,全区经济社会保持了持续健康快速发展的良好态势,为"十一五"发展划上了圆满句号,为"十二五"发展奠定了坚实基础。全年预计实现地区生产总值780亿元,完成属地财税收入270亿元,完成一般预算收入58亿元,常住人口人均地区生产总值突破1.5万美元。这些成绩的取得,得益于全区干部群众的共同努力,也离不开社会各界的大力支持。在此,我代表区委、区政府,向全区人民和社会各界朋友表示衷心的感谢。

2011年是"十二五"规划开局之年。我们将深入贯彻中央和北京市各项战略部署,认真落实区委三届十二次全会精神,紧紧围绕"打造临空经济区、建设世界空港城"的奋斗目标,以科学发展为主题,以加快转变经济发展方式为主线,以城市化和城市现代化为引领,以保障和改善民生为重点,深入推进社会服务管理创新,努力实现"十二五"发展的良好开局。我们将坚持发展为了人民、发展依靠人民、发展成果由人民共享,不断增强人民群众的幸福感。我们将进一步加强政府自身建设,切实为经济社会发展提供更加优质的公共服务和公共产品,努力营造良好的地区发展环境。

昨天的顺义无限精彩,明天的顺义更加美好。在新的一年里,希望全区人民和社会各界一如既往地关心和支持顺义的发展,共同努力,携手并进,共创更加幸福美好的明天!

最后,衷心祝愿全区人民和各界朋友新年愉快、幸福安康!

顺义区第三届人民代表大会第六次会议关于《顺义区国民经济和社会发展第十二个五年规划纲要(草案)》的决议

(2011年1月8日顺义区第三届人民代表大会第六次会议通过)

顺义区第三届人民代表大会第六次会议,审议了《顺义区国民经济和社会发展第十二个五年规划纲要(草案)》(以下简称《规划纲要》)。

会议认为,《规划纲要》全面客观地总结了顺义“十一五”期间经济社会发展取得的成就,深入分析了存在的问题及面临的发展形势,提出的“十二五”时期经济社会总体思路、发展原则和主要任务,充分体现了邓小平理论、“三个代表”重要思想和科学发展观的要求,符合顺义区经济社会发展实际,反映了全区人民的根本利益和共同愿望。《规划纲要》战略定位科学准确,发展目标切实可行,主要任务重点突出,保障措施扎实有力。会议决定批准《规划纲要》。

会议指出,“十一五”规划的圆满完成,为“十二五”实现跨越发展奠定了坚实基础。“十二五”时期是我区乘势而上、大有作为的重要战略机遇期,全区上下要深入贯彻落实科学发展观,坚持以科学发展为主题,以加快转变经济发展方式为主线,按照人文北京、科技北京、绿色北京的战略部署和北京建设中国特色世界城市的更高要求,坚持“空港国际化、全区空港化、发展融合化”的理念,立足“国际枢纽空港、高端产业新城、和谐宜居家园”的定位,围绕“打造临空经济区、建设世界空港城”的目标,以城市化、城市现代化为引领,以保障和改善民生为重点,努力将顺义建设成为北京东北部中心城市。

会议强调,刚刚通过的《规划纲要》,是指导顺义区未来五年经济社会发展的纲领性文件。各部门、各单位要根据各自实际,创新发展思路,强化发展措施,狠抓工作落实,确保规划纲要的各项目标任务圆满完成。

会议号召,全区上下要在市委、市政府和区委的坚强领导下,高举中国特色社会主义伟大旗帜,以邓小平理论和“三个代表”重要思想为指导,深入贯彻落实科学发展观,振奋精神,扎实工作,锐意进取,开拓创新,为全面实现“十二五”规划确定的各项目标而努力奋斗!

顺义区国民经济和社会发展第十二个五年规划纲要

序 言

“十二五”时期,是顺义乘势而上、大有作为的重要战略机遇期,是以城市化和城市现代化为引领、实现“打造临空经济区、建设世界空港城”战略目标的关键时期。制定科学的战略部署对顺义在新的发展阶段向工业化、城市化、国际化的更高水平迈进至关重要。

《顺义区国民经济和社会发展第十二个

五年规划纲要》是着眼首都建设中国特色世界城市、立足“国际枢纽空港、高端产业新城、和谐宜居家园”区域发展定位编制的五年规划,是深入推进经济发展方式转变、着力改善民生、实现全面协调可持续发展的重要规划,是指导顺义区未来五年经济社会发展、全区人民共同奋斗的行动纲领。本规划集中体现了区委、区政府的战略意图,明确了“十二五”期间全区发展的战略目标、发展思路和重点任务,是政府依法履行职责、编制实施年度任务和制定各项政策措施的重要依据。

本规划编制的主要依据是《中共北京市委关于制定北京市国民经济和社会发展第十二个五年规划的建议》、《中共北京市顺义区委关于制定顺义区国民经济和社会发展第十二个五年规划的建议》和区委、区政府提出的发展战略。

本规划执行期为2011年-2015年。

第一部分 规划背景

一、发展现状

“十一五”期间,是顺义经济社会快速发展、城乡建设统筹推进、人民生活明显改善、区域形象全面提升的具有里程碑意义的五年。在市委、市政府和区委的正确领导下,全区人民深入贯彻落实科学发展观,成功举办奥运会水上项目、第七届中国花卉博览会等重大活动,有效应对国际金融危机冲击,实现了经济社会全面协调健康发展,区域影响力和受知度大幅提升。“十一五”规划确定的主要目标和任务圆满完成,为推动长远发展奠定了坚实基础。

(一)经济总量大幅提升,产业结构日益优化

“十一五”期间,顺义区经济总体呈现良好的快速增长态势,地区生产总值年均增长25%,2010年预计达到780亿元,常住人口人均GDP突破1.5万美元;属地财税收入预计达到270亿元,年均增长31%;地方财政一般预算收入预计完成58亿元,年均增长29%;预计全社会固定资产投资累计完成1480亿元,年均增长25%。

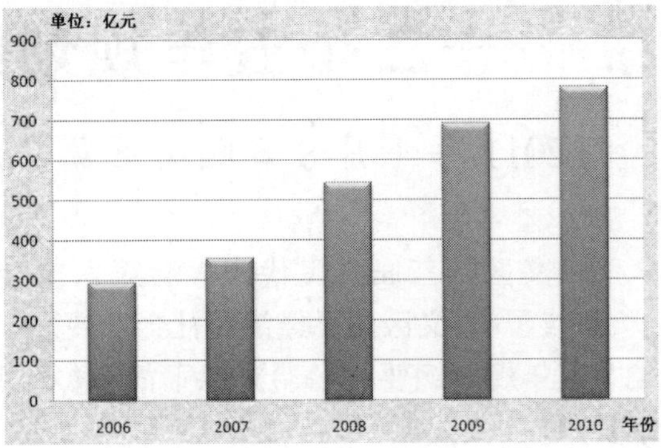

图1 “十一五”期间地区生产总值

产业结构日益优化,以临空产业和现代制造业为主导、多点支撑的经济格局进一步巩固。按照“做强东西、拓展南北”的发展框架,临空经济区初具规模,临空指向型经济快速发展,临空经济区占到全区经济总量的70%、财政收入的85%。特别是北京天竺综合保税区一期封关运行,航空产业园奠基开工,为延伸航空产业链条、加速临空产业聚集搭建了重要战略平台。以航空物流、国际会展为特色的现代服务业蓬勃发展。以汽车制造、电子通讯、装备制造为代表的现代制造业发展迅猛,全区工业总产值占全市1/7,汽车产业总产值占全市的51%。首钢冷轧、现代汽车第二工厂等一批重大项目竣工投产,北京现代制造业基地地位进一步巩固。第一产业不断优化,都市型现代农业特色突出。品牌经济发展迅速,新创中国驰名商标达到10件,荣获“全国商标战略实施示范区”。“十一五”期间,全区产业布局进一步优化,初步形成以空港周边地区、新城中心区为支撑、各镇协同发展的产业空间格局。

(二)城乡统筹全面提速,新城建设步伐加快

积极推进城乡建设,成功完成了奥林匹克水上公园等重大项目建设,城市基础设施

水平和城市影响力显著提高。道路等基础设施不断完善，完成机场轻轨、京承、京平等一批高速路和184公里城市主干道路建设，M15号线一期试运行，全区路网密度达到2.56公里/平方公里，使顺义区内外交通更加便捷。城乡信息化水平大幅提升，所有村镇实现了电视、广播、远程教育、互联网、通讯等“多网合一”。编制完成了新城街区层面控制性详细规划，镇域规划全部获得批复。新农村建设扎实推进，完成了乡村公路大修532公里，以及353个农村的“五项基础设施”建设，“亮起来、暖起来、循环起来”工程成效显著，农民的居住和生活环境得到明显改善。城乡统筹取得进展，城乡一体化建设加速推进，户籍人口城镇化率提高至57%。

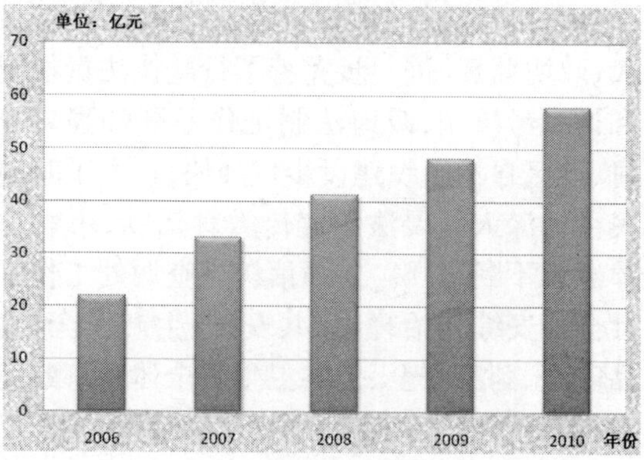

图2　“十一五”期间地方财政一般预算收入

(三)社会建设成效显著，生活品质稳步提升

社会保障水平不断提升，形成了以城乡最低生活保障为基础，医疗、教育、住房、救灾等专项救助相配套的社会救助体系。新型农村合作医疗参合率达到99.7%，农村低保标准提高到年人均3360元，达到城市低保标准的65%。蝉联全国双拥模范城，荣获全国老龄工作先进区。

各项社会事业全面蓬勃发展。科技进步对经济增长贡献率达到57%；教育事业优质化、均衡化、高端化发展，城乡教育资源有效整合、教育布局更加优化，教育教学质量不断提升。公共医疗卫生服务和保障水平稳步提高，公共卫生服务体系、医疗服务体系、医疗保障体系、药品供应保障体系基本建立。公共文化服务体系不断完善，实现了文化活动室、数字电影放映厅、基层图书室、文化资源共享等工程全区行政村全覆盖；全民健身活动广泛开展，竞技体育水平不断提高。档案事业取得新进展，区档案馆晋升为国家一级综合档案馆。人口素质不断提高，人口规模发展适度，人口发展与经济社会发展相适应。2010年，全区常住人口预计为75万人，常住流动人口17万人。

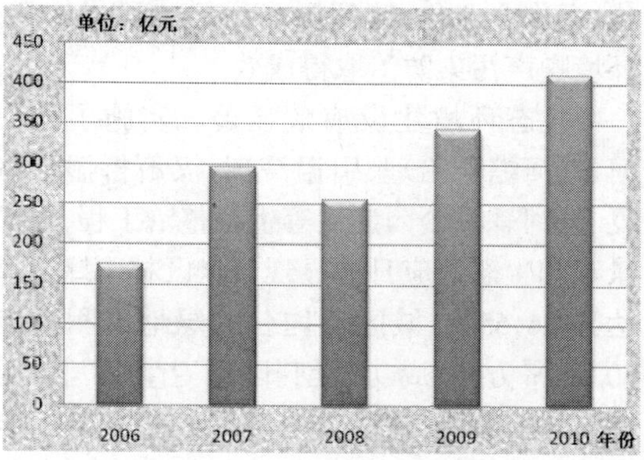

图3　“十一五”期间全社会固定资产投资

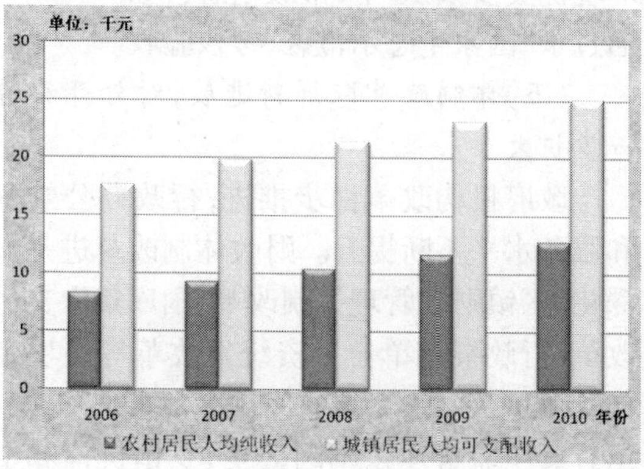

图4　“十一五”期间居民收入

城乡居民就业日益充分，城镇登记失业率控制在1.5%以内，城乡劳动力二三产业就业率达到92%。居民收入稳步提升，生活水平明显提高。城镇居民人均可支配收入达到25000元，年均增长9.1%；农村居民人均纯收入达到12800元，年均增长11.4%。

(四)节能减排卓有成效，综合环境明显

改善

“十一五”期间,全区万元GDP能耗下降24%,获得“北京市节能减排先进集体”称号;化学需氧量总排放量下降1900吨,二氧化硫排放量下降1601吨。空气污染防治力度不断加大,大气环境质量逐年上升,空气质量二级和好于二级天数比例达到74%。水环境质量明显改善,主要河流水质综合达标率达到62.85%。工业固体废物处置利用率逐步提高,全区生活垃圾实现区内统一处理,农村垃圾实现收集社区化、运输专业化、处理科学化、运作企业化、管理规范化的“五化”处理。环境噪声污染防治取得成效。

生态环境建设成效显著。实施了潮白河、减河综合治理,引温济潮、汉石桥湿地恢复、滨河森林公园建设等生态整治工程,城市景观和生态效应日益显现。全区林木绿化率达到26.65%,城区人均公共绿地面积达到30.15平方米,成功争创“国家卫生区”和“全国绿化模范城市”。“十一五”期间,创建了全国环境优美镇6个,国家级生态村1个,市级环境优美乡镇16个,市级生态村86个,顺利通过了“国家生态示范区”考核验收。

(五)体制改革取得新进展,对外开放进一步扩大

政府机构改革稳步推进,行政办公效率和服务水平不断提升。财政体制改革进一步深化,区镇财政管理体制改革、国库集中支付改革、行政事业单位工资统发改革等各项工作取得进展,财政资金使用效率稳步提升。国有资产监管体系不断健全,乡镇机构和事业单位分类改革探索推进,农村集体经济产权制度和土地流转制度改革不断深入,农民专业合作社健康发展。医疗体制改革全面启动。投融资体制改革卓有成效,积极推进银政银企合作,组建国有资本经营管理中心、中小企业创业投资公司,发行了全国首期中小企业集合票据和25亿元的企业债券,企业上市力度不断加大,全区新发展上市公司4家,累计达到10家。

对外开放水平不断提升,预计实际利用外资五年累计达到17.6亿美元,超额完成规划目标;预计出口供货额五年累计完成1667.5亿元,是“十五”期间的2.4倍。“十一五”期间,全区共引进项目1601个,协议引进投资额1984亿元。

(六)精神文明建设取得新成效,民主法制建设再上新台阶

以举办奥运会、花博会等重大活动为载体,文明城市、文明村镇、文明社区、文明单位等群众性精神文明创建活动蓬勃开展,人民群众的思想道德素质和科学文化素质进一步提高,区域文明程度和市民综合素质全面提升。

坚持依法行政,依法治区。自觉接受人大、政协监督,进一步完善了行政执法责任制和评议考核制,政府法制工作不断加强。农村、社区自治组织建设步伐加快,扩大了基层民主。深入开展法制宣传教育活动,市民法律意识不断增强。加强信访排查调处工作和社会治安综合治理,公共安全、生产安全、食品安全、药品安全、公共卫生安全体系不断完善,营造了安全稳定的良好社会环境。

二、机遇挑战

“十二五”时期是顺义深入推进经济发展方式转变,着力改善民生,全面协调可持续发展,实现“打造临空经济区、建设世界空港城”战略目标的关键时期。面对新的发展形势,顺义要加快发展,迎接新的机遇和挑战:

第一,北京建设世界城市的新形势为打造临空经济区、建设世界空港城提供了新机遇。北京建设世界城市将吸引世界目光向北京聚焦,各种资源向北京汇集。顺义作为首都国际机场和北京天竺综合保税区所在地,是北京现代制造业基地和航空物流中心,在建设世界城市中资源独特、大有可为,有条件、有基础、有能力将临空经济区打造成为首都经济的重要增长极。顺义作为北京东部发

展带的重要节点和北京重点新城，拥有良好的区位优势、资源禀赋、发展基础，将会更多地承担北京市中心城人口和功能转移，有利于顺义打造成为北京东北部中心城市，建设成为世界空港城。

第二，顺义发展面临的新阶段对全区发展提出了新任务。"十一五"期末，全区常住人口人均GDP已经突破1.5万美元，区域发展进入了整体提升上水平的新阶段。转变经济发展方式处在关键期，坚持高端、高效、高辐射的发展方向，依托机场、服务机场，加快推进临空经济区和现代制造业基地建设，前景广阔；社会处在转型期，社会结构、社会组织形式、社会利益格局发生深刻变化，社会建设和管理面临诸多新课题，扎实推进社会服务管理创新，切实改善民生，维护群众利益，构建和谐社会，促进人的全面发展，责任重大；城乡一体化处在加速期，统筹推进城乡发展，以"见物见人"为导向基本实现城市化和城乡一体化，任务艰巨，使命光荣。

第三，落实科学发展观的新要求对顺义发展提出了新挑战。站在新的历史起点，我们必须增强机遇意识、责任意识、忧患意识，增强推动科学发展的责任感、紧迫感和使命感，深刻认识推动全区科学发展面临的难题：全区产业结构还需要优化，科技创新能力有待提升，现代服务业高端化步伐需要加快，多点支撑的发展格局有待加强；城乡一体化发展需求更加迫切，城市综合功能、承载能力、管理服务水平有待提升；资源环境对经济发展的约束更加明显，能源资源紧缺问题日益突出，生态环境建设水平与国家级生态文明建设示范区的标准还有一定差距；普惠型社会事业有待完善，公共服务均等化、高端化有待加速，社会管理精细化亟需推进，社会建设体制机制有待创新和完善。

综合判断国情、市情、区情、民情，"十二五"时期顺义仍处于乘势而上、大有作为的重要战略机遇期。必须增强机遇意识和忧患意识，科学把握发展规律，充分利用一切有利条件，主动适应环境变化，有效化解各种矛盾和问题，瞄准发展新目标，增强发展新动力，争创发展新佳绩，在更高的水平上推动顺义的科学发展。

第二部分　总体思路、发展原则和主要目标

一、总体思路

深入贯彻落实科学发展观，坚持以科学发展为主题，以加快转变经济发展方式为主线，按照人文北京、科技北京、绿色北京的战略部署和建设世界城市的更高要求，坚持空港国际化、全区空港化、发展融合化理念，立足"国际枢纽空港、高端产业新城、和谐宜居家园"发展定位，围绕"打造临空经济区、建设世界空港城"的目标，以城市化、城市现代化为引领，以保障和改善民生为重点，将顺义建设成为北京东北部中心城市。

国际枢纽空港。依托北京首都国际机场的综合优势，面向北京建设世界城市的需要，不断壮大临空经济，建设以高端现代制造业和现代服务业为支撑的国际流通网络的重要节点，成为国内外交往的枢纽区域，国际人流、物流、信息、技术、资金流等进入首都的枢纽和集结地。

高端产业新城。推进产业结构高级化、产业环节高端化、产业模式低碳化，逐步形成以高端现代制造业和现代服务业为引领的多层次，高端、高效、高辐射的现代产业体系，努力建设成为引领首都经济发展的现代产业高地和支撑北京建设世界城市的高端产业集聚区。

和谐宜居家园。加快新城建设，扩大新城规模，推进城乡一体化，健全民生保障体系，建设安居乐业的和谐社会；构建资源节约型和环境友好型的生态宜居城市，形成具有鲜明特色的现代化城市风貌，将顺义建设成为承担北京

世界城市重要功能的和谐宜居家园。

二、发展原则

坚持高端发展。把高端发展作为区域发展的根本方向,积极抢占未来发展的制高点。聚集高端要素,依托首都国际机场的资源禀赋和综合优势,面向国际,集成优势、集约发展,集聚资本、管理、科技、人才等高端要素;发展高端产业,促进产业结构高级化、产业环节高端化、产业模式低碳化,大力发展高端科研、高端制造、高端文化、高端服务,抢占产业价值链条的高端,让高端发展要素释放出更大的能量;建设高端城市,融入世界城市发展体系,承担引领发展现代制造业以及空港物流、会展、国际交往、体育休闲等功能,辐射、带动周边区域发展,打造新城示范区。

坚持创新发展。把创新作为经济社会发展转型的根本动力,不断增强自主创新在推动科学发展中的驱动作用。推动思想创新,把创新精神贯穿于学习、思考、决策、落实各环节,贯穿于改革发展全过程;推动科技创新,把科技创新作为经济结构调整的中心环节,围绕全区重点产业发展,力争在核心技术创新方面取得突破,利用资源优势和发展空间承接国内外科技研发在区内转化;推动制度创新,把体制机制创新与科技创新有机统一起来,通过在资源配置、市场机制、利益协调等各个方面的制度创新,全面提升区域自主创新能力。继续实施品牌战略,推进产业优化升级,提升产业整体竞争力。

坚持统筹发展。把统筹兼顾作为推动科学发展的根本方法,正确认识和妥善处理发展中的重大关系。统筹工业化与城市化融合发展,推动一二三次产业相融合,推动临空经济区建设与重点新城建设相融合,促进"以业兴城、以城载业、业城融合";统筹经济与社会协调发展,在经济发展的基础上实现社会的全面进步,在加快发展的同时着力改善民生、富民惠民,以统筹城乡就业、社会保障、和谐社区为重点全面提高城乡一体化水平,促进经济社会发展与人的需求相协调;统筹人口资源环境协调发展,坚持新增城市人口以农转非为主,区内人口转移以农村人口向城镇转移为主,引进区外人口以发展亟需的高层次、高素质、贡献大的人才为主,实现人口有效调控、资源集约、环境友好,促进人与自然相和谐。

坚持绿色发展。把建设资源节约型、环境友好型社会作为可持续发展的根本举措,立足资源环境承载能力谋发展。体现绿色发展理念的导向性作用,全面发展环保经济、循环经济、低碳经济,实现经济效益、社会效益与生态效益的有机统一;强调生态文明建设的基础性作用,切实把生态文明的核心内容和内在要求体现在价值取向、工作思路、发展方式上,实现区域发展内涵和品质的全面跃升;重视资源对发展的约束性作用,集约利用土地、水等各种资源,提高能源供应和保障水平,推动优势资源利用集约化、高效化,紧缺资源利用减量化、涵养化,实现当前工作与长远发展相统一。

三、主要目标

综合考虑未来发展趋势和条件,今后五年顺义区经济社会发展的主要目标是:

——经济实力显著提升。地区生产总值年均增长12%,人均地区生产总值达到2.5万美元;临空经济区核心区增加值年均增长达到15%,北京天竺综合保税区实现口岸进出口总值1150亿美元,占全市各口岸总量的70%以上,临空经济对全区经济发展引领作用进一步增强;全区一般预算收入年均增长12%,全社会固定资产投资累计达到2200亿元。

——经济发展方式加快转变。经济结构战略性调整取得进展,三次产业比重调整为1.5 40 58.5;科技对经济发展的支撑作用不断强化,科技进步对经济增长的贡献率达到60%;安全生产水平不断提升,经济增长质量和效益明显提高,全区万元GDP能耗、单位GDP二氧化碳排放、二氧化硫、氮氧化物、化学需氧量和氨氮排放总量均达到市政府要求,万元GDP水耗比2010年下降20%,全区再生水利用率提高至80%。

——统筹城乡发展取得突破。科学把握建设时序,城乡基础设施和城市综合服务功能全面提升,"滨水、生态、国际、活力、宜居"的新城风貌基本形成,北京东北部中心城市初具规模。初步形成城乡经济社会发展一体化新格局,全区城镇化率达到80%以上,户籍人口城镇化率提高到75%,户籍人口自然增长率控制在5‰以下,全区常住人口总量控制在87万人左右,常住流动人口调控在24万人以内。

——人民生活品质不断提高。公共服务体系更加完善,基本公共服务均等化程度明显提高,全区群众的就业、就学、就医、社保、住房条件明显改善。全区城镇登记失业率控制在1.5%以内,城乡劳动力二三产业就业率达到95%。新增劳动力平均受教育年限达到15年以上,城乡一体的社会保障体系基本形成,城镇职工五项保险参保率达到98%,城乡居民养老、医疗保险参保率分别达到95%和90%。努力实现居民收入增长与经济发展同步,城镇居民人均可支配收入年均增长10%,农村居民人均纯收入年均增长11%。食品安全监测合格率达到98%以上,药品抽检合格率达到99%,全区公共交通出行比例达到35%。

——生态环境质量持续改善。全面创建"国家环保模范城区"和"国家级生态文明建设示范区","十二五"期末,全区林木绿化率达到27.65%,城区人均公共绿地面积达到31.73平方米,空气质量二级和好于二级天数比例达到78%,全区主要河流水质综合达标率达到8%,城区污水处理率达到98.7%,全区生活垃圾无害化处理率达到98%。

"十二五"规划主要目标的初步安排

类别	序号	指　　标	目　　标	属　性
经济发展	1	地区生产总值增速	年均增长12%	预期性
	2	人均地区生产总值(以常住人口计)	2.5万美元左右	
	3	三次产业比重	1.5:40:58.5	
	4	全社会固定资产投资累计值	2200亿元	
	5	一般预算收入增速	年均增长12%	约束性
	6	科技进步对经济增长的贡献率	60%	预期性
社会发展	7	城镇居民人均可支配收入增速	年均增长10%	预期性
	8	农村居民人均纯收入增速	年均增长11%	
	9	城镇登记失业率	控制在1.5%以内	约束性
	10	城乡劳动力二三产业就业率	95%	
	11	城乡居民养老、医疗保险参保率	分别为95%和90%	
	12	城镇职工五项保险参保率	98%	
	13	户籍人口自然增长率	5‰以下预期性	预期性
	14	户籍人口城镇化率	75%	
	15	新增劳动力平均受教育年限	15年以上	
	16	亿元地区生产总值生产安全事故死亡率	下降40%	约束性
	17	食品安全监测合格率	98% 以上	
	18	药品抽检合格率	99%	

类别	序号	指　　标	目　标	属性
绿色发展	19	万元地区生产总值能耗	达到市政府要求	约束性
	20	万元地区生产总值水耗	比2010年下降20%	
	21	单位地区生产总值二氧化碳排放	达到市政府要求	
	22	空气质量二级和好于二级天数比例	2015年达到78%	
	23	二氧化硫、氮氧化物、化学需氧量和氨氮排放总量	达到市政府要求	
	24	全区公共交通出行比例	35%	
	25	全区再生水利用率	80%	
	26	城区污水处理率	98.7%	
	27	全区生活垃圾无害化处理率	98%	
	28	城区人均公共绿地面积	31.73平方米	
	29	全区林木绿化率	27.65%	

第三部分　发展高端产业，打造临空经济区

加快转变经济发展方式，坚持科技创新驱动，注重质量规模效益，集聚高端生产要素，加快产业优化升级，科学调整产业布局，发展现代产业体系，巩固和提升北京现代制造业基地的地位，建设国家新型工业化示范区，突出发展高端服务业，将临空经济区打造成为首都经济的重要增长极和世界城市先行实践区。

一、做大临空经济，发展现代产业体系

按照“优化一产、做强二产、做大三产”的发展思路，依托首都国际机场资源平台和天竺综合保税区政策平台，围绕产业集聚、人才集中、资源集约和功能集成，着力提升产业发展势能，提升服务环境，提升国际辐射力和经济带动力，加快发展创新集聚、融合互动的现代产业体系。

(一)坚持高端化、国际化，做大第三产业

不断提高第三产业比重，重点发展航空服务、特色金融、现代物流、商务服务、旅游休闲等高端服务业，积极发展广告会展、设计服务、时尚体育休闲、高端出版印刷、创意农业等文化创意产业，优化发展生活性服务业，积极开发新型服务业态，发展服务外包，通过融入全球产业链带动产业结构优化升级。

——航空服务：以航空运输为核心，延伸航空服务产业链，积极吸引航空公司总部入驻，形成航空总部集聚区。大力拓展相关产业，发展航空食品、航油航材供应、航空维修、航空保险、航空信息服务、航空培训、航空医疗健康等航空服务业，以及为航空客流服务的娱乐、餐饮、酒店、健身休闲等服务项目，完善航空服务产业体系。

——特色金融：重点发展离岸金融、产业金融和功能性总部金融，抓好金融生态环境建设、金融体系建设、金融产品创新、金融机构引进和农村金融发展，促进金融产业向集群化、高端化、总部化和国际化发展，全面提升金融业综合竞争力，打造承载首都金融功能扩展的新兴金融功能区、深化首都金融改革创新的金融创新试验区和北京东北部区域金融中心。积极吸引国内外银行和国际财团的区域性总部，国际跨国公司资金结算中心、区域管理中心，二级城市金融总部、私募股权基金、创投基金、信用担保、保险机构等入驻，推动现有金融分支机构提升为区域总部和区域结算中心。积极建设期货及产权交易市场，鼓励上市公司建立财务公司，吸引国内外知名会计师事务所、金融咨询机构等入驻。

加快金融企业培育和重点企业上市工作，加速资本市场顺义板块培育，通过“储备一批、培育一批、上市一批”，新增上市公司10家。

——现代物流：加强物流通道和基础设施建设，不断提高物流服务效率和品质，进一步扩大现代物流产业规模。依托空港物流基地，以TNT、顺丰速运、鸿讯物流等国内外先进物流企业为骨干，大力发展航空物流，组建航空物流产业联盟，逐步建立以专业物流中心和配送中心为支撑的物流框架体系，构建环渤海地区航空物资采供销平台。围绕航空物流发展多种形式的物流，满足汽车、花卉、农产品等产业的物流需求，加大资源整合，完善上下游产业链，逐步实现专业化、多样化经营。

——商务服务：依托国门商务区、马坡商务休闲区等，着重发展直接为机场与临空型产业服务的高端商务服务业，加快引进国内外企业总部及其交易中心、运营中心等。积极建设高端商务酒店、商务会所等商务配套设施，发展购物中心、特色餐饮、娱乐健身等高端服务业，鼓励发展咨询服务、法律服务、国际贸易等，构建较为完善的商务服务产业体系。

——旅游休闲：整合工业旅游、红色旅游、观光旅游和体育休闲等资源，结合商务会展及重大活动，打造一批体现顺义生态特色、产业特色、文化特色的个性旅游精品。依托奥林匹克水上公园，积极发展特色体育竞技和水上休闲娱乐项目，强化体育休闲与关联产业融合，发展体育休闲产业。依托汉石桥湿地、国际鲜花港、浅山地带以及其他生态景观，发展生态观光产业。依托潮白河、温榆河沿岸及李遂、南彩、高丽营等地区的地热资源，发展休闲度假产业。

——文化创意：以新国展、花博会主场馆为平台，以大型展览为核心，积极吸引重大会展项目落地，扩大会展产业规模；依托北京天竺综合保税区政策功能优势，积极发展国际会展、保税展览等，大力吸引会展设计、展装公司入驻，培育以航空论坛、汽车展、花卉展览和交易、农业博览会、中国国际服务交易大会等为龙头的区域会展品牌，全面提升会展业实力。凭借良好的产业基础，以龙头企业为依托，积极培育和引进各类设计服务企业，重点发展与制造业密切相关的产品设计、外观设计、广告设计等设计服务业。积极引进出版印刷龙头企业入驻，大力发展高端出版印刷业，支持出版策划、内容制作、印刷出版、新媒体出版、出版物物流和延伸业务开发，完善出版印刷产业链，壮大产业规模。

——生活性服务业：依托商业中心区建设，发展中高端生活服务业，大力引进商业综合体等大型商业业态，提升新型高端商业业态的比重，全面提升城市的服务功能、吸附功能、聚集功能。建立产业目录，制定行业标准，规范行业管理，引导和鼓励批发零售业、社区型商业服务业、餐饮业、小型商业服务业快速健康发展，满足不同层次的消费需求。

（二）坚持创新化、集群化，做强第二产业

大力发展以航空研发制造、汽车制造等为代表的现代制造业，优化发展以电子信息为代表的高新技术产业，培育壮大战略性新兴产业，巩固提升都市工业和基础工业等传统制造业。不断提高自主创新能力，积极吸引重大科技成果入区转化，积极引进中关村产业联盟，集聚高端要素，促进制造业向高端化、精细化、低碳化发展。“十二五”期末，实现工业总产值4000亿元，进一步提升顺义区作为北京现代制造业基地的地位和影响力。

——航空产业集群。抓住北京天竺综合保税区的政策平台机遇、中航工业北京航空产业园的产业平台机遇和国内航空业大发展的机遇，构建以航空制造业为核心，以航空物流业为主干，涉及研发、制造、物流等多个行业为一体的航空产业链条。集聚区内外的高端人才、技术资源，不断提高自主创新能力，拓展上、下游产业链条，大力发展航空发动机及配件制造、航空复合材料研发生产等航空研发制造产业,积极引进通用(小型)飞机组装生产企业,提高航空产业产能,建设千亿产业集群。到2015年,航空产业集群实现千亿级规模。

——汽车产业集群。重点推进北京现代第三工厂、北京自主品牌乘用车基地建设,重点引进和发展研发设计、汽车电子、展示贸易等高端环节,丰富区域汽车产业链条,将顺义建设成为具有国际影响力的汽车产业基地。力求在整车、关键零部件和新能源利用等研发方面有较大突破,扩大汽车自主研发能力;推动高储能锂电池等新能源汽车技术的研发应用,研制和生产新能源汽车;重点引进和发展汽车传感器、电子控制系统、汽车安全系统、汽车导航系统或部件、智能电子系统等汽车电子产业;以环保理念为指导,推动清洁化发展,推进循环经济,提高资源利用效率。到2015年,全区汽车产销量超过140万辆,实现总产值1800亿元。

——电子信息产业。重点推进数码视讯数字电视产业园、宝德阳触控产品生产研发基地、中航信总部等龙头项目建设,积极向新兴信息产业发展,聚焦下一代通信网络、物联网、三网融合和高端软件等项目,依托中关村临空国际高新技术产业基地,大力引进数字音视频、通讯显示、集成电路、电子芯片及元器件、精密机械等产业项目,重点建设临空数字信息产业基地;发挥临空国际对接云计算领域技术和产业的优势,促进"祥云工程"落地,积极发展物联网产业,建设云计算基地;到2015年,产业规模达到400亿元。

——战略性新兴产业。加快培育航空航天、高端装备制造、新一代信息技术、新能源、新材料、新能源汽车等战略性新兴产业。以打造国家级数控机床产业基地为目标,依托北一数控、北京机床研究所等龙头企业,大力发展数控机床、光机电一体化等高端装备制造业。依托金蝶软件总部基地、国家地理信息科技产业园等重大项目,积极发展以软件应用、电子商务应用、地理信息系统等信息服务业。围绕中核二三建设公司研发基地、中信国安盟固利电池等新能源高端项目,加速新能源产业集聚。围绕北京非晶科技产业园、安泰科技等项目,集聚新材料产业核心企业和关键项目,打造国内具有较强竞争优势的新材料生产基地。积极推进北京现代和北汽股份等整车企业研发新能源轿车,推进纯电动、混合动力汽车及其关键零部件的产业化。

——都市工业和基础工业。依托燕京啤酒、顺鑫农业、汇源果汁、曲美家具等龙头企业,构建覆盖制造、研发、包装、物流及营销中介的产业链,打造有规模、有信誉、有技术、有品牌的"全产业链"集团,到2015年,产业规模达到300亿元。围绕首钢冷轧、江河幕墙等项目,延伸上下游产业链,优化发展基础工业,到2015年,产业规模达到150亿元。

(三)坚持规模化、产业化,优化第一产业

围绕"国家现代农业科技城"建设,推进农业产业结构优化升级。坚持农业"产业化、规模化、园区化、精品化、品牌化"的目标,着力完善农业科技、金融、农资等服务体系,提升农业信息化、组织化、机械化水平,打造绿

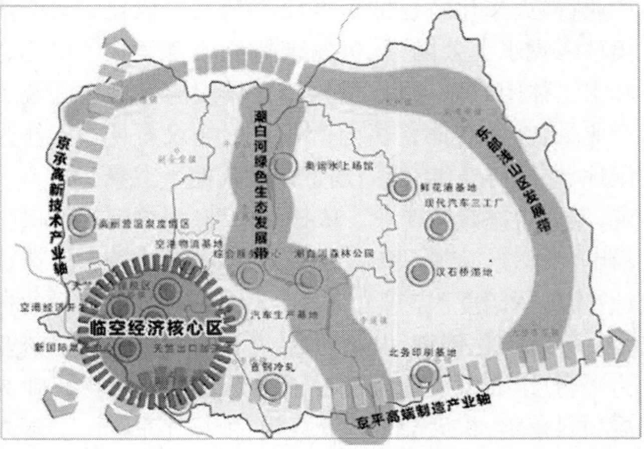

图5　顺义区"十二五"产业空间布局示意图

色农产品大区、农产品加工大区、籽种产业大区和花卉产业大区,实现景观效益、生态效益、经济效益和社会效益的全面提升。坚持“设施是条件、品种是重点、市场是关键、效益是核心”,大力推进农产品精深加工、农产品物流及绿色农产品产业发展,打造“从田间到餐桌”的农业全产业链,推进三次产业融合发展,不断提升对北京高端农产品市场的话语权,增强对北京高端消费市场的控制力,使顺义农业成为展示首都乃至全国都市型现代农业的窗口。

依托镇级二三产业就业基地建设,发展农产品精深加工及航空食品产业;以北京国际鲜花港和花卉物流港为核心,完善花卉产业空间布局,大力发展花卉产业;依托“国家现代农业科技城”建设项目,积极发展优质籽种产业;以东部地区和浅山区为重点,大力发展绿色生态农业。发挥都市农业优势,推进农业与文化、旅游、商贸的融合,挖掘农业资源的旅游功能,推进以研发设计为主的创意农业项目建设和创意农产品的开发,发展创意农业。

二、加速产业集聚,优化产业空间格局

充分发挥临空优势,以临空经济区为核心,构建“一核、两轴、两带”的产业空间格局;依托京承高速、京平高速构建产业拓展轴,辐射带动周边区域联动发展;依托潮白河绿色生态发展带和东部浅山区发展带,提升区域的高端服务功能;依托各经济功能区和镇级二三产业就业基地,加速产业集聚,充实完善重点产业链,优化全区产业空间格局。

临空经济核心区:包括首都国际机场、北京天竺综合保税区、空港经济开发区、林河经济开发区、空港物流基地、汽车生产基地、国展产业园、国门商务区等重点园区。“十二五”期间,继续优化拓展临空经济区的空间格局,以首都国际机场航运区为中心,形成辐射顺义全区的圈层结构,进一步提升临空经济区的核心竞争力。

北部以北京天竺综合保税区和空港物流基地为平台,打造临空经济创新服务中心。依托北京天竺综合保税区的政策平台优势,大力发展现代物流、国际贸易、保税加工、保税研发、检测维修、保税展览、特色金融等产业,着力打造以生物医药和医疗器械为引领的国际采购分拨中心、以机务维修和飞机发动机维修为主体的航空器材及IT产品保税维修中心、以全国移动通讯终端检测为依托的公共检测实验中心、以高端国际商品和文化创意产业为特征的保税展览展示交易中心、以飞机租赁为突破口的离岸金融中心。以北京天竺综合保税区为核心,搭建离岸金融发展平台。积极吸引外资银行、财务公司、证券、保险、基金、信托等金融机构入驻,开展离岸银行、离岸债券、离岸保险人民币跨境业务等,满足外向型企业对离岸金融的需求。创建国家空港型综合保税区体制创新的改革试验区、具有中国特色的第一家空港型自由贸易区、以保税功能为特色的国际空港综合服务示范区,北京扩大对外开放,提升外向型经济水平的重要平台。

东部依托林河经济开发区、航空产业园和汽车基地,大力发展装备制造业,航空零配件、飞机内饰制造、新材料研发制造等航空研发制造产业,积极发展航空租赁、飞机维修、航食生产、临空金融等航空服务产业;在保持优化汽车制造业的基础上,促进中游的汽车制造向上游的汽车设计、研发、设备制造和下游的营销与售后服务、汽车金融等相关市场活动延伸,积极发展汽车俱乐部、汽车文化旅游、汽车科教博览等汽车服务业。

南部以国门商务区为重点,积极发展航空服务、国际贸易、商务服务、金融服务、信息服务等高端服务业,积极吸引国内外公司入驻设立总部、结算中心、研发中心、运营中心、销售中心等,打造总部商务中心,搭建产业金融发展平台,依托顺义现代制造业基地,大力发展汽车金融、物流金融、航空租赁,推动产业金融快速发展，构建产业金融区；将国门商务区建设成为北京东北部重要的综合商务服务中心、顺义新城的门户区域、绿色智能化现代商务服务示范区。

西部以空港经济开发区为核心发展高新技术产业及现代制造业，以新国展为中心发展会展旅游业，进一步完善餐饮住宿、零售、旅游服务、信息服务、文化娱乐、咨询服务、现代物流、广告印刷等配套产业。

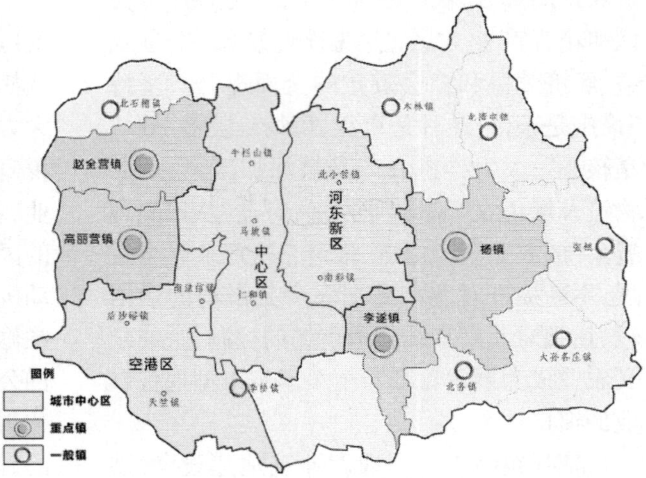

图6　顺义区城镇体系示意图

京承高新技术产业轴：依托京承高速公路(顺义境内全长25公里)，加快发展临空国际高新技术产业基地、板桥创意天承产业基地和空港C区，重点推进航天科工产业园、宝德阳触控产品生产研发基地、数码视讯数字电视产业园等重点项目建设，打造高新技术产业轴，将沿线区域建设成为中关村高新技术的承载区和研发成果转化基地、北京市北部研发服务和高新技术产业发展带的重要组成部分，成为顺义区高新技术发展的核心区域，以及临空经济区向北延伸的主要轴线，辐射带动顺义区西部和北部地区产业升级，并成为联动中关村和北京东北部地区的重要产业拓展轴。

京平高端制造产业轴：依托京平高速公路(顺义境内全长37公里)，承接临空经济区高端制造功能拓展及相关产业链延伸，重点发展汽车零部件制造、航空航天设备零配件制造及相关配套和关联产业。推进首钢冷轧二期建设，加快印刷产业基地发展。依托重点园区，引导高端制造业沿该产业轴集聚。将京平高速沿线区域打造成为顺义区高端制造业的新增长极和推进跨区域合作的重要产业轴，进一步提升顺义作为首都制造业基地的重要地位，加速北京市现代制造业及高端资源向顺义及东北部地区的集聚发展。

潮白河绿色生态发展带：在潮白河顺义段38公里沿线，充分发挥潮白河及其两岸的优美环境和生态优势，全力打造以金融服务、商务会议、文体旅游、休闲度假等高端现代服务业为特色的绿色生态发展带和北京市重要的生态走廊。加快水上运动娱乐中心、综合体育中心、马术冰雪时尚运动中心、中国国际赛车场等的建设，大力发展集娱乐、休闲、健身、度假为一体的体育休闲产业。积极发展以功能性总部、地方城市商业银行和保险总部及会计师事务所、律师事务所等金融配套服务为一体的金融商务产业，打造以“信用卡中心”为特点的金融聚集区。

图7　顺义区“十二五”期间道路工程示意图

东部浅山区发展带：依托北石槽、木林、龙湾屯、张镇、大孙各庄等浅山区的自然生态资源，以适度开发为原则，不断拓展发展空间。充分挖掘浅山资源，在满足生态功能的基础上，大力发展浅山区林果等临山生态经济产业。大力发展农业观光休闲旅游、度假会议旅游、拓展旅游等旅游形式，积极开发观光游憩类旅游产品、特色专项类旅游产品、商务会展类旅游产品、运动休闲类旅游产品、酒店度假类旅游产品、娱乐节庆类旅游产品和康体养生类旅游产品，将东部浅山区建设成为北京市重要的旅游度假集聚区之一，实现东部浅山区生态、经济、社会协调发展。

第四部分　统筹城乡发展，建设世界空港城

发挥首都国际机场国际枢纽优势，顺应北京建设世界城市的需要，突出顺义国际交往职能，全力建设临空经济发达、内外联系便捷、空间结构合理、城市功能完善、基础设施完备、城乡发展协调、生态环境优美、城市管理高效、社会安全和谐的世界空港城。

一、优化功能布局，完善城镇体系

加强新城建设，提升新城综合服务功能，优化新城功能布局，全面提升新城形象；加强港城联动，利用空港的辐射带动作用，以城市组团为依托，建设功能完备、管理高效、充满活力的现代化新城；完善"一港、两河、三区、四镇"的城镇空间格局，发挥新城、重点镇、一般镇的梯度带动作用，提高集聚高端产业和人口的能力，完善区域城镇体系，加快新农村建设，打造城乡一体化的先行区和示范区。

（一）优化新城功能布局

根据资源环境承载能力、发展基础和未来需求，优化新城空港区、中心区以及河东新区的功能布局，将顺义新城建设成为优势产业集聚、配置设施高端、环境清新靓丽、安全健康和谐的宜居新城。

空港区。依托机场，服务机场，加强机场周边基础设施建设，着力打造国际高端要素聚集地和首都国际交往的枢纽，提升航空服务、物流服务、商贸服务、会展服务、信息服务、特色金融服务以及综合保税相关服务等功能。

中心区。着力打造新城综合服务中心，完善与北京东北部中心城市相匹配的城市功能，提升金融服务、商贸服务、信息服务以及社会公共服务等综合性城市服务功能，强化城市承载功能、服务功能、辐射功能和带动功能，不断增强马坡和牛栏山组团集金融商务、文体休闲、综合居住等为一体的综合服务功能。

河东新区。作为顺义新城的重要组成部分，发挥南彩、北小营的土地资源和生态环境优势，全面加快区域基础设施建设，提升区域承载产业和人口的能力，为建设成为国际交往、高端产业聚集的重要功能区以及宜居新城区奠定基础。

（二）加强重点镇建设

发挥资源优势，加大市政基础设施、公共服务设施建设力度，提高重点镇的承载能力，鼓励和推动重点镇特色化发展，并以重点镇为节点，辐射带动周边镇，全面推进城镇化进程。

高丽营镇依托京承高速，以金马工业区、临空国际、温泉度假区等为载体，加强与空港核心区和顺义城区的功能互动，重点提升科技研发和休闲度假功能，优化现代制造、临空服务、都市农业功能，打造全市重点镇样板。

杨镇以现代汽车三工厂建设为契机，加快先进制造功能集聚；依托国际鲜花港，全面提升商贸物流、生态旅游和都市农业，辐射带动镇内和周边乡镇农民就业，依托汉石桥湿地等丰富的生态资源，力争打造"万亩水面、万亩森林"的国家级湿地森林公园，发展成为潮白河以东区域的次中心。

赵全营镇依托京承高速，以空港C区、

北京自主品牌乘用车基地为载体,积极承载顺义城区功能转移,加快培育研发创意功能,优化先进制造、都市农业功能,塑造与研发创意功能相匹配的品质型城镇。

李遂镇依托潮白河和京平高速,加强滨水景观建设,完善基础设施,合理控制开发规模,积极发展旅游休闲、康体度假等高端职能,形成滨水特色突出的城郊休闲型城镇。

(三)加快新农村建设

充分发挥新城引领功能,按照"规划先行、整体推进、全面发展"的原则,提高农村基础设施水平,启动新型农村社区试点建设,加快推进城乡一体化进程。形成包括空间布局、产业发展、基础设施建设、就业和社会保障、公共服务、生态环境在内的城乡一体化发展新格局,建设城乡融合、产业发展、交通便捷、生态宜居的现代化新农村。

科学规划城乡土地利用,统筹发展农用地、农村建设用地和城镇建设用地。合理撤并农村居民点,促进农村人口向城镇集中,完成新城51个村庄和重点镇9个村庄的整建制拆迁,加强土地储备和开发整理,新增储备用地19平方公里。

以农村道路、饮水安全、清洁能源、住房改造、信息畅通等为重点,完善新农村建设和管护机制,构建布局合理、功能完善的农村基础设施和公共服务设施体系,全面提升农村居民的生产生活条件。完成乡村公路大修400公里,继续推进"亮起来、暖起来、循环起来"工程,探索农村多元化供暖方式,重点推进抗震节能住宅新建和既有农宅节能改造工程。

二、强化基础设施建设,支撑城乡发展

坚持基础设施先行,按照均衡布局、分级配置、平等共享的原则,打造一流的现代化城乡基础设施和综合服务网络,支撑城乡经济社会全面发展。

(一)完善城乡路网格局

构建地面交通完善、轨道交通初具规模的城乡路网。中心城区以完善环路和改善微循环道路为重点,新建和改建8条城市道路;增强城区道路内外通达能力,完善路网结构,完成白马路、通怀路等18条公路的新建和改建工程,以及轻轨M15号线建设,启动L1号线北延和S6号线规划建设。到2015年,公路总里程达到2785公里,路网密度2.73公里/平方公里,形成布局合理、通达便捷、运行高效的城乡路网格局。

(二)加强交通运输基础设施建设

交通基础设施总量进一步增加,基础设施网络更加完善;运输装备现代化程度进一步提高,运输结构更加合理,运输服务的效率和质量显著提升。建设花梨坎、马坡等枢纽场站以及中心站、镇客运站、农村首末站等公交客运基础设施。大力发展公共交通,加大公交优先力度,提高公共交通承载能力和服务水平,公共交通出行比例达到35%,新增客运线路22条、里程662公里,形成以场站为依托的快速高效、安全畅通的公交客运网络体系,基本建成运输结构比较完善、布局合理,与其它运输方式衔接紧密的基础设施网络体系。

(三)加强市政基础设施建设

做好燃气改造工作,重点建设4个天然气调压站,中心城区天然气使用率达到99.5%,城镇燃气气化率达到99.8%。继续加强集中供热改造,加快供热管网并网,大力推进供热计量设施入户。力争全部取消供暖小锅炉房,使集中供暖面积达到4000万平方米,集中供暖小区覆盖率达100%。完成22项输变电工程建设和改造,确保首都国际机场太阳能并网光伏发电工程顺利进行,全面启动老城区供电改造工程。完成现有垃圾综合处理厂的扩建工程,到2015年,实现全区垃圾分类达标,全区生活垃圾无害化处理率达到98%。实施安全饮水工程,实现城乡供水一体化;完善建成区雨污分流排水管道系统和雨水收集、处理、回收系统,建设再生水

厂和污水处理厂。加强邮政网络建设,提高邮政服务水平。实施信息化基础设施亮点工程,基本普及3G网络、宽带信息网络和高清电视网络。

三、提高城市管理水平,保障城市健康运行

(一)完善基础资源运行保障体系

明确和协调各部门职责,做好市、区设施管理工作衔接,合理安排城乡管线布局,促进地下管网集约利用。完善职能监控网络,提升天然气、热力、电力调配调峰能力和供排水管网监控能力,提高水、电、气、热等基础资源的安全保障能力。

(二)加快推进智慧城市建设

整合公共管理信息资源,强化经济社会发展基础信息资源开发利用,加强电子政务和公共服务平台建设,推动物联网应用实践,建立统一高效的城市综合运行管理数字化平台,实现城区无盲点监控,提升政府公共服务和城市管理的信息化水平,实现城市管理网格化、精细化、智能化。

(三)全面加强应急体系建设

按照"集中领导、统一指挥、结构完整、功能全面、反应灵敏、运转高效"的原则,深化突发事件应急体系建设。强化专项、属地、基层应急管理组织体系建设,提升综合应急能力;强化风险管理和监测预警体系建设,提升综合防范能力;强化应急队伍、物资、资金等综合保障体系建设,提升应急准备能力;强化突发事件现场处置救援机制建设,提升快速反应能力;强化应急管理和突发事件应对宣传教育工作,健全社会动员机制,提升社会参与能力。

第五部分 着力改善民生,共建和谐宜居家园

全面实施人文发展战略,以保障和改善民生为重点,加快推进社会建设,把推进基本公共服务均等化、实现社会管理精细化摆在更加突出的位置,切实完善保障和改善民生的制度与政策安排,使发展成果更好地惠及全区人民。

一、实施五大民生工程,提高人民生活品质

着力保障和改善民生,重点实施就业、就学、就医、社保、住房"五大民生工程",使全区人民生活品质得到明显提升、共享经济社会发展成果。

(一)实施充分就业工程

积极完善就业公共服务,以创建"充分就业区"为契机,进一步完善城乡统筹的就业格局,切实缓解就业结构性矛盾,促进城乡劳动者由充分就业向选择就业转变,不断提高就业服务水平和劳动就业质量。

大力开发就业岗位。围绕"工作在园区、居住在城区、生活在社区"的目标,构建"政策扶持、就业服务、技能培训、责任考核"四大体系,优化就业环境,实施精细服务,不断加速农村劳动力向"高端产业、高效企业、高薪岗位"转移。健全区、镇、村三级联动岗位开发机制,充分发挥政府促进就业职能,加强政策引导,坚持项目引进与就业需求预测同时进行、项目审批与农村富余劳动力就业安置同时进行、项目建设与就业服务同时进行,切实将经济增长带来的就业机会转化为就业岗位。

建立城乡一体的就业管理服务体系。完善公共就业服务网络,建立集职业指导、职业介绍、技能培训、技能鉴定和就业后服务五项功能为一体的人力资源市场,建立天竺、杨镇、赵全营、南彩四个人力资源市场分中心。健全职业技能培训体系,有效缓解就业结构性矛盾。按照管理统一、统计分类原则,建立就业失业一体的管理制度,建立调查失业率与登记失业率并行的运行机制,搭建就业、失业监测平台,整合现有供求信息平台,进一步做好供需匹配,建立健全失业预警机制。

突出抓好三个群体就业。重点抓好农村转移劳动力、新生劳动力和就业困难人员就业,确保“零就业家庭”、“纯农就业家庭”始终“动态归零”。加快农村劳动力转移就业,完善面向市场的农民职业教育培训体系,推动农村劳动力与二三产业就业岗位的有效对接。确保农村青年劳动力实现三个“100%”,即100%接受技能培训、100%实现二三产业就业、100%享受社会保障制度。积极推动高校毕业生就业,深入落实促进毕业生的各项就业政策,健全毕业生供求信息采集和发布制度,加强转岗技能培训和就业见习基地建设,通过加大大中型企业岗位开发力度、鼓励毕业生到中小企业和非公有制企业就业、大力推进高校毕业生到城乡基层就业等方式实现多形式就业。加大就业困难人员的就业帮扶力度,按照精细化、长效化要求,做好困难人员的就业援助工作。大力开发适合困难人员的公益性就业岗位,全面落实各项补贴政策。不断完善登记认定办法,健全动态管理制度。实施分类帮扶,对困难人员提供标准化、专业化和针对性的就业服务,建立健全就业援助工作机制。

构建和谐稳定劳动关系。加强三方协调机制建设,提高劳动合同和集体合同签订率,营造和谐劳动关系。加大劳动维权力度,维护劳动者合法权益。组建劳动关系仲裁院,提高劳动争议仲裁、协调水平。

(二)实施“三名”教育工程

坚持教育优先发展,大力推进教育公平,打造教育品牌。适应学生健康成长和全面发展的需求,适应人民群众对优质教育和终身教育的需求,适应经济社会发展对各类人才的需求,深入推进“三名”(名校、名师、名校长)工程,全面发展各类教育,推进素质教育,率先实现教育现代化。

强化基础教育。优化城乡教育资源配置,建设教育发展研究基地、创新拔尖人才培养基地、教师教育培训基地,构建教育发展服务体系,推进学前教育个性化发展、义务教育高位均衡发展和高中教育多样化发展。积极开展区域综合教育改革实验,加强德育工作,深化课程教材改革,提高教学质量,促进基础教育高标准、高质量可持续发展。“十二五”期末,高中阶段教育毛入学率达到99.5%以上,新增劳动力平均受教育年限达到15年以上。

发展职业教育。整合北京现代职业技术学院、顺义区第一职业技术学校等职业教育资源,建设顺义区职业教育园区,推进职业技能培训基地、成人教育基地、社区教育服务站点以及劳动力实训基地的建设,打造北京东北部职业教育中心。加快职业教育培训的市场化和产业化,加强校企合作,重点发展与国际接轨、与产业相适应、与就业需求对接的职业技术教育,开展多层次、广覆盖的职业技能培训项目,扩大中高级技能培训规模,探索中等职业教育、高等职业教育和成人职业继续教育共存发展、协同管理、互为补充的运行模式,构建现代职业教育体系。

加强学习型城市建设。构建广覆盖、多形式、便捷高效的终身教育体系。统筹各级各类教育发展,大力发展社区教育,建设远程教育课堂,努力满足居民教育需求;加强学习型组织建设,综合提升城乡居民整体素质,争创全国社区教育示范区,创建学习型城区示范区。

(三)实施健康顺义工程

全面落实医药卫生体制改革,优化医疗卫生资源配置,完善社区卫生服务网络,提高公共卫生和医疗服务水平。“十二五”期末,每千人医院床位数达到4张,每千人执业医生数达到3人,每千人护士数达到2.4人。全区健康指标位居全市前列。

合理规划医疗机构布局。建成并完善以区域医疗中心、中医医院和妇幼保健院为一级网络、卫生院和社区卫生服务中心为二级网络、社区卫生服务站和村卫生室为三级网络的三级医疗服务网络。新建1家三级甲等医疗机构，升级改造区医院，力争达到三级医疗机构标准；加快中医医院迁建和妇幼保健院扩建工程，支持重点学科建设，力争2－3个重点专科的疾病诊疗水平达到三级医院水平；发展和扶持镇级重点医疗服务机构，以区第二医院和空港医院为依托，启动次区域医疗中心和国际医疗部建设；城区内按照1个街道设置1所社区卫生服务中心的标准，设立社区卫生服务中心。

打造城乡一体、优质高效的公共医疗卫生服务体系。建设覆盖区域医疗卫生机构的卫生信息平台，实现全区医疗卫生和公共卫生服务、监督与管理信息一体化；加强院前急救、疾病预防控制、卫生监督执法、妇幼卫生、精神卫生、突发公共卫生事件应急、卫技人员培养引进等体系建设；全面推行辖区药品集中采购、统一配送和社区药品零差率销售制度，建立落实药品储备制度，提高应对自然灾害突发事件药品供应使用的应急保障能力；完善农村居民医疗保障体系，简化报销程序，全面推广住院即时结报，探索实施门诊即时结报。

（四）实施城乡社保一体化工程

加快社会保障制度整合与衔接，逐步建立城乡居民一体化、均等化的社会保障体系，实现社会保障人群全覆盖，逐步提高社会保障水平，使城乡居民享受更好的社会保障。

推进城乡保险一体化。坚持“广覆盖、保基本、多层次、可持续”的方针，完善五险合一征缴机制，城镇职工五项保险参保率达到98%，积极推进事业单位养老保险制度改革，实现合理衔接。继续做好城乡居民养老保险参保工作，在实现个人账户、市区两级财政补贴和待遇调整的基础上，鼓励各镇建立相应的补贴机制，引导城乡居民积极参保。扎实做好“一老一小”、无业居民大病医疗保险工作，继续扩大覆盖范围，确保政策落实到位。稳步提高农村合作医疗报销比例标准。坚持扩面征缴责任制，强化社会保险基金征缴。加快农民转非进职保进程，按照“逢征必转、应转尽转、愿转能转”和“尊重农民意愿、分类分步推进”的原则，以解决农民问题、保障农民利益为根本，着力促进农民身份向城市居民过渡、居住向城市社区集中，促进二三产业就业农民、征地转非人员纳入城镇社会保障体系，让更多的农民享受到与城市居民同质的生活。

统筹城乡社会救助制度。按照“政府主导、社会参与、各有侧重、互为补充、全面覆盖”的原则，完善低保、大病、助学、住房、救灾等专项救助政策，统一城乡救助标准，扩大救助范围，实现应救尽救、应保尽保。逐年提高低保标准，实现城乡统筹；加大大病救助力度，解决因病致贫问题；实施农村困难家庭危房改造工程，实现无危房户；提高教育救助水平，在学费救助的基础上增加生活费救助；提高孤残儿和流浪乞讨人员救助标准，保障基本生活；建立医疗救助“一站式”服务模式，实现“一卡通”。大力发展慈善事业，建立慈善公益项目库，开展助困、助学、助老等系列项目。建立专业义工队伍，提高整体素质和服务水平。

推进社会福利向适度普惠型转变。完善针对养老、优抚安置、福利企业、慈善事业等的社会福利政策，推进社会福利由补缺型向适度普惠型转变。推进老龄事业发展，建立养老事业专项经费逐年增长机制。改扩建区级养老社区服务中心，支持社会办养老机构，实现老有所养，为无保障老年居民提供年度免费体检。建立区、镇（街道）、村（居）三级老年文化、教育、体育活动场所，实现城乡全覆盖。加大双拥安置工作力度，采取政府安置、扶持创业、促进就业相结合的形式，实现退役士兵和随军家属安置率达到100%。完善优抚政策体系，逐步提高优抚对象医疗减免比例，加大优抚对象房屋翻建力度，逐步解决特殊优抚对象待遇问题。健全覆盖城乡全体残疾人的社会保障和服务体系,多种形式扶持福利企业发展。建设城市公益性殡葬设施,推进农村公益性公墓建设,拓宽新殡仪馆服务功能,提高殡葬服务水平。

(五)实施安居保障工程

坚持国家和北京市对房地产市场宏观调控的政策不动摇,坚持加大政府对中低收入群众住房保障的力度不动摇,加强对房地产开发行为的引导,合理引导住房消费,促进房地产市场平稳健康发展。履行政府对中低收入群众住房保障的职责,完善政策性住房体系,增加土地供给,加大财政投入,加大政策性住房的建设力度。到2015年,新增住房1500万平米,其中政策性住房675万平米(含定向安置房550万平米);商品住房825万平米。全面实施保障性住房阳光工程,建立公开公平公正的监督管理体系,完善审核手段和配套政策,进一步完善准入、退出和后期管理机制。

二、创新六大社会建设体系,全面构建和谐顺义

抓住社会服务管理创新试点区的契机,以实现人的全面发展、构建和谐顺义为目标,全面提升社会服务管理的精细化水平。

(一)建设区域科技创新体系

实施"科技兴业"计划。充分依托首都创新资源密集优势,加强央地合作、校企合作、内外合作,集成和整合各方创新资源,构建完善区域产业创新平台,为发展高端制造业、现代服务业和都市型现代农业提供科技支撑。依托国家汽车质量监督检验中心、中国特种设备检测研究院、北京汽车研究总院等区域创新载体,强化对重点产业、重大项目的科技支撑能力。积极承接中关村科技园区的辐射带动,推进重点园区纳入中关村国家自主创新示范区。健全产学研合作机制,加强与清华大学、北京航空航天大学等首都知名大学和科研院所的合作关系。鼓励扶持企业申报承接参与国家级、市级重大科技项目,支持创新型企业设立国家级企业技术中心或实验室,着力吸引重大科技创新资源和项目。加强农业研究机构建设,加大农业科技推广力度,不断提高农业基础设施和种植品种方面的科技含量,提升都市型现代农业对区域经济的贡献力。充分利用政策和资金的杠杆作用,"十二五"时期力争新增高新技术企业50家,打造北京东北部区域创新中心。

实施"科技兴城"计划。发展智能交通系统、公共安全设施、应急指挥系统、安全生产体系等,打造现代智慧城市和低碳城市。加快新能源汽车、绿色环保家电应用推广,加大科技对生产性服务业、现代制造业等区域产业的支撑。加强对知识产权的创造、运用、保护和管理。鼓励科技金融要素聚集,建立完善科技金融服务体系。引导管理咨询、规划设计、研发服务、知识产权代理、律师事务所、专利事务所、人力资源等科技中介组织发展。

实施"科技惠民"计划。组织实施20个使百姓直接受惠的民生科技示范工程,建设20个促进农民增收的科技示范基地,推广和应用100项提高人民群众生活质量的关键技术,构建服务于民生的科技工作体系,积极培育发展民生科技产业,提高科技创新对民生领域的支撑引领作用。科普基础设施深入社区,全面提高城乡居民的科技素质。

(二)建设公共文体服务体系

打造三级文体服务网络。坚持公共文化和群众体育的公益性原则,完善公共文体服务的投资机制和运行管理机制,建立区、镇(街道)、村(居委会)三级文体服务网络。高标准建设顺义区文化中心,健全新城规划范围内的6个街道和9个镇的文化中心功能;全力推进6个规划人口超过5万人的镇社区综合体育中心建设,着力培育水上运动娱乐中心、大众健身中心、潮白河体育生态中心、马术冰雪时尚运动中心,推进潮白河水上休闲集聚区发展和高标准建成城南体育中心。积极推动群众体育和竞技体育发展,到2015

年,体育人口比率达到80%,成年人体质测定合格率超过85%,每个镇均建有体育中心,行政村均建有文体活动站。

打造文化活动品牌。搞好群众传统文化活动,提高文化艺术水平。强化文化遗产的保护和利用工作,加大非物质文化遗产的搜集、整理和保护力度,传承顺义古老文明。推动文艺团队和文艺作品"走出去、请进来",多出精品,多出人才,弘扬"潮白文化",提升顺义文化形象和影响力。精心策划组织重大活动,立足新城功能定位,依托产业发展优势,积极筹办、引进具有较高国际知名度和影响力的重大活动,全面释放燕京啤酒节、农博会、临空经济论坛等重大活动的经济效益和社会效益,增强顺义的历史厚重感和城市吸引力,提高文化软实力。

建设特色文化新城。营造城市公共艺术的物质环境,在潮白河两岸规划建设城市公共艺术集中展示区,全面提升顺义城市公共艺术品味,建设滨水特色文化新城;着力引进高端文艺人才,开展丰富多彩的文艺活动,满足城乡居民的文化艺术需求,塑造奋发进取、开放包容的区域人文精神。

(三)建设社会精细管理体系

实现社会管理网格化、信息化。整合现有各类信息化资源,充分利用计算机、网络、地理信息系统和无线通信等多种数字管理技术,以村、居行政区域为基础划分网格单元,建立城乡网格化管理平台。将城乡、人、地、物、事、组织等全部纳入网格化管理,实现城乡运行的数字化、精细化、动态化监管。健全责任精细、目标精细、标准精细、环节精细的社会服务管理体系。

推进社区管理规范化、一体化。深入推进城市社区规范化建设,提升社区物业管理水平,推进社区综合服务管理模式创新。完善社区服务配套设施,确保所有社区用房全部达标,实现社区服务全覆盖。引入物业评估监理机制,完善物业项目查验技术标准,推动社区建设与物业服务相结合。深入推进村庄社区化管理,结合城中村改造、重点镇建设、重大项目建设等,建设基础设施完善、配套设施齐全、生态环境良好的新型农村社区,实现基础设施城镇化、生活服务社区化、生活方式市民化。深入开展农村社区达标创建活动,完成农村社区服务站建设,积极探索社区分类管理的有效模式,健全完善社区政务公开、民主管理工作机制,不断提高社区的自治水平;加快镇、村向街道、社区的过渡和转化,大力开展特色社区创建活动,积极推进街道管理体制和管理方式创新。

强化对社会组织的引导性、控制力。坚持社会组织的公益性、非营利性,强化对社会组织的引导、管理和监督。重点扶持行业协会、慈善公益和公共服务等社会组织,深入开展政府购买社会组织服务工作。健全社会组织的扶持和激励机制以及涉外社会组织的管理机制,引导社会组织良性健康发展。进一步健全和完善枢纽型社会组织工作制度和管理体系,充分发挥枢纽型社会组织的作用。深化社会领域党建,发挥工会、共青团、妇联等人民团体参与社会管理和公共服务的作用,实现新社会组织的党建工作全覆盖。

增强对虚拟社会的主导性、影响力。创新互联网服务与管理。加强网络阵地建设,掌控网上话语主导权和舆论主动权。做大做强顺义区门户网站和各单位政务网站,推进社区网站建设。建立网络发言人和网络信息员队伍,引导建立网友协会等社会组织。推进网络工作体制机制建设,健全网络突发事件的应急处理机制。

(四)建设人口服务管理体系

围绕建立与经济社会发展相适应的人口综合调控体制,着力塑造有序流动的人口格局,促进人口长期均衡发展。2015年全区常住人口总量控制在87万人以内,常住流动人口控制在24万人以内。

抓好人口和计划生育工作。借助社会管

理网络,深化人口和计划生育工作综合改革,稳定适度低生育水平,户籍人口自然增长率控制在5‰以下,户籍人口政策符合率达95%以上。全面提高居民健康、文化教育、思想道德和心理健康水平,平均预期寿命达到80岁左右。

完善人口综合调控机制。坚持“适应需求、控制规模、提升素质、促进发展”的总体思路,遵循“新增城市人口以农转居为主、区内人口转移以农村人口向城镇转移为主、引进区外人口以产业发展需要人员为主”的工作原则,着力强化“以产引人、以业控人、以房管人”重点举措,严格控制低小散劣企业发展,严格控制一般商品房建设规模,严格出租房屋管理,严格流动人口证照管理,有效控制人口规模过快增长。

创新流动人口服务管理。坚持和完善上下联动、属地负责、部门协同、齐抓共管的流动人口工作格局。强化居住服务和出租房屋管理,推广“四集中”服务管理模式,促进流动人口集中居住、集中管理、集中服务、集中宣教。推广企业和产业园区职工“公寓式管理”,对企业自身不具备集中居住条件的实行“村企联管”,对农村分散性的出租房屋实行“网格化管理”,引导村(居)民实行“自治管理”,切实加强流动人口属地化管理、市民化服务,保障流动人口合法居住、体面生活。

(五)建设环境综合治理体系

按照“属地负责、部门联动、信息共享、综合治理”的原则,坚持“标本兼治、着重治本”,建立健全环境问题防范、发现、处理、分析和奖惩的常态化工作机制,构建“五好”秩序。坚决遏制违法占地、违法建设、违法经营。坚持“发现一起拆除一起”,严格执行“先拆违、后拆迁”,严厉打击突击建设恶意诈取拆迁补偿的行为。着力营造整洁有序的城乡环境。加强对铁路两侧、M15号沿线、河道两岸以及生态走廊、交通主干道等重点区域的环境综合整治;加强农村地区改水、改厕、改路、卫生整治、民房改造等环境建设工程;加强农村田园景观和庭院经济规划建设;加强老城区拆旧拆破工作;加强交通整治和拥堵节点疏导,提高公交客运服务水平,营造便捷有序的交通环境;加强旅游资源整合力度,健全管理机制,规范旅游市场。

(六)建设安全稳定保障体系

提高公共安全的保障水平。完善安全生产体系,加大安全生产投入,加强安全生产技术保障,加快安全生产信息化建设,强化安全生产监督管理。进一步加强消防工作体系建设,实现重大火灾危险源监控全覆盖。建成布局合理、功能配套的工程防护体系和民防指挥体系,保证防空防灾一体化深入推进。提升灾害应急救助水平,建立各类灾害应急预案,明确区、镇、村救灾职责,完成救灾物资储备库建设,确定灾害应急避难场所,建立专业救灾队伍。建立食品、药品安全长效机制,加大监督检查执法力度,加强食品、药品安全管理,“十二五”期间,食品安全监测合格率98%以上,药品抽检合格率达到99%。

营造和谐稳定的社会氛围。健全社会治安防控体系,抓好社会秩序整治,加大社会治安综合治理工作力度,正确处理新时期人民内部矛盾,严厉打击违法犯罪行为,维护社会稳定,提升群众安全感。完善信访工作责任制,畅通群众反映诉求渠道,综合运用人民调解、行政调解、司法调解等有效方式,依法及时负责地处理群众反映的问题。强化镇(街)级核心作用,巩固村(居)级基础,构建多元社会矛盾调解工作体系。

营造民主法治的社会环境。扩大基层民主。坚持和完善人民代表大会制度、中国共产党领导的多党合作和政治协商制度。发挥工会、共青团、妇联等人民团体依法参与社会管理和公共服务的作用,扩大公民有序政治参与。完善政务公开、厂务公开、社务公开和村务公开制度,保障人民的选举权、知情权、参与权、表达权和监督权。增强基层民主活力，健全基层群众自治制度，提高人民群众依法行使民主权利、管理社会公共事务的意识和能力。强化依法行政体系建设，提高文明执法水平，深入推进依法治区。着眼于解决经济社会发展中的深层次矛盾和问题，深入推进科学民主决策，坚持依法决策、健全决策程序，强化决策责任，建立健全重大决策跟踪反馈和评估制度。重点推进财政预算、公共资源配置、重大建设项目、社会公益事业等领域的信息公开。健全行政监督体系和问责制度。

提升城乡居民的文明素质。把社会主义核心价值体系与公民道德建设实施工程紧密结合，深入进行社会公德、职业道德、家庭美德、个人品德教育，倡导爱国守法和敬业诚信。增强广大市民的首都意识、法律意识、公德意识，积极开展精神文明创建活动，重点开展全国文明城市（区）创建工作，不断提高市民素质和区域文明程度。

三、加强其他各项社会事业建设

进一步规范统计工作，提高队伍的业务水平，配合国家和北京市统计工作，服务地区经济社会发展。树立科学的审计理念，积极探索和推进信息化环境下的现代审计技术方法，全面提高依法审计的能力和水平。做好档案管理工作，完善档案管理体系，加快档案信息化建设步伐，全面提高档案管理、利用的现代化程度。深入开展国防教育，提高全区人民的国防意识，逐步完善国防动员体系，支持驻区部队后勤保障社会化改革。切实加强国防后备力量建设。做好拥军优属工作，密切军政军民关系。

第六部分　坚持绿色发展，创建生态文明示范区

树立绿色低碳发展理念，以创建“国家级生态文明建设示范区”为抓手，以节能减排为重点，健全激励和约束机制，加强生态建设，增强可持续发展能力，建设资源节约型、环境友好型社会。

一、深入推进节能减排

（一）优化结构促节能减排

优化产业结构。建立投资项目能耗准入制度，逐步淘汰资源利用效率低下的低端产业及产业环节，促进产业发展高端化、轻型化、绿色化。促进企业清洁化生产和服务，建立健全企业生产及服务的绿色管理体系。加强节能减排技术改造和节能减排产品研发推广，降低单位产值能耗、水耗。引导鼓励产业集群式发展，推动上下游产业间的资源、能源、物料共享和再生循环利用。积极鼓励和支持建设生态工业园区，构建循环型工业链网体系。“十二五”期间，关停“三高”企业30家；万元GDP能耗完成市政府下达任务。

优化能源结构。提高天然气和液化石油气等清洁优质能源的利用率。完善农村新能源利用体系，鼓励风能、太阳能、沼气、地热、生物质能等可再生新能源在农村生产生活中的应用。“十二五”期间煤炭年消费量控制在142万吨。2015年，天然气管网实现镇镇通，全区天然气消费量达到5亿立方米以上，提高供暖用能当中清洁能源和可再生能源比重。

（二）工程改造促节能减排

推进建筑节能，倡导发展节能、节地、节水、节材、环保的绿色建筑，新建居住建筑和公共建筑严格执行节能设计标准，加快老旧城市社区的节能改造，推广实施太阳能、浅层地热能工程。推广供暖、空调、燃气锅炉等供暖系统节能，推进集中供暖设施节能改造，提高城市集中供暖率。加快天然气管道镇镇通进度，天然气管网覆盖地区不再新上燃煤设施。积极实施清洁能源替代，对空港经济开发区、林河经济开发区、天竺房地产开发区和首都机场集团、燕京啤酒集团以及重点镇中心区现有燃煤锅炉实施清洁能源改造。“十二五”期末，顺义新城中心区内所有小型燃煤

锅炉全部取消,六环路内的燃煤锅炉完成环保设施改造或通过天然气等其他清洁能源改造,清洁能源和可再生能源供热面积占全区总供热面积达到50%以上,建立起安全、清洁、高效、节能的供热体系。

(三)强化监管促节能减排

强化节能减排的规划引导,着力加强规划环评,制定科学和长期的目标,建立责任评价考核体系。重点跟踪推进高能耗、高水耗企业的节能减排工作。完善健全污染物排放总量控制体系,强化重点行业清洁生产审核,加强对重点排污企业、地区和行业的监督力度,重点整治违法排污企业,实施污染减排奖励政策。

二、深化污染控制和治理

(一)全面提升大气质量

继续开展煤烟型污染防治,进一步加大电力、天然气等清洁能源比重,推进燃煤设施的清洁能源替代工作;加强工业污染防治,进一步深化工业企业大气污染深度治理,加强重点工业大气污染源治理力度,实现全面、稳定达标排放;进一步降低粉尘排放,有效控制施工场地和交通扬尘污染。加强挥发性有机物污染控制,对重点挥发性有机物排放企业强制推行清洁生产审核,加大汽车制造、化学制品制造等行业挥发性有机物排放源的污染治理力度。加强机动车排放污染防治,在机动车保有量保持适度增长的同时,严格机动车排放标准和尾气治理,加快推进高排放车辆淘汰,逐渐削减机动车排放污染量,实现尾气排放合格率达到98%以上。完善主要大气污染物总量控制制度,"十二五"期末,空气质量二级和好于二级天数比例达到78%。

(二)全面治理水污染

统筹城乡水污染防治工作,完善污水管网系统和污水处理设施建设,提高污水收集与处理能力,新建顺义新城马坡组团和牛栏山组团、北小营镇、南彩镇、李遂镇再生水厂以及赵全营中心区水质净化工程,新建污水管网125公里,完成城区老旧管网改造180公里;建立和完善流域综合管理机制,开展流域水污染物总量控制和属地断面考核;重点整治水体污染,综合提升河流水质;饱和地下水,划定地下水饮用水源保护区,采取多种措施严格防治地下水污染;有计划削减畜禽养殖总量,加强粪污综合处理。"十二五"期末,城区污水处理率提高至98.7%,村镇污水处理率提高至60%,全区粪污综合处理利用率达到95%左右,主要河流水质综合达标率提高至80%。

(三)防治其他污染

认真执行国家城市及乡村地区环境噪声功能区划分标准,稳步推进工业企业、建筑施工与社会生活噪声污染防治,强化噪声污染控制,创建安静居住环境,区域环境噪声平均值控制在60分贝以内。加强交通噪声污染防治,交通干线噪声平均值控制在70分贝以内,对中心区及重点镇交通干线两侧噪声污染严重超标的路段,安装声屏障,以减轻对周边居民的噪声污染。统筹固体废弃物收集与处理,提高垃圾无害化处理。加强危险废物污染防治,规范危险废物处理处置,危险废弃物无害化处置利用率保持100%;推行城乡生活垃圾分类收集和综合利用,加快构建垃圾资源化、无害化处理体系,生活垃圾收集率、运输率达到100%,全区生活垃圾无害化处理率达到98%,原生垃圾实现零填埋;餐厨垃圾无害化处理率达到100%。粪便无害化处理率达到100%。

三、促进资源集约节约利用

(一)节约利用水资源

合理配置水资源,全面推行用水分类分级管理,鼓励生产、生活节水和水资源循环利用。全面推广农业节水措施,逐步建立农业再生水回用系统,农田节水灌溉率达到100%。限制高耗水工业发展,坚持高耗水企业退出机制;强化工业用水的按需供给管理,加强中水利用,工业用水重复利用率达到

80%;加强环境节水,完成绿地节水灌溉工程2.3万亩,绿地节水灌溉率达到90%。全面推广节水器具,公共场所节水器具普及率提高至98%,城镇和农村居民家庭节水器具普及率分别提高至95%和85%。加强再生水回用设施建设,在园林绿化、环境卫生、工程施工、冲厕用水、水体景观等方面全面推广再生水利用,再生水利用率提高至80%。加强雨洪利用工程建设,建设坑塘雨洪利用工程197项、城镇雨洪利用工程100项。"十二五"期末,万元GDP水耗比2010年下降20%。

(二)集约利用土地资源

整合产业用地,促进产业集聚化、规模化发展。严格控制建设用地总量,鼓励节约用地;完善土地集约利用评价指标体系,促使土地利用效率低下的工业企业腾退土地资源,鼓励企业适当提高容积率;整合闲置和低效用地,鼓励工业企业向已有工业开发区集中,提高工业用地效率。合理增加建设用地供应,确保产业发展用地供应。优化统筹城乡土地资源配置,合理规划、有效利用城乡建设用地;综合整治农村土地资源,改善农业用地结构;积极制定农村居民点撤并措施,通过旧村改造和土地整理,提高农村居民点用地效率。

(三)加强废弃物循环利用

鼓励工农业生产中的废料废物回收利用,鼓励工业企业间废物交换、循环、逐级利用,提高农村秸秆、禽畜粪便等综合利用率。完善工业固体废物交换利用体系,提高固体废物资源化综合利用水平,工业固体废物处置利用率保持在100%。完善城乡资源回收体系,推进城市和农村居民点废品回收网点体系建设,对废旧物资进行分类回收、统一管理,建设废旧物资分拣中心,集中分拣利用再生资源,完善现有再生资源集散市场。

四、加强生态环境建设

(一)完善绿色生态网络

打造以河为基、以水为魂、以林为韵、以路为骨,林水相映、河城相衬、景色相宜的绿色生态网络。着力加强浅山地带等生态敏感区域的生态涵养及保护,完成规划面积为6万亩的生态保育区的建设改造任务,打造顺义新城的绿色生态屏障,2015年,全区林木绿化率达到27.65%。继续实施跨流域调水工程,补充潮白河生态水源。加快推进汉石桥湿地生态恢复工程,打造国家级湿地森林公园。新建新城滨河森林公园湿地展示园、潮白河与减河交汇处湿地公园、引温济潮湿地公园、箭杆河湿地公园、后沙峪罗马湖湿地公园和向阳闸湿地公园等6个湿地公园,严格控制具有重要生态功能的未利用地开发,严格禁止对湿地与河湖水面保护范围的占用。

(二)加强生态景观建设

实施潮白河绿色生态发展带景观提升工程、东部浅山区发展带景观建设工程、道路两侧景观带建设工程、重点经济功能区绿地系统整合与景观提升工程、顺义新城绿地系统建设工程、重点镇和村景观建设工程等生态景观建设重点工程,全面提升全区生态景观水平,彰显"滨水、生态、国际、活力、宜居"的城市特征。完善河流沿岸绿色植被景观,以潮白河为核心,构建"水秀而可近、岸绿且可亲"的滨水环境。推进城市园林绿化和公共绿地建设,完善网络式城市生态绿地系统,2015年,城区人均公共绿地面积达到31.73平方米。打造特色景观绿廊,重点建设道路、河流、水源保护区和农田周边的生态防护林,推进以顺平路为试点的总长度为400公里的道路两侧景观带建设。"十二五"期末,创建全国环境优美镇16个,市级环境优美镇19个,各级生态村达到270个。

五、倡导绿色生活方式

塑造政府绿色政务文化,全面实施绿色采购、电子政务、绿色办公。优先采购可再生、可循环利用、通过环境标志认证的节能环保产品和设备;推进政府电子化、无纸化办公,提倡使用再生纸,提高办公用品利用效率;加强公务用车管理,有效降低公务车油耗。

加强环保宣传教育,推广生态化居住模式与绿色生活方式,积极宣传生态文明建设。合理引导居民采取步行、自行车、公共交通等低能耗的绿色出行方式,倡导居民自觉选用绿色食品、绿色家电、节水器具、低排放汽车等环保节能产品。

第七部分 扩大改革开放,增强区域发展活力

围绕加快转变经济发展方式,大力推进行政体制改革、农村制度改革、国有企业改革等各项改革,不断优化提升区域发展环境。进一步增强国际交往功能,不断扩大国际交流和合作,提升顺义的国际地位和国际影响。

一、创新机制,优化发展环境

深入转变政府职能,加快服务管理创新,提高行政效能和水平,更好地履行政府职责,建设服务政府、责任政府、法治政府和廉洁政府。推进事业单位分类改革。

深化行政体制改革。进一步转变政府职能,规范和减少行政审批,加快建设法治政府和服务型政府。进一步优化政府结构、行政层级、职能责任,推进服务管理重心下移、位置前移,切实理顺重点经济功能区与所在镇的关系,整合行政资源,提高行政效能。完善科学民主决策机制,推进政务公开,增强公共决策制定透明度和公众参与度。建立促进科学发展的政府绩效评估指标体系,健全行政问责制度,提高政府执行力和公信力。加强电子政务建设,促进资源整合、信息共享、业务协作和政务公开,促进政府管理创新。

加快财税体制改革。优化财政支出结构,完善财政资金管理制度,强化政府采购和绩效考核制度建设,提高财政资金使用效益,提高预算规范性和透明度,强化资金预算外管理。完善公共财政体制,加大对基础教育、医疗卫生、社会保障、公共安全、生态环境等领域的财政投入。

推进农村综合改革。深化农村土地管理制度改革。进一步规范农户土地承包经营权流转,鼓励农业适度规模经营。推动农村集体建设用地在符合规划的条件下进入市场,围绕城乡结合部改造、重点经济功能组团开发、重点镇建设和重大项目落地加快村庄拆迁,置换建设用地。深化农村集体经济产权制度改革。探索农村新型集体经济组织管理、内部制度建设和审计监督机制。实施整建制拆迁村集体资产处置试点工作。研究部分征地拆迁村剩余土地经营管理和产权制度改革等问题。深入推进集体林权制度改革。进一步规范林地承包合同管理、林权登记发证、集体林权流转等工作,深化配套改革措施,探索建立现代林业产权制度。深化农村金融改革。规范发展新型农村金融机构,鼓励发展适合农村特点的小额信贷和微型金融服务。不断壮大农民专业合作社规模,提高农业组织化程度;通过培育农民专业合作社示范社,发展一批带动能力强、规范程度高、发展劲头足的合作社。

深化国有企业改革。围绕"深化改革、加快调整、创新发展"的目标,着力优化国有经济布局和结构。进一步完善国有资本经营管理中心投融资职能,建立国企改革重组、实现国有资本有序进退的产业整合平台。积极探索国有经济战略性调整,扶持燕京啤酒、顺鑫农业等国有上市公司,加大并购重组力度,壮大企业规模,提高市场占有率,培育和发展具有核心竞争力的大型企业集团。进一步加快国有资本证券化,推进国有公共事业、商业、建筑等领域企业重组、改制、上市。

完善现代市场体系。坚持市场化改革方向,加快完善现代市场体系,进一步发挥市场在资源配置中的基础性作用,努力构建充满活力、富有效率、更加开放、有利于科学发展

的体制机制。加快推进要素市场建设，重点培育和发展高端要素市场。整顿和规范市场秩序，维护公平竞争和交易安全，建立行政执法、行业自律、舆论监督和群众参与相结合的市场监管体系。加快社会信用体系建设，营造诚实守信的社会信用环境。积极支持民间资本进入基础设施、市政公用事业、金融服务、社会事业、政策性住房建设、文化、旅游、现代物流等领域，拓宽民营企业的投资渠道。鼓励和引导民营企业通过参股、资产收购等多种形式参与国有企业改制重组。创新中小企业融资体系，增强中小企业融资能力，多渠道解决中小企业融资难问题。

二、扩大开放，提高国际化水平

坚持扩大开放，着力增强辐射带动能力，不断提升城市的影响力和竞争力，在更高层次上参与全球经济分工，构筑互利共赢的开放发展格局。

提高对外开放水平。依托首都国际机场，搭建国际合作交流平台，引进世界500强企业和跨国公司地区总部和职能总部，集聚国内著名企业和大型企业集团总部，五年新增跨国公司地区总部累计达到10家，将临空经济区建设成为首都面向全球的总部经济和高端产业集聚地。充分发挥北京天竺综合保税区的政策平台功能，立足北京，服务京津冀，辐射东北亚，推动航空物流、离岸金融、信息服务等产业发展，打造以保税功能为特色的国际空港综合服务示范区。进一步鼓励和支持区内企业特别是民营企业实施“走出去”战略，积极稳妥地实施国际并购、开展跨国经营、参与国际竞争。加强与著名国际组织的合作，积极争取更多国际会议、国际演出和体育赛事在顺义区举办。

加大引智力度。全面实施《首都中长期人才发展规划纲要(2010－2020年)》，注重人才、项目、管理模式一体化引进，落实“千人计划”、“科技北京”百名领军人才培养工程、“海聚工程”、“高聚工程”等各项人才工作，制定科技人才引进和培养有关政策，培养和引进更多的科研创新人才和产业领军人才。围绕区域发展产业和行业需求，有序引进区域发展所需的短缺型人才，特别是重点引进教育、卫生等公共服务领域的高层次专业技术人才，加快引进一批与区域产业特点结合紧密的创新型科技人才，扩大高层次人才战略储备队伍规模。加强人才服务，在户籍、住房、医疗、子女入学等方面为高层次人才创造便利条件，提供良好的工作学习生活环境。

推动区域合作发展。落实北京城市功能定位，积极参与城市合作与分工，发挥顺义作为北京东北部中心城市的辐射带动作用，加强与北京东北部各区县在产业发展、信息共享、基础设施规划建设、区域生态保护等方面的密切合作，辐射河北等周边地区，促进区域的共同发展。按照区域产业分工协作要求，打造跨区域的高新技术产业带、产业群，提升区域综合发展实力。完善区域合作协调机制，加强统筹协调和沟通协商，在规划编制、资源共享、政策集成等方面构建长效机制，形成协同推动区域发展的良好局面。

第八部分　规划实施

一、加强资源保障，完善政策配套

以国家和北京市各项政策为依托，根据经济和社会发展需要，把握重点领域和关键环节，有效运用多样化的资源配置手段，建立健全规划实施机制，制订实施公共政策，确保规划目标的完成。

(一)拓宽融资渠道，加强财政保障

优化公共财政结构，逐步提高社会基本公共服务支出占各级财政支出的比重，重点保障基础教育、公共卫生、社会保障、公共安全、环境保护等方面支出需要，重点支持潮白河以东地区和农村地区发展；加强人性化的纳税服务工作和精细化的税源管理工作，增强财政保障和支付能力。拓宽融资渠道，规范和促进投融资平台的建设,防范财政风险;积极争取国家和市政府资金,规范使用管理,确保关键领域和薄弱环节的资金保障,最大限度地发挥财政资金的使用效益。

(二)合理调控土地,加强集约利用

坚持集约利用土地和切实保护耕地的基本国策,以土地利用总体规划为指导,合理调控土地供应总量和结构,在确保生态建设要求的基础上,优先支持重大基础设施建设用地和重点产业发展用地,不断提高城乡建设用地的利用效率。

(三)依靠政策支撑,完善考核监督

配合顺义区经济社会发展需求,积极制定配套政策,重点支持汽车和航空两大产业集群发展,为鼓励自主创新、完善公共服务、推进城乡统筹、提高城市管理水平和优化城市运行,制订出台一批专项政策法规,为区域发展提供有力支撑。

全面完善考核监督,明确规划实施的进度要求和责任落实,各相关部门在规划纲要基础上完善编制专项规划,制订规划实施计划和年度发展计划,促使规划任务有计划、按步骤落实。

(四)加强规划衔接,强化公众参与

加强与市级相关规划、顺义新城规划、土地利用规划,以及与各专项规划、北京天竺综合保税区等重点功能区规划的衔接。

强化公众在“十二五”规划编制和实施中的参与机制。积极广泛地组织好规划宣传,发挥公众在实施规划中的参与作用,鼓励公众对规划实施状况进行监督,形成全社会关心规划、参与实施和共同监督的良好氛围。

二、推进重大项目建设,强化发展支撑

推进重大项目建设,是切实推进规划实施和确保规划目标实现的重要保障。配套2200亿元的固定资产投资,其中产业项目投资比例达到45%,基础设施项目投资比例达到20%,生态能源项目投资达到10%,社会事业项目投资达到5%,回迁房、保障性住房建设项目投资比例达到10%,其他项目比例10%。积极做好固定资产投资项目储备工作,抓好现有重大项目储备库中投资项目的尽快落地实施,同时继续加大招商引资力度,有效保障“十二五”规划目标的实现。

(一)产业项目

重大产业项目投资主要包括北京天竺综合保税区项目(约13亿元),海航综合配套基地、中国航信数据中心和公司总部等航空产业集群建设项目(约438亿元),现代三工厂、北京汽车产业研发基地、北汽自主品牌乘用车基地等汽车产业集群建设项目(约212亿元),中信国安-高性能锂离子动力电池项目(29亿元),以及宝德阳触控手机模块(20亿元)等电子信息产业项目,首钢冷轧二期(罩式退火生产线)(6亿元)、航天科工产业园(111亿元)等其他重大项目,北京银行总部基地(10亿元)、民生银行总部基地(8亿元)等金融产业建设项目,国家地理信息科技产业园(150亿元)、金街悦港城(10亿元)、东风区域商业中心(10亿元以上)。

(二)基础设施

储备基础设施类项目主要包括水、电、气、暖等综合基础设施、路网、重点市政配套设施等。完成轻轨M15号线建设,启动L1号线北延和S6号线规划建设,完成通怀路、东部发展带联络线等公路的新建和改建工程。加强市政配套设施建设,满足生产生活需求。新建3处水源地、新建3座水厂、扩建1座供水厂。新建7个再生水厂和1个水质净化工程,新建污水管网125公里,完成城区老旧管网改造180公里。建设高压气源站6座及高压管线、中压管线共170公里。新建、改建热源及配套供热管网、热力站建设。完成22项输变电工程的建设和改造。

(三)社会建设

重点完成职业教育中心建设,全面落实校安工程,加快牛山一中,十中、九中、南彩小学等中小学扩建工程。完成区医院急诊病房综合楼、区精神病医院综合康复病房楼、公共卫生业务综合楼,新建1家三级甲等医疗机构,启动中医院、妇幼保健院、空港医院、第二医院、卫生学校迁建、扩建工程,城区内新建2所A类社区卫生服务中心。高标准建设新城、重点镇的文化中心、体育中心。新建4所、改扩建5所镇级敬老院,建立300个村(居)级托老所,改扩建区级养老社区服务中心,新建一所床位不少于100张的儿童福利院,完成殡仪馆迁建工程、农村公益性公墓建设工程。推进政务数据中心、劳动人事争议仲裁院等项目建设。

(四)生态环境

投资重点用于滨河森林公园建设,完善和提升潮白河景观体系,开展河流综合生态治理工程、景观生态林建设工程,整治水体污染,新建潮白河、温榆河、小中河、方氏渠、箭杆河5个湿地保护区,完成重点城镇中心公园建设,实施道路、河流、水源保护区和农田周边的生态防护林建设工程,加强对铁路两侧、M15号沿线、河道两岸以及生态走廊、交通主干道等重点区域的综合整治。

大事记

1 月

1日　顺义区在全国首次推出的民政社保"一卡通"在杨镇、仁和两个镇试运行,1500名民政对象可持卡在顺义中医院和杨镇医院就医,实现门诊和住院民政救助的即时结算,不再垫付资金和等候报销。已制作完成3万张民政社保卡,今年4月,全区所有民政对象将在37家定点医院持卡就医。

7日　政协北京市顺义区第三届委员会第五次全体会议在顺义宾馆闭幕。本次会议1月5日开幕,162名委员出席会议,区委,区人大、区政府领导听取了委员们的意见,会议一致通过了大会政治决议,圆满完成了各项议程,共收到涉及6个方面的提案119件。

8日　顺义区第三届人民代表大会第六次会议在顺义宾馆闭幕。本次会议1月6日召开,210名代表出席会议,会议审议批准了《顺义区人民政府工作报告》、《顺义区国民经济和社会发展第十二个五年规划纲要》、《顺义区国民经济和社会发展第十一五规划》执行情况报告(书面)和其他报告,完成了各项议程,选举王刚同志为顺义区人民政府区长。

10日　顺义银座村镇银行开业。顺义银座村镇银行由台州银行、顺鑫农业和捷通设备三家企业共同组建。村镇银行健全和完善了顺义区农村金融服务体系,对农民增收和农村环境改善提供了金融支持。银行将主要开展吸引公众存款,发放短期和长期贷款,办理国内结算等业务。

同日　1月10日是"110"宣传日,开展了"开门评警"活动。区公安分局110指挥中心自2007年建成以来首次对市民开放,50名街道社区代表进行了参观。区公安分局勤务指挥处负责同志向参观市民详细介绍了110指挥中心的功能、职责等情况,并与来访市民进行座谈,听取市民建议。

11日　区图书馆在北务大集上摆摊设点,春节前赶集送文化活动正式开启。该活动将持续到1月下旬,陆续在龙湾屯、高丽营、杨镇等较有规模的大集上摆摊设点,把文化资源送到了百姓手中。这些赶集派发的特殊年货中,包括种植信息、养殖信息、科技信息、保健常识等各类书刊等。

12日　北京银行顺义支行为"一助一"帮扶对子后沙峪镇董各庄村送去10万元和慰问品,2010年结为"一助一"帮扶对子后,在北京银行顺义支行的帮助下,董各庄村把村内道路全部硬化。北京银行顺义支行为529户村民每户发放了一张"富民卡",将进行农村理财知识培训,加大对该村农村信贷业务的支持,帮助村民早日致富。

17日　区第二批限价商品住房选房工作结束,此次限价商品房配售7个项目位于后沙峪、南法信、马坡和牛栏山镇,提供房源3570套。参与2010年11月30日摇号的3447户限价商品房申请家庭全部参与选房,其中194户申请家庭签署《弃购协议》,实际完成配售3253套。目前,剩余限价商品住房317套,将在下一批限价商品住房摇号中统一配售。

20日　第七届北京市“高丽营杯”戏曲邀请赛在高丽营镇文化营村剧场开幕,全区27个单位和密云、怀柔的戏曲艺术家出席了开幕式。本次邀请赛荟萃了一批优秀的京剧、评剧、豫剧等艺术家,将集中展现戏曲这一民族艺术瑰宝的独特魅力,邀请赛是区2011年“二月新春”活动重要内容之一。

26日　“板桥创意天承杯”暨顺义区第十二届春联征集活动评选会召开,由中国楹联协会专家组成的组委会评审团评出一等奖1名、二等奖3名、三等奖10名、优秀奖20名。此次活动以“繁荣和谐发展”为主题,征集时间为1月14日至1月20日,共收到了来自全国各地26个省、市、自治区的近2000副春联作品。

是月　燕京啤酒集团运行全国灌装最快的易拉罐啤酒灌装线,每小时灌装数量可达7.2万听,比以往每小时3.6万听的灌装规模提升了一倍,启用了机器人进行酒箱码垛,实现箱体收集智能化。该灌装生产线自2010年初开始兴建,总投资7000万元,引进了全球领先的饮料灌装和包装设备供应商——德国克里斯公司的灌装设备。

是月　区农村低保户补贴由每年3360元提高到4608元,城市低保标准由每月430元调至480元。区曾经4次调整农村低保标准,由2006年的家庭年人均收入1700元调整至2010年家庭年人均收入3360元,区财政总支出由903万元提高至1733.33万元。全区共有城乡低保4600户、8579人,其中城市低保772户、1220人;农村低保3828户、7359人。

2　月

7日　正月初五,顺义光荣院的老军人与“儿女们”欢聚一堂,以包饺子的形式共度“破五”。“儿女们”将对老人们体贴和关怀包进饺子里。老军人们聚在一起,唠着家常,吃着饺子,脸上挂满笑容。

9日　区政府召开全体会议,安排和部署2011年全区各项工作。区长王刚作了《认清形势奋发有为转变作风狠抓落实确保完成“十二五”开局之年各项目标任务》的报告。要求为确保实现今年各项目标任务,要突出抓好四个方面的工作。

10日　区召开2011年二三产业发展大会,区委书记张延昆、区长王刚、区人大主任马庚良、区政协主席陶宝金等出席会议。会议表彰了2010年度为区域经济发展做出重要贡献的先进单位和先进企业,并就2011年加快区域产业发展作出详细的安排部署,要求大力发展二三产业,促进区域经济持续健康快速发展。

同日　顺义团区委在网上开通了“微博共青团”,此微博是北京市区县团组织中首个和青年交流的官方微博平台,主要任务是建起一个广开言路的平台,让青年每天收获资讯,收获智慧和快乐,为青年健康成长服务。

11日　区召开2011年建设学习型顺义工作会,顺义将开办全市首家“零学费”网络课堂“顺义学习网”。免费为市民提供中小学课程、商务英语、计算机、插花、电焊、氧焊、钣金、车工、钳工等方面文化技能知识讲座视频,网站由社区教育中心负责建设,投资260万,“顺义学习网”发布的所有视频资料,均从“中国统一教育网”购进。

14日　北郎中农工贸集团被国家农业部评为第二批“全国农产品加工示范企业”。2004年10月2日,胡锦涛总书记曾经到该集团视察,集团一直与大中院校加强科技合作,聘请专家指导工作,与基地、农户加强合作,集团下属企业全部成功导入了1SO9001－2000国际质量管理体系、HACCP安全农产品管理体系和1SO14000环境管理体系。

17日　区党风廉政建设工作会召开,总

结2010年党风廉政建设和反腐败工作,研究部署了2011年主要任务。会上,区委书记张延昆与区二级班子主要负责人签订了“党风廉政建设责任书”。区纪委书记肖韵竹作了《坚持惩防并举·更加注重预防·不断提升反腐倡廉建设科学化水平》的报告。

23日　市经信委来顺义调研重点工业项目,视察了北京现代三厂、北京自主品牌乘用车基地、曲美家具集团、北京嘉寓门窗幕墙有限公司、牛栏山酒厂五家企业,详细了解了五家企业基本状况和相关项目的运行情况,就企业原材料上涨、人员成本上调等问题与企业负责人进行了交谈。

31日　区黄标车淘汰工作结束。2009年1月12日顺义区开始黄标车淘汰工作,几年间咨询22457人次,淘汰黄标车10242辆,发放补助资金5997.12万元。

18日　区96156“两节”服务活动于2011年1月上旬启动,至2月18日举办了文化娱乐活动、开展志愿服务、为特困空巢老人送温暖三项活动。96156是区社区呼叫服务中心的呼叫号码,居民可通过拨打电话预约家政服务。每年两节期间,该中心通过组织志愿服务为社区居民送去温暖。

月内　春节期间,很多顺义人选择在饭店酒楼吃饭过年。今年年夜饭提前4个月预订,比往年提前两个月,从初一到初七,区内不少大饭店中午的包间和大厅基本全被预订,今年饭店的价格比去年提高5%到8%,优惠是吃饭每桌送半斤饺子,今年区内年夜饭价位大都在每桌四五百元左右。

月内　顺义为126名自谋职业的随军家属发放补助费441万元。区采取政府安置、培训推荐和鼓励创业相结合的方式促进随军家属就业,对自谋职业的随军家属发放3.5万元的一次性就业扶持资金。2011年起对招用随军家属的用人单位给予每年7000元的就业补助资金,补助金每年支付一次,最长为过5年。

3　月

2日　大型招工招聘会在杨镇京东大市场举行,3500名求职者前来应聘。60家招聘单位为求职者提供了近3000个招聘岗位,涉及企业管理、市场营销、制造业和服务业等行业的多个岗位类型。当日共有2115人达成初步就业意向。近日,区多个镇先后举行了“春风行动”,召开综合招聘会,为各镇求职者送去了几千个工作岗位。

6日　国家地理信息科技产业园开工建设。国家地理信息科技产业园项目位于国门商务区,占地面积约1000亩,总投资额150亿元。一期工程建筑面积约80万平方米,于2012年底前建设完成,引入国内外地理信息相关企业100家以上,形成年产值超百亿元、就业人数超2万人的高新技术产业园区。

9日　区召开2011年人口和计划生育工作大会。区长期坚持“以产引人、以业控人、以房管人”的理念,探索出了产业优化升级、就业比较充分、人口总量控制、资源合理开发、经济社会协调、城乡统筹发展的“顺义模式”,争创了全国首批人口和计生综合改革示范区。2010年底区常住人口73.8万人,其中户籍人口58.2万人,居住半年以上流动人口15.6万人。

11日　区召开随军家属安置动员会,今年安排的126名随军家属在3月底之前全部上岗。39名干部随军家属经过考核,全部安置到区环保局、区教委等21家全额、差额、自收自支事业单位;87名工人身份随军家属,安置到建筑公司、顺鑫农业等18家企业单位。区民政局已经完成自谋职业随军家属补助费发放工作,共发放资金441万元。

12日　区总工会举行了以“幸福相约、浪漫寻爱”为主题的单身职工相亲会。这是区总工会首次为区直机关单位单身青年专门举行的交友相亲会。通过设置才艺表演、游戏互动等活动为职工打造单身男女相亲的平台,满足了单身职工的需要,有40多人参加开展的相亲活动。

15日　骏马客运有限公司新购置的30部福田牌大型客车开始陆续投入运营。新车长9米、宽2.5米,核定载客人数为65人,符合市公交车技术要求和环保标准。新车投入运营后,解决区了境内公交部分线路运力不足、乘客候车时间较长等问题,提高公交出行效率。区境内公交客运车辆已达459部。

16日　区举办2010年度退役士兵专场招聘会,18家用人单位现场招聘,200余名退役士兵参加招聘会,有149人与企业达成初步就业意向。区采取政府安置、培训推荐和鼓励创业相结合的方式,实现了退役士兵接收安置100%。2010年,出台《顺义区退役士兵安置暂行办法》,城乡退役义务兵自谋职业补助费统一为3.5万元,士官最高标准达6.3万元。

18日　奥林匹克体育文化产业园在金马工业园区奠基,这是全球首座以奥林匹克体育文化为主题的产业园区。经中国奥委会和国际奥委会授权,由北京华江文化发展有限公司投资建造,园区占地3万多平方米,将成为联系中国乃至世界体育界和艺术界的桥梁,为全球体育场馆、设施提供城市景观雕塑服务,为热爱奥林匹克的人士提供收藏艺术品服务。

20日　区将3月15日市供暖期结束的时间延长至3月20日晚。2011年采暖季除个别小区因停电停暖3个小时,供暖没有中断过1分钟。首次引入第三方室温检测机构,经检测发现居民室温不达标,供热单位需按比例退还供暖费。整个供暖季,全区有一户人家室温经第三方检测机构检测后不达标,供暖季结束后,将为该户办理相关手续。

23日　北京顺美服装股份有限公司召开"率性生活,顺美人生"媒体见面会。顺美品牌创立于1985年,是北京市第一家服装合资企业,已经实现了"生产经营向品牌经营"的转型。营业额从公司成立之初的出口贸易占70%、内销占30%,到如今出口贸易占48%、内销占52%,完成了从外贸转内销、从产品输出到品牌输出的转变。

月内　"缴费易"自助服务机在顺义投入使用。机器外形与银行的ATM机类似,操作时只需使用一张带有银联标志的银行卡,即可实现购电、买水、支付燃气费、手机充值、固话收费等自助交费业务,还可以提供银行卡转账、信用卡还款,预订国内飞机票、火车票、演出票,订购鲜花、蛋糕、礼品,订阅报刊,购买网络游戏点卡,淘宝网还款等综合服务功能。

月内　燕京啤酒集团公司发布年报,公司2010年全年生产销售啤酒503万千升(含托管企业),同比增长7.71%,快于国内啤酒行业6.28%的增速,位于世界啤酒行业前八名。报告期内,燕京啤酒集团实现营业收入103亿元,同比增长8.52%;实现净利润7.7亿元,同比增长达22.69%。

4　月

2日　区以"全民参与建设绿色宜居新顺义"为主题,参加首都第27个全民义务植树日,全区共有5万余人参加义务植树活动,栽植油松、侧柏、国槐、银杏、元宝枫等各类苗木13.2万余株,发放宣传材料5.5万余份。2011年是我国全民义务植树运动开展30周年,也是联合国确定的国际森林年。

5日　4月3日至5日,全区祭扫人数172879人次,机动车30075辆,潮白陵园99340人次,各重点祭扫点73539人次。清明期间,区成立工作领导小组,制定了工作方案与应急预案,在潮白陵园设立清明节祭扫工作临时指挥部,各镇分别成立了指挥机构,24小时应急值守,全区共出动义工、志愿者等2600余人次参与祭扫服务管理。

8日　后沙峪镇龙腾世纪文化广场春季招工洽谈会进行,1500多名求职者中1100人与企业达成初步用工意向。参加招聘会的中国残联基地、凤凰航空、南方航空等43家企业大多规模大、知名度高、经济效益好、用工规范、薪资及福利待遇好。此次招聘会共提供1500余个岗位,平均月薪较去年普涨500元左右。

9日　中共中央政治局委员、北京市委书记刘淇,北京市委副书记、市长郭金龙等市领导来区调研现代制造业发展情况。刘淇、郭金龙一行来到空港经济开发区C区的北京汽车自主品牌乘用车基地,逐一察看了北京牌样车,听取了北汽集团发展情况汇报,了解了基地规划、建设等情况。

10日　燕京啤酒集团正式成为中国探月工程官方合作伙伴,官方合作伙伴属于高级赞助形式,费用为每年1000万元。燕京集团将陆续推出“喝燕京,观看卫星发射”,“喝燕京,为中国探月工程喝彩”等活动,充分利用“中国探月工程官方合作伙伴”这一契机,做好品牌形象维护,强化品牌在消费者心目中的位置,使燕京品牌真正成为国际知名品牌。

14日　区召开推进创先争优活动大会,区创先争优活动将实施领导干部“领航工程”、基层党组织“聚力工程”、共产党员“先锋工程”三项工程。领航工程”是发挥各级领导班子和领导干部在推动科学发展中的引领带头作用,“聚力工程”是发挥基层党组织在推动科学发展中的战斗堡垒作用,“先锋工程”是发挥党员在推动科学发展中的先锋模范作用。

15日　区政府与中石油昆仑燃气有限公司、中油燃料油股份有限公司、中国石油天然气运输公司三家企业共同签署战略合作框架协议,三家企业同属中国石油,均在顺义注册、纳税。昆仑燃气公司注册资本60多亿元,资产总额130多亿元;燃料油公司注册资本50亿元,总资产189亿元;运输公司资产总额100亿元。

26日　4月26日是世界知识产权日,经最高人民法院批准区法院成立知识产权审判庭。这是北京市第9个基层法院知识产权庭,受理发生在本辖区内的一般知识产权案件。管辖诉讼标的额500万元以下的第一审一般知识产权民事纠纷案件以及诉讼标的额在500万以上1000万元以下且当事人住所地均在北京市辖区的第一审一般知识产权民事纠纷案件。

27日　区第一次妇女代表大会召开,大会正式代表280名,专职妇女工作者代表83名,党员代表230名,少数民族代表13名,大专以上文化程度的代表231名。鲍晓芹代表上一届妇联执委会作报告,大会选举产生区妇女联合会第一届执行委员会及第一届执委会常委、主席、副主席。26日召开第一次妇女代表大会预备会,通报了大会筹备工作等事项。

29日　首个保险业总部正德人寿落户顺义新城马坡组团,将在马坡组团投资30亿元建设总部基地及下属分公司,占地268亩,建筑规模约20万平方米,正德人寿成立于2006年,是由中国保险监督管委会批准设立的全国性保险公司,注册资本10亿元人民币。2010年,公司保费收入位居全国61家寿险公司第19位,累计实现保费收入102.8亿元。

月内　区检察院、法院、公安分局3家共同签署区犯罪线索查证与检察监督衔接机制工作办法和联席会议制度。犯罪线索查证与检察监督衔接机制工作办法属顺义区首创,明确在犯罪线索查证和确认工作中,要相互配合、相互制约,确保犯罪线索查证工作依法、高效、有序展开,并规定犯罪线索的转递、查证、确认等工作应当接受人民检察院的监督。

月内　区鑫大禹杯歌曲征集大赛落幕,34首优秀作品旋律优美,歌词动人。本届赛事面向全国征集作品,时间为2010年7月20日至12月10日,期间大赛组委会共收到来自北京、上海等18个省、市的400余名音乐爱好者创作的歌曲180余首、歌词22首。共评选出获奖作品34首,其中一等奖2首,二等奖4首,三等奖8首,优秀奖20首。

5 月

1日 4月30日至5月1日,2011年中美滑水明星对抗赛在顺义奥林匹克水上公园举行,这是2009年以来水上公园第三次举办该赛事,中美两国的41名滑水明星在四层罗汉、特技跳跃、绕船360度、水上芭蕾、多人技巧等12个项目上展开了激烈角逐,本届赛事将滑水比赛与市民体验相结合,市民们有机会亲身体验到水上项目带来的魅力。

3日 区召开坚决制止违法建设和非法生产经营、消除安全隐患责任书签订大会,要求全区上下进一步统一思想,提高认识,深入开展制止违法建设和非法生产经营活动,确保全区持续安全稳定。会上,王刚分别与仁和镇、李桥镇、天竺房地产公司、区住建委等15家单位签订了坚决制止违法建设和非法生产经营、消除安全隐患责任书。

5日 共青团北京市顺义区第二次代表大会开幕,听取共青团北京市顺义区第一届委员会工作报告。报告总结了近年来区共青团工作取得的喜人成就、积累的成功经验,确定了今后五年全区共青团工作的目标、任务。5月4日,召开预备会,听取了大会筹备工作报告,通过了大会主席团、秘书长名单,代表资格审查委员会委员名单和大会议程。

11日 召开顺义区2011年公开选拔工作动员会,公选网上报名于5月11日启动。本次全市公开选拔职位共148个,顺义区有民政局副局长等7个副处级领导职位,此次公开选拔分网络报名、资格初审、考试测评、组织考察、决定任用、任职谈话、岗前培训等步骤进行,区曾于1997年、2005年、2008年、2010年举行了4次公开选拔,共有46个领导职位参与了公选。

12日 顺义区"党在百姓心中"主题宣讲活动举行,区纪念建党90周年系列活动正式启动。将开展以学习党史党章为内容的学习教育活动,展示辉煌成就为内容的成果宣传活动,以服务、奉献为内容的党员主题实践活动。举行"绿港党旗红"展览,开展以"没有共产党就没有新中国"为主题的"红色歌曲大家唱",开展红色电影展映活动,创作一批书法、美术、摄影等艺术作品和文艺节目。

15日 4月22日至5月15日郁金香文化节举办,把花卉展示与汽车展示相结合,打造美丽的"百合香车展",17万游客参观。在8000平方米的展厅内,20余万株140余种百合、风信子、剑兰等精品花卉,以及20余辆进口豪华汽车打造出五大主题景观。从今年开始,北京国际鲜花港将举办"两节两展",四季花开。

18日 顺义区第七届全民健身体育节"南法信杯"武韵健身操比赛在区体育局田径场举行,武韵健身操比赛在传统健身操的基础上加入武术、舞蹈等元素,提高了健身操的观赏性和锻炼性,全区19个镇400余名健身操爱好者参加了比赛。下午,"燕京杯"健身秧歌比赛在区体育局田径场举行,全区6个街道近600名健身秧歌爱好者参加了比赛。

20日 2011年北京国际美食盛典之顺义绿色健康美食消费节开幕,持续到8月20日,期间将进行餐饮美食街大比拼、绿色健康美食进社区等活动,荣和广场国际风情餐饮街、荣祥广场国际风情餐饮街、罗马湖餐饮街等6条特色餐饮街区及区内国家钻级酒店酒家约300家企业将开展形式多样的餐饮促销活动。

24日 全国政协副主席李兆焯率全国政协视察团调研区水利建设和水资源管理情况,进行了现场视察,详细了解区水务工程建设、农村安全饮水和居民饮水计量收费等情况。"十一五"期间,全区共投入水务基础设施建设资金30亿元,集中供水厂12座,日处理能力17.7万立方米,改造341个村自备井供水设施,45个村用上了市政自来水。实施

“引温入潮”跨流域调水工程,累计为潮白河补水5000多万立方米。

25日　顺义区第三届人大常委会召开第39次会议,宣读了区政府提请的祝卫东同志的任职议案,并对议案进行投票表决,根据计票结果,决定任命祝卫东同志为顺义区人民政府副区长。会议听取审议并通过了区政府关于2010年财政预算执行和其他财政收支情况的审计工作报告、区政府关于2010年财政决算情况报告、区政府关于保障性住房落实情况等。

月内　顺义区委发布换届纪律要求公告。根据中央和市委统一部署,今年区、镇两级领导班子将进行换届。为确保换届工作健康顺利开展,中央纪委、中央组织部制定下发了《关于严肃换届纪律保证换届风清气正的通知》,提出了“5个严禁、17个不准和5个一律”的纪律要求。公告要求全区广大党员、干部、群众认真学习,自觉遵守,坚决抵制各种不正之风,共同营造风清气正的换届环境。发现违反换届纪律的行为及时举报,举报电话:81497390。

月内　区启动高清交互数字电视机顶盒推广工作。高清交互数字电视机顶盒能回放一周内的电视节目,市民通过交互电视还可以完成水费、燃气费、电话费等日常缴费和上网冲浪。市民只需带上家中的老机顶盒,就能到歌华公司更换高清交互数字电视机顶盒,并由工作人员免费上门为其安装。

6　月

1日　市“打非”专项行动检查督导组到区检查“打非”工作,听取了区“打非”工作专项汇报,查看台账,传达了市“打非”工作的最新精神。督导组到后沙峪镇泗上村旧货市场和仁和镇,现场观看了违法建筑拆除情况。4月28日以来,区共出动执法检查人员1.6万人次,检查生产经营单位和场所1.3万处,发现隐患8160项,下达执法文书2142份。

4日　北京市第三届端午文化节暨“临空经济区杯”龙舟赛在顺义奥林匹克水上公园举行,市80余支龙舟队伍参赛。比赛分为区县组、公开组和京津冀三地交流赛。区县组包括顺义、西城等9区县的19支队伍,公开组包括30支顺义区企事业单位、公司和全市社会报名的参赛队伍,期间举行了包粽子比赛。

5日　区投资服务中心成立10周年,累计完成项目咨询40.68万件,受理17.53万件,核发各种证书和批复12.69万件,备案4.42万件,核发营业执照1.46万件,注册资本总额70.71亿元。正在实行从经济投资类审批为主转向许可服务综合审批,从分散审批转向集中审批,从自行审批转向代理审批,从现场审批转向网上审批四个转变。

8日　6日至8日,第二十届燕京啤酒节举行,本届啤酒节暨合作项目签约仪式签订项目33个,协议投资额532.2亿元,场内签约15个220.5亿元,场外签约项目18个311.7亿元。啤酒节期间签订现代服务业项目24个,投资489.45亿元,文化创意产业项目16个,投资426.05亿元,金融类项目7个,投资156.8亿元。签订超亿元项目27个,超十亿元项目9个,投资总额475亿元。超百亿元项目3个,投资总额350亿元。

14日　区纪念建党90周年“党在我心中”演讲总决赛举行,参赛者用自己的激情,讲述着一个个共产党员平凡而真实的故事。比赛分为预赛和决赛两个阶段,19个镇、6个街道、8大工委负责预赛的组织工作,共推荐35名优秀选手参加此次决赛。决赛将评选出金奖、银奖、优秀奖。将以演讲比赛金奖选手为主体,组建区“党在我心中”宣讲团,到农村、社区、学校等,开展大型专题宣讲活动。

15日　区粮油总公司下属6个收储库开始小麦收购,区将小麦收购价在国家标准的基础上调高一角钱。国务院今年发布的夏粮收购政策是,小麦最低收购价0.95元/斤(三等白小麦),红麦和混合麦0.93元/斤(三等小麦)。区将二等以上白小麦收购价格定为1.05元/斤,红小麦收购价格定为1.03元/斤,混合小麦收购价格定为1.04元/斤,还将根据市场信息,及时调整收购价格。

20日 市人大常委会主任杜德印、副主任吴世雄一行到位于赵全营镇的北京京都中心影视基地,考察影视剧拍摄外景地。就文艺创作与生产、文化产品"走出去"、市场环境和扶持政策等问题,与中影集团、华谊兄弟、光线传媒、海润影视、新影联等10余家影视生产机构负责人进行了深入探讨。

23日 顺义区委对拟表彰的党建工作先进单位等公示,公示期从6月17日至23日。在纪念建党90周年之际,经全区广泛动员、层层推荐、征求各方意见,提出了《顺义区委拟表彰的顺义区党建工作先进单位、先进基层党组织、优秀共产党员、优秀党务工作者名单及简要事迹》,对53个党建工作先进单位、150个先进基层党组织将予以公示,公布了联系电话。

27日 以"绿港党旗红"为主题的区纪念中国共产党成立90周年大型党史展览在区档案馆开展。展览分为红色记忆、潮白新曲、绿港辉煌、奔向未来四个部分,以大量史实、照片、实物、资料,回顾和展示了在党的领导下全区经济、政治、文化、社会建设的不平凡历程、辉煌成就和基本经验。

28日 区召开庆祝中国共产党成立90周年大会,观看了专题片《顺义脊梁》,专题片回顾了近年来顺义区经济社会发展取得的突出成就,展望了顺义美好的发展前景。表彰了58个党建工作先进单位、149个先进基层党组织、302名优秀共产党员和50名优秀党务工作者。张延昆作了《树立党的意识、责任意识和使命意识,为实现全区"十二五"发展目标而努力奋斗》的重要讲话。

月内 地铁15号线2010年底开通至2012年6月,后沙峪、花梨坎、国展3站共运送乘客500万人次,地铁后沙峪站停车场每天停放三四百辆,公交线路16条经过后沙峪公交车站,每天来往公交车2000余班次,很多人都在此站换乘去北京。15号线顺义境内3站每天运送乘客在3万人次,占全部运量的15%。15号线通车使怀柔、密云、平谷等区县也受益,把后沙峪当成中转站,970路开通了从始发站到后沙峪的区间车。

月内 区第六次全国人口普查统计,全区常住人口为87.7万人,共有家庭29.5万户。外省市来京人员为27.9万人,男性为45.5万人,女性为42.2万人,男女性别比为107.8。0-14岁的人口为8.3万人,15-64岁的人口为72.4万人,65岁及以上的人口为7.0万人。汉族人口为84.5万人,各少数民族人口为3.2万人。具有大学(指大专以上)程度的14.8万人,高中(含中专)程度的17.2万人,初中程度的38.4万人,小学程度的11.0万人。

7 月

1日 区在中华世纪坛举办"主题党日"。活动分为开场仪式和红色记忆、潮白新曲、绿港辉煌、奔向未来四个主题板块。四个主题板块均以记录顺义发展历程的视频短片开场,穿插人物采访和歌曲联唱。活动的最后,宣读接收新党员决定,60名新党员宣读入党誓词,全部演出活动在全场观众大合唱《歌唱祖国》中结束。6月30日张延昆等区委领导查看了活动的组织安排情况。

4日 区委理论中心组对胡锦涛总书记在庆祝中国共产党成立90周年大会上的讲话进行了集体学习和深入解读。7月5日,区委下发了《关于学习贯彻胡锦涛总书记在庆祝中国共产党成立90周年大会上重要讲话精神的通知》,通知下发后,各单位掀起了学习的热潮。并提出了落实讲话精神,提高工作水平的具体措施。

7日 区将实施《关于推进商标战略实施示范区建设的工作意见》,区将对新认定的顺义知名商标、北京市著名商标和中国驰名商标企业由政府分别颁发3万元、50万元、100万元的品牌宣传奖励资金。对区内以中国为第一注册地的商标或通过相关国际认证的出口企业一次性给予500元至10000元的补贴。区还成立了全市首支品牌战略专家顾问团队。

8日 区召开党建带团建暨深入推进共青团系统创先争优活动工作会。区党建带团建工作将着力做到把握方向,带好思想建设。强基固本,带强基层组织建设。重在培养、带优队伍建设。围绕中心、带实创先争优活动。在工作中将以党建带团建为依托,激发创先争优内在动力。以提升贡献率为主线,狠抓创先争优目标落实。以加大宣传为手段,造强创先争优赶超氛围。以做好青年事务为抓手,凸显创先争优活动成果。

11日 顺鑫农业电子商务团购频道——顶鲜团正式上线运营。顶鲜团是顺鑫农业推出的首个购物网站,为消费者提供安全、营养、时尚农副产品、特色食品及休闲娱乐、健康养生团购活动。顶鲜团依托顺鑫农业在现代规范化养殖、精深加工、冷链物流、流通体系的资源、品牌、技术和管理等方面的优势,采取基于安全、可追溯、标准化的B2B2C的电子商务模式,构建从“农田”到“餐桌”全程高效对接的农产品全产业链电子商务平台。

12日 国家安监总局副局长孙华山到区,调研生产经营单位安全生产分类分级管理及安全生产事故隐患排查治理自查自报情况。区于2009年启动生产经营单位隐患自查自报工作,在危化、机械、冶金、轻纺和建材五个行业的近600家企业进行试点,区于2010年1月21日出台了《顺义区安全生产事故隐患排查治理自查自报工作管理办法》,在全区23个行业部门、95个行业类别中全面推广自查自报工作。

13日 区首批经济适用住房869户申请家庭到现场选房并登记备案。此次经济适用房房源有5个项目,共有1034套房子,分别位于西辛北区、石园西区、五里仓小区、滨河小区及马坡新城9号地,其中,有3个项目已经竣工,其余2项将于明年年底陆续交付使用。5个项目的销售价格预估为每建筑平方米均价4200元左右。

21日 区召开党的基层组织实行党务公开工作推进大会,颁布《顺义区推进党的基层组织实行党务公开工作实施方案》,实施步骤分为准备、实施、总结提高三个阶段,从7月20日持续至今年年底。区党务公开工作领导小组采取部门考核与党员、群众评议相结合的方式,对各级党委党务公开工作的做法、成效实施量化考核评价,并将其结果分为优秀、良好、合格、不合格四个档次。根据年底考核情况,建立5至10家党务公开示范点。

26日 区召开农村基层党风廉政建设暨村务监督委员会推进工作会,将在高丽营镇、北务镇试点建设村务监督委员会。村务监督委员会由3至5人组成,主任将由村党组织提出人选,经民主程序推选产生,成员由村民会议或者村民代表会议在全体村民中推选产生。村务监督委员会监督村级重大事项的决策和落实情况,负责村民民主理财,定期检查、审核财务收支情况。村务监督委员会受理村民对村务管理和村务公开工作的投诉,并督促整改。

29日 区委、区政府领导到空军某基地、武警某师训练基地、武警某支队和警卫某师,慰问驻顺部队官兵,为他们送去慰问品,并向他们致以节日的问候。区领导还与部队领导座谈,询问部队建设情况,为部队官兵们送去了党和政府的关心和温暖。

月内 区校安工程本月集中开工,共有19所学校开始翻建、新建或加固。2009年开始校安工程,工程总面积71万平方米,总投资20.4亿元。全区校安工程分为新建、翻建项目和加固项目。新建、翻建学校36所,总面积约46万平方米,已完成6所,面积8.6万平方米,正在施工4所。加固学校共32所,总面积约25万平方米,已完成23所,剩余的26所新建、翻建学校2012年12月竣工。

月内 区建立首家“节能超市”,此“节能超市”由区永进物资总公司通过招标的形式,在全国选出的包括照明系统、电机及供配电系统、大型公共建筑、燃煤(气、油)锅炉系统节能改造的节能服务机构组成。各重点用能单位都可以在“节能超市”内享受到合理的节能技术解决方案,超市还将为节能投资机构提供节能项目和合作机会,为节能制造业提供流畅的销售渠道,为节能服务商提供投融资支持。

8 月

1日 区理论中心组学习会议上,各镇汇报了围绕落实七一讲话精神,上半年发展成果和下半年工作计划。会议要求各镇经济发展要和全区整体发展相结合,产业规划要和全区经济发展方向相结合,要和全区的产业规划相适应,要紧紧围绕临空经济和汽车、飞机两个千亿级产业集群,推动二三产业加速升级。

6日 2011国际名校赛艇挑战赛在顺义奥林匹克水上公园举行,牛津大学、剑桥大学、哈佛大学、耶鲁大学、阿姆斯特丹大学、奥塔哥大学、伦敦大学以及清华大学、上海交通大学、第四军医大学等12支国内外顶级名校赛艇队140余名学子参加比赛。清华大学以6分07秒46的成绩获得冠军,新西兰的奥塔哥大学和荷兰的阿姆斯特丹大学分获亚、季军。赛事现场举行了市民肥仔艇、陆地赛艇比赛。

8日 区举行学生食堂食材集中采购企业展示会,今年9月1日开始,全区所有公立中小学食堂食品原料将集中采购,区将每年公开招标一次学生食堂食材集中采购商,采购内容也将不断丰富。此次招标的每一种食堂食材都有3至4家供货商可供选择,在60余家参加竞标的企业中确定了8家供货商,成为全区学校食堂供应米面、肉蛋、油、调料四大类食品原材料。

9日 区召开重点镇进度汇报会。高丽营镇、杨镇、赵全营镇、李遂镇就重点镇建设进展进行了详细汇报。高丽营镇明确了建设“临空产业强镇,生态宜居小城”的发展定位。李遂镇明确了建成以发展温泉休闲和医疗康体为特色的,环境优美、生态宜居、文化丰富的绿色温泉城镇的目标。赵全营镇和杨镇在建设重点镇的过程中实行了产业优先、规划先行。两镇在产业发展上不断完善汽车产业链条,完成了村庄规划、产业规划和镇中心区城市规划。

15日 全区开展统一灭蚊蝇活动进入第二阶段(8月10日至8月15日),此次灭蚊蝇主要是针对居民区外环境的防蚊灭蚊,和以垃圾等各类孳生地为重点的蝇类防治活动。区爱卫会向6个街道办事处及仁和镇下发指定灭蚊蝇药品。农村各镇、区内各单位按照文件精神,本着“谁受益,谁花钱”的原则自行组织开展灭蚊蝇活动,已发放环保药品1.5吨。

同日 密云县人大常委会主任李和平、县政协主席杜雨田到区调研高端房地产项目、工业及新城建设情况,到空港经济开发区、整建制拆迁村回迁房项目的澜西园小区及北京现代第二工厂,听取了经济开发区建设的发展情况、整建制拆迁村的回迁进展情况以及北京汽车研究总院项目和中航产业园项目的汇报。

17日 区政协对检察院工作及“两法衔接”工作进行视察,听取了区检察院相关负责人对近年来检察院工作及“两法衔接”工作情况的汇报,观看了“两法衔接”工作的专题片。2008年以来,区检察院对推进“两法衔接”机制建设进行了积极探索和实践,被确定为全市检察机关两家试点单位之一。2010年7

月,在全市率先建立了"两法衔接"信息共享平台,目前信息共享平台成员单位已有22家,覆盖了全区主要司法、行政执法单位。

27日　北京市第七届农民运动会风筝比赛在奥林匹克水上公园举行,区代表队获得团体总分第一名。区运动员冷世祥获得软板类大型、硬板类中型、软板串类3项冠军,刚宝成获得软板类中型、硬翅串类2项冠军,赵世明获得软翅类中型、硬翅类大型2项冠军,金铮获得软翅类大型、硬翅类中型2项冠军。

31日　区首批公共文明引导员正式上岗。区首批上岗的公共文明引导员29人,将在地铁M15号线后沙峪站、花梨坎站、国展站,开展以精神文明宣传、引导展台秩序、维护环境卫生、服务市民群众为主要内容的公共文明引导行动,向市民提供文明礼仪示范、排队乘车引导等公益服务,保障地铁乘车秩序安全,以公共文明引导服务为乘客营造良好的绿色出行环境。

31日　区农村电网将开始新一轮升级改造,工程旨在提高农村电网的供电可靠性及供电能力,规范农村电网用电,提高农村用电安全水平。区是全市5个农村电网升级改造的试点区县之一,工程由国家电网公司投资建设,明年6月底前完工。工程计划对20多条10千伏高压线路进行综合改造,对2个自然村开展农村电力示范村建设。

月内　诉前调解工作机制试行一年,共接收案件1100余件,涉案金额1300余万元,调解成功案件550余件,调解成功率超过50%,案件数量约占区法院全年案件数的10%左右,提高了当事人的满意率。诉前调解是当事人提起诉讼后,经其同意可暂缓立案,将纠纷交由立案庭里设立的人民调解室或相关调解组织进行调解,调解结果具备法律效力。

月内　马坡镇石家营村党支部书记胡国卿当选首届北京"三农"新闻人物,胡国卿1996年担任马坡镇石家营村党支部书记,他带领石家营村获得全国民主法治示范村、全国创建学习型家庭示范村、北京市新农村建设成绩显著村等百余项荣誉。他个人也获得全国劳动模范、北京市劳动模范、北京时代楷模、北京市青年星火带头人、顺义区优秀共产党员等荣誉。

9　月

1日　区32所学校的加固工程已经完成,加固面积25万平方米,全区学生在9月1日如期开学,没有一所学校因为校安工程施工导致延期开学。全区19000名新生入学,幼儿园新生4600名,小学一年级新生5500名,初一新生5100名,高一新生3800名。

5日　召开区、镇两级人民代表大会换届选举工作动员会,区、镇两级人民代表大会换届选举工作2011年8月下旬开始至12月底结束,同步进行。11月8日为全区统一的投票选举日,选举产生新一届区、镇两级人大代表,并通过召开新一届区、镇两级人民代表大会第一次会议,依法选举产生新一届区人大常委会组成人员、政府领导人员、法院院长和检察院检察长及新一届镇人大、镇政府领导人员。

9日　区庆祝第27届教师节大会召开,近千名优秀教育工作者受表彰。共有59个单位获得了教育工作先进集体称号,552人获得了优秀教育工作者称号,26人获得了学科首席教师称号,151人获得了学科带头人称号,28人被评为优秀校长,109人被评为优秀班主任,120人被评为园丁新星。西辛小学、牛栏山一中、区住建委、南彩镇的代表作了典型发言。

12日　农历八月十五中秋节,杨镇文化广场进行花会表演,生龙活虎的舞狮、热烈喜庆的鼓声。民间艺人对杨镇龙灯会、曾庄大鼓、小车会、秧歌等5项市级非遗项目及民间花会进行了现场展示,2006年开始,区文化馆就将非遗项目和民间花会等表演形式进行包装、创新组合后搬上舞台，在春节、正月十五、八月十五等中国传统节日进行集中汇演。

15日　区首批限价房交付使用，10日内全部交付完毕。限价房永欣嘉园项目位于顺义火车站附近，规划总用地面积108785平方米，总建筑面积241143平方米。该项目共有1230套限价商品住房，其中三居室158套、二居室650套、一居室422套，每套房屋的销售均价为每平方米5500元，物业管理费每月每平方米1.8元。此项目于2010年4月24日完成了公开摇号、签约。永欣嘉园项目位于顺义城区核心商业圈，是顺义城区最后一块待开发区域。

16日　区工商联召开第三次会员代表大会，会议选举产生了工商联第三届执行委员会，71名会员代表当选为区工商联第三届执行委员会委员，成立了区民间商会并选举产生了领导班子。区工商联将紧紧围绕区委、区政府的中心工作，结合统战性、经济性和民间性的自身优势，充分发挥桥梁、纽带和助手作用。

20日　市委书记刘淇等市领导就维稳工作进行调研，到北小营镇北小营村详细了解“1+1+15”工作模式的情况，与部分党员、村民深入交流，详细了解这一新模式的组织架构、运作流程和工作成效。“1+1+15”工作模式，就是以“1名党员+1名村民代表+15户左右村民”的形式，将全村分为44个小网格，充分发挥党员和村民代表的先锋模范作用，从政策宣讲、矛盾排查化解、流动人口服务等十个方面，为村民做好服务。

26日　区第八届农业博览会在北京国际鲜花港花艺中心开幕，将持续7天。北京市及区内的百余家企业参展，划分为三大展区以及北京市菜篮子销售大厅。北京市菜篮子销售大厅是全市果品、花卉等优质农产品展销区域；农业综合展区是特色果品、优质瓜菜、畜牧籽种等特装展；农产品加工龙头企业展区展示顺鑫农业、燕京啤酒等顺义区市级以上龙头企业的特色产品。花卉展区集中展示顺义区花卉产品，推出“五纵两横”的农业观光采摘线路。

27日　人力资源市场服务大厅正式启用，此厅位于南彩镇农机驾校南侧，占地面积达617平方米的多功能、为一站式人力资源市场服务大厅。大厅内设“四区一台”，即洽谈交流区、信息发布区、自助查询区、职业指导区和服务咨询台，可为就业供需双方提供专业、精细、便捷的服务。液晶显示屏公布招聘信息、配置有就业自助查询机。

28日　区召开社会管理创新经验交流暨国庆安保维稳部署会议。与会人员参观了北小营镇“1+1+15”群众工作模式展板，听取了各镇、街道社会管理创新工作汇报，北小营、马坡、天竺、仁和、牛栏山、石园等10个镇、街道从综治维稳工作中心建设、网格化社会面巡控机制建设、村庄社区化平安建设、技防设施建设、群防群治队伍长效管理机制建设等方面进行了汇报。

月内　北京现代汽车有限公司第300万辆汽车正式下线。2002年12月，第一辆索纳塔汽车下线。2008年2月，用时63个月第100万辆下线，成为国内累计100万辆用时最短的汽车企业。2010年4月，用时26个月第200万汽车下线。2012年9月，用时16个月第300万辆汽车下线，北京现代汽车有限公司创下国内汽车生产企业最短时间内实现300万辆下线的纪录。

月内　引温入潮二期工程试运行，每天有20万立方米再生水调入减河及潮白河，引温入潮一期工程于2007年10月竣工，日净化能力10万吨，引温入潮二期于2009年7月启动，建设投资2.4378亿元。该工程利用一期工程进水口、调蓄水池、加压泵站和输水管线，新建河水、污水预处理系统，膜生物反应池等，采用目前世界先进的膜生物反应器(MBR)水质净化工艺，日处理能力10万吨，减少了重复建设投资和土地资源。

10　月

8日　首届环北京职业公路自行车赛第四赛段比赛举行,顺义共有15公里赛道,在第四赛段比赛终点处奥林匹克水上公园举行了颁奖仪式。环京赛总赛程617.8公里,历时5天,有5个赛段,途经北京9个区县。高速公路车队的德国车手马丁以13小时39分11秒的成绩获得冠军,佳明车队的英国车手米勒居亚军,天空车队的英国车手弗鲁姆获季军。

11日　牛栏山第一中学再次获得了北大中学校长实名推荐制资质,2010年北大正式推出"中学校长实名推荐制",率先在全国13个省份的39所中学进行试点。2011年,北大面向全国推广中学校长实名推荐制,最终确定161所中学获得2011年实名推荐资质,顺义区牛栏山第一中学名列其中。2012年所有有推荐资质的211所中学的校长将向北大推荐优秀学生,若通过北大面试可在高考录取时享受北大降至当地本科一批控制线录取的优惠。

12日　区第三届人大常委会第42次会议举行,接受了车克欣同志辞去北京市顺义区人民政府副区长的请求;以投票表决的方式通过了顺义区人民政府区长王刚的提请,决定任命于庆丰同志为顺义区人民政府副区长。会议听取审议了区政府关于"五五"普法规划落实和"六五"普法规划编制的情况报告,区人民法院关于未成年人犯罪案件审理情况的报告,区人民检察院关于发挥检察职能、服务城乡一体化情况的报告。

16日　杨镇一中60华诞。杨镇一中建于1951年,历经60年由初始的三个初一班、135名学生发展为含初、高级中学及民族教育三个部分共105个教学班、5000余名学生的北京市知名中学。60年来,杨镇一中为国家培养了合格毕业生3万多名,改革开放以来考入大学本科的学生1万多名,学校高考录取率多年保持在94%以上,"十一五"期间,考入清华、北大的学生达百名。

18日　区检察院举办的"和谐顺义、廉政同行"预防职务犯罪宣传展在顺义奥林匹克水上公园启动。宣传展为期两个月,展览采用图文并茂的表现形式和声光电相结合的现代科技表现手段,分为宗旨使命、决策践行、回顾展望、法律法规、警示启迪、忏悔感悟、剖析对策7大部分,共84张展板,以国有企业、行政机关、医药、工程建设等领域30个典型案例为主线,深刻分析了职务犯罪的特点和成因,提出了治理预防对策。

19日　全国政协常委、人口资源环境委员会副主任张黎一行来区就统筹解决城镇化进程中的人口流动问题进行调研。听取了汇报,到天竺空港经济开发区天馨公寓、仁和镇平各庄村进行参观考察。区实施了以产引人、以业控人、以房管人等措施,通过产业选择、就业引导、服务管理等各项工作,流动人口基本实现合理有序流动,流动人口素质结构与全区产业发展相匹配。全区流动人口23.9万人,其中半年以上常住流动人口16.2万人。

21日　第十五届京港经济合作研讨洽谈会在北京开幕,顺义通过签约仪式、专场推介等活动,展示区取得的辉煌成就、良好的区域形象以及最佳的投资环境,有10个项目在洽谈会上签约,涉及新能源、电子信息、软件开发等领域,签约的项目全部为港资和外资项目。"十一五"期间,区共引进港澳台资项目40个,协议投资额121.54亿元,今年1至9月,引进港澳台资项目5个,协议投资额2.86亿元,区内共有港澳台资企业270余家。

23日　22日至23日第49届北京市中学生田径运动会举行,区以726分的成绩获得远郊区县团体总分第一名,共获得金牌31块、银牌19块、铜牌16块,奖牌总数66块,为历年来最高,其中有4人次打破了3项赛会纪录,区连续20年获得远郊区县团体总分第一名。

25日　区第九套广播体操教员培训班举行,各镇、街道、委办、局、公司的近200人参加培训。第九套广播体操的配音前奏开场白是“开展体育锻炼,增强国民体质,大众国民广播体操现在开始”,是在吸取前8套广播体操优点的基础上创编的,继承了前8套广播体操的结构,易学易记,符合大众锻炼实际与需求;易练易普及,不受时间、场地限制,符合现代人学习、生活特点。

26日　全国安全隐患排查治理现场会在顺义召开,要求学习推广顺义区等地的经验。顺义2008年开始实施安全生产分类分级管理,建立了“按类分级、依级监管”长效机制,2009年底制定了管理办法,出台了47类6150条事故隐患自查标准。又通过升级改造,建立了包括19个功能模块,纵向贯通市安监局、区安监局、街道(乡镇)、生产经营单位,横向扩展到其他行业管理部门,形成全区统一的安全生产综合监管服务平台。

月内　中国最有价值品牌比较研究在京揭晓,燕京啤酒集团与海尔、联想、五粮液、国美、美的等知名品牌入选。燕京啤酒集团公司品牌价值总计281.17亿元,“燕京”品牌价值192.99亿元,“漓泉”品牌价值45.86亿元,“惠泉”品牌价值27.26亿元,“雪鹿”品牌价值15.06亿元。2010年啤酒产销量503万千升,进入世界啤酒产销量前八名,销售收入144.19亿元,实现利税32.26亿元,实现利润10.52亿元。

月内　国庆节期间商业旺,27家重点商业企业7天实现销售额40473.6万元,19家商业企业实现销售额21331.7万元,8家市场实现销售额19141.9万元。餐饮火,餐馆每天的上座率都超过九成,婚庆消费、家庭消费、亲朋聚会、旅游用餐成为节日期间餐饮业四大热点。旅游热,旅游企业共接待游客52万余人,从温泉、森林氧吧到室内滑雪,从红色旅游到民俗、采摘等丰富多彩的旅游项目,实现综合收入近8000万元。

11　月

1日　区实施《顺义区居住小区公共服务设施建设和管理工作的有关规定》,指出区域内新建或改(扩)建的所有居住小区必须建设污水处理及再生水(中水)回用、雨水收集利用等公共服务设施,应当在住宅总规模完成80%之前与住宅同步建设及交付使用。将污水、雨水设施的建设纳入审批、验收等各个环节,予以严格实施。明确未按要求进行建设的项目,区住房城乡建设委应对项目开发单位依法进行查处。还明确了建成设施的使用与管理。

2日　2日晚区开始供暖,大龙供热中心供热面积900多万平方米,占城区供热面积80%。大龙供热中心对报修调度中心进行了升级改造,增加了生产监控功能,把原来的报修中心改建成供热指挥调度中心,接受市民报修,下派维修任务,负责各热源厂的生产监控。11月7日是北京市规定的点火试运行时间,区点火试运行时间比北京市规定时间提前约一周,提前进入供暖季。

5日　1日至5日为区征兵体检日,体检的青年们在中医院征兵体检中心接受检查,11月7日,北京市将对体检结果进行复检。10月28日,区召开2011年冬季征兵动员大会,今年将征集225名新兵,其中女兵10名,进藏兵20名,征集非农业户口青年的比例为70%。区制定了《关于鼓励适龄青年应征入伍工作的意见》,出台了义务兵年优待金、进藏服役士兵优待金、在校大学生优待金标准。

8日　11月8日是区区、镇两级人大代表换届选举投票日,全区51万多选民在829个区级投票站、624个镇级投票站投票。根据市人大的实施细则,结合选举法“实行一个相同、体现三个平等”的特点,首次实行城乡按相同人口比例选举区、镇人大代表,举行换届选举。每个投票站都设有验证处、发票处、解说处,写票处等,还设有秘密写票处,选民自愿选择在开放的写票桌前或封闭的秘密写票处填写选票。

13日　10日至13日,第六届中国北京国际文化创意产业博览会举行,顺义展台位于国展中心2号馆,面积为276平方米,由顺义整体概况、文化创意产业总体情况、广告会展、出版印刷、工业设计、体育休闲旅游、其他创意产业7大板块组成。顺义展区共接待50余家企业、5万余观众的咨询,发放了1万多份宣传材料,被展览组委会授予"最佳展示奖"和"最佳组织奖"。期间有两家文化企业分别落户物流基地和南彩镇。

14日　杨镇一中"和田班"开学,"和田班"共有50名学生,男生16人、女生34人。学校从衣食住行等方面提前为这些学生做了准备,在校内学生公寓为"和田班"学生腾出宿舍,在新疆学生食堂设立"和田班"售饭窗口,调剂了专业老师为其授课,学生的校服也正在赶制过程中。11月15日,学校为这些学生进行了体检,把'和田班'编制为内地预科(5)班,3天后将正式安排课程。

15日　市委副书记、市政协主席、市委政法委书记王安顺来区调研社会管理创新工作。首先到马坡镇石家营村,实地查看了村技防监控室等设施,听取了村经济发展等情况介绍。随后到胜利街道怡馨第二社区居委会,听取了社区治安志愿者"星级反哺"工作机制建设和社区服务管理情况介绍,查看了社区健身室等,向社区居民亲切了解社区情况。最后,到天竺镇二十里堡村察看了村庄社区化工作运行情况、村民自治、保障和改善民生工作。

16日　韩国首尔特别市城北区区厅长金永培一行到区进行友好访问,区领导张延昆、林向阳出席欢迎仪式,双方进行了会谈,并互赠了礼品。张延昆表示15年来,城北区与顺义区在经济贸易、文化事业等领域内合作密切,往来频繁,要进一步加强各方面合作,为双方共同发展做出贡献。金永培表示,参观和访问对顺义的优美风光及经济发展留下了深刻印象,在经济交流的基础上,加强民间文化等方面的交流与合作,促进共同发展。

18日　区政协召开政协北京市顺义区第三届委员会五年工作总结大会。政协北京市顺义区第三届委员会及其常务委员会2006年12月成立五年来,紧抓学习培训,加强制度建设,认真履行职能。把促进发展作为政协履职第一要务,牢牢把握团结和民主两大主题,开展多种形式的联谊活动、组织连民心办实事活动,促进社会和谐稳定;鼎力支持重大专项活动,在支援抗震救灾、投入奥运服务、参与花博盛会等方面发挥了积极作用。

30日　区于10月15日至11月30日对本地户籍60周岁以上老年人和在校中小学生免费接种流感疫苗,对其他人群自费接种流感疫苗。每年接种流感疫苗是预防流感最经济有效的方法。对鸡蛋或鸡蛋制品过敏者,对疫苗中成分过敏者以及其他严重过敏体质者等慎用,流感患者在家或外出时佩戴口罩,以免传染他人。

月内　区公路开始智能化改造。给公路装上电子眼,出行可通过网络查看路况,以避开拥堵;装上超声波检测仪,可清晰统计出各时段路面车辆经过情况,给道路维修部门提供数据依据;装上车重检测系统,让超载超限车辆暴露无遗。区公路局正在对区内顺平路、机场东路、中干渠路等11条县级以上公路安装上述设施,打造智能化公路。工程预计在12月底前完成,区内重要路段和重要路口将实现智能化基本覆盖。

月内　对各单位2011年贯彻落实党风廉政建设责任制情况进行检查考核。张延昆、王刚等区领导听取党风廉政建设责任制落实情况、存在的问题以及工作设想的汇报。各单位把党风廉政建设责任制融入经济社会发展全过程,切实履行"一岗双责";以机制建设为切入点,以作风建设为突破口,以保障民生为结合点,积极探索反腐倡廉长效机制,加强"一把手"廉政风险防范管理,完善惩防体系，为经济社会发展提供了坚强有力的政治保证。

12 月

3日 城乡党组织结对共建活动启动仪式举行，城乡党组织结对共建活动，是区贯彻落实中央扶贫开发工作会议精神及市委关于统筹城乡资源、开展城乡党组织结对共建活动要求的一项重要举措。市人口计生委等7家市直单位的领导就积极做好对口帮扶工作、促进顺义新农村建设和城乡一体化进程作了讲话，分别与张镇、北石槽、杨镇、赵全营、北务、南彩、北小营等7个镇签订了“城乡党组织结对共建活动”协议书。

4日 “12·4”是全国法制宣传日，今年是全国法制宣传日确立第11周年，是实施“六五”普法规划的启动之年，区设主会场开展了大型法制宣传活动，各镇、街道组织设立分会场，宣传活动至12月中旬。全区范围内“12·4”法制宣传活动已经全面展开，各地区、各单位累计开展法制宣传活动10余次，发放各种宣传品和普法资料共计3万余份、接待法律咨询500余人次。

14日 中国共产党北京市顺义区第四次代表大会闭幕，此次大会11日召开，共有代表338名，大会批准张延昆同志代表中共北京市顺义区三届区委所作的工作报告和顺义区纪律检查委员会工作报告。会议期间，对中共北京市顺义区第四届委员会委员、候补委员、区纪律检查委员会委员候选人建议名单进行了充分酝酿，在预选的基础上，经大会正式选举产生了区委委员38名、区委候补委员7名、区纪律检查委员会委员29名。

同日 中共北京市顺义区四届委员会召开第一次全会，用无记名投票的方式，选出中共北京市顺义区四届委员会常务委员11名，选出书记1名，副书记2名。选举张延昆选为区委书记，王刚、周颖博为区委副书记。张延昆、王刚、周颖博、肖韵竹、车克欣、李国营、林向阳、于庆丰、于凤春、朱家亮、肖承继为区委常委。会议通过了区纪律检查委员会第一次全体会议的选举结果。

同日 举行顺义区第四届纪律检查委员会第一次全体会议。本次会议应到纪委委员29名，实到27名，符合选举办法的规定。会议在充分发扬民主、广泛听取意见的基础上，经过与会委员的讨论和不记名投票，选举产生区纪委常务委员会委员9名、书记1名、副书记3名，区纪委书记肖韵竹，区纪委副书记闫连恒、王文荣、贾崇彪，并经四届区委一次全体会议通过。

21日 政协北京市顺义区第四届委员会第一次会议闭幕，会议与12月18日开幕，应到委员228人，实到221人。委员们听取了《中国人民政治协商会议北京市顺义区第三届委员会常务委员会工作报告》其他有关报告，列席了区人大四届一次会议，听取并讨论了《政府工作报告》，选举杨宝华为政协顺义区第四届委员会主席，田建国、闫志广、孙桂祥、田家玉、李向英、刘静为副主席，李景林为秘书长。

22日 顺义区第四届人民代表大会第一次会议闭幕，此次会议12月19日开幕，应到代表228人，实到代表216人。会议审议通过了《政府工作报告》和其它工作报告。选举胡尚云为顺义区第四届人民代表大会常务委员会主任，冯庆森、董占云、吴建国、李福成、白丽洁为副主任，王刚为顺义区第四届人民政府区长，林向阳、于庆丰、赵贵恒、燕瑛、张晓峰、盛德利为副区长，郭铁相为顺义区人民法院院长，张守良为顺义区人民检察院检察长。

28日 区文明办慰问雒梦妍、宋学成、王洪伟。雒梦妍，连续8年背着因患肌无力而无法行走的同学上学，是区助人为乐模范，今年10月被评为首都道德模范。宋学成是“顺义区见义勇为模范”和获第三届“首都道德模范提名奖”，他不顾个人安，危勇救两名不慎落入冰窟幼童。王洪伟婚前不离不弃照顾因车祸成重伤的男友,婚后悉心照料丈夫和公婆,让一个原本不幸的家庭在经历了磨难之后终于过上了幸福生活,2010年被评为区孝老爱亲模范。

28日　区召开党的十八大代表候选人推荐人选推荐提名工作部署会,会议就党的十八大代表条件、代表候选人推荐人选的名额以及推荐提名程序等工作作了部署,要求全区各级党组织统一思想,深刻认识做好十八大代表候选人推荐提名工作的重要意义,以高度负责的精神,认真扎实做好这项工作;精心组织,准确把握推荐提名工作各个环节的任务和要求,让基层党组织和党员都积极参与推荐提名工作;加强领导,确保推荐提名工作圆满完成。

31日　区委、区政府为社区、乡镇的各家各户送去新年邮政贺卡。新年之际,区委、区政府委托区邮政局制作了29万枚印有区领导签名的邮政贺卡,为全区每户家庭送去一份贴心的问候和节日的祝福。29万枚邮政贺卡集祝福、抽奖等功能于一身,每张贺卡都有一个兑奖号码,中奖号码将于2012年2月6日公布在中国邮政网站上,2月7日或8日刊登在《人民日报》、《中国邮政报》上。

月内　北京现代职业技术学院“南方航空订单班”开班,“订单班”是由大型企业提前预定(签约)学生组成的班级。北京现代职业技术学院与南方航空公司北京分公司,决定在2012届毕业生中举办订单班,共有45名学生被录取,客舱维修班27人,呼叫中心班18人,订单班学员将接受校企联合培训一年,南航专门为学员制定了系统的业务培训课程,选派管理人员、技术骨干到学院对学员进行培训,学员还将到实际岗位进行培训。

月内　由中国食品工业协会主办的“2011中国食品工业发展与食品安全优秀成果博览会”举办,全国20余个省、自治区、直辖市和欧、美跨国集团在内的近200家食品骨干企业参加了展出,展品包括粮食加工、果蔬加工、乳品、酒类、方便食品等十几个类别的上千种产品。牛栏山酒厂作为北京市白酒行业最大的自主酿造企业参加了此次博览会,并被授予“1981—2011中国食品工业卓越贡献企业奖”。

2011年全区实际利用外资完成4.05亿美元,同比增长1%,约占全市实际利用外资额的6%,全市排名第6位,提前一个月完成全年实际利用外资4亿美元的任务。1985年,第一家中外合资企业——北京顺美服装有限公司正式落户顺义区,到2011年,区已有700家外商投资企业,合同外资50余亿美元,实际利用外资近40亿美元,涉及现代物流、现代服务等领域。世界500强企业和国际跨国公司有20余家,在外资企业就业的中国员工12万人。

2011年全区属地财税收入累计完成385.5亿元,同比增收105.7亿元,增长37.8%。其中,一般预算收入累计完成80.9亿元,同比增收22.5亿元,增长38.5%;一般预算支出累计完成124.5亿元,同比增加29.3亿元,增长30.8%。

中国共产党北京市顺义区委员会

综述

2011年,区委坚持以邓小平理论和“三个代表”重要思想为指导,认真贯彻落实科学发展观,按照建设“人文北京、科技北京、绿色北京”和中国特色世界城市的要求,围绕“打造临空经济区、建设世界空港城”奋斗目标,发挥“总揽全局、协调各方”的领导核心作用,深入推进“城乡发展一体化、经济发展多元化、社会管理精细化、党建工作科学化”,为全区各项事业科学发展、和谐发展、全面发展提供了坚强的思想保障、组织保证。

一是统筹规划促发展,推动科学发展的功能进一步强化。2011年是“十二五”开局之年。面对发展机遇和肩负任务,区委坚定不移地用科学发展观统一思想、判断形势、分析矛盾、科学决策,团结带领全区广大党员干部群众,抢抓机遇,开拓创新,推动了全区经济社会又好又快发展。统筹区域发展,深化科学发展思路。遵循“空港国际化、全区空港化、发展融合化”理念,立足“国际枢纽空港、高端产业新城、和谐宜居家园”定位,研究确立了指导顺义区未来五年经济社会发展、全区人民共同奋斗的行动纲领,明确了“十二五”期间全区发展的战略目标、发展思路和重点任务。2011年1月顺义区“十二五”规划纲要顺利通过区三届人大六次会议的讨论审议,为区域“十二五”持续健康快速发展提供了科学依据。狠抓理论建设,凝聚科学发展共识。以学习型党组织建设为主线,组织开展区级理论中心组学习29次,系统深入学习了中央、市委重要会议精神和重大决策部署,专题研讨了新城建设、打造临空经济区、拆迁拆违、流动人口管理服务、改善民生等重点工作,切实把学习成果转化为推进工作的动力和解决实际问题的能力,理论中心组成为提高领导班子科学决策能力和政治理论素养的重要阵地。举办领导干部大讲堂11期,有效满足了领导干部深层次、多样化、开放式的学习需求,形成了领导干部带头学习、全体干部终身学习的社会氛围。注重调查研究,破解科学发展难题。先后开展新机场建设对首都国际机场功能及航空产业影响分析、基层社会管理创新、加快城市化与城乡经济社会一体化建设步伐等8个专题调研,编写的《北京临空经济区发展战略研究》、《顺义区坚持以科学发展观指导人口调控促进人口资源环境协调发展》、《发展壮大农民合作组织,助推农村经济健康快速发展》、《关于建立“四位一体"人民调解综合考评机制的构想》、《做大做强千亿级产业集群》等理论调研文章在市级以上媒体发表,为科学指导实践提供理论支撑和决策依据。

二是营造环境树形象,引领区域文明的功能进一步凸显。宣传舆论强化引领功能。按照"举旗帜、聚党心、顺民心、树形象、促发展"的总体要求,围绕社会服务管理创新、临空经济区建设等重大主题,全年共在新华社、人民日报、中央电视台等中央级媒体刊播新闻440篇,在北京日报等市级以上媒体头版刊发新闻10余篇,半版以上深度报道近20篇。全年共组织召开了12场新闻发布会,突出宣传北京航展永久落户天竺综合保税区、国家地理信息产业园集体签约等重点工程、重大项目和2011北京菊花文化节暨第八届农博会、国际名校赛艇挑战赛、首届环北京职业公路自行车赛等重大活动,全面展示了我区经济社会发展取得的巨大成就。精神文明建设突出主题。围绕庆祝建党90周年,制作了大型电视文献纪录片——《顺义脊梁》,全面回顾了在中国共产党的领导下,顺义人民进行革命、建设、改革的伟大历程和光辉成就,切实增强了广大群众的成就感和荣誉感;组织开展了"党在百姓心中"主题宣讲活动,征集线索500余条,各镇、街道、工委组织百姓宣讲活动60余场,引起了社会广泛共鸣;继续深入开展文明创建活动,共创建国家级文明单位4个、全国生态镇21个,全国生态村1个,京郊生态村254个,市民整体素质和区域文明程度得到明显提升。公共文化建设注重惠民。发展公益性文化事业,开展文化惠民活动,丰富群众精神文化生活。在组织好"二月新春"、"五月鲜花"、"十月金秋"系列活动的基础上,依托春节、端午、中秋等传统节日,举办了各类文化活动,演出文艺节目近180余场,参与群众达10万人次,打造了传统节日文化品牌。

三是凝心聚力促和谐,维护社会稳定的功能进一步提升。努力维护民主团结、安定和谐的政治局面,为改革发展稳定减少阻力、增加助力、形成合力。领导人大政协依法履行职能,充分调动人大代表和政协委员参政议政、调查研究、反映情况、献计献策,营造融洽和谐的民主政治环境。2011年人大代表共提出建议181件,政协委员提案174件,办复率均为100%。统战部门组织各民主党派、工商联、民族宗教界代表、无党派人士积极围绕重点工作献计献策。工会、共青团、妇联等群团组织积极发挥职能,深入开展"创建学习型家庭"、"创建服务型工会"等活动,全面深化志愿服务、青年创业就业和青少年事务发展三个平台,努力提升群众生活质量和幸福指数。社会矛盾化解务求实效。坚持"抓早、抓小、抓了、抓好"的工作思路和"属地管理、分级管理,谁主管、谁负责"的工作原则,深入实施重大事项风险评估机制和信息预警机制,"四分法"落实维稳工作责任,不断完善"部门联动、齐抓共管、上下协同"的大维稳工作格局。继续深入开展"一助一"帮扶活动,全年累计投入帮扶资金7061万元,帮扶单位发展到557家,切实解决群众的实际困难,从源头上化解矛盾。2011年全区信访总量同比下降7%,集体访同比下降4.4%,初信初访化解率达到90%,重信重访化解率达到80%,信访工作各项指标考核在全市始终名列前茅。2011年获得"北京市信访排查调处工作先进集体"荣誉称号。社会管理创新取得突破。完善"1+X"系列文件,在《顺义区社会服务管理创新意见》的基础上,形成了20个配套方案,还有12个方案正在酝酿,探索建立社会服务管理的长效机制取得了显著成果。坚持以拆除违法建设为突破口,严厉打击违法经营、违法生产等各类违法行为,做到"第一时间发现、第一时间解决",确保城乡结合部无乱象。人口规模调控的经验和安全生产分类分级自查自报管理模式分别在全市、全国推广,被确定为"全国安全生产标准化示范试点城市”。充分调动群防群治力量，提高社会管理防控精细化水平，社会治安综合治理成效明显，群众安全感、满意度名列全市前茅。

四是夯实基础强党建，保障区域发展的功能进一步增强。以深入开展学习实践科学发展观活动和创先争优活动为载体，不断提高各级领导班子的凝聚力、决策力、执政力，以党的建设新成效保障区域发展实现新起点上的新跨越。强化各级领导班子的核心作用。圆满完成区、镇两级换届选举工作，领导班子年龄结构、知识结构和专业结构进一步优化，领导水平和执政能力得到提高，区级班子“谋大事、想问题、善决策、求发展”的职能和二级班子“讲大局、抓服务、比贡献、出成效”的职能进一步强化。分级分类推进基层党组织建设。在制定《基层党建分类推进工作意见》、《区委进一步加强基层党组织建设的意见》等“1+8”文件的基础上，又出台了《关于做好非公有制企业集中组建党组织和整改提高晋位升级工作的通知》，着力深化“两新”组织等社会领域党的建设，建立了社会团体、民办非企业单位党建工作台账，规模以上非公企业党组织覆盖率达到100%。完善选人用人机制。坚持党委和组织部门在干部选拔任用中的主导地位，切实处理好民主与集中之间的关系，做到“看票不唯票”、先“谈话推荐”再“海推”，避免“一言堂”和简单“以票取人”的现象。出台了《顺义区委关于加强干部队伍建设(2012—2016年)的意见》，建立处级领导干部公开招考常态化机制。2011年全区共公开选拔副处级干部7人。深化党风廉政建设。坚持管“虚”与管实相结合、管大与管小相结合、管人与管事相结合、管显与管隐相结合，深入开展示范教育、警示教育和岗位廉政教育，建立健全从源头上防治腐败的制度机制。制定出台了《中共北京市顺义区委关于加强区级领导班子和领导干部党风廉政建设的实施意见》，廉政风险防控管理工作的经验在全国推广。

单位名称：中国共产党北京市顺义区委员会

地址：顺义区府前中街1号

电话：(010)69444113

邮编：101300

网址：http://qw.bjshy.gov.cn

（区委）

重要会议和活动

【国家地理信息科技产业园开工建设】 3月6日，国家地理信息科技产业园开工建设。国土资源部副部长、部党组成员，国家测绘局党组书记、局长徐德明，北京市副市长苟仲文，顺义区领导张延昆、王刚、李友生、林向阳、赵贵恒出席开工仪式。国家地理信息科技产业园项目位于顺义区国门商务区，总占地面积约1000亩，总投资额150亿元人民币。一期工程建筑面积约80万平方米，计划于2012年底前建设完成，引入国内外地理信息相关企业100家以上，形成年产值超100亿元、就业人数超2万人的高新技术产业园区。

（区委）

【刘淇、郭金龙到顺义调研】 4月9日，中共中央政治局委员、北京市委书记刘淇，北京市委副书记、市长郭金龙到顺义调研，市领导李士祥、赵凤桐、苟仲文陪同。顺义区领导张延昆、王刚、林向阳参加。市委书记刘淇、市长郭金龙一行实地查看了北京汽车自主品牌乘用车基地，并听取了北汽集团发展情况汇报，了解了基地规划、建设等相关情况。目前，顺义区初步形成了以3家整车企业为核心，68家零部件企业为支撑，集整车生产、研发设计、零部件配套、汽车销售、汽车文化、汽车金融于一体的汽车产业链条。今后,区内整车企业全部建成达产后,全区将拥有140万辆整车产能,成为北京市唯一、国内为数不多的“百万辆”汽车产业集聚区。

(区委)

【举行新国展战略合作框架协议签字仪式】 4月27日,新国展战略合作框架协议签字仪式暨二三期展馆及配套设施概念设计方案国际招投标新闻发布会隆重举行。中国贸促会会长万季飞,顺义区领导王刚、林向阳、车克欣出席活动。签字仪式上,区长王刚与中国贸促会秘书长徐沪滨共同签署战略合作协议,旨在借助新国展展会资源优势,大力发展顺义区会展产业,带动区内产业结构多元化发展。签约同时,新国展二三期展馆及配套设施概念设计方案国际招投标新闻发布工作正式启动。

(区委)

【召开建党90周年庆祝大会】 6月28日,顺义区召开庆祝中国共产党成立90周年大会。区领导张延昆、王刚、马庚良、陶宝金等出席。会议对全区党建工作先进单位、先进基层党组织、优秀共产党员及优秀党务工作者进行了表彰。区委书记张延昆做了重要讲话,他要求全区广大党员做到“五个必须”:一是必须力戒形式主义狠抓工作落实;二是必须发扬敢于担当、敢于负责、敢于创新的“三敢精神”,引导广大党员干部完成好全年各项目标任务;三是必须坚持在发展中“见物见人”的工作理念;四是必须坚持围绕中心抓党建;五是必须不断增强基层党组织战斗力。

(区委)

【召开2011年上半年经济形势分析会】 7月27日,顺义区召开2011年上半年经济形势分析会。区领导张延昆、王刚、陶宝金等出席。会议由胡尚云同志主持。会议传达了北京市2011年上半年经济形势分析会精神;听取了区长王刚《凝心聚力,狠抓落实,确保圆满完成全年任务》的报告;分析了全区上半年经济社会运行情况,并对下半年工作进行了部署。区委书记张延昆在会上做了重要讲话,他强调,一要紧紧抓住经济发展这个中心不动摇;二要准确定位,高标准发展;三要统筹谋划发展,系统推进工作;四要进一步提高区域开放度;五要让发展“见物见人”,让群众共建共享;六要学习贯彻胡锦涛总书记“七一”重要讲话精神。

(区委)

【刘淇、郭金龙、王安顺调研维稳工作】 9月20日,中共中央政治局委员、市委书记刘淇,市委副书记、市长郭金龙,市委副书记、市政协主席、市委政法委书记王安顺到顺义区调研维稳工作落实情况。市领导李士祥、傅政华和区领导张延昆、王刚陪同调研。刘淇、郭金龙、王安顺等领导实地查看了顺义区北小营镇北小营村综治维稳工作分中心,与部分党员、村民深入交流,详细了解了“1+1+15”工作模式的组织架构、运作流程和工作成效。刘淇同志对“1+1+15”工作模式进行了肯定。他强调,做好维稳工作不能就稳定抓稳定,要把维稳工作与首都各项工作任务结合起来,以首善之区的标准,提高维稳工作水平,努力把首都建设成为社会和谐稳定的首善之区。

(区委)

【北京现代第三工厂主体工程竣工】 10月18日,北京现代成立九周年庆典暨第三工厂主体工程竣工典礼在现代第三工厂总装车间举行。北汽集团、北京现代董事长徐和谊,顺义区人民政府区长王刚出席庆典活动。北汽集团、北京现代董事长徐和谊提出了“十二五”期间北京现代的战略目标:北京现代将围绕两个“倍增计划”全面开展工作,提升企业核心竞争力,即产销能力和中高级产品结构较之“十一五”末年实现全面倍增。到2015年,产销量由70万辆倍增至140万辆,中高级产品比例由26%倍增至50%以上。区长王刚表示,“十二五”期间,顺义将重点推进北京现代第三工厂等项目，力争早日把顺义建设成为具有国际影响力的汽车产业基地。

（区委）

【国家安监总局局长骆琳到顺义调研】 10月25日，国家安监总局局长骆琳及有关司局负责人一行到顺义调研安全生产事故隐患排查治理自查自报工作以及全国安全隐患排查治理工作现场会准备情况。北京市副市长苟仲文、市安监局局长张家明，顺义区领导张延昆、王刚、林向阳参加。国家安监总局局长骆琳一行首先实地察看了江河幕墙股份有限公司生产车间、北京升华电梯集团有限公司和牛栏山酒厂，听取了隐患自查自报工作情况汇报，了解了自查自报工作上报流程。骆琳同志对顺义区安全生产和事故隐患自查自报工作给予了充分肯定。他希望，顺义区以此为基础，进一步完善安全监管体系，深入推进专项整治行动，强化安全生产教育培训，推动全区安全生产工作再上新台阶。

（区委）

【召开2012年工作务虚会】 11月26日，顺义区召开2012年工作务虚会。区领导张延昆、王刚、马庚良、陶宝金等出席。全区各委、办、局、中心、公司负责同志参加。会议总结了2011年全区经济发展、城市建设、社会管理等方面情况，对2012年工作进行了深入谋划和深刻思考。对于当前形势和今后工作，区委书记张延昆强调：一要抢抓机遇，解放思想，做到产业发展和城市发展同步进行。二要在经济发展中始终坚持以人为本，真正解决好老百姓关心的问题，提高农民收入。三要不断完善城市功能，提高城市品位，确保环境优美、社会服务良好，政府高效廉洁，民风淳朴，交通便利，吸引更多高端企业到顺义投资、发展。四要充分利用机场产业平台和综保区政策、功能平台，进一步完善服务，提升临空产业发展水平。

（区委）

【召开区委三届十三次全会】 12月9日，中共北京市顺义区第三届委员会第十三次全体会议召开。区委书记张延昆同志主持。区领导王刚、马庚良、陶宝金等出席会议。全会审议通过了《中共北京市顺义区第三届委员会向区第四次党代会的工作报告》、《中共北京市顺义区纪律检查委员会向区第四次党代会的工作报告》、《中共北京市顺义区委关于加强区级领导班子和领导干部党风廉政建设的实施意见》、《中共北京市顺义区委关于加强干部队伍建设（2012－2016年）的意见》四个文件，充分讨论了区第四次党代会的筹备工作，并按照中央、市委要求，专题报告了年度干部选拔任用工作情况，对干部选拔任用工作和当年新提拔的党政主要领导干部进行了民主评议。区委书记张延昆就当前和今后一段时期的工作提出三点要求：第一，高标准、高质量开好党代会、人代会、政协会。第二，深刻领会、全面把握即将出台的两个《意见》。第三，全力以赴、扎扎实实做好年底前各项重点工作。

（区委）

【召开区第四次党代会】 12月12日，中共北京市顺义区第四次代表大会开幕。区领导张延昆、王刚、马庚良、陶宝金、胡尚云、闫立刚等出席。会议听取了张延昆同志代表中共北京市顺义区第三届委员会所作的《打造临空经济区，建设世界空港城，实现新起点上的新跨越》的报告。报告提出今后五年顺义区工作的指导思想：坚持以邓小平理论和“三个代表”重要思想为指导，以科学发展为主题，以加快转变经济发展方式为主线，紧紧围绕“打造临空经济区、建设世界空港城”的目标，全力推进“北京国际航空中心核心功能区”建设，以城市化和城市现代化为引领，以保障和改善民生为重点，以弘扬先进文化为精神动力，深入推进城乡发展一体化、经济发展多元化、社会管理精细化、党建工作科学化，将顺义建设成为北京东北部中心城市。报告明确了今后五年顺义区的工作目标和任务：转变经济发展方式取得实质性成果,重点新城建设迈出标志性步伐,社会建设和管理实现突破性进展,文化强区建设展开新的一页,党建工作科学化水平全面提升。

(区委)

【召开区委四届一次全会】 12月14日,中共北京市顺义区第四届委员会第一次全体会议召开。会议以无记名投票的方式,选举张延昆、王刚、周颖博、肖韵竹、车克欣、李国营、林向阳、于庆丰、于凤春、朱家亮、肖承继为区委常委。选举张延昆为区委书记,王刚、周颖博为区委副书记。会议通过了区纪律检查委员会第一次全体会议的选举结果。会上,区委书记张延昆指出,新一届区委领导班子,受命于顺义"打造临空经济区,建设世界空港城"的重要时期,受命于全区转型发展、加速腾飞的崭新阶段。全体委员要勤学慎思,善谋科学发展之策;要牢记宗旨,恪尽执政为民之责;要站位全局,共造群策群力之势;要心怀敬畏,永葆公正廉洁之风,全面完成区第四次党代会提出的各项目标任务,创造无愧于党、无愧于人民、无愧于时代的新业绩!

(区委)

组织工作

【概　况】 2011年,组织工作服务大局,注重把握规律性、突出创新性、体现针对性、增强实效性,不断提升组织工作科学化水平,全面抓好领导班子和干部队伍建设、基层组织建设、党员队伍建设和人才队伍建设,不断适应新形势、研究新情况、破解新问题,各项工作取得了新的进展和成效。

单位名称:顺义区委组织部

地址:顺义区府前中街1号

电话:(010)69441469

邮编:101300

(区委组织部)

【深入推进创先争优活动】 在顺义区范围内深入推进创先争优活动。召开创先争优活动推进会,制定下发《关于进一步深入开展创先争优活动推动顺义区科学发展的意见》,深入推进"三大工程"(领导干部"领航工程"、基层党组织"聚力工程"和共产党员"先锋工程"),指导农村、社区、机关、国有企业、"两新"组织等结合自身特点深入开展创先争优活动。认真开展窗口单位和服务行业为民服务创先争优活动,打造群众满意窗口、推广优质服务品牌、评选为民服务标兵。组织顺义区基层党组织和广大党员参与"双学双比双提高"活动,利用市、区各类媒体和互联网广泛宣传创先争优活动的特色做法、先进典型以及成效。

(区委组织部)

【纪念建党90周年系列活动】 组织顺义区党员干部深入学习党史党章,充分利用党组织书记讲党课、集体重温入党誓词、专家辅导、知识竞赛、演讲比赛、红色电影展映、红色歌曲传唱等形式,实现党员学习和活动全覆盖。在中华世纪坛举办"绿港党旗红"主题党日活动,开展"七一"评选表彰活动和"向党说句心里话—百万党员寄心语"活动,组织顺义区1.2万名党员群众参观"一切为了人民"主题展览,激励党员群众坚定信心,建设家乡。

(区委组织部)

【领导班子和干部队伍建设】 全年共分9批次对干部进行调配,涉及78家单位的294名干部,其中提拔干部141名,交流干部121名,为镇、街道配备"80后"干部25名,使班子和干部队伍结构得到了进一步改善。积极推进干部交流挂职,加大竞争性选拔干部工作力度,完成7个副处级岗位公开选拔工作,并提拔任用9名进入公选面试的干部。组织指导汽车城、国门商务区等单位的中层干部竞争上岗,开展面向续聘和进入乡镇机关公务员编制、专项事业编制的合同期满大学生“村官”公开选拔乡镇科级领导干部工作。

（区委组织部）

【区、镇两级领导班子换届工作】 在调查摸底、统计分析、换届考察、征求意见的基础上，开展人事调整工作，使镇级领导班子的整体结构得到优化。19个镇的领导班子成员中女干部占23%，全日制大学以上学历的干部占32.8%，35岁以下的年轻干部占15.6%，各项指标均比换届前有显著提高。全力做好区级党委、纪委、人大、政府、政协五套班子换届相关准备工作。

（区委组织部）

【严肃换届纪律工作】 制定下发《严肃换届纪律的工作意见》等文件，扎实开展“5个严禁、17个不准、5个一律”严肃换届纪律学习宣传，成立4个督查组指导检查换届纪律工作，健全完善电话、信访和网络“三位一体”的举报平台，做到教育在先、警示在先、预防在先，确保了换届环境的风清气正。顺义区学习宣传、贯彻落实严肃换届纪律的做法和良好的换届风气得到了中央、市委换届风气督导组的充分肯定。

（区委组织部）

【干部监督工作】 深入推进“四项监督制度”的贯彻落实，先后对90家有新提拔科级干部的区属单位开展“一报告两评议”和科级干部选拔任用监督检查工作，对新提拔任用的558名科级干部进行民主评议，对交流任职的14名“一把手”进行离职检查，进一步强化了对选人用人工作的监督。认真宣传和执行《移居管理规定》和《报告有关事项规定》两项法规，顺义区1302名副处级以上领导干部全部报告了个人有关事项。充分发挥组织工作满意度导向作用，对顺义区组织工作满意度调查结果进行讲评分析，对143家处级单位全面开展满意度调查，为进一步改进组织工作和提高选人用人公信度提供了有效参考。

（区委组织部）

【干部培训工作】 制定下发《顺义区关于贯彻〈2010—2020年干部教育培训改革纲要〉实施意见》等文件，初步形成了“组织部规划设计—党校运作管理”的办学体制。推行干部教育培训预报备案制度，引入“五项评价”综合评价机制。在培训方式上，通过异地培训、出境培训等方式，提高干部培训的生动性和实效性。在培训管理上，保障时间合理、对象分类、师资权威、效果追踪。全年主办11个主体班次培训，协助顺义区各单位完成27个专题班次培训，组织开展领导干部专题讲座11期，累计培训各类干部6800多人次，有效提升了干部队伍的整体素质。举办第八期“农村优秀人才”培训班，对39名农村优秀青年后备干部进行培训，组织顺义区426名村党组织书记分两批进行社会管理创新知识培训，同时指导各镇党委做好村干部培训工作，着力提升农村干部队伍整体素质。

（区委组织部）

【基层组织建设】 做好后进村转化工作，分片召开座谈会，交流经验，解决问题。对村级组织建设规范化手册、村规民约、村民自治章程进行修订完善，着力提升了村级工作规范化水平。完成顺义区村务监督委员会组建工作，进一步强化了基层民主。加大对城乡结合部党组织发挥作用方式以及社区党建工作新途径的探索，初步明晰了区域化党建工作格局的思路。加强对社区党员分类管理，创新社区党组织设置，对党员人数较多的5个社区党支部升格为社区党总支。在党员分类的基础上，设置离退休党支部、“两新”组织党支部、流动党员党支部等。指导基层党委加大在“两新”组织中建立党组织的力度，全年新建非公企业党组织19家，顺义区非公企业党组织达到242家。

（区委组织部）

【人才队伍建设】 研究起草了《顺义区进一步加强人才工作的意见》等文件。坚持高端引领，高层次人才工作进展顺利。引进各类毕业生246人,其中博士4人、硕士172人,申报引进国外技术、管理人才项目2个。完成“人才京郊行”工作,全年共有6位专家到顺义区进行为期一年的挂职服务工作。完成北京市优秀人才培养资助工作,有2人获得北京市优秀人才培养经费,1名高端人才入选第四批“海聚工程”,获得市政府资金奖励。坚持分类培养,利用参加培训班、组织出境考察培训、“一帮一、签协议”等形式,强化专业技术人才、企业经营管理人才、技能人才、农村实用人才以及社区工作人才的培训。通过主动走访宣传政策、协调解决实际困难等方式不断优化人才发展环境。

（区委组织部）

宣传工作

【概　况】　2011年是“十二五”规划的开局之年,在区委区政府的正确领导和市委宣传部的大力指导下,顺义区宣传思想文化工作按照“高举旗帜、围绕大局、服务人民、改革创新”的总要求,紧紧围绕“打造临空经济区 建设世界空港城”的奋斗目标,坚持“贴近实际、贴近生活、贴近群众”的原则,着力提升理论武装指导实践的能力,着力提升新闻宣传服务中心工作的能力,着力提升精神文明建设教育引导人的能力,着力提升公共文化服务群众的能力,各项工作在巩固中提高、在提高中创新、在创新中发展,为推动区域经济社会科学发展提供了强有力的思想保证和舆论支持。

单位名称:顺义区委宣传部
地址:顺义区府前中街1号
电话:(010)69443479
邮编:101300

（区委宣传部）

【理论工作】　着力抓好各级理论中心组学习。一是坚持区委理论中心组学习常态化。坚持以“十二五”规划启动实施和社会服务管理创新等专题为学习主线,组织开展区委理论中心组学习29次,为区域经济社会发展奠定了思想理论基础。二是坚持处级单位中心组学习优质化。及时下发两次学习指导书目通知,并将区委理论中心组学习的资料、指导书目等学习资源下发至各处级单位,实现了区处两级中心组学习资源共享。扎实推进基层学习型党组织建设。一是搭建平台。在《顺义信息》开辟了学习型党组织建设专刊,搭建起学习型党组织建设的学习、交流和共享平台。二是典型带动。牛栏山镇被评为北京市建设学习型党组织工作示范点;北小营镇“记、论、读、讲、看、赛、授、训、考”的“九字诀”学习法被评为北京市学习型党组织的品牌活动。广泛开展理论宣讲活动。一是扎实开展“领导干部大讲堂”活动。与组织部和党校配合,共举办11期“领导干部大讲堂”活动。二是深入开展市民大讲堂活动。聘请知名专家学者深入社区,举办各类大讲堂活动60余场,满足广大市民对知识的渴求。切实加强理论调研工作。先后开展新机场建设对首都国际机场功能及航空产业影响分析、基层社会管理创新、加快城市化与城乡经济社会一体化建设步伐等8个专题调研,为今后制定政策提供了重要理论支撑。

（区委宣传部）

【文化工作】　依托春节、端午、中秋等传统节日,举办了各类文化活动,广大干部群众自编、自导、自演,演出文艺节目近180余场,参与群众达10万人次。特别是6月4日至6日顺义区成功举办了第三届北京端午文化节暨“临空经济区杯”龙舟赛,通过龙舟大赛、非遗展示、文明健康展示等活动,让市民真正体验到了传统文化的魅力所在,打造了传统节日文化品牌。扎实开展“二月新春”、“五月鲜花”、“十月金秋”等品牌文化活动,生动展示了顺义区现代化建设取得的辉煌成就。加快区文化中心建设，提升区图书馆、文化馆等现有公共文化设施水平，将寺上美术馆确定为区青少年文化艺术教育基地，建设完善高丽营镇文化中心等镇、街道文化中心。各村文化活动室、“益民书屋”等村级文化设施基本实现了全覆盖。

（区委宣传部）

【新闻宣传工作】 2011 年顺义区新闻宣传工作围绕社会服务管理创新、临空经济区建设等重大主题和活动，共在新华社、人民日报、中央电视台等中央级媒体刊播新闻 440 篇，在北京日报等市级以上媒体头版刊发新闻 10 余篇，半版以上深度报道近 20 篇。特别是通过市区媒体“走转改”活动涌现了一大批生动鲜活的报道，展现了顺义区日新月异的发展面貌。扎实开展形象宣传，在市级主要媒体连续播出燕京啤酒、顺鑫农业、绿色国际港等多个顺义品牌宣传片，形成了宣传合力，提升了形象。网络宣传依托顺义网城和基层政务网站等阵地，发布政务动态、经济动态、生活提示等方面信息，极大的方便了群众。开通“绿港顺义”官方政务微博，不断强化网络舆论引导，为顺义区经济社会发展营造了较好的网络舆论氛围。

（区委宣传部）

统战对台工作

【概　况】 围绕发展，凝聚力量；围绕稳定，促进和谐；围绕改革，创新工作，全面推进统一战线各个方面的工作。一是认识新形势下统一战线工作的重要性。二是围绕中心，服务发展，增强责任感和使命感。三是维护和谐保障发展。树立和践行社会主义核心价值体系学习教育为重点，深化中国特色社会主义主题教育活动，引导民主党派和无党派人士坚持走中国特色社会主义政治发展道路。把深入开展民族团结进步创建活动与树立和践行社会主义核心价值体系结合起来，引导民族宗教界人士树立和增强国家意识、公民意识和中华民族意识；加强对新形势下宗教工作重点、难点问题的研究，依法管理宗教事务。

单位名称：顺义区委统战部
地址：顺义区府前东街 11 号
电话：(010)69443996
邮编：101300

（蔡春梅）

【四项措施带动创业】 举办读书会、专题辅导班等形式，引导他们读一本书，并以“一对一”形式，即一位非公企业会员联系一位新生代非公企业家，引导新生代非公企业家创业。通过开展各类学习培训、交流研讨等形式，启发他们的创业思路、提供创业经验以及企业经营管理方面的现代管理理念。组织新生代非公企业家就主要围绕“如何促进中小企业的健康发展”和“如何做好新生代企业家的培养工作”的主题进行交流。依托顺义区新生代非公企业家学历高，对新鲜事物有很强的适应能力与接受能力的特点，创建了新阶层联系机制，为他们更好地提供联系、学习场地，最大限度地把他们联系和团结在党委的周围。通过光彩事业和社会公益事业等载体，进一步丰富思想政治工作的内容。积极引导非公企业参与助残、助贫、文化体育建设等一些公益事业活动，增强他们致富不忘国家、关心社会、心系社会的大局意识。积极倡导新生代非公企业家奉献爱心回报社会，增强其社会责任感，并开展不同形式的公益事业活动，为其参与社会公益事业提供条件。

（蔡春梅）

【“同心”行动】 引导民主党派、党外干部参与到社会主义核心价值体系学习教育中，并集中进行理论学习,增进政治共识,更好的以区委、区政府为核心,了解区内大的形式,积极的建言献策。号召顺义区党派成员积极参与到同心行动中来,引导民主党派重点开展帮扶、捐助等活动,为服务民生、改善贫困做出积极贡献。引导非公企业参与新农村“信息之窗”工程,组织非公企业家在试点村捐资兴建 LED 信息显示屏,方便农村居民生活。加强区内台资企业的走访,了解台资企业情况,切实维护和保障台商的合法权益。围绕同心同行召开“和谐清真寺”活动,并组织区内阿訇召开座谈会,维护宗教稳定。

(蔡春梅)

【统战工作部署会召开】 4月28日上午,区委统战部组织顺义区各民主党派、工商联、民族宗教、党外干部召开了统战工作部署会,顺义区的各民主党派主委、工商联、民族宗教、党外干部代表进行了交流。

(蔡春梅)

【党外代表人士队伍建设】 5月20日顺义区委统战部认真学习贯彻中央4号文件精神,做好以下三点工作:一是抓好各个层面的传达学习。组织区委统战部班子、统战系统各单位、各有关部门和各民主党派认真学习中央4号文件精神,深刻领会、准确把握文件的主要内容和精神实质。二是在深入调研的基础上,认真总结顺义区党外代表人士队伍建设的工作情况、主要经验和存在的不足,及时掌握情况,为建立党外代表人士后备库做铺垫。三是在顺义区范围内开展党外代表人士推荐工作,将党外代表人士推荐工作做为顺义区统战工作的重中之重,建立党外代表人士后备人才库。对优秀的党外代表人士后备做到数量清、情况明,更好地抓好党外代表人士队伍建设。

(蔡春梅)

【组织台商踏青联谊活动】 4月22日顺义区台办组织驻区台商台胞100余人赴平谷京东大峡谷和鲜花港开展踏青联谊活动。通过这次亲近大自然的踏青联谊活动,使台商朋友们开阔了眼界、放松了心情、陶冶解了情操及锻炼了身体。为台办提升服务水平,满足台商朋友们生活和工作的需要提供了很好的机会。

(蔡春梅)

政策研究工作

【概　况】 2011年,坚持紧紧围绕顺义区工作的大局和区域发展中的热点难点问题,抓大事、想问题、找规律、出思路,整合资源、创新机制,深入开展调查研究。对区各单位的调研课题,从题目征集、报告撰写、报告结题进行全过程协调指导,建立严格的调研审核机制,严把调研质量关。围绕重点新城建设、临空经济区发展、社会服务管理创新、统筹城乡发展、转变经济发展方式等五大重点方向,二十多个主题深入开展了大量调查研究工作,共完成有价值的调研报告191篇,其中区级调研刊发71篇,市级调研刊物发表49篇。

单位名称:顺义区委研究室

地址:顺义区府前中街1号

电话:(010)69444462

邮编:101300

(区委研究室)

【区级重点调研】 根据影响区域发展的全局性、战略性和前瞻性重大问题,科学确定区级重点调研课题。2011年,集中力量对加强和创新社会管理、加快第三产业发展等开展了深入研究,通过聘请专家、广泛座谈、深入调研、学习考察等方式,对这些影响区域长远发展的重大工作进行了全部总结梳理,提出了有建设性的对策建议,为区级领导决策提供了有效的参考。顺义区24个区级领导主持并完成了22篇重点调研课题。

（区委研究室）

【开展专题调研】 针对区域发展中遇到的突出问题和领导关注的重点，先后开展了5个专题调研，包括新机场建设对首都国际机场功能及航空产业影响分析、基层社会管理创新、通用航空产业发展、加快转变经济发展方式、加快城市化与城乡经济社会一体化建设步伐等。调研文章在区级刊物上发表5篇，在市级刊物上发表3篇，在国家级刊物上发表1篇。

（区委研究室）

【推进成果转化】 在注重调研的针对性、实效性和可行性上功夫，有力推动了调研成果的转化。顺义区向中央政法委报送的《像抓基础设施建设一样抓基层社会管理创新》，全面总结了顺义区加强和创新社会管理方面取得的好经验、实施的好做法，得到了中央政法委的充分肯定，刊发在政法委的《调研报告》上，为中央总结基层经验，推广社会管理创新工作提供了有益参考。

（区委研究室）

【注重借助外脑】 实行调研课题招投标制度，与具有一定影响力的高校及科研院所广泛沟通联系，积极开展承担课题、参与课题、合作课题、交流成果等多种活动，实现更大范围、更高层面、更宽领域的资源整合与共享。切实加强与区级决策部门的联系与沟通，切实加强与区级课题承担单位的沟通、合作与交流，以实现联动、互动和资源的共享与利用。

（区委研究室）

【加强沟通协作】 注重加强与各单位的沟通交流，更好地吃透上情、把握区情、了解民情，提高调研质量。在完成区级重点课题的过程中，充分发挥协作配合精神，每一项重点课题，都有数十家单位、乡镇参与配合。加强区属各部门、各街镇之间的协作，积极参与区级重点课题、重要文件制定等工作。

（区委研究室）

【完成市级调研任务】 配合市委研究室、市政府研究室和市农工委的各项调研工作，认真高效完成年度市级关注课题和各项调研任务。积极参加市委研究室和市发改委组织的世界城市专题规划等重大调研课题的讨论和建议征集工作，配合市委、市政府来顺义区开展农转非、转变发展方式等调研，认真完成北京市社情民意顺义区的相关调查工作。

（区委研究室）

【调研工作考核奖励】 将调研工作纳入区委、区政府的考核体系，在区委年度政治建设考核百分制中，设立专门的调研考核项目，根据各单位调研完成情况，分五个档次，对各单位的调研工作进行考核打分。通过评选优秀调研文章、在区级刊物上发表、向市里推荐等方式，对高质量的调研进行表彰鼓励，成立由区委研究室、区人大、政协研究室及两办主管调研工作领导共同组成的评审小组，采取打分的方式，对全年刊发在《顺义调研》上的所有文章进行评比。

（区委研究室）

机构编制工作

【概　况】 2011年，为规范机构设置，加强编制管理，明确业务流程，理顺职责关系，提高行政效能，3月，经区委区政府同意，开始实施《北京市顺义区机构编制管理暂行办法》、《北京市顺义区机构编制委员会工作规则（试行）》，促进了顺义区机构编制工作体制和运行机制的规范化和制度化建设。

单位名称：顺义区机构编制委员会办公室
单位地址：顺义区新顺南大街17号
电话：(010)69441686

邮编:101300

(区编办)

【政府机构改革评估】 对区经信委、区农委、区金融办等8个新组建和职责调整变动较大的部门进行了重点调研评估。将部门自评和实地评估的情况相结合,形成了顺义区政府机构改革自评工作报告并报送至市编办。

(区编办)

【乡镇机构改革】 拟定了《顺义区乡镇机构改革中党政机构和事业单位设置的指导意见》及《乡镇机构改革方案模板》,经区编委会、区委常委会审议,市编办批准后正式组织实施。召开了乡镇机构改革组织实施会议,印发了《乡镇机构改革组织实施阶段工作流程》,会同有关部门对改革过程中及改革后需要落实的相关事项进行了集中布置与分片指导。

(区编办)

【"实名制"管理】 一是认真贯彻落实《关于进一步加强机构编制管理工作的通知》及《地方各级人民政府机构设置和编制管理条例》,严格执行编委"一支笔"审批制度。二是严格落实年度补充人员计划制度,全年行政机关(参照公务员法管理事业单位)共补充101人,事业单位补充909人。三是严格落实《顺义区财政统一发放工资管理办法》。依据"实名制"管理数据库和"财政统一发放工资系统",对纳入编制管理人员的工资发放情况进行审核。

(区编办)

【重点领域机构编制保障】 一是重新核定区教委所属中小学、幼儿园人员编制,重新核定区中医医院、区妇幼保健院人员编制;调整区人力社保局所属医保中心编制;成立职工服务(帮扶)中心、。二是设立区政协专委会工作五室、专委会工作六室;成立区司法局阳光中途之家;增设后沙峪、牛栏山、杨镇、南彩4个区检察院派驻检察室。三是为加快区域经济建设提供保障。调整区财政局所属财政投资评审中心的编制。

(区编办)

【政府绩效考核】 与区监察局共同制定了2011年履职情况考核方案,印发了《关于对2011年区政府绩效考核单位进行主要职责落实情况专项考核的通知》,采取"听、查、问、看、评"等方式,分8个组对顺义区80个单位进行实地检查考核,结合法制办、行政投诉中心、法院提供的相关情况,综合评定分值。通过考核,及时了解了各单位履职现状,掌握了新情况、新问题。

(区编办)

【为发展稳定提供服务保障】 配合区人力社保局安置军转干部43人、军嫂38人;配合区民政局安置退伍士兵25人;协助区委组织部完成顺义区2010年度行政、事业单位督查考核奖的核发工作;协助区卫生局做好市检查组对社区卫生服务机构的检查工作;协助区政府做好《顺义区行政中心项目建议书》,提供机构编制数据;协助区教委、区卫生局、区人力社保局、区信访办的相关规划等文件的拟定工作提出修改意见。

(区编办)

【事业单位法人登记管理】 全年办理乡镇机构改革涉及事业单位法人登记及日常登记共219件;依法完成顺义区500余个事业单位法人的年检工作;按照市编办关于敬老院登记的工作要求,积极与相关部门协调,与区民政局联合对顺义区各镇14家敬老机构进行调查摸底,提出顺义区敬老院登记的操作办法和原则。

(区编办)

【宣传培训】 组织顺义区119个行政事业单位230余名政工、人事干部进行了机构编制管理业务培训,培训内容包括机构编制管理部门的历史沿革、编制人员"实名制"管理、事业单位登记管理及监督检查等业务知识和办事流程。并向参会单位下发了360套《机构改革文件资料汇编》。顺义区各部门、各单位机构编制队伍素质得到了明显提高。

（区编办）

保密工作

【概 况】 2011年，开展“一学三保”主题教育活动，提升保密法制意识，筑牢思想防线。在涉密人员中落实保密工作“最小化、全程化、精准化、自主化、法制化”原则，完善保密防范体系建设，着力提升保密技术防范能力，在“管理理念上跟进，服务及硬件配备上跟进、管理制度上跟进、管理手段上跟进”，加强党政机关和涉密单位保密工作基础建设，完善保密制度，健全保密工作机制，强化行政执法检查，提升了保密管理水平和保密技术防范能力，履行了保障国家秘密安全的工作职责。

单位名称：顺义区国家保密局
地址：顺义区府前中街1号
电话：(010)69444839
邮编：101300

（梁春山）

【联合执法检查】 3月，区国家保密局、区公安分局、区工商分局、区商务委等四部门组成联合检查组，依法对辖区内17家废纸回收经营户进行了检查，巩固“清理取缔涉密文件资料非法交易专项行动”成果。

（梁春山）

【保密宣传教育】 3月，开展了“一学三保”即“学习保密法、保国家安全，保密家庭幸福、保个人前途”主题教育活动。印发了《关于认真学习贯彻市委领导同志对保密工作重要指示的通知》，顺义区各单位保密干部、涉密人员参加了主题教育活动。通过主题教育活动，保密干部和涉密人员进一步认识到当前保密工作的重要性、严峻性、复杂性，提高了思想认识，增强了做好保密工作的责任感和使命感。

（梁春山）

【行政执法检查】 5月23－24日，区国家保密局依法对北京两家军工生产企业进行了检查。区保密局听取了两个单位保密工作汇报，实地检查了保密室和涉密生产车间保密防护设备配备、涉密计算机技术防护、保密制度落实情况，就检查中发现的问题与单位主管领导进行了交流，并提出了整改意见。

（梁春山）

【国家考试保密管理】 年内，为做好国家考试的试卷保密管理工作，区国家保密局分3次对区考试中心保密室和6个高考、8中考及成人高考考点保密室的硬件配备、保密员教育、保密制度落实情况进行了检查，保障国家考试顺利进行。

（梁春山）

【测绘成果保密检查】 9月1日，市测绘成果管理办公室、市国家保密局联合对区测绘成果使用情况进行了保密检查。联合检查组检查了区测绘成果使用情况、保密管理情况，对测绘成果利用工作进行了指导，对区测绘成果保密管理工作表示肯定。

（梁春山）

【参观保密警示教育展览】 9月14－15日，区国家保密局组织区内各单位200名保密工作主管领导、保密干部和涉密人员赴国家博物馆参观了《全国窃密泄密案例警示教育展》。该展览在顺义区党政机关产生了极大反响，相关人员对保密工作的重要性、严峻性有了更为深刻的认识，对重点失泄密环节和防范措施办法有了更准确的理解和把握。

（梁春山）

【保密专项检查】 11月，区国家保密局对辖区内废旧物品回收行业进行了专项检查，期间共检查了1个废旧物品回收主体企业和4个集中场所中的38个废纸回收站点。检查过程中，区国家保密局详细检查了废旧回收主体企业禁收规定执行情况,并现场检查了废旧物品回收经营户禁收规定落实情况，并对各经营户进行了相关保密法律法规宣传教育。

(梁春山)

【保密检查】 年内,区国家保密局分两次对党政机关进行了保密综合检查,着重检查了计算机保密管理和信息公开保密审查情况；先后检查了46个单位,抽查了涉密计算机和非涉密计算机共计208台。

(梁春山)

精神文明建设

【概　况】 2011年．扎实推进公民思想道德建设、开展群众性精神文明创建活动、加强改进未成年人思想道德建设,提升了顺义市民思想道德素质和区域文明程度。

单位名称:顺义区精神文明建设委员会办公室
地址:顺义区府前中街1号
电话:(010)69441604
邮编:101300
网址:http://www.bjsyam.gov.cn

(文明办)

【宣传阵地建设】 投资160余万元,在社区新建了20块电子宣传屏和20块宣传栏,实现了城乡社区全覆盖(全区共拥有电子宣传屏幕107个、社区宣传栏107个);制作了图文并茂的“北京精神”宣传画报,利用3个高杆广告、58个候车亭、1个桥梁护栏和社区78块精神文明建设宣传栏进行了集中宣传,107块社区电子宣传屏幕滚动播出。

(文明办)

【未成年人思想道德建设】 依托顺义电视台,面向未成年人开办了“国学动漫电视系列节目”,组织了1.1万名干部群众和5000名社区文明小使者走进国家大剧院,培养文明观演行为,提高艺术鉴赏水平;3万名未成年人参与“向国旗敬礼、做一个有道德的人”网上签名寄语和优秀童谣传唱活动。

(文明办)

【开展主题教育活动】 坚持“统一部署、属地组织、灵活多样”的工作原则,引导属地单位开展春节、元宵节、清明节、端午节等纪念和庆祝活动,干群自编、自导、自演、自唱,演出了近180余场文艺节目,参与群众多达30万人次。特别是在顺义举办的第三届北京端午文化节,包粽子、赛龙舟、看表演,让市民真正体验到了传统文化的魅力所在,成为了顺义节日文化的品牌工程。

(文明办)

【纪念建党90周年】 开展“在党旗下阅读中国”全民读书活动,集中购买了37套、1221册党史、党建类书籍,统一发放到镇村、社区和基层工委;“红色记忆”纪念建党90周年大型征文活动参与广泛。全区共收到市民投稿2500余篇,140余篇作品获奖。开展“党在我心中”演讲和“党在百姓心中”宣讲活动,500余名选手参加基层演讲选拔赛,36名优秀选手参加全区总决赛。

(文明办)

【开展干群、军民共创文明单位、镇村活动】 牛栏山镇获得全国文明村镇荣誉称号、空港经济开发区步入全国文明单位行列;170家党政机关、镇村、街道(社区)和社会单位踊跃创建首都级文明单位(镇村);龙湾屯镇,北务仓上、李遂柳各庄、杨镇小店等200个镇村,顺利通过市农委京郊环境优美镇和文明生态村创建检查;张镇行宫、杨镇大曹庄等4个村与首都机场内部公司签署共建协议。

(文明办)

【模范人物的宣传】 “道德模范”雒梦妍、古炳华、刘志刚、宋学成等先后60余次应邀到党政机关和社会单位做事迹报告;积极组织顺义市民参加全国和首都“道德模范”评选表彰活动，近50万人通过网络、报纸参与投票，雒梦妍、宋学成分获首都“道德模范”荣誉称号和“道德模范”提名奖，实现了顺义在首都公民思想道德建设评选中零的突破。

（文明办）

【全区首支公共文明引导员队伍】 配合城铁M15号线路的开通，按照市乘办的工作要求，成立了区公共文明协调指导小组办公室，组建了公共文明引导队伍，坚持每天早晚出行高峰，在城铁国展站、花梨坎站、后沙峪站疏导高峰客流、引导排队乘车、提供义务咨询、传播北京精神等服务。

（文明办）

党校工作

【概　况】 2011年，党校举办各级各类培训班41期，培训学员9028人次。党校专职教师授课优秀率均在90%以上，涌现出一批优秀青年骨干教师。以纪念建党90周年为契机，开展“百讲党课下基层”活动，组织教师深入区直机关、镇村、街道、企事业单位，宣讲科学发展观、党史党建知识等151场，受众约8000人次。

单位名称：中共北京市顺义区委党校

地址：北京市顺义区中山西街1号

电话：(010)69444915

邮编：101300

网址：http://www.sydx.bishy.gov.cn

（左春晖）

【干部培训方式多样】 在培训内容上，立足于干部成长所需、岗位实践所需，调整理论讲授、党性教育、区情教育和技能培训的设置比例。在培训方式上，除了理论灌输、专题讲授之外，增加了案例式教学、研究式教学和现场教学等形式，在陕西延安、江苏昆山、广东深圳等教育资源丰富的地区建立了异地培训基地，组织学员到革命老区和经济发达地区培训。

（左春晖）

【青干班实践教学】 组织青年学员赴后沙峪地区拆迁村一线工作，针对地区热点、难点问题分组讨论，找出破解难题的方法；农干班实行了理论灌输、拜师学艺和挂职锻炼相结合的培训方式。在教学效果上，完善了教学效果评价机制，由培训结束后进行课程评价改为课后即时评价。

（左春晖）

【科研工作】 部分教师受邀全程参与了顺义区“十二五”规划纲要3稿至10稿的修订工作，工作质量受到区发改委等部门领导的好评；完成了张延昆书记交办的《关于顺义区社会管理软环境建设的研究与思考》的调研任务；参与了北小营镇“1+1+15”模式的凝练提升以及团区委和部分街道社会服务管理创新相关机制总结等。2011年，党校多名教师成为区党建研究会理事和会员，申报市党建研究会课题——《顺义区城市社区党建创新路径研究》，科研质量高受到北京市党建研究会的肯定；部分教师参加市委党校立项课题研究，立项2个，在全市党校系统排名与海淀党校并列第一。

（左春晖）

【建设“一流党校”】 以建设“一流党校”为目标，认真贯彻落实中央颁布的《中国共产党党校工作条例》、国务院颁布的《行政学院工作条例》、区委下发的《关于加强党校工作的意见》和张延昆书记在顺义区党校工作大会上的重要讲话精神，围绕顺义区中心工作、紧扣顺义发展脉搏，全方位加强自身建设，积极探索发展之路，工作水平及成效不断提升，形成了干部教师精神状态好、中心工作效果好、社会评价好的局面。

（左春晖）

【队伍建设】 实施“人才强校”战略，把队伍建设作为全校重中之重工作去抓。特别是教师队伍建设成效显著。如干部队伍建设。校领导班子以建设“团结、务实、创新、廉洁”班子为目标，坚持集体领导制度、中心组理论学习制度，加强了班子的思想、组织、作风、制度和能力建设；中层领带干部实行完善了中层干部竞争上岗机制，进一步优化了党校中层干部队伍年龄、学历结构。党校实行了科室中心月度工作汇报制度，全面提升了全校的整体工作效率。教师队伍建设。2011年在全国范围内公开招聘了3名专家型教师，党校的教学、科研力量又得到了加强。同时党校注意教学、科研工作激励办法的制定与落实。2011年，建立了一整套教学、科研工作激励办法。如，教师在主体班教学实行“竞争上课”制度，激励骨干教师再攀新高；在教师中实行了“老帮新、一带一”制度，加速青年教师的成长成才。学校实行了科研成果奖励制度，引导教师走“科研型”、“学者型”道路。同时，完善了教师收入分配制度，体现了多劳多得，优教优酬，调动了教师工作的积极性。

（左春晖）

【新校筹建】 根据区委、区政府指示精神，新党校建设以建设“现代化、国际化、信息化学校”为目标，全面吸取市内市外兄弟党校新校建设的工作经验，高起点定位，精细论证设计方案，在区有关部门的指导及配合下，新校建设筹备期进展顺利、有序。

（左春晖）

党史工作

【概　况】 2011年党史工作以贯彻落实市委党史研究室年度工作要点为主线，利用资源优势，发挥党史部门资政育人职能作用，积极开展建党90周年纪念活动，全年共完成各类党史资料收集、整理、编写和出版576000字。

单位名称：北京市顺义区党史区志办公室
地址：顺义区光明北街4号档案馆311室
电话：(010)69420024
邮编：101300

（高树林）

【《组织史资料》(顺义卷)发行】 《中国共产党北京市组织史资料丛书》(顺义卷)从2010年5月启动到2011年6月出版发行历经13个月，共54.5万字，全面、系统、客观、真实地记录了1987年至2010年期间，顺义区(县)党组织的发展历程和实践经验，充分展示了1987年以来顺义区(县)通过党政机构改革和干部调整为推动区域经济发展做出的贡献，为组织建设提供了全面的历史查考资料，为广大党政干部提供一部党建资料工具书，为进一步推动党史工作积累了宝贵经验。

（高树林）

【建党90周年纪念活动】 与顺义电视台、《顺义时讯》、区信息中心等部门合作，开展建党90周年系列纪念活动，为纪念活动提供大量顺义党史资料；参与市委党史研究史与北京党建数字电视频道联合拍摄电视专题片《追寻》活动，为专题片制作提供《焦庄户的故事》拍摄脚本；与区档案局(馆)联合举办《绿港党旗红》大型党建展览；加强区县交流合作，与怀柔电视台合作拍摄革命英烈系列专题片。

（高树林）

【《北京革命史百科全书》编写】 完成《北京革命史百科全书》顺义部分编写工作，该资料概要介绍了“党在1925年到1949年期间领导顺义人民进行革命斗争的简史、顺义党史机构职能、顺义革命遗址和历史图片、主要编研成果”四部分内容，共7700余字。

（高树林）

老干部工作

【概　况】 2011年,加强离退休干部思想政治建设和党支部建设、落实老干部“两项待遇”、不断完善“三个机制”,利用社区资源做好离退休干部服务工作。

单位名称:顺义区委老干部局

地址:顺义区石园北区东

电话:(010)89440522

网址:http://www.laogb.bjshy.gov.cn

(张　晴)

【理论学习和组织参观】 全年举办政治理论学习讲座12次,区领导和相关部门领导通报区情4次,受教育人数1181人次。以离退休干部党支部、活动中心(站)、党校社区课堂为阵地,举办学习班、组织辅导报告会。组织离退休干部参观百强家具、牛栏山酒厂等企业。

(张　晴)

【社区离退休干部党支部建设】 在3个街道挂牌成立了离退休干部工作科,完善《责任制考核细则》,量化“五好支部”创建标准,修订各项工作制度,实现“党支部工作规范化、开展活动程序化和考核评比标准化”。开展“新老党员结对共建”、“听老干部讲党史”等活动,发挥离退休干部党员的政治优势。成立顺义区老干部志愿者协会,176名老干部志愿者,参加社区13只老干部志愿服务队。

(张　晴)

【老干部精神文化生活】 围绕开展好“保健讲座”、“健康咨询”、“五个一活动”和“春秋两季系列活动”,组织老干部先后开展了乒乓球比赛、台球比赛、门球比赛、顺义牛栏山酒厂文化参观等活动170余次,参加活动老干部约6300人次。以“永远跟党走”为题,举办了老干部书画、摄影展和文艺汇演活动,创办顺义区老干部工作刊物《老年朋友》。

(张　晴)

【老干部生活待遇】 完善本区离休干部医药费保障机制,370名离休干部全部实现持卡就医实时结算。全年为去世离休干部无工作配偶办理新农合个人缴费免缴手续85人,每人60元,共计免缴资金5100元;办理城镇居民医疗保险免缴手续92人,每人免缴300元,共计免缴资金27600元。为260余名离休干部配备“小帮手”电子服务器。全年为80周岁以上离休干部祝寿340次,看望生病住院离退休干部526人次。解决老干部及老干部遗属各种困难15人次,补贴款5万余元。

(张　晴)

【老干部大学建设】 老干部大学面向区内全体离退休人员招生。共开设书法、计算机、太极拳、舞蹈等10个专业,21个教学班。聘有兼职教师10名,注册学员550人,出勤率达90%以上。制定《老干部大学管理制度汇编》完善各项制度。太极拳、书法、绘画等专业在市、区两级比赛中获奖。

(张　晴)

【扩大老干部活动中心建设】 老干部活动中心扩建工程新建面积16750平方米,原活动中心保留面积4900平方米,总计面积为21650平方米。扩建后原活动中心主要安排乒乓球、台球、多功能厅、舞蹈排练厅及老干部大学钢琴、电子琴、古筝、二胡等声乐教室使用;新建活动中心主要安排保龄球、网球、游泳馆、健身房、棋牌室等新建活动项目、老干部大学教室、多功能厅、阅览室、会议室及局机关、老干部大学、各协会办公使用。

(张　晴)

【提高老干部工作者能力】 在老干部工作者队伍中开展“做优秀老干部工作者”和“党在我心中”演讲比赛活动。开展“顺义区第一届老干部工作者运动会”,举办“老干部工作者培训班”。制定完善各项工作制度,指导工作者行为规范。通过电视、报刊、网络等媒体,面向社会大力宣传和弘扬老干部及老干部工作者的先进事迹。北京电视台《晚晴》栏目,播放顺义区老干部工作专题片8部,工作新闻20多条,北京数字党建播放顺义区老干部工作专题片3部。100家涉老单位被评为区级先进单位,50家单位被评为市级先进单位,区老干部局获北京市老干部工作先进集体。

(张　晴)

区直属机关工委工作

【概　况】 召开所属机关政工副职和基层党支部书记150余人参加的基层党务干部培训班,围绕建党90周年七一讲话、区第四次党代会报告、区“十二五”规划、党员发展工作规范、推进党的基层组织建设等内容进行授课。使党务干部提高自身业务技能的,了解全区经济社会发展目标、职责、任务,明确自身定位。推进规范化建设,对基层党组织的党员年度统计、党费收缴、党员发展、支部换届、党风廉政建设、民主评议、党内监督、作风建设、组织关系的接转等方面都制定了一套规范化的工作制度,统一要求,规范运行,使工委系统各单位党组织建设走上了制度化、规范化、程序化轨道。

单位名称:顺义区委区直属机关工作委员会
地址:顺义区府前中街1号
电话:(010)694443920
邮编:101300

(区直机关工委)

【创建学习型党组织】 开展“创建学习型党组织、争当学习型党员”活动,以“乐读在机关”“定期荐书”等活动为载体,提高机关党员干部的思想政治水平和创新服务能力。通过召开座谈会、研讨会、推进会、总结会等形式,认真组织协调系统各单位学习政治理论,推动系统各单位党组织活动开展,不断提高机关党员干部的理论素质、政治素质,推进理论武装工程的实施。

(区直机关工委)

【实施“五零”标准】 从端正学习态度、提高综合素质,强化公仆意识、提高服务质量,增强责任意识、推动工作创新,转变机关作风、提高工作效率,规范从政行为、树立良好形象等五个方面着手,提升服务水平,树立了团结拼搏、务实进取、干事创业、廉洁高效的机关形象。

(区直机关工委)

【典型推动创争活动】 经过系统各单位的广泛组织、择优推荐,机关工委举办纪念建党九十周年文艺汇演,系统300多名党员、群众观看了演出,展示了党组织和党员昂扬向上、创先争优、永葆先进的精神状态;组织系统53家单位,192个党支部开展纪念建党90周年“党在我心中”演讲比赛预赛、复赛和决赛30多场,共有350多名党员、团员参加了演讲,受教育党员人数达4800多人。

(区直机关工委)

【干部作风建设】 巩固和扩大“干部作风建设年”活动成果,解决群众反映强烈、干部作风方面存在的突出问题,继续深化机关效能建设,增强依法科学行政和优质高效服务意识,着力解决有令不行、有禁不止和不作为、慢作为、乱作为等问题,强化执行力度,进一步优化发展环境。结合全区开展的“二月新春”、“五月鲜花”、“十月金秋”等活动,将廉政文化作为重要的组成部分融入其中,营造机关浓厚的廉政文化氛围。

(区直机关工委)

【“一助一”工作】 开展“一助一”工作16年来,各帮扶单位落实责任、各尽所能,累计投入帮扶款物5亿元,集中为相对落后镇村解决了一大批重点、难点问题,促进了顺义和谐发展。帮扶工作取得了显著成效,参与顺义区"一助一"活动的帮扶单位累计达到557家,其中区派工作队162家、社会工作队395家,范围从区属单位发展到中直机关、大型央企,市属机关和企事业单位,合资企业、民营企业、驻顺部队等社会各界。2011年帮扶资金达到7061万元,首次突破7000万元,同比增涨5%。2011年,各"一助一"帮扶单位共计出资7061万元,较去年增长5%。全区新增帮扶单位29家,其中,区委组织部协调落实城乡党组结对共建活动,7家市属单位与区9各村结对帮扶。全年安排农村劳动力就业1271人,年工资总额2313万元。各工作队入村4805人次,入户5381人次,帮助规范各项规章制度581条,修路14.86万平米,修边沟9.13万平米,安装路灯1147盏,打井29眼,换泵67台。组织机关党员干部入村7027人次,入户10152人次,送去慰问款物价值190万元,收集群众意见1455条,帮助化解矛盾493个,提供各种致富信息4207条。

(区直机关工委)

区委社会工作

【概　况】 年内一是全面启动充分就业区创建工作,城乡劳动力二三产业就业率达到93%,社区规范化建设得到加强。完成首批13个社区用房规范化建设,有序推进第二批55个社区用房规范化建设项目。四是社会组织活力不断激发。顺义区共有社会组织798家,其中,在民政局注册登记的社会组织235家,社区社会组织563家。加强对"枢纽型"社会组织的监督和管理,发挥其推动经济社会发展的作用。五是社会领域党建覆盖面不断扩大。在2010年6个街道成立社会工作党委的基础上,2011年在19个镇成立了社会工作党委,区实现了社会工作党委的全覆盖。

单位名称:中国共产党北京市顺义区委员会社会工作委员会
地址:顺义区府前东街2号
电话:89442437
邮编:1010300
网址:http://www.shgw.bjshy.gov.cn/index.jsp

(尹相南)

【19个镇成立社会工作党委】 2月22日召开了顺义区社会工作党委成立大会暨"两新"组织党建工作推进大会,为19个镇社会工作党委举行了揭牌仪式,北小营镇、石园街道社会工作党委及金九鼎公司、京顺医院、鸿远大厦等"两新"组织党组织分别作了典型发言。

(朱广娜)

【部署政府购买社会组织服务工作】 3月18日,区社会办组织召开2011年度政府购买社会组织服务项目征集工作会议。部署顺义区2011年度政府购买社会组织服务项目征集工作,并详细介绍了项目申报的具体要求。

(李恩雄)

【全面掌握基层党建工作情况】 4至6月份,对各街道、乡镇和开发区非公党建情况进行调查摸底,全面核实辖区内非公有制经济组织的规模、行业、分布、党组织和党员等各项数据,并将统计数据进行分类汇总,建立非公有制经济组织党建工作台账,做到底数清、情况明、数字准。

(朱广娜)

【认定第二批"枢纽型"社会组织】 认定区总工会、区妇联、区工商联、区残联、区律师协会、区道路运输协会6家单位作为第二批"枢纽型"社会组织。至此,顺义区共有15家"枢纽型"社会组织,联系管理社会组织达206家。

(李恩雄)

【社区"共驻共建"工作】 6月14日召开顺义区社区共驻共建工作会议,明确了社区共建的形式、内容和要求,全面启动了社区共驻共建工作。半年来,顺义区74个社区与201家共建单位确定了共建关系。

(王伟)

【社会组织负责人建设专题培训班】 9月27日至29日,顺义区举办社会组织负责人建设专题培训班,对顺义区15家"枢纽型"社会组织负责人、130余家社会组织负责人进行了培训。

(李恩雄)

【公益金专项补助资金和办公经费】 其中社区公益金从10万元提高到15万元,2000户以上的社区在15万元的基础上,每增加1户增加40元;社区办公经费标准每户由20元提高到50元。社区公益事业专项补助资金主要用于开展社区困难群体帮扶、助老、助托、助残等居民急需的服务项目,社区办公经费主要用于社区会议费、办公用品购置费、学习培训费、水电气暖费、电话费、报刊订阅费。

(王伟)

【社区工作者补助】 顺义区从2011年1月1日起,由财政投入478.72万元,全面提高了879名社区工作者的加值班费和过节补助。其中每个节日由600元提高至1000元;加值班费由每季度600元提高至1800元。至此,顺义区社区工作者年均收入达到38600元。

(王伟)

顺义区人民代表大会常务委员会

【概　况】　2011年顺义区召开了2次人民代表大会会议，即：第三届人民代表大会第六次会议和第四届人民代表大会第一次会议，7次常委会会议和15次主任会议，听取和审议了“一府两院”11项工作报告；围绕“十二五”规划的实施，组织代表进行了8次执法检查和工作视察，检查了5部法律法规的贯彻执行情况，提出了40余条意见和建议。全年共受理群众来信来访215件，依法任免了66位国家机关工作人员。常委会进一步完善工作机制，努力提高服务水平，代表工作取得新进展；加强指导，提高了镇人大及人大街工委水平。常委会还圆满完成了区镇两级人大代表的换届选举工作，并分别于11月和12月底前召开镇、区两级人民代表大会第一次会议。

单位：顺义区人民代表大会常务委员会
地址：府前东街13号
电话：(010)81491826
邮编：101300
网址：http://www.shyrd.bjshy.gov.cn

（罗振文）

【顺义区第三届人民代表大会第六次会议】1月5日至8日在顺义宾馆举行。出席会议的代表224名，区委、区政府有关部门负责同志，区委特邀企业界代表，部分市人大代表，中央、市属单位负责人及各镇人大主席224人列席了会议，其中全程列席的116人，只听取政府工作报告的108人。会议听取并审议了王刚代区长作的《顺义区人民政府工作报告》、区人大常委会马庚良主任作的《顺义区人大常委会工作报告》、法院郭铁相院长作的《顺义区人民法院工作报告》、检察院张守良检察长作的《顺义区人民检察院工作报告》。审议了《区三届人大五次会议代表建议、批评和意见办理情况的报告》。会议审查和批准了顺义区2010年国民经济、社会发展计划执行情况报告和2011年国民经济、社会发展计划，顺义区2010年财政预算执行情况报告和2011年财政预算以及顺义区国民经济和社会发展第十二个五年规划纲要。会议审议通过了各项报告并作出了相应决议，选举王刚为顺义区人民政府区长。本次大会收到代表提出的议案、建议103件。

（叶志建）

【顺义区第三届人大常委会第三十八次会议】　2月22日在顺义宾馆第二会议室举行。会议听取了区住建委盛德利主任所作的《关于区人大代表视察顺义区重点镇建设情况所提建议办理情况的报告》；区司法局闻广平局长所作的《关于区人大代表视察顺义区社区矫正工作所提建议办理情况的报告》；区卫生局单德智局长所作的《关于区人大代表视察顺义区农村医疗卫生工作情况所提建议办理情况的报告》；区发改委董建华主任所作的《关于区三届人大常委会第37次会议委员所提建议办理情况的报告》。马庚良主任传达了市十三届人大四次会议精神。会议讨论通过了顺义区人大常委会2011年工作要点。会议决定了人事任免,决定免去马万林顺义区财政局局长职务;任命吕海燕、马维增两位同志为北京市顺义区人民法院审判委员会委员;免去李存海北京市顺义区人民法院刑事审判庭庭长职务;免去胡国东北京市顺义区人民法院民事审判第一庭庭长职务;免去李宗昌北京市顺义区人民检察院检察员职务。

(叶志建)

【顺义区第三届人大常委会第三十九次会议】 5月25日在顺义宾馆第二会议室举行。会议决定了人事任免,决定任命祝卫东为北京市顺义区人民政府副区长;任命高学通为北京市顺义区人大常委会信访接待室主任;任命赵殿江为顺义区财政局局长,免去其顺义区人力资源和社会保障局局长职务;任命张尚强为顺义区人力资源和社会保障局局长;任命闫连恒为顺义区监察局局长;免去田江平顺义区监察局局长职务;任命李连华、崔杰、王立德三名同志为顺义区人民检察院检察委员会委员。会议听取并审议了区住建委盛德利主任所作的《关于保障性住房、定向安置房落实情况的报告》,区审计局刘福海局长所作的《顺义区人民政府关于2010年财政预算执行和其他财政收支情况的审计工作报告》,区财政局赵殿江局长所作的《顺义区人民政府关于2010年财政决算情况的报告》。

(叶志建)

【区第三届人大常委会第四十次会议】 7月28日在区人大机关四楼会议室举行。会议听取审议了区财政局赵殿江局长代表区政府所作的关于2011年上半年财政预算执行情况的报告,区发改委董建华主任代表区政府所作的关于2011年上半年国民经济和社会发展计划执行情况的报告。会议决定了人事任免。会议决定:任命王亚平同志为顺义区人民法院民事审判第二庭庭长,免去其顺义区杨镇人民法庭副庭长职务。任命刘宏艳同志为顺义区人民法院审判监督庭副庭长,免去其顺义区人民法院民事审判第一庭副庭长职务。任命涂长江同志为顺义区人民法院民事审判第一庭副庭长,免去其顺义区人民法院民事审判第三庭副庭长职务。任命安金宝同志为顺义区人民法院知识产权庭副庭长,免去其顺义区牛栏山人民法庭副庭长职务。任命张丹芳同志为顺义区人民法院立案庭副庭长,免去其顺义区李遂人民法庭副庭长职务。任命王卿同志为顺义区人民法院民事审判第二庭副庭长,审判员。任命罗旭华同志为顺义区人民法院民事审判第一庭副庭长,审判员。任命赵仁洋同志为顺义区杨镇人民法庭副庭长,审判员。任命王晓磊同志为顺义区李遂人民法庭副庭长,审判员。区政府林向阳副区长分析了今年的形势及上半年顺义区主要经济指标完成情况。

(叶志建)

【区第三届人大常委会第四十一次会议】 8月26日在顺义宾馆第二会议室举行。会议决定了人事任免,决定:免去刘金福同志顺义区人大常委会代表联络室副主任职务;任命周振涛同志为顺义区人大常委会财政经济委员会副主任;免去张存忠同志顺义区民防局局长职务;任命张希德同志为顺义区民防局局长。会议讨论通过了顺义区第三届人大常委会关于区、镇两级人民代表大会代表换届选举有关事项的决定。决定:1、本区区、镇两级人民代表大会换届选举工作于2011年8月下旬开始至12月底以前结束,2011年11月8日同步选出新一届区、镇两级人民代表大会代表。2、新一届区人民代表大会第一次会议在2011年12月底以前举行。新一届镇人民代表大会第一次会议在2011年11月底以前举行。3、本区新一届区、镇两级人民代表大会代表名额与本届相同,不作变动。区人大代表名额为228名;镇人大代表名额为1076名。4、区、镇分别设立选举委员会,在区人大常委会的领导下,主持本级人民代表大会代表的选举。选举委员会设立选举办公室，负责办理选举的具体事务。会议依法确定了各镇的镇人大代表名额，还任命了区、镇选举委员会组成人员。

（叶志建）

【区第三届人大常委会第四十二次会议】 10月12日在区人大机关四楼会议室举行。会议决定了人事任免，决定：接受车克欣同志辞去北京市顺义区人民政府副区长职务的请求；任命于庆丰同志为北京市顺义区人民政府副区长。会议听取并审议了区司法局闻广平局长代表区政府所作的《“五五”普法规划完成情况及“六五”普法规划制定情况的报告》，作出了关于贯彻实施顺义区法制宣传教育第六个五年规划的决议。会议听取并审议了区法院郭铁相院长所作的《关于未成年人犯罪案件审理情况的报告》，区检察院张守良检察长所作的《关于发挥检察职能，服务城乡一体化情况的报告》。

（叶志建）

【区第三届人大常委会第四十三次会议】 10月21日在区人大机关四楼会议室举行。会议决定接受李友生同志辞去北京市顺义区人民政府副区长职务的请求，并报北京市顺义区第四届人民代表大会第一次会议备案。会议经过投票表决，决定：王守明同志任顺义区人大常委会教科文卫工作委员会主任；刘永凤同志任顺义区人大常委会代表联络室主任，免去其顺义区人大常委会财政经济工作委员会主任职务；李国庆同志任顺义区人大常委会内务司法工作委员会主任，免去其顺义区人大常委会内务司法工作委员会副主任职务；李赛楠同志任顺义区人大常委会信访接待室主任，免去其顺义区人大常委会办公室副主任职务；张志海同志任顺义区人大常委会农村工作委员会主任；周振涛同志任顺义区人大常委会财政经济工作委员会主任，免去其顺义区人大常委会财政经济工作委员会副主任职务；高学通同志任顺义区人大常委会城乡建设环保工作委员会主任，免去其顺义区人大常委会信访接待室主任职务；免去王世明同志顺义区人大常委会内务司法工作委员会主任职务；免去李永革同志顺义区人大常委会农村工作委员会主任职务；免去杨国英同志顺义区人大常委会教科文卫工作委员会主任职务；免去徐福元同志顺义区人大常委会城乡建设环保工作委员会主任职务；免去霍保贵同志顺义区人大常委会代表联络室主任职务。

（叶志建）

【区第三届人大常委会第四十四次会议】 12月1日在顺义宾馆第二会议室举行。会议决定了人事任免，决定：免去陈福全同志顺义区农业局局长职务。任命冯浩然、林春艳、郭富选、郭旭强、王大鹏、王鹏磊、王静、李国妍、李德军、刘宏林、高屹、鞠佳佳12名同志为北京市顺义区人民检察院检察员。会议讨论决定了关于召开区四届人大一次会议的有关事项。会议通过了区人大常委会关于召开四届人大一次会议的决定，决定于2011年12月18日至22日召开顺义区第四届人民代表大会第一次会议；听取了代表资格审查委员会关于代表资格的审查报告；通过了四届人大一次会议的议程草案、主席团及秘书长名单草案、财政预算审查委员会名单草案、议案审查委员会名单草案。上述议程和名单草案经各代表团酝酿后，将提请顺义区四届人大一次会议预备会议通过。会议还讨论修改了区人大常委会工作报告。

（叶志建）

【听取并审议决定重大事项】 顺义区第三届人大常委会本年度围绕“十二五”规划的实施、财政预决算执行、人事任免等，作出决议、决定18项，任免国家机关工作人员66名，接受了车克欣、李友生两位副区长的辞职申请，任命祝卫东、于庆丰为政府副区长。

（叶志建）

【监督工作】 一年来，常委会全面深入地贯彻落实科学发展观，严格执行《监督法》，紧紧围绕区委中心工作和人民代表大会作出的决议，围绕“十二五”规划的实施，切实改进监督工作，力求实效。一是加强法律监督，促进“一府两院”依法行政，公正执法。二是加强工作监督，促进顺义科学发展。先后听取审议“一府两院”25项工作报告和汇报，依法批准了2010年财政决算和2011年财政预算，确保了顺义区财政预算的执行，促进了顺义区经济社会全面、协调、可持续发展。常委会重点听取审议了区政府关于“十二五”规划第一年执行情况报告，“五五”普法规划执行情况和“六五”普法规划制定情况报告，审查批准了“六五”普法规划；视察了重点功能区与镇级二三产业基地合作建设及重点镇建设情况，文化创意产业发展情况；听取审议了区法院关于未成年人案件审理情况的报告；区检察院关于发挥检察职能，服务城乡一体化情况的报告等，提出了有针对性的意见和建议。常委会主任会议还专题听取了学前教育发展情况汇报、老旧居民小区设施改造、水务建设、拆迁工作进展及拆迁村土地利用的情况汇报，了解和掌握相关情况，推动了相关工作开展。

（罗振文）

【代表工作】 一年来，常委会进一步完善工作机制，努力提高服务水平，支持和保证人大代表依法履行职责，代表工作取得新进展。一是完善服务措施，为发挥代表作用提供保障；二是创新活动方式，为代表履职搭建平台；三是加大建议督办力度，保障代表权利；四是加强指导，提高镇人大及人大街工委水平；五是圆满完成了区镇两级人大代表的换届选举工作和市人大代表的补选工作。

（郭宇明）

【换届选举工作】 8月15日，顺义区委召开常委会，专题讨论有关换届选举工作，作出相关决定，发出《中共北京市顺义区委关于转发<中共北京市顺义区人大常委会党组关于做好区、镇两级人民代表大会换届选举工作的意见>的通知》。? 8月26日，区第三届人大常委会第四十一次会议作出《关于区、镇两级人民代表大会换届选举有关事项的决定》，决定选举日为11月8日。本次换届选举分为准备阶段、选民登记阶段、推荐和确定代表候选人阶段、投票选举阶段和召开新一届区、镇人大一次会议阶段。区人大代表选举分116个选区，选出代表228名，镇人大代表选区由各镇安排，选出镇人大代表1076名。参加区人大代表选举的选民为512095人，参加镇人大代表选举的选民为415460人，两级选民的参选率均为98%，比上届提高0.5%。本次选举，顺义区选民民主意识增强，登记率、参选率均创新高。

（郭宇明）

【顺义区第四届人民代表大会第一次会议】 12月18日至22日在顺义宾馆举行。出席会议的代表228名，191人列席了会议。会议听取并审议了顺义区人民政府工作报告、区第三届人大常委会工作报告、法院和检察院工作报告；审查了顺义区2011年国民经济和社会发展计划执行情况与2012年国民经济和社会发展计划草案的报告（书面）；顺义区2011年财政预算执行情况和2012年财政预算草案报告（书面）；审议了区三届人大六次会议代表建议、批评和意见办理情况的报告（书面），通过了大会有关工作报告的决议。大会选举产生了顺义区新一届人大常委会组成人员，选举胡尚云为区人大常委会主任，冯庆森、董占云、吴建国、李福成、白丽洁（女）为副主任；选举王刚为顺义区人民政府区长，林向阳、于庆丰、赵贵恒、燕瑛（女）、张晓峰、盛德利为副区长；选举郭铁相为法院院长；选举张守良为检察院检察长；同时选举胡尚云为北京市第十三届人大代表。大会收到代表所提建议、批评和意见75件。

（叶志建）

顺义区人民政府

综 述

经济发展实现新跨越。坚持以重大项目为支撑,以园区建设为载体,以创新发展为驱动,在持续扩大经济总量中,推动产业结构优化升级,顺义在北京郊区科学发展中发挥了排头兵作用。综合实力大幅提升。2011年,地区生产总值预计完成1000亿元,五年年均增长26.8%。属地财税收入预计实现370亿元,一般预算收入实现80.6亿元,分别比2006年增长3倍和2.7倍,年均分别增长32%和29.8%。五年累计完成全社会固定资产投资1740亿元。结构调整步伐加快。三次产业比重预计达到2.5:42:55.5。高端制造业地位不断巩固,汽车、航空两大产业集群规模不断壮大,工业总产值突破2000亿元。现代服务业比重加快提升,金融保险、航空服务、文化创意产业快速集聚。都市型现代农业效益不断提升,农业"四个大区"建设初见成效。节能减排成效明显,万元GDP能耗、水耗五年年均分别下降4.7%和21%,获得"北京市节能减排先进区"荣誉称号。重大项目建设成效显著。累计引进亿元以上实体项目239个,总投资2099亿元。现代二工厂、首钢冷轧、新国展一期等重大项目投产运营,现代三工厂、民生银行总部基地即将竣工,北京自主品牌乘用车基地、国家地理信息科技产业园、中航工业北京航空产业园、金蝶软件、新国展一期配套等重大项目建设进展顺利。创新能力不断提高。累计认定国家级高新技术企业57家、国家级企业技术中心5家、市级企业技术中心18家,授权专利567件。中国驰名商标达到13件,北京市著名商标达到38件,成为首批53个国家商标战略实施示范区之一。上市公司达到12家,累计募集资金593亿元。区属国有企业加快发展,市场影响力和竞争力不断提升。园区带动作用切实增强。临空经济区在区域发展中的功能和地位进一步提升。天竺综合保税区获得国务院批复,实现封关围网运营和口岸平移,政策功能优势加快显现。2011年,预计完成关税及代征税350亿元,完成进出口总值670亿美元,进出口增速在全国各综合保税区中名列第一。空港开发区对地方财政收入贡献更加突出,示范带动作用充分发挥。空港物流基地、汽车生产基地等重点功能区支撑作用不断强化,与各镇二三产业基地协同发展态势良好。临空经济区政策体系不断完善,发展环境进一步优化。

(一)城乡建设展现新面貌。坚持以城市化和城市现代化为引领,以举办北京奥运会水上项目和第七届中国花卉博览会等重大活动为契机,统筹推进城乡建设,城乡一体化水平不断提高。城市承载能力显著提升。五年累计实施重点工程700项,投入资金约1110亿元,行政中心、体育中心、文化中心、职教中心、劳动力实训基地建设加快推进,区污水处理厂、区生活垃圾综合处理中心、4个集中供热中心、4座110KV变电站、1座220KV变电站等一批重要基础设施投入运营。道路交通体系日臻完善。新建、改造公路260公里,白马路等一批主干道路顺利竣工,轨道交通15号线顺义段年底前全线通车运行。城乡生态环境明显改善。潮白河、减河整治效果明显,“引温入潮”跨流域调水工程顺利完成,新城滨河森林公园、汉石桥湿地生态景观功能初步显现。水源地保护成效显著,主要河流水质综合达标率达到82.7%。城乡绿化美化深入推进,全区林木绿化率达到26.95%,新增城市公共绿地42万平方米。全面推进城乡环境综合整治,环境卫生水平大幅提升。成功创建“全国绿化模范城市”,顺利通过“国家生态示范区”验收。城乡统筹发展不断深入。顺义新城规划、19个镇域规划和全区土地利用总体规划修编获得批复,32个街区控规深化方案、潮白河两岸城市设计等重要专项规划编制完成。重点镇中心区基础设施和公共服务设施建设加快实施。新农村建设扎实推进,391个村集体经济产权制度改革顺利完成,五项基础设施建设全面竣工,“百村万户”绿化美化工程成效显著,农村生产生活条件明显改善。累计整建制拆迁村庄39个、5.9万农民融入城市,户籍人口城镇化率提高至52.1%。

(二)民生改善取得新成效。把解决好民生问题作为社会建设的核心任务,突出保障和改善民生,人民群众得到更多实惠。人民生活水平不断提高。城镇居民人均可支配收入、农村居民人均纯收入预计分别达到27500元和14300元,五年年均分别增长9.3%和11.5%。城乡劳动力二三产业就业率达到93%,城镇登记失业率控制在1.5%以内。社会保障体系加快完善。社会救助水平全面提升,城乡低保、大病救助、教育救助、社会救灾等标准逐年提高。五年累计投入城乡低保救助金1.1亿元,4.33万人次从中受益,完成1582户农村贫困对象和优抚对象危旧房改造,安置随军家属、退役士兵1675人,蝉联全国双拥模范城。广泛开展慈善救助项目,2万余人获得救助。“民政一卡通”在全市率先实行。新农合参合率达到99.8%。把回迁安置房和保障性住房建设作为重点民生工程,加强调度,强力推进,累计开复工回迁安置房和保障性住房总建筑面积728万平方米、62563套,竣工回迁安置房总建筑面积300万平方米、23000套,竣工保障性住房总建筑面积18万平方米、2292套。社会事业全面发展。社会事业投入力度不断加大,教育、卫生队伍待遇切实提高。新建中小学和幼儿园10所,扩建15所,完成32所学校校舍安全改造,教育教学条件进一步改善。素质教育深入推进,教学质量稳步提高,高考升学率稳居北京郊区第一。职业教育水平切实提高,服务经济社会发展作用日益突出。文化、体育、人口计生等各项事业蓬勃发展,获得“全国社区教育示范区”、“全国人口计生综合改革示范区”、“全国中医药特色社区卫生服务示范区”等荣誉称号。

(三)社会服务管理开创新局面。作为市级社会服务管理创新试点区,切实加强社会服务管理机构建设,大力发展“枢纽型”社会组织,加快推进城市网格化管理,社会服务管理体制机制不断完善,社会环境更加和谐稳定。和谐社区建设和村庄社区化管理深入推进,社区居委会办公用房和居民活动场所条件明显改善。切实加强流动人口服务管理,人口调控经验成为全市典范。深入推进安全生产分类分级管理和自查自报工作,安全隐患排查治理体系在全国推广,成为全国安全生产标准化建设示范试点地区。建立健全源头治理长效机制,深入开展打非专项行动,违法建设、非法生产经营行为得到有效遏制。

土地管理更加严格规范，集约节约利用水平不断提高。节约用水分类分级管理和规范取用水工作扎实推进。公共安全、食品安全、药品安全、公共卫生安全监管体系不断完善，信访排查调处和社会治安综合治理切实加强。获得“全国信访系统先进集体”、“全国法制宣传教育先进区”、“全国平安建设先进区”等荣誉称号。

（四）改革开放迈上新台阶。北京奥运会水上项目、第七届中国花卉博览会等重大活动和国际汽车展、服装展等重要展会圆满举办，聚焦效应充分释放，高端要素加速集聚，区域文明程度和国际影响力显著提高。政府职能加快转变，区政府机构改革、乡镇机构改革、财政体制改革、医药卫生体制改革、投融资体制改革、集体林权制度改革和农村综合改革深入推进，经济社会发展动力不断增强。对外开放不断扩大。天竺综合保税区作为首都重要的战略性基础设施和外向型经济窗口的地位不断提升。过去五年，全区累计实际利用外资预计达到18.8亿美元，比上一个五年增长70%。

（五）政府自身建设得到新提升。深入推进依法治区，认真落实行政执法责任制和评议考核制，依法行政不断加强。自觉接受人大法律监督、工作监督和政协民主监督，高度重视人大代表和政协委员建议、提案办理工作，累计办理人大代表建议604件、政协委员提案710件，办理质量不断提高。始终坚持重大事项集体决策制度，行政规范性文件清理工作切实加强，区、镇政府投资管理更加规范，重大合同审核备案成效明显；不断加强全程办事代理、政风行风评议、政府信息公开工作，深入开展学习实践科学发展观和“创先争优”活动，认真落实党风廉政建设责任制，政府工作科学化、制度化、规范化水平不断提高。

单位名称：北京市顺义区人民政府
地址：顺义区府前中街5号
电话：(010)69443080
邮编：101300
网址：http://www.bjshy.gov.cn

（政府办）

法制工作

【概　况】 2011年，创造性地开展各项政府法制工作，不断加强依法行政工作的组织领导，健全科学民主依法决策机制，完善规范性文件监督管理，规范行政执法行为，强化行政执法监督，依法化解行政争议，提高行政机关工作人员依法行政能力。

单位名称：顺义区人民政府法制办公室
地址：顺义区府前东街9号
电话：(010)61400015
邮编：101300
网址：http://www.fazhi.bjshy.gov.cn

（王建宇）

【行政规范性文件审查】 按照法律、法规、规章和上级行政机关规范性文件的要求，对顺义区各部门起草的247个文件在征求意见的基础上进行合法性审查，共提出意见276条。其中，拟以区政府或政府办名义下发的行政规范性文件40件，已以区政府或政府办名义下发的行政规范性文件26件。区政府报市政府法制办备案行政规范性文件15件，区属部门和镇政府报区政府备案行政规范性文件8件，经审查，未出现修改或撤销的情况。

（王建宇）

【重大合同审核备案】 区法制办成立顺义区重大合同审核备案室，直接审核涉及重大项目决策、经济合同的重大合同74个，备案审核重大合同134个，总标的额达400多亿元。提出意见建议160多条，纠正问题合同70余个。防范了政府投资的法律风险，加强了对政府投资的监督，充分发挥了在政府法制工作中的参谋、助手和顾问作用。

(王建宇)

【行政规范性文件清理】 通过对顺义区区级和区属部门142件规范性文件进行专项清理,未发现有涉及不利于民间投资发展内容的文件,未出现需要废止或修改的情况。通过对顺义区区级和区属部门4件规范性文件进行专项清理,未发现与《国有土地上房屋征收与补偿条例》和本市征地补偿标准相抵触、不一致的情况。

(王建宇)

【推进依法行政工作】 一是强化组织领导。二是推进制度建设。三是组织督促检查。按照市依法行政办考核指标做好本区任务分解落实,组织指导行政机关做好备查资料的准备工作,完成市政府对区政府的依法行政年度考核。11月至12月,对顺义区80个行政机关和19个镇进行2011年度依法行政工作考核评议,研究存在的问题和工作措施,为区政府绩效管理专项考核工作和对各镇主要经济发展指标与社会调控目标考核提供真实、有效的数据。

(王建宇)

【行政执法管理】 7月份,区法制办举办执法资格公共法律知识考试,区属执法部门共百余人参加,40余名执法人员取得确认函。通过组织行政处罚案卷评查员考试评选出10名优秀案卷评查员,对区属20个行政执法部门79卷行政处罚案卷开展集中评查,并从中抽调10卷参加市法制办组织的案卷评查,合格率达到97%以上。

(王建宇)

【法制监督】 多次参加拆违、执法主体等方面执法协调会,协调相关部门,研究解决行政执法过程中涉及的法律问题,为执法部门依法查处案件提供法律支持。做好强执案件审核监督工作。《北京市禁止违法建设若干规定》施行后,及时出台区政府责成有关部门采取查封施工现场、强制拆除等措施的审批程序。年内共审核区城管大队上报的责成强拆违建法律文书19份,责成查封施工现场法律文书1份,对其中17份法律文书提出书面审核意见。参与监督指导天竺、仁和等乡镇拆违活动9次,确保程序合法。

(王建宇)

【学习贯彻《行政强制法》】 2011年6月30日,《行政强制法》颁布实施。围绕行政强制法重点内容,对区属31个执法部门1700余执法人员进行集中培训考试,并将考试成绩报市政府法制办备案。对区政府及政府办公室下发的149件现行有效规范性文件进行梳理,涉及行政强制内容的文件共有8件,均予以保留。

(王建宇)

【行政复议和行政诉讼】 区政府共受理行政复议案件33件,其中维持18件,终止10件,不予受理4件,驳回申请1件。承办市政府受理的以区政府作为被申请人的行政复议案件6件,其中维持1件,驳回申请5件。顺义区共发生行政诉讼案件171件,其中判决维持7件,裁定驳回起诉24件,判决驳回诉讼请求57件,裁定撤诉25件(其中18件为原告主动撤诉,7件为被告改变具体行政行为后原告申请撤诉),判决撤销的9件,判决确认违法的6件,未审结17件。

(王建宇)

外事工作

【概　况】 2011年,顺义区因公出国(境)工作按照优化结构、保障重点、压缩一般、任务对口的原则,科学规划出访任务,合理安排出访人员,健立建全管理制度,。

单位名称:顺义区外事旅游局
地址:顺义区光明南街7号

电话:(010)81483249
邮编:101300
网址:http://www.bjsyly.gov.cn

(王　辉)

【因公出国(境)】 顺义区共办理因公出国(境)手续80批169人。其中随团66批93人(随北京市52批63人,双跨14批30人),组团14批76人。局级领导11人,处级领导71人,科级及以下87人。无实质性出访团组得到有效控制。

(王　辉)

【外事接待】 认真做内好外宾接待工作,指导对外接待参观单位在语言规范、环境整改、接待流程等方面进行不断改进,在宾客与顺义区对外接待参观单位之间起到桥梁作用。全年共接待国内外来宾16批414人;其中国内来宾104人,国外来宾310人。

(王　辉)

信访工作

【概　况】 2011年,信访总量3357(批)次,同比去年下降7%,其中到区集体访219批次,同比去年下降4.4%。在敏感时期未发生到市群体上访,未发生到重点地区上访,未发生重大个体上访,全区信访形势平稳可控。
单位名称:中共北京市顺义区委
顺义区人民政府信访办公室
单位地址:顺义区府前中街2号
邮编:101300
电话:(010)69444198
电子邮箱地址:xinfb@bjshy.gov.cn

(信访办)

【变事后处理为事前排查】 进行了4次全区范围内的定期排查,通过梳理,建立全区矛盾纠纷项目库,实行区级领导和镇局级领导包案、区信访办督办,力促问题及时化解。同时,区信访办超前介入,进行专项排查,对拆迁工程、村两委换届、工资拖欠、城市供暖、农村冬闲及农村"四小"工程进行分类排查,提前制定工作预案,确定具体责任人员,将大量矛盾纠纷控制、化解在萌芽状态。

(信访办)

【完善领导包案制度】 根据顺义区委〔2009〕14号文件"确定重点问题,实行领导包案"的规定,结合顺义区实际情况,对全区21个重点信访问题出台区级领导包案文件。各包案领导积极协调处理案件,切实做到了包分析研判,包解决问题,包教育稳控,包息诉罢访,包依法处理。

(信访办)

【创新领导干部接访机制】 将"领导接待日"制度拓展为区、处两级领导接待日制度,并狠抓"访前接办、访中联办、访后落实"三个关键环节,探索实行"一梳理、三办制、四碰头、八联单"领导接待新机制,得到了中央信访工作督导组的肯定和认可。2011年,区领导共接待群众来访459批次,办结率100 %,初访化解率100%。

(信访办)

【重大决策信访风险评估】 坚持经济效益评估和社会稳定风险评估并重,在涉及群众利益的城市建设领域、企事业改革改制领域、公共服务与管理领域、涉农领域、社会保障领域等重大政策实施前、重点工程开工前,区领导亲自主持召开区委扩大会、政府常务会、专题会议,进行合法性、合理性、可行性、可控性评估,研究部署维稳工作;区信访办、维稳办、属地政府、责任单位均出具相应风险评估意见,对可能造成的不稳定因素进行安全稳定信访风险评估,提前研究,提早介入,制定预案。今年在市场改造、打击违法建设等工作中由于注重信访风险评估,提前制定了工作预案,各个环节、各个部门做到信息及时沟通,矛盾提前预防,增强了工作的主动性,保障了各项工作的顺利开展,实现了科学发展、群众受益和社会稳定的有机统一。

(信访办)

【用群众工作统揽信访】 推行北小营镇社会管理创新“1+1+15”工作模式和胜利街道社区干部“四包”机制。“1+1+15”模式是用群众工作统揽信访工作在农村地区落实的典型代表。即一名村民代表、一名党员联系帮助15户村民,村民代表和党员兼任信访矛盾排查调解员、信息员、政策宣讲员等“十大员”,在镇党委政府和村委的统一领导下积极开展工作,充分发挥村民民主自治的积极性和主动性,维护地区和谐稳定。胜利街道充分发挥基层群众工作优势,实行“街道、社区、楼、门”四级信访队伍建设,即街道干部包社区,社区干部包楼,楼长包单元,门长包户,信访问题小事化解在楼门,大事不出社区。

(信访办)

【塑造窗口良好形象】 4月20日召开全区信访系统开展创先争优活动动员部署会,制定并下发了“群众在我心中”征文和“优秀接待窗口”评选活动方案。区信访办在全区信访系统实施“党员挂牌上岗”和“接待场所悬挂党员暖心承诺栏”活动。全区19个镇、6个街道在各自接待场所的显要位置悬挂了党员暖心承诺公开栏,明确工作职能,履行岗位职责,党员干部统一佩戴胸牌,以一张笑脸、一把椅子、一杯热水、一声问候、一个答复的“五个一”标准严格接待。

(信访办)

信息工作

【概　况】 2011年,按照“统筹规划,需求主导,集约建设,资源共享”的原则,以“信息资源整合”为重点,扎实推进网络基础设施、门户网站和应用系统建设,形成“一张网络、两个门户、三大平台、四大系统”的发展框架。

单位名称:北京市顺义区信息中心

地址:顺义区府前中街5号

电话:(010)69461764

邮编:101300

网址:http://www.syic.bjshy.gov.cn

(信息中心)

【信息网络基础建设】 2011年区电子政务外网接入单位达805家,其中光纤宽带接入处级行政、企事业单位176家,中小学、幼儿园120家,社区卫生服务中心39家,派出所31个,劳动社保所25个,主要街道监控点22个,行政村392个。依据网络升级改造成功经验,对张镇网络进行升级改造,至此,全区共17个镇千兆接入电子政务外网。为进一步提高网络传输速度,信息中心对区电子政务外网进行了扩容,主干线路由原来的450M带宽增加至530M带宽,能够满足电子政务外网业务多、流量大、带宽高的办公需求。

(信息中心)

【电子政务办公服务平台】 一是优化完善平台内容,每天检查平台各栏目内容链接情况,确保无错链接、死链接。及时更新区内交通信息、区内电话、人事任免公告、下载专区等栏目信息,方便各部门用户及时查询相关信息。二是规范电子公文在线显示样式,采用新技术手段,将电子政务办公服务平台中上传的公文显示样式与实际公文保持一致。更方便了用户浏览习惯。三是强化区内共享区栏目应用,积极协调各单位将本单位信息、文件、领导简介、单位职能等在共享区发布,方便了各部门及时了解区内各单位的工作情况。

(信息中心)

【领导决策信息系统应用】 顺义区领导决策系统主要内容有领导日程安排、关注热点、各部门的决策信息等。通过领导决策系统掌握信息，全面、及时、经济。系统收集整理了47家委办局的决策信息，包括统计、财政、劳动、环保、城管、国土等单位的信息2593余条，领导会议安排1400余条。还整合了3个单位的业务系统，包括人口计生委的人口信息系统，水务局的雨量监测系统，气象局的气象信息系统。

（信息中心）

【建设网格化社区管理平台】 该平台包括：社区管理，网格管理，街道管理，这3大核心业务管理模块，以及基础信息模块，系统管理模块，统计报表模块，帮助支持模块，整合后的门户网站。一定程度上满足了街道和社区的日常管理工作。搭建街道－网格－社区三级上下联动、条块结合、信息通畅、资源共享、运转高效的智能社区管理平台，同时建立并完善网格化管理，监督，激励体制。

（信息中心）

【舆情监测工作】 2011年网络舆情监测工作紧紧围绕拆迁、廉政文化建设、医疗卫生、教育等百姓重点关注的热点问题，不断强化区两会、重大经济活动、文化庆典期间的网络舆情监测，进一步消除了网络空间的虚假或不完整信息。全年收集网页、论坛、贴吧、微博中关于顺义的虚假或不完整信息5000余条，累计监测、报送网络舆情事件100多个，通知各单位加强网络预警80余次，制作并报送《领导参考信息》43期，为领导决策和开展网络引导工作提供了参考和依据。

（信息中心）

【建设“市民主页——顺义区”】 10月30日，“市民主页——顺义区”正式上线运行，成为北京市区县内第二个市民主页正式上线的区县。设立了3个一级栏目，27个二级子栏目，涉及顺义区的政务、经济、民生、旅游等6个方面的内容。可以通过手机上网浏览“市民主页”，随时随地查询自己想要了解的各项基本情况和衣食住行等方面的服务。

（信息中心）

【顺义网城全面改版】 2011年7至10月间，顺义区信息中心对顺义网城进行了第十一次改版，改版后顺义网城的特点有：1、内容更加丰富，分类更加清晰，满足大众的不同需求；2、信息公开、在线服务、政民互动三大核心功能得到进一步深化；3、进一步丰富和完善民生类公共服务信息；4、语种多样，拓宽对外宣传交流途径。

（信息中心）

应急工作

【概　况】 2011年，以《突发事件应对法》及《北京市实施办法》为依据，以提高应急管理能力为重点，进一步健全体制机制、夯实基层基础，应急管理工作扎实推进。

名称：北京市顺义区突发公共事件应急委员会办公室

地址：顺义区府前中街5号

电话：(010)69434500

邮编：101300

（石　晶）

【应急体系建设】 区通信保障与信息安全应急指挥部组建完成，区属专项应急指挥部增至16个，在健全体制基础上，结合顺义区应急管理工作实际，对16个专项应急指挥部及其办公室主要职责进行了统一调整，进一步理顺专项指挥部运行机制，确保各专项应急指挥部工作开展的更加规范、顺畅。

（石　晶）

【突发事件处置】 区应急指挥中心协调处置顺义区各类突发事件100余起，在“北京世纪顺新门窗厂火情”、“裕龙四区配电站故障”等突发事件处置工作中，区应急指挥中心协调调度有力，各应急处置部门响应积极，通力协作,应急联动水平明显提升,突发事件处置能力进一步增强。2011年,在区应急系统各单位共同努力下,各类突发事件得到有效预防和处置,顺义区无重大及特别重大突发事件发生,公共安全态势平稳。

(石　晶)

【公共安全风险管理】 制定《顺义区人民政府关于加强公共安全风险管理工作的意见》,建立了78家相关单位构成的顺义区公共安全风险管理工作体系;针对“两会”、“五一”、“九一新学期”、“十一”等重点时期,组织区内相关单位对顺义区公共安全隐患进行风险评估,对评估出的风险采取有针对性的管控措施,有效做到了应急保障工作的关口前移;为防止水源地受外力破坏中断供水事故再次发生,区应急办组织区水务局、自来水公司对顺义区水源地隐患进行摸排治理,编制顺义区水源地分布图和详细信息,采取有效措施对存在的风险进行严密控制;积极开展顺义区市级重大风险评估工作,共评估出市级重大风险4项。

(石　晶)

【应急演练工作】 在总结2010年顺义区应急演练工作的基础上,制定《顺义区2011年应急演练工作实施方案》,积极组织开展民用航空器事故应急联动演练、校园防震防火应急疏散演练、道路运输成品油泄漏应急处置演练等区级重点演练活动。2011年,区市政市容委、民政局、安监局、义工联、空港工业区等有关部门开展不同形式、规模的演练活动500余次,切实增强了顺义区预防和应对突发事件的能力。

(石　晶)

【宣教培训工作】 以全国第三个“防灾减灾日”为契机,在顺义区组织开展“防灾减灾从我做起”的主题宣传周活动,发放科普宣传材料6万余份;以区内主要社区建成的“应急管理科普宣传栏”为宣教阵地,向基层群众广泛宣传应急知识,普及基本的预防、避险、自救、互救、减灾等技能常识,提高群众自救互救能力;区应急办联合区红十字会共同推进应急救护知识与技能培训工作,顺义区范围内共完成初级急救员培训6595人,区内150名应急管理工作人员通过北京市红十字会理论知识和技能操作考核,获得“初级急救员”证书。

(石　晶)

【预案管理工作】 根据全市统一工作部署,开展《顺义区突发事件总体应急预案》修订工作,并修订了《顺义区突发事件应急预案管理办法》,进一步加强对顺义区应急预案编制、修订和管理工作的规范与指导。开展了属地应急预案、专项应急预案、部门应急预案编制情况调查摸底工作,为启动新一轮区级预案修订工作做好了充分准备。

(石　晶)

【信息管理工作】 强化突发事件信息管理工作,制定《顺义区突发事件信息管理办法实施细则》、《顺义区突发事件处置信息报送流程》,进一步规范突发事件信息监测、报送等工作标准;大力开展日常信息报送工作,统计顺义区应急信息员,完善信息报送网络,2011年向市应急办报送工作信息200余条;信息决策辅助作用进一步强化,针对年初全市持续无降水、日本地震导致群众集中购买食盐等情况,对相关单位开展的应急保障工作进行分析汇总,形成信息专刊,辅助区领导决策指挥。

(石　晶)

【技术保障工作】 建立应急指挥技术平台机房检查记录和机房操作记录台账,定期进行设备巡检,对指挥平台大屏幕控制软件、UPS备用电源、有线调度系统数据进行更新维护,确保了平台系统运行稳定;完成区卫星地面接收站、民防指挥所IP视频会议系统建设工作;积极推进顺义区图像信息管理系统建设、使用管理及维护工作;根据全市部署开展物联网应用建设前期工作;启动顺义区应急管理软件应用系统建设工作;应急移动指挥车使用管理进一步规范，根据使用管理规定定期进行巡检拉练，全年共出动指挥车20余次，有效保障了系统的正常运行。

（石　晶）

人口与计划生育

【概　况】 年内，顺义区低生育水平始终保持稳定，人口调控工作取得明显成效，常住人口91.5万人。顺义区常住人口出生7941人，政策符合率96.9%，自然增长率3.6‰，总和生育率1.2，出生人口性别比保持在正常值范围内。

单位名称：顺义区人口和计划生育委员会

地址：顺通路AMB大厦4层

电话：(010)89445425

邮编：101300

网址：http://www.fc.bjshy.gov.cn

（张红蕊）

【奖励扶助、特别扶助金发放】 顺义区奖励扶助男孩家庭每人每年600元，女孩家庭800元。特别扶助家庭每人每年1200元。区财政累计为2160名奖励扶助对象、148名伤残特别扶助对象、254名死亡特别扶助对象发放扶助金192.74万元，镇级发放162.13万元。4个镇提高镇级奖励扶助金标准，最高的南法信镇独女户每人每年增加到2400元。17个镇出台镇级特扶政策，1个镇提高额度，最高镇级特扶金达到每人每年3600元。

（张红蕊）

【规范药具工作】 一是下发《顺义区经济功能区及其驻区企业计划生育药具管理和服务工作的规定》，明确各单位在药具服务管理中的职责。二是组织区属经济功能区主管领导和企业药管员学习药具知识和法律法规。三是通报顺义区上年药具领取情况，并责成专人现场督促药具发放工作。四是免费制作发放药具自取箱。规范后，14个区属经济功能区及108个驻区企业的药管员与区药具站建立了日常联系。

（张红蕊）

【人户分离人员计生服务管理】 11月25日，顺义区人口计生委在胜利街道办事处举办人户分离计生服务管理研讨会，6个街道及8个拆迁村较多的镇参加。各镇街采取三种方式加强人户分离人员计划生育管理工作。一是分类建档，实行重点人群重点管理。二是实行责任制，各居委会实行包楼干部责任制，提高监管力度。三是利用经济引导，对参加孕检人员给予误工补贴，对采取长效措施的给予奖励。

（张红蕊）

【流动人口计划生育区域协作】 区人口计生委在上年基础上又与山东省德州市、安徽省阜阳市、河北省邢台市、河南省南阳市等四省六市的人口计生委（局）分别签订了《流动人口计划生育双向服务管理协议书》。截至年底，已经与河北等5省市的10个地区建立了区域协作关系。

（张红蕊）

【村级计划生育家庭养老保障】 有120个村增加村级养老金发放额度，全年各村累计发放养老金达到1605.8万元，受益老人超过1.3万人。后沙峪镇枯柳树村、赵全营镇解放村计生老人每年领到的村级养老金已超万元。

（张红蕊）

【计生家庭劳动力全员就业】 顺义区人口计生和人力社保部门联合下发了《顺义区计划生育家庭劳动力全员就业工程实施意见》。通过专场招聘和日常招聘的工作形式，优先解决计划生育家庭劳动力的就业问题。并形成每月一报、随时推荐的常态工作机制。工作开展以来，培训有就业需求的计生家庭劳动力7045人次,推荐就业5786人。

(张红蕊)

【启动“健康生育计划”】 继续为准父母免费发放叶酸。在两个试点镇开展免费孕前优生健康检查,为新婚夫妇免费发放健康生育服务包5000余个。年内,顺义区出生缺陷发生率大幅度下降,户籍人口出生缺陷发生率降至8.44‰,常住人口9.86‰,比2008年的15.89‰降低6个千分点,远低于北京市和全国平均水平。

(张红蕊)

【兑现专干考核奖励】 对16名离任专干给予2000元的一次性奖励。为在职的436名村专干、83名居委会专干兑现考核奖励。为78名工作突出且无固定经济来源的离任村专干兑现月补贴。

(张红蕊)

总部企业高管人员服务

【概 况】 北京市顺义区总部企业高管人员服务中心(以下简称中心)于2009年8月经北京市顺义区人民政府批准成立,中心下设办公室、政策法规部和联络服务部。中心的职责是:兑现顺义区鼓励企业发展的各项优惠政策;协调解决企业的各种问题和困难;为企业中的高管人员及家属提供全方位、个性化服务;完成区政府交办的其他工作。中心的职能定位是:“秉承以人为本理念,坚持亲商促商目标,整合各方服务资源,提供优质高效服务,搭建政企交流平台,助推总部经济发展”。中心的服务理念是:“用心服务至高,共谋发展至上;源于您的需求,悦于您的满意”。

单位名称:北京市顺义区总部企业高管人员服务中心

地址:顺义区建新西街3号

电话:(010)89498007

邮编:101300

(李鹏飞)

【理顺组织领导体系】 为便于协调各项服务保障工作,将原设在区发改委的临时办事机构——区总部企业金融机构服务中心取消。改为在总部企业金融机构推进委员会下设办公室,办公地点设在我中心,负责统筹协调涉及总部企业及高管人员各项日常服务工作。

(李鹏飞)

【建立责任人制度】 根据顺政发〔2008〕59号文件精神,中心会同区编办共同研究制订了《顺义区总部企业金融机构推进委员会成员单位职责》(顺政发〔2010〕42号文件),并确定了各单位一名副职领导为责任人,负责统筹协调涉及本部门的各项服务事宜。职责的拟定从制度上保障了高管人员服务工作的有效开展。

(李鹏飞)

【参与修订临空经济区“1+X”政策体系】 对《顺义区人民政府关于进一步优化临空经济区发展环境的若干意见》涉及的企业奖励、高管人员服务等提出了建议,部分意见已充实到文件中。意见将推进顺义区政策集成创新,引导高端产业聚集发展,为企业及高管人员创造更优良的发展环境。

(李鹏飞)

【协调解决企业实际困难】 在为企业服务方面,协调解决了一企业在建设过程中涉及的市政设施、审批验收等三大类十个问题;积极协调解决了一企业的办公用地;协助一企业办理在其公司内设置医疗室的审批事宜;协调国航高管人员参观现代汽车生产线,并进行新车试驾,同时正在协助其购买现代汽车两辆;对于机场周边多家企业反映的职工住房问题,中心在和北京苏活方面充分沟通的基础上,专门陪同新华航等企业现场查看房源。待企业所需购房数量最终确定后,服务中心将统一与房地产开发商进行团购优惠洽谈。

（李鹏飞）

【为高管提供个性化服务】，解决了近20名企业高管子女入学问题、协调解决了高管购房一例；也受理了多起企业特殊人员户口进京申请，其中3例6人在区有关部门的大力支持下已解决。还有部分高管入京户口手续正在办理中。对户口问题的快速解决，中航发动机项目管理部新型发动机办公室主任专程登门感谢。

（李鹏飞）

【协助解决高管的签证和医疗服务】 中心派专人赴市商务委协调现代汽车高管的签证问题，6名韩国籍高管的两年限签证手续正在办理之中；对于现代汽车提出的高管人员便捷医疗服务问题，服务中心已协调好区医院，满足现代高管就医需求；得知机场某企业总经理因病住院的情况后，服务中心派专人赴309医院进行慰问，代表区政府向其表达了问候；不定期向高管人员发送温馨短信，提醒降温、雨雪等天气情况以及重要节日问候、生日祝福等内容，深得高管人员赞誉。

（李鹏飞）

安全生产监督

【概　况】 全年组织安全生产培训54期，组织各类考核20批次，累计培训10873人。先后开展了建材、油漆等行业专项整治25次，开展对M15号线工程、批零市场、有限空间、校园安全等联合执法32次，开展北京国际汽车用品展览会、中国国际服装服饰博览会等大型活动安全保障31次。全年检查生产经营单位5613家次，下达执法文书3043份，查处事故隐患6382项，经济处罚170.1万元。顺义区共发生交通事故358起，同比下降17.9%，死亡90人，同比上升1.1%；发生火灾事故165起，同比下降6.3%；发生生产安全死亡事故4起，死亡4人，未突破市政府下达的生产安全事故控制指标。

单位名称：顺义区安全生产监督管理局
地址：顺义区仓上街3号
电话：(010)69443437
邮编：101300
网址：http://www.ajj.bjshy.gov.cn

（张义刚）

【新管理办法出台】 4月1日，顺义区出台了本市首个《危险化学品使用单位安全生产监督管理办法》(以下简称《办法》)。《办法》共分5章27条，内容明确了40家属地、9种行业、5家专项及1家安全综合监督管理部门职责，对使用单位落实企业安全生产主体责任做出了奖惩规定。

（王　清）

【“安全生产月”宣传咨询日活动】 6月15日，由区委宣传部、安全监管局等10家单位共同主办的2011年顺义区“安全生产月”宣传咨询日活动在北京江河幕墙股份有限公司举行。与会领导和代表在参观了企业安全文化展示区、北京江河幕墙生产线和顺鑫农业第六届书画摄影作品展。活动期间，还开展了授旗、发放安全生产教育培训手册和事故隐患自查自报标准解读宣传片等活动。

（柳　静）

【应急演练活动】 6月22日至28日，顺义区多行业、多部门分别进行了应急演练活动。区安全监管局组织相关行业部门、属地政府和生产经营单位分别对服装行业“应急响应、初期灭火、人员疏散”、非煤矿山“汛期雨水多发，造成个别地段山体滑坡，导致矿山工人被砸伤的应急处置”、交通运输部门“油罐车车辆事故罐体油品泄漏处置”、水务部门“有限空间急性中毒、窒息的处置”的演练进行了观摩,并组织了讲评和总结,观摩总人数达到760人次。

(王绍荣)

【安监总局来顺义调研】 7月12日,国家安监总局副局长孙华山及中国安科院、中国安全生产协会一行12人到顺义区调研安全生产分类分级和隐患自查自报工作。。

(张义刚)

【创新成果获奖】 8月5日,由北京市委宣传部 北京市经济和信息化委员会,北京市科学技术委员会联合主办的“信息北京十大应用成果”颁奖活动举行,顺义区安全监管局报送的“北京市顺义区安全生产综合监管动态管理系统研究”项目被评为“2010信息北京十大应用成果”,并申报国家安监总局第五届科技成果奖和国家安监总局创新工作奖。

(柳　静)

【安全生产主题宣传日活动】 9月14日,召开安全生产主题宣传日活动和学习贯彻《北京市安全生产条例》动员部署大会。现场通过发放宣传材料、开设专栏展板及现场讲解等方式,详细介绍了新《条例》修订的背景和必要性。区发改委、住建委、商务委等18家行业部门和19个镇、6个街道、15个经济功能区以及70余家建筑企业、危化企业、人员密集企业参加了会议。

(徐　慧)

【全国安全隐患排查治理现场会】 10月26日至27日,全国安全隐患排查治理现场会在北京市顺义区召开。国家安监总局党组书记、局长骆琳出席会议并讲话;北京市委副书记、市长郭金龙出席会议并致辞;顺义区区长王刚做了隐患排查治理体系建设工作汇报。各省级安全监管部门、煤矿安全监察机构426人参加了会议。

(张义刚)

【安全生产标准化建设】 10月28日,顺义区继广州市、沈阳市、宁波市、诸城市后被列为全国安全生产标准化建设示范试点城市。安监总局要求,试点城市要大胆先行先试,创新工作思路,创新达标模式,创新监管体制机制,建立一套切实可行的激励约束机制,为全国深入开展安全生产标准化建设工作积累经验,发挥示范引领作用。

(梁顺星)

药品监督管理

【概　况】 依托药品安全百千万工程创建,加强“具有首都水平、体现顺义特色、服务区域发展、满足百姓需求”的药品安全环境建设,在全市区县率先完成了“10个药品安全示范镇(街)、40家药品质量管理示范企业、500名药品安全员队伍”的创建任务,顺利通过北京市组织的药品安全百千万工程检查验收。

单位名称:北京市药品监督管理局顺义分局

地址:顺义区石园北区东侧民政局综合办公楼

电话:(010)81494106

邮编:101300

网址:http://shunyi.bjda.gov.cn

(高　茜)

【药品安全百千万工程】 药品安全百千万工程指在全市创建100家药品质量管理示范企业、1000个药品安全示范镇(街)和10000名药品安全员,区顺利完成了创建任务。通过药品安全“百千万工程”创建,形成了“政府主导、镇街担责、部门协同、企业自律、药监指导、社会参与、全民共建”的创建格局和运行机制,北小营镇“1+1+15”监管模式、牛栏山镇药学服务进社区、胜利街道创新社区药学文化建设、龙湾屯镇小手拉大手、药品安全知识竞赛等,成为顺义区药品安全工作融入社会管理创新的典范,百姓用药安全保障、药品监管社会化程度增强。

(高　茜)

【依法打假治劣】 全年受理投诉举报75件,调查终结75件,核查处理率100%,其中立案行政处罚9件。药品安全专项整治取得突破性进展。

(高　茜)

【常态监督管理】 完成9家企业44个在产基本药物非注射剂品种的处方和工艺核查,建立起基本药物品种监管档案,全面实现了基本药物生产企业电子监管。完成药品基础测试210件、针对性抽验230件,抽验合格率99.1%,。

(高　茜)

【供保体系建设】 全年招标配送药品突破7亿元,区医院、中医院、妇幼保健院初步实现与区医药药材公司的药库托管,基本形成了区域集中设库、院内零库存管理、减少环节成本、动态信息控制、托管物流储备、供应及时顺畅、质量全程监管、拓展医学服务的运行模式和机制。应急药品储备工作扎实有序,社区常用药品的品种品规增加及其零差率制度实施更加普惠百姓。

(高　茜)

【辖区药品市场】 依法依规履行审批制度,建立监管与相对人相互诚信机制,推进依法治药与以德治药相结合,推动分级管理达标升级,建立部门联动机制,严格控制假冒伪劣药品流入流出,区域药品市场秩序稳定、运行有序。全年办理药品经营许可371件,注销药品经营企业20家,公示率100%,为相对人节省工作日2700个。

(高　茜)

【百姓用药环境】 抓药品生产流通领域全过程、诸环节监管,深入普及药监法规、药学知识,努力营造"人民药监人民建、人民药监人民管"的社会氛围,着力创建"一切为百姓安全用药、为一切百姓用药安全"的市场环境。顺义区无内源性制假售假大要案发生,无重大药品安全责任事故,社会满意率保持在98%以上。

(高　茜)

【区域医药经济】 推进新版GMP落实,优化产业产品结构,医药经济平稳较快发展。北京韩美药品有限公司率先通过新版GMP认证,北京威高亚华人工关节开发有限公司、安宜卫生材料厂顺利通过医疗器械GMP认证。主动承担天竺综保区涉药企业审批工作,积极探索适应综合保税区药品安全监管模式,顺利完成综保处工作交接,为综保区医药经济发展营造了氛围、积累了经验。药品生产企业实现生产总值22.3亿元、税金2.7亿元,分别较2010年增长79.3%和41.55%。

(高　茜)

市场经营管理

【概　况】 年内,通过扩规模、优结构、拓空间、强产业,不断夯实中心实力。在便民市场拆迁、平抑市场物价的情况下,2011年完成市场经营收入2121万元,比年初计划增收119万元。通过托管、租赁等合作形式,年内新增澜西园、新裕龙、西辛南、西辛北4个市场,中心所辖市场总数增至47个。

单位名称:顺义区市场经营管理中心
地址:顺义区仁和地区仁和工商所西院(石园街10号)
电话:(010)69442855
邮编:101300
网址:http://www.shysczx.bjshy.gov.cn

(周伯春)

【裕龙菜市场正式开业】 新裕龙菜市场于10月19日正式开业,该市场产权隶属北京市顺义大龙城乡建设开发总公司,日常经营管理由市场中心负责。市场投资500余万元,厅内面积1400平方米,经营摊位143个,年成交量474公斤,成交额2365万元,保障周边六个小区4万余人的生活必须品供应。新市场开业后,关闭了滨河临时早市。

(周伯春)

【澜西园市场投入使用】 澜西园市场于7月1日正式投入使用,该市场采用轻钢结构、阻燃材料建设,投资300万元,厅内面积980平方米,容纳摊位103个,年成交量112万公斤,成交额562万元。保障周边四个居民小区1.8万人的生活必需品供应。

(周伯春)

【重点实事工程】 按照区政府农贸市场建设实事工程项目,2011年投资1500余万元,对吉祥花园、仓上东发、南竺园(二期)、杨镇集期(二期)等农贸市场进行了升级改造,总面积达5000多平米。同时,实事工程之外还完成了尹家府集期市场与大孙各庄集期市场的合并;西辛南、西辛北市场的接管;鑫绿都石园东区、体委两家分店的拆迁;新便民市场建设的前期准备工作正有序推进。

(周伯春)

【农贸市场公益性经营】 北务产地批发市场开办5年来,实施全程不收费,提供免费过磅、免费结算、免摊位费、免卫生费的“四免”服务。零售市场在蔬菜价格波动期间,增设“惠民菜摊”,平抑稳定市场菜价。市场中心各菜市场开展人性化服务,为1443户上市自产菜、60岁以上、老弱病残、下岗再就业、复转军人商户减免摊位费达255万余元。

(周伯春)

【市场管理工作】 按照市场规范化管理“七化”标准,我们重点对市场卫生环境、经营秩序、食品及消防安全进行了综合整治,下发告知书3710份,签订责任书1998份,拆除私搭乱建108处,更新不规范及破旧广告牌238块,引导市场周边游商211家入市经营。同时,聘请6名区人大代表和2名市场商户,作为监督员监督我们在农贸市场经营管理等方面的行为,并与区有关职能部门、镇政府、村委会建立了联合监管机制。

(周伯春)

对外联络

【概　况】 北京市顺义区人民政府对外联络办公室(副处级、简称区政府外联办)于2010年2月经北京市顺义区人民政府批准成立。区政府外联办由区政府办公室管理。主要职责是:负责中央、市属机关、驻顺部队、企事业单位和驻区企业的服务、日常交流合作等工作;负责与北京市综合服务平台对接,协调建立为中央、市属机关、企事业单位服务的综合服务机制;参与研究制定服务驻区企业和高管人员的各项优惠政策,并指导协调有关部门组织落实;组织协调中央、市属机关、驻顺部队、企事业单位和驻区企业开展交流研讨活动等;指导协调本区有关部门和各镇开展相关服务工作,并督促检查工作落实情况;承办区政府及区政府办公室交办的其他事项。

单位名称:北京市顺义区人民政府对外联络办公室

地址:顺义区建新西街3号

电话:(010)89498007

邮编:101300

(李鹏飞)

【日常走访】 春节、元旦、五一、八一、中秋等节日,向国航、首都机场集团等27家重点企业的高管人员及部队赠送了礼品、节日贺卡及慰问品等,并在走访中分别送去了郁金香文化节、菊花文化节门票及樱桃采摘票等,代表区政府向他们表达了问候。

(李鹏飞)

【联谊活动】 召开了由现代汽车、国航、机场集团、华夏基金等近三十家重点企业参加的企业工作座谈会两次，听取企业及企业高管人员的问题、困难，并就今后如何更好地为企业及高管人员做好个性化服务，广泛征求了意见和建议。同时就企业高管户口进京、企业职工住房、交通等方面问题提出建议，组织专题会议对建议进行研究部署，做到了件件有落实。

（李鹏飞）

【协调解决个人需求】 协助解决高管子女入学共计7例（其中从外地转入顺义入学的3例），帮助企业10名高管人员协调解决户口进京问题，目前已有1名高管人员的户口进京问题进入审批阶段；同时积极协调区属相关部门解决中石油下属的中石油天然气运输公司、中石油昆仑燃气公司、中油燃料股份有限公司及中石油测井公司关于税收奖励、职工住房补贴、子女入学等有关问题；就企业高管人员体检不够全面系统的问题，专门协调相关医院为中国航空油料集团、首都机场航空安保有限公司等企业8名高管人员进行了体检，并对住院治疗的2名高管人员派专人前去慰问，送上了区领导的祝福及慰问品。

（李鹏飞）

【协调解决企业需求】 对中粮集团有限公司、中国中煤能源集团有限公司、中国航空油料集团公司、中国航空器材集团公司、中国民航信息集团公司5家企业提出大市政遗留、纳税转移等6个问题及支持中国石油天然气集团公司油库项目选址的问题，召开专题会议，协调区内相关职能部门主动为企业提供全方位服务，并及时给相关企业予以回复。

（李鹏飞）

【为驻顺部队办实事】 为武警一师训练基地和江河幕墙有限公司警民共建牵线搭桥，促使双方完成了共建工作；会同交通局等有关部门进行实地调研，筹划解决事宜，按照特事特办的原则，积极协调北京骏马客运有限公司，在充分考虑安全及不影响周边群众等因素的情况下，在部队路口安置便民招呼站，快速解决了空军技术侦察一局六处100余名指战员及家属出行难问题；95830部队提出参观大型企业的愿望，外联办立即与北京现代汽车有限公司进行沟通协调，在较短时间内先后三次调整了参观的总体安排，确保了参观按时有序的进行。

（李鹏飞）

【节日慰问】 2011年春节、八一等节日，与区武装部、区民政局、区精神文明办等单位就军地联谊长效机制建设等事宜进行了广泛深入的探讨，制订了具体措施，对驻顺14家部队逐一进行走访慰问，把总价值40万余元的慰问品送进了军营；在95919部队迁入新建营房后，筹措1万余元为该部队购置了部分文体器材。

（李鹏飞）

档案工作

【概况】 2011年，区各立档部门、档案局（馆）和档案工作者，学习全国家和北京市档案工作精神，积极改善档案工作环境，不断加强档案资源建设、档案规范化建设、档案信息化建设，促进了全区档案工作的顺利开展。

单位名称：北京市档案局
地址：顺义区光明北街4号
电话：010－69441542
邮编：101300
网址：http://dangan.bjshy.gov.cn

（沈西宁）

【天津市北辰区档案局（馆）参观考察】 3月4日，天津市北辰区档案局（馆）来学习考察。听取了档案馆晋升国家一级档案馆时的各项准备工作,在条件保障、基础业务、开发利用、信息化建设等方面的详细讲述,并参观了馆藏陈列馆、档案查阅大厅。

(沈西宁)

【大型海洋生物科普展】 与广西玉林创奇展览服务公司合作,举办了大型海洋生物科普展,参观者达5000余人。

(刘胜利)

【继续教育培训】 举办为期2天的档案人员继续教育培训班,全区档案工作人员共240余人参加。

(李爱军)

【举办大型党史展览】 以"绿港党旗红"为主题的顺义区纪念中国共产党成立90周年的大型党史展览在区档案馆举行,展览共分红色记忆、潮白新曲、绿港辉煌、奔向未来四个部分,共制作展板87块、利用照片369张、展出珍贵实物118件。6月24日,张延昆、王刚、陶宝金、胡尚云、闫立刚等区领导观看了展览。

(沈西宁)

【加强档案安全检查】 为强化档案安全意识,确保档案安全,区档案局对40个立档单位的档案室按照"八防"要求进行了抽查,对防火情况进行了重点检查。

(刘胜利)

【修订完善收集档案范围的规定】 落实《北京市区县档案馆收集档案范围的规定》,通过开展档案工作调研,研究落实具体措施,确定了接收范围,制定了档案馆档案接收范围的修订计划,编制了《顺义区档案馆接收档案单位名册》,修订完毕了《顺义区档案馆收集档案范围的规定》。

(王　颖)

【台湾代表团参观区档案馆】 7月29日,出席"2011年海峡两岸暨微缩管理学术交流会"的台湾中华档案暨资讯微缩管理学会代表29人参观了顺义区档案馆。

(沈西宁)

【第三届"档案馆日"】 10月16日,举办了以"档案连着你和我"为主题的第三届"档案馆日"活动。这次活动主要包括:馆室开放、互动体验、文化展示、咨询公示等。活动当天,区档案馆共接待各界群众360余人,发放宣传资料近500份。

(沈西宁)

【开展村级档案检查】 11月15日-28日,区档案局对全区19个镇38个行政村的档案工作进行现场检查。重点查看了土地承包档案归档情况、各门类档案集中管理、档案整理规范、编研材料续写等方面。

(李爱军)

地方志工作

【概　况】 年内,地方志主要做了三项工作。一是二轮修志材料的收集与业务培训工作;二是编纂年鉴工作;三是政协委员提案办理工作。

单位名称:顺义区党史区志办公室
地址:顺义区光明北街4号
电话:(010)69460011
邮编:101300

(刘秀娟)

【志书材料收集与培训工作】 指导全区几十家单位进行了志书材料的编写和试写,九十多家单位已经上报了材料,我们对这些电子版文稿进行了认真审阅和修改,完成审阅近五十家单位几百万字。为增强修志工作的编辑力量,今年聘请六位人员到史志办开展修志工作。按照修志工作流程,细化了工作内容和工作任务。同时为了更好地开展修志工作打好业务基础,针对二轮《顺义区志》材料的收集、组稿、编写等问题进行研究和探讨。

分别组织召开了三次二轮修志编纂情况研讨及业务培训会。我们还编辑了两册修志材料汇编,并发放到每一位编辑手中供学习和研讨。

（刘秀娟）

【年鉴工作】　编纂完成了《2012 北京顺义年鉴》,年鉴共收录全区 175 家单位,原始文字稿件 120 多万字,编辑整理出 70 多万字。收集图片资料 36 张。征集年鉴彩页 60 家单位,图片 300 多张,整理出 80 多个版面。同时,编写上报《北京年鉴》、《北京农村年鉴》等材料,按时完成了市地方志办公室、市农研中心年鉴编写任务。

（刘秀娟）

【提案办理工作】　2 月,史志办高度重视政协提案办理工作。在收到政协提案后(即:关于建议编制顺义镇村级年鉴的建议)迅速召开了专题会议,统一了思想,明确了责任。我们严格按照区政府督导室要求,“定人员、定时间、定任务、定责任”,确保办理工作的严肃性、规范性和工作效率。于 4 月 10 日办理完成,得到了政协委员“非常满意”的答复。

（刘秀娟）

政协北京市顺义区委员会

【概　况】 2011年共召开2次政协全体委员会议、6次常委会会议,组织常委、委员共进行了5次工作视察,听取和讨论了“一府两院”的工作报告及区委、区政府有关部门的情况通报,并通过座谈协商、提交提案、反映社情民意、进行专题调研、开展特约监督工作等多种形式就顺义区重点工作和人民群众关心关注的问题积极建言献策,全年共协调有关部门办理委员提案127件;向区委、区政府及有关部门报送《社情民意反映》14期,其中区领导批示6期;向区委、区政府有关部门报送《协商意见》5期,向区委有关部门报送了《以“三心五民”理念指导和推动政协工作的实践与思考 》、《北京临空经济区建设情况的分析与思考》等专题调研报告,有效履行了政治协商、民主监督、参政议政的职能。充分发挥了人民政协包容各界、联系广泛、人才聚集的独特优势,积极动员和组织经济界委员扩大招商引资、促进区域经济发展,并开展义诊、慰问、联谊等多种形式的连民心、办实事、送温暖活动,为构建和谐顺义增添助力。召开纪念建党90周年座谈会,邀请区委、区人大、区政府领导及有关部门负责人出席会议,与参加座谈会的区内各族各界代表人士共谋发展,共话和谐,起到了凝心聚力的积极作用。召开了第三届委员会五年工作总结大会,对2011年度优秀提案委员及招商引资、促进区域经济发展优秀委员进行了表彰。

单位名称:政协北京市顺义区委员会
地址:顺义区府前东街11号
电话:(010)69443831
邮编:101300
网址:http://www.zhengx.bjshy.gov.cn

(王　俊)

【区政协三届五次会议】 1月4日至7日在顺义宾馆举行。会议审议通过常务委员会工作报告和提案工作情况报告。全体委员列席顺义区第三届人民代表大会第六次会议,听取并讨论政府工作报告和其它报告。召开部分区政协委员与区委、区政府领导及有关部门负责人协商座谈会,形成11项协商意见。会议期间共收到委员提案119件,经提案委员会审查全部予以立案。

(王　俊)

【区政协四届一次会议】 12月18日至21日在顺义宾馆举行。会议审议通过了第三届区政协常务委员会工作报告和第三届区政协关于提案工作情况的报告。全体委员列席顺义区第四届人民代表大会第一次会议,听取并讨论政府工作报告和其它报告。召开区领导与部分政协委员座谈会,形成35项协商意见。选举产生了政协北京市顺义区第四届委员会主席杨宝华,副主席田建国、闫志广、孙桂祥、田家玉、李向英、刘静,秘书长李景林以及46名常务委员会委员。会议期间共收到委员提案174件,经提案委员会审查全部予以立案。

(王　俊)

【第三届常务委员会第23次会议】 1月7日召开。审议通过《政协北京市顺义区第三届委员会常务委员会2011年工作要点》。

（王 俊）

【第三届常务委员会第24次会议】 3月30日召开。听取区社会建设办关于顺义区社会建设工作的情况通报。常委们视察了北小营村和怡馨家园第二社区。综合部分常委的会议发言，形成了6项协商意见。

（王 俊）

【第三届常务委员会第25次会议】 5月31日召开。听取区环境办关于顺义区环境建设的情况通报。常委们视察了天竺镇楼台村和北小营镇马辛庄村。综合部分常委的会议发言，形成了5项协商意见。会议决定：成立区政协城建环保委员会、区政协民族宗教委员会两个区政协专门委员会。

（王 俊）

【第三届常务委员会第26次会议】 8月30日召开。听取区纪委关于顺义区党风廉政建设和反腐败工作的情况通报。综合部分常委的会议发言，形成了6项协商意见。

（王 俊）

【第三届常务委员会第27次会议】 11月11日召开。会议决定了政协内部人事调整，通过政协北京市顺义区第四届委员会委员人选名单，决定区政协四届一次会议召开的时间、地点，并将四届一次会议议程、日程安排（草案）、主席团成员、秘书长建议名单（草案）、《选举办法》（草案）提交四届一次会议预备会议审议通过。会议原则通过常委会工作报告和常委会关于提案工作情况的报告，并责成有关工作人员修改后提交区政协四届一次会议审议。。

（王 俊）

【第四届常务委员会第1次会议】 12月21日召开。审议通过《政协北京市顺义区第四届委员会常务委员会2012年工作要点》和《政协北京市顺义区第四届委员会各专门委员会组成人员名单（草案）》。

（王 俊）

【宣传工作会议】 1月20日召开，总结2010年政协宣传工作，部署2011年政协宣传工作。区委宣传部、区政府办公室、广电中心、信息中心等有关部门出席会议。

（王 俊）

【专委会联席会议】 2月17日召开。会议研究部署2011年度区政协各专门委员会工作，各专门委员会分别讨论制定年度工作要点。

（王 俊）

【反映社情民意信息工作会议】 3月9日召开，总结2010年度反映社情民意信息工作，部署2011年度反映社情民意信息工作。

（王 俊）

【招商引资项目推介会】 3月15日，举办以北京天竺综合保税区管委会、顺义新城管委会为重点的招商引资项目推介会。部分委员及区内外经济界友人参加了会议。

（王 俊）

【提案办理现场会】 5月24日在区交通局召开。提案委员参加会议，区政府督查室有关领导应邀出席会议。交通局领导就8件有关交通运输方面的提案办理情况进行了说明和答复。提案委员在座谈中对办理结果十分满意，并在提案办理意见上签字。

（王 俊）

【视察顺义区城市管理监察工作】 5月25日，区政协组织部分政协委员视察顺义区城市管理监察工作。委员们视察了城管大队办公场所及规化建设情况和万家建材城拆违现场，听取了城管监察大队关于顺义区城市管理监察工作的情况通报。

（王 俊）

【庆祝建党90周年座谈会】 6月16日召开。顺义区各民主党派、工商联、无党派人士、部分区政协委员围绕“没有共产党就没有新中国、没有共产党就没有中国特色社会主义”这一主题,联系顺义区以及各自工作的实际进行座谈发言。会后编印了《顺义区各族各界代表人士纪念建党90周年征文选编》,报送区委、区政府领导及有关部门参阅。

(王　俊)

【视察顺义区流动人口服务管理工作】 6月22日,区政协组织部分委员视察顺义区流动人口服务管理工作,视察了南彩镇前俸伯村和石园街道石园西区流动人口服务管理工作,听取了区流动人口管理服务中心关于顺义区流动人口服务管理工作的情况通报,并就加强流动人口服务管理工作提出了意见和建议。

(王　俊)

【视察重大项目】 6月24日,区政协经济委组织部分委员视察了北京汽车研究总院、中国核工业二三建设有限公司总部项目、现代三厂等重大项目。区经信委介绍了顺义区产业项目呈现出的特点、顺义区重大产业项目建设进展以及对顺义区经济社会的影响等情况。

(王　俊)

【上半年经济形势通报会】 7月29日在顺义宾馆召开,副区长李友生就顺义区上半年的经济形势作了详尽的情况通报。

(王　俊)

【捐资助学献爱心活动】 8月26日,区政协组织部分政协委员到杨镇一中开展"捐资助学献爱心"活动,为该校低保家庭大学新生捐助助学金。

(王　俊)

【义诊活动】 10月18日,组织部分政协委员、民主党派的医疗界专家到李桥镇沿河地区开展义诊活动,共有300多名涉及内科、外科、中医科等科,特别是风湿科从事农业生产的就业者得到了检查、诊断、治疗、咨询等面对面的专家服务。田建国参加义诊活动。

(王　俊)

【落实中共十七届六中全会精神部署会】 10月24日召开。会议传达区委关于深入学习贯彻落实中共十七届六中全会精神的有关安排和要求,对区政协深入学习贯彻落实中共十七届六中全会精神进行部署。

(王　俊)

【第三届委员会五年工作总结大会】 11月18日召开。会议回顾和总结了区政协第三届委员会五年来的工作。表彰12件2011年度优秀提案和12名2011年度招商引资促进区域经济发展的优秀委员。

(王　俊)

【四届一次会议宣传报道工作座谈会】 12月6日,在广电中心会议室召开。区委宣传部、区信息中心和区广电中心的领导及有关工作人员参加会议。区政协及相关部门负责人就四届一次会议宣传报道工作的实施方案进行了说明和沟通。

(王　俊)

北京天竺综合保税区

【概　况】 2011年,天竺综保区实现进出口总值693.5亿美元,同比增长9.4%;完成关税及代征税348.4亿元,同比增长8.0%;企业资产总计206.5亿元,同比增长25.5%;企业营业收入182.1亿元,同比增长44.3%。入区企业从最初的44家增至100多家,区内运营企业达到300多家,区内从业人员由4千多人增至2.1万人,同比增长74.6%。口岸操作区进出口总值占到北京各口岸进出口总值的84%。系统招商成果显著。新引进企业40家。天竺综保区完成了全部基本建设,包括监管设施、信息化建设、市政工程等,基础建设累计投资16.3亿元。2011年,天竺综保区总开工面积约20万平方米,土地顺利成交8宗,成功吸引东航北京基地、保税展览展示交易中心等重点项目成功落地。综合服务平台、基础设施二期工程基本完成。信息平台有效运行。天竺综保区已初步建立起一套由基础网络、信息卡口、安防监控、保税功能区海关、检验检疫辅助监管系统和口岸操作区物流分拨系统等有机结合、智能联动的信息化监管体系。

单位名称:北京天竺综合保税区管理委员会
地址:北京市顺义区空港物流基地顺航路12号
电话:(010)69478686
邮编:101300
网址:http://www.bjftz.gov.cn/

(李　进)

【市药监局综保处组建】 2011年3月4日,市药监局在综保区宣布北京市药品监督管理局北京天竺综合保税区监督管理处组建完成,并正式进驻综保区启动运营。

(李　进)

【9个项目获市政府绿色审批通道确认】 天竺综保区拟建的国际医药保税采购分拨中心、保税展览展示交易中心、瑞威酒业商务中心及配套服务用房等9个项目被市发改委、市规委等14个审批部门联合确认为市政府扩大内需重点项目绿色审批通道项目。

(李　进)

【海关总署署长于广洲到综保区调研】 4月19日,海关总署署长于广洲同志到首都机场海关、天竺综保区视察并指导工作,先后参观了首都机场海关创先争优展览、一站式报关大厅、货运监管现场以及天竺综保区,慰问现场工作人员,了解企业通关情况。

(李　进)

【天竺综保区专题推介会】 4月18日,"北京市政府与中国香港(地区)商会座谈会暨北京天竺综合保税区专题推介会"在京举行,会上,天竺综保区管委会以"开拓创新,携手共赢建设国际空港综合服务示范区"为题,从园区概况、政策功能、产业规划和发展展望四个方面做专题推介,将综保区的综合优势以及发展前景向与会领导和来宾进行了详细解读。

(李　进)

【中欧经贸合作交流会】 5月17日上午,综保区出席由中共中央联络部经济联络中心、北京市商务委员会联合主办的"中欧经贸合作交流会",代表综保区管委会做专题推介,并同与会的欧洲国家政党代表、商会负责人和企业家们畅谈交流。

(李　进)

【第三届中国服务贸易大会金融服务】 6月1日至3日,由顺义区人民政府和北京天竺综合保税区共同主办的第三届中国服务贸易大会金融服务板块展览在北京国贸展厅隆重展出。6月3日,顺义与海航实业集团有限公司签订战略合作协议,将在绿色体育产业基金、小额贷款公司等领域开展深度合作,总投资额近36亿元人民币。

(李 进)

【北京国际航展落户综保区】 2011年9月21日至24日,第十四届北京国际航空展在北京国家会议中心举办。开幕式当天,北京天竺综合保税区管委会与北京航展组委会签署战略合作协议,下届(2013年)起北京国际航展这一品牌盛会将永久落户天竺综保区。

(李 进)

【俄罗斯代表团到综保区考察】 9月22日,闫立刚同志在天竺综保区管委会会见了俄罗斯乌里扬诺夫斯克州第一副州长维尔丹·金努洛夫先生率领的航空代表团一行,李燕凌委员及管委会相关处室负责同志参加了会见。

(李 进)

【天竺海关查验中心新查验库通过验收】 10月14日,天竺海关与综保区管委会保障处、信息处、开发管理中心等部门对天竺海关查验中心新查验库进行了联合验收,新查验库位于天竺海关查验中心北侧,由开发管理中心投资建设,总建筑面积约5000平方米,天竺海关将于近日完成新库搬迁事宜并正式投入使用。

(李 进)

【天竺综保区城管分队成立】 根据顺义区机构编制委员会文件精神,成立顺义区城市管理监察大队天竺综合保税区分队,作为顺义区第一家监管执法单位进驻综保区。

(李 进)

【天竺综保区医药保税库项目签约】 10月18日,北京天竺综合保税区医药保税库项目签约仪式在中国医药对外贸易公司隆重举行,此次签约标志着天竺综保区医药保税库项目取得了阶段性成果。

(李 进)

【吉林同志到综保区调研】 11月24日,市委常委、常务副市长吉林同志到顺义区调研,并到北京天竺综合保税区考察指导工作。

(李 进)

【中央党校进修班到综保区参观调研】 11月24日,中央党校进修部市地党政主要领导干部进修班领导等20人到天竺综保区参观调研,参观了天竺综保区主卡口、天竺海关报关大厅、区港联动通道等地,听取相关负责同志介绍。

(李 进)

【瑞京特机舱用品(北京)有限公司工作获批】 近日,商务部会同财政部、海关总署、税务总局和质检总局共同研究,同意瑞京特机舱用品(北京)有限公司在天竺综保区开展境内外飞机座椅及其他舱内零部件维修业务试点。

(李 进)

【招大引强】 天竺综保区入区企业从最初的44家增至122家,区内运营企业达到300多家,区内从业人员由4千多人增至2万人。2011年新引进企业40家,其中世界500强企业3家,包括美国康德乐旗下的永裕医疗、中国邮政旗下的EMS和华润集团旗下的北药股份。目前,区内已形成以东方航空、巴西航空等为代表的航材贸易和航空维修产业聚集,以国药集团、上药集团、北医股份、德国默克为代表的医药产业聚集,以清华同方、七星华创、思杰爱普为代表的高科技产业聚集,以及以歌华集团、华璞钻石等为代表的文化创意产业聚集。

(李 进)

【单位荣誉】 天竺综保区管委会获得北京市商务委员会授予的"2010年服务进出口企业先进单位"称号,及顺义区人民政府授予的"2010年度顺义区招商引资工作先进单位"称号。

(李 进)

纪检·监察

【概　况】 2011年,主动服务大局,不断强化对重大项目、重点工程、重大资金的专项督查,加强对整建制拆迁、拆违打“非”、环境整治、重点建设项目、为民办实事工程等进行专项监察,着力强化换届工作纪律“5个严禁、17个不准和5个一律”落实情况的监督。狠抓领导干部岗位廉政教育,严格落实廉政谈话、报告个人事项、述职述廉等制度,加强对《廉政准则》落实情况的检查考核,深入开展公务用车和“小金库”专项治理,促进了领导干部廉洁自律。充分发挥反腐倡廉“大宣教”格局作用,健全联席会议制度,坚持开展廉政“大讲堂”活动,不断增强教育的针对性、实效性。继续抓好“一把手”廉政风险防控工作,深入推进廉政风险防范管理工作向区级班子、国有企业和农村上下延伸。做到依纪依法文明办案,不错不漏,不枉不纵,宽严相济,有力维护了公共利益和社会公正。积极推进村务监督委员会建设,创新监督工作机制和模式,强化资金、资产、资源管理,切实解决损害农民利益的问题。扎实稳妥推进党务公开工作,确保扎实有效。加强政风行风建设,强化行政效能监察,加大行政投诉直查快办力度,切实解决群众反映的问题。

单位名称:中共北京市顺义区纪律检查委员会

北京市顺义区监察局

地址:顺义区府前中街一号

电话:(010)69444719

邮编:101300

网址:http: //www.jiancha.bjsh.gov.cn

（田泽武）

【区纪委领导班子调整】 3月下旬,区纪委领导班子调整,闫连恒任区纪委副书记、区监察局局长,原牛山地区党委副书记、办事处主任王文荣任区纪委副书记。原区纪委副书记李殿宗任区残联党组书记,免去田江平区纪委副书记、区监察局局长职务。

（田泽武）

【召开派驻机构汇报会】 5月5日,区纪委召开派驻机构工作汇报会,11家派驻机构的纪委书记、纪工委书记、纪检组长和监察科长参加会议。会上,11家派驻机构分别向区纪委领导汇报了2011年以来开展工作情况和下一步工作思路。

（田泽武）

【组织旁听职务犯罪审理案】 7月8日,区纪委与区妇联携手组织顺义区160余名基层党员干部配偶,到区法院旁听了一起“职务犯罪”典型案件审理。通过了解案情、听取涉案人员陈述、现场感受审讯氛围的形式,使全体旁听人员接受到了一次深刻的反腐倡廉警示教育。

（田泽武）

【参观市反腐倡廉历史成就展】 7月18日,区纪委监察局组织机关干部,各镇、街道、派驻机构纪委书记(纪工委书记、纪检组长)以及机关退休老干部共计80余人,分两批参观了“光辉的历程——北京市反腐倡廉建设历史成就展”。

（田泽武）

【农村基层党风廉政建设会】 7月26日，顺义区农村基层党风廉政建设暨村务监督委员会推进工作会议召开，会上对村务监督委员会建设和贯彻落实《农村基层干部廉洁履行职责若干规定(试行)》工作进行了部署。

（田泽武）

【廉政风险防范在全国交流】 8月30日，中央纪委、监察部、国家预防腐败局在北京召开全国加强廉政风险防控规范权力运行现场会。“顺义区精心打造‘一把手’廉政风险防范工程”专题片，在现场会上进行交流展示。会上，中央纪委书记贺国强对顺义区廉政风险防范工作给予了充分肯定。

（田泽武）

【参观市廉政风险管理工作展览】 9月1日，区纪委组织机关干部，部分镇、街道、派驻机构纪委书记(纪工委书记、纪检组长)共计20余人，参观了“预防腐败的有益尝试——北京市廉政风险防范管理工作展览”。

（田泽武）

【召开新任镇纪委书记座谈会】 9月8日，区纪委监察局召开新任镇纪委书记座谈会。区纪委监察局全体班子成员、各室负责人及牛栏山镇、木林镇、张镇、龙湾屯镇、南彩镇、北务镇、高丽营等七个镇新任纪委书记参加会议。

（田泽武）

【中央纪委领导调研风险防控】 9月9日，中央纪委研究室和市纪委领导带队到顺义区调研“一把手”廉政风险防控工作。

（田泽武）

【廉政谈话会】 9月20日，顺义区举行新调整岗位和新任处级领导干部廉政谈话会，会上，区人力资源和社会保障局局长、木林镇党委书记以及北务镇副镇长等三位同志作了大会发言。

（田泽武）

【市纪委领导调研廉政文化建设】 9月29日，市纪委领导带队来顺义区调研廉政文化建设工作，听取了区纪委书记及区城管大队长顺义区廉政宣教工作情况汇报和城管大队廉政文化建设情况汇报，实地查看了区城管大队廉政文化联系点建设情况。

（田泽武）

【金超杰同志先进事迹报告会】 10月14日，顺义区举行金超杰同志先进事迹报告会暨第十期领导干部专题讲座。

（田泽武）

【推进村务监督委员会建设会】 10月20日，顺义区召开村务监督委员会建设工作部署会。北务镇和高丽营镇作为先行试点单位做了经验介绍。

（田泽武）

【委局机关选调纪检监察干部】 10月24日，区纪委公开面向顺义区选调的5名科级干部试用期满，正式调入区纪委监察局工作，任正科级纪律检查员。

（田泽武）

【召开信访问题矛盾排查会】 10月25日－27日，信访室召开19个乡镇纪委书记参加的农村信访问题分类矛盾排查会。会议以“信访老户问题”、“涉地拆迁问题”、“稳控三访问题”为议题，分组研讨。区纪委对下一步工作提出了意见。

（田泽武）

【《中国纪检监察报》座谈会】 10月27日，《中国纪检监察报》学报用报座谈会在顺义区召开，全市16个区县主管纪检监察宣教工作主要领导出席会议，顺义区作为学报用报工作先进单位在会上做了典型发言。

（田泽武）

【“三型”机关活动总结会】 11月3日，北京市纪检监察系统创建“三型”机关活动第一阶段工作总结会召开。区纪委书记在会上代表顺义区作了题为《固本强基 注重实效 大力推进“廉洁型”纪检监察机关创建工作》的典型发言,介绍了顺义区开展“廉洁型”机关创建的经验做法。

(田泽武)

【市纪委领导调研信访工作】 11月3日,市纪委信访室主任带队来顺义区信访工作进行调研,听取了信访举报工作专题汇报,并就当前信访举报工作中的难点问题及2012年重点工作,与区纪委有关领导进行了广泛深入的交流。

(田泽武)

【市监察局领导来区调研】 11月22日,北京市监察局监察综合室到顺义区调研。监察局局长就顺义区行政政审批制度改革和电子监察现代化工程工作作了专题汇报,并就顺义区成立北京市纪检监察学会分会与市监察局进行了交流。

(田泽武)

【市依法行政检查组检查工作】 11月30日,北京市依法行政联合检查组到顺义区检查指导依法行政工作,实地查看了顺义区网上监察工作。

(田泽武)

【书法美术优秀作品展】 12月7日,由顺义区纪委、区委宣传部、区文化委、区文联共同主办的顺义区2011年第十八届“龙湾屯杯”十月金秋群众文化活动－－－廉政文化书法美术优秀作品展在顺义区文化馆隆重开幕。

(田泽武)

【选举第四届纪律检查委员会】 12月14日,中共北京市顺义区第四次党代会选举产生了中共北京市顺义区第四届纪律检查委员会,当选新的区纪委委员共29人。

(田泽武)

【区纪委四届一次全会】 12月14日,中共北京市顺义区第四届纪委检查委员会第一次会议召开,在会上选举产生了新的区纪委常务委员会,书记:肖韵竹(女),副书记:闫连恒、王文荣(女)、贾崇彪,常务委员:李会娟(女)、隗和春、王玉美(女)、袁日晨、徐立松(女)。

(田泽武)

民主党派

【概　况】 中共顺义区委统战部在顺义区委的正确领导下,认真学习贯彻区委各项会议精神,扎实开展工作,在提高领导班子执政能力建设、党员干部先进性建设方面取得了一定的成绩。除此之外,为解放思想、健全机制、提高党派团队意识,开展了一系统的活动,带领顺义区各民主党派成员积极开展各项统战工作。

单位名称:顺义区委统战部
地址:顺义区府前东街11号
电话:(010)69443996
邮编:101300

(蔡春梅)

【致公市委领导及顺义支部慰问老党员】 3月18日,致公党北京市委秘书长沈小红、办公室主任刘全信,市委老党员联络工作小组组长弭国治、老党员赵华及顺义区支部主委方占军等前往位于顺义区的东方太阳城,看望老党员白明璇,并祝贺她101岁生日。近日来,百岁老人因身体不适,卧床不起,行动困难,不方便去医院就诊,让家人十分焦虑。对此,沈小红秘书长立即表示如有需要市委将全力给予帮助。随行的顺义区支部主委方占军马上协调有关部门和人员,联系好了当地社区医院的医护人员上门诊疗,为老人解决了实际困难。

(蔡春梅)

【顺义致公党支部组织党员参观国际鲜花港】 5月1日,在北京市第三届郁金香文化节期间,致公党顺义支部组织党员参观位于顺义杨镇的国际鲜花港。鲜花港总占地面积3000亩,郁金香种植面积大,品种多,是国内首屈一指的郁金香花卉展示园,300万株郁金香把国际鲜花港装扮成了花的海洋,不出国门,便能领略到来自荷兰的异域风情。大家一起欣赏壮观的花海奇观,亲身感受顺义国际绿港、经济强区的无穷魅力,既放松了心情,又增长了见识,真正体会到游玩的乐趣,且增强了支部的凝聚力,此次活动得到了顺义支部主委方占军同志的大力支持。

(蔡春梅)

【民盟支部举办"第十五届隆华杯儿童书画大赛】 6月2日上午,"第十五届隆华杯儿童书画大赛"颁奖大会在顺义区供销社隆华购物中心门前隆重举行。顺义区文化委员会、区关心下一代工作委员会、区供销社、民盟顺义支部等有关单位领导出席颁奖仪式。此次大赛以"多彩顺义我的家"为主题,共收到参赛作品481件。广大少年儿童在作品中尽情抒发了热爱家乡、热爱美好生活的真挚情感,展现了朝气蓬勃、昂扬向上的良好精神风貌。经过专业人士的认真评选,共评出一等奖品5名,二等奖15名,三等奖25名。隆华购物中心向获奖选手颁发了证书和奖品,向所有参赛选手发放了纪念品。

(蔡春梅)

群众团体

顺义区总工会

【概 况】 2011年,顺义区各级工会组织认真贯彻区委工会工作会议和“1+6”文件精神,找准定位、发挥作用、树立形象,团结带领广大职工在参与协调劳动关系,维护职工合法权益,促进经济社会平稳较快发展方面发挥了工会组织的独特作用。

单位名称:北京市顺义区总工会
地址:顺义区光明南街4号
电话:(010)69444520
邮编:101300
网址:http://www.gonghui.bjshy.gov.cn

(区总工会)

【群众性经济技术创新活动】 2011年,掀起了劳动竞赛高潮,区1527家单位16.4万名职工参加竞赛活动,提出合理化建议10968条,其中采纳7760条,技术革新、技术攻关583项,累计创造经济效益1.03亿元。与区教委联合举办中小学科学技能比赛,参赛教师120人,50人晋级复赛,2人晋级决赛。与区环卫中心联合举办顺义区职工职业技能大赛汽车驾驶员比赛,342名一线汽车驾驶员参赛,31人晋级全市决赛。

(区总工会)

【职工素质教育工程】 2011年,在职工素质教育中,有35918名农民工接受安全、礼仪等方面知识培训;有12万名职工接受岗位技能培训;有4000名职工接受“公益大讲堂”课程培训;有12400名职工参加“纪念建党90周年”主题教育活动,推荐优秀征文80篇;有53名职工参加并完成“学分银行”教育;有10家单位申报北京市职工书屋,为提高职工素质、增强企业核心竞争力打下坚实基础。

(区总工会)

【工资集体协商】 2011年是顺义区工资集体协商工作推进年,区总工会坚持“循序渐进、稳步推进”的原则,四措并举使工资集体协商工作取得突破性进展,区共有866家企业签订工资专项合同,其中116家国有企业全部建制,覆盖职工3万人;非公企业750家,覆盖职工5.8万人,内容涉及工资增长、支付保障、最低标准等。据统计,通过协商为职工增长工资的企业达到95%,其中,增长5%-10%的有645家,覆盖职工34170人;增长11%-20%的13家,覆盖职工944人;增长21%以上的4家,覆盖职工175人。

(区总工会)

【劳动争议调解组织】 成立了顺义区劳动争议调解中心。在31家镇、街道、开发区工会服务站建立了劳动争议调解室,企业建立劳动争议调解委员会1345个,2275名调解员为职工提供法律政策咨询9280人次,协调劳动争议368件,其中集体争议94件,涉及工资、社会保险、经济补偿金等765万元。

(区总工会)

【工会组建工作】 顺义区各级工会按照"组织起来,切实维权"的方针,贯彻落实市总"广普查、深组建、全覆盖"集中行动,通过工会经费税务代收,全面推进顺义区工会组建。一是加大宣传,为顺义区各级工会发放宣传彩页6万余份;二是切实掌握企业工会组建工作现状,对辖区内企业底数进行摸底调查,逐一核对;三是针对员工少、建独立工会条件不成熟的企业建立村(社区)联合工会,目前,顺义区已有262个村和54个社区建立了联合工会,形成了村(社区)工会组织网络;四是通过"劳务派遣公司工会组建集中行动",完成"非公企业法人数据库"中劳务派遣公司的工会组建工作。据统计,顺义区新建工会440家,涵盖法人单位1452家,发展会员12098人,职工入会率为94%。

(区总工会)

【困难职工帮扶】 顺义区各级工会把帮扶困难职工作为维护稳定、促进和谐的大事来抓,与党政密切配合,不断加大送温暖工作力度。把"两节送温暖"、"三八助单亲"、"五一关爱劳模"、"金秋助学"与日常特殊困难救助相结合,使帮扶救助、扶危济困的送温暖工程实现制度化、规范化、品牌化,收到良好的社会效果。2011年10月,区总工会与北方城建公司达成协议:由该公司在区总工会困难职工档案中选定10名新入大学的困难职工子女进行4年连续救助,救助金额达16万元,并优先录用成绩优秀者进入企业工作。2011年,顺义区共筹措资金503.5万元,慰问、补助困难职工8933人次。日常特殊困难救助33户家庭,送去救助金10.4万元;"金秋助学"发放助学款26.5万元,资助困难职工子女121人;职工互助保险慰问、赔付576人次,职工受益63.6万元;为劳模发放慰问帮扶金10.3万元。

(区总工会)

【职工法律服务体系】 结合三级服务体系建设,突出加强了职工法律服务体系建设,配备经验丰富的律师轮流在区调解中心受理劳动争议案件,并为37个工会服务站提供"一月三日"的法律服务。同时整合内部资源,设立困难帮扶、信访接待、职业咨询、互助保障、律师接待等窗口,为职工提供一站式服务。一年来,为职工提供法律政策咨询2758人次,代理法律援助案件671件。圆满办结市总12351信息服务平台派单33件。

(区总工会)

【工会经费(筹备金)税务代收工作】 按照《北京市总工会、北京市地方税务局关于做好工会经费(筹备金)税务代收扩大试点和全面推广工作的通知》要求,顺义区于2011年7月1日被纳入北京市工会经费(筹备金)税务代收扩大试点区县,并于10月1日正式启动收缴工作。目前,顺义区行政事业单位工会经费全部由财政代缴集中支付;税务代收工作共进行费源信息采集1680家,其中7-9月共申报工会经费1362万元,申报率达70%,工会经费实现稳步增长。

(区总工会)

共青团顺义区委员会

【概　况】 2011年团区委以"品牌提升年"为工作主题,以服务党政工作大局、服务青年需求为主旨,主动融入社会服务管理创新,全面深化志愿服务、青年创业就业、青少年事务发展三个工作平台,努力实现"两个全体"的工作目标。

单位名称:共青团顺义区委员会

地址:顺义区府前中街1号
电话:(010)69444398
邮编:101300
网址:http://www.youth.bjshy.gov.cn

(团区委)

【召开第二次代表大会】 5月5日上午,共青团北京市顺义区第二次代表大会隆重开幕,315名代表参加会议。会议通过了《关于共青团北京市顺义区第一届委员会工作报告》。下午,共青团北京市顺义区第二次代表大会圆满完成了各项任务,胜利闭幕。

(团区委)

【中欧青年代表交流座谈会】 2月23日,区召开中欧青年代表交流座谈会。参加此次座谈会共有23名欧洲青年代表,区政协领导向与会青年代表介绍了顺义经济社会发展情况;和政协基本制度、履行参政议政和民主协商职能情况。双方青年代表就感兴趣的话题进行了座谈,加深了团结和友谊。

(团区委)

【禁毒宣传和罂粟踏查活动】 5月12日,为进一步巩固禁种铲毒成果,在全国禁毒日即将到来之际,顺义团区委联合顺义公安分局组织禁毒志愿者北石槽镇开展禁毒宣传和罂粟踏查活动,20余名禁毒志愿者参加了此次活动。

(团区委)

【弘扬端午文化】 6月4日,第三届北京端午文化节暨"临空经济区杯"龙舟赛在顺义奥林匹克水上公园隆重举行。顺义团区委组织了200名拉拉队志愿者为龙舟赛加油助威,还有50名赛会服务志愿者为文化节服务。

(团区委)

【团银合作】 7月26日,"团银合作"启动仪式暨送金融知识下乡活动在北京顺义银座村镇银行举行。此次"团银合作"是顺义团区委探索灵活便捷的信贷资金支持模式,解决青年创业过程中的资金瓶颈问题的一项重要举措。

(团区委)

【团干部培训班暨团校揭牌仪式】 8月11日,顺义区2011年团干部培训班暨区团校揭牌仪式在区委党校举行。此次培训班为期4天,课程包括:解读胡锦涛总书记在庆祝中国共产党成立90周年大会上的讲话、团队建设、心理健康、共青团工作的组织与管理等多项内容。参训学员是顺义区直属团干部及非公经济组织团干部代表,共计160人。

(团区委)

【服务首届环北京职业公路自行车赛】 10月8日,2011年首届环北京职业公路自行车赛顺义赛段开赛,顺义团区委招募的四十名志愿者正式上岗,为来自世界18支车队的顶级赛车手和现场观众提供服务。服务内容主要为语言翻译、秩序维护、应急协助、赛会服务和观众引导。

(团区委)

【领导到顺义区调研希望工程工作】 10月21日,希望工程北京捐助中心领导和工作人员到希望工程顺义工作站调研工作,顺义工作站向市希望工程北京捐助中心领导简要汇报了工作情况;希望工程北京捐助中心领导与基层希望工程顺义工作站工作人员进行了座谈交流。

(团区委)

【仁和镇青年汇联盟】 11月29日,顺义区青年汇联盟试点——仁和镇青年汇联盟成立仪式在顺义区博纳国际影城隆重举行。作为顺义区首家青年汇联盟试点,仁和镇青年汇联盟已发展6家青年汇成为青年汇联盟成员。随着活动的开展,越来越多的青年汇单位将加入到该联盟中。青年汇联盟以"汇青年、汇活动、汇服务、汇信息、汇力量"为原则,旨在最大限度地整合现有青年汇的资源优势,带动地区青年享有更加健康、文明、优质、便捷的文化生活,使顺义区青年能够引领新时期的青年文化发展方向,为打造"绿色国际港"贡献力量。

(团区委)

【国际志愿者日活动】　12月5日是国际志愿者日，顺义团区委、顺义区志愿者联合会以此为推动顺义区志愿服务事业发展有利契机，组织各直属团组织和志愿服务团体，在顺义区范围内集中开展“国际志愿者日”活动，大力倡导志愿精神，普及团结、友爱互助、进步的志愿服务理念，引领志愿奉献、互助互爱、服务社会的新风尚。区红十字会、卫生局、环保局、文化委、木林镇的党团志愿者在裕龙一社区开展为老、义诊、义务理发活动，并发放环保袋、文化杂志宣传低碳理念与顺义文化；交通局和城管大队党团志愿者在重要交通路口和公交车站开展“文明出行”志愿服务活动，对活动区域内出现的乱吐乱扔、践踏绿地、非法散发广告、流动商贩进行劝阻、纠正，倡导文明行为；水务局党团志愿者到潮白河边进行环境清洁志愿活动，并开展节水护水、环境保护宣传；仁和镇党团志愿者为平各庄村的老人与农民工子女进行为老、课业辅导服务；招待所、规划局、经信委、胜利街道和美国英语语言学院党团志愿者与环卫工人一起在城区主干道开展“清洁城市扮靓家园”活动。各志愿服务团体结合实际，纷纷围绕“志愿北京 和谐先锋”主题，开展了内容丰富的志愿服务活动。

（团区委）

顺义区妇女联合会

【概　况】　妇联是社会群众团体，是党和政府联系妇女群众的桥梁和纽带，是国家政权的重要社会支柱。全区共有各镇、街道妇联25个，委、办、局、公司、中心妇委会87个，村妇代会426个，社区妇代会78个。

单位名称：北京市顺义区妇女联合会
地址：北京市顺义区府前中街1号
电话：(010)69444576
邮编：101300
网址：http://www.fulian.bjshy.gov.cn/

（李晓惠）

【顺义区第一次妇女代表大会】　4月26日、27日，顺义区第一次妇女代表大会隆重召开，285名代表全部出席。4月27日，区妇联召开顺义区妇女联合会第一届执行委员会第一次会议，选举产生了主席、副主席、常务委员，鲍晓芹同志任北京市顺义区妇女联合会第一届主席，曹丽明、石晓清2位同志任副主席。

（李晓惠）

【妇女创业就业平台】　连续六年组织“绿港巧手”参加顺义区农业博览会，设立专门展位，为她们搭建展示展卖的平台；与区人力社保局联合举办了“顺义区第四届女性专场招聘会”，3500余人参加；会同小额贷款的协调单位召开了工作联席会，解决了个体工商户小额担保贷款担保金的贷款程序问题。利用“顺义区扶持农村妇女发展生产资金”等资源，全年扶持创业女性27人次，发放扶持资金200万；通过市妇联“关爱母亲、真情援助”行动、女大学生创业援助计划等项目，为27名创业贫困母亲和7名创业女大学生申请资金17万元。

（李晓惠）

【创业就业能力培训】　与人力社保局联合开展订单培训、素质培训；与科委、园林绿化局联合举办实用技术和远程教育等培训，据统计全年全区各级妇联组织共开展就业观念、就业技能等培训347期，累计培训2万余人次。

（李晓惠）

【和谐家庭建设】　对全区19个镇、6个街道、16个区直单位的申报1011户家庭进行了逐一的入户考核，评选出和谐家庭133户、绿色家庭416户，创建活动开展四年来，共评选出区级和谐家庭464户、绿色家庭1882户，这项工作已经成为了一个家喻户晓的品牌活动。

（李晓惠）

【家庭教育】 与区广播电台、电视台合作，播出“家教半小时”等节目，并在电视台创新开办《国学动漫城》节目，全年共播出“录播专家授课”栏目207期，两分钟“问答宣传”栏目334期，“国学动漫城”节目50期；将“家庭教育大讲堂”活动下移到各镇、街，向更多的家长普及科学教子知识，共举办12场，累计培训家长6200余人次；选取“教子有方好家长”和“科学教子小妙招”征集活动中的优秀作品编印成《教子有方好家长》书籍。

（李晓惠）

【维权与普法】 举办普法讲座57期，开展法律宣传活动91场，发放《妇女权益保障法》、反家庭暴力等各种宣传资料近6万份，群众受教育面达85%，组织基层妇联干部和部分妇女群众分61期到后沙峪、牛山等法庭旁听法官庭审案件，全年通过此方式培训了1685人次。

（李晓惠）

【信访工作】 全年各级妇联系统共接待来信、来访、来电548件，同比下降了8.6%。其中为1名贫困妇女申请了法律援助，为其减免诉讼费用2000元。

（李晓惠）

【妇女民生】 协调民建顺义支部向我区60位困难母亲捐赠了9万余元的款物；两节期间，与区残联一起对276名低保边缘残疾特困妇女进行慰问。

（李晓惠）

【妇女之家建设】 调研走访全区12个镇、街，39个“妇女之家”建设情况；提出了“一家一品”的建设理念，并通过注册家庭服务促进会、下移家教师资、下移培训资源等方式，为基层搭建了家庭服务、助老服务、家政服务等活动的“八大平台”，为基层“妇女之家”开展活动创造条件；下发了全区504个妇女之家的活动经费共计120万，并出台了《“妇女之家”经费管理使用办法》，做到下发、规范同步进行。

（李晓惠）

【社会服务管理】 完成“靓丽京嫂”项目的前期摸底调查工作，并与人力社保局联合下发了《关于开展“鼓励全区家政服务业发展，促进女性劳动力充分就业”工作的通知》，为后期培训、规范等工作奠定基础；对“巾帼暖夕阳”助老项目和“巾帼亲情维稳服务队”项目进行了前期试点，取得了良好的社会效应；针对“促规范、筑和谐”巾帼在行动项目，广泛调研全区为妇女儿童提供服务的社会组织，建立健全沟通机制，为项目深入开展奠定基础。并出台了“1+4”系列文件，召开了顺义区妇联组织参与社会管理创新工作现场会，对北小营镇的前期试点成果进行了展示，并全面部署了妇联组织参与社会管理创新的相关工作。

（李晓惠）

【妇女干部队伍建设】 加强了机关干部，镇街妇联主席、区直妇委会主任，村、社区妇女之家负责人，巾帼服务队四支队伍的建设，做到分层施教。重点针对全区500名村、社区的“妇女之家”负责人进行了全面系统的业务培训，进一步规范了“妇女之家”建设，提升了基层妇联干部的工作能力。

（李晓惠）

【夯实基层组织基础】 全区妇联组织紧紧依靠党建带妇建，进一步加强基层组织建设，目前已在全区两新组织、商务楼宇、新建社区、规模以上企业等新领域建设妇联组织349家，并针对不同特点和需求，开展特色活动。

（李晓惠）

顺义区工商业联合会

【概　况】　区工商联会员分为三胞会员、私企会员、团体会员、个人会员和特邀会员。2011年共有会员750家。区工商联机关荣获2011年度北京市工商联系统会员组织工作奖,2011年度北京市工商联系统经济服务工作奖,北京市工商联系统优秀调研报告三等奖,顺义区构建学习型社会工作先进单位。

单位名称:顺义区工商业联合会
地址:顺义区仓上街3号
电话:(010)69441974
邮编:101300
网址:http://www.gshl.bjshy.gov.cn

(工商业联合会)

【主要任务】　顺义区工商联是以非公有制企业和非公有制经济人士为主体的人民团体和商会组织,是党和政府联系非公有制经济人士的桥梁和纽带,是政府管理非公有制经济的助手。本会以团结、服务、引导、教育广大会员爱国、敬业、诚信、守法,积极投身社会主义现代化建设事业。促进非公经济的健康发展,承担了顺义区非公企业的入会组织调研工作,开展经济、技术、经贸交流,提供了法律、法规、政策信息咨询等服务。

(工商业联合会)

【换届工作】　9月16日,顺义区工商联完成了第三次会员代表大会暨民间商会成立大会。第三届执行委员会第一次会议,选举产生了,主席1名,常务副主席1名,副主席11名。通过换届,加强了领导力量,谋划出未来五年的发展蓝图。在换届大会上,将区委、区政府的声音传达给广大非公有制经济人士,鼓舞了士气,坚定了他们加快发展的信心。

(工商业联合会)

【非公企业参与评选】　区工商联与市工商联、顺义区文明办共同组织开展文明单位评选工作,引导非公有制企业建设先进的企业文化,丰富员工文化生活,增强企业发展后劲。2011年,在会员企业中评选出首都文明单位1家,市工商联文明单位13家,区级文明单位7家。

(工商业联合会)

【非公企业业参与新农村建设】　2011年顺义区工商联会员企业共出资105万元以不同形式参与了顺义区的新农村建设。北京汇源食品饮料集团有限公司、北京全富木制品有限公司、北京路星沥青制品有限公司、北京维根制衣有限公司、北京朗姿服装服饰有限公司5家会员企业荣获参与首都社会主义新农村建设先进民营企业称号。

(工商业联合会)

【人才服务】　5月20日顺义区工商联与顺义区人保局、顺义区总工会共同举办了"顺义区民营企业招聘周"活动。北京嘉寓门窗股份有限公司、北京信得威特科技有限公司、北京路星沥青制品有限公司等30家企业向求职者分别提供了管理类、技术类、技工类和普工类等1502个岗位。北京市琪舰消防工程有限责任公司、北京升华电梯集团有限公司等13家会员企业荣获北京市就业与社会保障先进民营企业荣誉称号。

(工商业联合会)

【培训服务】　4月5日—19日,组织召开了基层分会培训交流会,加强了与基层分会之间的联系沟通。6月9日,组织30多名企业家赴北大百年讲堂参加了"梅耶中国行"世界情商大师大型演讲会。11月23日—24日,组织召开了工商联机关和基层分会工作人员的业务知识培训,马坡镇、李遂镇基层分会汇报了2011年基层分会所开展的工作,就如何推动镇域内非公企业又好又快发展进行了座谈交流;北京七彩蝶创意文化有限公司和北京康贝尔食品有限责任公司分别从转变经济发展方式和企业诚信建设的角度介绍了各自的发展经验。

(工商业联合会)

【商贸交流服务】 顺义区工商联组织会员企业参加了由中央统战部、全国工商联、中国光彩事业促进会、湖北省人民政府主办"中国光彩事业荆门行"活动,以及第七届北京国际金融博览会、第六届中国北京国际文化创意产业博览会,广大非公企业就一些对口项目进行了广泛的交流,为他们了解信息、掌握商情、开展区域合作、开拓市场提供了广阔的平台。

(工商业联合会)

顺义区科学技术协会

【概　况】 2011年,围绕《全民科学素质纲要》这一主线,以实施科普惠农兴村计划工程、社区科普益民工程、科技后备人才早期培养工程、科普队伍建设工程为抓手,努力为提升顺义区公众科学素质。全年利用科普之春、科技周、科普日等重点活动日,在各镇、街道、各科普基地及相关单位的大力支持下,共组织开展大型科普活动50余次,发放科普材料3万余份,宣传群众60000人次。

单位名称:顺义区科学技术委员会

地址:顺义区光明南街24号

电话:(010)69447435

邮编:101300

(田立娟)

【获奖资金的使用】 加强"科普惠农兴村计划"的实施。2011年顺义区有一个个人获得中国科协、财政部"科普惠农兴村计划"项目表彰,有7个集体和个人获得市科协、市财政局"科普惠农兴村计划"的奖励,共获奖补资金74万元。拿出部分奖补资金为获奖集体统一配送科普书架和宣传器材,安装了固定的科普设施,既规范了资金的使用,也提高了获奖单位的辐射服务能力,有效提升了惠农项目服务区新农村建设的水平。

(田立娟)

【会社合作】 结合本区的产业发展特点,积极促进市科协涉农学会与区域内龙头农民专业合作组织的合作,充分发挥"会社合作"的优势,推动"科技套餐配送工程"的实施。2011年,共组织套餐配送服务30余次,通过"会社合作"开展农民实用技术培训1万人次,有效的提升了农民科学素质,培养了一批懂技术、会经营的农民。

(田立娟)

【社区科普】 区共有3个优秀社区、1个重点新城的新建社区、1个优秀基层科普场馆、1个户外科普园地建设、6个优秀社区科普宣传员获得2011年北京市"社区科普益民计划"奖励,共获奖补资金58万元。区科协拿出部分资金,为社区建设科普设施,营造科普环境。区科普社区覆盖面不断扩大,辐射带动周边社区积极投入到科普工作中,提升了社区科普软硬环境。在市科委开展的创建"创新型科普社区"项目申报中,石园街道五里仓二社区被列入市科委第五批创建计划,获得资金支持18万元。

(田立娟)

【主题科普活动】 "2011年顺义科技周暨蝴蝶科普展启动仪式"在北京市优秀基层科普场馆、北京市科普教育基地——七彩蝶创意文化有限公司举办,600余名群众参加了此次活动。启动仪式后,各镇、街道围绕"携手建设创新型国家—科技让生活更美好"的主题,共开展特色科普活动30余项 。

(田立娟)

【科普日活动】 科普日期间,结合宣传"科技北京"主题,到石园街道五里仓二、石园北三和胜利街道建南一等优秀科普社区、科普基地和科普示范校,举办了"2011年全国科普日顺义区科普进社区——科普电子巡展"系列活动。活动中,区科协制作了100块展板、自购优秀科普影像资料10000套册,通过信息化、多媒体手段和举办以"感受科学,享受科学"为主题的系列科普巡回展览,宣传"科技改变生活,科普服务民生"等内容。

(田立娟)

【未成年人科普】 区少年宫合作,在暑期举办了10期"农村科技教师系列培训",每期参与人数20人。3月份举办的第三十一届安捷伦北京青少年科技创新大赛活动中,顺义区共获一等奖6个,二等奖23个,三等奖23个。在第十三届"飞向北京—飞向太空"全国青少年航空航天模型竞赛中,顺义区获得一项二等奖,两项三等奖。CERT紧急救援训练中心获得"2011年北京市科普培训基地"称号,顺义共有市级科普基地8个。

(田立娟)

【科普培训】 区科协组织相关人员参加市级培训、参观,举办了三期100人参加的(各镇、街道、社区、科普基地和功能区科普工作专兼职干部)"顺义区科普工作者培训班",邀请北京大学、市政委培训中心和市急救医疗培训中心的老师分别授课,培训达40课时。

(田立娟)

顺义区残疾人联合会

【概　况】 年内,认真履行"代表、服务、管理"职能,坚持"高效、务实、创新、发展"的工作思路,以残疾人扶贫解困民生工程为重点,围绕残疾人的基本需求,立足基层,面向农村,着力解决残疾人最关心、最直接、最现实的利益问题,使残疾人生活质量不断提高,残疾人工作领域不断拓宽,残疾人参与社会生活的环境不断优化。

单位名称:顺义区残疾人联合会
地址:顺义区石园北区乙56号
电话:(010)69442476
邮编:101300
网址:http://www.shycl.org.cn

(祖爱丽)

【组织与服务机构】 区残联成立"四部一室"的机构设置方案获批,有效规范了内部机构设置,并借此次机构改革的契机,与各镇、街道协调设立专职残联理事长。顺义区25个街镇每个街镇,共创建28个温馨家园,实现了温馨家园区内全覆盖的目标。28个温馨家园进一步完善服务与管理,建立长效运行管理方式,加大宣传力度,丰富活动内容,让顺义区35000名残疾人切实受益。为了增强社会助残氛围,区残联与顺义团区委合作组建顺义区专业助残志愿服务团体,目前志愿者人数1500余人,可以为残疾人开展家政服务、康复训练、教育培训、就业指导、文化体育、心理疏导、法律维权、公益慈善等各种志愿服务。

(祖爱丽)

【扶贫与助残】 全年为2858名重度残疾人、2933名轻度残疾人和2370名享受低保的残疾人,按月发放了残疾人生活补助;为6992名残疾人发放了815万元助残服务券;为17名残疾人发放了小帮手服务器;为672名精神、智力一级的残疾人每人发放200元助残券,共计金额134400元;为3847名申请城乡居民养老保险的残疾人办理参保补贴手续。其中,为1740名轻度残疾人每人补贴480元,为2107名重度残疾人每人补贴960元。顺义区4个扶贫基地年检合格,新建1个扶贫基地已审批通过,共拨付扶持资金68.3万元,扶贫基地扶持残疾人效果突出,都达到了预期的效果，共有150名残疾人得到了扶持，收入比上年有所提高，生活状况得到了明显的改善。

（祖爱丽）

【康复工作】 2011年共实施白内障手术1282例，其中扶贫白内障手术238例；开展盲人定向行走训练25人次；补贴肢体残疾人进行系统康复训练466人次；开展脑瘫儿童康复2人，聋儿康复9人，智残儿康复17人，孤独症儿童康复3人；顺义区监护精神病人3138人，精神病人入基地康复97人，精神病人免费服药568例；为截肢患者装配假肢66例，装配矫形器1例；发放各类辅具184件。召开“2011年康复工作培训会”，为今后康复工作奠定良好的基础。顺义区残疾人职业康复中心工程获区发改委批准立项。该工程受到区委、区政府高度重视，被列入2011年区政府重要实事工程，该项目总建筑面积13880平方米，计划于2011年6月开工，2013年交付使用。建成后将为残疾人提供劳动技能培训、职业康复和托养等服务。

（祖爱丽）

【就业与职业培训】 2011年共安置191名残疾人就业，扶持个体开业9人，并给予开业扶持资金，使用就业保障金7万元，向用人单位推荐残疾人就业60人次，推荐成功25名。对顺义区54名康复工作管理人员，466名社区康复协调员进行了系统培训；150人参加了适合本地区残疾人的农村实用技术培训。为98名低保残疾人子女高中生、大学生及残疾人高中生大学生解决学费问题。2011年，顺义区用人单位共计16737家，年内审核15068单位，审核率为90%，在职残疾职工3166人，核定残疾人保障金7624万元，入库7236万元，入库率为95%，已基本完成任务指标。

（祖爱丽）

【信访维权工作】 全年共接到区信访转办单4件，市残联信访转办单1件，区政府督查室转办单1件，全部妥善解决，接待来访人98人，电话咨询共1400余次，当时解决咨询问题1200余次。

（祖爱丽）

顺义区红十字会

【概　况】 2011年是红十字事业迈向新一轮发展的关键之年。顺义区红十字会围绕顺义区委、区政府的中心工作和北京市红十字会的工作部署，稳步开展募捐救助、应急培训等工作，积极发挥政府人道救助领域的助手作用。

单位名称：北京市顺义区红十字会

地址：北京市顺义区光明南街4号总工会大楼8层

电话：(010)81494903

邮编：101300

（何　伟）

【博爱在京城募捐】 区红十字会于2月23日召开了2011年红十字会工作会。会上正式启动“博爱在京城”募捐工作。截至11月11日，区红会共收到来自18个镇、6个街道的募捐款共计882640.63元。此外全年共接收爱心人士各项零星捐款13464.3元，定向捐款15万元。救助资金基本到位，保障了各项救助工作的顺利开展。同时区红会继续开展红十字会员龙卡的推广发行工作，推行新型募捐方式。

（何　伟）

【送温暖献爱心】 两节开展“送温暖、献爱心”活动，区红十字会及区内基层红会组织共走访了顺义区各镇、街道的965户低保边缘家庭，送去价值276355元的慰问品。同时将市红会下发的共650份折合13万元的慰问物资分发到贫困家庭手中。1月26日,区红会工作人员来到北京市太阳村儿童教育咨询中心,看望太阳村收留的80多个在押服刑人员的孤儿,并为他们送去了价值3000元的慰问品。少儿大病救助工作已经基本完成入户走访,全年救助患儿26人,发放救助款31.1万元。对于病情特别危重、家庭特别困难的大病患儿,区红会特事特办,考虑患儿实际情况予以先行救助。全年救助因意外灾害的特困户7户,发放救助款51000元。

(何　伟)

【"五·八"世界红十字日宣传周】　防灾减灾宣教中心揭牌暨宣传周启动。5月4日在后沙峪镇香花畦会所地下人防工程,举行了顺义区"五·八"世界红十字日宣传周启动仪式,北京市红十字会和顺义区领导共同为防灾减灾宣教中心揭牌,并宣布"五·八"世界红十字日宣传周启动。本宣教中心将作为今后传播红十字文化和应急救护知识的重要平台,是集知识宣传、图文展示、应急救护设施陈列、地震逃生模拟演练等功能为一体的多功能宣传教育基地,区红会将有计划地组织社区居民、中小学生和其他重点行业从业者来这里参观学习,使宣教中心成为进行普及培训的重要基地。

(何　伟)

【防灾应急工作】　制订了《顺义区红十字会2011年应急救护与技能培训工作方案》。2011年区红十字会开展了4期应急救护知识普及培训班,共培训了780人;同时为了扩大普及范围,向顺义区居民派发了2万册家庭版急救手册。7月联合教委共同发文推动教育系统师生初级急救员培训,暑假期间集中力量开设了20期培训班,共培训中小学教师2865人,高一新生3121人。其他重点行业共培训了545人。截止至11月,共完成初级急救员培训6595人。

(何　伟)

【红十字青少年工作不断深入】　区红会与教委、卫生局对最后一批申报健康促进学校的26所学校进行了三轮健康促进工作指导,在东城、密云、平谷、顺义四区县的联合检查中,顺义区被抽检学校的健康促进工作获得了好评。

(何　伟)

顺义区
文学艺术界联合会

【概　况】　2011年,区文联以"放歌美丽顺义、唱响世界北京"为主题,开拓创新、扎实工作,圆满完成了确定的各项任务,努力营造了良好的社会文化氛围,为促进顺义区群众文艺事业的蓬勃发展作出了积极的贡献。

单位名称:顺义区文学艺术界联合会
地址:顺义区拥军路3号
电话:(010)69423793
邮编:101300
网址:http://www.wenhw.bjshy.gov.cn

(关东明)

【全国书画摄影大赛】　1月13日,颁奖仪式在顺义区东竹园宾馆举行,活动由区委宣传部、文委、文联主办,邀请北京市文联、北京画院,书法、美术、摄影家协会、文化艺术活动中心做为艺术指导单位,是一次面向全国的大型群众性文化活动。大赛自2010年9月启动,得到了北京、河北、江苏、福建等十省、市的积极响应,共征集到书画480件、摄影1200余幅,经评选有126件作品获奖。参赛作品以顺义区新的建筑景观、自然景观和"老八景"为主要创作内容,展示了顺义区现代化建设取得的辉煌成就。

(关东明)

【"二月新春"群众文化活动】　以"放歌美丽顺义 唱响世界北京"为主题,从农历腊月二十到正月十五，举办了各类群众文化活动690余场次，6万人次参与演出，观众达52万人次。顺义区投资约610余万元。

（关东明）

【全国歌曲征集大赛】 “打造绿色国际港，歌唱美丽新顺义”全国歌曲征集大赛落幕。大赛自2010年7月20日启动，由北京音乐家协会、顺义区委宣传部、区文委、广电中心，文联主办，特邀文化部民族民间文艺发展中心作为艺术指导单位，面向全国征集作品。共收到18个省、市的专业与业余作者的歌曲180余首，经评审，34首歌曲获奖。3月29日，举行了颁奖典礼，一、二、三等奖作品悉数亮相，由10余名歌手现场演绎，涵盖了美声、民族、通俗等形式，顺义电视台全程录制并安排播出。

（关东明）

【“五月的鲜花”和“十月金秋”】 5月10月，“五月的鲜花”、“十月金秋”系列群众文化活动分别以“在党旗下歌唱”与“世界空港，最美顺义”为主题，围绕建党90周年，举办了歌唱祖国心向党——“天竺杯”北京市第五届合唱邀请赛；红色中国·欢乐顺义——“马坡杯”顺义区第二届曲艺大赛；后沙峪杯”北京市第七届国标舞大赛；风雅四季·大美顺义——“龙湾屯杯”顺义区第十八届“十月金秋”书法、美术、摄影优秀作品评展；金秋乐韵——“李桥杯”北京市器乐大赛等10项重点活动。

（关东明）

【廉政文化书法美术优秀作品展】 12月7日，龙湾屯杯“十月金秋”廉政文化书法美术优秀作品展开幕。由区纪委、区委宣传部、区文委、区文联共同主办，是顺义区“十月金秋”系列活动的组成部分。顺义区19个镇、6个街道、8大工委系统共上报2000余件作品，经评选，选出80余件优秀书法、美术作品进行集中展示。

（关东明）

【区文联第二次代表大会】 8月30日，北京市文联党组副书记王德新、区委常委、宣传部部长杨宝华、副区长燕英等领导应邀出席。会议听取审议了文联工作报告和章程，选举产生第二届理事会及其领导机构，高源当选为顺义区文联第二届主席，孟云会当选为副主席兼秘书长，王玉玺、王先洲、关东明、吕顺河、李宗印、李德谦、陈永祥、张学勇、胡广星、赵海波、高国境、贾文龙、贾福岐、柴松林、路俊杰15人当选为副主席。诚聘杨宝华为名誉主席，藤矢初、燕瑛、刘骥等13人为第二届理事会顾问。顺义区文联成立五年来，建立了文学、美术、书法、摄影、音乐、舞蹈、戏曲、曲艺八个文艺家协会，会员达1500余人。

（关东明）

政法·军事

政　法

综　述

2011年,市委书记刘淇、市长郭金龙于9月20日实地调研北小营镇“1+1+15”模式;11月15日,市政协主席、市委副书记、政法委书记王安顺实地调研马坡镇石家营村、胜利街道怡馨二社区居委会和天竺镇二十里堡村社会管理创新工作。12月1日,中共中央政治局常委、中央政法委书记、中央社会管理综合治理委员会主任周永康继年初到仁和镇平各庄村调研后又到顺义区马坡镇庙卷村调研;12月2日全国加强和创新社会管理工作座谈会华北东北9省区市片会在北京召开,区委书记张延昆在会上作了《像抓基础设施建设一样抓基层社会管理创新》的典型发言。年内,实施“强基、创稳、亮点、阳光”四大工程,全面开展了政法工作。

一、维护社会政治稳定,服务经济社会发展。一是社会政治大局持续稳定。把确保国家安全,特别是政治安全,放在突出位置。二是社会治安形势总体平稳。以增强人民群众安全感为核心,以解决治安突出问题为重点,综治部门全面开展城乡结合部、城中村和治安混乱地区排查整治工作和“打非”专项行动,有效净化了治安环境和环境秩序,人民群众安全指数位居全市第三。三是执法司法能力不断提升。人民法院审结案件实现了政治效果、社会效果和法律效果的统一。人民检察院注重贯彻宽严相济刑事司法政策,加强法律监督,加大职务犯罪预防查处力度。四是服务民生发展不断加强。把民生优先的要求落实到各项政法工作中,落实到老百姓身上。

二、源头预防化解矛盾,促进社会和谐稳定。一是构建三方力量平台,深化多元矛盾化解工作。依托人民调解、司法调解、行政调解三个主渠道,实现“纵到底、横到边”的四级联调,多元化解。坚持群众工作统揽信访工作,工作重点由被动接访向主动预防转变。充分调动专业、社会和民间资源,以三方力量支撑起矛盾化解新平台。专业力量能动介入,服务群众疏导民意,实现法律和社会效果双赢;公益律师、行业调解等社会力量有效整合,群众问题就地解决;“和事佬”、“调解专员”、“亲情调解”等民间力量立足于晓之于情,和风细雨中化解纠纷。二是创新机制,把化解矛盾贯穿执法办案全过程。法院坚持‘调解优先、调判结合’工作原则,抓诉前调解精细化,着力提高化解的效率和效果。将诉前调解案件细分为两个大类(包括民商事和执行案件)十个小类,加强衔接快速转审。诉前调解成功化解率为60%,比去年提高20个百分点。检察院强化检察长接待、“三首办”等制度,创新建立“听、引、调、处”四步工作法,依法审查处理群众来信来访365件,实现了全年无涉检进京访。三是多措并举,信访形势平稳可控。信访办建立矛盾纠纷项目库,完善领导包案制度,促进问题及时妥善解决;实行信访问题挂账督办、问题销账制度,并将信访问题的销账情况纳入年终考核。完善领导接待制度,采用了“八单”督办制。大力推广“属地管理、分级负责、分类处理、联动化解”机制,促进重大疑难信访问题解决,市交办9件历史积案,已全部按时办结。实现了顺义区信访总量、越级集体访量下降,确保了无信访群体性事件和敏感时期无非正常群体上访。四是源头预防,有序推进社会稳定风险评估。维稳办制定出台《顺义区建立重大事项社会稳定风险评估机制实施办法》,本着“以人为本、关口前移”的原则,确定李桥镇英各庄村作为社会稳定评估工作试点地区,深入开展风险评估工作。信访办在市场改造、打击违法建设等工作中注重信访风险评估,提前制定工作预案,增强了工作的主动性。

三、加强社会管理创新,推进平安顺义建设。一是民生为本,让民政对象搭上经济社会发展的快车。民政局搭建社会救助、和谐社区、社会福利、社会组织“四大平台”,在全市率先推出民政“一卡通”,社会救助做到了城乡全覆盖,城乡居民月均基础性养老金和福利养老金、农保标准、教育救助、大病救助等都高于全市统一标准,让民政对象切实享受到经济社会发展成果。二是重在实效,扎实推进村庄社区化管理。按照“标准要提高,功能要齐全,工作要长效,重点要在求实效上下功夫”的工作要求,强力推进村庄社区化平安建设工作。第一批52个实行社区化管理的村庄通过验收,实现了无违建、治安刑事案件大幅下降。第二批41个村的建设工作也已经全面启动。三是共建共享,流动人口管理工作不断深化。圆满完成基础调查工作,流动人口总量变化率、登记率、核销率、完整率、准确率均高于全市平均水平,顺义区1000人以上的服务站硬件保障设施全部按照“一站式”办公模式进行了配备。促进人口资源环境协调发展,促进流动人口与户籍人口和谐相处、共享成果,规模调控工作稳步推进,权益保障工作同步跟进,流动人口总量与去年基本持平,就业结构相对合理,素质结构进一步优化。四是延伸触角,扎实开展法律服务“三进”工作。成立了“顺义区法律服务志愿团”,19个镇政府分别与律师事务所签订了《法律服务合作协议》,以镇级法律服务中心为平台,完善法律服务进农村工作。以社区法律服务室为平台,开展了律师事务所与社区居委会“点对点”法律服务试点工作。以区国资委、区工商联为平台,实现法律服务进企业,在北京工业大学耿丹学院和顺鑫集团建立了法律援助工作站,扩大了法律援助服务领域。五是典型引路,创新完善群众工作机制。重点推出北小营镇“1名村民代表、1名党员联系帮助15户村民”的“1+1+15”群众工作模式和胜利街道“街道干部包社区,社区干部包楼,楼长包单元,门长包户”的“四包”群众工作模式,以及马坡镇庙卷村“农民和市民同待遇、流动人口和本村居民同服务、精神文明建设与城市文明同追求、村庄民主管理与城市社区同水平”的典型做法。六是固本强基,基层基础建设迈上新台阶。综治委成员单位充分履行职责,加强协调配合,形成综合治理整体合力。各镇(街)充分发挥综治维稳工作中心平台作用,重点在完善中心受理窗口、深化五联机制、充实台账制度、规范运行流程、拓展服务功能5个方面下功夫,基层基础得到加强。在38个社区推行社区民警单警驻社区工作制度,积极开展大走访工作;在设立首个检察官工作室的基础上,探索设立4个派出检察室,已获得区编办批复;积极组建市民劝导队,落实社区民警任社区(村)党支部副书记等制度;健全群防群治队伍长效管理机制,制定了《治安志愿者管理办法》,建立了上岗记分、岗位积分、星级评定、以奖代补、公益反哺等激励机制,实现了上岗常态化。今年共启动社会面等级防控5次,动员群防群治队伍30000余人。

四、公正廉洁执法,加强政法队伍建设。一是深入开展主题教育实践活动。二是深入开展"五百干警下基层"为民实践活动。三是加强执法规范化建设。四是加强廉政教育。

单位名称:顺义区委政法委员会
地址:顺义区新顺南大街27号
电话:(010)69460080
邮编:101300

(苑汝杰)

综合治理

【概　况】 2011年,进行社会管理、群众工作、村庄社区化平安建设、群防群治队伍管理等方面的创新,使基层综治工作迈上了新的台阶,有效地化解了社会矛盾,推进了社会平安化建设。建立了经费常效保证机制,制定了《顺义区村庄社区化平安建设考核标准及奖励办法》,对村庄社区化平安建设采取以奖代补方式,依据工作完成情况及工作效果进行奖励,建设经费按照小村60万元、中等村80万元、大村100万、特大村120万的标准进行奖励;经费保障制度化,制定出台了《顺义区村庄社区化管理运行标准》,按照小村每年20万元,中等村30万元,大村、特大村40万元,区镇两级财政各负担50%的标准,93个村的年运转经费共需区财政投入1415万元,此项经费列入每年财政预给予保障。全年共投入村庄社区化专项资金4110万(其中2010年52个村运转经费810万,2011年41个村建设经费3300万)。

单位名称:顺义区社会治安综合治理委员会办公室
地址:顺义区新顺南大街27号
电话:(010)69460080
邮编:101300

(苑汝杰)

【综治维稳中心】 维稳中心开展了三项工作。一是高丽营、李遂、张镇等中心的升级改造建设,严格建设标准,确保建设质量。二是疑难案件化解,统筹化解顺义区51起进京重复访和涉法涉诉信访案件。整合法官、检察官、社区民警、司法助理员等四类人员,实行主动上门回访、转达重视关心、直接听取诉求、开展以案析理、实行帮扶救助、组织民主测评的六步工作法,实现事要解决、案结事了、息诉罢访、人民满意的工作标准。三是宣传,采取制作联系卡、悬挂标语横幅、开辟综治专栏、摆放展板、案例汇编、现场咨询、广播宣传、上普法课、文艺汇演、入户宣传、开通微博、LED显示屏等形式集中开展宣传。涉及综治维稳工作中心工作职责、联系方式、工作流程、职责任务以及流动人口、计划生育、消防等多方面内容。区共开展集中宣传100余次,发放各类宣传材料10万余份,悬挂标语50条、横幅648条、摆放展板452块,受教育群众5万余人。

(苑汝杰)

【治安志愿者星级管理】 建立群防群治队伍管理新机制,制定《顺义区治安志愿者星级管理办法》,对顺义区治安志愿者实行星级管理。一是实行岗位计分。对治安志愿者参与治安巡逻、矛盾纠纷排查化解、流动人口服务管理、安全硬化排查、法律宣传等社会服务管理公益活动,给予一定的积分;二是实行星级评定。对志愿服务累计达到150分、600分、

1500分、3000分、5000分，分别评定为一至五星级治安志愿者；三是实行规范管理。建立治安志愿者个人基本情况和志愿服务情况档案资料，实行每天一计、一事一计，严格落实当时签字、当天计分、周核实、月汇总、季公示程序，确保公平；四是实行反哺服务。对年满70周岁的五星级治安志愿者，实行公益反哺，享受免费家政服务，已有135名治安志愿者享受星级反哺服务。

（苑汝杰）

【敏感时期社会面防控】 年内，区共9次启动社会面等级防控。分别召开了全国“两会”、“六四”、“国庆”敏感期安保社会面防控专题会议，动员组织各类群防群治力量3万余人，及时启动社会面二级加强防控和社会面一级超常防控，加大排查化解力度，主动发现问题，解决问题，推动难事解决，源头化解。启动情报信息会商机制，有效整合公安、安全、综治、610、流管等各类维稳资源，做到预知预警预防，确保发现得早、部署得快、处置得好。加强网络监管引导，公安网监部门及时封堵、删除各种有害信息，防止蔓延扩散。加强对社会面防控工作的组织领导和督导检查，协调解决实际工作中遇到的问题，做好一线安保防控人员的后勤服务保障工作。

（苑汝杰）

【社会治安重点地区排查整治】 成立社会治安重点地区排查整治工作领导小组，下设办公室（设在综治办）。以环境秩序百日整治“春风行动”、公安系统“2011春季攻势”等专项行动为载体，发挥公安、城管、卫生、工商等职能部门的作用。以镇、街为单位，集中组织力量深入村、社区开展大排查，着力对城乡接合部、“城中村”和治安复杂的村居等容易发生治安问题的重点地区开展地毯式排查活动，做到把治安混乱地区摸清，把治安突出问题找准，把重点人员全面掌控。坚持排查整治工作与安全稳定中心工作相结合、与人口有序管理服务相结合、与社会管理创新相结合、与基层基础建设相结合，形成中心工作和排查整治相互促进、相互推动的工作模式。

（苑汝杰）

【推进网格化管理】 将顺义区现有行政区域划分为590个防控网格单元，绘制辖区网格巡控图，实现网格化管理全覆盖。在原有的十类重点人基础台账的基础上，进一步拓宽范围，将所有重点人、地、物、事、组织等不稳定因素全部建立基础台账。建立治安志愿者、巡防队、保洁员、城管协管员、护林员等群防群治队伍台账，研发电子数据库，将各类信息全部纳入数据库，定期进行更新。将治安志愿者、流管协管员、保洁员、护林员等队伍进行科学整合，全部纳入网格化社会面防控体系，明确网格单元的责任人员、工作点位、工作任务和工作职责，制定三级防控点位图，明确各防控等级的上岗标准，确保防控力量按照“定人、定岗、定时、定责”的岗位责任制开展工作。建立了科学完善的运行和考核机制、实用有效的网格化管理办法。

（苑汝杰）

【村庄社区化平安建设】 综治办八项措施推进村庄社区化平安建设 。一是制定实施方案、考核办法。下发了南彩镇河北村、昌平区村庄社区化平安建设的相关资料，要求各试点村结合实际，制定实施方案。二是统一村庄社区化平安建设标识标牌。三是观摩学习经验，取长补短。要求结合各村的实际，因地制宜搞好试点村社区化平安建设。四是实施拨付启动资金、以奖代补办法。协调财政部门下拨各试点村20万元的启动资金，待区组织考核后，按照考核结果给予相应的以奖代补。五是三次组织督导检查。六是以广播、电视等形式大力宣传村庄社区化平安建设的意义。七是村企联动，发动村民、企业积极参与。八是推进试点村环境综合整治。对临空经济核心区12个重点村村实行挂账整治，以“十二无”为标准进行检查验收。

（孔晶晶）

公安工作

【概　况】 2011年,顺义公安分局以“三项重点工作”和“三项建设”为主线,打造创新型警务,以打防管控一体化为载体,坚持下先手棋、打主动仗,积极探索维护稳定、打击防范的新途径、新方法,通过狠抓“五个强化、五个坚持”措施的落实,维护全区安全稳定和社会治安管控的水平明显提高,公安队伍整体素质和战斗力进一步增强,全局各项安保工作措施得到有效落实,维护了辖区的政治稳定和社会和谐发展。分局科学、合理地编制了2011年度财政预算。全年财政预算为2.12亿元,实际执行3.22亿元;年内,加强了全局装备配备标准的建设,投入资金4437.5万元。完成高丽营派出所新建和仁和、李桥派出所扩建工程,完成看守所、刑侦技术大楼新建工程的立项工作。

单位名称:北京市公安局顺义分局

地址:北京市顺义区顺平西路8号

电话:(010)69440212

邮编:101300

(刘兴甲　王孟秋)

【开展警务工作】 年内,共物建人力情报力量8906人,成功调解各类纠纷5400余件,处置群体访204批次6029人次,受理各类涉外案事件186起,发布舆情反制贴文6200余条。“110”共接报警114595件,调动警力210106人次,调动车辆74481车次。完成19项127场次大型活动的安全监管工作,确保了195万余客流的绝对安全。完成各类警卫任务272次,组织投入警力6144人次。开展了清理网上逃犯、打击侵财、铁拳等50余次专项打击行动,抓获清网在逃人员161人,清网率达到69.1%。

(刘兴甲　王孟秋)

【破获各类刑事案件】 共破获各类刑事案件4526起,刑事拘留2306人,百名民警刑拘数155.29。共打掉流氓恶势力势力团伙32个,破获案件41起,刑事拘留145人。破获命案12起,全区累计串并各类刑事案件262串,个案1977起,破获223串,个案1769起,破获侵财案件总计3296起,追赃减损554.83万元。共破获各类涉毒案件43起,同比上升了65.3%,抓获此类犯罪嫌疑人66名,同比上升了34.6%,收缴毒品冰毒44.1克、摇头丸0.57克、麻古0.09克。

(刘兴甲　王孟秋)

【受理治安案件查处各违法人员】 全年,分局共受理各类治安案件14439起,同比下降了44.4%;全年共查处各类违法人员15228人,同比下降了43.7%;治安拘留2326人,同比下降16.9%;其他12902人,同比下降46.8%。

(刘兴甲　王孟秋)

【交通事故】 全区共发生交通事故23838起,同比下降3%;伤516人,下降10%,死亡105人,下降2%;快速处理事故23391起,同比下降40%;1起死亡3人(含)以上事故3起,比去年同期上升200%;逃逸事故35起,同比下降22%。

(刘兴甲　王孟秋)

【规范行业场所依法经营秩序】 深化了“4.11三禁”成功经验机制,以易滋生“黄、赌、毒”违法犯罪行为的歌厅、洗浴、宾馆、发廊、足疗、养生馆、休闲中心、电子游艺厅等8类场所为整治重点,集中清理整治无证照黑开场所,全面规范8类行业场所依法经营秩序,进一步打压“黄、赌、毒”等违法犯罪行为生存空间。共处罚违规、违法经营场所500余家次,罚款6万余元,取缔无证照旅店、足疗发廊、废旧、游艺厅等黑开场所300余家,进一步规范了行业场所依法经营秩序。

(刘兴甲　王孟秋)

【开展打四黑除四害专项工作】 年内，分局以治安重点地区整治为依托，从完善机制入手，强化内外结合，先后建立了情报信息研判、重大案件会商、多部门联动执法等工作机制。共打掉赌博窝点19个、涉黄窝点13个、黑网吧11个、黑游戏厅10个，依法取缔黑开游戏厅、黑开网吧共17家，收缴赌博机、电脑共400余台，收缴赌资87400元，抓获违法人员147人，依法治安拘留138人，刑事拘留6人。

（刘兴甲　王孟秋）

【加强互联网安全管理】 年内，分局建立了对全区33家网吧、521家网站和443个信息系统的管理体系，通过现场安全检查、联合检查、网上巡检、签订责任书和建立“每日安全事件零报告制度”等方式进行管理。同时积极指导派出所会同工商、文委加大“黑网吧”的打击力度，进一步净化顺义区网络环境。

（刘兴甲　王孟秋）

【推进市民劝导队建设】 年内，成立了23个镇级市民劝导队领导小组，组长均由镇、街道主管政法（综治）书记（主任）担任。并以自然村、居家委会为基础建制单位，成立了由5272名劝导队队员组成的466支劝导队，并实行实名制登记。

（刘兴甲　王孟秋）

【发挥社会信息员作用】 年内，分局内保大队紧密依靠内部单位党委和行业系统，成功建立信息员953名，实现了388家直管内部单位均有信息员的工作目标，在维护内部单位安全稳定工作中发挥了突出作用，先后提供安全隐患类信息36件，矛盾纠纷类信息16件，参与处置化解内部单位矛盾纠纷11件。

（刘兴甲　王孟秋）

【分局开展多警联动消防检查】 1月28日，分局由消防支队牵头，治安支队、内保、人口管理大队和光明、胜利、仁和派出所参加多警联动消防检查，此次检查共分6个组，按照各自职责任务，分别对公众聚集场所、公共娱乐场所、高层建筑和地下空间、“五供”单位、顺义中心区和施工现场等单位和场所进行消防安全检查。

（刘兴甲　王孟秋）

【“珍爱生命、远离酒驾”主题宣传活动】 2月22日，分局为进一步强化交通安全宣传，防止“酒驾”等违章行为的反弹，全力做好“两会”期间交通安全工作，分局交通支队深入到辖区私人大客车、大货车等重点车辆较为集中的乡镇，对车辆驾驶人开展了主题为“珍爱生命、远离酒驾”的交通安全宣传教育。

（刘兴甲　王孟秋）

【外埠来京人员文明交通大讲堂宣教活动】 8月26日至9月25日，分局以“来京走好每一步，共建文明交通平安路”为主题，开展为期一个月的文明交通大讲堂宣传教育活动。共成立宣传小组30个，深入建制村、社区、施工工地等外埠来京人员聚集场所271个，开展各类交通安全宣传活动520场次，摆放展板1100余块，发放宣传材料5万份，悬挂横幅300余条，教育群众达2.5万余人次。

（刘兴甲　王孟秋）

【教育行业网络与信息系统安全检查工作】 9月27日，根据北京市网络与信息安全协调小组《关于开展2011年网络与信息系统安全检查工作的通知》与《北京市公安局和北京市教育委员会关于深入开展教育行业网络与信息系统安全检查工作的通知》的工作部署，分局网安大队、市局网安总队六大队和专业测评公司组成联合检查组对我区教委及现代职业技术学院开展了信息系统安全检查。

（刘兴甲　王孟秋）

【中央领导视察新农村建设安保任务】 12月1日，中央政治局常委、中央政法委书记周永康及各省市领导一行150余人到顺义区马坡镇庙卷村视察新农村建设情况。分局高度重视此次警卫工作，分局局长李国营亲自坐镇指挥，分局共投入警力109人、警车15部，圆满完成了此次视察的现场及路线警卫任务。

(刘兴甲 王孟秋)

检察工作

【概 况】 2011年,共受理审查逮捕790件1057人,同比分别上升24.2%和27.3%。受理审查起诉案件1130件1576人,同比分别上升19.1%和22.2%。采取专题讲座、组织展览、庭审观摩、座谈交流等形式,加强纪律作风建设,制定《顺义区人民检察院党风廉政建设监督员工作规则》和《顺义区人民检察院"三重一大"决策制度的实施办法》,进一步加强廉政制度建设。采取集中学习、参观预防职务犯罪宣传展、观看反腐系列教育片,深入开展廉洁从检、公正执法警示教育活动。加大检务督察力度,对检察业务、检察队伍、检察事务实行全方位检察督察,确保了各项检察工作的顺利开展。

单位名称:北京市顺义区检察院
地址:顺义区新顺南大街19号
电话:(010)59556600
邮编:101300

(李连华)

【保护未成年人】 就未成年人刑事案件分案起诉、社会调查、临界年龄审查等工作,与区公安机关、人民法院、司法局会签6项工作制度,安排未成年人法定代理人及合适成年人到场旁听讯问78人次,进行未成年人社会调查35人次,未成年人临界年龄审查4件4人,切实保障了未成年犯罪嫌疑人的合法权益。

(李连华)

【开通"12309"举报电话】 1月7日,区检察院"12309"举报电话正式开通运行,实现了举报电话与高检院、市检察院的互联互通,进一步强化了举报电话系统的性能,为群众提供了更加快捷方便的举报平台。

(王亚西)

【与新疆洛浦县检察院结对】 3月3日,区检察院与新疆和田地区洛浦县检察院召开了对口支援见面会,就对口支援工作中的指导思想、基本原则、工作目标、援助内容、结对关系和工作措施等方面进行说明和磋商。

(夏学民)

【犯罪线索查证与检察监督衔接制度】 4月1日,区检察院与区人民法院、北京市公安局顺义分局举行《犯罪线索查证与检察监督衔接工作办法》和《联席会议制度》会签仪式,在全市创新建立了犯罪线索查证与检察监督衔接制度。年内,共监督线索查证12件,其中查证属实并认定立功2件。

(王有凯)

【规范良性证据】 5月,区检察院与区人民法院、公安机关、司法局会签了《关于规范量刑证据若干问题的实施意见》,以有效推进量刑工作规范化,依法收集、审查、适用量刑证据,进一步规范量刑程序,维护司法公正。该意见明确了量刑证据的概念、收集原则、收集内容和量刑证据的移送、审查程序,以及检察院对量刑的依法监督程序。

(张文影)

【"智能楼宇广播系统"投入使用】 5月,区检察院"智能楼宇广播系统"投入使用,该系统包括音乐播放、广播控制、紧急情况报警三项功能。

(安剑锋)

【开展农村集体经济产权制度专项预防】 年内,区检察院坚持五个"依托"深入开展农村集体产权制度专项预防工作。一是依托区预防职务犯罪领导小组,主动汇报取得支持;二是依托检察长联系镇村制度,畅通工作渠道;三是依托"五百干警下基层"活动,深入开展调研;四是依托检察官工作室,及时化解矛盾;五是依托检察官法制宣讲团,提供法律服务。

(刘同斌)

【加强信访接待安全工作】 6月,区检察院采取加强信访接待安全教育、对接待场所进行安全隐患排查、严格执行信访安检监控制度、认真落实个案预警工作机制等措施,预防和防范来访接待中突发事件的发生,减少突发事件引起的社会危害。

(王亚西 陈 翠)

【编辑党风廉政宣传手册】 年内,区检察院与区纪检共同编辑《<中国共产党党员领导干部廉洁从政若干准则>学习宣传手册》并发放到顺义区党员领导干部中。《学习宣传手册》,采取"有条文,有图片,有解释,有案例,有警句"的原则设计,全面系统的解读了《廉政准则》和《实施办法》的核心内容,及时准确反映了中央有关领导干部廉洁自律的最新精神。

(刘同斌)

【建立民事诉讼监督通报制度】 7月,区检察院与区人民法院建立《民事诉讼监督通报制度》,该制度对建立通报制度的目的、通报时间、内容和方式等作出了明确规定,进一步加强检法在民事诉讼监督工作中的沟通协作,提升民行检察监督水平和效果。

(李连华)

【举办预防职务犯罪宣传展】 9月,举办了"和谐顺义,廉政同行——预防职务犯罪宣传展",区304家单位、4200余人参观了展览,取得了良好的社会效果。积极提供行贿犯罪档案查询服务,向98家企业提供服务117次,为企业取得工程投标资格提供条件,促进了社会诚信体系建设。

(刘同斌)

【加强民事执行监督工作】 10月9日,区检察院与区法院就深入开展执行监督工作达成共识:一是加强协作配合,共同有效开展民事执行活动;二是双方定期、不定期针对案件执行情况进行沟通;三是输送青年干警到法院民事审判庭、审监庭等部门交流锻炼机制,共同促进工作水平的提升。

(林春艳)

【技能比武取得好成绩】 年内,区检察院积极筹划、认真组织参加北京市检察机关第四届检察技能比武活动,在全市检察系统16项比武项目中,取得了8个单项个人"十佳",1个单项个人"十优",全市排名第七的好成绩。

(夏学民)

【设立"行刑衔接"工作办公室】 8月,区检察院"行刑衔接"办公室获区机构编制委员会批准,"行刑衔接"工作办公室的主要职责是:建立完善行政执法与刑事司法相衔接工作机制,负责行政执法与刑事司法信息共享平台的建设、运行、管理、维护,承担区行政执法与刑事司法衔接工作联席会议办公室的日常工作。

(李连华)

审判工作

【概 况】 全年共受理各类案件19088件,办结19118件(含旧存),结案率为96%。其中,审结刑事案件1009件,民事案件(包括传统民事案件、商事案件、知识产权案件)13372件,行政案件及非诉执行案件199件,申诉和申请再审案件26件,办结执行案件4512件。把维护社会安全稳定作为刑事审判的首要任务,依法打击刑事犯罪,全面落实宽严相济的刑事政策。把服务大局、服务发展作为民商事审判的出发点和落脚点,运用判决和调解两种手段,切实保障民生促进发展。将监督支持行政机关依法行政作为行政审判的着力点,依法审查行政行为合法性,切实保障行政相对人合法权益。将保障胜诉当事人合法权益的实现作为执行工作的重中之重,通过开展反规避执行活动,全力以赴破解执行难题。将科学疏导社会矛盾作为立案信访工作的重点,引导当事人依法有序维权,维护法制权威。将队伍建设作为全部工作的根本,按照"以党建带队建、以队建促审判"的工作思路,切实提高全院干警的公正高效廉洁司法能力。

单位名称:北京市顺义区人民法院
地址:北京市顺义区府前东街
电话:(010)69444921
邮编:101300

(于洪群)

【交通事故案件宣判告知】 1月,为解决交通肇事犯罪案件中行政文书难以送达在押被告人的问题,区法院将宣判的时间、地点通知交通队有关负责人,由交通队派工作人员到场,宣判后,被告人一并签署有关司法文书及行政文书。

(于洪群)

【未成年被告社会调查制度】 3月22日,区法院建立未成年被告人社会调查制度,并就该制度实施中的疑点与难点与公检机关进行了交流并初步达成一致意见。

(于洪群)

【人民陪审员参与评估鉴定】 3月29日,区法院邀请人民陪审员现场参与一处房产价值的评估过程,此次人民陪审员参与评估鉴定属北京市首例,是创新人民陪审员参与机制的重要举措。

(于洪群)

【顺义区醉驾入刑第一案】 6月1日,区法院公开开行审理被告人赵迎新危险驾驶一案,该案作为"顺义区酒驾入刑第一案"受到多家媒体关注。

(于洪群)

【集中发放执行案款】 6月3日,执结了涉案数量达290件的群体性劳动争议执行案件,并集中发放640万元案款。

(于洪群)

【联合开展民调培训会】 6月8日,顺义区司法局、顺义法院民一庭、仁和镇政府、望泉街道办事处、石园街道办事处、胜利街道办事处、光明街道办事处联合举办了2011年顺义区人民调解培训会,100余人参加了此次培训会。

(于洪群)

【向地税部门发送司法建议】 7月4日,区法院就一起玩忽职守案向地税部门发送司法建议,引起地税部门的高度重视。

(于洪群)

【举行拆迁法律问题座谈会】 7月29日,与区住房建设委员会就拆迁法律问题召开座谈会,通过加强沟通,共同化解行政争议,服务顺义区城市建设大局。

(于洪群)

【网络直播突破300期】 8月4日,公开审理的一起刑事案件是区法院开展网络直播工作以来的第300期,仅用九个月时间实现第三个100期的跨越。

(于洪群)

【查微纠小工程】 8月5日,动员全院干警查找廉政风险点及工作中的庸懒散问题,旨在通过查微纠小有效改进各项工作,规范司法行为。

(于洪群)

【向辖区企业发送司法建议】 8月8日,针对辖区企业涉诉案件特点,向相关企业发送司法建议,建议完善相应制度,促进企业健康良性发展。

(于洪群)

【诉前调解快速转审】 8月,对于诉前调解失败的案件,首次设立诉前调解快速转审程序,为当事人平均节省20-30天的诉讼时间。

(于洪群)

【组织特邀监督员进行暗访】 8月25日,组织8名特邀监督员对院机关和四个人民法庭进行暗访，并听取特邀监督员的意见建议。

（于洪群）

【座谈乡镇经济法律问题】 8月29日，与赵全营镇镇政府、司法所、赵全营镇兆丰工业区管委会就赵全营镇经济发展面临的法律问题进行座谈，共促乡镇经济和谐发展。

（于洪群）

【开展万件重点案件评查】 年内，开展“万件重点案件评查”活动，总结普遍性问题，完善日常评查机制，形成提高案件质量水平的长效机制，杜绝同类问题再次出现。

（于洪群）

【赃证物清理工作】 9月1日，正式启动赃证物清理工作，对每一件赃物认真进行核对、拍照，分类，并准备制作标签，分类分案登记造册。

（于洪群）

【集中清理执行积案】 9月，对一些长期逃避拒不履行法律义务的被执行人，加大力度集中开展执行积案清理活动。

（于洪群）

【介绍预防青少年违反犯罪工作经验】 9月21日，区法院作为区政法系统代表在顺义区2011年未成年人保护与预防青少年违法犯罪工作会议作典型经验介绍。

（于洪群）

【举行纠纷解决研讨会暨院校共建仪式】 9月26日下午，举行顺义法院与中国人民大学纠纷解决研究中心纠纷解决研讨会暨合作共建签字仪式。

（于洪群）

【执结一起长达五年的涉众案件】 11月11日，执行局执行二庭将拖欠长达五年的工人工资十余万元执行到位并发放到30名工人手中，受到当事人的一致称赞和衷心感谢。

（于洪群）

司法工作

【概　况】 2011年，以“解放思想、转变作风、开拓创新、争创一流”为目标，加强管理，完善制度，深化改革，积极发挥司法职能，着力推动法律服务“三进”工作，为维护地区稳定，促进区域发展，营造了良好的社会法治氛围。2011年普法工作，召开了顺义区“六五”普法启动大会，有力促进了顺义区“六五”普法工作的全面展开；组织成立了120人的顺义区法制宣传志愿者支队，开展法治文化表演20余场。全年共解答现场咨询1000余次，发放宣传资料共25万份，组织法律知识讲座20场；在顺义区25个基层司法所建立360度自由索取库，投放法制宣传资料8万余份。5月20日，北京市第七次法制宣传教育工作会议上，顺义区被中宣部、司法部表彰为全国“五五”法制宣传先进区。

单位名称：顺义区司法局

地址：顺义区光明南街18号

电话：(010)69443840

邮编：101300

网址：http://www.sifj.bjshy.gov.cn

（齐艳平）

【人民调解工作】 顺义区累计建立各级人民调解组织566个，人民调解员20311名。顺义区各级调解组织累计化解各类矛盾纠纷10975件，调解成功10875件，调解成功率达99%。

（齐艳平）

【法律援助工作】 2011年共接受咨询事项6210件，同比增长13%；接待来访、来电6819人次，同比增长27%；办理案件1467件，挽回各项经济损失共计600余万元。

（齐艳平）

【公证工作】 办理各类公证3543件,并全程参与顺义区3个村庄的整建制村拆迁工作,为顺义区经济社会发展提供了稳定健康的法制环境。

(齐艳平)

【律师工作】 共办理实习律师转正事项11件,律师变更执业机构事项10件,律所变更合伙人事项7件,新律师事务所设立事项2件,律师事务所名称变更事项1件、场所变更事项1件,补办律师执业资格证事项1件。在保证质量,加强实地考察,增加谈话等内容的基础上,平均提速35%。顺义区共有律师事务所13家,律师92人。

(齐艳平)

【社区矫正工作】 2011年走访刑释解教和社区矫正人员近2万人次,排查重点人2866人次,做到了底数清、情况明。全年社区服刑人员重新犯罪率为0,刑释解教人员重新犯罪率为0。规范化建设开展规范化建设专项活动,完成对现有的28项规章制度的全面清理,整改"立改废"规范性文件24项,其中立15项,改8项,废1项,进一步提升了全局管理水平和干部职工的执行能力。

(齐艳平)

【法律服务"三进"活动】 2011年开展法律服务进农村、进社区、进企业,举办法律知识讲座8场,举行法制宣传活动12场,发放法制宣传资料2万余份,解答法律咨询183人次。

【政务信息宣传工作】 2011年创办了《一周动态》和《司法行政专刊》。共编发《一周动态》34期,发布信息稿件200余篇,《司法行政专刊》4期。加强外宣工作。全年共计发表刊登新闻稿件260篇,其中市级以上媒体共发表158篇,区级媒体共发表稿件102篇。共参与拍摄北京电视台《第三调解室》栏目9期,顺义区电视台《是非方圆》法制栏目7期,10个司法所、2家律师事务所以及2个人民调解委员会参与了节目录制,充分展现了我局司法行政工作成效。

(齐艳平)

【全国"五五"法制宣传教育先进区】 5月20日,第七次法制宣传教育工作会议在京召开,顺义区被中宣部、司法部表彰为全国"五五"法制宣传先进区,这标志着顺义区法制宣传教育工作已进入全国先进行列。五五普法期间,顺义区成功创建了3个"全国民主法治示范村"、26个"北京市民主法治示范村",1家单位、2名个人荣获全国普法中期先进集体和个人,普法宣传实现了广播电视有专题节目、报刊杂志有专栏、互联网有普法网站的格局,顺义区法制宣传教育工作已经全面融入经济社会发展工作,深深根植于广大人民群众的日常生活。

(齐艳平)

【人民调解进立案庭】 7月6日,顺义区司法局与法院召开"人民调解进立案庭"阶段性工作会议。会上总结了"人民调解进立案庭"工作进展情况和成效,并就下一阶段工作进行了讨论,与会人员到区法院立案庭实地参观人民调解工作室运转情况。"人民调解进立案庭"工作开展以来,进入诉前调解的案件共1069件,调解成功458件,涉案金额1198.30元。

(齐艳平)

【148法律服务热线】 7月12日上午,顺义区人民法院民一庭的两名法官以及顺义区人力资源与社会保障局的两名仲裁员来到顺义区司法局法律援助中心148热线,在线解答了十余名群众的咨询并接受了二十余名群众的当面咨询。顺义区148法律服务热线与顺义区人民法院、顺义区人力资源与社会保障局建立了长期合作机制,由区人民法院法官以及区人力资源与社会保障局仲裁员定期到区148法律服务热线接待群众来访来电。通过法官、仲裁员的解答咨询,群众更加清楚了解了如何化解矛盾纠纷并防止矛盾激化,同时通过向百姓进行法律法规宣传,进一步提

高百姓的法律意识。与法官、仲裁员合作解答群众咨询已成为顺义区148法律服务热线的品牌特色，是顺义区司法局践行司法为民、推动社会和谐的又一创新举措。

（齐艳平）

【“12·4”法制宣传日】 顺义区普法办、司法局联合区农委、人力社保局、交通局、安监局、检察院、法院等20家单位在仁和镇文体广场开展了“12·4”大型法制宣传活动。本次活动以“践行北京精神·弘扬法治文化”为主题，现场分普法资料发放和法律咨询、普法展板展示、普法文艺演出三大区域，20家单位结合各自职能开展相关法制宣传，向过往群众发放普法围裙、法治环保袋、法律书籍等宣传品。设立法律咨询台，安排6名律师和公证员现场解答法律咨询。潮白河艺术团表演了精彩的法制文艺节目，现场气氛活跃。活动中，共展出普法展板70余块、发放宣传品和普法资料3000余份、解答法律咨询百余人次，取得了良好的法制宣传效果。双丰司法所、光明司法所、空港司法所、高丽营司法所分别在各自辖区开展了丰富多彩、形式各异的普法宣传活动。

（齐艳平）

军　事

人民武装

【概　况】 2011年，认真学习贯彻军委首长“五个进一步”指示要求，大力加强党委班子和书记队伍建设，全面落实军区“八个方面安全工作规范”和卫戍区后备力量规范化建设现场会会议精神，扎实开展“五用一履行”专项清理整治活动，圆满完成了年度各项工作任务。区专武干部队伍整体素质明显提高，民兵遂行多样化使命任务的能力显著提升，安全稳定工作取得显著成效，双拥共建工作取得丰硕成果。国防后备力量建设继续保持了良好的发展态势并取得了新的成长和进步，基本达到了卫戍区党委提出的建设“特别忠诚、特别过硬、特别稳定”的国防后备力量队伍的总体要求。武装部第八次被北京市政府、北京卫戍区表彰为先进人武部，连续多次被表彰为管理教育先进单位。

单位名称：北京市顺义区人民武装部
地址：顺义区光明南街16号
电话：(010)69444421
邮编：101300

（徐长华）

【党管武装坚强有力】 区委、区政府认真抓好党管武装工作。2月14日，区委书记张延昆同志到武装部调研顺义区民兵预备役工作，听取了武装部和预备向二团工作汇报。张书记强调，顺义区各级各部门一是要高度重视武装工作；二是要着力抓好全民国防教育；三是要突出抓好民兵预备役应急分队建设；四是要充分发挥好桥梁纽带作用；五是要始终把民兵武器装备仓库管理作为安全工作的重中之重；六是要加强党委班子建设。

（徐长华）

【扎实开展军事训练】 5月份，组织10个镇200名民兵进行了专业训练，共落实139课时，主要进行了单个炮手操作、班协同操作等课目训练。组织高炮分队、现役和专武干部分别参加了卫戍区组织的比武考核，杨镇民兵彭军林获得了4炮手单手操作第一名的好成绩。

（徐长华）

【认真选拔配备专武干部】 年内，顺义区结合镇、街道换届选举,对专武干部队伍进行了调整。新任命了19名基层武装部长;免去了12名年龄偏大,已不适应基层武装工作的武装部长,交流7名武装部长到其他岗位任职。调整以后,顺义区基层专武干部平均年龄38岁,全部为本科以上学历,有5人为研究生学历,专武干部队伍年轻化、专业化、知识化程度进一步提高,为进一步推动武装工作健康发展打下了基础。

（徐长华）

【认真抓好民兵武器装备仓库安全管理】 在"三防四治"隐患排查治理活动中,全面排查了弹药库存在的安全隐患,共查出库房漏雨、避雷设施不符合要求和部分监控设施被雷击坏等问题。针对查找出的问题,部党委不等不靠,投资120多万元(卫戍区下拨30万元,自筹90多万元)在武器仓库屋顶加盖了防雨屋顶;邀请气象部门专家对防雷设施进行了全面检测,加装了一组避雷设施;对战士宿舍北侧护坡进行了加固,对损坏的监控设施进行了维护。结合炮兵团战士换防,对离库战士进行了点验,对新到战士进行了政治思想审查。利用卫戍区在我部装备仓库进行法纪巡回演展的时机,组织所有人员深入剖析了友邻单位哨兵携枪外逃案例的原因及危害。部领导与仓库干部,仓库干部与职工、骨干、战士普通进行了一次谈心,掌握了每人的思想情况,摸清了思想底数,保证了重点目标看管人员政治纯洁、思想稳定。全年保障民兵打靶用枪1100支次,消耗弹药5530发,为存放单位保障弹药15840发,协助卫戍区装备仓库为存放单位报废弹药68710发,全年未发生任何安全事故。

（徐长华）

【为部队解难题办实事】 年初,武装部协调财政、民政等部门对驻顺十四家部队逐一进行了走访,了解了驻顺部队在完善基础设施、改善官兵物质文化生活和营院绿化美化等方面存在的一些问题和困难,拨付295万元为驻顺部队办实事,官兵物质文化生活和训练环境得到较大改善。"八一"、春节和部队外出驻顺时期,顺义区、镇两级政府和各委、办、局开展了形势多样的拥军活动。顺义区政府为驻顺部队官兵送去价值40多万元的慰问物品,顺义区文委、广电中心分别组织了五台晚会到部队慰问演出

（徐长华）

【开展"驻顺义、爱顺义、建顺义"活动】 年内,协调武警和空军200多兵官兵参加了春季植树活动,组织武警、空军300名官兵参加了第三届北京市端午文化节,组织武警部队参加了燕京啤酒节安保活动,组织武警100名官兵参加了顺义区区在中华世纪坛举办的的建党90周年文艺汇演,协助广电中心录制了"燕京部落－－八一特别节目",协助区文委在武警十支队、空四基地举办了庆"八一"文艺晚会,协调警卫三师炮兵团出动车辆15台次,运送捐赠物资200多吨。

（徐长华）

【广泛进行征兵宣传】 利用群发短信、网络媒体在顺义区进行了内容丰富、形式多样的征兵宣传。电视台播放了由武装部和顺义区电视台联合摄制的电视专题片《军旗下的顺义儿女》,在每晚顺义新闻后滚动打出了征兵宣传口号,在顺义电台和《顺义时讯》报纸开辟了"征兵专栏",在《顺义网城》开设了"征兵动态"栏目,在顺义区共25个镇、街道办事处和现代学院、耿丹学院设立了征兵宣传站,开展了征兵宣传进学校、进社区活动。在顺义区评选表彰了40名优秀现役军人,每人给予了3000元奖励。宣传活动进一步增强了适龄青年参军报国的积极性,为圆满完成征兵工作任务打下了良好的基础。

（徐长华）

【退役士兵优抚安置办法】 11月份,协调民政、财政、人力社保等部门在全市率先出台了《关于鼓励适龄青年应征入伍工作的意见》,对士兵优抚和安置作了较大程度调整。《意

见》规定:从 2012 年起,义务兵优待金由原每人每年 1.8 万元,调整为不低于城镇居民上年度人均收入。我区前三季度城镇居民人均收入为 27713 元,因此 2012 年义务兵优待金将不低于 2.8 万元;西藏地区服役士兵优待金在此基础上增加一倍,年优待金将不低于 5.6 万元。士兵退役以后由民政部门进行职业教育和技能培训,并由政府安置。选择自谋职业的,义务兵自谋职业补助金由原 3.5 万元提高到 5 万元;士官在 5 万元的基础上,每增加一年兵龄,就业补助增加 3000 元。从西藏地区退役的士兵安置到全额事业单位工作,选择自谋职业的,义务兵就业补助为每人 10 万元;士官在 10 万元的基础上,每增加 1 年兵龄,就业补助增加 6000 元,最高将达 16 万元。为提高学校征兵积极性,《办法》还规定,征兵计划内高等学校,每送走一名新兵,奖励学校 2 万元。《办法》出台后,大大提高了适龄青年参军报国的积极性,有力促进了征兵工作。年内完成 216 名新兵征集任务。

(徐长华)

【深入抓好国防教育】 结合国防教育宣传周,在顺义区进行了内容丰富、形式多样的国防教育宣传。邀请国防大学杨毅少将为顺义区处以上领导干部上了一堂国防教育课。协调区电视台、电台、顺义时讯赴南海舰队摄制了三集电视专题片《军旗下的顺义儿女》,播出后受到社会好评。进一步加强了国防教育基地建设,投资三万多元,对国防教育一条街进行了整修,对宣传图片进行了更换,区内焦庄户地道战遗址纪念馆、66055 部队师史馆、革命烈士陵园、学生军训基地、国防教育一条街等国防教育基地,全年共接受党委机关、社会团体、青年学生、企事业单位职工 12 万人次参观见学,在顺义区营造了良好的国防教育氛围,进一步提高了全民国防观念。

(徐长华)

人民防空

【概 况】 2011 年是“十二五”规划的第一年,顺义区民防局按照年初制定的《顺义区民防局 2011 年工作要点》的目标任务,紧紧围绕区的中心工作,坚持依法行政,服务基层,做到工作有计划,结果有落实,继续开创民防工作新局面。

单位名称:顺义区民防局
地址:顺义区府前中街 3 号(顺义宾馆院内西侧)
电话:(010)69443202
邮编:101300
网址:http://www.renfang.bjshy.gov.cn/

(周涵钰)

【应急保障指挥所建设】 加强对基本指挥所的维护管理工作,保障应急指挥功能完好。3 月下旬对指挥所内照明线路进行了更换,解决了短路、跳闸现象。完成指挥所内部综合会议系统的维护、维修工作,完成区视频会议系统 MCU 设备的安装工作,基本指挥所内区视频会议系统已具备组会功能,可以与区应急办及镇、街道办事处音视频互联互通。完成了香花畦应急指挥宣教中心、胜利街道指挥所的日常维护工作,确保了两处镇级指挥所的正常运行。

(周涵钰)

【应急保障工作】 参与了市局组织的短波通信训练。全年应急指挥车在区内重点经济地区、人口密集区、森林防火重点地域演练 15 次,参与市级演练 1 次,参加了为期一周的全市应急移动指挥车野外驻训作业,在笔试考核中取得了第一。全年节假日、两会、汛期共备勤 137 天。完成了防空袭警报年度安装计划,新装警报器2台,更换手动警报器2台,更换蓄电池68块。顺利完成巡检工作,更换继电器1个,警报器终端主板2块,主机一台,确保顺义区所有警报器终端运转正常,统控率100%,顺利完成了市局部署的防空警报器终端加电测试工作。利用万科四季花城人防工程建设建筑面积为78平方米的街道级应急物资储备库。购买应急物资34种3969件。

(周涵钰)

【人防工程建设审批规划】 一是严格执行市局新的结建审批程序,进一步规范了我局内部审批流程,启动了内部监督检查机制;二是加强了与市局和建设单位的协调沟通,主动为全区69项重点工程项目提供全过程服务,已完成40项重点工程项目的审批工作。全年共审查建设项目91项;初步设计审查建设项目22项;竣工认可人防工程14处。按照市、区两级关于编制"十二五"时期规划的要求,圆满完成了《顺义区"十二五"时期民防建设规划》的编制工作。9月,经区人民政府批准,同区发展和改革委员会联合向全区各镇、街道办事处发布了《顺义区"十二五"时期民防建设规划》。积极筹划人防基本指挥所的建设工作。

(周涵钰)

【结建工程跟踪检查】 成立结建执法检查小组,开展了全方位、全覆盖的跟踪大检查,全年共跟踪检查建设项目123项。通过现场检查、核对手续,填写建设计划单和下达限期补办手续通知单等方式,了解工程建设进度情况,为确保建设单位履行结建义务奠定了基础。

(周涵钰)

【顺义新城地下空间规划设计方案】 协助编制顺义新城地下空间规划。由顺义规划分局牵头,和区住建委参与的《顺义新城地下空间2010－2020规划设计方案》已编制完成,本方案将全方面指导顺义新城地区地下空间的规划和开发利用。《方案》对人防工程建设规划有深远的指导作用,坚持平战结合,突出重点,创造人防工程良好安全环境。

(周涵钰)

【人防工程的安全管理】 以开展专项行动为契机,对工程安全管理进行了全面整治。积极组织宣传新修订的《北京市人防工程平时使用标准》,开展了使用单位管理人员教育培训;围绕四项工作重点,即"以居住、办公等人员密集场所为重点,以存在严重消防隐患为重点,以严格使用审批为重点,以提高在用工程设施标准为重点",加大执法力度,深入开展安全整治。共检查人防工程187处,出动检查564人次。现有住人工程两处,均为物业员工集体宿舍,工程使用率达到78.5%。

(周涵钰)

【人防工程的防汛度汛】 一是明确工作重点,以"坍塌、倒灌"为主要风险防范点,确定顺义区20处早期人防工程,30处车库工程及8处人员密集工程为防汛重点。二是保障措施到位。重新修订了防汛应急预案,新增购置了防汛设备,组织防汛抢险队伍进行了演练。三是实施动态监控。遇有中到大雨,要求主管领导及工程科全体人员到岗。对所有重点防汛工程单位实施雨前告知、雨中巡查、雨后报告制度,确保信息及时、准确、畅通。

(周涵钰)

【宣传教育培训】 利用民防宣教场所及社会资源,宣传防空防灾和公共安全知识。继续利用焦庄户地道战遗址"民防宣传教育基地"分别组织开展了"3·1国际民防日"、"5·12防灾减灾日"、"11·9防火宣传周"等宣传活动。一年来参观人数达近10万人次。今年5月份,区"五·八"世界红十字日宣传周活动在后沙峪民防公共安全宣教中心启动。市红十字会领导、区领导和区红十字会、民防局、地震局及当地镇政府主要领导出席活动。地区50多名社区干部参观了中心。更新10个社区和3个街心公园户外宣传栏内容;继续完善"防空防灾信息网"建设,提升人民防空专栏水准。完成了民防志愿者统一网上注册及规范建档管理工作。

【应急志愿者注册管理】 根据市应急办、团市委和市民防局关于对全市应急志愿者统一注册管理的要求,按时完成了顺义区12支共计365人的民防志愿者统一注册工作,为今后工作奠定了良好的数据信息基础。继续推进民防志愿者队伍学习、培训工作。按照区志愿者年度学习、培训计划,上半年组织志愿者队伍骨干参观区后沙峪公共安全宣教中心,并接受了日常急救知识的培训。下半年组织志愿者队伍骨干前往兄弟区县参观学习,取得了良好的培训效果。同时以平时应急防灾为目标,为仁和地区和马坡地区志愿者配备了应急物资。

(周涵钰)

【依法行政】 组织行政执法人员参加市局和区里举办的法制培训并参加考试,今年又有8人通过公共和专业法律知识考试,取得了执法资格。加大了内部行政审批和行政执法工作的监督力度。定时定人进行督查和阶段性总结工作。坚持每个季度对工程建设审批项目进行一次抽查,抽查比例每次保持在审批总数的20%左右,通过近来年的施行,使行政审批工作更加规范、有序,并收到明显的效果。每季度通过《北京市人民政府法制系统信息平台》向市政府法制办上报行政处罚情况,没有迟报、漏报现象发生。

(周涵钰)

双拥工作

【概　况】 2011年是"十二五"的开局之年,顺义区双拥工作在区委、区政府的正确领导下,在市双拥处的大力支持下,全面落实科学发展观,以促进驻军现代化建设为目标,深入开展创建全国双拥模范城活动,加强领导,开拓创新,加大调研力度,积极落实政策,各项工作进展顺利,并取得一定突破,进一步巩固了"同呼吸、共命运、心连心"的军政军民关系。

单位名称:顺义区双拥办公室
地址:顺义区石园北区东侧
电话:(010)69433708
邮编:101300

(张文玺)

【"全国双拥模范城"争创工作】 2011年是新一轮"全国双拥模范城"的评比年,为了巩固发展双拥成果,力争全国双拥模范城"三连冠",在各级领导的支持下,顺义区双拥办积极协调各相关部门,抽调人员组建了争创办公室。召开争创迎检工作部署会,加强领导,提高认识,形成各单位一把手亲自抓,其他工作人员积极配合的工作格局。对照《全国双拥模范城考核标准》,按要求梳理和总结我区2007年至2011年的双拥工作成果,完善双拥工作档案。营造浓厚迎检氛围,更新拥军路两侧灯箱60组共180块,在光明街、拥军路、顺平路及通顺路一段两侧悬挂刀旗800余面,并在主要车站、停车场、医院、公园等公共场所设置明显拥军标志。8月2日,我区争创材料顺利通过全国双拥领导小组的检查验收,并得到充分肯定。

(张文玺)

【为部队办实事工程】 多年来,顺义区始终高度重视为部队办实事工作,2011年是"十二五"的开局之年,区政府继续加大力度,在实地调研的基础上,确定办实事项目,落实责任单位,出资310万元帮助驻顺部队解决基础设施、体育文化设施、营区环境等几个方面存在的实际困难,实现了支持部队建设动真情、办实事、求实效。

(张文玺)

【两节慰问工作】 春节和“八一”期间,区相关领导、双拥办带着区委、区政府的深情厚意把总价值70余万元的肉食、饮料和电风扇等用品送进了军营。表达了党和政府、顺义人民对子弟兵的深切祝愿和关爱,受到了部队官兵热烈欢迎。

(张文玺)

【随军家属安置工作】 在新形势下,对随军家属安置工作提出了新的要求,如何安置随军家属,一直是政府重点关注的问题,为了更好的做好随军家属安置工作,双拥办协调区武装部、人保局和财政局共同研究制定了促进随军家属就业的意见,采取政府安置、推荐就业和自主创业相结合的方式对随军家属进行安置。2011年,经审核,我区有符合安置条件的随军家属248人,其中干部身份51人,工人和无业身份197人。为更好地解决随军家属就业问题,区政府加大安置力度,经考评将38名选择政府安置的干部身份随军家属全部安置到区属事业单位;66名选择政府安置的工人和无业身份的随军家属全部安置到区属企业;选择自谋职业的144名随军家属,每人发放3.5万元就业扶持资金,共计发放504万元。同时为自谋职业的家属组织专场招聘会,由27家企事业单位提供200余个优质岗位,积极促进随军家属就业。

(梁新岳)

【现役士兵学历教育工作】 根据《关于在驻顺部队战士中开办文化学习班的通知》(顺拥〔2008〕2号)精神,为帮助部队战士提高文化层次,营造浓厚的学习氛围,创建学习型军营,双拥办坚持“入伍即入学、退伍即毕业”的宗旨,协调北京农业广播学院顺义分校,结合士兵的需求,有针对性地开办乡镇企业管理、会计等专业学历班,2011年共152名现役士兵报名参加学习。

(梁新岳)

【退役士兵安置工作】 2011年我区共接收退役士兵238人,其中城镇退役义务兵151人,农村退役义务兵69人,转业士官18人。城镇退役士兵应安置169人,通过深入的讲解政策,37人选择政府安置工作,全部安置到区属企事业单位,132人选择自谋职业,发放自谋职业补助费479.6万元,待安置期间生活补助费25.5万元;69名农村籍退役士兵全部选择自谋职业,发放自谋职业补助费248.1万元,待安置期间生活补助费9.9万元;总计支出763.1万元。安置率保持100%。

(梁新岳)

【创建《绿港双拥》】 为了全面做好全国双拥模范城争创工作,进一步加大双拥工作宣传力度,双拥办内部发行《绿港双拥》刊物,大力宣传我区双拥工作取得的突出成绩,在双拥工作涌现的典型事迹,其他兄弟区县的好的经验做法,以提高我区双拥工作知名度及影响度。

(梁新岳)

【区级人大代表选举工作】 精心组织,周密安排,广泛动员和正确引导部队官兵选民依法参加顺义区换届选举,共产生4名区级驻军人大代表,为进一步推进我区民主法治建设,促进社会主义经济建设、政治建设、文化建设和社会建设的全面协调发展,构建和谐顺义营造良好的舆论氛围。

(梁新岳)

【“北京市基层双拥工作示范单位”评选工作】 按照市双拥工作处要求,推荐我区各单位参评“北京市基层双拥工作示范单位”。经过严密组织筛选,我区10个社区居委会、15个村委会、20个社会组织、8个驻顺部队及顺义区军队离退休干部接收安置办公室、顺义区军队离退休干部休养所,共55家单位获得“北京市基层双拥工作示范单位”的称号,为推进首都双拥工作广覆盖、深层次、多领域、高水平发展做出积极贡献。

(梁新岳)

综合经济管理

发展与改革

综　　述

2011年,贯彻落实各项宏观调控政策,着力调结构、转方式、促发展、惠民生,国民经济和社会继续朝着又好又快的方向发展,实现了“十二五”规划开局好、起步稳。

一、产业结构持续优化,经济发展方式加快转变

坚持优化一产、做强二产、做大三产,产业结构在经济总量持续扩大中不断优化。2011年,地区生产总值完成1002.1亿元,同比增长15.8%,三次产业比重达到2.4:42.2:55.4。完成属地财税收入385.5亿元,同比增长37.8%;一般预算收入80.9亿元,同比增长38.5%。

产业结构调整深入推进。一是生产性服务业健康发展,引领作用更加凸显。现代物流、金融保险等生产性服务业保持较快增长,信息服务、文化创意、旅游休闲等产业成长良好。民生银行总部基地、康捷空中国区总部即将竣工,国家地理信息产业园建设顺利,正德人寿总部、中信银行数据中心等一批高端服务业项目相继签约。二是制造业结构加快调整,高端化、集群化趋向明显。围绕打造汽车、航空两大千亿元级产业集群目标,重点项目加快推进,现代三工厂即将竣工,北京自主品牌乘用车基地和中航工业北京航空产业园等一批为长远发展积累势能的高端项目开工建设。三是农业产业化、规模化水平不断提高。绿色农产品、农产品加工、籽种产业和花卉产业“四个大区”建设深入推进,向二三产业不断延伸融合。成功获得第十一届全国菊花展览会承办权,圆满举办了2011年北京郁金香和菊花文化节。

临空经济区辐射带动作用进一步增强。政策支撑体系不断完善。出台了《顺义区进一步优化临空经济区发展政策环境的若干意见》、《顺义区促进金融产业发展办法》、《顺义区进一步促进中小企业发展实施意见》等6个文件。园区建设深入推进。天竺综保区“区港一体”成效明显,“五大中心”建设扎实推进,监管运营水平显著提升,率先实现了“三个统一”监管模式。空港木林高端制造业基地启动建设,汽车生产基地与杨镇、赵全营合作共建不断深化;物流基地、国门商务区、林河开发区、临空国际、板桥创意天承土地一级开发有序推进,基础设施建设水平明显提

高。

创新驱动能力不断增强。新认定国家级高新技术企业10家,江河幕墙成为首批国家技术创新示范企业。朗姿股份、江河幕墙顺利上市,顺义区上市企业达到12家。国家商标战略实施示范区建设深入推进,“百强”成功争创中国驰名商标,“江河”、“鑫大禹”成功争创北京市著名商标,顺义区中国驰名商标达到13件,北京市著名商标达到38件。第20届燕京啤酒节圆满成功,第三届中国服务贸易大会金融服务板块成果丰硕。

二、城市建设不断加强,服务功能和承载能力有效提升

立足高标准建设北京东北部中心城市,着力完善城市功能,提升城市品位,年初确定的171项政府投资重点工程进展顺利。

城乡建设统筹推进。新城重点工程建设有序,殡仪馆迁建、老干部活动中心、政务数据中心即将竣工,文化中心、行政中心、体育中心、职教中心、劳动力实训基地建设加快推进。重点镇、新农村建设统筹推进,高丽营镇中心区市政及道路一期工程全面竣工,赵全营镇、杨镇产业基础不断夯实,李遂镇成为北京市小城镇发展基金支持的首批试点。农村改革不断深化,集体经济产权制度改革全面展开,整建制拆迁村集体资产处置试点工作积极开展。

基础设施更加完善。道路建设不断加强,轨道交通15号线顺义段年底前全线通车运行,交通接驳准备就绪。顺白路、任李路等一批新改建道路和顺平路等5项市级公路大修全部完工,城区微循环道路改造、国泰路口地下通道等工程进展顺利。全面启动了西马220KV变电站、出口加工区110KV变电站建设,西府、董各庄110KV变电站已经立项。完成了怀牛110KV线路、牛北一35KV线路迁改。8个老旧小区供热管网改造完成。

生态环境质量不断提高。生态环境工程建设扎实推进,顺义新城滨河森林公园滨水景观初步形成,彩色树种造林、第二道绿化隔离地区绿化工程全面完工。节能减排力度不断加大,各项目标圆满完成年度任务,获评全市节能攻坚先进区县。能源预警、应急和协调能力不断提高,能源在线监测系统平台一期即将竣工,行政事业单位供热计量改造深入推进。

三、社会民生持续改善,和谐顺义建设进一步加快

就业和社会保障能力切实增强。积极推进“充分就业区”创建,城乡劳动力充分就业格局基本形成。启动了“221”金蓝领工程,劳动力技能水平和就业质量切实提升。顺利完成了“一老一小”和无业居民医疗保险、公费医疗保险和城镇基本医疗保险两个并轨,2.8万享受公费医疗人员全部纳入了基本医疗保险管理;启动社保卡二期工程,实现了门诊、住院费用实时结算。民政“一卡通”在全市率先实施,实现了民政对象住院医疗报销即时结算。农村低保标准由年人均3360元提高到4800元,达到城市低保标准的80%。大病救助最高标准由8万元提高到10万元。回迁房和保障性住房建设加快推进,17个回迁房项目已开工15项,开工面积276.2万平米。坚决落实房地产调控政策,房价过快上涨势头得到有效控制。

基本公共服务水平不断提高。城乡联动教育改革实验全面启动,教育均衡化、优质化水平不断提升;素质教育深入推进,学生综合素质稳步提高;校安工程加固项目完成,新建、改建工程快速推进。医药卫生体制改革稳步推进,各项任务完成良好;与北京口腔医院等三级医院合作共建扎实推进;院前急救体系建设全面推进,“一个中心五个站”机构审批和站点设置等工作有序开展。文体事业发展良好,首届环北京职业公路自行车顺义赛段比赛圆满落幕,纪念建党90周年系列活动精彩纷呈;群众性文体活动丰富多彩,北京市第三届端午文化节成功举办,顺义区第七

届全民健身体育节等活动顺利举行。

社会服务管理力度加大。以市政市容工作为试点,城管工作网格化管理加快推进。人口服务与管理不断加强,人口素质进一步提高。人口信息共享系统全面升级,流动人口服务站规范化建设进一步加强,集中居住服务水平不断提高。平安顺义建设大力推进,安全生产、公共安全和社会维稳工作不断加强,社会风险防控机制进一步完善。“打非”工作成效显著,违法建设非法生产经营行为得到有效遏制。

单位名称:顺义区发展和改革委员会
地址:顺义区府前中街3号
电话:(010)69441363
邮编:101300
网址:http://www.shyjw.gov.cn

(发改委)

国有资产监督管理

综　　述

2011年,围绕规范、发展、和谐的工作主线,全面完成了年初确定的主要目标和任务,区属国有经济实现了总量增长、质量提升、管理规范、监督到位的总体要求。

一、国有经济平稳快速发展

区国资委系统服务于顺义区经济社会发展大局,围绕区重点项目、重点任务,各项经济指标圆满完成,国有企业不断壮大发展,国有资产实现保值增值。截至2011年末,系统企业资产总额425.3亿元,同比增长11.1%;负债总额263.9亿元,同比增长13.1%;所有者权益134.6亿元,同比增长8.1%。完成销售收入368.2亿元,同比增长13.1%;实现利润30.8亿元,同比增长23%;上缴税金44.2亿元,同比增长11.2%。

经济功能区资产总额262.1亿元,同比增长9.4%;负债总额206.1亿元,同比增长3.2%;所有者权益56亿元,同比增长32.6%。实现销售收入55.6亿元,同比增长32.9%;利润总额7000万元,同比增加3.6亿元(去年同期亏损2.84亿元);上缴税金208.1亿元,同比增长55.2%。

二、国有资产监管效能持续提高

(一)国有资产基础管理工作有序开展。一是加强国有资产产权基础管理工作。完成顺义区213户国有企业、国有控股企业和国有参股企业产权登记年检工作;更新监管企业基本情况台账,全面掌握监管企业资产总体情况和变动状况;核准备案京洋房地产开发有限公司等11家企业资产评估项目,净资产评估值比账面值增加约6.2亿元,确保国有资产保值增值。二是规范国有资产处置。严格执行《顺义区企业国有产权转让管理暂行办法》和《顺义区企业国有资产管理暂行办法》,完成空港开发公司等3家企业国有产权转让进场交易工作,审核批复建筑工程公司等4家企业资产转让事项,共计转让金额约9亿元,比评估增值3.9亿元。三是积极推进企业股权合资合作。完成顺鑫集团与康芝药业、海航合作分别对祥云药业、牵手股份增资扩股的工作;审核批复顺鑫集团与金盛置业共同出资13.2亿元开发利用花博会主场馆的合作事项。通过股权的合资合作,进一步优化企业股权结构,提高国有资产使用效率,为国企发展开拓新模式、注入新活力。

(二)国有资产运行安全得到有效保障。一是规范重大投资审核。通过规范审批流程,组织投资项目专题研究论证,审核批准了顺鑫农业集团设立农业投资基金、发行公司债券、设立股权投资中心等5个共涉及10.2亿元资金的重大投资项目,确保了投资项目的合规、合理。二是规范企业合同管理。贯彻落实《顺义区重大合同审核备案办法》相关规定,健全完善系统企业合同管理制度体系,强化企业重大合同管理工作,防范因合同签订、履行不当造成损失,促进企业实现国有资产保值增值目标。2011年,国资委系统共向区法制办备案合同87份,有效降低了企业法律风险。三是规范企业安全经营。按照区委、区政府关于打击非法违法生产经营和安全隐患整治专项行动的部署和要求,在系统企业全面开展了安全隐患排查整治和违规生产经营建设清理整顿工作。通过排查整治安全隐患、清理违法违规经营商户、拆除违建房屋,消除了生产经营中的安全隐患。

(三)国有经济发展不断推进。一是调整优化国有经济结构。通过对国有资产的统计、评价和信息发布,引导国有资本不断向优势产业、优势企业、优势主业集中。到2011年底,燕京集团、顺鑫集团、大龙地产等8家大型企业的资产总额、净资产、销售收入、利润和上缴税金分别占系统企业总量的89%、90%、92%、93%和96%;通过托管、接收等方式,实现了广聚工贸公司等弱小企业平稳退出。二是采取有效措施扶持企业发展。争取到市级扶持资金1400万元,用于企业重点项目建设;借助区投融资平台募集资金,全年累计投放了12亿元用于北京现代三工厂项目、北京自主品牌乘用车生产基地项目等区重点工程、重点项目建设;通过支持系统企业发行短期融资券、参与集合信托项目和创业投资引导基金项目等方式,解决了企业融资问题。三是推动企业创新发展。通过加强国有资产基础管理考核,提高企业加大科技研发和自主创新的动力;通过组织企业参加"北京市企业管理现代化创新成果"等评选活动,促使企业注重新产品、新技术的运用,提高生产效率和内部管理水平。

三、和谐社会建设稳步推进

(一)职工收入和社会保障水平稳步提高。认真贯彻落实相关政策,坚持就业优先战略,构建经济发展与扩大就业良性互动机制,系统国有企业就业岗位不断扩大,2011年达到3.5万个。积极贯彻落实市、区两级政府关于价格调控与收入工作会议精神,采取措施增加职工收入,截至2011年10月底,在岗职工人均月收入3280元,与去年同期相比,增长幅度达到了8%。全员、足额、及时缴纳各项社会保险,职工社会保障水平不断提升,使劳动群众分享到企业改革发展的成果。

(二)工资集体协商工作有效推进。根据区委、区政府统一安排,国资委系统监管企业及其下属共计116家单位统筹安排,协调配合,认真开展工资集体协商工作,集体合同、工资专项合同签订数均达到指标数的100%,共惠及职工29395人,为创建和谐劳动关系做出了贡献。

(三)企业民主管理得到提升。以"10·8"、"6·28"为时点,广泛开展党务、厂务公开工作,丰富公开内容,创新公开形式,把党务公开和厂务公开有机结合,形成了促进企业改革发展、维护职工合法权益的工作合力。不断推动两级厂务公开制度,创新开展了职工代表大会,在厂务公开民主测评工作中,参加测评的16家企业领导班子及班子成员个人得分均在90分以上。

单位名称:顺义区人民政府国有资产监督管理委员会
地址:顺义区仓上街AMB大厦A座7层
电话:(010)89441232
邮编:101300
网址:http://www.gzw.bjshy.gov.cn:8080/index.do

(国资委)

工商行政管理

【概　况】 2011年,以纵深推进市场生态环境建设为目标,更加积极地服务经济发展大局和社会公共需求,切实履行好市场准入“看门人”、市场秩序“守夜人”和消费者权益“守护人”的职责,公共服务水平不断提高,投资环境更加优化,市场交易更加公平,百姓消费更加放心,各项工作取得了较好成效。本年度工商分局连续九年再一次被评为北京市工商系统先进集体。

单位名称:北京市工商行政管理局顺义分局
地址:北京市顺义区仓上街8号
电话:(010)89448080
邮编:101300
电子邮箱:shunyi@baic.gov.cn

(马克海)

【市场主体发展情况】 2011年,顺义区新增内外资企业2247户,数量与去年大致持平,注册资本总额同比增加了64.9%;新设立个体工商户3097户,同比减少61.9%;新增注册资本亿元以上企业30户,同比增长42.9%。截至2011年底,顺义区共有各类市场主体68100户,注册资本(金)1532.54亿元,同比分别增长2.06%和16.97%。个体工商户下降的原因是:为防止低端市场主体无序发展,全年共完成实地勘验6713次,驳回不符合经营条件的申请423户,屏蔽率达10%。新增市场主体质量显著提升,产业结构更加合理。

(马克海)

【拓宽企业融资渠道】 为帮助企业解决发展资金难题,分局积极为企业提供融资服务。依托“政、银、企”战略平台的高效运作,年内共帮助辖区企业融资23.21亿元。其中,股权出质31件,融资8.02亿元;动产抵押25件,融资11.6亿元;通过担保公司与多家银行合作,为中小企业和个体工商户争取贷款3.59亿元。

(马克海)

【无证照经营的监管整治】 经过两年坚持“政府主导、部门履责、属地管理、综合治理”的长效工作机制,有效遏制了无证无照经营的蔓延势头。年内先后分7批次向环保、卫生等部门移转无证无照经营1238户次;分局立案查处无照经营案件1037件,罚没款222.37万元;参与多部门联合执法,取缔鑫粤顺等违规市场业态主体6个,清退商户1720户;取缔黑网吧、提炼地沟油等窝点15个。

(马克海)

【遏制打击非法传销】 2011年共取缔涉及传销窝点3个,驱散涉传人员300余名。及时制止涉众欺诈性营销活动三起,其中一起涉众180余人的保健食品营销活动被立案查处,罚款10万元。

(马克海)

【规范有形市场】 年内高质量的完成了辖区51个有形市场分类分级工作,并对大型批发市场实施驻场监管,通过调整工作时间,实施无缝隙监管。顺义区共有58个有形市场完成了重点商品流通渠道梳理工作,占市场总数的91%。共组织对9大类商品11298种的进货渠道进行了梳理。从源头保证了流通领域商品质量。

(马克海)

【食品安全监管】 承担流通领域食品安全监管,全年共检测23类3989个食品样品,发现不合格样品429个,均已妥善处理。结合“打非添”、酒类市场整治等专项行动,严查违法经营行为,共查处食品类案件109件,罚没款84.6万元。年内为食品经营企业建立了食品安全信用档案,落实食品经营分级管理,提升了食品安全风险隐患防控能力。

(马克海)

财　政

【概　况】 北京市顺义区财政局是顺义区政府领导下的主管本区财政收支和财政监督工作的职能部门。设17个行政科室,下属14个事业单位。

单位名称:顺义区财政局
地址:顺义区新顺南大街17号
电话:(010)69443287
邮编:101300

(曾　俊)

【财政收支】 2011年顺义区属地财税收入完成385.5亿元,同比增加105.7亿元,增长37.8%,完成年度预算的123.2%;一般预算收入完成80.9亿元,同比增加22.5亿元,增长38.5%,完成年度预算的120.8%;基金预算收入完成36.7亿元,同比减少50.6亿元,下降57.9%,完成年度预算的104.9%。一般预算支出完成124.5亿元,同比增加29.3亿元,增长30.8%;基金预算支出完成70.3亿元,同比增加4亿元,增长6%。

(曾　俊)

【推进国库集中收付制度改革】 国库集中支付改革逐步向纵深发展,目前已将顺义区的非独立核算单位纳入了国库集中支付改革系统,至此,顺义区除涉密单位和地处乡镇的单位外,所有单位均纳入了国库集中支付制度改革范围,改革单位个数达到了188家,近4万人纳入了统发范围。

(曾　俊)

【加强政府采购管理】 进一步扩大政府采购规模,采购效率和采购质量稳步提升,全年政府采购立项536项,立项总金额55982.07万元,实际完成420项,采购预算24074.5万元,采购金额21332.22万元,节约资金2742.28万元,资金节约率为12.9%。其中公开招标104项,采购金额14581.19万元,占实际采购总金额的68%,采购资金通过国库集中支付21332.22万元,集中支付率为100%。

(曾　俊)

【加大财政投资评审力度】 全年审核完成项目220项,审核资金47.57亿元,审定资金41.11亿元,审减资金6.46亿元,平均审减率13.58%,确保了政府投资的规范、科学、合理,有效地控制政府投资成本。

(曾　俊)

【加强财源建设】 继续加强对总部经济、金融和文化创意等行业的扶持力度,做好财政突出贡献企业奖励、总部企业、金融机构奖励等扶持政策兑现工作,支持经济效益好、综合实力强的优质企业入区发展,促进总部企业、金融机构向顺义区加速集聚,优化产业结构,夯实财源基础,全年顺义区财政局共兑现奖励政策资金7亿元。

(曾　俊)

【引导经济协调发展】 落实顺义区各项经济发展政策,培育会展等新兴产业,对企业技改、名优品牌、节能减排等重点项目给予支持,注重培育创新型企业,支持中小企业发展,提高经济发展的协调性。一年来,顺义区财政局与各相关部门合作,申报市商业流通发展资金项目55个、财政部国家重大科技成果转化项目2个、地方特色产业中小企业发展资金项目2个、2011年度减排奖励资金项目4个、燃煤锅炉改造与整合补助资金项目5个、北京市支持中小企业发展专项资金项目11个,共获得补助资金4629.5万元,有力地推动了顺义区产业结构的优化与调整。

(曾　俊)

国家税务

【概　况】 2011年共组织税收收入2245289万元,同比增加707387万元,增长46%;区级入库263249万元,同比增加95083万元,增长56.5%,提前超额完成市区两级全年计划指标。其中:增值税累计完成675843万元,同比增收71430万元,增长11.8%;消费税累计完成405699万元,同比增收49037万元,增长13.7%;企业所得税累计完成1115531万元,同比增收576269万元,增长106.9%;个人所得税累计完成285万元,同比减少369万元,下降56.4%;车购税累计完成47931万元,同比增收11020万元,增长29.9%。

单位名称:顺义区国家税务局
地址:顺义区府前东街7号
电话:(010)69462203
邮编:101300
网址:http://shunyi.bjsat.gov.cn

(郭德明)

【征收管理的主要税种】 增值税、消费税、企业所得税、储蓄存款利息所得个人所得税、车辆购置税以及进出口货物退免税等。截止2011年12月31日国税局负责征收管理的纳税人共27642户。其中:国有企业328户;国有独资企业10户;国有联营企业3户;国有与集体联营企业4户;其他联营企业1户;集体所有制企业694户;股份合作企业390户;有限责任公司11657户;股份有限公司108户;港、澳、台商投资企业248户;外商投资股份有限公司2户;外资企业379户;中外合资经营企业193户;私营有限责任公司466户;私营合伙企业14户;私营独资企业30户;非企业单位74户;个体独资企业656户;其他内资企业366户;个体工商户12019户。

(郭德明)

【探索专业化管理模式】 规范征管一线工作流程,明确职责分工,进行合理优化;建立征管指标通报制度,及时对指标异常问题进行沟通,从而提升管理水平;大力清缴欠税,杜绝新欠税款;加强普通发票管理,加大违章处罚力度;实现机动车销售统一发票网上开据成功,"以票控税"的监管能力明显增强。"规范一线"方案和设想初步完成,成立个体集贸税源管理所,在人员、业务等方面实现集中管理,其他重点税源管理所组建工作也在积极的筹划中。深入开展纳税评估,以日常工作数据为基础,指导纳税评估方向,发挥评估对税收工作的辅助作用。不断推进一级稽查管理,加强选案管理,做好发票协查工作,及时跟踪举报案件查处进度;强化稽查案件审理,建立"四关三审制",提高案件审理质量,努力提高稽查入库率。

(郭德明)

【规范税收执法】 强化税收执法内部监督制约机制,通过开展日常和专项检查,规范税收执法行为;以执法考核子系统为抓手,深入推行执法责任制,提升规范的执法能力;及时分析整理,认真做好税收执法考核系统疑点信息库上线及疑点信息核查;加强重大税务案件的审理,严把重大税务事项行政审批程序关;加强税收规范性文件管理,实现税收执法依据的规范、统一;以税务行政处罚备案备查为契机,规范处罚工作程序,加强执法风险防范。实行办税服务厅"一窗通办"服务模式,整合原征收大厅及票证中心业务,调整相关机构职能,合理调配人员,理顺办税程序,提高纳税服务效率;拓宽税收宣传的深度和广度,组织税收义务宣传咨询团队进入申报大厅开展全国第20个税收宣传月和北京市第5个发票宣传月活动;以12366远程坐席为重点,开通纳税服务投诉专线、开展纳税服务满意度调查,收集整理热点问题;联合区地税局开展2011－2012年度纳税信用等级评定工作，顺义区142户纳税人获A级企业证书。

（郭德明）

地方税务

【概　况】 2011年底共有税务登记户59353户，其中，正常户36888户（个体18005户、私营以上18883户），总管户比2010年底增加了4821户，增幅8.84%。2011年，地税局共组织各项税费收入119.04亿元，同比增收29.59亿元，增长33.1%。其中，地方一般预算收入98.35亿元，同比增收24.35亿元，增长32.9%；区级一般预算完成48.9亿元，同比增收12.64亿元，增长34.8%。

单位名称：北京市顺义区地方税务局

地址：顺义区新顺南大街35号

电话：(010)69446601

邮政编码：101300

网址：http://shunyi.tax861.gov.cn/

（胡　月）

【规范税政管理】 在税源管理层面，利用国税部门企业所得税税源台账，对局企业所得税税源户开展了比对、核实工作；研发了企业所得税税源户电子台账管理系统，消除了统计不清和数据不准的弊端；及时添加了新办户税源标识，全面掌握了税源现状；开展了房、土税税源摸底工作，提升了税源监控水平；设计制作了减免税管理台账，提升了依法行政水平。在税政指导层面，组织全局业务骨干开展了个人所得税、工会经费代收、存量房交易、地方教育附加、新车船税法等政策的集中培训，统一工作开展口径，降低执法风险；制订工作流程并下发《税收政策问题解答》6期，答复问题99项，有效规范了干部日常执法行为。此外，开展好残保金和工会经费的代征、代收工作，全面推进了修改后个人所得税法的贯彻实施工作。

（胡　月）

【优化税收环境】 改造了办税服务大厅，完善了整体功能。进一步优化了纳税服务软环境。在内部，对窗口干部集中开展了行政礼仪、文明礼仪培训3次，进一步规范了人员管理，提升了纳税服务水平；邀请国家税务总局法律顾问讲解如何规避税收执法风险，增强了干部的风险防范意识；开展了"创先争优做标兵，岗位奉献展风采"活动，评选出税收管理员标兵、纳税服务标兵、稽查业务标兵，树立了优秀典范；开展了摄影知识、养生保健讲座等活动，丰富了干部的精神文化生活。在外部，发放了《涉税事项告知书》近7000份，完善了内容，建立了台账。创新了纳税培训方式，变以往税务所分散辅导为税务学会集中培训的模式，提高了培训的实效性及针对性，共开展集中培训32场次，8200余户纳税人参加。编印了《地方税收常用法律法规汇编》，通过快递投送给辖区内全体纳税人。举办了"身边的税收"社区LED宣传活动，利用覆盖顺义区所有居民小区的87块LED显示屏，每天循环播放200次税收知识，每月更新4版内容。发放了《征求纳税人意见建议反馈单》767份，了解纳税人的意见和需求，有的放矢地改进了工作，提升了纳税人的税收法制观念和纳税遵从度。

（胡　月）

【稽查检查】 开展技能"大比武"交叉式检查。打破了科室、税务所以及岗位的界限，198名干部组成的99个检查组开展了入户检查工作，局领导分别听取了各检查组的汇报并进行了现场提问，共查补税款、滞纳金、罚款70余万元，有效检验了税收征管质效。试行审计型检查工作。以某内资航空公司为试点，施行了重点税源企业的审计型检查，借助第三方力量完成了检查底稿目录及内容的初稿，为此项工作的系统全面推广打下了基础。大力开展了以前年度未结案件的清理工作，已清理案件90件，入库税款、滞纳金、罚款共计908万元。全年共对140户纳税人进行了税务检查，有问题户数128户，入库税款、滞纳金和罚款2122万元。

（胡　月）

审　计

【概　况】 2011年完成审计和审计调查项目31个，延伸审计135个单位，审计专项资金总额50390.69万元，审计中查出管理不规范金额146370万元，已调账处理金额9883.71万元，已归还原渠道资金50万元，已上缴财政金额423万元，出具审计专题报告及审计结果报告55篇，审计整改意见和建议全部得到采纳。

单位名称：顺义区审计局
地址：顺义区新顺南大街17号
电话：(010)69444127
邮编：101300
网址：http://www.shenj.bjshy.gov.cn

（王　颖）

【预算执行审计】 审计局完成了2010年度本级预算执行和其他财政收支情况审计、北京市审计局派出联合审计组对区政府性债务情况审计、2010年度新型农村合作医疗资金筹集、管理、使用情况审计等任务。2010年度预算执行审计及延伸审计中，在把握预算执行整体情况基础上，进一步强化了对预算资金分配和管理的监督，关注财政资金分配的合法性、合规性及程序的规范性；强化了对部门预算、国库集中支付、政府采购等重大财政政策改革执行情况的监督。发现管理不规范金额63689.52万元。派出9名审计干部，与北京市审计局组成联合审计组，对区政府性债务情况进行了审计。

（王　颖）

【经济责任审计】 年初，以贯彻落实中央两办《规定》为契机，审计局组织召开了2011年经济责任审计联席会议，就审计情况以及存在的问题进行了汇报，对开展工作提出了具体要求。5月，顺义区审计局组织召开了2011年经济责任审计工作部署会，召集需接受审计的18家处级单位的领导，集中部署经济责任审计工作，统一领导干部对于经济责任审计工作的认识，年内共开展经济责任审计22项，审计中发现管理不规范金额82682万元。

（王　颖）

【发挥审计协调作用】 按照区政府指示，审计局对区医院急诊病房综合楼工程的财务收支情况进行了审计，对相关情况进一步确认后向区政府上报审计情况报告。此外，配合区纪检监察部门参与了重点村城市化建设资金的监审、公务用车专项治理等工作。在配合市审计局农村产业资金延伸审计，以及郭金龙市长经济责任延伸审计过程中，顺义区审计局充分发挥市、区两级审计部门的联动作用，做好沟通、协调工作，妥善处理了各类复杂问题，推动了区相关资金运作的规范管理和制度建设的不断完善，对维护地方经济发展发挥了积极作用。

（王　颖）

【内部审计工作】 2011年，内审协会以“宣传、交流、服务、管理”为宗旨，积极推进内部审计的规范化、标准化建设，深入基层单位指导、推广内审准则，组织起草了《内部审计工作暂行规定》；召开了常务理事会、成员单位工作交流会等会议，有效搭建了内审交流平台；加强教育培训，注重提升内审人员素质，组织顺义区350余名财务和内审人员进行了会计知识后续教育,新增内审从业资格人员62名。

(郑术本)

【审计成果的转化和利用】 针对其他区县出现骗取新农合资金的现象,审计局及时向新型农村合作医疗管理中心出具关于完善新农合医疗实施细则的建议,被审计单位采纳了审计建议,出台了《关于加强新型农村合作医疗基金管理的意见》,完善相关管理制度。区市场管理中心针对审计报告中指出的发票使用不规范问题,进行了积极整改,出台了专门的市场中心票据管理专项制度,有效规范了票据的管理使用。

(王　颖)

统　计

【概　况】 2011年加强了四项工程建设,首先,局队在已建立的基本单位名录库基础上,及时更新名录库单位名单,通过定期、有针对性地对统计所及企业统计人员进行培训,落实企业一套表制度具体任务,争取统计所、企业的配合,确保了企业一套表制度在区企业顺利展开。通过对数据采集处理软件系统及联网直报系统进行改革、升级,加快了数据收集、处理及报送速度,提高了数据上报的及时性。第二,加强了对各镇、街道、各部门统计工作的指导和综合协调,加强了对统计调查项目、统计标准和统计数据发布的管理,加强了对区域发展及产业发展情况进行监测评价和为中央、市属驻区单位提供统计服务的职责。开展了"深化统计知识学习,创建和谐统计科所"的主题活动,创建工作已经走进牛栏山、后沙峪、南彩等镇的统计所中。第三,将学习宣传《统计法》和《统计违法违纪行为处分规定》纳入普法工作,制定了《顺义区统计局领导干部学法用法制度》,认真查找统计工作中存在的漏洞和薄弱环节,改进管理,保障统计工作质量。第四,圆满完成统计执法、督导工作。2011年,局队完成集中执法检查28家,日常执法检查128家,占全年计划的120%;完成督导检查196家,占全年计划的131%;查处90家未按时提供统计资料的单位,占全年任务的225%。给予3家单位警告并罚款的行政处罚。

单位名称:顺义区统计局
地址:顺义区顺通路AMB大厦A座11－13层
电话:(010)89445498
邮编:101300
网址:http://www.sy.bjstats.gov.cn/

(顺义区统计局)

【常规统计任务及专项统计调查】 向社会提供统计数据近30万笔,撰写了统计调研文章。2011年,开展了北京市城镇居民食品安全调查、非公有制企业(单位)人才资源状况调查和顺义区组织工作满意度调查等三项专项调查任务,针对各项调查的对象、责任,做到了组织领导到位、责任到人,各项操作规程规范,调查结果详细、完整、可信度高。完成北京市2011年度2%人口抽样调查,此次调查涉及顺义区八千余户,两万五千余人,共选聘了调查员和调查指导员239名,12月1日前按时完成了调查表的录入、审核及报送工作。根据抽样调查数据,结合区公安分局、计生委、流管中心、卫生局、民政局不同阶段提供的相关人口数据,开展了数据评估,通过查找与"六普"和部门数据差别,分析指标口径,解剖特殊样本对抽样整体的影响,结合顺义经济和社会发展情况,对区人口数据进行了推算和评估。

(顺义区统计局)

【人口普查数据资料】 第六次全国人口普查工作基本完成。普查结果显示,顺义区有常住人口的户数为31.5万户，常住人口为87.7万，其中外来人口为27.9万。通过对顺义区人口结构、就业情况等进行分析，及时发布了《顺义区第六次全国人口普查主要数据公报》，撰写了《透过普查数据，看我区人口状况》、《如何面对"人口负债期"人口老龄化》、《顺义区2010年人口年龄结构简析》等多篇短平快分析，为区委、区政府及各部门决策提供了参考。局队对第六次全国人口普查先进集体、先进个人进行了表彰，共评选出国家级先进个人1名、市级先进集体4个、先进个人330人，区级先进集体18个，优秀组织单位14个，先进个人220人。

（顺义区统计局）

质量技术监督

【概　况】 对区内贯彻执行《中华人民共和国标准化法》、《中华人民共和国计量法》、《中华人民共和国产品质量法》、《锅炉压力容器安全监察暂行条例》的情况进行了监督，对区内经济生活中标准化、计量、产品质量、特种设备安全等技术行为进行监督管理和行政执法，领导所属事业单位为质量技术监督工作提供技术保证和技术服务。

单位名称：北京市顺义区质量技术监督局

地址：顺义区府前东街19号

电话：(010)69441320

邮编：101300

（顺义区质量技术监督局）

【食品生产监督管理】 从监管产品向监督企业落实主体责任的转变，强化内部人员考核和食品企业日常考核两项机制，着力加强食品生产企业证后监管，确保企业持续保持获证能力。同时，坚持做好食品安全专项整治工作，共开展执法活动305起，配合相关部门检查市场130起，及时高效完成了乳制品、肉制品、饮用水等产品的专项检查及抽样工作。

（顺义区质量技术监督局）

【工业产品质量监督】 将业务工作与绩效管理相结合，努力推动绩效管理考核向高层次转变。将监督抽查和专项整治相结合，建立工业产品信息档案，完成化肥、消防产品、玩具、防水卷材、电线电缆等产品生产企业的基本信息。将产品监管和指导服务相结合，通过加密执法检查、抽查频次，加大处罚的力度，降低出现产品问题的风险。共完成安全防护产品等五大类产品的抽样，开展了"打非"、"打四黑除四害"等8类专项整治。

（顺义区质量技术监督局）

【标准化管理】 农业标准化：认真做好国家级标准化示范项目农业减排技术标准体系的建立，完成50余家涉及"菜篮子"工程标准化生产基地的检查评选。工业标准化：着力提升企业标准竞争力和地区标准化水平。共完成2家企业10个产品的采标工作，产品涉及低压电器、家用电器领域。指导北京菲斯曼供热技术有限公司申报获得了6万元的补助资金。

（顺义区质量技术监督局）

【计量监督】 继续推行集贸市场计价秤统配统管，完成4家新建社区菜市场计价秤统配及验收检查、资金补偿资料上报等工作。在4家餐饮业、8家商场推进诚信计量体系建设。对区食品、饮料及工业电缆化肥等生产企业进行过度包装、定量包装净含量抽查。共抽查12家单位40批次。开展医院、实验室、制造企业等计量器具专项检查3次，检查单位30家，涉及计量器具检测100台件。

（顺义区质量技术监督局）

【特种设备监察】 推进街镇特种设备安全管理，修订完善街镇《特种设备安全生产考核细则》，对考核内容和形式予以细化和规范。积极探索部门联合监管工作模式，联合旅游、教育、市政部门开展专项治理工作等。开展电梯专项治理,共检查物业单位53家,乘客电梯1973台,未发现重大安全隐患。继续做好重要时期、重大活动的特种设备安全保障工作。加大薄弱环节专项整治力度。对大型游乐设施及客运索道、场内机动车开展专项检查治理,确保作业人员持证上岗,消除安全隐患。

(顺义区质量技术监督局)

【行政执法】 严格依法行政。规范执法行为,进一步建立健全权责明晰、行为规范、监督有效、保障有力的行政执法体制;转变工作作风,增强工作的超前性、有效性;强化执法监督。对行政执法工作进行"事前、事中、事后"的监督,严格行政执法考评,杜绝违规现象发生。全局完成执法起数1298起,立案数90起,结案数86起,一万元以上案件达75起。

(顺义区质量技术监督局)

投资服务中心

【概　况】 年内共接待项目咨询7.8万件,项目受理、核准2.7万件,发证或批复1.3万件,备案1.4万件,核发营业执照584件,注册资本总额5.3亿元。

单位名称:北京市顺义区投资服务中心
地址:北京市顺义区府前西街6号
电话:(010)81496070、(010)81492202
邮编:101300

(刘艳华)

【项目申报代办】 项目申报代办制度是一项创新举措,对顺义区19个镇和14个经济功能区90名项目申报代办员进行统一管理、统一培训。项目申报代办员为投资者代理申报项目237个,完成相关审批879件,办理营业执照235件,注册资本总额17.8亿元。

(刘艳华)

【全程代办逐步深入】 在为首都机场核心区内企业提供前置审批及工商登记注册、刻章、办理组织机构代码、税务登记、统计登记等无偿全程办事代理服务的同时,开展了预约式、门诊式、特诊式、督办式服务等,实现了政务服务与企业办事之间零距离。年内,服务办共接待咨询2315件,名称核准311户,核发营业执照337件,为企业提供全程代办服务253件,完成相关审批754件,注册资本总额4．4亿元,与去年相比,注册资本增166%。

(刘艳华)

【绿色通道扎实有效】 对重点项目坚持特事特办、时限内办结的服务。建立联络协调制度,加强与各开发区业务处室对接,不断优化项目流程。同时,在坚持原有绿色审批通道的同时,将残障人士、下岗职工、军转人员、大学生自主就业、港澳台及外籍人士纳入绿色审批通道范围,设立温馨提示牌,由专人负责全程引领服务。

(刘艳华)

【加大政务公开力度】 年内,制作发放告知单万余份。中心通过网站,将国家及市级、区级法律法规、政策文件、中心管理制度等进行公开,将中心入驻的20个部门及110项审批事项的明细进行公示,利用网站对各部门事项办理情况进行实时监控,对每日咨询、受理、办结等数据及时进行公布。同时,中心积极做好顺义区各单位信息公开上报、留存、备案工作,对上报的各类应公开的信息、文件等进行分类管理,对未上报的单位及时进行督促。全年共接收各类相关报表980件,接收公开文件569件。

(刘艳华)

【全面加强监察系统】 利用监察局全程办事代理效能监察系统,安排专人对各部门工作情况进行逐日统计,对事项办理情况进行实时监督,对缺报、漏报的事项及时补充,确保各事项在时限内办结,数据真实有效。同时,定期通报使用情况,并将各部门每月的办结数、应用百分率和群众满意度定期反馈给各单位负责人,形成效能监察的长效机制。年内,区全程监控系统显示,中心共办结各类事项1.3万件,时限内办结率和群众满意率为100%。

(刘艳华)

【中心装修改造】 中心积极争取专项资金,全体工作人员利用节假日和日常加班,科学制定改造计划、排定工期、按期施工,保质保量的完成了全部装修改造工作,中心宽敞明亮、温馨舒适。国庆节前后,服务大厅拆除了中央屏风、西侧商务中心和保安室等,调整工作台布局,设置了机房、质监局制卡室、更新照明和窗帘、粉刷墙壁并新铺设了地面瓷砖。同时直接把供暖终端并引入大厅,更新全部暖气片和室内管线,安装了调节阀门,便于大家自主调节,室内温暖如春。完成了一至三层楼道及洗手间等公共设施的维修改造,对墙面、地面和天花板等进行了修复完善。

(刘艳华)

经济开发区

北京天竺空港经济开发区

【概　况】 北京天竺空港经济开发区于1994年1月经北京市政府批准成立,位于首都机场西侧1公里,总体规划面积6.6平方公里,是首都临空经济高端产业功能区的重要组成部分。历经“起步、壮大、提高、跨越”四个发展阶段,园区现形成航空物流、电子信息、现代服务业、文化创意四大产业集群。已吸引来自20个国家和地区的450家企业入区发展,投资总额达540亿元,项目平均投资额1.2亿元,其中跨国公司90家,世界500强企业有21家在开发区设立了36个项目。现已出让的土地平均每公顷投入1.5亿元,实现产出2.8亿元,实现出口供货额8194万元,实现税金2480万元,单位土地产出在全国同类开发区中名列前茅。

单位名称:北京天竺空港经济开发区
地址:北京天竺空港经济开发区A区天柱路28号蓝天大厦
电话:(010)80489567
网址:www.chinabaiz.com.cn

(北京天竺空港经济开发区)

【税收突破70亿元】 2011年,空港开发区乘势而上,加速转型,经济建设成果显著。年内,开发区实现税收70.19亿元,同比增长75.3%,约占顺义区税收总额的20%;其中地方财政留成16.1亿元,同比增长52%。实现工业总产值337.6亿元,同比增长2.2%;实现总收入794.8亿元,同比增长4.4%。

(北京天竺空港经济开发区)

【重点引进新兴产业项目】 2011年,空港开发区招商引税水平全面提升,重点突破新兴产业项目。全年引进项目61个,总投资额68.07亿元,同比增长61%。其中:买地项目2个,出让土地207.92亩;盘活新引进项目3个,盘活土地24.994亩,盘活厂房13294.98平方米;租赁厂房项目24个,出租厂房面积13849.05平方米;企业园项目6个,出售面积15174.16平方米;注册项目26个,注册资本22.2亿元。北京航空、中信外包、金汉王、金石财富等15个战略性新兴产业项目成功入驻空港,均属于占用资源少、经济贡献能力强的企业,正在成为开发区新的经济增长点。

(北京天竺空港经济开发区)

【项目建设进展迅速】 2011年空港开发区高标准快节奏推进项目建设,确保全年经济增量。年内,园区开复工企业15家,其中新开工项目4个,开工面积16.44万平方米;复工项目11个,复工面积45.36万平方米;竣工项目7个,竣工面积26.91平方米。正在办理项目开工手续的企业共10家,预计明年陆续开工建设。

(北京天竺空港经济开发区)

【区镇合作实现新发展】 2011年6月,开发区与木林镇政府共同举行了“空港木林高端制造业基地”项目奠基启动仪式，充分利用空港的品牌资源和项目储备，争取把木林镇中心区打造成为继赵全营空港C区之后又一个特色鲜明的“高端制造业基地”，重点发展高端装备制造产业。年内，开发区又分别在木林镇新增1000亩、在赵全营镇新增1300亩土地纳入合作开发范围，进一步拓展发展空间，同时抓紧做好项目储备和产业布局，配合空港C区“北汽高端乘用车基地”项目，完成了二期地成本审计工作。

（北京天竺空港经济开发区）

【自有企业发展动能持续增强】 2011年，面对国家房地产调控、再融资受阻、贷款利率高位运行的困难，开发区自有企业优化经济增长方式，继续保持健康发展。空港股份年内实现营业收入8.5亿元，与去年基本持平；实现净利润9000万元，同比增长47.54%；实现税收6546.31万元。物业集团年内实现总收入2.48亿元，比去年同期增长18.28%；实现净利润超过1000万元；税金1173万元，同比增长41.66%。

（北京天竺空港经济开发区）

【综合服务水平持续优化】 年内，开发区秉持优化和提升服务环境就是发展生产力的理念，寓管理于服务，做好服务大文章：有效落实各类项目资金申报，企业家协会主题活动丰富，园区安全维稳工作常抓不懈，妥善处理企业劳资矛盾，创新知识产权法律服务形式，注重精神文明建设；2011年被中央文明委评为“全国文明单位”。

（北京天竺空港经济开发区）

北京林河经济开发区

【概　况】 2011年林河开发区实现总收入145亿元，同比增长15.9%，完成全年计划指标的107.6%；上缴税金6亿元，同比增长43%，完成区政府下达4.7亿任务的128%。实现地方财政收入1.5亿元，同比增长80%，完成区政府下达9330万任务的156.5%。实际利用外资1004万美元；实现出口供货额6.9亿元。林河经济开发区现有6家企业被评为顺义区2011年度百强企业，北京林河工业开发总公司是百强之一。同年被评为全国模范劳动关系和谐工业园区。

单位名称：北京林河经济开发区

地址：顺义区双河大街18号

电话：(010)89492548

邮编：101300

（北京林河经济开发区）

【招商引资取得新成效】 2011年，林河开发区新引进项目共22个，其中注册项目16个，注册资本4.6亿元，协议投资额为26.7亿元，其中具有总部型的项目有4个：中油燃料油股份有限公司华北销售分公司项目、中国石油天然气运输公司北京销售运输分公司项目、中国建筑顺义研发基地改扩建项目、北京运通嘉捷汽车销售服务有限公司注册项目。林河开发总公司被评为顺义区招商引资先进单位。

（北京林河经济开发区）

【中油燃料油股份有限公司华北销售分公司项目】 该项目隶属于中国石油天然气集团公司，注册资本50亿元人民币。该公司占地26亩，在开发区建设华北区销售分公司，并将其直属的大港销售分公司、秦皇岛销售分公司、任丘销售分公司和呼和浩特销售分公司四家公司进行整合。预计正常运营后，全年可销售石油化工产品200万吨，实现年营业收入100亿元，上缴税金8000多万元。

（北京林河经济开发区）

【中国石油天然气运输公司北京销售运输分公司项目】 2011年9月9日，该公司取得税务登记证，实现在开发区纳税。该公司整合东北、西北地区成品油一次配送环节收入，把以沈阳、兰州等地为中心、面向全国的销售环节运输业务,调整为在林河开发区统一结算。预计年可实现主营收入18-20亿元,上缴税金8000万元以上。

(北京林河经济开发区)

【中国建筑顺义研发基地改扩建项目】 该项目总占地79亩,投资额为5.7亿元,主要从事建筑领域高端技术研发、为重特大项目提供高端技术支持、培育和孵化高附加值产业等业务。该技术中心总建筑面积5.1万平米,计划建设3个专业实验室和1个产业孵化平台。该项目于2011年11月28日举行奠基仪式,预计正常运营后,年可实现税金3000万元。

(北京林河经济开发区)

【基础设施建设进展顺利】 该工程于2010年4月动工,总投资预算额为1.7亿元。2011年年底,已完成电信工程4502米、雨污水管线9800米、热力管线2983米、歌华有线管线5140米、给水工程6329米、燃气管线4000米、电力管井2037米、道路8.1万平米,已完成工程量90%以上,基本具备上市条件。

(北京林河经济开发区)

北京临空国际经济技术开发中心

【概　况】 中关村临空国际高新技术产业基地(以下简称"园区"),园区位于顺义区高丽营镇,总规划面积10平方公里,一期规划面积5.2平方公里。属于"电城——空港——临空国际"中关村东线临空信息产业带上的重要节点,是中关村国家自主创新示范区"两城两带"规划建设项目的组成要素,是临空经济功能区高新技术产业核心板块,是顺义区发展高科技产业的朝阳地带。园区依托顺义区临空区位优势和中关村创新资源,承接中关村科技园区技术溢出和产业辐射,吸引创新型企业到园区做大做强,实现高新技术产业集聚发展,建成支撑顺义新城建设的高端产业平台。

单位名称:中关村临空国际高新技术产业基地
地址:北京市顺义区白马路临空国际路口
邮编:101302
电话:(010)69492122 69491700
网址:http://www.zgc-a-park.com.cn

(余　强　袁永章)

【规划建设进展】 年内,规划范围内6049.5亩基本农田调整得到批复,并依托重点项目入区,办理完成了1896亩项目用地地质灾害评估、水资源认证、规划意见复函、用地钉桩成果报告、土地预审等一级开发相关手续。

(余　强　袁永章)

【重点项目建设】 2011年,数码视讯项目一期工程完成总工程量的80%,预计2012年10月投产使用;园区新建综合办公楼工程,历时7个半月建设,于11月28日竣工并投入使用,为企业提供全方位服务打好了基础。

(余　强　袁永章)

【招商引资情况】 年内,引进企业44家,其中实体企业3家,协议总投资124亿元;总部结算型企业41家,新增注册资本5.7亿元。全年共完成属地财税收入4529.24万元,一般预算收入973.52万元。

(余　强　袁永章)

【北京航天产业园项目】 3月31日,中国航天科工集团公司和顺义区政府签署了战略合作框架协议,航天科工所属的中国航天科工防御技术研究院、中国航天科工飞航技术研究院与园区签署了入区协议。该项目由大型军工央企--北京航天科工集团公司投资建设,主要发展安保科技、物联网、无人机等民用产品,项目总投资111亿元,占地1500亩,预计"十二五"末可实现销售收入205亿元,税收10.1亿元,项目列为市区两级政府重点建设工程。

（余　强　袁永章）

【新大陆（北京）科技园项目】 6月8日，园区与福建新大陆科技集团有限公司举行“新大陆（北京）科技园”项目入区签约仪式。该项目由福建新大陆科技集团公司投资建设，主要发展通信、物联网、环保科技产品，项目投资10亿元，占地209亩，预计建成达产后年销售收入9亿元，可实现税费1亿元。

（余　强　袁永章）

【雷士照明华北运营总部基地项目】 11月28日，由中国照明行业领军企业——雷士（北京）光电工程技术有限公司投资建设的雷士照明华北运营总部基地签约入区，该项目主要建设研发、物流、展示、技术运用及运营销售中心，项目投资3亿元，占地45亩，预计建成后年销售收入10亿元，税费3000万元。

（余　强　袁永章）

北京创意天承投资发展中心

【概　况】 北京市板桥创意天承产业基地（规范简称“创意天承”）成立于2007年6月，是北京临空经济区的重要组成部分，顺义重点经济功能区之一。基地管委会于2007年6月28日正式成立，管委会所属投资发展中心现拥有“六部两室”（招商部、规划建设部、投资服务部、物业管理部、财务部、人力资源部、办公室和综合治理办公室）工作机构，全面负责基地的招商引资和管理服务工作。

单位名称：北京市板桥创意天承产业基地管理委员会

电话：60441556

传真：60442855

地址：北京市顺义区赵全营镇牛板路板桥段43号

邮编：101301

（创意天承）

【交通便利】 位于顺义新城西北部，总体规划面积5平方公里，首期规划面积2平方公里。京承高速公路从基地经过，并在基地西南和东北设有两处上、下行匝道（即昌金路出口和天北路出口），出入口距基地零距离。基地距首都机场14公里，距北京市四环主路23公里，距北京市中心30公里，距顺义城区20公里，距天津港150公里，交通十分便利。

（创意天承）

【市政基础设施齐全】 具备“七通一平”的投资环境（道路、供水、雨水、污水、供电、天然气、电信、场地平整）。另外，基地拥有丰富的地热资源。

（创意天承）

【周边环境优美】 上风上水，空气清新，处于燕山山脉的三前地带，西北眺望可见葱郁的山景风光，距首都机场、新国际展览中心、奥林匹克水上公园等去处都在15分钟车程之内。

（创意天承）

【招商引资】 2011年1至11月，园区共引进总部结算型企业65家，注册资本金2.4亿元。95%的企业注册资本金在50万元以上。其中，注册资本金在500万元以上的企业有10家。完成属地财税收入990万元，同比增长202%，预计全年实现属地税收1000万元。完成一般预算收入352万元，预计全年实现一般预算收入400万元。

（创意天承）

【土地一期开发】 截止9月底，园区一期征地248亩建设用地已经全部出让完毕，完成交易额共计48017万元。取得土地使用权的北京旺晟房地产开发有限公司计划利用其中的169亩建设用地投资建设“君玺国际”高档商务办公项目，建筑面积约31万平方米，预计总投资额约19亿元，目前已取得能评、环评、立项批复等相关手续,余下的89亩建设用地规划建设8家高端汽车4S店,目前路虎、奥迪和宝马的4S店已经确定,以上项目现均已开工建设,计划明年上半年投入运营。

(创意天承)

【土地批复】　北京市板桥创意天承产业基地二期土地一级开发授权得到批复。

(创意天承)

北京汽车生产基地

【概　况】　汽车生产基地位于首都国际机场东侧,一期核心区面积6.3平方公里,是北京市唯一用于发展汽车产业的基地。汽车基地自2003年10月成立以来,采取"总体规划,分期实施,稳步推进,滚动发展"的建设步骤,不断发展壮大。9年来,汽车基地累计创造工业总产值3512.14亿元;属地税收347.02亿元;实现财政收入35.74亿元;综合实力和发展质量已跃居顺义区前列,现已成为顺义区制造业的支柱企业。

单位名称:北京汽车生产基地管理委员会
北京汽车城投资管理有限公司
地址:北京市顺义区顺通路28号
电话:(010)89451311
邮编:101300
网址:http://www.fjapb.com

(陈立东)

【经济效益】　2011年汽车生产基地广大员工坚定信心,迎难而上,开拓创新,始终以"助企业。保增长,调结构,促和谐"为中心任务,扎实工作,全年实现产值735.4亿元,同比增长16.2%,实现营业收入787.5亿元,同比增长18.2%,实现属地税收100.96亿元,同比增长40.3%,实现利润97.7亿元,同比增长29.92%;继续领先顺义区各经济功能区。

(陈立东)

【重点工程建设】　现代花园小区项目、顺义新城望泉寺公租房项目、北京现代第三工厂、北京汽车自主品牌基地以及中航产业园项目是汽车基地重点项目工程,2011年各项工程进展顺利。现代花园小区A区已完成工程总量的81%,C区已完成全部工程,D区已完成工程总量的27%;顺义新城望泉寺公租房项目2011年10月14日已完成市发改委立项批复,土地、规划等手续,开工手续正在办理中,预计2013年12月竣工;北京现代第三工厂主体已经竣工,配套设施已基本完善;北京汽车自主品牌已进入设备安装阶段,预计2012年下半年实现新车下线;中航产业园已累计注册企业17家,注册资金63.8亿元,已形成税收4199.58万元。

(陈立东)

【杨镇冉家河工程正式启动】　冉家河位于杨镇北京现代三工厂东侧,为一条南北流向灌溉用河,其中部分河道位于北京现代三工厂占地范围内。为保证北京现代三工厂项目建设顺利实施,汽车基地决定重新修建冉家河白马路延长线至顺平路一段河道,从而将影响项目建设的部分河道调整到地块外,并使冉家河成为项目周边的一条景观河。

(陈立东)

【招商引资成效显著】　2011年新引进中国能源汽车传播集团、北京硅盾安全技术有限公司等实体项目8个,投资项目21个,固定资产投资85.14亿元。

(陈立东)

【选拔年轻干部】　加快经济建设离不开人才的培养。2011年汽车基地把以事业感召、培养和造就人才视为党建工作的重要抓手,全年共推荐选拔4名正科级、14名副科级青年干部,为基地的发展培养后备人才。

(陈立东)

【文化活动丰富多彩】　2011年汽车基地先

后共参加了顺义区后沙峪杯长跑；顺义体育节篮球、羽毛球、拔河、游泳比赛以及区工委组织的五月鲜花演出等多项文体活动，并取得很好的成绩，春节和三八节期间还自行举办了丰富多彩的文艺演出，有效地促进和谐氛围。

（陈立东）

北京北方印刷生产基地

【概　况】 北京北方印刷产业基地位于北京市顺义区东南部，地处首都国际机场正东侧10公里处，毗邻通州区和河北燕郊，紧扼北京东部金三角门户。基地位于顺义区北务镇，规划面积91.03公顷。2011年引进企业9家，实现税收4237万元。

单位名称：北京北方印刷产业基地管理委员会
地址：顺义区北务镇龙塘路南侧
电话：61424560
传真：61424540
邮编：101300
网址：http://www.bfcyjd.bjshy.gov.cn

（申晓杰）

【地理位置优越】 距首都机场10公里；距天津新港100公里；距顺义、燕郊、大秦铁路三个火车站均在20公里范围内；距顺义区中心15公里，京平高速紧邻印刷产业基地南侧1公里处，专门设有出入口，京平高速向西穿过六环路、机场第一、第二高速，最终连接京承高速。

（李靖怡）

【市政基础设施】 基地市政基础设施建设项目原属于北京市专项治理项目在区发改委的帮助和指导下已改成农用道路项目，现已完成规划条件、规划用地许可证，目前正在由规划局审批建设工程规划许可证。

（李向利）

【招商引资情况】 2011年引进项目9个，投资总额6亿元人民币。引进重要企业有2家。第一家是北京北汽大世汽车系统公司，主要生产汽车座椅，为现代三厂配套企业。第二家是北京至美数码防伪印务有限公司，主要印制商务票据、国地税收发票。

（申晓杰）

【清理回收土地】 2011年，基地清退爱德金文印务有限公司、天雨致富灌溉技术有限公司，共计盘活土地85亩。与北京海德印务（占地160亩）、一鑫印务（占地25亩）、瑞琦曼仪器仪表有限公司（占地15亩）协商清退事宜，其中瑞琦曼现已由金诚立信会计师事务所出据了资产评估报告。并就退出基地达成初步共识。

（李靖怡）

【土地手续办理】 2011年，基地一期及三期土地一级开发项目征地已由区土地局出征地协议，正在等待签约。一期征地433亩，三期计划征地323亩。配合区国土分局到市局办理一期、三期征地补充耕地指标675.93亩。二期项目538.44亩（其中建设用地面积394.09亩，代征用地面积144.35亩）申请入市交易，目前已经有七宗地分三批在市土地交易市场顺义分市场挂牌出让。

（李向利）

【加强宣传】 创建基地网站，网站设为首页、园区概况、招商引资、企业服务、联系我们等共9个模块。并在顺义网城上面设置链接。

（申晓杰）

【安全生产】 2011年，印刷基地组织开展了包括“严厉打击生产经营单位非法违法建设专项行动”、火灾隐患攻坚整治“亮剑”行动、“321”打防管控一体化治理黑车专项行动等12次专项行动，对辖区13家有实际生产经营企业和1个新建项目的施工工地的安全生产、消防安全以及流动人口管理等共检查160余家次。

（李向利）

北京国门商务区

【概　况】 国门商务区是首都临空经济的重要组成部分，承担着国际信息交流、聚集高端服务业和提升新城形象等任务，商务区自成立以来，坚持“三年打基础，五年出形象，十年成一流”的工作目标，增强发展能力，提升品牌知名度。2011年，北京国门商务区紧紧围绕年初制定的工作目标，积极推进征地拆迁工作，大力建设市政基础设施，着力引进重点产业项目，努力扩充园区经济总量，各项工作取得较大进展。

单位名称：北京国门商务区
地址：北京市顺义区李桥镇机场东路2号
电话：(010)81465505
邮编：101300

（北京国门商务区）

【经济指标完成情况】 2011年完成属地税收9579万元(其中地税9345万元，国税234万元)，同比增长350%，完成一般预算收入4258万元，同比增长349%。全年商务区新增注册企业66家，入区注册企业总数累计达到297家，累计注册资本金117亿元。

（北京国门商务区）

【固定资产投资】 2011年完成固定资产投资31亿元，其中，国家地理信息科技产业园投资额为19亿元；国门紫金商务大厦项目投资额为2亿元；翼之城项目投资额为2亿元；商务区基础设施及四纬路延长线建设投资额为8亿元。

（北京国门商务区）

【重点工作完成情况】 一是围绕二级项目，核心区土地一级开发建设加快推进今年，随着商务区内国家地理信息科技产业园、国门紫金商务大厦、翼之城等项目超过90万平米建筑开工建设，园区项目建设迎来一个高峰期。管委会围绕二级项目建设，以核心区土地一级开发建设为核心，全面推进征地、拆迁、树木伐移等项工作。二是提升品质，商务区规划建设工作进展迅速为优化商务区投资环境，不断提升商务区项目承载能力，商务区管委会按照“高起点规划、高标准建设、高效能管理”的总要求，以二级项目建设为契机，科学规划，统筹协调，不断完善城市功能，努力提升城市品位，规划建设工作快速推进。

（北京国门商务区）

【招商引资】 2011年是商务区招商工作的关键年，管委会按照“税收先行、总部优先”的原则，将土地资源招商与楼宇招商相结合，重点依托国家地理信息科技产业园、紫金大厦、翼之城和环宇商务科技园等项目，积极做好注册类、实体类项目引入，通过招大引强努力提高招商成效。成功引入地理信息相关企业22家，订购楼宇40栋，合计面积约75万平方米。其中，招金集团、中金科技、北大方正、中冶遥感、国测集团等总部型企业，及东方道迩、高德软件、中国思维等测绘行业中德龙头企业相继入驻；引进开元(北京)城市发展基金管理有限公司、国开(北京)城市发展基金(有限合伙)、国开创新资本有限公司、博纳德投资公司等一批知名金融机构入驻园区。此外，还完成了北京博纳德投资基金(有限合伙)、中国银行首都机场支行、东方物通科技、德威鼎红投资管理公司、鑫源天盛基金公司、北京华控基业管理公司等20余家重点企业的引入及注册工作。

（北京国门商务区）

大型国有企业和上市公司

北京首钢冷轧薄板有限公司

【概　况】 北京首钢冷轧薄板有限公司(以下简称“首钢冷轧公司”)由首钢总公司、北京首钢股份有限公司、北京汽车投资有限公司出资设立,注册资本26亿元,3家股东单位分别占注册资本的9.72%、70.28%、20%。首钢冷轧地址在北京市顺义区李桥镇,厂区占地面积1100亩,毗邻首都国际机场,紧邻京承线,交通便利。首钢冷轧项目是2005年2月国务院批准的《首钢实施搬迁、结构调整和环境治理方案》的重要内容之一,是首钢落实科学发展观,进行战略性结构调整,做强钢铁主业,实现可持续发展的重要举措。首钢冷轧建设吸收国内外经验,选择先进、成熟、可靠的工艺技术,主要工序有1条酸洗连轧线、1条连续退火线、2条连续热镀锌线,关键设备从国外引进,总体达到了世界先进水平。项目总投资64亿元,产能150万吨,其中退火板70万吨,热镀锌板80万吨。产品厚度范围0.3~2.5毫米,宽度范围900~1850毫米,主要生产汽车板、家电板、专用板等高端产品。酸轧线2007年11月试生产,连续退火线、2号和1号热镀锌线分别于2008年5月、8月、11月试生产,年内实现全线生产贯通。首钢冷轧公司在册职工1272人,平均年龄31岁。其中有博士生2人,研究生49人,大学本科学历293人,大专学历452人;高级职称14人,中级职称90人,初级职称84人;高级技师8人,技师42人,高级工135人,中级工293人;女职工182人;中共党员438人。

单位名称:北京首钢冷轧薄板有限公司
地址:顺义区李桥镇任李路200号
电话:(010)81477800
邮编:101304

（韦　哲）

【产品特性】 首钢冷轧公司产品具有规格多、宽度大、钢质纯净、表面光洁、板形平直、性能稳定等特点,不仅能够满足北京汽车和家电制造企业对冷轧薄板的需求,对整个环渤海地区汽车等制造业的发展也将起到积极的促进作用,产品有着极为广阔的市场前景。同时,首钢拥有的2160热连轧生产线及其配套生产体系,将为首钢冷轧公司原料供给、品种开发提供坚实有力的保障。为保证按照欧洲、日本、美国标准和国内标准组织生产,首钢冷轧公司为各类冷轧薄板产品均制定了严格的内部控制标准。首钢冷轧公司在全面分析冷轧生产现场的特点上,建立了以ISO9000为标准框架,以欧洲、日本、美国等国际标准指导下的产品标准,以满足用户要求为最终目的过程控制体系,并成功通过了ISO9000标准的认证和TS16949质量管理体系认证,以此控制体系为指导,全面推进冷轧的各项生产工作。

(韦　哲)

【产品产量】 2011年完成产品产量181.22万吨,超计划11.22万吨,同比增产7.78万吨,提高4.49%。其中:连退产品完成94.81万吨,超计划2.81万吨。镀锌产品完成72.8万吨,同比增产16万吨,提高28.17%。12月创出月产17.56万吨的历史新记录。其中全年完成品种材143.47万吨,超计划15.47万吨,品种钢比例达到82.72%,创历史最好水平,同比增产19.36万吨,其中汽车板完成83.3万吨,超计划3.3万吨,同比增产26.52万吨,提前15天完成全年80万吨汽车板计划任务。家电板完成40.33吨,超计划7.33万吨。专用板完成19.84万吨,超计划4.84万吨。全年板材出口28.42万吨,同比增加8.58万吨。

(张　民)

【主要技术经济指标进入前四名】 2011年综合成材率完成95.79%,同比提高0.31%,行业排名第一;工序能耗完成58.82千克/吨,同比降低0.8千克/吨,行业排名第一;电耗完成125.9千瓦时/吨,同比降低16.4千瓦时/吨,行业排名第一;日历作业率完成84.21%,同比提高7.01%,行业排名第三;综合轧辊消耗完成0.357千克/吨,同比降低0.028千克/吨,行业排名第三;汽车外板比例为5.47%,行业排名第四;高强钢比例为5.19%,行业排名第四;综合加工成本完成885.81元/吨,行业排名第四;带出品率完成3.09%,同比降低1.08%,行业排名第四。整体水平又有了新的提升,进入行业前四名,企业综合实力进一步增强。

(王占林)

【科研攻关】 2011年,首钢冷轧公司累计受理上报科技攻关项目50项,验收评审合格43项,其中一等奖16项,二等奖16项,三等奖11项,评选出优秀论文10篇。"一种结构用高强钢S550GD+Z的生产方法"等17项专利得到中国国家知识产权局的受理,共有"一种活套封闭结构"等4项专利得到中国国家知识产权局的授权。8个科研项目申报首钢科学技术奖。

(乔建军)

【新品种试制】 2011年新试制开发品种19种,包括DP780、TRIP780、St37-2G、CR340/590DP、H420LA、SPFC440、SPRC390、H260LA、H380LA、H220YD+Z、S550GD+Z、30Mn2、H180YD+Z/ZF等,进一步丰富了冷轧品种类型。镀锌汽车板逐步实现批量化生产,7月突破1万吨。

(乔建军)

【产品认证】 2011年,首钢冷轧公司同38家车企建立了供货、认证与合作关系,其中合资品牌乘用车7家,乘用轿车20家,乘用微面3家,商用车8家。6月,合金化汽车板(DX54D+ZF、DX56D+ZF)在莲花汽车成功使用。8月,连退汽车板在一汽大众、郑州日产等企业的中端车上成功应用。8月镀锌汽车板分别用于神龙汽车、郑州日产,性能满足用户使用要求,10月神龙汽车订货量突破1000吨,达到1352吨,实现批量供货。

(乔建军)

【质量认证】 2011年3月,首钢冷轧成功通过神龙汽车、郑州日产二方体系审核。6月,首钢被上海汽车纳入供应商名录。8月,顺利通过德国莱茵公司TS16949认证复审。10月31日~11月2日,德国奔驰总部、戴姆勒东北亚投资有限公司和北京奔驰汽车有限公司对首钢冷轧进行了为期2天半的供应商资格审核,奔驰方面在审核过程中对首钢冷轧各方面进行了打分,并对审核结果进行了SWOT分析,并最终顺利通过了奔驰公司供应商资格审核。

(乔建军)

【备件国产化】 2011年,首钢冷轧公司共完成备件国产化项目104项2240件,节约资金

2004.95万元。主要有焊机在线修磨轮、焊机辊组、文丘里等,目前使用效果良好,满足生产要求。备件修复指标5%,实际完成30.52%。

(李凤惠)

燕京啤酒集团公司

【概 况】 北京燕京啤酒集团公司深刻认识并把握新形势、新特点,始终坚持“六个创新”、“四个做强”的指导方针,积极推进市场、产品、品牌三大结构调整,坚持实施全面预算管理,战胜原材料、人力、财务成本不断上升及市场竞争加剧的重重困难,较好解决了发展中的主要问题,使企业继续保持了良性增长的发展态势。全年完成啤酒销量551万千升,实现销售收入1716231万元,利润总额117425万元,实现税金274393万元,利税总额363395万元。较好巩固了中国啤酒行业第一集团军的位置,并连续三年进入世界啤酒行业前八强,其中全国市场占有率达12%,全球市场占有率达2.8%,在“十一五”发展的坚实基础上,顺利实现了“十二五”发展的良好开局。

单位名称:北京燕京啤酒集团公司
地址:顺义区双河路9号
电话:(010)89495588
邮编:101300
网址:http://www.yanjing.com.cn

(燕京啤酒集团)

【品牌建设成效显著】 “1+3”品牌战略继续推进,有效促进品牌集中度提高和价值提升。2011年燕京啤酒集团公司品牌总价值288.18亿元,其中“燕京”品牌价值192.99亿元,“漓泉”品牌价值45.86亿元,“惠泉”品牌价值27.26亿元,“雪鹿”品牌价值15.06亿元,“金川”品牌价值7.01亿元。

(燕京啤酒集团)

【成功进驻台湾市场】 坚持稳步协调发展的思路,国际市场开发取得新成效。4月份燕京与台湾耐斯集团合作,通过台湾爱之味股份有限公司成功进驻台湾的餐馆、超市、连锁店,对燕京品牌的国际化提升起到积极的推动作用。

(燕京啤酒集团)

【科研工作成绩显著】 积极开展前沿研究,纳豆菌扩培技术取得新突破,荧光微菌落快速检验、荧光杂交技术通过国家鉴定。全年自行研发成果24项,发明专利1项,外观设计专利6项,参与行业标准制订1项。集团公司技术中心被认定为啤酒酿造技术北京市重点实验室。

(燕京啤酒集团)

【质量管理工作获殊荣】 9月20日,由国家质量监督检验检疫总局主办的“2009至2010年度全国质量工作先进单位和先进个人表彰大会”在人民大会堂隆重召开。燕京啤酒集团公司荣获“全国质量工作先进单位”荣誉称号,成为啤酒行业唯一获此殊荣的企业。此次评选是由国家质检总局基于社会各界加强质量管理、推进先进质量管理方法和理念、推进质量水平提升的诉求而组织开展的国家最高级别的质量管理评选活动。

(燕京啤酒集团)

【稳定新型劳动关系】 进一步完善用工体制,本着向生产、销售一线倾斜、向重点岗位倾斜的方针,继续开展转非招工工作,截止年底累计转非招工3500人,有效解决职工老有所养的实际问题。

(燕京啤酒集团)

【完善全国市场战略布局】 对部分企业进行技改扩建,适时进行资本扩张,进一步扩大集团公司产能,稳步推进十二五战略规划。赣州公司退城进园项目、呼市公司退城进园项目、燕京晋中公司一期10万吨建设项目、四川燕京10万吨扩建项目、新疆燕京三期扩建技改工程相继完工,总投资11.57亿元,增加产能30万千升。8月投资1.72亿元收购河北邢台啤酒厂,成立燕京啤酒(邢台)有限公司;同月成立燕京贵阳啤酒有限公司,一期工程投资4.45亿,产能规模20万千升。同时,着力打造啤酒酿造全产业链,投资3亿元在河北献县建立年产30万吨玻璃瓶制造企业。

(燕京啤酒集团)

【第20届燕京啤酒节成功举办】 6月6日上午,第20届燕京啤酒节开幕式在顺义区燕京啤酒集团体育场隆重举行,最高人民检察长贾春旺,全国政协常委、社会和法制委员会主任、国家司法部原部长张福森,十届全国政协常委、国家轻工部原部长、中国机械工业联合会名誉会长于珍,国家财务部原部长金人庆,国土资源部副部长、国家测绘地理信息局局长徐德明,中国轻工业联合会会长步正发,原中共北京市委常委、原常务副市长翟鸿祥,原北京市副市长、原北京控股董事局主席胡昭广,北京市委常委、市委统战部部长牛有成,北京市人大常委会副主任赵凤山、吴世雄,北京市副市长苟仲文、夏占义,北京市政协副主席王永庆、马大龙、蔡国雄,中国酿酒协会理事长王延才和顺义区领导张延昆、王刚、马庚良、陶宝金等出席了开幕式。开幕式由顺义区委常委、副区长林向阳主持。北京市政府副市长苟仲文、顺义区长王刚及北京燕京啤酒集团公司董事长李福成分别致辞。当晚举办了以"清爽夏日,燕京制造"为主题的盛大文艺晚会《炫舞世界风》,由北京卫视现场录制,王旭东和春妮主持。著名歌唱演员刘欢、宋祖英、谭晶、刘斌、陶犷、陈思思、佟铁鑫、叶蓓等登台献唱。为答谢广大市民对燕京啤酒的厚爱,于6月7日至6月10日晚花博会主场馆2万平米中心广场举办"喝啤酒,看文艺节目演出"的燕京啤酒消夏广场活动,期间不但有最清爽、最新鲜的燕京啤酒可供市民畅饮,还可观赏到精彩的文艺节目演出,更有机会抽取大奖。

(燕京啤酒集团)

【签约探月工程官方合作伙伴】 创新品牌宣传新方式,与中国探月工程深度合作,4月10日燕京啤酒集团公司成为中国探月工程官方合作伙伴新闻发布会在燕京啤酒集团科技大厦一楼隆重举行。北京市副市长苟仲文,中国高科技产业化研究会姜景山院士,中国高科技产业化研究会副理事长王治国,国家探月与航天工程中心总设计师吴伟仁,国家国防科工局协作配套中心主任赵理峰,国家国防科工局新闻宣传中心党委书记丁杰盔,国家国防科工局新闻宣传中心副主任贺守华,顺义区区委书记张延昆,顺义区委常委、副区长林向阳,顺义区人大副主任、集团公司董事长李福成,集团公司总经理赵晓东等领导出席新闻发布会。来自新华社、人民日报社、中央电视台、北京电视台、北京晚报、搜狐网等59家新闻媒体记者参加新闻发布会。签约后,燕京旗下的啤酒、矿泉水、九龙斋酸梅汤、茶饮料等正式成为"中国探月工程指定产品"。同时,燕京在全国范围内陆续推出"燕京邀您看发射"、"喝燕京,为中国探月工程喝彩"等系列活动,邀请中奖消费者亲临酒泉卫星发射现场观看卫星发射,亲身感受科技创新所带来的喜悦。

(燕京啤酒集团)

北京顺鑫农业发展集团有限公司

【概　况】 北京顺鑫农业发展集团有限公司坚持以科学发展观为指导,紧紧围绕"三·五"战略和"五化"目标,充分发挥自身优势,多措并举,产业规模不断扩大,经济效益持续提升。全年实现销售收入100亿元,实现利润4.4亿元,实现税金7.7亿元,实现国内生产总值18.3亿元,实现了“三·五”良好开局。

单位名称:北京顺鑫农业发展集团有限公司
地址:北京市顺义区站前街1号院1号楼
邮编:101300
电话:(010)81483800
网址:http://www.000860.com

(和法文)

【牛栏山酒厂升级改造】 总占地318亩的牛栏山酒厂升级改造工程于2011年4月隆重奠基,该项目计划总投资14亿元,项目一期工程建设进展顺利,正在进行地基处理和不锈钢酒罐的焊制加工工作,勾调车间、包装车间、成品立体库地基处理和结构施工正加紧进行。

(和法文)

【资本运作卓有成效】 为有效落实“资本证券化”目标,公司多措并举,资本运作卓有成效。一是顺鑫牵手公司成功联姻海航集团,借助海航集团航空领域的市场优势、产业链优势和品牌影响力,“牵手”将实现新一轮的跨越式发展。二是海南康芝药业增资顺鑫祥云药业,双方实现了在生产和流通等环节的优势互补、资源共享,进一步提高了公司医药产业的市场占有率和生产现代化水平。三是花博会主场馆展后利用取得阶段性成果,公司与金盛集团正式签订合作协议,共同打造国际建材家具采购中心项目。四是创立北京顺鑫和辉股权投资中心,首期募集资金人民币1.65亿元,存续期6年,已顺利投资四个项目,完成投资8000万元,开创了资本经营与产业经营协调发展的新途径。

(和法文)

【新兴业态蓬勃发展】 旅游文化商贸产业捷报频传。一是顺鑫甘家口百货盛装开业。顺鑫甘家口百货是公司积极落实区委区政府关于“加大粮食局片区开发力度,打造顺义绿色商务核心区”的决策部署,进一步壮大公司旅游文化商贸产业的重要举措,历时9个月紧张有序的筹备,于2011年4月29日正式开业。顺鑫甘家口百货拥有3万平方米时尚购物休闲体验中心,4000平方米音乐喷泉广场,3万平方米超大地上、地下停车场等配套设施,集精品百货、绿色超市、特色餐饮、儿童娱乐、消费体验于一体,进一步活跃了我区商业发展氛围。二是农产品电子商务异军突起,农产品电子商务平台五年发展规划制订完成,生鲜网络批发平台“顶鲜网”、种业交易平台“易种网”正式上线,有力的拓展了产品市场空间和企业发展空间。

(和法文)

【科研攻关】 为更好地实现转型升级,公司紧紧围绕“科技信息现代化”发展目标,加快推进科技攻关,科技创新成效显著,牛栏山酒厂新开发的“毛细管直接进样技术”和“固相微萃取技术”,荣获“中国食品工业协会科学技术二等奖”。

(和法文)

【国家安监总局领导考察】 10月25日,国家安全监管总局党组书记、局长骆琳到顺鑫农业牛栏山酒厂调研安全隐患排查治理体系建设情况。骆琳一行现场检查了牛栏山酒厂酿酒车间、灌装生产车间、散酒库、文化小院等,听取了顺鑫农业安全生产事故隐患排查治理自查自报工作汇报。骆琳指出,安全隐患排查治理的制度和体系关键要落实到基层、落实到企业,切实带动各个岗位、专业和企业的安全生产标准化建设;带动加强员工培训,提高全员全方位开展隐患排查治理的技能;带动部门改善服务,健全长效机制,加快推进安全监管监察信息化、网络化建设,强化监管监察手段和效果。北京市副市长苟仲文、市安监局局长张家明,顺义区区委书记张延昆,区长王刚,区委常委、副区长林向阳,公司董事长李维昌、副总经理李怀民、郭舫军参加调研。

(和法文)

【安全生产管理】 通过开展系列培训考核和观摩学习活动,增强了各级领导班子和干部队伍的安全意识和履职能力;以开展"安全生产月"活动为契机,以"第六届书画摄影展"为载体,进一步强化了安全文化建设,营造了浓厚的安全生产氛围;坚持开展综合检查和专项检查相结合,各类事故隐患得到有效控制;积极争创"全国安全文化建设示范企业",已完成材料申报及两家试点企业的相关准备工作,建设行业安全管理标杆企业步伐不断加快。

(和法文)

【宣传工作】 专题报道《深耕大地丰收时》、时事评论文章《展望顺鑫——迈向未来天地宽》相继在《北京日报》、《经济日报》上刊登,全面解读了顺鑫集团发展模式,详细阐述了"三·五"规划的美好蓝图,在社会上引起了强烈反响。顺鑫明珠文化发展公司联合八一电影制片厂摄制的电影故事片《飞天》荣膺第28届金鸡最佳影片大奖,二十集大型纪录片《中国维和行动》已制作完成,《中国妈妈》荣获第22届意大利国际军事电影节评委会大奖。

(和法文)

【市场推广】 组织参加第九届中国国际农产品交易会、第六届中国(北京)餐饮·食品博览会、顺义区第八届农博会等大型展会,公司形象和品牌得到集中展示与推介。深入开展品牌进社区活动,覆盖33个街道办,564个社区,发放宣传资料9000多份,在品牌传播广度与深度上取得了突破。"顺鑫游"积极调整游客群体结构,先后与北京市人才服务中心、北京国际汉语学院、《法制晚报》青少年社会实践营联手,建立教育实践基地,接待商务考察与培训学员,有力地拓展了高端消费群体。

(和法文)

【资质升级】 公司资质升级工作成效显著。房地产业务成功获得国家住房和城乡建设部颁发的房地产开发一级资质证书;水利建筑施工业务成功获得土地一级开发资质;种猪繁育和肉食品加工业务获得"进口肉类收货人备案资质",具备肉制品进出口的全部资质,为公司进一步拓展国际市场创造了有利条件;顺鑫绿色度假村顺利通过饭店星级评定。

(和法文)

【品牌文化建设】 "鑫大禹"商标荣获北京市著名商标。至此,公司已拥有5件中国驰名商标,1件国家级非物质文化遗产,8件省级著名商标,1件中国名牌产品,2件北京知名品牌,连续7年入选中国制造业企业500强,连续11年被认定为农业产业化国家重点龙头企业,品牌知名度和影响力大幅提升。

(和法文)

北京空港科技园区股份有限公司

【概　况】 2011年,北京空港科技园区股份有限公司以增强公司持续发展动力为根本点,依托"开拓思路破难题,转变方式谋发展"的思路,坚持规范、立足创新,全面实施年初《重点工作折子工程》安排计划,不断扩充资源储备,积极完善集团管控,进一步增强了公司的持续发展能力,全年实现营业收入8.5亿元,净利润9000万元,税收6546.31万元。

单位名称:北京空港科技园区股份有限公司
地址:北京空港经济开发区B区裕民大街甲6号
电话:(010)80489277
邮编:101318
网址:http://www.600463.com.cn

(王　宇)

【不断扩大资源储备】 2011年,公司通过"以资抵债"的方式,完成了对京奥国门乒乓球培训学校的收购工作,由子公司天瑞置业进行接收,使得公司资源储备不断扩大,增强了经济发展后劲。经过广泛、深入的调研,公司将该项目命名为“空港综合大厦”,并开展一系列销售推广工作,促进经济增量落实。

(王　宇)

【努力推进空港C区开发】 空港C区市政工程竣工后,公司一直着重对市政设施的不断完善,一期地的绿化、交通及监控工程顺利完工,市政工程结算工作也已完成。二期地于3月实现挂牌入市交易,引进“北汽高端乘用车基地”项目,并配合项目完成成本审计。

(王　宇)

【积极推进与木林镇合作共建开发】 3月18日,公司控股子公司亿兆地产获得区政府《顺义区人民政府关于授权北京空港亿兆地产开发有限公司作为木林镇中心区土地一级开发主体的批复》,并于6月17日,在木林镇二三产业基地举行“空港木林高端制造业基地市政工程启动仪式”。结合顺义全区未来发展方向及木林镇资源现状,力争将木林产业发展区打造成为引领未来全区产业发展的高端制造业基地,构筑新一代信息技术、高端装备制造、新材料等战略性新兴产业集群,使之成为带动北京、辐射全国、影响世界的高端制造业基地。

(王　宇)

【建筑施工积极推行项目经理负责制】 继成立成本控制中心之后,子公司天源建筑致力于提高自身经营管理水平,从降本增效出发,推行项目经理负责制,各分公司成本、财务独立核算,从工程承建到工程款催要均各负其责。经过共同努力、实施改革,建筑施工年内实现开复工总面积50.89万平方米,被顺义区评为2010年度区域经济百强企业,并在施工企业中名列前茅,天源建筑还获得北京市建筑业联合会评选的北京建设行业3A信用企业。

(王　宇)

【荣获“绿化优秀单位”】 年内,由公司子公司天瑞置业负责开发、子公司天地物业提供物业服务的融慧园企业独栋项目,参加北京市绿化优秀单位评比,并获得了“绿化优秀单位称号”。

(王　宇)

【加强管控规范】 空港股份不断强化集团公司作为“职能中心”的管控作用,积极推动“管理制度化、决策程序化、信息动态化、流程科学化”的纵向实施,为建立内控规范体系做好准备。首先,大力加强成本控制管理,建立内部审计长效机制,并在常规审核基础上,加大对分(子)公司招投标管理力度,继续加强预结算管理,将成本管理深入到各个环节。其次,严格落实绩效考核制度,在细致梳理公司内部管理结构的基础上,实施工作量化、指标细化,积极开展绩效考核。

(王　宇)

北京市顺义大龙城乡建设开发总公司

【概　况】 2011年,通过调整科室结构和职责、出台内部管理制度、制定未来发展规划、打造大龙品牌集群,切实加强了企业的内部管理、重树了企业的形象,公司的“软实力”得到提升。公司组建、充实职能部室,实现内部管理无缝衔接,成立项目策划部,对房地产行业相关政策信息及市场动态进行收集、分析和研究;对项目进行可行性研究,为投资决策提供依据;组织制定项目开发计划并进行监督;对项目进行后评估;对项目的开发建设进行绩效考核。成立总工程师办公室,加强对项目设计方案的控制,审核和优化设计方案及指标,确保在控制项目成本的基础上不断提升项目的品质。9月,大龙有限增加注册资本至8亿元,企业的资信情况和融资能力得到提高。对《合同管理办法》在执行的过程中加以完善,出台《合同审批职责范围》,进一步规范公司各级、各类合同的审批工作,防范与控制合同风险,提高合同审批效率。公司制定战略规划,指导公司规范发展。为做好“十二五”期间的发展规划,公司内部形成了“一二三四”的“2011－2015年战略报告”,一就是“立足顺义、面向北京、胸怀全国”的战略思路,二就是“整合优势资源、培育主导产业”和“提升管理水平,规范项目运作”这两项战略任务,三就是“资本运营战略”、“人力资源战略”、“品牌战略”三大战略集群,四就是“完善组织管理架构”、“优化公司管理流程”、“强化考核和激励机制”、“实施财务和成本管理全过程覆盖”四条战略执行路径。该战略报告在内部形成后将聘请咨询公司进行研讨并最终定稿。根据该战略报告,公司形成了客观的、符合实际的“脚踏实地、攻坚克难、循序渐进、规范发展”十六字“十二五”指导思想。

单位名称:北京市顺义大龙城乡建设开发总公司
地址:顺义区府前东街甲2号
电话:(010)69440517
邮编:101300
网址:http://www.dldc.com.cn

(大龙城乡建设开发总公司)

【满洲里裕龙园区住宅盛大开盘】　公司第一个外埠项目——满洲里裕龙园区,于6月26日盛大开盘。该项目占地300亩,总建筑面积38万平方米,投资总额约为10亿元左右,是集现代化商贸城、豪华宾馆、酒店及生态水景花园式住宅区开发建设一体的大型综合性商贸、旅游、物流园区。满洲里市、区两级政府对裕龙园区的房屋销售非常重视,当地电视台和报社纷纷到场采访。本次开盘共推出了三栋楼房,它们各具特色,户型搭配合理,面积从60到260平米不等,房屋建筑的先进理念和成熟品质,吸引了很多客户到现场购买。为了使购房者享受更多实惠,体验居住裕龙园区的舒适,公司做出了很多让利于民的措施,这也是回报满洲里人民长期以来对公司大力支持的具体体现。

(大龙城乡建设开发总公司)

【区领导视察公司新城9号地保障性住房项目】　7月9日,区委书记张延昆、区长王刚带队视察公司新城9号地保障性住房项目。公司党委书记、总经理李绍林陪同视察并向各位领导简要介绍了项目基本情况。9号地保障房项目于2010年10月开工,项目包括经济适用房、廉租房、公共租赁房,地点位于顺义马坡新城第10街区,占地面积58.8亩,规划总建筑面积10多万平米,剪力墙结构,住宅楼28层,檐高79米。该工程总投资约为3.36亿元人民币,预计2012年年底完工。目前,项目正在进行主体结构施工。保障性住房的建设是重要的民生工程,对于进一步改善人民群众的居住条件,促进房地产市场健康发展,保持社会和谐稳定具有重要意义。国家、市、区各级领导对此都非常重视,多次前往保障性住房建设工地视察工作。

(大龙城乡建设开发总公司)

【滨河菜市场通过竣工验收】　7月20日,由我公司负责施工的滨河菜市场工程顺利通过了四方竣工验收检查。滨河菜市场位于北京现代职业学院南侧、裕龙花园六区西侧,建筑面积约1400平方米,为门式刚架结构。滨河菜市场的建成,解决了原市场噪音扰民、环境脏乱、消防及食品安全隐患,对美化裕龙、滨河小区周边环境、保障居民购物安全的起到了重要作用。

(大龙城乡建设开发总公司)

【16区县代表到大龙供热中心调研参观】　9月22日,市市政市容委及16个区县供暖办、供暖企业负责人到大龙供热中心调研参观。对指挥协调调度中心的信息化平台建设给予了高度赞扬。此次调研参观活动,促进了各区县供热企业之间的交流,传播了先进的管

理经验和管理办法，推动了我市供热行业建设，大大提高了北京大龙供热中心的品牌知名度。

（大龙城乡建设开发总公司）

【获得团区委“青年文明号”荣誉称号】 年内2月15日，大龙供热中心被共青团顺义区委授予2010年度“青年文明号”荣誉称号。自2010年年初申报“青年文明号”以来，公司团总支和大龙供热中心紧密配合，认真工作，按照“青年文明号”创建工作的要求和行业实际，始终坚持高起点、高标准、严要求，以“管理上台阶、服务上水平、人才上层次、效率上一流”的建设目标，以打造“大龙供热”品牌为有效载体，强素质，练内功，重服务，树形象，扎扎实实地推进了创建工作的开展。获得“青年文明号”称号，不仅是一种荣誉，更是一种鼓励和鞭策。大龙供热中心的的全体团员、青年们纷纷表示要继续保持良好的精神面貌，充分发挥骨干作用，爱岗敬业，努力工作，燃烧自己，温暖他人，争创一流管理、一流服务、一流人才和一流效率。

（大龙城乡建设开发总公司）

首安工业消防设备（北京）有限公司

【概　况】 首安工业消防有限公司（简称“首安”）是中国首家专业从事工业消防安全的高新技术企业，总部位于北京，在全国20多个省份及海外设有分支机构或子公司，主要技术与管理人员均拥有硕士、博士学位。首安自主创新的三大核心系统产品——工业火灾专用探测器、报警网络与大客户服务系统、自动灭火系统，已获得多项核心国际发明专利。首安公司是国家企事业知识产权试点单位、北京市知识产权示范单位。首安以工程总承包为主要服务形式，为钢铁冶金、电力系统、石油化工、核能核电、交通、军工、航空航天、烟酒等众多领域的工业企业及特种建筑与设施提供先进、可靠、经济的消防安全解决方案。首安以优质的服务、拥有自主知识产权的核心产品和多年持续快速增长的突出业绩，连续四年（2008－2011）荣登“中国消防行业十大民族企业”首位。2011年11月，首安成功引入世界顶级的私募股权基金贝恩资本，以雄厚的资金和丰富的企业管理经验，协助首安规划未来的战略蓝图、加速推进首安的进一步发展和扩张。“倡导安全为首，创建首强品牌”，首安秉承“竞争促进发展，合作成就事业”的核心理念，持续满足并不断超越客户需求，努力成为工业消防安全领域的世界领先企业。

单位名称：首安工业消防有限公司
地址：北京市国门商务区李天路22号
电话：(010)81463816
邮编：101304
网址：http://www.sureland.com/

（首安工业消防有限公司）

【研发动态】 2011年首安公司继续加强自有核心技术产品的研发、标准化、产业化和知识产权保护方面的工作。为进一步规范和完善研发管理，公司设立了技术委员会，发布和实施了产品研发课题奖励办法，研发课题的成功率和规范性大大提高。完成核心产品线型感温火灾探测器NTC定温材料及差温材料配方的自主研制并顺利投入生产；完成可恢复式线型光纤差定温火灾探测器、悬挂式脉冲水干粉复合灭火装置、加压式雨淋控制阀远程手动控制装置、雨淋阀就地控制盘等新产品的研发。与沈阳消防研究所合作的消防控制室图形显示装置、与武汉科技大学合作的消防信息综合管理系统、决策支持与指挥系统、故障诊断与维保管理系统、综合接处警系统等开发工作取得了阶段性成果。公司参编的国家标准《酒厂设计防火规范》正式发布实施,并积极参与了《火灾自动报警系统设计规范》、《火灾自动报警系统施工验收规范》、《火力发电厂与变电站设计防火规范》、《细水雾灭火系统技术规范》、《煤化工工程设计防火规范》、《冷轧带钢工厂设计规范》等多项国家标准的编制工作。多项核心知识产权获得国际、国内发明专利授权,专利维权诉讼卓有成效,有力的维护了公司的合法权益和相对公平的市场竞争环境。

(首安工业消防有限公司)

【营销与工程】 2011年成功中标并实施的重点项目包括:1月,首安公司签订了大亚湾及岭澳一期核电站核岛JDT主系统整体改造项目合同;4月,签订了邯钢老区钢轧系统改造项目自动消防系统总包合同;6月,签订了北京地铁10号线二期工程火灾自动报警系统(FAS)及气体灭火系统设备采购项目合同;7月签订了平山县敬业冶炼有限公司高炉、烧结、电缆通廊项目消防工程合同;8月签订了新疆庆华煤化55亿立方米/年煤制天然气一期项目防火涂料工程施工安装合同及金沙江向家坝水电站火灾自动报警及消防联动控制系统项目合同。2011年,首安公司在国际市场的占有率继续攀升,分别签订印度塔尔万迪4＊660MW项目总包合同及印度GMR项目总包合同,总合同额近7000万元。

(首安工业消防有限公司)

【财务指标完成情况】 首安公司2011年全年实现营业收入总额61003万元,实现利润11168万元。全年上缴税金2815万元。2011年,公司再次被评为银行信用AAA级企业,并被认定为农业银行的优质客户。农业银行给予公司授信额度人民币1亿元,中国民生银行同年给予公司授信额度人民币1亿元。

(首安工业消防有限公司)

【质量管理体系运行情况】 为进一步提高公司在工程施工方面的质量管理水平,2011年2月公司依据《工程建设施工企业质量管理规范》即GB/T50430－2007,率先进行了第三方认证,并取得了包含工程建设施工企业质量管理规范的质量管理体系证书。同时公司领导层非常重视质量管理体系的实施、保持和改进工作,按年度计划实施了质量管理体系的内审和管理评审,确保了公司质量管理体系持续的适宜性、充分性和有效性。

(首安工业消防限公司)

【首安连续4年荣登“中国消防行业十大民族企业”首位】 北京,2011年11月9日——全国消防日,首安工业消防有限公司在“中国消防行业十大民族企业”评选中,连续第四年荣登榜单首位。颁奖典礼在北京钓鱼台国宾馆隆重举行,首安公司应邀出席颁奖盛典。中国消防行业十大品牌评选被誉为“消防奥斯卡”,此次评选于2011年5月26日正式启动,经过专家评委五个多月的严格甄选和考察后,首安从数百家申请企业中脱颖而出。

(首安工业消防有限公司)

【日本消防协会访华团访问首安】 2011年10月20日,日本消防协会会长高木繁光、日本消防协会理事长秋本敏文等一行抵达首安工业消防有限公司进行访问。董事长李伟刚先生会见了高木繁光会长一行,并对日本友人表示热烈欢迎。双方对消防业务和技术进行了讨论,并共同回顾了前期的友好交往历程。日本消防协会成立于1948年1月20日,为日本全国消防团员的联系组织,所有团员均为正式会员。服务宗旨是照顾会员福利,改善充实消防设施,普及消防知识,提高防灾技能,加强消防活动。

(首安工业消防有限公司)

【“首安学院”举行揭牌仪式暨“安之源”一期开学典礼】 2011年4月18日,经过数月积极筹备的“首安学院”举行了揭牌仪式暨“安之源”一期开学典礼,宣告学院正式成立并启动第一期培训项目。首安公司及学院相关中高层领导、教务人员、全体新学员以及公司各部门负责人参加了成立大会,大会由首安公司副总经理秦同洲主持,首安学院院长李伟刚、副院长王彦文为"首安学院"揭牌。首安公司总经理林斌先生为开学典礼致辞,并表达了对新学员的殷切希望和良好祝愿。

(首安工业消防有限公司)

【首安荣获"区域经济百强企业"称号】 近日,北京市顺义区2010年度区域经济百强企业评选结果揭晓。首安工业消防有限公司作为对区域经济发展做出突出贡献的先进单位,被北京市顺义区人民政府授予"区域经济百强企业"称号,并获荣誉奖牌及金质奖章。

(首安工业消防有限公司)

商业·物流·旅游

商　　业

综　　述

2011年,商务委在推进顺义商务城市化进程上做文章、下功夫,将"调结构、扩消费、促引资、保出口"作为工作主线狠抓落实,实现商务经济各项指标平稳运行。社会消费品零售额在高位基础上继续保持两位数增长,全区实现社会消费品零售额217.3亿元,同比增长17.1%,增幅位居全市第二位。利用外资总量、质量双提升,实际利用外4.0489亿美元,全市排名第6位。当年新批外资项目52个,增资项目44个,累计吸引合同外资4.47亿美元,三产比重达到80%以上。当年新项目人资率达到63%。进出口总额位居远郊区前列,全年实现进出口总额153.86亿美元,同比增长22.24%,全市排名第六位,远郊区县排名第二位。其中进口106.18亿美元,同比增长27.87%,出口47.68亿美元,同比增长11.32%。年内,重点抓了四方面工作。

一、做到三个"强化",带动消费产业升级进档。一是强化规划引导,完善商业发展格局。启动白马路绿色生态消费圈建设工程。完成白马路及周边情况摸底调查工作,协调沿线镇政府包装酒店住宿、休闲旅游、农业观光、体育休闲等4类20个重点项目。制定《顺义区"十二五"商业发展规划实施方案》,将5年计划经济指标进行逐年分配、逐地区分配,制定倒排工期表,逐项督促落实。二是强化品牌引导,丰富商业业态。与华联的星光天地、居然之家等知名商业企业建立沟通渠道,组织区内企业参加"亚太零售商大会"、"专业化服务助力企业国际化沙龙"等活动,为金街悦港城等一批商业设施招商做好项目储备。三是强化活动引导,提振消费信心。组织区内商业餐饮企业开展"2011最受欢迎年夜饭评选"、"北京国际美食盛典"、"顺鑫甘百消夏美食广场"、"内蒙古、新疆特色商品大集"等活动,有效活跃我区商业氛围。

二、谋划亮点、明确措施,培育现代化商务产业发展。一是服务协调,确保新国展各类展会顺利举行。2011年新国展共举办展会14个,展出面积72.4万平方米,接待各类人员110万人次。"两会"期间妥善协调解决E5馆的使用问题,组织各部门联合执法打击"黑盒饭"、"游商"等行为,圆满完成两会期间食品供应和保障维稳工作。二是资金扶持,促进会展企业壮大。对北京时代龙马等5家会展企业给予专项资金扶持340.93万元,帮助企业完善软硬件设备设施。

三、保障民生见成效,城乡商业便利、安全程度显著提升。加快城乡商业体系建设。完成5家农贸市场升改工程,在天竺、马坡、北小营确定三个村级综合商业服务中心选址,目前前期手续已经基本办理完毕,近期将破土动工,年内投入使用。落实惠民政策。家电下乡工作有序开展,2011年9类家电下乡产品共销售37859台,实现销售额1.02亿元。家电以旧换新圆满结束,3年来累计销售电器12.6万台,实现销售金额5.07亿元。加强"菜篮子"工程建设。协调多部门出台《关于完善新建居民小区公共服务设施项目的文件》,并形成长效机制,解决了新建小区买菜难、卖菜贵等问题。圆满完成物资储备任务。防汛物资储备品种达到24种。建立居民常用蔬菜储备制度,保障极端天气下的居民用菜和必需品需求。规范家政服务行业发展。针对保洁、搬家、保姆等行业制定《顺义区家政服务标准(试行)》,建立顺义区家政服务网和网络服务热线,近期将对外正式公布运营。推介一批规模大、信誉好的正规家政企业,规范家政市场秩序。

四、精细管理、创新模式,确保商务发展安全有序。落实"两个安全生产规定"。分行业组织6次安全生产培训,组织开展"火灾隐患攻坚整治亮剑行动"和"打击非法违法生产经营行为专项整治行动",全年出动执法检查人员1500余人次,检查各类生产经营单位1200余家次。发放宣传材料1000余份,教育从业人员1200余人。落实商务系统食品安全工作。全年备案酒类经营户457家,累计达到4399家,基本达到产品可溯源要求。加大食盐执法检查力度。查没"私盐"2.7吨,在2011年3月,紧急调拨400吨食盐成功应对抢购风波。规范特殊行业经营秩序。制订《再生资源回收企业标准规范》,对企业必备资质证明、人员管理及培训制度、经营场所布局等提出明确要求,全年备案商户218家,取缔无证无照商户87家。完成全区90家加油站的成品油零售经营批准证书年审工作。

单位名称:北京市顺义区商务委员会
地址:顺义区站前街顺鑫国际商务中心10层
电话:(010)69443513
邮编:101300

(李 鑫)

对外经贸

【概 况】 强化服务意识、加强政策解读,外经贸活动力度不断加大。完成进出口总额153.86亿美元,同比增长22.24%,全市排名第六位,远郊区县排名第二位。实际利用外资4.0489亿美元,全市排名第6位。当年新批外资项目52个,增资项目44个,累计吸引合同外资4.47亿美元,三产比重达到80%以上。

单位名称:北京市顺义区商务委员会
地址:顺义区站前街顺鑫国际商务中心10层
电话:(010)69443513
邮编:101300

(李 鑫)

【建立联谊机制】 一是邀请区内外外商投资企业高管、驻京各大协会和驻京商社办事处的首席代表等商界高层人士举行高尔夫球联谊赛,打造服务外商、联系外商的品牌活动。二是召开外商投资企业座谈会,充分了解企业存在问题,为企业搭建经验交流平台。

(李 鑫)

【缩短办事时长】 与空港工业区、物流基地、综合保税区、汽车基地等重点功能区建立大项目每月联系制度及报表制度,开辟大项目绿色通道,将审批时限由原来的15个工作日缩短为10个工作日,年内共追踪跟进大项目

10个落地。另外,外经贸二十项审批职能入驻投资服务中心办公大厅一年来,得到了办事人员的肯定和好评,审批效率更高,服务态度更好。

(李 鑫)

【加强政策性文件解读】 请海关商检部门和外汇管理局到区开展专业知识培训,并联合推出便企措施。使企业了解海关等部门的政策法规,提高了企业办事效率,降低了进出口企业违法风险。

(李 鑫)

【开展进出口企业评级资质认定】 协同海关顺义办事处认定进出口企业A级以上资质7家,促进全区进出口企业运行水平不断提高。

(李 鑫)

顺义供销合作联合社

【概 况】 2011年实现销售总额366774万元,同比增长11.1%;综合利润12737万元,同比增长11.3%;地区生产总值28970万元,同比增长10.6%;上缴税金5624万元,同比增长43.2%;总收入22834万元,同比增长10.4%。

企业名称:北京市顺义区供销合作联合社
地址:顺义区石门大街供销大厦
邮编:101300
电话:89423232-6683
网址:www.sygxs.com

(马彦华)

【春耕农资储备和市场供应】 一是以顺万兴农业生产资料公司为龙头,依托所属嘉盛鸿、京大空港等农资经营单位,充分发挥厂家直营代理货源渠道优势和拥有100余家农资连锁店的市场销售体系,及时准备春耕农资货源。按照今年全区23万亩冬小麦和10万亩春播农资需求,到目前已储备各种化肥14000吨,其中尿素6000吨,硫铵1200吨,钾肥1500吨,碳铵1500吨,二铵及各种复合肥3800吨;同时,储备农、地膜170吨,大田种子100万斤,架竹5000捆,各种蔬菜、瓜果、花卉种子1.5万斤;二是严把进货关,坚持进货厂商资质备案制度,保证农资质量,诚信为农,严防假冒伪劣坑农害农行为,保护农民的合法权益;三是充分发挥现代物流配送的便捷作用,通过农资物流配送中心,实施预约定货,送货下乡,服务上门等措施,为广大农民提供方便、快捷的服务。

(马彦华)

【顺万兴公司成功注册商标】 区供销社所属北京顺万兴农业生产资料有限公司成功取得"顺万兴"商标注册证,有效期为2011年1月14日至2021年1月13日。此次成功注册商标,为企业今后开发推广农资自有品牌商品奠定基础。这是顺万兴公司实施商标战略,发展品牌农业迈出的第一步。未来公司将以"顺万兴"商标为平台,进一步规范并完善提升现有农产品和服务网络,为农民树立起真正放心的品牌,从而更好地服务新农村建设。

(马彦华)

【煤炭公司商业项目奠基开工】 3月2日10时30分,顺义区供销社在煤炭公司货场原址建设的商业项目正式开工。区供销社党委领导、区煤炭公司经理等领导为工程奠基。煤炭公司商业项目位于益麒麟家居建材市场南侧100米,占地面积约50亩,区供销社将建设约55000平方米家居建材配送中心,该项目竣工后将形成我区规模最大、档次最高、品种最全、品牌最多、经营最规范、集聚辐射力和竞争力的家居、家具经营、物流、配送平台。

(马彦华)

【提升企业精细管理水平】 3月11日下午,区供销社在机关801会议室组织开展了"《安全生产法》、《消防法》与企业实际应用"培训,由综治科副科长龚福元同志讲解了相关法律法规条款，对当前企业现状和存在的问题，以及出现安全生产或火灾事故可能给企业造成的经济损失、相关人员应负的责任、量刑标准等进行了解析，并对如何加强安全生产工作，改进安全防范措施，提高企业应急处置能力，增强相关人员的安全意识和责任意识进行讲解。所属15家基层单位76名干部职工参加。

（马彦华）

【送温暖、献爱心捐款】 4月16-28日，顺义区供销社系统响应区政府相关部门号召积极开展“送温暖、献爱心”社会捐助活动。区供销社党委高度重视，召开专题会议认真传达上级文件精神。各基层单位精心组织、认真部署，领导干部带头响应，广泛发动职工群众积极参与，全系统968人共捐款50270元。

（马彦华）

北京鑫海韵通百货有限公司

【概　况】 北京鑫海韵通百货有限公司现设有公司机关和一家独立核算法人单位北京鑫海韵通商业大楼，北京鑫海韵通商业大楼下设顺义百货店、顺义电器店、顺义石园大卖场店、顺义双兴大卖场店和密云电器店、密云百货店六家分店。企业在2011年实现销售18亿元，实现报表利润3360万元，累计上缴税金3970万元。

单位名称：北京鑫海韵通百货有限公司
地址：顺义区集汇大街28号
电话：(010)89448093
邮编：101300

（张黎黎）

【经营管理创新】 公司大力开展各项工作的创新，各店制定全年的创新工作方案并实施，针对经营、管理两方面不断创新，从而丰富管理内涵，提升经营、管理水平。通过此项活动开展，各店的经营水平、管理基础有了质的提升，有效的促进了企业核心竞争力的提升。

（张黎黎）

【开店装修】 在2011年，公司完成大卖场石园店二、三层8000平米、密云百货店地下超市2000平米、密云电器店1—5层局部5000平米，共计1.5万平米的改造装修工程。完成了顺义百货店老扶梯东侧部分加固改造工作，并推动顺义电器店东扩1.2万平米建设工程以及平谷店1.5万平米装修工程。全力推进大卖场双兴店开业工作，并于2011年6月29日顺利开业，当日销售突破100万元。

（张黎黎）

【运营、招商管理】 结合公司发展现状，成立总部运营部，并制定《商场卖场施工、品牌调整、柜台改造的管理规定》，充分发挥各层级管理人员在卖场管理中的重要作用。同时推动各店促销、销售组织、顾客维护与开发工作、供应商清退、引进工作评估，总结工作亮点，对突出的部、组、厂家业务人员进行激励，提高管理人员的积极性，提升企业竞争力。

（张黎黎）

【销售】 各店根据不同业态特点，积极创新促销手段，开展针对性促销工作。如顺义百货店，通过策划“快乐星期三”、“周四快乐加油站”等强力促销活动，吸附客流，提升销售；顺义电器店推出品牌月、品牌周、员工内购会、顾客答谢会等活动，针对目标客群的不同需求点，推动差异化实惠促销模式，形成销售业绩提升新的突破点；密云电器及百货店，利用主题促销总揽全局，品牌促销拉动销售，提升促销活动的丰富度，提升品牌业绩。同时，各店通过开展竞赛活动，加强激励，调整销售模式等方式推动销售手段的创新工作，提升销售组织的时效性和员工销售激情。

（张黎黎）

【品牌管理和招商】 各店在注重市场调研的

基础上,积极进行供应商、品牌调整工作。顺义百货店和密云百货店引进了屈臣氏、乐语金飞鸿、美承,百货类重点品牌的引进,进一步优化各大类品牌组合,提升商品的竞争力;顺义电器店增加对供应商实力的评估,建立供应商跟踪表,有效地扭转了固有的经营态势,为经营发展和提升提供了更广阔的空间。

(张黎黎)

【规范卖场管理】 各店不同程度的对提升卖场掌控能力开展工作,通过制度建设、专项检查的出台、卖场管理、整装竞赛活动开展等多种措施,提升主管的管理能力和意识,规范了卖场管理和员工行为,提升了顾客感受度和认可度。

(张黎黎)

【顾客市场的开发和维护】 为更好的扩大顾客市场,提升市场份额,各店通过多角度调研,创建购物、售后、服务通道,以多维度最大化提升顾客满意度;创新回报模式,调整顾客维护开发方案;加大会员顾客开发奖励、回报力度;开展多种形式的 VIP、重点顾客回馈活动,提升重点顾客的满意度,稳定高层次客流;利用短信平台、电话回访等方式对团购顾客进行维护与开发,促进团购;利用小区宣传、购物班车开通,吸引大量客流到店。

(张黎黎)

【财务核算体系和财务制度】 充分发挥财务职能,对原核算体系中财务的严密性、严谨性及政策性进行完善和精简,从百货核算模式中分离出超市连锁核算体系,实施超市连锁系统和百货版本分离及总部系统的整合。为有效避免企业财产损失,开展财务审计检查工作,完善了财务的各项审批手续及制度。通过建立规范会计工作秩序、会计人员专业考试、联合检查评估等方式,开展会计基础工作规范创先争优活动,使管理水平、办事效率以及人员素质取得了大幅度提升,并形成了示范效应。

(张黎黎)

【安全保障】 公司认真贯彻落实上级安排的各项安全生产工作,出台各项服务、安全保障工作方案及预案,总部专门成立工作领导小组指导、协助各店抓好安全生产工作,积极组织各项突发应急预案的演练操作、加强消防安全“四个能力”的宣传教育工作,保证企业的安全运营,提升公司综合服务能力。

(张黎黎)

北京国泰中百商业有限公司

【概　况】 北京国泰中百商业有限公司(简称国泰中百公司)是一家以发展连锁百货和商业地产作为支柱产业,集购物、餐饮、娱乐、休闲为一体,多业态、多功能、多元化经营的现代化大型百货公司。国泰中百公司下设国泰商业大厦、国泰青春馆、国泰谊宾商城、国泰裕龙四区超市和国泰宏城生活购物广场五家分店。公司始终坚持品牌发展战略不动摇,实现了由传统百货向现代百货的蜕变,最终发展成为具有国泰品牌影响力的区域型百货公司。自 2006 年首次跨入全国连锁百强企业时位列第 97 位,经过 6 年的发展壮大,到 2011 年取得了全国连锁百强企业排名 74 位的可喜成绩,并在 2011 年先后荣获“顺义区域经济百强企业”和“北京市促消费突出贡献单位”等多项荣誉称号。2011 年实现利润 3208 万元,上缴税金 11071 万元,实现销售收入 39.5 亿元,增幅达 19%。

单位名称:北京国泰中百商业有限公司
地址:北京市顺义区新顺南大街 2 街
电话:69447410
邮编:101300
网址:www.guotaibaihuo.com

(张　洋)

【品牌调整】 2011年,国泰大厦不断加大调整力度,不断提升卖场环境,对服装、内衣、珠宝、皮件、家电等都做了大规模调整,调整总面积达到上万平方米,调整后的卖场品牌组合更趋合理,环境更加清新,服务功能更加完善,经过一年的实践,品牌盈利能力和综合效益都明显提升。国泰青春馆更是探索新的经营模式,引进了中复电讯、中国电信等名店,增加盈利能力。

(张 洋)

【创新经营】 2011年在经营业务上实现四个统一。一是统一采购,降低成本,确保开源节流,控制成本。二是统一配送,精心构建物流配送平台,减少并清理了大量积压库存,顺利调配货品,以满足不同顾客的需求差异。继续落实好家电下乡这一惠农政策的贯彻实施,全方位做好各项工作,2011年家电下乡销售累计实现3600万元,以旧换新实现销售13500万元。三是资金统一管理使用并严格管控。2011年,公司继续加强了对成本费用及资金使用的严格管理与监控,统一了各项费用的考核标准,合理利用闲置资金,发挥资金的最大效能。四是统一营销策划活动,推出特色营销。零售业的消费促进离不开丰富多彩的活动,今年我们统一策划了多项大型主题营销活动,如:化妆珠宝节、婚庆月、制冷节等,均取得了良好成效。

(张 洋)

【强化服务】 在"两个百分之百"(让百分之百的顾客百分之百满意)服务理念的支撑下,公司始终把服务质量与消费者利益紧密结合,不断打造企业服务核心竞争力。2011年,我们以晨会制度为前提,积极引导组织职工参加各类岗位培训和各种技能比赛,同时不断拓展服务领域,今年共向顾客征求意见536条,增加服务措施近20项。在市场竞争愈加激烈的前提下,国泰的服务质量赢得了普遍赞誉,同时也使我们自身赢得了竞争的主动权。

(张 洋)

【便民街拆迁】 随着顺义城区建设的加快,2011年我公司所属便民街市场正式被拆迁,需要安置上百名职工,与300多家商户合同解约,我们通过采取增加新的连锁网点和内部员工岗位调整等方式,妥善安置了这些人员,同时认真做好商户经营合同的解约工作,保证了拆迁工作顺利进行,维护了社会和谐稳定。

(张 洋)

【社区共建】 国泰大厦与裕龙四区社区开展社区共建活动,为2户困难家庭实施金秋助学活动,共出资8000元,帮助2户子女圆了大学梦。我公司社区共建工作开展以来,共建工作不断得到完善,活动形式也逐渐丰富多样,与社区的沟通和联系不断加强,并积极探索社区共建的新思路、新方法。

(张 洋)

【国泰宏城购物广场开业】 经过精心筹备,集餐饮、购物、休闲、娱乐等多业态于一体的国泰宏城购物广场于2011年12月28日盛大开业。该店的开业,是国泰中百公司发展战略的一个新的里程碑,不仅完善了我公司在区内的商业布局,同时极大方便了周边社区居民的日常生活,提升了社区服务功能。

(张 洋)

烟草专卖

【概　况】 顺义区烟草专卖局(公司)成立于1997年8月8日,办公地址位于顺义区中山南街4—5号,占地面积2000余平方米,楼房建筑面积7000余平方米。截至2011年年底,拥有总资产27285万元,其中固定资产1575万元,流动资产25710万元。共有干部职工96人,其中正式职工21人,外聘职工75

人,党员 32 名,具有大专以上学历的有 72 人,占职工总数的 75%。

单位名称:顺义区烟草专卖局
地址:顺义区中山南街 4 号
电话:(010)69422745
邮编:101300

(顺义区烟草专卖局)

【所获荣誉】 顺义区烟草专卖局(公司)被北京市顺义区人民政府评为“2011 年度区域经济百强企业”;顺义区烟草专卖局(公司)被顺义区交通安全委员会评为“2011 年度区级交通安全先进单位”;顺义区烟草专卖局(公司)被北京市国家税务局、北京市地方税务局联合评为“纳税信用 A 级企业”;顺义区烟草专卖局(公司)被北京市烟草专卖局学会评为“北京烟草视窗发行先进单位”;顺义区烟草专卖局(公司)在“首善杯”北京烟草系统首届乒乓球比赛中被北京市烟草专卖局(公司)工会评为“组织优秀奖”;顺义区烟草专卖局(公司)团支部在“全民健身 你我同行——2011 北京烟草系统第四届‘中南海蓝色风尚杯’毽球联赛”中,被北京市烟草专卖局委员会评为“优秀组织奖”。

(顺义区烟草专卖局)

【经济运行情况】 年内,始终坚持以实现“卷烟上水平”为主要任务,努力做到狠抓基础,精细管理,平稳发展,全面创优,以打造“京烟首善”服务品牌为目标,坚决贯彻落实市局(公司)提出的“532”、“461”和“2310”品牌发展战略,在稳步提高零售客户获利水平的基础上,经济运行质量显著提高。2011 年,辖区销售卷烟 22.6 亿支(45205 箱),同比增长 2.82%;实现卷烟销售收入 71682 万元,同比增长 17.39%。实现卷烟税利 14807 万元,同比增长 14.41%,其中卷烟利润 8207 万元,同比增长 11.34%。

(顺义区烟草专卖局)

【专卖、法制管理】 年内,顺义区局共出动执法人员 4220 余人次,检查零售户 13700 余户次,查获违法案件 195 起,破获假烟网络案件 2 起,查获 5 万元以上大要案 40 起,查获各类违法卷烟 362.18 万支,罚没款 19.38 万元,刑事拘留 2 人,判刑 2 人。新办许可证 265 个,换发许可证 282 个,注销许可证 165 个,制作行政许可案卷 547 卷,移交案件 40 起,案件移送率、抄备率均为 100%。

(顺义区烟草专卖局)

【网络建设与工商协同营销】 一是坚持以品牌培育为第一要务,以精准营销为工作抓手,全面贯彻“532”、“461”和“2310”品牌发展战略,积极探索工、商、零协同互动新模式,实现了品牌发展从总量控制向精确调控的转变。确立了“6 个品牌 9 个规格”的全国性品牌为精准营销实施范围,加大对重点品牌的培育力度,年内,“苏烟”、“黄鹤楼”等品牌销量同比增幅均超过 50%;二是继续推进订单供货流程调整和网上订货工作。立足市场做好需求预测及档位客户分布测算,提高对紧俏和顺销品牌的测算精度。网上订货工作科学稳步推进,年内,顺义辖区网上订货数已达到 1620 户,占全区零售客户的 60%;三是深入推进“135”工作法,通过组织系列培训,营销人员的能力和水平得到显著提升。以“差异化服务”为核心理念开展片区调整,重新界定不同职级客户经理的职责,持续提升客户服务水平;四是加强零售终端建设。与各工业企业联合,分 8 个批次对顺义辖区 1200 余名零售客户开展了零售终端系列培训活动,指导培训率达到 46%,使零售终端培育知名品牌的能力和作用得到了有效发挥。

(顺义区烟草专卖局)

【安全生产标准化建设】 对 72 项安全工作进行系统梳理,对配电室、视频监控系统、避雷装置等进行了全面升级改造,确保了“1002”目标实现;

(顺义区烟草专卖局)

物　　流

北京空港物流基地

【概　况】 北京空港物流基地于 2002 年 7 月成立，是北京市唯一的航空—公路国际货运枢纽型物流基地，位于首都国际机场北侧，规划面积 3694 亩。“十一五”以来，作为北京市规划重点建设的六大高端产业功能区中临空经济区的核心区域，基地千方百计招大引强、加快产业转型升级，夯实基础设施建设，不断优化发展环境，推动辐射带动发展，多项工作取得显著成效。发展 10 年来，共引入企业逾 400 家，其中世界 500 强 14 家，中国 500 强 3 家，项目涉及物流、金融、文化创意等多种行业，共为顺义区创造税收 112.1 亿元，实现一般预算收入 37.5 亿元。2006 年 12 月被中国物流与采购联合会命名为“中国物流示范基地”，2007 年 11 月被国家人事部和中国物流与采购联合会评为“全国物流行业先进集体”，2011 年 8 月被国家人力社保部、全国总工会、中国企业联合会和全国工商联等单位联合授予“全国模范劳动关系和谐工业园区”称号。2011 年，基地新引进入区项目 44 个，注册资本金 11.87 亿元，实际利用外资 1698 万美元；全年实现税收 28.1 亿元，一般预算收入 9.7 亿元。

单位名称：北京空港物流基地开发中心

地址：北京顺义空港物流基地物流园六街 10 号

电话：(010)69475656 (010)69476868

邮编：101300

网址：www.airport56.com

（杨　乐）

【招商引资】 2011 年，基地继续强化“大招商，招大商”理念，成功引入中铁资源集团投资公司和中铁物总国际招标公司 2 家世界 500 强企业，发展后劲不断增强。同时，基地充分挖掘总部型企业资源，高鸿商城总部物流基地、科园信海医药物流中心等一批高端、高效、高辐射力项目顺利落户。年内，基地新引进入区项目 44 个，注册资本金 11.87 亿元，实际利用外资 1698 万美元；全年实现税收 28.1 亿元，同比增加 12.39 亿元，增长 79%；实现一般预算收入 9.7 亿元，同比增加 3.6 亿元，增长 58%，两项主要经济指标均居全区第三位。

（杨　乐）

【重点项目建设】 基地始终按照“竣工一批、建设一批、推进一批、储备一批”的工作要求，全面推进德梦澜仓储、普洛斯二期、嘉民北京机场物流中心、中国邮政速递、博丰长久 4S 店等 5 个在建项目进程，总建筑面积约 15.6 万平方米，投资总额 4.6 亿元，投产运营后年创税能力总计将达 6000 万元。

（杨　乐）

【规划建设】 一是全力推进基地一期北侧非住宅拆迁、土地上市等工作。基地一期北侧非住宅拆迁面积约 45.57 亩，现有非住宅企业 5 家，地上物建筑面积约 2.5 万平米。该地块主要用于高鸿商城总部物流基地、科园信海医药物流中心等项目建设。二是重点启动基地东区土地一级开发前期工作。基地加快落实与大孙各庄镇合作共建事宜。10 月 11 日，基地与大孙各庄镇、区自来水公司达成共识，在大孙各庄镇投资 3000 万元新建水厂。

（杨　乐）

【企业服务】 基地秉承“延伸为企业服务的

内容无止境,拓展为企业服务的范围无界限”的理念,竭诚为入区企业提供“全天候在岗,24小时在线”的优质服务。经过发展实践,基地逐渐形成了以党委班子为领导主体,以“投资服务部、企业服务部、工会服务站、劳动争议调节中心”为架构的服务体系,向入区企业提供“四位一体、多方联动”的优质服务,并通过“新春联谊会”、“重点企业座谈会”等活动,搭建政企互动的良好平台。

(杨 乐)

【自有企业发展】 2011年,基地直属物博物业管理有限公司顺利承接北京现代第三工厂保洁服务、北京空港航空地面服务有限公司(BGS)南、北库安保服务等多个大型服务项目,累计服务项目达60余个,全年实现收入8111万元,实现税收482万元。2011年,基地直属航济进出口公司凭借高效的通关速度,顺利签约中设集团、中铁清源、深圳怡亚通等7家新客户,累计服务客户20家。全年实现进出口额8.6亿美元,进出库8396票。

(杨 乐)

旅 游

【概 况】 年内,外事旅游局以科学发展观为指导,以“打造临空经济区、建设世界空港城”为目标,围绕实现“产品、人才、服务、管理”等四个国际化,以创新为主线,深入做好旅游宣传和培训,促进项目开发,加强行业管理,旅游产业素质和效益得到进一步提升,全年实现旅游综合收入40.68亿元(北京市郊区第三),同比增长15.4%;旅游接待394万人,同比增长8.6%。

单位名称:顺义区外事旅游局
地址:顺义区光明南街7号
电话:(010)69429918
邮编:101300
网址:http://www.bjsyly.gov.cn

(吴春明)

【深入开展旅游宣传】 对《顺义旅游休闲一册通》进行全新改版,对发行渠道重新进行梳理,以区内单位为主,兼顾周边。加强与《顺义时讯》的合作宣传;与顺义电视台合作拍摄旅游专题访谈;为中央十套《体验新北京》主题旅游节目推荐拍摄鲜花港、水上公园等9家景区;为旅游卫视《体验新北京》推荐拍摄鲜花港并在郁金香节期间特别播出;与墙根网合作宣传“时尚休闲 多彩顺义”;在每个节假日前整理旅游企业宣传资料上传纳入市旅游委宣传系统中;协助《请跟我来》节目摄制组对蝴蝶园、汉石桥湿地等重点景区拍摄宣传,郁金香节期间聚焦北京国际鲜花港以特别推荐形式播出。请北京测绘院制作完成《顺义旅游交通图》并正式发行;在国际鲜花港、奥林匹克水上公园等重点景区点、酒店大堂门外等醒目位置设立12块旅游导览图,上标100多家景区点、酒店、观光采摘园的名称、位置和联系方式,以及旅游交通线路图,便于企业联合营销,利于游客去一处知全局。参加大型旅游博览会3次,包括4月份西安.中国国内旅游交易会;9月份天津.中国国际旅游产业节暨北方十省市旅游交易会;11月份中国国际展览中心.第六届中国北京文化创意产业博览会。

(张荣媛)

【加强企业培训】 继续执行“千人培训大讲堂”计划,邀请知名旅游专家对我区旅游企业的中高层管理人员进行培训,受到企业欢迎。今年创新了培训内容,共组织企业发展战略、劳动法、酒店营销、安全管理等四个方面的培训。

(张荣媛)

【加强行业标准化管理】 按照星级评定新标准,对全区三星级以上饭店进行了检查验收;对区内3A级及以下旅游景区开展了年度旅游质量等级复核。

（胡　晋）

【做好安全监管】 坚持安全管理不放松，进一步明确安全管理目标，强化安全责任，加强安全检查。结合季节和节日特点，对全区各旅游企业开展了春季防火、夏季用电、节日接待、应急救援、预防煤气中毒和有限空间特种作业管理等专项检查。全年召开安全专题会议10次，旅游秩序整顿专题会议4次，组织安全专项检查50余次，共查出安全隐患40余项，整改率达100%。

（胡　晋）

顺义宾馆

【概　况】 北京顺义宾馆（即顺义区人民政府招待所）座落于绿色国际港的核心区域府前中街3号，隶属于顺义区人民政府。是国家旅游三星级宾馆，金叶级绿色旅游饭店，北京地区党政机关会议定点场所、北京市党政机关、朝阳区政府采购会议定点单位，顺义区政府采购会议定点单位；通过ISO9001、ISO14001质量环境管理体系认证。

单位名称：北京顺义宾馆

地址：顺义区府前中街3号

电话：(010)81496300

邮编：101300

网址：http://www.shunyihotel.com

（徐海超）

【庆祝建党90周年】 6月28日，隆重庆祝建党90周年。会上，4名新党员面对鲜红的党旗庄严宣誓，全体党员重温入党誓词，22名优秀党员和18名优秀团员受到表彰。党委书记宋奇良同志结合招待所上半年的经营情况和下半年的工作安排给全体与会人员上了一堂生动的党课。并对全体党员提出相关要求。

（徐海超）

【通过星级复评】 8月3日，北京市星评委通过明察、暗访等方式对顺义宾馆进行评定性复合检查。顺义宾馆顺义通过星级复评。

（徐海超）

汉石桥湿地

【概　况】 汉石桥湿地自然保护区位于顺义杨镇地区，距北京城区约35公里，总面积19平方公里，是北京市唯一现存的大型芦苇沼泽湿地以及多种珍稀水禽的栖息地，也是北京地区生物多样性指数最高的自然保护区之一。其中国家Ⅰ级重点保护野生动物2种，国家Ⅱ级重点野生动物17种，具有极大的保护和科研价值，对于区域经济社会可持续发展具有重要意义。保护区划分为核心区、缓冲区和实验区。核心区面积163.5公顷，是保护区的核心和精华，实行全封闭保护，控制人员进入；缓冲区面积12.1公顷；实验区面积1724.4公顷，保护区主要针对这一区域开发利用，开展生态旅游、科研科普等方面工作。汉石桥湿地自然保护区于2005年4月4日经市政府批准为市级自然保护区，同年6月成立顺义区汉石桥湿地自然保护区管理办公室，为区政府直属正处级全额拨款事业单位，负责保护区的保护、管理与湿地资源的开发利用，组织开展科学研究、科普旅游等。

单位名称：北京市顺义区汉石桥湿地自然保护区管理办公室

地址：顺义区木燕路杨镇段临时59号

电话：61456099 邮编：101309

（田海健）

【再生水厂减排效果显著】 再生水厂不断加强对污水处理的运行控制、观察、记录与分析总结,2011年共处理污水142万立方米,水质达到《城镇污水处理厂污染物排放一级A标准》,削减化学需氧量200吨,削减氨氮55吨,为湿地提供了稳定的水源保障,解决了湿地水源不足及水污染严重的问题,提升了杨镇地区的环境质量。

(田海健)

【生态旅游成为热点】 设置了游船、趣味自行车、观鸟、垂钓、真人CS等旅游项目,增强了湿地生态旅游的吸引力。不断完善旅游服务设施、导引系统及科普标识,提高旅游服务水平。开展了摄影比赛、观鸟文化节、散文诗歌大赛等文化宣传活动,提高湿地的影响力,成为对外展示顺义良好生态环境的窗口。

(田海健)

【湿地保护成效显著】 一是加强治安秩序管理。对破坏湿地环境和动植物资源的行为进行及时制止。二是加强植被管理。促进林木健康生长,维护湿地的良好生态环境。三是加强环境整治。保洁工作做到经常化、规范化管理,确保湿地环境良好。保护区的珍稀鸟类及其栖息地、沼泽湿地生态系统得到全面保护,生态景观质量大幅提升。

(田海健)

农　业

综　述

2011年,全区农林牧渔总产值实现65.2亿元,同比增长11.2%;一产增加值24.4亿元,同比增长9.6%。农村居民人均现金收入达到14314元,同比增长14.5%。大力发展都市型现代农业,加快发展以“高端、高效、高辐射”为特征的特色主导产业,积极推进农业发展向三次产业融合,按照“设施是条件、品种是重点、市场是关键、效益是核心”的总体要求和“农业生产规模化、都市农业工厂化、农业合作组织化”的发展思路,不断延伸和拓展主导产业链条,坚持巩固和提高顺义农业的优势地位,着力提高对北京高端农产品市场的占有率和控制力,实现了经济效益、社会效益、景观效益和生态效益的全面提升。

一、绿色农产品生产能力稳步提高。推进“菜篮子”工程建设,重点增强瓜菜生产能力,全区瓜菜生产面积达到10.5万亩,产量56.3万吨。稳定粮食生产,2011年收获小麦22.6万亩、玉米31.4万亩,平均单产水平390.9公斤,总产量21.3万吨。出栏生猪96.5万头,同比增长2.7%;出栏家禽1194.8万只,同比下降0.5%;禽蛋产量1.3万吨,同比下降18.9%;牛奶产量5.2万吨,同比增长0.6%;水产产量1.1万吨,同比增长2.2%。果品产量7.2万吨,同比增长3.3%。

二、农产品加工业逐步升级。全区农产品加工企业达到96家。北郎中农工贸集团、北京艾莱发喜食品有限公司被评为“全国农产品加工示范企业”;北京恒慧通肉类食品有限公司、北京中地种畜有限公司获批国家级农业产业化龙头企业,全区国家级龙头企业达到6家(占全市17%)、北京市龙头企业11家;拥有中国驰名商标5件,中国名牌3件,北京市著名商标19件,北京名牌6件。重点实施北郎中食用农产品深加工与物流综合项目、恒慧通低温肉制品加工及冷藏项目,总投资2.68亿元。区获评全市唯一的国家级农业产业化示范基地。

三、籽种产业效益明显。籽种产业实现产值6.9亿元,同比增长39.4%。规模化种猪场达到40个,出栏种猪19.4万头,实现产值4.5亿元,同比增长27.7%。生产种禽(蛋)1亿只(枚),同比增长5%,实现产值1.3亿元,同比增长58.4%。粮经、蔬菜籽种逐渐形成增收优势产业,小麦籽种生产面积3万亩,产量1020万公斤,出售西瓜、甜瓜、西红柿、生菜等种苗2000余万株。林木种苗育苗面积3.5万亩,产值7500万元。

四、花卉产业快速发展。新增花卉及彩色苗木生产面积0.2万亩,总面积达到1.9万亩,生产鲜切花455.5万枝、盆花5736.4万盆,实现产值5.3亿元。

五、农业休闲观光旅游蓬勃发展。全区各类农业观光采摘垂钓休闲园区达到295个,其中市级农业观光园10个、市级民俗旅游村4个、市级民俗旅游接待户40户。

六、农业基础设施持续改善。全面推进5.3万亩农业基础设施建设及综合开发工程。沟路林渠工程完成5万米田间路,植树1.97万株,修桥303座,疏挖排水完成10万米。

七、农产品质量安全管理到位。积极开展"三品"认证工作,10家基地通过了无公害农产品认证、4家基地通过了有机产品认证,完成18家基地无公害农产品认证复查换证。

八、会展农业品牌效应逐渐形成。花卉会展规模不断扩大,郁金香文化节、菊花文化节、月季展、水仙展、荷花展等花卉展览活动逐渐形成品牌,通过会展平台,举办中外花卉企业战略合作签约仪式、引进"台湾美食节"、非物质文化遗产手工艺品展销等一系列配套活动。

九、农业服务体系建设不断完善。制定《2011年顺义区政策性农业保险实施意见》,推行政策性农业保险理赔一卡通,参保险种达到19个。2011年总保额达到23.6亿元,收取保费1.2亿元,投保农户3.2万户,出险农户2万户,出险理赔8800万元。

十、农村改革深入推进。产权制度改革进展顺利,启动199个村改革工作,完成187个,全区累计完成414个。带动农民增收致富,全年新增流转面积1.7万亩。

单位名称:顺义区农村工作委员会
地址:顺义区站前西街3号顺鑫国际商务中心九层
电话:(010)69441365
邮编:101300
网址: http://www.agr.bjshy.gov.cn/

(郭海萍)

农村经济管理

【概　况】 2011年,区经管站认真落实党在农村的各项基本政策,积极创新农村经济体制机制,努力加强自身建设。以加强农村"三资"管理工作为重点,以保持农村社会稳定、促进农民增收为中心,全面贯彻落实国家惠农政策,使全区的"三资"管理、土地承包经营管理、农民负担监督管理、农村审计监督、规范发展农民专业合作社等工作得到进一步加强,确保农经各项工作落到实处,成为贯彻落实党在农村基本政策的生力军和农民意见上传的主渠道。

单位名称:北京市顺义区农村合作经济经营管理站
地址:顺义区五里仓AMB大厦A座五层
电话:(010)89442503
邮编:101300

(王国荣)

【推进农村土地承包经营权流转】 2011年,全区383个村,确权土地面积62.1万亩,其中:土地确权确地的村2个,涉及农户478户,1734人,面积4027亩;确权确利的村95个,涉及2.8万户,8.3万人,面积11.8万亩;确地确利相结合的村286个,涉及8.2万户,26.8万人,面积49.9万亩。全区流转土地总面积41.7万亩,占确权面积的67.1%。其中确地后流转(农户间为了耕种方便,在本村农户间进行互换,或暂不愿经营土地的农户将土地流转给本村大户,适当收取土地流转费)面积0.9万亩,占流转面积的2.1%;确权确利流转(主要是不确定地块,农户将土地直接流转给村集体,村集体将接转的土地采取集体经营、大户承包和对外租赁的形式经营。

农户从村集体领取土地流转收益)面积40.8万亩,占97.9%。2011年全区兑现土地收益1.98亿元,亩均兑现收益485元,同比增长14.9%。

(王国荣)

【加强农村集体资产和财务管理】 为了更好的在基层开展工作,提高工作质量,2011年,区经管站一是举办农村财会培训班2期,对500余名镇村两级财会人员进行了业务培训。二是完善"村账镇管"制度,全区426个村全部实行"村账镇管";所有镇都实行了"村帐镇审、集中办公、两级审核、民主监督"的农村财务管理机制,堵塞了各种财务漏洞;三是全区全部实行了财务公开。

(王国荣)

【全面加强农民负担监督管理】 为防止村级组织向农民乱收费,确保村级组织正常运转,市、区财政按照城乡统筹的原则,加大了对村级组织转移支付的力度。2011年全区426个村,市、区两级财政应拨付村级公益事业专项补助资金5981万元,实际拨付5981万元,其中市财政拨付4584万元,区财政拨付1278万元(426个村每村补贴3万),补发新增市级薄弱村2010年款项119万元。此款项已经于年初足额拨付到村级帐户,未出现截留、平调,挤占、挪用现象。

(王国荣)

【全面推行农村在线审计系统】 2011年,区经管站已在全区19个镇推广和使用"农村经济在线审计系统"。通过这套系统,实现了审计工作的业务信息化、数据标准化、操作流程化、管理规范化,最重要的是它可以解决手工审计与会计电算化不匹配的问题,做到农村管理信息化的高度统一。全区19个镇全部使用扫描仪对村级财务原始凭证采用电子扫描入账,在线审计系统软件操作开始进入试运行阶段。

(王国荣)

【推进农民专业合作组织规范发展】 2011年,在区经管站备案的农民专业合作社共计165家,其中涉及种植类合作社53家,林果类合作社42家,养殖类合作社36家,农机类合作社25家。北京天天康乐果品产销专业合作社等4家农民专业合作社荣获2011年市级农民专业合作社示范社,北京兴绿发果品产销专业合作社等4家农民专业合作社获得示范社建设单位。

(王国荣)

种　植　业

【概　况】 2011年,顺义区共种植夏粮小麦22.77万亩,亩产340.87公斤,总产7761.6万公斤,总产值1.63亿元;秋粮玉米种植面积33.6万亩,亩产429.14公斤,总产14419.1万公斤,总产值2.88亿元;豆类0.3万亩,亩产280公斤,总产84万公斤,总产值336万元;甘薯0.14万亩,亩产2000公斤,总产280万公斤,总产值588万元;花生0.2万亩,亩产310公斤,总产62万公斤,总产值310万元;牧草0.7万亩,亩产干草1000公斤,总产700万公斤,总产值840万元。全年粮经类总产值4.72亿元,较去年的4.65亿元增涨1.5%。蔬菜播种面积15.4万亩,总产量45.9万吨,总产值9.5亿元;瓜果类总播种面积2.7万亩,总产量10万吨,总产值2.9亿元;顺义区蔬菜保护地占地面积4.4万亩,其中温室1.8万亩,大棚2.4万亩,中小棚0.2万亩。顺义区农产品加工、配送企业共65家,配送网点7280个,配送总量1.7亿公斤,配送额21.04亿元。农产品追溯制企业17家;种植业专业合作社45家,其中蔬菜专业合作社24家。

单位名称:顺义区种植业服务中心

地址:顺义区建新西街甲3号
电话:(010)69421276
邮编:101300
网址:http://www.zzzx.bjshy.gov.cn

(杨学文　孙小青)

【粮田高产创建活动】 2011年,共建设粮田高产创建示范方5.1万亩,其中部级高产示范方1万亩,市级高产示范方1.5万亩,部级整镇推进制示范方2.6万亩。主要种植模式为"冬小麦-夏玉米"。小麦重点示范推广京冬8、京9843、农大211、烟农19、农大3432五个高产优质品种。推广"一优一晚三改"技术,即采取优质小麦高产栽培技术和适当晚播栽培技术,改用精量半精量播种技术、节水高产栽培技术和保护性耕作技术;玉米重点示范推广郑单958、京单28、京玉11、中单28、纪元1号、先玉335六个高产抗旱品种。推广"一增二改三提高"技术,即合理增加种植密度,改夏玉米传统收获期为延期晚收,改粗放施肥为测土配方施肥,提高土壤水分及自然降水的利用率,进一步提高农机化水平,提高农田景观化程度。经实地测产:小麦高产示范方亩产438.6公斤,较顺义区产量增加28.7%。玉米示范方亩产528.5公斤,较顺义区产量增加23.2%。整镇推进制示范区小麦亩产366.58公斤,较顺义区产量增加7.5%。玉米亩产505公斤,较顺义区产量增加17.7%。

(杨学文)

【万亩粮经产业园项目】 万亩产业园位于大孙各庄镇,建设内容包括完善粮田小型水利设施配套、建立290亩核心展示田、改善农田景观、组织培训与农情监测等。为园区内农民补贴110套喷灌设备、尿素、磷酸二氢钾、农药等实物,示范推广了10个粮经新品种和10项新技术;在田间种植景观作物,美化田间环境。万亩产业园小麦产量408公斤,玉米产量531公斤。

(杨学文)

【新增农资补贴顺义粮食基础能力建设项目】 为大孙各庄、北务、北小营3个镇配备粮田灌溉机井电力设施5套,建设一个面积300平方米粮食低温种子储藏库(包括种子低温库、种子加工流水线和种子检验设备三个部分),提高农田灌排能力和提高粮食良种储藏能力。

(杨学文)

【小麦繁育工程】 2011年,建立2.2万亩小麦籽种生产田,繁育品种主要有京9843、农大211、轮选987等7个品种,中心种子检验人员在6月10日前对所有企业的小麦繁种田地块进行了田间纯度检查,均达到国家小麦用种标准(99.0%)。今年小麦籽种销售总量660万公斤,销售收入1584万元。

(杨学文)

【小麦换种工作】 按照北京市农业局、北京市财政局《关于做好2010-2011年本市小麦种子更换工作的意见》精神,结合顺义区生产实际,精心组织,认真安排,继续完成2011年小麦换种工作。以三秋种麦为契机,在2010年已更换9.8万亩的基础上,继续完成小麦换种工作,更换面积13.5万亩,更换品种为轮选987、京9843、农大211、中优206四个品种。换种企业为顺鑫耘丰种业公司。

(杨学文)

【农田培肥项目】 "农田培肥项目"为"北京都市型现代化农业基础建设及综合开发项目"的一个分项目。2011年内共完成有机肥162875.1亩,配方肥164540.3亩,涉及12个镇,共施用有机肥81437.55吨,配方肥8227.015吨。监测工作:完成50个土壤肥力监测点的选点工作,目前已有监测点155个,共取土样310个。根据去年监测点化验数据,为农户提出合理施肥建议。肥料抽检:在配送有机肥和配方肥的过程中,对"富特来"等7家中标肥料生产企业抽取肥料样品1000个。

(杨学文)

【完成田园清洁工程】 “田园清洁工程”为“北京都市型现代化农业基础建设及综合开发项目”的一个分项目。建立生态粮经、蔬菜及果园三种类型农田。共设立杨镇区域（包括5个镇）、北小营区域（包括4个镇）、赵全营区域（包括3个镇）三个中心示范区。已完成的小麦玉米生防示范区8万亩，补贴药剂有：防治吸浆虫、蚜虫药剂吡虫啉2600公斤、麦田除草苯磺隆300公斤、16亿头赤眼蜂防治玉米螟，化学农药用量比常规防治减少42.5%，每亩减少化学农药用量244.5克，合计减少农药37.9吨；果蔬示范区5.89万亩，安装太阳能杀虫灯76盏，补贴生物农药阿维菌素3890公斤、吡丙．吡虫啉1220公斤、寡雄腐霉160公斤。果树减少化学农药用量35%，折农药38.25吨；蔬菜减少化学农药用量25.5%，折农药4.49吨。全年粮田、果树、蔬菜减少化学农药比列42.98%，减少化学农药用量80.64吨。

（杨学文）

【测土配方施肥项目】 覆盖顺义区70万亩农田。分期分批完成顺义区14个镇234个村测土宣传版上墙工作，加上去年安装的101块，共计335块；结合蔬菜标准园、创新团队项目，取土样200个，测土壤养分，完善“测土配方项目”数据库；结合创新团队、高产创建推广磷酸二氢钾3.4吨；完成西红柿、夏玉米等6个主栽作物肥料长期定位试验。顺义区冬小麦全部实施测土配方施肥技术，平均亩增产19.1公斤，平均亩增产节支51.6元，总计节本增效1186.8万元，亩节肥1.8公斤，总节肥414吨。顺义区玉米全部实施测土配方施肥技术，平均亩增产23.3公斤，平均亩增产节支60.9元，总计节本增效1887.9万元，亩节肥2.1公斤，总节肥651吨。蔬菜实施测土配方施肥面积18万亩，平均亩增产170公斤，亩均增产节支274.5元，总计节本增效4941万元，亩节肥3.9公斤，总节肥702吨。

（杨学文）

动物卫生监督

【概　况】 2011顺义区畜牧业生产稳定。累计出栏生猪96.5万头，同比增长2.7%，其中种猪19.4万头，同比持平；出栏肉鸡836万只，同比增长5.2%；肉鸭359万只，同比减少11.0%；鸡蛋产量1.3万吨，同比减少18.9%；牛奶产量5.1万吨，同比持平，出栏肉牛4万头，同比减少5.2%，出栏肉羊15.5万只，同比减少14.6%。顺义区畜牧业总收入33.3亿元，占全市的20%，占顺义区大农业的51%，同比增长26.4%。

单位名称：北京市顺义区动物卫生监督管理局
地址：顺义区府前西街
电话：(010)69463316
邮编：101300

（张跃超）

【未发生区域性重大动物疫情】 以预防禽流感、O型口蹄疫、狂犬病等重大动物疫病为重点，强化各级防疫责任制，严格落实程序化免疫和综防措施，累计完成禽流感、口蹄疫、高致病性猪蓝耳病等动物免疫4200万头只，注册犬狂犬病免疫12.2万条，实验室监测各种畜禽血样15万份，畜禽重点疫病免疫密度和监测面均达到100%。累计检查畜禽运载入境车辆1667车次，畜禽8.9万头只、动物产品1058吨，确保首都动物及动物产品安全未发现不合格动物及其产品入境。

（张跃超）

【保障动物源性食品安全】 2011年，以“绿剑行动”和“打四黑除四害”活动为契机，加强检疫监督执法工作，累计出动执法人员2640人次，监督检查各类监管对象5100个次，制作现场监督笔录和意见书1860份,纠正违规行为170起,查处各类违法案件78起,罚没款共计14.7万元,销毁不合格动物及动物产品3826公斤,假劣兽药227盒。取缔无证生产饲料单位11家,销毁假劣兽药49公斤,原料药30公斤,有力震慑了非法添加和私屠乱宰等违法行为。全年累计产地检疫畜禽1472万头只,动物产品2.6万吨。屠宰检疫生猪189万头,禽1786万只,检出病猪6327头,病禽29万只。对检出的病害动物及产品,全部严格按照国家规定进行了无害化处理。

(张跃超)

【种猪产业稳步发展】 完成2个商品猪场升级为种猪场改造工程,年新增种猪出栏能力5000头。二是实施种猪场地暖改造工程。对顺义区38个种猪场圈舍地暖供热方式实行地暖改造,进一步促进节能减排。三是实施测定站升级改造工程。共改造测定舍1200平方米,更新种猪性能测定设备11套,完成了全市200头种猪性能测定任务。四是实施种猪场粪污治理工程。共完成4个种猪场进行粪污沼气工程改造,日处理污水110吨。

(张跃超)

【种苗产业】 发展蔬菜工厂化育苗和农户种苗生产,培植增收优势产业。在北务、杨镇、李桥等镇完成西瓜、甜瓜、西红柿、生菜等种苗繁育生产1100余万株,农户增加收入550万元以上。覆盖顺义区300余农户及标准化园区生产;购置半自动精量播种机20台,发放到大孙各庄镇、北务镇、李桥等镇为主的规模园区、种植大户,完成育苗300万株,生产效果获得用户好评,为顺义区发展蔬菜种苗产业提供了新尝试。

(孙小青)

【大棚西瓜蜜蜂授粉推广】 与北京市农科院信息所合作开展大棚西瓜蜜蜂授粉推广,应用面积2000亩,蜂授粉技术通过示范推动已经为农民所认可,不仅有效减轻农民劳动强度,降低生产开支,产品品质得以提高,进一步提升顺义蔬菜产品的市场竞争力。

(孙小青)

【百名专家兴顺工程】 为有效利用科技资源,发展高端高效现代农业,使顺义农业可持续发展,年内顺义区种植业服务中心建立专家服务工作站,搭建科技服务对接平台,聘请33名农业专家,落实合作研发项目30余项。采取培训、试验示范研究等科技形式,服务于顺义区的粮经、蔬菜与食用菌育种与栽培、设施园艺、植物保护、农业节水、食品安全等方面,目前项目均在实施中。

(孙小青)

【推广绿色防控技术】 全年病虫害综合防控面积23万亩次。悬挂诱虫黄板2.4万张,防虫网5万平米。推广应用秸杆生物反应堆技术,推广应用多膜保温覆盖技术达到100亩。温室黄瓜采用秸秆生物反应堆技术,各种病害下降80%以上,产量平均增加6000斤。推广抗线虫品种仙客8号达到400亩左右,推广线克高温闷棚技术防治线虫50亩。线克高温闷棚技术 防治线虫效果高达90%以上。

(孙小青)

【强化农业执法】 年内共受理、解决农民投诉31起,其中“12316”农业服务热线投诉举报5起,农业部投诉1起,市长热线1起,新闻热线1起。共进行种子、农药、肥料执法检查72次,累计出动执法人数229人次,累计检查经营单位808个。其中联合执法检查共14次,出动执法人数45人次。单独执法检查58次,出动执法人数184人次。依法行政处罚1500元,为农民挽回经济损失25600元。通过3.15消费者权益保护日、农贸市场赶集以及在“三夏”、“三秋”开展“科技下乡周”活动等,为农民进行法律法规知识宣传。种子管理建立奖励机制,营造良好氛围。评选6家诚信、规范经营先进单位,各奖励1000元;4家新品种推广先进单位,各奖励2000

元。从而以点带面，在顺义区掀起了争做诚信规范经营、积极推广新品种的热潮，促进顺义区种业的发展。

（杨学文）

【**签发检疫证书**】　小麦产地检疫16295亩，产检小麦5652630公斤。产检合格率为98.1%；蔬菜产地检疫3批次，230公斤；外调小麦种子，涉及顺义区12个镇38个村11个品种抽样50批，共检样品150个，565万公斤，进行室内检疫。有24个样品带菌，带菌样品率为16%，高于往年。室内检疫合格率为96%，及时将检疫结果通知报检单位，对不合格小麦进行处理，不能留做种用；顺义区共签发检疫证书489批，378518公斤；其中，经济作物483批，53518公斤，粮谷类5批，325000公斤。

（杨学文　孙小青）

【**病死畜禽无害化处理**】　2011年7－10月，制定了《顺义区开展病死畜禽无害化处理专项整治行动的实施方案》，要求顺义区199家养殖场按照统一标准建立无害化处理设施，并将其作为动物防疫条件审核重要内容之一。目前，顺义区有195家养殖场完成了无害化处理设施的建设工作并已投入使用，另有4家养殖场与具备无害化处理能力的企业签订了委托协议。

（陈争争）

【**重大动物疫病的免疫**】　2011年，区动监局按照季节免疫和程序化免疫相结合的方式对辖区所有重点动物疫病全部实行了强制免疫，累计完成禽流感、口蹄疫、高致病性猪蓝耳病等重点疫病免疫4200万头只；狂犬病疫苗免疫犬12.2万条等，畜禽重点疫病免疫密度全部达到100%。

（陈争争）

水　产

【**概　况**】　2011年内顺义区池塘养殖利用面积13639亩，其中成鱼养殖面积12367亩，生产成鱼1104.5万公斤，同比增长1.5%，渔业经济总产值1.66亿元，同比增长3.8%。休闲垂钓渔业发展势头良好，顺义区垂钓量342.1万公斤，与去年同期相比增加27.3万公斤，同比增长8.7%；吸引游客32余万人次；垂钓收入7064.2万元，比去年增加640.4万元，同比增长9.9%。

单位名称：顺义区水产服务中心
地址：顺义区站前东街7号
电话：(010)69445160
邮编：101300
网址：http//www.shuichan.bjshy.gov.cn

（皮国华）

【**休闲渔业发展**】　年内顺义区已建成标准化垂钓园27家，政府扶持540万元，养殖者多方投入4960余万元，累计投入资金5500余万元，新增就业岗位98个；新增绿地面积3.6万平方米，植树0.7万株。消除安全隐患四类，池塘堤路改造硬化14万平方米，电缆线路技术改造3.2万余延米。顺义区从事垂钓的场家已有340户，占顺义区水产养殖总户的70.8%，顺义区垂钓量342.1万公斤，占成鱼总产的30.9%，垂钓收入7064.2万元，占渔业经济总产值42.5%。

（皮国华）

【**池塘标准化一期改造**】　年内有6家水产养殖企业成为北京市农业局“渔业高产高效生产基地建设项目”实施单位，建设面积261.6亩，采取以奖代补的方式，市、区两级财政同等额度每亩各0.9万元，市、区、养殖者三方投资比例为3:3:4。2011年10月完成改造任务,11月20日通过市级验收,验收结果全部合格,以奖代补资金12月底全部足额拨付养殖生产企业,市、区两级共投入财政资金470.88万元,为顺义区老旧池塘改造提供了示范。

(皮国华)

【科学增殖放流】 年内向潮白河和汉石桥湿地水域投放锦鲤、鲢、草鱼等各类苗种6.4万公斤,中华鳖苗种0.55万尾丰富了水域物种资源,增添了人文景观,改善了水域生态环境。通过放流前后对水质抽样检测对比,活性磷由每升1.65毫克降到1.26毫克,降幅23.6%,亚硝酸盐由每升0.32毫克降到0.26毫克,降幅16.1%,氨态氮由每升0.40毫克降到0.29毫克,降幅27.5%。各项理化指标都取得显著下降。

(皮国华)

【水产品质量安全监管】 加强领导落实责任;加强水产品质量安全体系建设,申报无公害水产养殖基地5家,全部通过农业部质检中心检查审定,并受到北京市农业局奖励;加大生产环节中投入品的检查力度,完善"三个记录"制度,严厉打击使用有毒有害饲料和违禁渔药的行为;充分发挥中心水生动物疫病防治站的功能,科学、严格地进行水质和鱼产品的抽测检测。

(皮国华)

【水产技术推广】 年内完成水产养殖科技项目12项,推广名优水产养殖品种4个,试验示范面积300亩。新创建农民田间学校2所,举办水产品健康养殖、水产品无公害培训、农产品质量安全培训班8期,培训560人次。

(皮国华)

【渔政监督执法】 年内积极开展专项整治活动,大力宣传贯彻《渔业法》、《水生野生动物保护法》、《农产品质量安全法》定期对顺义区的重点渔场和水产养殖标准化基地进行检查,重点检查生产记录和用药记录,加大对使用违禁药品和添加剂的处罚力度;对宾馆、饭店、市场等经营利用水生野生保护动物的行为进行检查,严厉查处违法行为,加强合法经营利用的保护力度。进行执法56次,出动执法人员224人次,检查渔场480家次,开展孔雀石绿检查408户,累计检查面积1.38万亩。举办8期培训班,培训560人次,发放各种材料4600余份。按照京农发(2008)180号文件精神,联合公安、城管、水政执法部门对減河、潮白河禁钓水域进行执法,累计执法425次,出动执法人员1424人次,处罚3人次,没收钓具120支,网具9000余米,有效地遏制了违法滥钓的现象。

(皮国华)

林 业

【概　况】 2011年制定了《顺义区"十二五"时期园林绿化规划》,加快规划浅山区绿地建设,启动潮白河滨河森林公园建设,加强林木绿地资源管理与保护工作,园林绿化形成城乡均衡发展的新局面。顺义区新增绿化面积377.3公顷,森林覆盖率达到21.18%,林木绿化率达到26.68%,城镇绿化覆盖率达到46.33%,人均公共绿地达到26.63平方米。

单位名称:顺义区园林绿化局

地址:顺义区中山南街11号

电话:(010)69444535

邮编:101300

网址:http//www.syfp.bjshy.gov.cn

(黄　平)

【义务植树】 全年参加义务植树人数26万人,植树79.9万株(新植13.2万株,折合株数66.7万株),尽责率达到91%。

(黄　平)

【公园管理】 顺义公园、光明文化广场公园分别通过市级重点公园、市级精品公园复检；完成“五一”、“十一”、元旦等节日期间公园环境整治、安全保障、服务接待等行业指导工作；15个注册公园2011年接待游客366万人，同比增长93%。

（黄　平）

【绿化美化】 12月13日，区绿化办在顺义公园内，举办了顺义区义务植树30年绿化成果展。顺义区19个镇、6个街道办事处同期开展了纪念全民义务植树30周年主题宣传活动。

（黄　平）

【林权改革】 顺义区19个镇419个村18.67万亩的主体改革任务已完成，并于2011年8月通过市级核查验收。确权面积100%，其中山区生态公益林6.14万亩，共发放山区生态公益林集体林地林木股权证14260本。

（黄　平）

【林政资源管理】 本年度共办理林木采伐许可证1242件，采伐林木30.05万株，蓄积8.52万立方米。办理林木移植许可证93件，移植林木2.57万株。更新采伐3.31万株，更新造林3.5万株。

（黄　平）

【首都绿化美化创建】 顺义区获得首都全民义务植树先进单位4个、首都绿化美化先进单位3个、园林小城镇1个、花园式社区4个、花园式单位12个、绿色村庄13个。

（黄　平）

【林木绿地管护】 完成“二道”、“五河十路”、区级重点道路等永久绿化带景观生态林养护管理工作，养护总面积5024.52公顷。清除危树、枯死树2618株，补植补造各种常绿乔灌木6.5万株。

（黄　平）

【林业有害生物防治】 年内，对33种主要林果病虫害设立了林业有害生物监测测报点116个，其中有国家级中心测报点1个，市级监测测报60个，区级监测测报点55个，短期预报准确率达到96.6%。针对美国白蛾全年共完成防控作业面积80万亩次，其中飞防200架次，计12万亩次；完成3次美国白蛾幼虫网幕普查工作，普查林木1800万株。

（黄　平）

【公安执法】 全年共接报警229起，刑事立案6起，林业行政案件34起，查否113起，不予立案65起，其它11起。林业行政罚款53055元，责令补种树木1049株。

（黄　平）

【植物检疫】 签发《产地检疫合格证》119份、产地检疫面积3.6万亩、《植物检疫证书》3145份、《出省木材运输证》725份、《森林植物检疫要求书》27份；检疫苗木1361.5万株、花卉270万盆（株）、草皮65万平方米、木材加工、储存、经营场所10家、复检苗木105万株，检疫木材1127立方米，检疫板材15万张、原木1.68万根、木制包装材料2万件。

（黄　平）

【森林防火】 签定森林防火责任书1320余份，下达《森林火灾隐患整改通知书》20份，开设防火隔离带1218公顷，清理林下可燃物3200公顷。1月1日起实施《顺义区关于森林防火区防火期的规定》。在龙湾屯镇、木林镇、张镇各新建一个监控中心，共59个监控点。其中龙湾屯镇新建8个监控点位（其中北大沟林场2个），片林防火新建40个监控点位，木林镇新建5个监控点位，张镇新建6个监控点位。

（黄　平）

【古树名木】 现有古树57株，其中2011年新增北京市二级古树国槐1株。

（黄　平）

【花卉产业】 顺义区现有花卉企业74家，新发展花卉面积2000亩，花卉种植面积达到1.9万亩，实现产值4.3亿元。新建北郎中、北京鲜花港投资发展中心芳菲花语销售店2家花卉零售店。北京牛栏山酒厂，北京春雨园林绿化有限公司选送的菊花在第三届北京菊花文化节斗菊擂台赛上双获铜奖。

(黄 平)

【果树产业】 全年果品产量7082.5万千克,产值2.7393亿元。引进水蜜桃新品种15个,优良葡萄品种20个。在顺义区3410亩果树上推广了零农残有机栽培配套技术。

(黄 平)

【观光农业】 新建和完善了20个特色旅游休闲观光采摘园区、五条观光采摘带。

(黄 平)

【蜂产业】 完成2011度顺义区新增蜂群验收工作。

(黄 平)

【野生动物保护】 。举办野生动物保护宣传活动,制作、发放宣传材料1000余份。检查集贸市场3次,救助野生鸟类50只。

(黄 平)

水 务

【概 况】 2011年坚持运用"民生水务、科技水务、生态水务"理念,推进水务基础设施建设,提高安全运行保障能力。坚持以区委提出的城乡发展一体化、社会管理精细化为统领,统筹治水、科学用水、依法管水,向观念要水、向机制要水、向科技要水,推进水资源优化配置和精细化管理,不断提高水资源保障能力。顺义区用水总量3.03亿立方米,同比增加2%,万元地区生产总值水耗34.2立方米,同比下降6%。城区污水处理率达到97.5%,农村污水处理率达到45%,同比分别增长了0.3个百分点和5个百分点。

单位名称:顺义区水务局

地址:顺义区石园北区东侧民政局办公楼

电话:(010)69443687

邮编:101300

网址:www.shywater.bjshy.gov.cn

(徐瑞海)

【推进水务改革】 2011年9月23日,区委、区政府印发《关于进一步加快水务改革发展的意见》(京顺发〔2011〕46号),对顺义区水务改革发展提出具体要求。区政府出台《顺义区居住小区公共服务设施建设和管理工作的有关规定》,明确要求今后新建居住小区必须建设污水处理、再生水回用及雨水收集利用设施。

(徐瑞海)

【水务工程建设】 顺义区水务基础设施建设投入7.8亿元,同比增长24%。顺义新城滨河森林公园水务部分完成总量的85%,空港新城龙道河生态治理工程已完成,温榆河水资源利用二期工程进入试运行阶段。实施3.3万亩农业节水灌溉工程。推进潮白河流域综合治理,包装项目9项,投资额17.7亿元。完成金鸡河港西闸桥等13座危旧桥改造、唐指山生态清洁小流域治理工程。利用2011年市财政转移支付资金3800万元,实施市级水源地保护、农村蓄水坑塘工程等。

(徐瑞海)

【取用水管理规范化】 从5月份开始,在全市率先依法推进取用水管理规范化工作,为887家自备井单位核发取水许可证,收缴一次性水资源费510万元;为1227家用水单位核定指标550多万立方米,装表计量、纳入计划用水管理的单位由1310户增至2537户。

(徐瑞海)

【农村安全饮水】 集中供水管网进村扩户,完成37个村的通水准备工作(累计达到83个村)。区财政投资300万元,监测377个村的农村饮水井和水源地水质。农村居民饮水计量收费率由2010年底的51%提高到70%。

(徐瑞海)

【节水型社会建设】 顺义区95家单位完成节水创建，占全市总数的22%。其中节水型单位（企业）38家、小区18个、村庄39个，超额完成任务。以林河经济开发区、胜利街道和南彩镇为试点，积极构建节约用水分类分级管理体系。

（徐瑞海）

【百日整治行动】 区公安分局、工商分局、水务局、环保局、城管监察大队、水产中心等6部门建立健全部门联动工作机制，出台《关于建立涉水违法案件查处工作联动机制的意见》，联合查处涉水违法案件，查处私自凿井、未办理取水许可证的89家，罚款80万元，封填机井8眼；查处砂石盗采案件6起，关闭小散砂石料厂73家。在全市评比中获"突出贡献奖"。

（徐瑞海）

【集雨蓄水】 2011年8月22日，市委宣传部组织中央电视台、北京日报等13家新闻媒体到潮白河河南村橡胶坝、京顺轧辊厂、北郎中花木中心等地，了解顺义区拦蓄利用雨洪水情况，刊播新闻20余条。顺义区新建雨洪利用工程17处，新增蓄水能力20万立方米，顺义区总蓄水能力突破9000万立方米。汛期实行风险调度，利用现有闸坝、水库、坑塘，拦蓄雨洪3000多万立方米，得到市委刘淇书记的肯定。

（徐瑞海）

【防汛抗旱】 顺义区平均降雨量599.8毫米，同比增加39%，为近13年以来最多的一年，出现"7·24"、"7·29"、"8·15"等多次强降雨过程，由于应急措施到位，处置得当，未造成人员伤亡，实现安全度汛的目标。新增3处自动旱情监测站点，进一步提高土壤墒情测报数据的准确性。

（徐瑞海）

【做文明有礼的北京人、节水护水我先行】 区文明办、水务局等部门联合开展"做文明有礼的北京人、节水护水我先行"主题宣传实践活动，组织节水宣传进社区、进学校、进公园景区等"八进"活动。举办"水务大讲堂"20场次，宣讲水务改革发展的政策文件、水法规和顺义区水资源现状。组织"绿港水韵"节约用水我参与我奉献我快乐征文活动，评选优秀稿件40篇。

（徐瑞海）

【水库移民后期扶持】 整合涉农项目投资1.76亿元，其中市级专项资金730万元，为79个移民村改造生产和生活设施86项。顺义区连续三年在5000人以下组移民工作评比中获一等奖。

（徐瑞海）

【顺义区水务普查】 落实普查经费4039多万元，其中区财政安排专项经费2239万元。组建普查员、普查指导员队伍，做好调查工作。到年底，清查工作已经全部完成，共清查河流、水利工程、经济社会用水、地下取水井等10454个市级以上普查对象。

（徐瑞海）

【水务规划】 编制完成顺义区"十二五"水务发展、城乡供水一体化、农田水利建设、"十二五"移民发展等5项规划，并相继获批。

（徐瑞海）

农　机

【概　况】 2011年，顺义区农业机械化工作紧紧围绕学习贯彻《北京市农业机械化促进条例》这一主题，继续落实农机购置补贴和贷款贴息购置农机政策，使农机装备水平进一步优化提高，农机作业水平快速提升，农机社会化服务体系建设不断完善，一批新型农机化技术得以储备或推广，农机安全生产形势稳步向好。年内，顺义区农业机械（包括粮食、瓜菜、林果、畜牧、水产、排灌、植保、收获后处理、农产品初加工、运输、农田基本建设等机械)总动力达到39.5万千瓦,农业机械资产原值突破5.1亿元,农业机械保有量为4.3万台(件)。

单位名称:顺义区农机服务中心
单位地址:顺义区府前西街5号
电话:(010)69442331
邮编:101300
网址:http://www.nongji.bjshy.gov.cn

(闫文龙　刘秀芹)

【主要农业机械保有量】 粮食种收机械保有量为6760台(件),动力为15.5万千瓦,百亩粮田拥有农机动力为45千瓦;设施农业机械保有量为6622台(件),动力为1.91万千瓦;林果业机械保有量为877台(件),动力为3085千瓦;畜牧机械保有量为1221台(件),动力为9459千瓦;渔业机械保有量为2712台(件),动力为9504千瓦;排灌机械保有量为7710台(件),动力为9.2万千瓦;植保机械保有量为1.1万台(件),动力为1120千瓦;收获后处理机械保有量为577台,动力为3002千瓦;农产品初加工机械保有量为525台(件),动力为5390千瓦;运输机械保有量为5030台(件),动力为8.9万千瓦;农田基本建设机械保有量为74台(件),动力为8888千瓦。

(闫文龙　刘秀芹)

【主要粮食作物种收机械化水平】 小麦、玉米等主要粮食作物耕、种、收综合机械化水平为97%,其中小麦从种到收继续保持全过程机械化;玉米从种到收机械化水平为95.7%,其中机械化播种水平为100%,机械化收获水平为85.6%,比上年增长30个百分点;小麦、玉米秸秆综合利用水平继续保持100%,其中小麦秸秆粉碎还田水平为100%,玉米秸秆青饲收获和粉碎还田分别占33%和67%。小麦、玉米综合保护性耕作水平为94.7%,其中春玉米为92%,夏玉米为100%,小麦为90%。

(闫文龙　刘秀芹)

【社会化农机服务体系建设】 拥有农机作业服务组织313家,其中农机作业服务专业合作社24家,区级农机作业服务站1家,镇级农机作业服务站3家,村集体农机作业服务队118家,农机作业专业户167家。拥有农机资产原值在20万元以上的社会化农机作业服务组织286家。个体农机零配件供应(维修)网点75家,区级农机公益服务机构5家。顺义区农机从业人员7000人,其中区镇农机公益服务人员160人,农机作业、供应、维修等人员6600人。

(闫文龙　刘秀芹)

【农机购置补贴工作】 年内,共购置政策性补贴机械2020台和政策性补贴温室保温被10万平方米,总价值为6400万元,其中市级补贴3200万元,区级补贴1280万元,农民自筹1920万元。共惠及农民(农机服务组织、种养殖园区)500余户(次)。

(闫文龙　刘秀芹)

【贷款贴息引进大型青饲收获机】 李遂镇鑫利农机合作社和万顺旺农机合作社利用贷款贴息政策,引进美国约翰·迪尔公司生产的大型青饲收获机3台。鑫利合作社引进的1台为7350型,价值238万元;万顺旺合作社引进的2台分别为7350型和7250型,价值分别为238万元和198万元。贷款额为机械价值的60%,贷款及贴息期为4年。顺义区利用政策性贴息贷款引进该系列大型青饲收获机已达到7台。

(闫文龙　刘秀芹)

【农机科技研发推广】 研发成功3台小型履带式多功能管理机样机和6台废弃物有机肥成套设备;自行研发的DJL-120型悬臂式卷帘机和DJL-100型轨道式卷帘机,通过北京市科研鉴定;DJL-60型悬臂式卷帘机进入陕西省农机购置补贴目录;“顺鹏”牌农机商标在国家工商总局商标局注册,商标号为:第

7715085号。

（闫文龙　刘秀芹）

【机械化土壤深松】　根据《北京都市型现代农业基础建设及综合开发规划(2009－2012)》有关农田培肥工程安排,三秋期间,在木林等11个镇的49个村,完成机械化土壤深松3.66万亩。

（闫文龙　刘秀芹）

【三家农机库棚改扩建工程基本完成】　区农机维修服务站、北小营镇耕耘利农农机合作社和张镇顺博发农机合作社的机库棚及维修间改扩建工程完成总任务量的80%,墙体、棚顶及两家的地面硬化、照明等工程完工。该项改扩建工程是国家发展改革委和农业部支持建设的试点工程,总建筑面积为6000平方米。

（闫文龙　刘秀芹）

【启动农机政策性保险】　依托补贴政策,共为17台青饲收获机、116台玉米收获机和20台拖拉机投保财产损失险、第三者责任险和机上人员人身伤害险共3.4万元,其中政策补贴80%,保额达7480万元,当年保险公司共理赔近25万元。

（闫文龙　刘秀芹）

【农机安全执法及安全生产】　年内共检验上道路行驶拖拉机3483台,核发各种农机牌照356套,考核新增拖拉机及联合收割机驾驶员314人。联合执法检查28次,查处农机违章行为18起。全年共发生5起农机田间事故,无人员伤亡,直接经济损失28万元。

（闫文龙　刘秀芹）

【农机合作社运营】　农机合作社数量由2010年的21家发展到24家,入社农机户由316户增加到650户,机具数量达到了1438台(件),农机总资产为8486万元,其中拖拉机303台、小麦收割机69台、玉米收获机105台、青饲收获机23台、其他动力机械及配套农具共818台(件),总动力达到了3.7万千瓦,动力机械全部依法办理牌照和保险,驾驶员均考取相应驾照。24家合作社共承包粮田4.4万亩,“农机＋种植”模式初步形成。年内完成各种复式作业117.5万亩,比上年提高了30%;总收入达到1.62亿元,是上年的3.2倍;实现利润4125万元,户均利润达到6.35万元。

（闫文龙　刘秀芹）

双青集团

【概　况】　北京市双青联合林场是由长青林场和共青林场联合组建而成(以下简称双青)下设办公室、人事科、财务审计科、林政资源科、项目办公室、计划生育办公室和林业派出所。管辖郝家疃、李遂、河南村、王家场、小胡营、长青第一、二、三、四、五、六、七等12个分场,润郁丰渗灌技术有限公司、北京市兴林苗圃两个林业股份公司和护林防火专业扑火队。建设有北京高尔夫球俱乐部和北京顺鑫绿色度假村两个合作企业。现有在职职工144人,大专以上学历42人,高级工29人。

单位名称:北京市双青联合林场
地址:北京市顺义区新顺北大街一号
电话:(010)69442268
邮编:101300

（黄小玉）

【森林资源培育和抚育管护】　加强森林培育,在京密路东北侧龙王头村与怀柔交界处新营造火炬林73亩。对林场576.33公顷森林资源进行抚育管护。其中包括阔叶林面积461.06公顷,针叶林面积115.27公顷,苗圃地面积53.33公顷,果树地面积139.7公顷。加强森林病虫害防治工作。根据区严防办统一安排,于4月15日至7月15日进行了越冬代、第一代、第二代美国白蛾等三次普防工作。共计出动防治队伍7支　防控人员560人次　车辆112台次　投入药械21台　使用灭幼脲1号和灭幼脲3号普防药剂药剂1400千克,防控面积5600亩。

(黄小玉)

【环境综合整治】　完成拆除影响环境景观的破旧建筑和私搭乱建45宗2.3万平方米;清理垃圾渣土、清理乱堆乱放,清理白色污染共计3050立方米。整治达到了干净整洁、环境良好的整治标准。配合市政管理部门完成对京密路两侧的户外广告牌匾进行了规范整治。对京密路两侧进行高标准美化。包括:清理枯死树木752株;清理枯枝落叶,清除林下杂草和拉巴秧等有害生物共1250立方米,树木粉刷涂白2.1万株。较好地完成了在顺义区举办的2011年首届环北京国际公路自行车赛和全国安全隐患排查现场会等大型活动的环境保障工作。

(黄小玉)

【安全生产】　突出重点时段和重点部位。结合本场区域特点,加大对京密路两侧"花博会"主展馆、新国展周边、轨道交通M15号线等重点部位和汛期、冬春季森林防火等重点时段的安全防范工作,坚决遏制重特大事故发生。突出重点范围和内容。主要包括:建全交通安全管理、森林防火安全管理、突发公共事件安全管理等安全生产管理措施,林场全年没有发生火情火险和其它安全事故,较好地完成了安全生产工作。同时进行消防设施整治、消防器材更新、危房改造等基础设施整治,加强自然灾害防范措施;加强电力设备的保护,主动或配合电力部门清理电线两侧林木2000余株;及时清理枯死树,共报批清理有安全隐患的枯死树752株。加强讯息通报和宣传。坚持森林防火工作简报的发行,加强宣传安全生产政策法规、先进事迹,及时检查、督促、治理整顿安全隐患。

(黄小玉)

气　象

【概　况】　2011年开展有针对性的气象服务。3.23世界气象日召开顺义区防雷领导小组工作座谈会,推动顺义区防雷工作深入开展。配合顺义区新农办、能源办开展农村两气站的防雷工程改造,对顺义区22个新能源燃气站的防雷设施提出可行性整改意见,保证燃气站防雷隐患得到及时改造,确保安全。对M15号线二期工程进行高标准严要求的防雷检测工作并提出整改意见。开展依法发布气象信息检查活动,利用社区中的117块LED电子显示屏发布天气预报和天气预警信息,创造一条气象信息发布的"绿色通道",使气象信息在顺义城区的覆盖率达到98%,直接惠及人口30余万。

地址:顺义区顺于东路2号

电话:(010)69442608

邮编:101300

网址:http://www.shymb.bjshy.gov.cn

(韩晓峰　杨保华)

【气象服务】　完成了顺义区气象灾害信息员队伍建设工作,现有农村信息员400多人,实现每个行政村有一名气象信息员,为建立顺义区气象灾害防御体系奠定了坚实基础。完成了北京自动土壤水分观测建设网和天气现象自动化观测组网试验与业务对比观测任务,其中顺义区的自动土壤水分站2个、天气现象自动站1个。为第二十届燕京啤酒节、端午文化节、杨镇一中校庆等大型活动提供气象服务保障。全年发布气象灾害预警信号50次,发送服务传真1908份,发送手机短信息12256条。7月24日–7月25日顺义区普降大暴雨,东部金鸡河流域防汛形势严峻,多处堤坝和设施被损毁，我局领导立即召开了本流域防汛工作应急部署会，对各环节存在的问题进行了梳理，研究解决方案，明确属地和部门责任，确保防汛工作落实到位，不出现责任事故。

（韩晓峰　杨保华）

【气候评价】 2011年顺义区主要气候特点：全年平均气温为12.7℃，比常年（11.9℃）偏高0.8℃；年降水573.8毫米，比常年（603.1mm）偏少29.3毫米；其中春、秋两季降水明显偏少，夏季略多于常年；年日照时数2567.6小时，比常年（2628.0小时）偏少60.4小时。

（韩晓峰　杨保华）

【主要天气气候事件】 冰雹：6月11日14时至16时，顺义区部分镇遭遇极端天气，主要表现为暴雨、冰雹和大风。据顺义区气象局查询结果，大孙各庄镇降水32.5毫米、龙湾屯镇降水21.3毫米、杨镇降水9.3毫米、北小营镇降水2.9毫米，且伴有冰雹和大风。极端天气对农业生产造成影响，形成一定灾情。此次灾害天气过程顺义区受灾镇集中在东部地区。受极端天气影响，木林镇、张镇、龙湾屯镇、大孙各庄镇、杨镇及北小营镇受灾严重，造成直接经济损失共计3037万元。其中，玉米、小麦受灾面积为89632亩，成灾19500亩，主要表现为倒伏、掉粒；棉花受灾30亩，瓜果、蔬菜（西瓜、黄瓜、苹果、梨、桃、李子、葡萄、杏、番茄、豆角）受灾35957亩，成灾10890亩，主要表现为掉果、开裂、瓜秧受损；温室、大棚棚膜损坏1000亩。暴雨：7月24日14时至25日08时顺义区出现了一次暴雨—大暴雨天气过程，降雨时风力较大，降雨最大龙湾屯镇179.4毫米，最小后沙峪镇51.6毫米，此次天气过程对农业生产造成了一定影响。这次暴雨天气顺义9各镇受灾较为严重，分别是杨镇、大孙各庄镇、张镇、龙湾屯镇、李遂镇、北务镇、赵全营镇、牛栏山镇和马坡镇。受灾作物主要为玉米，表现为倒伏、农田进水；另有部分温室、大棚受损、进水；以及个别菜田进水，果树掉果。强降水：2011年8月26日01时至05时，顺义区马坡镇五个村出现强降雨天气，过程降水量达到34.1毫米。造成170亩玉米受灾，直接经济损失达13.6万元。

（韩晓峰　杨保华）

【防雷检测服务】 2011年常规检测单位250余家；跟踪检测项目42个。

（韩晓峰　杨保华）

【行政许可执法】 2011年作出防雷装置设计审核40份，面积131.4万平方米，防雷装置竣工验收11份，面积35.5万平方米。开展执法检查11次。

（韩晓峰　杨保华）

三高农业示范区

【概　况】 北京顺义三高科技农业试验示范区是1995年1月20日北京市人民政府第48次常务会正式批准建立的，示范区定位为生产领域的“高端”、经营领域的“高效”和带动周边地区的“高辐射”。主要目的是通过承接首都大专院所的农业科技成果，试验、示范、引进、推广农业新技术、新品种，通过高科技项目建设，展示国内外现代农业，更新农民种植观念，带动农民科技致富。示范区占地总面积75000亩，核心区面积2800亩，经过多年的建设发展，已形成集现代农业展示、农业科技成果转化、高新技术企业孵化、青少年科普教育和农业旅游观光等多种功能于一身的综合性科技农业基地。至本年底，示范区园区共入驻企业19家，共吸引资金12.6亿元，引进项目34个，逐渐形成了以畜牧籽种、精品花卉、林木种苗、旅游观光、物流配送和信息服务六大产业为主的产业群。2010年三高示范区被确立为科技部、农业部与北京市政府共建国家现代农业科技城之一，并被科技部批准为第三批国家农业科技园区之一。

单位名称：北京顺义三高科技农业试验示范区管理委员会
地址：顺义奥林匹克水上公园东侧500米
电话：(010)60489550
邮编：101300

（朱子丹）

【重点工程建设】 2011年4月，三高示范区与爱家投资控股集团有限公司签订了合作协议，由爱家集团整体接收和经营园区的牡丹园、培训楼和原三益生物工作区等地，兴建集生态旅游、农业观光、文化娱乐、餐饮为一体的低碳休闲旅游项目。项目前期投资7000万元，预计两年内完成改造升级工程后正式营业。至12月底，该项目的特色农艺生态会所主体改造建设工作正在有序开展，已完成工程建设投资2100万元。

（朱子丹）

【财政支农项目】 园区组织实施了2011年北京市财政支农项目——蔬菜工厂及设施高效栽培模式创新与关键技术集成示范项目。该项目建设面积1100平方米，总投资300万元。以功能展示区、果蔬展示区和南果展示区的形式，展示无土栽培，太空育种，植物工厂，智能控制，新特品种等一系列高新技术成果。项目主体工程已于11月开始建设，预计2012年7月开业，正式接待游客观光旅游。

（朱子丹）

【休闲、采摘产业】 年内，三高示范区深挖自身潜力，完善经营管理，增加名特优新种植品种，增加了淡季草莓观光、采摘新品种——红袖添香、天赐一号、枥乙女和章姬、食用大黄、叶用藤三七等都市型高科技农业种植品种，充实观光、采摘内容。引进的枇杷、黄皮、平山柚、红肉火龙、果等南方热带水果达到了最佳生长结果期，长势良好、增产增收。在中国农科院、北京市农科院、中国农业大学、北京农学院等大专院校、科研院所专家的指导和帮助下，经过精心细管理、精耕细作，三高示范区作为北京地区都市型现代农业及高科技农业参观考察和休闲、旅游、观光、采摘的地位不断提高。全年共接待参观游客8.2万人，其中本市5.4万人，外省市游客0.9万人，外宾0.6万人，参观考察人员1.3万人，实现收益59.8万元。

（李孟超）

【中小学生社会大课堂重点单位】 三高科技农业试验示范区被北京市教委确定为“中小学生社会大课堂”示范基地、首批43家社会资源单位之一。示范区根据“中小学生社会大课堂”的发展和需求，制定了“热带水果的种植与管理”、“草莓的栽培与管理”、“水培波士顿生菜的种植与管理”、“景德镇陶艺文化与陶瓷制作”等多门课程。经顺义区教委推荐成为中学生“课改”学分制课堂，课程共两项：一为无土栽培课程，二为病虫害防治课程。既为北京市中小学生提供了急需的实习基地，也为三高示范区提高了扩大了影响，更有利于学生接触、了解三高示范区。年内，三高示范区共接待“中小学生社会大课堂”上课学生6.5万人次，其中“课改”学分制课堂学生1.1万人次，实现收益91万元。5月，三高农业示范区被北京市教委评定为“北京市社会大课堂建设优秀资源单位”、“北京市校外教育(中小学生社会大课堂建设)先进集体”。

（李孟超）

地方企业·乡镇企业·非公经济

地方企业

经济和信息化

综　　述

2011年，顺义工业在逆境中迎难而上，产销双双突破2000亿元，成为确保全市工业经济增长的有力支撑和重要区域带动力量。是年，顺义区333家规模以上企业完成工业总产值2034.9亿元，占全市工业总量的14.3%，同比增长11.9%，高于全市工业增速4个百分点；完成销售产值2018亿元，同比增长12.6%；实现出口318.4亿元，同比增长11.2%；完成属地财税收入145.3亿元，其中地方财政收入21.9亿元，分别同比增长29%和60%，分别占顺义区总量的37.7%和27.1%。年内，完成产值1亿元以上企业127家，占规模工业企业总数的38.1%，累计完成总产值1944.2亿元，占顺义区工业总量的95.5%。其中完成100亿元以上的企业3家，10亿元以上－100亿元的企业19家，1亿元以上－10亿元的企业105家。

主导产业实现平稳增长。交通运输设备制造业稳中求进。2011年，顺义区整车企业生产汽车80.2万辆，销售汽车79.8万辆，汽车及零部件企业实现产值1130.4亿元，同比增长12.2%，完成销售收入1149亿元，同比增长13.7%。贡献税收112.2亿元，同比增长34.1%，其中顺义区留成14.6亿元。吸纳就业23874人，本地用工11770人，本地化率49.3%；电子通讯设备制造业增速稳定。2011年，电子通讯设备制造业企业18家，完成工业总产值258.8亿元，同比增长4.6%，完成销售产值258.7亿元，同比增长7.1%。完成出口交货值226.8亿元，同比增长7%；都市工业各产业平稳运行。2011年，都市工业企业94家，完成工业总产值239.4亿元，同比增长19.1%，完成销售产值228.3亿元，同比增长15%，完成出口交货值21.2亿元，同比增长3.6%；通用设备制造业增速有所回升。2011年，通用设备制造业企业32家，完成工业总产值102.5亿元，同比增长5.1%，完成销售产值97.5亿元，同比增长6.6%，实现出口交货值22.9亿元，同比增长19.2%；基础工业平稳运行。2011年，基础工业企业51家，完成工业总产值229.4亿元，同比增长9.1%,完成销售产值235亿元,同比增长14.1%,完成出口交货值20.6亿元,同比增长29.7%;生物医药产业持续高位增长。2011年,生物医药企业21家,完成总产值25.2亿元,同比增长38.6%,完成销售产值20.1亿元,同比增长30.3%。

是年,重大项目建设稳步推进。顺义区投资5000万元以上的产业项目100个,总投资887.05亿元。其中50亿元以上项目4个,10亿元至50亿元项目12个,5亿元至10亿元项目10项,1亿至5亿元项目62项。100个产业项目分属在装备制造、都市、基础与新材料、软件信息、总部等12个产业类别。年内,100个产业项目开工建设58个,总投资634.46亿元,完成固定资产投资120.7亿元,其中年内完工项目21个,完成投资21.9亿元。

经济功能区建设扎实推进。年内,15家经济功能区完成工业产值1213亿元,主营业务收入2345亿元,利润195.6亿元,分别同比增长12.4%、19.7%和12.3%。全年完成属地财税收入216亿元,地方财政收入45.1亿元,分别占顺义区总量的56%和55.7%。是年,15家经济功能区引进项目384个,计划投资额354亿元,当年实际利用外资2.44亿美元。经济功能区与乡镇合作共建进展顺利。是年,空港开发区与木林、赵全营开展合作共建,加快土地一级开发、基础设施建设和招商引资,为承接空港产业外溢做好土地和项目储备。物流基地携手大孙各庄,加快推进物流基地东区发展,加快新建水厂等基础设施建设。

百强企业引领经济发展。是年,获得"顺义区域经济百强企业"称号的企业120家,其中工业58家,金融及服务类24家,航空及物流业15家,建筑业7家,区属8家,商业及其他企业8家。当年,"百强企业"实现属地税收241.2亿元,地方财政收入49.6亿元,分别占顺义区总数的62.6%和61.3%。工业仍占据税收主导地位,属地税收中工业企业完成150.2亿元,同比增长55.6%,占"百强企业"税收总数的62.3%。汽车产业占绝对优势,在58家工业百强中,汽车产业类企业12家,占20.7%,实现属地税收109.5亿元,占工业百强税收的72.9%,占百强企业税收总数的45.4%,其中北京现代实现属地税收96亿元。

招商引资成效显著。年内,顺义区共引进500万元以上项目306个,投资总额748.4亿元,其中,亿元以上项目67个,10亿元以上项目15个,总投资111亿元的北京航天科工产业园、30亿元的正德人寿、22.6亿元的中国新华航空集团有限公司、20亿元的北京汽车集团汽车模具中心、15亿元的中信银行等一批投资规模大、带动能力强的总部型项目相继落户顺义。

企业发展活力不断增强。创新驱动能力不断提升。新发展国家级高新技术企业10家,江河幕墙成为首批国家技术创新示范企业。品牌培育成效喜人,"百强"成功争创中国驰名商标,"江河"、"鑫大禹"成功争创北京市著名商标。企业上市力度不断加大,朗姿服装、江河幕墙成功上市,区内上市企业达到12家。北京临空创业投资公司运营全面展开,为重点企业增资3328万元。发行2期中小企业集合信托,为22家中小企业融资1.73亿元。

基础工作扎实推进。年内,顺义区工业系统产业项目核准备案65项,项目总投资160.51元,固定资产投资137.57亿元,占地面积230.22公顷,建筑面积159.17万平方米。中航工业北京航空产业园、临空国际高新技术产业基地等6个区域共12平方公里纳入中关村国家自主创新示范区范围。5家企业完成区级"三高"企业退出工作,3家企业完成市级"三高"企业退出工作。10家计划淘汰的区级"三高"企业,完成统计上报、实地调查和准备退出申请材料工作。是年,出台《顺义区关于进一步促进中小企业发展的实施意见》(顺政发〔2011〕30号)《顺义区促进中小企业发展的扶持办法》(顺政办发〔2011〕21号),修订《顺义区工业和信息化发展资金使用办法》,两项扶持资金共计8000万元。

社会信息化建设有效提升。年内信息化基础设施投入3.92亿元(联通2.9亿元,移动5200万元,电信5000万元);新建基站个数207个(联通153个,移动37个,电信17个);累计基站个数1567个(联通825个,移动539个,电信203);管道建设197.38公里(联通39.38公里,移动5公里,电信153公里),累计1233公里(联通673公里,移动60公里,电信500公里);敷设光缆2626公里(联通2166公里,移动150公里,电信310公里);新增移动用户18.5万(移动10万,联通6万,电信2.5万),累计移动用户142.9万(移动107万,联通28.3万,电信7.6万),固话27.2万户,宽带14.2万户;新建WIFI(WLAN)覆盖热点236个(联通93个,移动40个,电信107个)。

高清交互数字电视小区建设和改造情况:完成投资1800万元,完成改造小区26个,正在改造小区84个,涉及用户10.5万户,新建二级机房1个,三级机房7个,新发展有线电视户8000户,累计发展有线电视用户16.2万户;新发放高清机顶盒7万个累计发放7.6万台。

光纤入户建设情况:年内,完成30个小区,145个村的20M升速覆盖工作,涉及居民10.1万户,累计完成58个小区,198个村,涉及居民16.5万户;完成光纤业务迁移2.1万户,敷设电缆2129.59对公里,管道115孔公里;安装分光器3000余台。

单位名称:顺义区经济和信息化委员会
地址:顺义区建新西街3号
电话:(010)69441064
邮编:101300
网址:http://www.jxw.bjshy.gov.cn/

(张铁良)

顺义粮油总公司

【概　况】　2011年,顺义粮油总公司"十二五"开局顺利,在年创利润千万元的平台上,各项工作又取得了新进展,继续保持了全市9个远郊区县粮食企业行业领先地位。利润总额实现了千万元以上的再增长,同比增长22%。实现利润1466万元,完成区国资委下达计划指标的105%;上缴税金同比增幅过半。实际上缴税金1489万元,完成计划指标的145%,同比增长57%;销售收入同比几近倍增。全年完成销售收入45100万元,完成全年计划的173%,同比增长92%;国有资本实现保值增值。截至年底拥有国有资本20230万元,同比增加2691万元,同比增长15%;职工收入稳步增长。推行了工资集体协商制度,确定了职工收入增长机制,2011年在岗职工(含短期合同制职工)人均年收入36128元,同比增加3865元,同比增长12%。

单位名称:北京市顺义粮油总公司
地址:顺义区府前西街12号
电话:(010)69444221
邮编:101300
网址:http://www.shyly.cn

(赵　东　张丽娜)

【仓储管理工作】　截至年底,仓容能力达45万吨,实际库存40万吨。年内,完成了市粮食局部署的各项统计、检查工作,对265个货位的39万吨粮食进行了检查核对,库存粮食质量合格,全部为宜存粮。2011年实现稻谷准低温储藏6.83万吨,免投药储粮比2010年增加6.5万吨,减少磷化铝用药近500公斤,有效减少了对环境的污染,科学保粮率达到了100%;成品粮油监管更加得力。监管小组对8个承储单位17个存放点的成品储备粮油进行了24次常规巡回检查,并在重大节日前后组织开展重点检查,及时掌握成品粮油储存和轮换情况,确保了市、区储备成品粮油储得实、管得好、调得动、用得上;区级粮食应急储备工作扎实开展。按照区粮食应急协调小组办公室的要求,完成了区储备成品粮的300吨面粉与大米的品种调换工作,区储备规模的落实和规范管理为确保区域粮食安全构筑了有力防线;规范化管理取得新成绩。2月杨镇粮食收储库被北京市粮食局评为"北京市储备粮规范化管理优秀企业",现在总公司所属6家收储库已有三家收储库(牛栏山、上辇、杨镇)被评为"北京市储备粮规范化管理优秀企业",其中牛栏山粮食收储库为"全国粮油仓储规范化管理先进企业"。

(赵　东　张丽娜)

【领导视察】　3月10日,王刚区长到总公司所属牛栏山粮食收储库调研,详细询问了储粮规模、管理办法、保粮手段、应急保障能力、粮食收购、目前存在问题等诸多情况,要求高度重视新形势下的粮食工作,发挥国有粮食企业主渠道作用,确保粮食安全,为稳市场保供应做出应有贡献。

(赵　东　张丽娜)

【粮食物流及贸易】　以"收储保稳定,贸易拓空间"为发展思路,将2011年定为粮食贸易年,开展了粮食物流及贸易工作。现已在黑、吉、辽、内蒙等地建立了多个稳定的稻谷产销合作基地,设立了13个外阜粮食收购点,构建了一支拥有24名成员的经纪公司及粮食经纪人协作网络,全年销售粮食16317万公斤,实现销售收入37338万元,粮食贸易销售收入占全公司总销售收入的83%。其中销售量同比增加9251万公斤,同比增长131%;销售收入同比增加20937万元,同比增长128%。年底,以高起点、高标准为目标,委托国内专业设计单位—郑州科学研究设计院完成了对牛栏山物流中心建设项目的初步规划设计工作,为实现"十二五"期间粮食收储企业向现代物流企业转型奠定了基础。

(赵　东　张丽娜)

【资产经营工作】　将物业管理中心纳入资产运营管理,进一步理顺了经营管理机制。物业管理中心承担起了系统内部的工程监管及小型项目的施工工作,年内完成了玉马机动车教练场障碍道路维修改造及教练场污水沟的排水改造、上辇粮食收储库及京都卫士供应站仓房维修、众望早餐公司职工公寓的规划改造等多项工程。该中心的成立及成功运作为总公司的资产管理增添了新的活力。

(赵　东　张丽娜)

【龙盛众望早餐有限公司】　从规划建设职工公寓、上马烘焙新项目、借力实事工程新增销售网点、狠抓会展经济、积极参与大型活动供餐入手,使企业发展呈现新生机。年内参与完成了清华大学百年校庆供餐保障任务,完成了润盛苑店、建新旗舰店、面包烘焙车间的建设工作,并积极配合区民政局、财政局养老助残工程,以早餐收受养老助残代金券的方式为特殊群体提供服务,践行了国企责任。6月,被中国粮食行业协会评为"全国放心粮油进农村、进社区示范工程示范主食厨房"。

(赵　东　张丽娜)

【玉马机动车教练场】　利用中华驾校网、中国驾校网、众悦网等网络传媒和周边区县报名点,不断加大宣传力度,社会影响进一步扩大;继续加大基础设施投入,考练环境不断优化。重新装修了报名中心,完善和增加了考练设施及服务项目;按规定动作、规范程序实施了"西移工程",完成了董各庄村南侧教练车障碍道路及污水沟清理改造、坡起改造工程。服务与设施的同步提升,使同业竞争力不断增强。其所属京城驾校今年实现利润930万元,占总公司实现利润总额的64%,同比增加118万元,同比增长15%。

(赵　东　张丽娜)

地方工业公司

【概　况】 2011年在全体干部职工的共同努力下,各项工作取得了积极进展。2011年全年实现产值3.5亿元,销售收入完成6.2亿元,利润完成1.24亿元,上缴税金完成5000万元,各项指标圆满完成了年初计划。

单位名称:北京市顺义区地方工业公司
地址:顺义区仓上街2号 AMB 大厦 B 座11层
电话:(010)89440100
网址:http://www.gy.bjshy.gov.cn
邮编:101300

（刘建新）

【招商工作取得新进展】 公司依托AMB大厦交通便利、金融性企业聚集的区位优势,把引进金融保险及总部型企业作为招商重点。一是招商证券顺义营业部入驻AMB大厦,整体租用AMB大厦8层近1000平方米,新增年租金合同额一百余万元。现已入驻大厦的金融服务型企业还有交通银行、友利银行、新华保险等单位。二是在原高丽营纺织助剂厂区解除与布雷特公司的合同,引入从事城市雕塑创意制作的央美博艺公司,盘活厂区面积达4600余平方米,新增租金60万元。三是公司根据实际情况,调整中絮商户租金标准。经过细致的摸底调查,按各个商户的不同情况,共分成十五项标准进行租金的上浮,并依照新的价格对所有租赁合同进行了调整。此次调整后共增加合同额82万元,达到763万元,较去年增加12%;租金收入增加161万元,较去年增加28%。

（刘建新）

【企业各项工作蓬勃发展】 鑫磊建筑公司不断巩固拓展市场,2011年完成了胡各庄港馨住宅区住宅楼及地下车库、牛栏山下坡屯家园住宅楼及地下车库、张镇浅山香邑一期住宅区住宅楼及地下车库、河南驻马店啤酒厂维修改造、山西朔州啤酒厂维修改造一期等一批工程,壮大了企业经济实力。碧辉苑物业公司加大物业收费力度,共收缴物业费358万元,并创新管理、盘活资产,启动地下大车库、半地下车库和地面停车位收费工作,目前已对752个停车位办理了收费手续,不仅加强了对小区车辆秩 序的管理,同时增加了企业新的经济收入来源。竹海物业为AMB大厦入驻企业提供优质服务,做好安全监察检查防范工作、设备维修等各项物业管理工作,还节约能源,缩减开支,扩建停车场,并顺利完成各项费用的收缴工作。

（刘建新）

【破产企业清理、注销工作】 公司党委从实际情况出发,决定对破产留守企业进行清理、注销,并对破产留守企业职工进行合并归口管理。所有破产留守企业在职、离退休职工分别划归金顺印刷厂和中絮棉纺厂两家单位管理。

（刘建新）

【企业管理进一步加强】 加强资金管理,完善审批制度,减少不必要的开支,提高资金使用效率。严格执行“收支两条线”,对统收统支企业的季度支出计划、每月的工资统筹等费用支出进行审批,把住收支关。落实“先审再批后拨款多口把关”的审批程序,仔细审查每一项业务的资金使用情况,确保资金使用的合理性。加大审计力度,在定期审计的基础上,通过专项审计、综合审计、跟踪审计等方法,对所属企业的资金使用情况进行审查,并提出合理化建议。加强企业安全生产管理。建立企业安全生产组织机构,强调“一岗双责”,做到安全生产人人有责。签订《安全生产责任书》,牢固树立安全第一、安全发展的意识。加强消防工作硬件建设和管理,对消防设备设施、灭火器材进行全面检查,确保消防设施的完好有效。通过检查,今年有4

家商户停业整改,3家证照不全商户予以清除,拆除彩钢结构门脸房3间共17平米。加强合同管理,避免出现不必要的经济损失。已签订的合同、协议等原件统一移交公司档案室编号管理,防止丢失损毁,并引入电脑信息化管理,重要资料除了存入电脑还备份到移动硬盘中,确保资料安全、可查。对公司所属房屋、土地等进行实地测量核实并拍照,确保合同面积与实际使用面积相一致。

(刘建新)

北京通达实业总公司

【概　况】 北京通达实业总公司(以下简称通达公司)是区属集体企业,位于顺义区府前西街7号,机关设8个部门,下辖北京市京顺机动车检测场、北京顺利通汽车修理厂、北京深顺出租汽车公司、北京金顺出租汽车公司、北京市顺交氧气站等18家独立核算企业。全系统年末从业人员1204人,离退休职工346人。主营机动车安全检测、性能检测、二级维护和修理,出租汽车运营,驾驶员培训,氧气供应等业务。年内实现销售收入11669万元,占年度计划数的101.2%。实现利润82万元,占年度计划数的63.1%。上缴税金601.8万元,占年度计划数的130.8%。实现增加值5519万元,占年度计划数的120%。

单位名称:北京通达实业总公司
地址:顺义府前西街7号
电话:(010)69469935
邮编:101300

(邢艳杰)

【通达公司服务顺义区重大活动】 年内,通达公司接受顺义区组委会委托,参与顺义区端午节、啤酒节两项重大活动,承担场馆周边地区静态停车服务保障工作,活动过程中赢得了各方宾客的赞誉,实现零投诉、零事故的工作目标。

(张　波)

【京顺检测场创新服务树品牌】 年内,京顺检测场投入资金30万元,在场区与验车区域周边设置围网,实现了验车区与办公区彻底隔离,验车流程实施全封闭,杜绝社会闲散人员、车虫干扰验车环境和坑骗群众,探索了机动车安检行业新的服务流程和模式,该项举措受到市车管所好评,并作为典范进行全市推广。

(李冬丽)

【京顺检测场新增两条检测线】 年内,京顺检测场为扩大机动车检测能力,向市民提供更加良好地检测环境和优质的服务,投入资金140万,新建两条尾气检测线,全场尾气检测线由原来的7条增加到9条。不但提升了机动车检测速度,同时也提升了企业经济效益和社会效益。

(李冬丽)

【顺利通汽车修理厂增保险业务】 年内,为增加企业新的经济增长点,顺利通汽车修理厂与世界500强企业美国利宝保险公司合作,成立利宝保险分公司代处,开展机动车保险、定损、修理等专业化服务,利用机动车检测及二级维护等行业优势,拓展市场领域,提升了企业经济效益和社会效益。

(张玉兰)

【联合出租公司位列全市前十】 年内,北京市交管局对全市600多家出租公司开展调查,在安全运营和低投诉率方面,深顺出租全市排名第四,金顺出租全市排名第八。

(侯秋玲)

【停车管理员通过全市考核】 3月,通达公司停车管理中心组织138名停车管理员参加由市停车管理处及考试中心组织的“北京市停车管理从业人员上岗考试”,不但全部获得上岗证书,而且停车管理员服务意识、引导手势、处理纠纷技巧等能力有所提高。

（胡 文）

北京市煤炭总公司顺义分公司

【概 况】 北京市煤炭总公司顺义区公司成立于1980年1月，为区级企业，受区委、区政府的直接领导，同时区国资委协调指导。公司有职工64人，下设办公室、财审科、物业科三个科室，下属基层单位一个，即北京鑫顺京华煤炭经销中心，以生产销售烟煤、无烟煤和民用蜂窝煤为主。2011年销售收入完成22210.08万元，全年销售煤炭24.69万吨，利润完成232.51万元，上缴税金完成270.58万元，增加值完成917.68万元。

单位名称：北京市煤炭总公司顺义区公司

地址：北京市顺义区火车站西侧

电话：(010)69443986

邮编：101300

（付京京）

【职代会】 2011年1月，由全体员工参加，组织召开了公司第四届第三次职工代表大会，刘志新总经理做了经济工作报告，吴建华经理做了财务工作报告。总经理对2011年的整体工作进行了布署和安排。

（付京京）

【为职工办实事】 为了缓解职工患病住院后个人自付部分医疗费的经济负担，04年至今公司工会一直坚持组织职工参加区总工会推出的“中国职工保险互助会在职职工住院医疗互助保险计划”，这项工作深受职工们的好评，并计划在明年继续组织全体职工参保。

（王军娥）

【安全工作】 2011年初，公司成立了安全工作领导小组和办公室，实行一把手负总责、主管领导负主要责任、干部职工负岗位责任的安全责任制，充分利用板报、墙报、标语、横幅等形式搞好安全教育工作，并完善安全奖惩办法，建立安全奖惩机制。在公司党委的正确领导下，公司交通安全和生产安全领导小组积极努力工作，使全公司在交通、生产、防火等方面取得了安全无事故的较好成绩，并按照年初制定的奖惩办法进行奖励。

（付京京）

北京市京顺轧辊厂

【概 况】 北京京顺轧辊厂原为北京首钢轧辊厂（以下简称轧辊厂）始建于1956年，2003年1月由首钢划转顺义区，至今已有55年历史。轧辊厂占地面积80000平方米，总建筑面积30000平方米，目前在岗职工327人。主导产品是为轧机配备轧辊，品种分为：合金铸钢轧辊、半钢轧辊、冷硬铸铁轧辊、球墨半冷硬轧辊、无限冷硬铸铁轧辊、铸造带槽轧辊、针状球铁轧辊、离心复合铸铁轧辊、高速钢轧辊、离心辊套等59个系列，100多个品种的精品轧辊产品，生产质量保证体系和产品售前、售后服务体系完善，通过了ISO9000质量体系认证。2011年评选技术革新项目8项；完成销售收入8742万元，同比增长6.9%；完成上缴税金603万元，同比增长83.47%；职工人均收32600元/年，同比增长18.36%；各项保险费用和住房公积金费用同比分别增长8%和4.3%。

单位名称：北京京顺轧辊厂

地址：顺义区李桥镇任李路沿河段119号

电话：(010)69480853

邮编：101311

（张俊奎）

【出口创汇再创新高】 2011年坚持实施精品战略,完善工作标准,细化工作目标,提高管理效能,加强新产品开发能力和技术创新能力,切实提升质量服务水平,并在国际市场开拓上取得突破,自营出口占比逐步提高。全年承接出口订单3212吨,4272万元,占总合同金额的61.52%,同比增长33.47%。自营出口轧辊2274吨,销售收入3239万元,同比增长2倍以上。为"京顺"轧辊国际品牌的创立奠定了坚实的基础。

(张俊奎)

北京市恒锋市政工程公司

【概　况】 北京市恒锋市政工程公司始建于1986年,公司现为国家市政公用工程总承包一级资质,于2005年通过质量/环境/职业健康安全管理体系认证。主要承建城市道路、桥梁、隧道、公共广场、城市供水、排水、污水处理等工程。2011年公司实现产值3.5亿元,国有资产保值增值率为108%。

单位名称:北京市恒锋市政工程公司

地址:顺义区南门外军营村东

电话:(010)69444938

邮编:101300

(恒锋市政工程公司)

【厂务公开民主管理工作】 1月12日,公司召开了厂务公开大会。代表认真审议并通过了公司2010年工作报告、公司2010年财务工作报告、公司2010年工会工作报告、公司2010年党建工作报告等九个重要文件,充分尊重职工的知情权、监督权和决策参与权,为公司的改革发展各项工作营造了和谐氛围。

(恒锋市政工程公司)

【竞聘上岗工作】 2月,公司开展了中层干部岗位和基层工作岗位的竞聘工作,严格按照"竞聘通知、竞聘申请、组织笔试、评卷选拔、组织面试、评议投票、公示结果"的规范流程,确保公平、公正、公开。此次竞聘共确定了18个中层干部岗位和153个基层工作岗位,其中5名职工通过双向选择走向了更适合的岗位,3名职工因未能达到相应岗位要求而进入待岗培训。

(恒锋市政工程公司)

【三位一体监督审核】 5月18日,公司顺利通过了质量、环境、职业健康三位一体国际管理体系的再认证审核。此次再认证将GB/T50430-2007标准纳入审核范围,对工程质量管理做出了更科学可行的规范,公司前期主动邀请了咨询老师对管理者代表、内审员进行了培训,确保公司的体系运行达到新标准、符合新要求。通过再认证审核,将为公司的经营管理水平、工程质量提升奠定良好的基础,使公司生产经营的科学化、合理化、规范化程度明显提升。

(恒锋市政工程公司)

【北京市顺义区府前街道路改造工程】 工程西起东六环迎晨桥,东至东大桥环岛,延长至顺密路,全长约6.0km,设计时速40km,规划为城市主干路。工程总工期为77天,全程铺油面积为197674平米,人行步道铺砌33228平米,路缘石安装36000米。经测算,道路平整度为0.58,代表了公司当时施工平整度的最高水平。

(恒锋市政工程公司)

【国门商务区市政工程】 纵一路南起李天路,北至四纬路,全长约1.5公里。纵三路,南起李天路,北至四纬路,全长约1.5公里。横十一路,西起机场东路,东至纵一路,全长1450.88米。横十二路,西起纵四路与横十一路交点,东至纵一路,全长约1.4公里。横十三路,西起纵三路,东至纵一路,全长约0.56公里。

(恒锋市政工程公司)

【顺义区南门西街道路与雨污水工程】 道路全长348米,红线宽30米;污水管径DN500,全长约348米,雨水管井DN1400,全长约348米。

(恒锋市政工程公司)

双峰建材集团公司

【概　况】 北京双峰建材集团(以下简称双峰建材)系区属集体企业,成立于1995年5月,公司机关位于顺义区张镇,占地92.6亩,建筑面积1068平方米。双峰建材现有下属企业2家,职工240人。集团下属企业北京金隅顺发水泥有限公司是与北京金隅集团合资成立,公司位于顺义区大孙各庄镇户耳山北,现拥有一条新型干法水泥生产线,石灰石经过二级破碎后与其它辅助原料,进入规格为3×48m(带五级预热器窑外分解窑)的回转窑系统烧制成熟料,日产熟料1200吨;水泥产品由3.8×12m磨机和N2000 O-sepa选粉机组成的水泥磨闭路循环系统生产,年产水泥50万吨,主要标号有P.O42.5#、P.C32.5#。

单位名称:北京双峰建材集团

地址:北京市顺义区张镇赵四路侯庄段6号

电话:(010)61493763/61493238

邮编:101309

(曹　伟)

【改革营销机制】 为实现水泥营销集约化管理,降低销售成本,实现赢利的最大化,经顺发公司董事会会议决定,委托北京金隅水泥经贸有限公司做为顺发公司水泥及熟料销售的独家代理商,全权负责公司的水泥及熟料销售工作。从2011年的运营情况看,实现销售水泥100%,回款率达到105%,销售价格也有较大提高。

(曹　伟)

【经济指标完成情况】 2011年销售水泥44.8万吨,完成年计划的93%,实现销售收入17301万元,完成年计划的119%,实现利润1219万元,完成年计划的406%,上缴税金1655万元,完成年计划的138%,各项经济指标均创历史最高水平。

(曹　伟)

【节能减排】 集团公司在废物利用方面,坚持走新型工业化道路,研究利用可替代资源,努力减少自然资源消耗。2011年以来,在水泥粉磨过程中继续使用工业炉渣替代矿渣、使用脱硫石膏替代天然石膏。脱硫石膏是发电厂的脱硫副产品,货源充足,价格低廉,与天然石膏价差达48元/吨,效益十分可观。全年工业炉渣掺加量为8.83%,使用工业炉渣4万吨;脱硫石膏掺加量为7%,使用脱硫石膏2.7万吨。

(曹　伟)

【安全生产】 集团公司严格落实安全生产管理制度,定期组织员工安全培训,配合区政府开展火灾隐患攻坚整治"亮剑"行动、安全生产隐患排查行动、"安全生产月"活动、矿山应急事故演练、清理整顿违规生产经营建设行为专项行动等各项活动,明确职责,落实到位。截至2011年底,企业已经连续10年实现无损失工作日事故、无重大伤亡事故。

(曹　伟)

永进物资总公司

【概　况】 北京市顺义永进物资总公司前身为顺义县物资管理局,成立于1976年12月。在当时体制下,为满足顺义区工农业的发展起到了重要作用，随着改革开放的深入，原来的计划经济时代的物资体制越来越不适应当前形势。1994年，经区委、区政府批准，成立“顺义县物资总公司”，改为区级全民所有制企业，保留原有物资局牌子，两块牌子一套班子，实行企业化管理。1996年，更名为“北京市顺义永进物资总公司”，2004年归属国资系统，由区国资委协调指导。企业注册资金876万元，主要经营范围：销售金属材料、木材塑料、橡胶制品、汽车等，2010年新增设节能服务项目。

单位名称：北京市顺义永进物资总公司
地址：顺义府前东街23号
电话：(010)52137775
邮编：101300

(永进物资总公司)

【经营状况】 顺义永进物资总公司主要经营范围：销售金属材料、橡胶制品、汽车、化工、药剂产品、建筑器材租赁节能投资管理及技术服务等业务。

(永进物资总公司)

【2011年主要经济指标预计完成情况】 2011年全年完成销售收入3900多万元，上缴税金70万元，资产保值、增值率为102%。

(永进物资总公司)

【建立“节能超市”】 针对顺义区节能降耗的严峻形势，在区发改委的大力支持下，筹备顺义区首家能够独立实施合同能源管理的中介服务机构，率先在全市提出“节能超市”的概念，于今年5月27日，通过公开招投标，引进9家具有实力的企业，成立节能服务企业库，为顺义区用能企业提供节能产品、技术、资金、服务等全产业链条的集成供应，为顺义区用能单位提供合理的节能技术解决方案。通过搭建服务顺义区用能单位的综合性节能服务平台，把节能服务产业作为总公司的下一个主要经营目标，以实现总公司转型。

(永进物资总公司)

【节能宣传】 6月11日，“2011北京市顺义区节能宣传周”活动正式启动，总公司节能办协助区发改委进行了为期一周的节能宣传活动。为了使节能理念家喻户晓，人人皆知，设计制作了百余个宣传展板，千余幅宣传海报，举办3场培训活动和2次社区活动，并在顺义区电视台录制节能宣传片常年播放，内容涉及到节能减排的政策法规、日常行为规范，推广先进的节能新技术，倡导绿色生活理念。

(永进物资总公司)

【成立北京顺成鼎新节能投资管理有限公司】 在区委、区政府以及区发改委大力支持下，总公司经过一年多的筹备，于2011年通过工商认定正式成立了北京顺成鼎新节能投资管理有限公司，是顺义区首家节能服务公司。它主要经营节能投资管理、节能技术开发、技术转让、技术咨询等业务。

(永进物资总公司)

顺义区建筑工程公司

【概　况】 北京市顺义建筑工程公司(以下简称工程公司)是建设部批准的房屋建筑施工总承包、装饰装潢双一级资质企业，成立于1974年，是一家具有土建施工、设备安装、房地产开发、装饰装潢、混凝土生产、新型建材生产、钢结构加工安装、市政工程等综合生产能力的经营体系。工程公司辖下属9个基层单位：其中5个分公司以建筑施工为主；市政工程处以承接市政工程为主。2个厂站分别以混凝土和钢结构加工安装为主；此外，公司还拥有一家一级资质的高辉汇能装饰公司和一家金瑞房地产开发公司。

单位名称：顺义区建筑工程公司
地址：顺义区府前东街2号
电话：(010)69425902

邮编:101300

(兰 彦)

【年内各项指标完成情况】 2011年全公司开复工面积达64.6万平米,同比2010年56万平米增长16%。其中,新开工项目17个,面积47.3万平米,复工项目7个,面积17.3万平米。完成总产值65631万元,占年计划40000万元的164%,同比增加52%。其中:完成销售收入45310万元,占年计划40000万元的113%,同比增加32%;完成增加值17909万元,占年计划13000万元的138%,同比增加37%;实现利润总额1964万元,占年计划1610万元的122%,同比增加36%;上缴税金2526万元,占年计划1530万元的165%,同比增加86%。

(毕书芳)

【继续发展多元化经营模式】 公司与顺鑫农业合作开发建设的包头开发项目一起工程于2011年5月8日开始销售,截至2011年底,已销售106户,均价1.1万元,项目总销售收入实现2.3亿元。高辉装饰公司,利用双一级资质优势,积极拓展业务,完成市政管委居民小区防水工程35000平米,完成居民小区车棚改造工程42个,实现产值1055万元。2011年还承接了金马工业区翔鸿伟业项目工程2.3万平米,当年装饰和土建共计实现产值3800万元。市政工程处承接的西山试验林场香峪大梁森林防火阻隔系统工程,截至2011年底完成了总工程量的90%,尚有路面层待施,到2012年7月份竣工将实现产值4000万元。另外还拓展业务,承接了中卓时代厂房10733平米工程,且已于2011年内全部完工。

(兰 彦)

【启动月度联检】 工程公司2011年承揽的工程任务量大,涉及民生工程的回迁小区多,为了加强工程质量、安全的全过程有效监督和控制,公司从3月份复工开始,每月对全系统在建工程进行"月联检",参加联检人员为公司全体班子成员、公司机关部室正、副经理,各基层单位一把手、主管技术、安全副经理以及所有在施项目经理共计50余人,通过现场观摩检查以达到各项目之间相互学习、取长补短的目的。检查内容以工程质量、文明施工为主,重点是发现问题、解决问题,根据工程进度,对下一步工程可能出现的问题提出预防措施,同时对工程出现的问题和项目组提出的问题给予指导,提出解决方案。通过该项措施,公司各项目均达到全过程有效监督和控制,技术质量和文明安全施工管理水平整体实现了新的提升。

(兰 彦)

【创新应用新技术新材料】 公司领导班子通过多次考察、探讨,最终从秦皇岛引进了数字化刚性模板支撑体系来代替项目上大量使用的木方子,这项技术最大的优点是不使用木料,可以重复使用,在今后的施工中可周转使用近200次,远远高于普通木方5次周转的限制,钢性支撑体系残值还可按废钢材处理(2500元/吨),耗材成本摊薄近零,大大降低施工成本,提高经济效益。经过一年的推行使用,数字化钢性模板支撑组合结构方便灵活、安全稳固、节能环保的特点,取得了各施工项目部的充分认可。初步统计,2011年共使用数字化钢性模板支撑组合结构建设工程47万平米,较传统木方支撑组合结构降低生产成本500万元,节省木材8500立方米。

(兰 彦)

【重点工程完成情况】 2011年,工程公司承担着下坡屯回迁房、胡各庄回迁房、河南村回迁房、天竺回迁房、于庄回迁房等多项回迁房的承建任务。回迁房工程是政府重点工程,也是民生工程,直接关系到老百姓的切身利益,关系到社会和谐、稳定、文明、进步,因此公司严格要求各项目部,把确保工程质量放在回迁房建设的首位,把群众满意作为检验工程质量的第一标准,努力建设回迁群众最满意的"放心工程"。按照区委、区政府和各级领导“要高度重视,狠抓工程质量,合理安排工期,安全文明施工,确保群众按时回迁入住”的要求,高度重视、扎实工作,紧密围绕“工程质量”这一中心,建立全体人员重点围绕“高标准,严要求”的工作机制,明确工程技术指标和主要任务,确保工程施工进度。截至2011年底,各项回迁工程均按照进度计划顺利进行,确保按照合同工期要求,保质保量交付使用。

(兰 彦)

【公司荣获奖项】 北京市顺义建筑公司2011年被北京质协评为质量诚信企业;被北京质协信用评价中心连续第七年评为重质量守信用企业并获得信用AAA级企业称号;被北京市建筑业联合会评为北京市优秀施工企业;承建的南法信商业住宅项目住宅楼工程被北京市优质工程评审委员会评为北京市建筑结构长城杯银奖;承建的顺诚彩色印刷有限公司、北京牛栏山一中改扩建工程C座教学楼工程、南法信商业住宅项目住宅楼工程荣获“潮白杯”优质工程称号;被顺义区政府评为顺义区建筑业安全生产先进单位;承建的胡各庄居住区B-8号、13号、14号、19号楼及第五、六、七标段车库工程和顺义俸伯中学扩建工程荣获绿施工文明安全工地称号。

(兰 彦)

顺义区 建筑工程总公司

【概 况】 北京市顺义区建筑工程总公司暨北京鲁班建筑工程公司成立于1979年,注册资金增资至1亿元,拥有工业与民用建筑施工总承包二级资质,是一家集建筑施工、房地产开发、物业管理、机电设备安装、钢结构、装饰和市政工程建设的经营实体。公司下设经营、技术等7个部门、9个基层单位,现有职工600余人,有职称的专业技术人员258人。2011年,公司承建了顺义区文化中心、马坡中学、胡各庄回迁楼等工程,全年开复工面积23万平方米,实现产值2.6亿元,完成销售收入2.1亿元,上缴税金856万元,先后被评为北京市交通安全先进单位、顺义区安全生产、构建学习型社会、信访工作先进单位等。

单位名称:北京市顺义区建筑工程总公司(北京鲁班建筑工程公司)
地址:北京市顺义区府前东街9号
电话:69444802
邮编:101300

(李文超)

【市场开拓】 2011年,公司在公建、保障性住房和新农村建设市场不断扩大影响力。4月,顺义文化中心项目(建筑面积6.4万平方米)开工,是公司承建的又一项区重点工程,合作承建的顺义殡仪馆工程(2.3万平方米)、钱江弹簧工程(5.4万平方米)年内基本完工,承建的马坡中学、顺文鑫达研发楼和首钢冷轧厂房基础工程进展顺利,公司在公建及工业建筑市场不断取得新突破。2011年,公司积极参与顺义区保障性住房和新农村建设,先后承建了胡各庄、下坡屯回迁楼及英各庄旧楼改造等工程,完成了西海洪、史庄等新农村街坊路修建工程。在外埠建设市场,公司承建了南航机库、汇源厂房等工程,企业的市场影响力不断扩大。

(李文超)

【施工管理】 2011年是公司的“施工管理年”,重点是抓施工质量、安全和劳务管理。公司成立联检组,定期检查在施工程,全面监控施工过程,组织开展防火灾隐患、劳务管理、知识竞赛等宣教活动,营造讲安全、比质量、重和谐的良好氛围,保障施工管理各项措施高效落实。各分公司、施工项目部结合工程特点,提高质量、安全施工方案的针对性,确保生产施工高效开展。2011年,公司在施工程质量全部达标，未发生安全事故和农民工工资纠纷事件，继续保持安全稳定的良好态势。

（李文超）

【科学规范管理体系】 根据国家及行业标准建立的质量、安全、环境和精神文明管理体系运行持续有效，作为企业的基础管理框架，这四套国标管理体系规范着经营生产、质安管理、思想政治等工作有序开展，2011年顺利通过认证审核。成本管理体系、合同管理体系的深入运行，使施工主要阶段、材料采购消耗、合同策划签订等工作实现了精细化管理，经济效益不断提高。2011年，公司进行信息管理系统的研发，年底，由总公司—分公司—项目部三级联网运行的财务、供应链管理系统投入运营，资产运营、成本核算、材料采购及库存等情况实现了动态信息化管理，工作效率明显提升。

（李文超）

北京市天竺房地产开发公司

【概　况】 北京市天竺房地产开发公司成立于1993年，为顺义区属国有企业，主要负责天竺房地产开发区及顺义国展产业园的开发建设，拥有天房绿茵园林绿化工程有限公司、北京顺祥玩具有限公司、北京市天房建筑工程公司等15家所属企业。2001年—2005年连续五年迈入顺义区域经济五十强行列，2003年—2005年连续三年被市建委评为“守信企业”，2006年—2011年连续六年被区政府评为区域经济百强企业，2009年—2011年连续三年荣获“首都文明单位”称号。2011年超额完成各项任务指标，实现销售收入54378万元，同比增长12%；完成利润9702万元，同比增长13%；完成增加值14744万元，同比增长12%；完成税金36077万元，同比增长13%。

单位名称：北京市天竺房地产开发公司
地址：北京市天竺房地产开发区裕丰路东侧
电话：(010)64560154
邮编：101312

（吕艳丽）

【中层干部竞聘】 1月公司面向公司机关及下属二级公司在职职工，开展副科级领导干部公开竞聘活动，严格按照《党政领导干部选拔任用工作条例》和《中共北京市顺义区委组织部关于科级干部选拔任用工作暂行办法》（顺组发〔2010〕22号）相关规定，旨在激发职工队伍参与管理、谋求发展的主人翁意识，不断优化公司内部岗位设置，推进干部工作向科学化、民主化、制度化发展，进一步提高公司中层干部队伍素质。此次公开选拔共有64位同志报名，经过资格初审、笔试、面试和组织考察等环节，最终有23人成为预备人选。公选笔试和面试是由区委党校的领导、教师与公司相关领导出题、考察与评分，并在公司内部公示成绩，组织考察是由相关岗位领导针对被考察对象的德、能、勤、绩、廉等进行全面考察，根据综合成绩，确定各岗位第一候选人。公司党委立足于公司整体发展，将竞聘人员的综合成绩与具体工作表现结合起来，综合考虑，最终确定了8名副科级领导干部。

（吕艳丽）

【国展一期配套工程正式启动】 4月27日，中国国际展览中心（新馆）一期配套工程正式启动。启动仪式现场举行了植树纪念活动。出席仪式的领导有中国贸促会会长万季飞，中国贸促会秘书长徐沪滨，顺义区区长王刚，副区长林向阳、车克欣，住总集团总经理王宝申，天竺房地产开发公司总经理王奎，北京中投创展置业有限公司董事长顾超等。此次活动由北京中投创展置业有限公司董事长顾超主持。中国贸促会秘书长徐沪滨和住总集团总经理王宝申在仪式上分别致辞。

(刘学华)

【聚源恒业承办展博会】 由北京聚源恒业展览展示服务有限公司承办的2011中国(北京)国际展示技术博览会暨第三届科技场馆展品与技术设施国际展览会(以下简称展博会),于2011年5月26日至28日在国家会议中心成功举行。展博会突出低碳环保主题,传承世博环保理念,引领展示技术新风向,推动展示产业升级。本次展会呈现展示技术、新型展具、多媒体交互、特效影院、互动触摸等声光电新型展示技术为一体的综合性行业展会。此届展博会引起各地会展企业的密切关注,还得到澳门展贸协会的高度重视,组织了澳门二十余家会展企业组成澳门展团联合参展,还有来自中国、日韩、台湾、香港等国家地区的会展知名企业的参展。展会期间还举办了中国科技馆十二五展望论坛、中国工艺美术协会年会等论坛活动,多领域、全方面的探讨现代展示技术的应用。本次展会为业界人士呈现了全新的展示技术、展示文化、展示理念,并提供了展示行业交流的平台,聚源恒业以其优质的服务,精心的安排,周密的部署保障了展博会的顺利举办,得到参展商及相关单位的认可。

(吕艳丽)

【恒信诚业有限公司成立】 该公司成立于2011年5月27日,注册资金50万元,主要从事拆迁项目房屋定向安置、代办产权、房地产经纪业务(二级市场房屋租售等工作)、装饰装修、劳务派遣等工作,办理项目前期手续及房屋产权证实现一条龙服务。完成了翠竹新村一期、二期和三期定向安置房回迁销售、产权证代办工作,销售房屋总数3000余套。签订了陶家坟村、下坡屯村、天竺村定向安置房屋销售合作协议,预计销售房屋近6400套。

(崔晓红)

【翠竹学校全面竣工交付使用】 翠竹学校是翠竹新村的配套设施,2009年底开工建设,属跨年度工程,总建筑面积13751平方米,可同时1350名学生就读,6月完成了整个校区的路面铺装、绿化美化、监控安装等收尾工程,全面竣工。并完成移交区教委,9月1日正式投入使用。共投入资金3500万元,翠竹学校的落成极大地改善了天竺地区的教育教学条件。

(吕艳丽)

【花梨坎回迁房项目通过验收】 由公司承建的花梨坎回迁房项目于6月13日通过规划验收。此项目总规划面积9.3万平方米,其中地上住宅面积约8.5万平方米,容积率1.6。项目总投资30048.726万元,资金自筹。

(吕艳丽)

【篮球公开赛】 贺龙中国业余篮球公开赛北京总决赛在天房圆满落下帷幕。9月17日、18日、24日、25日为期四天的第三届北京市体育大会暨贺龙中国业余篮球公开赛北京总决赛(北京分赛区)正式在天房篮球馆揭开帷幕。比赛期间10支参赛队为观众奉献29场精彩比赛,赛场气氛异常激烈,北京聚天篮球俱乐部经过4个比赛日的激烈交战,最终顺利取得北京赛区第一名。

(吕艳丽)

顺义区
建筑企业集团公司

【概　况】 北京顺义建筑企业集团公司(以下简称顺建集团)成立于1989年7月,以建筑施工为主业,集设备安装、装饰装璜、建材、设备租赁、市政工程于一体,具有综合生产能力的国家一级建筑施工企业。顺建集团机关设6部1室,下辖17个建筑工程分公司及装饰装璜公司、机械设备租赁、水泥构件厂等

21家实体企业,其中6家为乡镇建筑公司。顺建集团始终坚持以经济建设为中心,年内竣工"区殡仪馆迁建"等3项区重点工程,总造价为11901万元。2011年全年完成产值2.4亿元,税金800万元,实现利润53.7万元,开复工面积27万平方米。

单位名称:北京顺义建筑企业集团公司
地址:顺义区五里仓小区商业服务楼甲2号
电话:(010)69442275
邮编:101300

(吴　生)

【技术质量管理】 2011年我公司竣工工程11项,建筑面积124861平方米,全部验收合格。工程质量总体稳定,地基基础与主体结构安全稳定可靠。设备安装规范,管线布置合理,系统运行平稳。装饰装修工程工艺合理,精装修观感质量较好。工程资料内容基本齐全,真实有效。其中望泉家园41#楼工程、体育局游泳中心改扩建工程,被评为2010年度区潮白杯优质工程。北京天竺保税区海关现场查验设施等五项工程,质量较好,推荐参评2012年区潮白杯工程。完成了公司的质量目标:竣工工程合格率100%,争创优质工程,符合工程合同确定的质量条款。北京开源易通商业综合体工程建筑面积73867.25平方米,基底标高为-17.7米,属深基坑。采用基坑施工封闭降水技术,基坑南、西、北侧,采用高压旋喷桩法处理桩间土体,采用护坡桩结合土钉墙支护技术,深基坑开挖经专家论证,安全有效。

(刘德才)

【安全管理】 年内,公司未发生各类主要安全生产事故,职业健康安全及环境保护管理体系运行正常。在施工安全管理中重点抓了以下三点:第一抓安全生产责任制落实。年初制定安全生产控制指标,年终根据指标完成情况结合责任制给予考核,进行奖罚兑现,充分发挥上下两个积极性,保证安全生产责任制落到实处。第二抓安全生产隐患整治,在日常安全生产检查中,针对本行业项目安全生产中的关键问题和薄弱环节及时排查和消除隐患,坚决纠正违反安全生产法律法规的行为。第三抓职工教育培训。以"安康杯"竞赛活动为载体,各项目设置农民工夜校,利用手册、光盘、图片等形式进行多层次的安全教育,努力提高职工自我安全保护技能,巩固安全生产基础工作,做到了无死亡、无重伤、无重大职工危害事故发生。

(许英伟)

【建立电子化财务办公体系】 为了加强财务管理,完善企业内部审计制度,2011年下半年,公司投入二十万元建立了电子化财务办公体系,并对相关人员进行了应知应会培训,使其做到应用自如,以利于公司随时监督了解各分公司的财务动态,及时发现资金流转环节出现的问题,为公司管理层提供真实可信的财务信息。

(张金香)

乡镇企业

【概　况】 到2011年底,顺义区共有镇村企业2.58万家(含个体),其中规模企业472家,职工总人数22.3万人。是年,顺义区农村劳动力二三产业就业率达到93%,同比提高了2.2个百分点,其中二产从业人员6.4万人,三产从业人员6.3万人。

单位名称:顺义区经济和信息化委员会
地址:顺义区建新西街3号
电话:(010)69441064
邮编:101300
网址:http://www.jxw.bjshy.gov.cn/

(经济和信息化委员会)

【主要指标保持高位增长】 年内,镇村二三产业实现总收入1105.2亿元,利润71亿元,税收98.7亿元,同比分别增长23.4%、21.5%和24%。当年,镇村第二产业完成收入702.6亿元,同比增长15.8%;第三产业完成收入402.5亿元,同比增长39.5%;二产、三产收入比重为63.6:36.4。

(经济和信息化委员会)

【重点产业发挥支撑作用】 汽车及配件产业贡献突出。汽车及配件企业全年完成总收入168.7亿元,占工业比重26.7%,占镇村二三产业总收入的15.3%。其中23家收入1亿元以上企业实现收入161.2亿元,占行业总量的95.6%。新型建材产业保持稳定发展。全年完成收入82.5亿元,同比增长24.2%。

(经济和信息化委员会)

【规模企业得到长足发展】 是年,镇村规模企业达到472家,全年实现收入915.2亿元,与同期相比增长26.1%,占到镇村二三产业总收入的82.8%。全年规模企业平均收入为1.94亿元。收入2000万元以上企业实现收入898亿元,占规模企业收入的98.1%,与去年同期比,收入增加了163.5亿元。472家规模企业中收入500万元—1000万元(不含)的企业83家;1000万元—5000万元(不含)的企业187家;5000万元—1亿元(不含)的企业82家,同比增21家;亿元以上企业120家,同比增11家。

(经济和信息化委员会)

【镇村经济实力不断提升】 是年,顺义区19个镇年收入超10亿元的镇有16个,其中仁和、李桥、南法信、天竺等11个镇二三产业总收入超过50亿元。19个镇完成地方财政收入27.3亿元,同比增长了26%。顺义区农村人均纯收入14314元,同比增长14.5%。

(经济和信息化委员会)

【镇级产业基地平台效应显现】 到2011年底,19家镇级产业基地规划工业用地面积6.2万亩,已开发面积4.7万亩,累计入驻企业548家,入驻企业累计完成投资313亿元,占用土地面积3.5万亩,占已经开发土地的74.5%。累计安排本地劳动力就业4.2万人,占职工总数的72%。2011年,入驻企业实现营业收入446亿元,利润31亿元,税金28亿元,同比分别增长15%、11%和29%。2011年,19家镇级基地新增基础设施投入7.9亿元,新引进落地开工项目62个,计划总投资292亿元,到年底到位资金108亿元,项目占地6280亩,项目达产后可实现年收入1044亿元,利税69.5亿元。

(经济和信息化委员会)

【盘活闲置、技改取得成效】 2011年,顺义区各镇共盘活闲置资产项目22个,盘活资产2.3亿元,盘活土地463亩,盘活建筑面积9.3万平方米,其中5家为转让,17家为租赁,年内盘活项目实际完成投资2.8亿元。2011年,镇村24家企业进行了技术改造,计划投资13.8亿元,其中固定资产投资12.5亿元,到年底,竣工投产项目13个,完成投资2.9亿元。

(经济和信息化委员会)

【经济社会贡献继续增强】 是年,各镇完成属地税收98.7亿元,同比增长24%。完成属地税收2亿元以上有14个镇,其中仁和镇、天竺镇属地税收超10亿元。2011年,镇村二三产业为职工提供的劳动者报酬总额53.8亿元,同比增长26.4%。2011年农村劳动力向二三产业转移就业达12259人。

(经济和信息化委员会)

【私营个体经济健康发展】 至2011年底,顺义区私营个体经济发展到27949家,从业人员13.8万人。全年实现营业收入340.6亿元,同比增长8.8%,创利润总额35亿元,同比增长6.7%。2011年,固定资产投资在500万元以上且吸纳当地劳动力80%以上的新建私营企业19家,总投资8.1亿元,吸纳当地劳动力2092人;盘活闲置资产在1000万元以上的私营企业15家,累计盘活闲置资产3.2亿元;当年建设标准厂房5000平方米以上的私营企业4家;当年农产品加工企业固定资产投资1000万元以上私营企业4家,带动农户225户;当年本区人员新建投资300万元以上的私营企业3家,总投资3800万元。

（经济和信息化委员会）

非公经济

【概述】 11月底,全区注册各类市场主体为66068户,其中私营企业17569家,个体工商户42170户,私营企业和个体工商户为59739户,占市场主体总数的94%;私营企业注册资本金达173.5亿元,个体工商户资金数额为21.3亿元。注册资本(金)500万元—1000万元的私营企业达438家,注册资本(金)1000万元—1亿元的有536家,注册资本(金)1亿元以上的有3家,四家私营企业成功上市。私营个体企业实现税收实现30.52亿元。

单位名称:北京市顺义区私营个体经济协会
单位地址:北京市顺义区仓上街3号
联系电话:01069443067
邮　编:101300
网　址:http://www.bjsgj.org

（杨燕华）

【落实各项工作】 年初,召开了理事会和分会及部分私企、个体工商户代表参加的工作会。总结了2010年协会工作,传达了市协会工作会议精神,布置了区协会2011年工作计划。对获得先进私营企业、先进个体工商户、先进分会、先进会员小组进行了通报表彰。

（杨燕华）

【私营个体经济协会换届】 3月10日,顺义区私营个体经济协会在政府会议中心召开了第六届会员代表大会,131名会员代表参加了大会。会议总结了第五届理事会几年来的主要工作,回顾了全区私营个体经济取得的成果,部署了今后协会工作。会议审议通过了顺义区私营个体经济协会第五届理事会工作报告、顺义区私营个体经济协会章程;选举产生了第六届理事会、监事会以及监事长。随后,第六届理事会第一次会议选举张景生为协会会长。大会确认继续聘请区委常委、副区长林向阳为协会的名誉会长,三位私营企业老板和职能单位的三位副局长为协会的副会长。

（杨燕华）

【融资贷款服务】 在努力做好法律咨询、劳动就业、保险服务、职业培训、短信联系、义务年检验照等服务平台的同时,今年重点为会员搭建融资贷款服务平台工作。在发挥光彩担保公司正常业务的基础上,在与北京邮储银行、北京渣打银行、北京银行等相关银行的密切合作基础上,年初又与北京银座村镇银行、北京星辰银行密切合作,广泛宣传,解决私个企业融资难问题。截止12月底担保公司开展业务77户,担保贷款3250万元;银座村镇银行贷款340户,2.4亿元;邮储银行小额放贷541.6万元、个商1597万元;星辰银行8户,6550万元。1—12月累计为会员解决融资35938.6万元。

（杨燕华）

【纪念《条例》颁布十周年】 10月13日,顺义私个协在东竹园宾馆召开纪念《条例》实施十周年座谈会,私营企业个体户代表33人和各分会负责人参加了座谈。2002年,全区私营企业2880户,安置剩余劳动力、下岗职工3万余人,从业人员8万余人,总注册资本28.7亿元,全区个体工商户16135户,(其中下岗职工有416户)从业人员2.5万人,注册资金2.17亿元,当年实现的增加值13.8亿元,税收1.6亿元,拉动全区经济增长3个百分点。注册资本100万元至500万元的私企246户,500万元至1000万元的58户,1000万元以上的95户。

（杨燕华）

【帮扶弱势群体】　根据北京市私个协会《关于组织引导会员开展"帮扶济困,回报社会"公益活动的意见》的精神,从9月下旬开始,顺义私个协按计划、有步骤的开展了以低保户为对象的扶危济困活动,69家私营企业参与了本次活动,在各分会和工商所的协助下,走访了低保户451户,共出资90250元,买了米、面、肉、食用油等物品。为一困难户子女上大学提供助学金6000元。在私营企业中连续十六年开展了"一助一"工程,2011年参与此项活动的私营企业97家,共出资664万元,与其他赞助单位共同为被帮扶村修路22158万平米;修边沟13345万平米;安装路灯1332盏;打井31眼;换泵42台。

(杨燕华)

【服务会员】　顺义区私营个体经济协会多年如一日,服务会员不走样。年内,为会员提供法律服务30人次,开据买房收入证明94次,义务年检验照1532人次,为会员登记执照挂失百余次。

(杨燕华)

金融·保险

金　融

金融服务

【概　况】 2011年，金融办起草了《顺义区促进金融产业发展的办法》和《顺义区推动企业上市工作办法》，并在“1+X”政策体系中率先出台。两个《办法》颁布实施，奠定了顺义区“特色化政策”基础。年内共计引进金融机构22家，注册资本共计42.01亿元人民币，2000万美元；基金规模共计660亿元人民币。顺义区已上市企业达到12家，累计融资额592.8亿元。区内企业直接融资在主板、中小板、创业板、海外市场的空间全部打开。全区金融安全稳定，融资性担保公司和小额贷款公司规范化运行。第三届中国服务贸易大会金融服务顺义展区内容精彩，场面恢宏大气；第七届北京国际金融博览会顺义展区突出推介交易功能。金融机构实现属地财税收入15.90亿元，同比增长24.99%，金融产业已成为顺义重要支柱产业之一。截止12月31日，顺义区社会存款余额1174亿元，同比增长9.41%；顺义区金融机构贷款余额600亿元，同比增长3.81%。稳健的货币政策在顺义区得以充分体现。金融产业稳健经营，支柱产业地位进一步巩固。

单位名称：北京市顺义区金融服务办公室
地址：顺义区站前街3号顺鑫国际商务中心9层
电话：(010)61409858
邮编：101300

（金融办）

【“三通”便民工程进社区、农村、商超】 “三通”工程是北京市2010年在直接关系群众生活方面拟办的重要实事之一，是加强金融服务基础设施，便民生活的民生工程。2011年4月14日，举办“三通”工程进社区仪式，三通工程正式走进社区；2011年3月为马坡镇安装15台自助缴费终端，“三通”工程走进新农村；2011年7月，同商务委搭建平台，“三通”工程运营商同鑫海韵通等商场进行对接，推动“三通”工程进入商场。截至2011年底，共为社区、农村、商场、饭店等安装75台自助缴费终端。

（金融办）

【江河幕墙、朗姿股份两家企业先后上市】 2011年8月18日江河幕墙在上交所主板上市，募集资金净额20.9亿元；2011年8月30日朗姿股份在深交所中小板上市，募集资金净额16.6亿元,随着江河幕墙和朗姿股份两家企业上市,截至2011年底,我区共有14家上市公司,在资本市场累计募集资金603.3亿元。

(金融办)

【招商证券远郊区首家营业部在顺义开业】 2011年11月1日,招商证券顺义仓上街营业部正式开业。招商证券是AA级券商,仓上街营业部是招商证券在远郊区县设立的首家证券营业部,为顺义区证券业和资本市场发展注入了新的生机和活力,进一步健全和完善了顺义区金融服务体系。

(金融办)

【第三届中国服务贸易大会】 2011年6月3日,为期三天的第三届中国服务贸易大会在国贸中国大饭店圆满落幕。金融服务板块以其"恢弘大气,内容精彩"博得满堂喝彩,北京顺义——国际金融之门以离岸金融为主题,闪亮登场,精彩亮相,创造了"关注领导最多、参展内容最丰富、商务推介最灵活、宣传效果最好、签约金额最大等多项佳绩。

(金融办)

【民生银行顺义支行和中信银行顺义支行开业】 作为股份制商业银行的重要组成部分,中信银行未在顺义设立支行,民生银行仅在空港地区设立支行。2011年,上述两家银行在顺义城区分别设立了顺义支行,完善了顺义全区的金融体系。

(金融办)

【三家融资性担保公司获批五年期金融许可证】 跃天财富担保有限公司、财富时代投资担保有限公司和中通瑞丰投资担保有限公司三家融资性担保公司获批五年期金融许可证。

(金融办)

【顺义区促进金融产业发展的办法】 为促进顺义区金融产业发展,打造北京东北部区域金融中心,金融办起草的《顺义区促进金融产业发展的办法》出台,从注册资本、财政奖励、高管奖励和办公用房补助等方面对金融企业予以奖励和支持,与《顺义区推动企业上市工作办法》互相补充,相得益彰,为顺义区金融经济与实体经济实现双轮驱动和共轭发展提供了制度保障。

(金融办)

【金融招商】 2011年共计引进银行、保险公司、证券公司、基金公司、小贷公司、融资性担保公司等金融机构22家,注册资本共计43亿元,基金规模660亿元。顺义区金融机构106家,业态更加丰富,结构更加优化,特色更加鲜明,服务网点遍布全区,服务体系日趋完善。

(金融办)

中国银行顺义支行

【概　况】 中国银行股份有限公司北京顺义支行(简称中国银行北京顺义支行)正式成立于1988年07月11日,隶属于中国银行股份有限公司北京市分行。2011年,支行内设"六部一室"(计划财会部、业务监督部、公司业务部一部、公司业务部二部、个人金融部、营业部、办公室),下辖7个经营性支行,共有员工199人。支行成立了中小企业贷款中心,公司业务一部负责管理。支行经营范围有(许可经营项目):办理人民币存款、贷款、结算业务;办理票据贴现;代理发行金融债券;代理发行、代理兑付、销售政府债券;代理收付款项。办理外汇存款;外汇汇款;外汇贷款;外币兑换;国际结算;结汇、售汇;代理国外信用卡付款;通过上级行办理代客外汇买卖及总行在中国银行业监督管理委员会批准的业务范围内授权的业务;保险兼业代理险种;保险法律法规和行政规章制度许可范围内的险种。

单位名称:中国银行股份有限公司北京顺义

支行
地址:北京市顺义区府前西街4号
电话:(010)69447455
邮编:101300

(胡桂珍)

【获得荣誉】 顺义支行在2011年顺义区经济发展工作中作出了突出贡献,中共北京市顺义区委、北京市顺义区人民政府表彰并授予中国银行北京顺义支行“顺义区区域经济百强企业”称号并颁发奖牌。顺义支行荣获顺义区发展改革工委颁发的2011年度“五月的鲜花”文艺汇演优秀节目奖。顺义支行安保组荣获北京市公安局颁发的2011年度北京市单位内部安全保卫中荣获集体嘉奖。所辖天竺支行被认定为中国银行总行级“巾帼文明示范岗”。所辖林河开发区支行被认定为中国银行北京市分行级“巾帼文明示范岗”。

(胡桂珍)

【内控管理】 顺义支行狠抓内控建设。2011年内控工作有计划、有布置、有检查、有通报、有整改,逐级签订内控合规责任书。制定了网点负责人的内控岗位职责。网点支行人员配备到位,支行8名派驻业务经理到位、代职行长到岗,为全面提升支行内控管理水平提供了保证。业务监督部建立驻业务经理每周例会制度,及时将分行业务条线发送的合规提示、风险控制要点及相关文件向业务经理传达或反馈,并定期交流,讲问题,深分析、授经验,为支行统一认识、统一操作、统一管理奠定了基础,支行整体内控水平明显提高。目前未发现违规、违纪现象。

(胡桂珍)

【安保工作】 顺义支行高度重视安全保卫工作,持续开展《平安中行》创建活动。首先完善落实安保制度。制定了《客户办理业务时突发疾病应急预案》、《监控机房管理制度》、《消防安全管理制度》、《保安执勤服务职责要求》等制度;二是加强技防物防建设,完成所辖8个网点灭火器年检和电消检工作;投入20多万元进行监控设备改造和增加,完成胜利自助银行110报警联网和ATM机加装防诈骗语音提示系统,投入资金为保安人员和接送款员工配置防弹衣和头盔。三是加强案件防范宣传教育。分别请公安局、消防局等专业人士来支行对网点负责人和兼职安全员40多人次 进行安全和消防知识学习,收到较好效果。

(胡桂珍)

【文明优质服务】 顺义支行在服务工作管理中,强化各网点支行“一把手”在服务工作中的责任。通过晨会、礼仪培训、服务检查、非现场检查、技能考核等管理措施,使柜员服务标准化,环境、标识统一化,整体水平近年来得到提高。客户满意率保持在99%以上。年度服务无投诉。同时支行积极开展创建“巾帼文明岗”优质服务活动,所辖天竺支行荣获中华全国妇女联合会颁发的全国级“巾帼文明岗”荣誉称号。

(胡桂珍)

【企业文化建设】 顺义支行以文体活动为载体,加强企业文化建设,增强凝聚力。建党90周年前夕,支行为加强员工的爱党爱国教育,组织大家参观革命圣地井冈山。支行组建了篮球队,分别与西城支行、怀柔、昌平、分行办公室等进行了友谊比赛。支行还积极组织员工参加分行运动会及北京八大处公园登山活动等,丰富了员工的业务生活,缓解了员工的压力;为了加强与员工的联系与沟通。支行组织了新员工座谈会、新人教育启动会、网络对话视频会、民主生活座谈会,收到了较好的效果。支行每年为职工发放生日贺卡、生日蛋糕、公园门票卡,图书卡、电影票、洗衣票;支行为女工上了“平安女性安康团体重大疾病保险”和女职工生育保险;安排员工进行体检。

(胡桂珍)

【网点建设】 顺义支行为方便客户存、取款,在顺义区胜利小区8号楼安装了自助银行设备,供客户存款、取款。完成了空港万科门厅改造工程,并增加自助银行设备,规范网点对外形象。

(胡桂珍)

工商银行顺义支行

【概　况】 中国工商银行股份有限公司北京顺义支行多项业务冠居区域金融同业之首。辖内15个网点,380余名从业人员,坚持“两个一流”的创建目标,推动支行创先争优活动深入开展,努力扶持地方企业,精心提高服务水平,并以此为契机,带动支行经营发展转型和管理水平的进一步提升。

单位名称:中国工商银行股份有限公司北京顺义支行
地址:北京市顺义区仓上街1号
电话:(010)69443932
邮编:101300

(工行顺义支行)

【纳税贡献持续增长】 工商银行顺义支行在自身发展同时不忘为区域财政多做贡献,积极以上缴税收支持区域基础设施建设,多年来为顺义区百强纳税企业,在金融系统内一直处于前列,有力地支持了区域财政发展。

(工行顺义支行)

【支持区域发展建设布局】 工商银行顺义支行紧扣“调整结构、创新驱动”的方针,在符合国家相关信贷政策前提下,通过项目贷款、流动资金贷款等多个业务品种,依托核心园区,“输血”重点项目,适应城市功能布局变迁和区域资源动态调整的趋势,全力支持区域发展建设布局,配合区政府“布好局、迈好步”。

(工行顺义支行)

【全面激活中小企业发展活力】 工商银行顺义小企业中心是工行北京分行第二家成立的专门服务于中小企业的专门机构,自成立以来,近三年累计支持小企业达129家,累计发放贷款715笔,放款额和贷款余额逐年递增。所支持行业涵盖农业、制造业、批发零售业、餐饮住宿业、现代服务业等多个领域,为中小企业发展注入活力,最大限度支持了区内中小企业的发展,以优质的信贷产品和真诚的服务赢得了广泛认可。

(工行顺义支行)

【有效提升地区服务质量】 工商银行顺义支行致力于打造百姓身边可信赖的银行,始终坚持“以客户为中心、服务创造价值”的经营宗旨,连续多年开展服务主题活动,持续优化流程,提高服务标准,推广全面提升工程,提出“1030”服务建设工程,打造“满意在工行”的服务形象,全方位提升客户服务体验。力求给客户提供最快捷、最方便、最安心的服务体验。同时,健全服务渠道体系,大力推广电子银行渠道,不断扩充地区物理网点触角,目前电子银行使用率节节攀升,物理网点顺义区已有15个之多,未来还将有3-4个网点投入使用,为顺义居民提供更加全面、便捷、先进的金融服务。

(工行顺义支行)

【内控管理有效落实】 工商银行顺义支行按照银监会和总分行“内控和案防制度执行年”的各项工作部署,在支行党委的统一领导下、为业务开展保驾护航,实现全年无责任事故案件的目标,认真制定工作计划、拟定工作措施,努力做到防患于未然。逐级签订“党风廉政建设和案件防范工作责任书”、“营业网点安全防范责任书”,坚持做到案防工作与业务同部署、同落实。将案防和安全管理责任逐级落实到人,对抓好廉洁自律、反腐倡廉与案防教育、行风建设、监督检查等提出工作要求。健全以案件防范工作领导小组为核心,以内控监察保卫部门为牵头,各部门网点合理分工协调配合,建立了上下联动、条块结合的案防工作组织架构，促进内控案防工作稳步开展。

（工行顺义支行）

【勇于担当社会责任】 工商银行顺义支行坚持党的领导不放松，党建工作持续创新开展，创先争优活动形式丰富多样，引导广大党员立足本职岗位创先争优，做到个个有目标，人人见行动。开展服务评价考核、服务质量考核、争创优秀窗口，争做优秀员工。此外，我行坚持履行经济责任与社会责任的有机统一，始终将促进群众就业、回馈社会大众、促进社会和谐作为自己社会责任的重要内容。首先安排本地大学生就业，吸纳一批本地大学生加入工行这个大家庭。此外，主动参与社会管理创新、支持社会公益事业发展，积极关心困难群体。通过区政府牵线，开展“一助一”活动，走进联系村镇，支持乡村建设。以慈善捐款、志愿辅导等方式走进太阳村、敬老院等单位，关爱服刑人员子女，关心孤寡老人。更以社区志愿公益、防电信诈骗宣传等多种方式，为社会安定和谐、服务人民群众办好事、献爱心，贡献自己的一份力量。

（工行顺义支行）

农业银行顺义支行

【概　况】 中国农业银行股份有限公司北京顺义支行（简称农行顺义支行）是顺义地区较早成立的银行机构，辖内16个网点，370余名从业人员为全区人民提供优质、高效的金融服务。我行始终坚持履行商业银行的社会责任，积极参与顺义地区经济建设，以服务区域经济为重点，将“三农”金融服务工作做精、做细、做出成效，提升了区域发展的竞争力，多次荣获“顺义区百强企业”、“顺义区十大金融机构”等荣誉称号。

单位名称：中国农业银行股份有限公司北京顺义支行
地址：北京市顺义区府前西街2号
电话：(010)69444435
邮编：101300

（农业银行）

【提供资金支持，】 持续为区域内重点发展企业提供生产经营和产业优化升级的资金支持，协助其迅速发展壮大。同时立足海关、首都机场地区、天竺综合保税区等外汇资源密集的重点区域，以航空、汽车、物流、高新技术行业为重点，为入区企业提供优质高效的外汇结算服务。

（农业银行）

【扶持中小企业客户】 农行顺义支行历来重视金融支持中小企业发展，长期以来，积极向优质的中小企业提供融资支持，成立专门的客户服务组，采取多种渠道建立信息共享通道，实现农行业务与客户需求的有效对接。在工作中加强与担保公司、小额贷款公司等机构合作，扩大中小客户业务合作范围，优化制度流程，形成风险控制有效、环节流转快速、信息反馈通畅的业务流程，提高了中小客户业务运作效率，解决了客户规模小、评级低、担保难的问题，实现对中小企业金融服务的专业化、流程化、标准化，有力解决了中小企业融资难的问题，在区域内形成一定知名度，吸引了众多中小企业客户纷纷到我行咨询办理相关业务。推广贷记卡、借记卡产品。

（农业银行）

【推广惠农卡】 2011年，顺义支行共发放惠农卡7685张。惠农卡改变了广大农户的金融消费习惯，从习惯用存折逐步向用卡转变，真正方便了广大农民。为了扩大我行的贷记卡知名度，2011年农行顺义支行举办了为期四个月的“刷农行贷记卡十元看大片”活动，我行持卡客户积极参与，取得良好效果。

（农业银行）

【金融服务】 2011年全行服务水平进一步提升,修订了《顺义支行营业网点规范化服务管理办法》,成立了服务督导检查小组,按季对网点进行服务指导和检查。积极开展送金融知识"六进"活动,深入企业、机关单位、学校等进行服务宣传,利用乡镇集市时间,搭建展台,发放宣传折页,进行我行服务和产品的宣传。我行员工耐心、细致地解答获得广大客户的一致好评。

(农业银行)

【内控管理与风险防控】 2011年进一步健全了以目标责任制为主要内容的考核体系,强化了对专项工作的监督和责任追究。严格落实"三个办法一个指引",深入推进两个"三化"创建,着力健全内部控制体系,不断提高反洗钱工作质量,切实加强案件专项治理和党风廉政建设工作,全行的风险防控能力明显提升。

(农业银行)

保　险

中国人民财产保险顺义支公司

【概　况】 中国人民保险集团公司系1949年成立,中国内地经营历史最悠久的保险企业中国人民保险公司变更而来。其分支机构中国人民财产保险股份有限公司北京市顺义支公司(简称:人保财险顺义支公司)作为顺义地区最大的财产保险公司,经营除长期人身保险以外的所有保险业务,包括企事业单位财产保险、建筑和安装工程保险、货物运输保险、机动车辆保险、家庭财产保险、责任保险、信用保证保险、人身意外保险、健康保险、农业保险等险种。公司设有综合部、出单中心、理赔分中心及六个业务管理部全方位为客户服务,并拥有五十多家保监局批准的保险代理机构,方便客户就近投保。

单位全称:中国人民财产保险股份有限公司北京市顺义支公司
地址:顺义区新顺南大街1号
电话:(010)69441191
邮编:101300
网址:http://www.picc.com.cn
http://www.e-picc.com.cn

(刘宝功)

【经营理念】 多年来秉承"人民保险为人民"的企业宗旨,始终遵循"以市场为导向,以客户为中心"的经营理念,全心全意服务好顺义区老百姓。

(刘宝功)

【保险业务】 多年以来,人保财险顺义支公司业务规模一直保持了良好的增长态势,市场份额持续领先,为顺义区人民提供全方位保险保障服务。2011年保费3.17亿元人民币。全年已决赔案支出2.09亿元;未决赔案赔款8000万元。纳税总额1420万元。

(刘宝功)

中国人寿保险顺义支公司

【概　况】 中国人寿保险股份有限公司北京市顺义支公司,现有员工和营销员430人,下设个险销售部、银行保险部、团体业务部、客户服务部和综合管理部,2011年按着"盯市场、重发展、强规范、固基础、精调整、增效益、重人本、促和谐”的工作思路，将各项指标细化、分解，责任到人，积极抢抓市场，推动业务又好又快向前发展，超额完成各项任务指标，实现保费收入3.1亿元。其中短期意外险、健康险保费1100万元。处理意外伤害、疾病住院医疗等各类赔案8500余件，支付赔款共计920余万元。人寿保险的发展为安定人民生活，提供就业机会，为创建和谐社会做出了积极的贡献。

单位名称：中国人寿保险股份有限公司北京市顺义支公司
地址：北京市顺义区府前东街2号
电话：客户服务部(010)69466735；
管理部(010)69445704
邮编：101300

（朱海军）

【推出国寿E家电子投保】 2011年顺义支公司跟上时代步伐，创新销售手段，大力推广国寿e家电子投保，实现自动核保、实时代扣、实时出单、方便快捷的网络销售模式，促进公司产能的提升，2011年底开通人数占比达到85%。为业务人员和客户提供了方便快捷的服务。

（朱海军）

【巩固学平险市场】 学平险是我公司重点短期险业务，今年我们与区教委领导及安全保卫科、幼教科的负责人进行了多次深入沟通，销售人员认真细致地讲解新条款的优越性，最大程度的解决了家长及学校的后顾之忧，为学生办好事、办实事，得到了教委领导、在校师生的一致认可，2011年全年实现学平险保费收入130余万元，赔付120万元。

（朱海军）

【借助总公司好政策推出计生险】 2011年我顺义公司率先开展计划生育家庭意外伤害保险推广工作。2011年初顺义支公司在北京市分公司统一布署下，迅速与区计生委、工会、妇联等相关部门召开会议，经过反复沟通，征求意见并修改方案，深入到各乡镇基层计生办，与计生专干广泛接触，发放宣传资料，播放PPT(宣传片)，以真实案例深入浅出地分析当前形势，“意外随时发生，不测难以预料”，形象地为大家介绍此险种的优势和在农村开展的必要性，使广大计生干部对此项工作有了详细了解，并提高了认知度。2011年顺义区在天竺等8个乡镇进行了试点，承保家庭11871户，收取保费65万元，为明年在顺义区展开工作打下了良好的基础。

（朱海军）

【大力发展农村业务】 2011年顺义支公司个险渠道在实现“以城区职场为中心，7个乡镇网点分布周边”的合理布局基础上，进一步落实“让村村都有中国人寿营销员，户户都有中国人寿保单”的发展目标，通过一系列扎实有效的工作举措促进乡镇保险业务的快速增长，网点建设进一步夯实，各地期缴保费再创新高。农村网点的发展带动公司整体水平的提升，当地群众享受着便捷的保险服务。

（朱海军）

【银邮业务稳步增长】 中介银邮保险渠道自从2002年开办以来，一直保持稳步增长，持续发展的态势。先后与农商行、中行、邮局、农行、交行建立合作关系，使公司银保业务呈上升趋势。2011年实现首年新单保费1.59亿元，居全市领先地位。

（朱海军）

城乡建设及管理

城乡建设

综　　述

2011年，顺义区建筑业开复工面积1143.67万平米，较去年同期增加26.24%，其中新开工554.45万平米，较去年同期增加86.54%，竣工202.73万平米，较去年同期减少28.52%。市政工程开工建设6项，其中4项已完工。全年完成建筑业产值116.76亿元，同比增长21.16%；实现利润5.6亿元，同比增长0.1%，缴纳税金4.7亿元。

2011年区住建委负责代建、协调的政府投资重点工程共11项。其中区殡仪馆迁建工程主体结构、二次结构施工已完成，建安工程总量完成95%。区老干部活动中心改扩建工程已完成了主体结构验收及二次结构施工，该工程计划2012年7月份竣工。政务数据中心工程主体结构及二次结构施工已完成，该工程计划2012年5月竣工。文化中心影剧院工程已于12月6日完成招标工作；博物馆、图书馆及文化馆已完成资格预审。影剧院工程正式破土动工，土方工程已基本完成，护坡桩施工已完成，工程桩已完成80%。劳动力实训基地及电子政务中心工程完成了招投标工作，现已正在进行土方开挖及护坡桩施工。体育中心工程完成了施工、监理招标工作。12月底完成体育馆及西看台的基础施工。区委党校新校工程由于建设规模需要进行调整，尚未开工建设。旺泉街道综合服务中心工程完成了施工、监理招标工作，计划2012年3月份开工建设。职业教育中心工程完成了施工、监理招标工作，待建设单位完成地上物拆迁腾退工作后开工建设。

根据市政府与顺义区签订的目标责任书要求，2011年顺义区政策性住房建设任务是：开工建设公租房5700套、经济适用房184套、限价商品房2331套、定向安置房7900套，总计16115套；竣工各类政策性住房3682套。本年，顺义区实际新开工政策性住房11项，共？22813套，完成全年任务指标的142%，其中公租房3项，7841套；经适房1项，974套；限价房1项，2567套；定向安置房6项，11431套。实现竣工9项，其中经适房1项，30套；限价房3项，2072套；定向安置房5项，5038套；共7140套，完成全年任务指标的194%。至此，全年累计开复工政策性住房441万平米、共4.8万套由于开、竣工任务完成出色，审核与配售工作成绩突出，顺义区人民政府和区住建委均被市委、市政府评为2011年度住房保障工作先进单位,在12月23日举行的全市住保工作大会上,顺义区做典型发言。

保障性住房申请资格审核及房源配售,全年共完成2801户限价房、242户经适房、3户廉租房申请家庭的资格审核及备案工作。在镇、街上报的材料中,共查出202户不符合条件的申请家庭,并及时进行了清理,上报市住保办三审合格率达99.5%。顺义区累计审核通过限价房7478户、经适房1140户、廉租房78户。经过三次摇号配售,解决了4813户限价房、839户经适房申请家庭的住房问题,向廉租房申请家庭累计发放租金补贴165万元,实现了应保尽保。目前还有限价房轮候家庭2665户、经适房轮候家庭301户,计划在2012年的项目中予以安排。

2011年新农村"五项基础设施"建设任务主要是做好老旧供水管网改造、一户一表安装工程,完成街坊路硬化剩余工程。同时,抓紧街坊路两侧绿化工作。各项续建工程于3月中下旬陆续开工,全年完成街坊路硬化101.09万平方米,完成投资9604.29万元。

截止到2011年10月份,高丽营镇、赵全营镇、杨镇、李遂镇等4个重点镇社会经营性总资产达到132.61亿元,同比增长14.82%;实现地方财政收入2.81亿元,同比增长39.8%;农民人均纯收入达到9863元,同比增长9.88%。预计2011年,4个重点镇社会经营性总资产将达到217.89亿元,同比增长32.9%;实现地方财政收入3.07亿元,同比增长39.5%;农民人均纯收入达到11507元,同比增长6.8%。

拆迁工作方面,2011年,拆迁管理科共核发房屋拆迁许可证3个,分别为牛栏山镇安乐村(部分)、后沙峪镇西白辛庄村、后沙峪村,共涉及540户,2479人,拆迁房屋建筑面积约21万平方米。另外,木林镇长林庄村采用协议拆迁的方式进行整村迁建,共涉及104户,367人,拆迁房屋建筑面积2.5万平方米。全年共进行房屋拆迁纠纷裁决68起。

年内,安全生产得到有效监管,全年未发生重大安全生产事故;施工质量得到有效控制,工程验收合格率达100%;违法建设得到有效遏制,全年共查处违法建设行为89个,建筑面积37.59万平方米,罚款111.86万元;施工环境得到有效整治,扬尘污染基本解决,施工环境明显改善,45个工地被评为市级文明工地,31个工地被评为区级文明工地,其中中北华宇建筑公司施工的北京爱慕生产基地新建车间被评为郊区县唯一的"北京市文明安全样板工地"。

2011年?12月31日,地铁M15号线一期东段(后沙峪站至俸伯站)正式投入运营,自此M15号线顺义段全线贯通。M15号线一期东段工程(后沙峪至俸伯)全长11.3公里,设南法信、石门、顺义和俸伯四站,后沙峪站至南法信站为高架区间,长3.4公里,南法信站至俸伯站为地下盾构区间,长5.8公里。M15号线顺义段全线贯通,既是北京市地铁交通系统建设的重要环节,也是顺义区城市建设的重要内容,对进一步加强顺义区和城市中心区的交流与发展,方便地铁周边居民的交通出行具有重要意义。

严格质量监督管理,认真开展各项工作,召开了质量安全工作表彰大会,促进了顺义区建设工程监督管理水平和工程实体质量的提高。对"质量月"活动进行了安排,规范了住宅工程验收制度,使顺义区住宅工程质量投诉明显降低。在严查违规行为工作中,先后开展了春季复工、建筑节能、保障房工程质量、新建农村建设工程和学校工程质量等多次检查。随着顺义"临空经济"和顺义新城的快速发展,以及地铁15号线的正式运行,顺义区经济发展不断推进,督管理工作进一步加强。共计进行质量监督巡查1900余次,专项检查5次。全年下发责令整改通知书905份,立案处罚7起,金额733465.51元。对3

家监理单位的违规行为进行扣分处罚。

为强化重点工程质量意识,努力创建优质工程。加大对重点工程检查频次和执法力度,针对工程特点,做好监督交底和专项巡查计划,与建设、施工、监理单位共同做好质量预控。

保障房建设,在监保障房项目共30项,单体住宅255栋,总面积255.47万米。竣工9项,竣工面积31.9万平方米。共计监督检查359次,下发责令整改通知书21份。专项检查4次,立案处罚6起,处罚金额523465.51元。加大建筑材料检测力度,送检砼试块108组、现场抽检钢筋75组。依法执行保障房永久标牌制,有29栋单体工程设置了永久性标牌,将工程质量终身负责制一贯到底。

2011年是顺义区落实北京市"十二五"节能规划,按照市政府下达的任务指标对顺义区进行全面既有居住建筑节能改造的第一年,今年同时进行了2010年和2011年两年的节能改造任务,并且超额完成了2010年12.6万平方米的改造任务,对裕龙六区的全部自供暖住宅楼和裕龙一区的1号至7号住宅楼总建筑面积约13万平方米,进行了节能外窗改造并安装了楼栋热计量表。2011年顺义区既有居住建筑节能改造任务为41.4万平米。住建委实际完成的改造面积为54.49万平米,改造对象包括西辛南区、西辛北区和五里仓等小区。

单位名称:北京市顺义区住房和城乡建设委员会
地址:顺义区府前东街甲25号
电话:(010)69444996
邮编:101300
网址:http://www.jianwei.bjshy.gov.cn

(王　康)

规划管理

【概　况】 2011年,分局紧紧围绕市规划委和区委、区政府中心工作,坚持规划引领,坚持保障民生,坚持服务发展,全体干部职工以坚定的信心、过硬的作风、优质的服务科学、高效完成了各项工作任务。

单位名称:北京市规划委员会顺义分局
地址:顺义区府前西街11号
电话:(010)69444751
邮编:101300
网址:http://www.guihua.bjshy.gov.cn

(规划局)

【保障改善民生】 大力推进保障性住房建设,不断完善教育、医疗、商业等公共服务设施配置。一是保障性住房建设。完成天竺回迁房、新城9号地双限房、张镇、望泉寺公租房等保障性住房选址、方案设计、规划审批等工作,其中,张镇、望泉寺公租房设计方案在北京市保障性住房规划设计方案展览中受到社会各界广泛好评,张镇公租房设计方案荣获住建部首届保障性住房设计竞赛鼓励奖。公共服务设施建设。以提高新城公共服务水平为目标,加快推进区中医院、残疾人康复中心等公共服务设施选址建设。高效服务"校安"工程建设,审批校安工程建筑面积达6.4万平方米。现代化和谐社区建设。科学配置社区居委会用房、教育、医疗、商业等服务设施,积极推进双兴南区、石园南区等小区居委会办公活动用房工程及村级商业服务设施建设。

(规划局)

【提升城市品质】 不断深化完善九大规划。充分发挥规划引领作用,促进城乡一体化发展和新城品质提升,不断完善规划体系编制完成顺义城乡一体化规划、M15沿线站点一体化设计、首都临空经济区规划等九大规划,为新城建设提供有力支撑。组织开展顺义新城地景规划。以新城水体、林带、农田、城市建设区、村庄五种景观要素为载体,以平原农田村庄风貌和水系景观风貌为特色,通过完善绿色网络、实施组团间绿地、设置景观缓冲区,构建"山、水、城互动、绿轴串引"的景观结构。三组织编制顺义地下空间规划。根据《北京地下空间利用规划》要求,结合轨道交通站点和近期重点建设区域,研究城市地下空间需求和布局,引导城市地下空间开发有序发展,从而保证地下空间各项功能的实现。

(规划局)

【保障区域经济发展】 坚持以规划为引领,坚持以重大产业项目为带动,努力打造具有核心竞争力的新城产业功能区和区域产业集群。科学引导发展。组织编制和审查了萨博汽车、中航信总部基地等23个重点项目设计方案(建筑面积约480万平方米);组织编制完成23个拟入市项目的地块控规;确定区疾控中心、区拘留所看守所等15个项目选址方案(用地约285公顷)。服务保障发展。对全区重点工程项目实行跟踪服务管理,自上而下做到了及早谋划、主动服务、沟通协调、破解难题,市规划委领导多次利用节假日莅临指导工作,为我区重大项目建设提供有力支持,确保了航天科工临空产业园、国家地理信息产业园等重大项目早日落地建设。2011年共审核核发各类审批件699件,办结率100%。

(规划局)

【完善城市功能】 按照均衡布局、分级配置、平等共享的原则,不断完善城市功能,提升新城综合辐射带动能力。不断完善路网体系。加快推进重点道路工程规划建设进度。完成了左堤路、顺平南辅线、府前街改造白马路东延等7条道路方案设计及审批工作。大力推进基础设施建设。加快推进有机废弃物处理厂、生活垃圾处理中心等一批基础设施建设。切实保障现代三工厂、北汽自主品牌等重大项目周边市政配套建设,着力推进通怀路、昌金路、火寺路等道路规划审批和改造建设,为项目加快建设提供支撑。

(规划局)

【依法行政工作】 落实打非专项工作部署,依法履职,严厉查处各类违法建设。加大日常查违力度。2011年,下发责令停止建设通知20件,总建筑面积约4.8万平方米;认定各类违法建设291件,总建筑面积86.94万平方米;开展卫星查违六期,核实上报违法建设44处,建筑面积17万平方米。积极参与专项行动。编制汇总《顺义区违法建设台账》实施挂账管理制度,消除存量,严控增量,参与全区大规模拆除违法建设20余次,积极配合做好鑫粤顺等三家建材城清理整顿工作,我局在打非专项行动中及时高效、快速认定,受到区领导和打非办的高度肯定。

(规划局)

新城建设

【概　况】 2011年是"十二五"开局之年,是机遇与挑战并存的一年,顺义新城管委会按照区政府折子工程中关于"加快民生银行总部基地和金蝶软件北方基地建设,全力促进北京银行、中信银行等金融机构落户。"的要求,秉承"滨水、生态、国际、活力、宜居"规划理念,扎实推进各项工作,项目建设及招商、市政基础设施建设、村庄拆迁及安置等工作均取得一定进展。

单位名称:顺义区新城建设管理委员会
地址:顺义区顺泽大街65号
电话:(010)69448100

邮编:101300

网址:http://www.xincheng.bjshy.gov.cn

(新城办)

【招商引资及重点项目建设】　马坡组团将打造"以金融产业为重点、以总部经济为特色的经济核心区"。按照该功能定位,核心区重点引入金融总部类项目。年内,除中国民生银行总部基地项目、金蝶软件总部基地项目、北京银行后台处理中心项目等积极推进外,还有正德人寿保险总部项目和中信银行数据中心项目成功入驻顺义新城。

(新城办)

【市政基础设施建设】　适度超前、优先发展城市基础设施是实施新城规划、引导新城发展的前提条件。按照新城马坡组团的发展目标和重点任务,顺义新城管委会有序推进马坡组团基础设施建设,初步建立了高效、便捷、安全的城市支撑体系。

年内,继续办理12条道路的移交手续。向阳路南段和马场东路2条市政道路即将进行绿化亮化施工。和安路已建设完成雨水、污水及给水管线共计300米。龙苑路污水管线工程建设于2011年8月启动,且该条道路中顺安路至仁安路段污水管线建设已竣工并投入使用。

【村庄拆迁及安置工作】　年内,完成大营村、北上坡村违法建设的认定和依法拆除工作。强制拆除大营村、北上坡村九处违法建筑,累计建筑面积约1.1万平米。

(新城办)

【居住区建设】　按照以人为本、节约资源、生态环保的原则,创新设计理念,创新管理方式,建设以人为本的生态示范居住区,吸纳高端人群入住,不断增强新城的品质。年内,马坡组团内佳和宜园、金宝花园、香悦四季、民生花园、鲁能7号院、富力湾等多个居住区项目正在建设并逐步进行销售、交付使用,总建筑面积达224万平方米。

(新城办)

新农村建设

【概　况】　2011年,围绕"生产发展、生活宽裕、乡风文明、村容整洁、管理民主"的总体要求,以科学发展为主题,以构建城乡发展一体化新格局为引领,以改善民生、服务群众为宗旨,全面深入推进社会主义新农村建设,全区农村建设发展水平快速提升,环境面貌焕然一新,承载能力显著增强。

单位名称:顺义区新农村建设办公室

地址:顺义区府前东街甲25号

电话:(010)69440167

邮编:101300

(李文波)

【新型农村社区建设】　根据北京市政府《关于开展新型农村社区试点建设的意见》的文件精神,结合顺义区实际,按照"利用产业优势集并一批;借助区位优势改造一批;顺应农民意愿提升一批"的指导思想,扎实推进新型农村社区建设。利用顺义新城周边"城乡结合部"区域的区位优势,按北京市建设城乡结合部的理念,以服务新城为根、以产业发展为本、以整体改造入手,重点对南陈路沿线6.6公里进行整体配套提升,建设"新农村南北走廊精品工程",涉及马坡镇7个村、赵全营镇4个村。充分利用现有资源,大力发展以休闲产业为主的第三产业集群。集合农宅抗震节能改造、天然气引入、太阳能取暖、大市政配套等政策及资金,按城市社区标准提升基础设施和公共服务设施水平,使其成为顺义区、乃至全市新型农村社区建设的亮点。其规划设计已编制完成。

(李文波)

【改善民生】　坚持城乡一体化的发展方向,

加快推进基础设施向农村延伸，各项投入向农村倾斜，有效改善了农村地区的生产、生活、生态环境。“三起来”工程建设全面实施。按照北京市新农办《2011年北京市新农村“三起来”工程建设实施方案》的安排部署，顺义区在17个镇实施了“三起来”工程建设，涉及164个村、7.6万户。主要项目包括新建太阳能浴室42座；更换村内街道非节能灯照明总成工程1万盏。以上工程已全部建设完成，并经验收投入使用。“两气”安全和技术升级改造工程顺利完成。为了保证顺义区已建23座沼气和秸杆气站的安全稳定运行，在全面加强对“两气”的安全管理和安全隐患排查的同时，启动避雷针安装工程，使沼气和秸杆气站安全系数提高10－15倍。以促进节能减排和降低运营费用为目标，对沼气站发酵罐加装太阳能集热系统，从而提高发酵罐温度，使沼气站产气率提高20%左右，并为每座沼气站节约燃煤近50吨。长效管护工作全面展开。为保证顺义区已建设公共基础设施持久、有效运行，制定下发了《顺义区新农村基础设施和公共服务设施运行管护意见》和《顺义区新农村基础设施和公共服务设施运行管护实施方案》。2011年，在开展新农村已建设施和镇村自建设施摸底调查、明确设施产权归属的基础上，顺义区将街坊路、太阳能浴室等九大类基础设施全部纳入长效管护范围，确保了全区已建设施发挥最大效能，满足了广大村民生活、生产需要。

（李文波）

【农村社区化】 根据《关于开展推进村庄社区化服务管理活动的意见》精神，按照“自治管理规范化、安全秩序标准化、基层服务组织化、城乡文明一体化、建设规划科学化”的要求，经过层层选拔，推荐12个村庄，参与农村社区化试点建设工作。区直各部门加强协作，各项政策不断向试点村庄倾斜，将农村社区化管理与新农村建设有机的结合起来，相互促进、协调发展。继续推进“六型”农村社区创建工作。“十一五”期间，农村经济社会实现跨越式发展，农民生活水平明显提高。为了不断满足农民日益增长的物质文化需求，顺义区以创建“六型”社区为抓手，积极探索农村社区化服务管理新模式。2011年，有16个镇、105个村庄参与“六型”社区创建，全部工作已顺利完成。农村社会民生不断改善。城乡一体的各项惠农政策不断落实，农民收入稳步增长，社会福利体系建设全面推进，农转非力度不断加强。2011年，顺义区农民人均纯收入为14314元，同比增加1814元，增长14.5%。

（李文波）

【农宅抗震节能改造】 顺义区通过“市里奖一部分、区里补一部分”的方法，引导村民按规划设计要求改建或翻建农村住房，到“十二五”末，顺义区农村地区住宅按照抗震节能保温标准基本完成改造；民居具有明显地域特色和文化特色，村庄环境优美、服务和管理功能健全、基础设施和公共服务设施相对配套齐备，基本达到“各具特色、环境优美、设施齐全、生态宜居”的城市化社区建设标准。为了保证农宅新建、翻建工作达到既定效果，在顺应农民意愿的基础上，根据顺义区空间总体布局，科学选择规划保留村建设新民居试点。整合政策与资金，将既有民宅节能改造、抗震节能民居建设、公共基础设施配套、天然气引入等工程与新民居试点建设有效结合，对试点村庄进行整体改造提升。同时，按城镇建设标准，在基础设施和公共服务设施配套及产业培育方面给予支持。目前，完成了《新农村住宅标准化户型图集》的印制和《顺义区农民住宅抗震节能工作实施方案》的制定工作，农宅抗震节能工作已全面启动。

（李文波）

空港建设管理服务

【概　况】 2011年立足“打造临空经济区、建设世界空港城”的目标,深化“空港国际化、全区空港化、发展融合化”理念,重点完成“树立经营机场理念、全面做好服务保障、详细掌握机场情况、妥善处理遗留问题”等方面开展工作,努力为“十二五”科学发展开好局,起好头。

单位名称:北京空港建设管理服务中心
地址:北京市顺义区首都机场四纬路2号绿港国际商务中心
电话:(010)84169955
邮编:101300

(空港建设管理服务中心)

【樱花园小区飞机噪声治理工作】 樱花园小区噪声治理工程属于机场扩建工程配套项目,通过为樱花园小区居民改装隔声窗实现噪声治理,治理范围为樱花园小区内98座建筑物的窗户,面积共计11.7万平方米。在噪声治理工程中未出现社会不稳定和安全生产事故,小区居民对隔声窗安装后的隔声效果表示满意,机场方面对此项工作给予肯定。依照工程指挥部工作要求,目前正组织工程结算。

(空港建设管理服务中心)

【劳动力转非安置工作】 资金的严重不足,对天竺村和岗山村的转非安置造成的困难,为尽快解决天竺村和岗山村的转非安置人员,我中心依据相关政策法规,据理力争,多次与首都机场集团公司进行协商,机场同意拨款,从而解决了两村的人员安置的问题。

(空港建设管理服务中心)

【机场外围保障工作】 为全力做好机场外围排水安全迎汛工作,确保安全度汛,特成立机场外围排水保障分指挥部,作为其组成单位及指挥部设置所在地,空港中心积极总结2010年的工作经验,提前协同区水务局制定机场外围排水保障工作意见和防汛预案,进一步完善属地范围内无缝隙责任制体系,明确组成人员、领导责任制,并要求各单位按属地原则定期对小中河、一线沟、二线沟、丁线沟等线路进行巡查,确保不留死角,为今年安全渡汛做出积极贡献。

(空港建设管理服务中心)

【公务接待服务工作】 顺义临空经济的发展,不断吸引大批国内外专家、学者、外省市领导、企业经理等人来到顺义学习考察调研;市区相关工作人员也更加积极的到国内外考察,借鉴临空经济区建设的成熟模式和成功经验。空港中心利用紧邻首都机场航站楼的特殊区位、便捷登机服务等优势,为市区两级政府、外省市考察团,提供了良好公务接待服务。

(空港建设管理服务中心)

城管监察

【概　况】 2011年,通过综合执法,共规范各类违法行为11万余起,立案查处案件5569起;通过监察,对责任单位发送《告知书》、《责令改正通知书》9616份,解决问题11.8万个;拆除违法建设1007宗,拆除建筑面积82.4万平方米,拆除围墙2447.9延米,拆除硬化路面1870平方米,腾退土地2220.57亩。通过依法查处、综合监管、拆除违法建设,共消除死角和解决取缔各类问题34.3万处。其中,环境问题12.3万处,安全隐患3.5万处,治安隐患1.5万处,违法经营问题11万个,清理低端流动人口12.7万人,规范社区违法行为1.2万起,治理乱堆乱放、私搭乱建3024处,清除低小散劣企业2702个,市容市政问题1.1万处、市场经营问题456处、交通秩序问题2.9万处、旅游秩序问题888处、绿化美化问题1287处。

单位名称:顺义区城市管理监察大队

地址:顺义区府前东街6号

电话(010)81490007

邮编:101300

网址:http://shy.bjcg.gov.cn

(城市管理监察大队)

【实行案件集中审理】 2月,建立健全案件集中审理工作制度,将重案、要案、大案进行集中处理,逐步完善案件集中审理程序,规范案卷交接、返还制度,依据法定的程序、制度、标准,坚持公开、公平、公正,在维护管理相对人合法权益的前提下,依法做出行政处罚决定。通过案件集中审理,进一步规范查处标准,统一裁量权;减少基层执法队员工作量、减轻执法负担,缓解了执法者与被执法者之间的矛盾;杜绝以权谋私,防止腐败,减少人情案、关系案;确保了案件处理程序更加规范合法,维护了相对人的合法权益。

(城市管理监察大队)

【实施新的分队绩效考核办法】 5月16日,实施新的分队绩效考核办法,坚持公平、公正、公开和标准一致、权责统一的原则,按照"第一时间发现问题,第一时间解决问题"、"以人为本,执法为民"、"严格执法,服务大局"的理念,以提高城市管理效能和城市管理水平、提升城市品位、完善城市功能为目标,以服务基层、服务群众、服务经济、服务发展为宗旨,把考核与评优创先相结合,实行双末位淘汰制和责任追究制度,为促进干部队伍建设、提高工作效能奠定了坚实的制度基础。

(城市管理监察大队)

【北京市城市精细化管理交流会】 6月9日,北京市城市精细化管理经验交流会在顺义城管监察大队召开。市城管执法局常务副局长马惠民带领全市各区县城管大队、分局主要领导和主管领导一行,现场观摩了顺义区街面环境秩序和建设、拆迁工地管理情况。顺义城管大队周霆钧大队长重点介绍了顺义区的城市管理科学体系和工作运行机制、联合执法联动机制、建立服务型政府以及创新城市管理工作理念、强化自身队伍建设等

(城市管理监察大队)

【拆除十一次卫片和二号遥感卫星违法建设】

7月20日,国土部十一次卫片及二号遥感卫星违法建设拆除工作顺利完成。共拆除十一次卫片挂账违法建设73宗,拆除建筑面积26.05万平方米,恢复土地1023.41亩,恢复了基本农田,确保了红线不动摇。拆除二号小卫星挂账违法建设27宗,拆除建筑面积7.21万平方米,恢复土地361.1亩,加快了我区开发建设的步伐,促进了招商引资,节约了开发成本。

(城市管理监察大队)

【强化违法建设责任追究】 8月18日,顺义区委、区政府出台了京顺发〔2009〕35号《关于加强违法建设查处工作的实施意见》,进一步强化属地管理责任,建立并形成了拆除违法建设"属地政府为主体牵头组织、区违法建设查处工作办公室协调指导监督检查、各职能、执法部门共同参与"的联合执法联动机制,并将违法建设查处工作与干部升迁、调转挂钩,强化责任追究和问责,加大违法建设源头治理力度,遏制违法建设的滋生和蔓延。全年共拆除违法建设1007宗、拆除建筑面积82.4万平方米,拆除围墙2447.9延米,拆除硬化路面1870平方米,腾退土地2220.57亩。

(城市管理监察大队)

【成立北京天竺综合保税区城管分队】 9月,顺义区城管监察大队成立北京天竺综合保税区城管分队。进一步提升综合保税区的环境秩序水平,为综合保税区充分发挥功能优势、辐射带动全区经济发展起到重要保障作用。

(城市管理监察大队)

【北京市第一批廉政文化创建联系点】 9月29日,市纪委常委张才雄、市纪委宣教室主

任杜淑华等领导在顺义区委常委、纪委书记肖韵竹的陪同下,对顺义区城管监察大队机关廉政文化建设工作情况进行调研,并召开了座谈会,听取了区纪委和区城管监察大队的工作汇报,决定将顺义区城管监察大队作为市级廉政文化创建活动联系点。10月18日,顺义区城管监察大队被正式确定为市纪委第一批“廉政文化创建联系点”。

(城市管理监察大队)

【开展三个环境秩序“百日整治”】 在全区相继开展了“春风行动”、“夏季攻势”、“秋风行动”三个环境秩序“百日整治”行动,作为环境整治办公室,充分发挥城管监察和牵头协调的作用,以属地管理为主体,各职能、执法部门积极配合,开展联合执法活动,严厉打击突出违法行为,使全区环境秩序取得了明显改善。全区共组织联合执法1392次,立案查处违法行为4695宗,受理热线举报1896件,拆除违法建设888宗,拆除建筑面积68.2万平方米,依法规范各类违法行为9.4万起。通过发挥监察职能,共向责任单位发送《告知书》《责令改正通知书》8686份,督促属地政府创建49条精品大街、38个精品社区。

(城市管理监察大队)

【各区县来顺义城管大队调研】 2011年,共接待各区县调研5批次,包括大兴城管大队、天安门地区管委会城管分局、密云县政府、平谷城管大队、怀柔城管大队。

(城市管理监察大队)

【完成全年重大活动保障】 2011年,区城管监察大队圆满完成了新国展展会、郁金香展、公路自行车赛、全国安全生产会议等101次重大活动环境保障工作。在重大活动期间,加强对全区城市环境秩序的巡查和管理,对城区主要道路及重要节点部位进行24小时管控。

(城市管理监察大队)

【全年拆除5个非法建材市场】 按照区委、区政府“严厉打击非法经营、全面清除安全隐患、彻底拆除违法建设”的要求,2011年,共拆除万嘉建材城、后沙峪旧货市场、建美顺建材城、兴德建材城、鑫粤顺建材城5个建材城违法建设,共拆除违法建设47.68万平方米,腾退土地574.7亩,清理无照经营商户1816户,消除安全隐患2000余处。

(城市管理监察大队)

市政管理

综　述

2011年,市政市容委共承担62项市政重点工程,其中组织实施区属重点工程30项、配合完成19项,另承担实事工程7项,折子工程6项。全年累计完成拆迁1.8万平方米,铺装面积2万平方米,安装路灯730基,新、改建道路约15公里,新建雨污水管线8.1公里,给水管线7.5公里,燃气管线7.2公里,信息管线12.5公里,新建电力隧道3.5公里,架空线路迁改3公里,共上报前期手续235项,取得前期手续批复189项。城市管理工作不断深入,城市管理水平不断提高。全面完成了居民小区设施改造工程,2011年共修复屋面防水158850.23平米、补建雨落管24125延米、修补外墙皮1820平米、铺设草地87635.21平米、补栽绿篱16041.3延米、完成4310延米排水管线更换任务、安装单元门2847扇、修复路面24909平米、更换彩砖9378平米、修补减速路拱1505延米、补装交通标牌172面等;交通设施建设改造工作进展顺利。工程涉及61条道路范围内的6类交通设施的建设改造工作。目前,已完成新建、补改建信号灯及标志牌、硬隔离安装工作。同时完成317处信号灯路口安全隐患排查及配时优化调整工作。井盖电子标识二期工程:工程涉及城区61条主要道路内井盖电子标识安装以及一二期电子标识数据合并录入工作。工程已于2011年5月初正式竣工,共新装电子标识20700个,配准数据28700个;加强顺义区停车场管理。目前,顺义区共有备案有效停车场72个,停车位16722个;加强机动车停车管理,规范收费环境,对顺义区乱收费和未办理物价核准手续的停车企业进行整顿;完成了2011年春节亮化工作;完成2011年供暖老旧管网改造工作,完成供热单位登记备案工作,完成2011—2012采暖季供热准备工作,目前顺义区供热运行稳定。

一、环境建设方面,全面完成《2011年环境建设任务书》728项台账任务。顺义区共投入人员顺义区共投入人员18万人次,动用车辆7.5万台 ,累计简易绿化103.1万平方米,简易硬化26万平方米,清洗粉刷建筑物外立面130平方米 ,绿化修剪苗木31.3万株,修补文化墙16.3万平方米,更新广告牌匾14.5万平方米,清理乱堆乱放4200余处,整治坑塘54.4万平方米,整治小广告4.2万处,整理道路边沟33万延米,粉刷树木247万株,捡拾白色污染32.8吨,清理垃圾渣土14.7万吨,新建铁艺围栏35.4万平方米;突出抓好"精细管理美化市容"工作,深入开展各项专项整治行动。一是深入开展城乡环境灭死角工作。完成152处环境脏乱死角整治。二是开展重点道路环境专项整治。围绕22条重点整治道路,开展粉刷树木、清除杂草、绿化美化、整修边沟等整治。其中,M15号线南彩段广告牌匾整治工作已全部完成,顺白路景观绿化工程已基本完成。三是开展老旧小区周边环境整治。对15个老旧小区开展环境专项整治。五是整治顺义区地下通道及过街天桥环境。协调公路、城管及相关责任单位对右堤路、白马路、京密路5个地下通道、4个过街天桥的保洁、乱写乱画等问题进行了整治。六是规范美化施工工地围挡。召开围挡专项整治会议及拉练检查,对顺义区122处不符合标准的围挡进行了整治。七是开展校园周边环境整治。建立《校园周边环境整治基础台账》,共修复道路200余平米,完善公共照明4处,清理非法经营10起,处理交通秩序问题20余起。八是开展街巷胡同专项整治。对15条街巷胡同开展整治,共完成2330余平米绿化补建工作,规范广告牌匾50余块。九是开展重点达标大街整治。上报滨河北路、右堤路、建新西街、光明北街为重点达标大街。按照整治标准,现已全面开展各项整治,11月底前完成检查验收;完善各项机制建设,巩固提升城乡环境建设水平。一是科学规划。19个镇围绕任务台账,对重点村、重点道路分别进行了规划设计,使工作更加有的放矢,更加科学合理化。二是环境脏乱曝光。19个镇按照要求,迅速行动,积极整治,共完成70处脏乱曝光点的整治。三是满意度调查。继续开展每季度一次的环境满意度调查。三个季度共整改完成210个村、240处问题。四是环境卫生大扫除。分别组织顺义区120家处级单位及属地政府开展了"迎春节""迎两会""迎五一""迎十一"四次环境卫生大扫除活动;市容卫生工作水平进一步提高。制定出台了《公厕管理办法》,规范农村地区公厕运行管理,提高了公厕管理水平。完成了城区范围以及各镇属地范围内公厕的权属划定工作,将环卫中心管理各镇中心区公厕顺利移交各镇政府管理。将城区外围13条道路129.7万平方米清扫保洁任务,移交给环卫中心。加强了渣土垃圾治理,新建建筑垃圾消纳场已接收垃圾50万立方米。区垃圾厂共接收并处理生活垃圾14万吨,处理垃圾渗滤液3.9万吨。顺义区生活垃圾无害化处理率达到93%。加强了对城乡环境卫生的监督检查力度,深入城区道路、街巷、小区进行检查,发现解决存在的问题。督促属地和作业单位履行职责;解决实际问题;垃圾规范化管理工作整体推进。在城镇地区垃圾分类方面,2011年计划对26个社区、15个党政机关和6所学校实施垃圾分类,方案已经制订。农村地区垃圾分类达标村创建方面,顺义区共7个镇实行垃圾分类达标村创建,包括马坡、北小营、北务、杨镇、李遂、赵全营、高丽营镇。完成顺义区19个镇垃圾分类设施配置工作,户用小型垃圾桶已配置到位;市容景观管理不断加强。为建党九十周年、龙舟赛、啤酒节等大型活动设置道旗4000余面、彩旗500余面、条幅70余幅。对主要街道、公路规划方案进行了适时调整。配合"春风行动"等环境专项整治活动,拆除各类广告牌匾7500余块,面积52000多平方米,包括居民楼建筑物顶部11处、老旧落地灯箱935块,违章建筑物上设置和不合规范的广告牌匾6550块等,此次整治工作已经基本完成。同时,完成了校园周边和街巷胡同的广告牌匾整治工作,拆除各类牌匾261处,修复不规范牌匾344处。

二、市政重点工程方面,全年共组织实施市政重点工程62项,其中负责组织实施的30项工程中,开(复)工7项,其中顺白路市政管线、南门西街道路已完成;顺平路南辅线、M15号线周边环境整治、M15号线周边市政配套、西单及金街地下通道、老城区供电改造、城区微循环道路等工程正在施工中。市政市容委配合其他单位共同完成工程19项,完工1项(高丽营220kv变电站扩容工程),开(复)工4项,包括顺白路道路工程、城南公园完成工程、出口加工区110kv输变电新建工程、西马220kv输变电工程。正加快办理顺安路改建工程(一期)、同心路工程、白马路东延长线、通怀路(一期)、裕安路北延道路、左堤路改扩建等工程前期工作。

在实事工程和折子工程方面,包括老旧小区供热管网改造;木燕路、昌金路、顺沙路、火寺路道路路灯工程;37座公厕节水改造、安装除臭设施和5座公厕建设;垃圾转运站改造项目;城区三条主要街道改造和景观提升工程;站前北街延长线、顺安路、中山东西街改造工程;生活垃圾处理中心焚烧二期工程;国泰路口等7个地下通道工程;城市管理网格化项目等。

三、供气方面,顺义区从事燃气供应的企业有50家。其中,液化气充装站13家,压缩天然气企业11家,管道液化气站3家,液化气瓶装站22家,天然气1家。截止目前,天然气销售11756.43万立方米,日高峰供气量86万立方米,管线长度1000.57公里,用气户数10.52万户。液化石油气销售7406吨,用气户数约5.99万户。

四、供热方面,顺义区供热面积1986万平方米,其中居民供热面积1555万平方米,供暖用户15.1万户,集中供热管理单位32个,供暖锅炉房40座。在2010－2011年供热季中群众供暖满意率达到了99%。

单位名称:北京市顺义区市政市容管理委员会
地址:北京市顺义区府前西街9号
邮编:101300
电话:(010)81492856

(郇志剑)

国土资源管理

【概　况】 顺义区土地总面积约为1025平方公里,约占全市土地总面积的6.22%。全区由平原、台地、丘陵和山地等四种地貌构成,平原面积约占全区总面积的90.1%。根据2011年土地利用变更调查结果,全区土地总计101934.52公顷,利用现状耕地34017.71公顷,园地5013.04公顷,林地

15407.58公顷，草地1806公顷，城镇村及工矿用地城镇村及工矿用地27698.39公顷，交通运输用地7148.99公顷，水域及水利设施用地7754.63公顷，其它用地3088.18公顷，

单位名称：北京市国土资源局顺义分局
地址：顺义区光明北街7号
电话：(010)69445125
邮编：101300

（商保卫）

【土地利用总体规划】 2011年2月，北京市人民政府批准了《顺义区土地利用总体规划(2006—2020年)》，顺义区人民政府正式启用了新一轮规划数据。“规划”中所确定的主要目标和指标，要纳入国民经济和社会发展规划，要将耕地保有量、基本农田保护面积和城乡建设用地指标层层分解落实，不得突破。2006年-2020年整理补充耕地规模不少于2333公顷；到2020年耕地保有量不低于29333公顷，基本农田保护面积不低于27067公顷，城乡建设用地规模控制在27700公顷以内。2011年10月，北京市人民政府批准了《顺义区19个镇镇域土地利用总体规划(2006—2020年)》，镇级土地利用总体规划是用地审批的依据，一切土地开发利用活动必须与之相符。

（商保卫）

【征地及农用地转用项目管理】 全年办理征地结案14宗，征用集体土地面积2812.2亩(其中，农用地面积约1669.2亩，耕地面积约1407.3亩)，转非人员安置1742人，超转人员安置467人，劳动力安置1072人。

（商保卫）

【土地整理及耕地占补平衡】 2011年，通过对现状数据的分析，共立项7个区级土地开发复垦项目，总复垦规模772.03公顷，拟新增耕地178.36公顷，总投资4105.05万元；新增耕地亩均投资1.53万元。完成土地开发复垦项目可行性研究专家评审5个，总规模470公顷，拟新增耕地213公顷，总投资2569.35万元，均为区级投资；新增耕地亩均投资0.8万元。共完成了14个建设项目占用耕地的补充工作，涉及补充耕地面积60.0898公顷，收缴土地开发复垦费1622.4246万元。

（商保卫）

【土地供应计划及实施】 全区共实现供地47宗，供地总面积283公顷，其中：以招拍挂方式供地32宗，供地面积224.82公顷(工业仓储用地35宗，供地面积233.44公顷)；以协议方式供地3宗，供地面积8.63公顷；其他12宗主要是教科文卫用地，将采取划拨方式供地。

（商保卫）

【保障性住房用地供应】 共完成保障性住房供地56.8公顷，其中：完成马坡9号地双限房项目9.8公顷；梅沟营双限房项目9.6公顷；马坡9号地公租房项目0.6公顷；望泉寺E地块公租房项目30公顷，后沙峪C地块公租房项目1.8公顷；马坡9号地经适房项目5公顷。

（商保卫）

【土地市场交易】 完成经营性用地入市交易20宗，总面积1351939.8平方米(约135.2公顷)，实现政府收益300847.2805万元。完成工业用地入市交易32宗，总面积2932519.919平方米(约293.3公顷)，实现政府收益总计19246.005万元。

（商保卫）

【土地储备开发】 2011年，累计完成土地储备投资84.75亿元。情况如下：联储项目情况，全年共完成民宅拆迁10户，非住宅60家，公有住房66户。顺西路-府前街站梅沟营村地块已完成入市交易。在回迁安置房方面，联储项目共涉及回迁安置房项目5个。分别为梅沟营村项目、前进村和太平村项目、东庄村和火神营村项目、望泉寺村项目、花梨坎村项目。截至到2011年底，花梨坎村项目已完成回迁安置工作，梅沟营村项目、望泉寺

村项目、东庄和火神营项目正在进行施工建设。储备分中心为主体项目,储备分中心为主体项目共计20个,总面积729.22公顷。包含平各庄项目、天竺村项目(分为9个项目),板桥村项目(分为A、B地块两个项目)、夏县营村项目、马头庄村项目、后沙峪村项目、M15号线河东站项目(分一期、二期),M15号线南法信站项目(分为3个项目)。后沙峪村项目于12月下旬启动拆迁工作;天竺村项目及M15号线南法信站项目进行了拆迁扫尾工作,共计完成非住宅拆迁51个。

(商保卫)

【土地调查】 2011年,土地变更调查工作共监测图斑976个,监测面积1103.92公顷,新增建设用地117.62公顷。

(商保卫)

【土地权属登记】 完成国有土地使用权登记402宗、1135.87公顷(17038.05亩)。其中:国有土地使用权初始登记88宗、567.29公顷;国有土地使用权变更登记314宗568.58公顷。完成国有土地使用权抵押权设定登记307宗,抵押面积792.52公顷,贷款金额250.08亿元。完成了地籍管理信息系统建设,挂接整理档案1100余件,已实现所有土地登记、土地抵押、查封等业务完全系统办理。

(商保卫)

【土地执法监察】 国土部11次卫片查处情况。从3月开始,组织人员,对第11次卫片图斑发生变化地块进行了实地踏查,按时完成了内、外业核查、上报工作,并对其中的重点违法占地案件进行了查处,到年底已全部处理到位。具体情况是:国土部2011年度卫片共监测顺义区变化图斑1042个,经过实地调查,新增建设用地中违法用地28宗,占地面积1069.49亩,其中占耕地399.54亩。现已立案查处23宗,占地288.04亩,占耕地167.79亩。非立案查处5宗,占地781.45亩,占耕地231.75亩。违法建设拆除情况。协调各镇与区有关部门,对国土部11次卫片、二号小卫星监测图斑以及市区重点工程周边及镇域范围内主要道路两侧违法建设坚决予以查处、拆除。2011年,全区共拆除没收构筑建筑物70万平方米。

(商保卫)

【地质灾害防治】 5月上旬召开了区汛期地质灾害防治动员会,发放宣传材料106份,知识普及光盘50份。对易发区内进行工程建设的企业及时下发做好地质灾害防治工作的通知,认真履行告知义务。积极督促企业做好灾害易发区内灾害评估工作。

(商保卫)

交通运输

【概　况】 2011年,全区交通运输从业人员达32367人,运输经营者8630户,营运货车15556辆、客车4279辆(其中公交838辆、出租702辆、旅游614辆、租赁1496辆、人力客运三轮629辆)、水域游船247艘。有公交线路81条,运营里程2097公里,设站点918个。全年共实现客运量1.784亿人次;实现货运量2202.7万吨、货物周转量7.56亿吨公里,同比分别增长17.83%、43.23%;完成机动车维修量79万辆次,同比增长26%;实现交通运输收入13.04亿元、区内生产总值7.25亿元、生产税金7144.27万元,同比分别增长7.6%、6%、15.18%。

单位名称:顺义区交通局

地址:顺义区府前西街7号

电话:(010)69444637

邮编:101300

网站:http://www.jiaotj.bjshy.gov.cn/index.jsp

(白海鹏)

【开通首条农村微循环公交线路】 4月,组织开通龙湾屯镇“柳庄户-张中坞”微循环公交线路，招手停车、就近下车，基本解决了该镇居民公交出行“最后1公里”难题。

（白海鹏）

【智能公共交通指挥系统升级完善】 年内，本着智能化、人性化原则，在区内48条公交线路、469辆公交车、4处公交枢纽或中心站、16处公交站点安装指挥监控终端及其附件，实现对公交车辆运行状态的定位查询、远程指挥调度的实时监控，促进乘客、车辆、场站以及交通环境等要素之间的良性互动，提高了公交的运营安全水平和服务效率。

（白海鹏）

【提升危险货物运输监管水平】 年内，建立并健全危险货物运输企业标准化制度，与15家危化运输企业的GPS监控系统联通对接，实现了对全区危险货物运输全天候监控和有效调度管理。

（白海鹏）

【小客车数量调控工作】 年内，共受理小客车数量调控业务4026项，接待现场和电话咨询1.6万人次，确保相关政策落实到位。

（白海鹏）

【出租行业日常监管】 年内，对出租企业规章制度、应急预案、车辆技术性能、人员培训教育、车容车貌等情况进行认真检查，促进出租行业各项管理制度规范化。

（白海鹏）

【参与出租行业“的士之星”评选活动】 年内，继续参与并开展北京市出租汽车行业“北京的士之星”评选活动。经申报推荐程序，14名出租汽车驾驶员获评2011年度“的士之星”称号。

（白海鹏）

【M15号线一期东段正式开通运营】 12月30日，M15号线一期东段运营，线路全长11.35公里，设南法信、石门、顺义、俸伯4座车站，通车后与一期首开段（望京西站—后沙峪站）贯通运营，市民前往北京城区更加方便快捷。

（白海鹏）

【轨道交通运营监管】 年内，监督指导地铁运营单位建立、落实各项安全运营方案、服务标准和规范。坚持定期与不定期检查相结合，加强辖区内7座地铁车站的安全监管，特别是节假日、重大活动等客流高峰期和雨、雪、雾等恶劣天气情况下的重点巡查，监督并协助地铁运营单位有序疏导客流，确保轨道交通运营安全。

（白海鹏）

【维修行业监管】 年内，加强重要节假日和日常安全检查，特别是做好对现有汽车喷烤漆房的安全生产评价以及对无证照机动车维修经营业户的调查治理工作。继续开展机动车维修企业质量信誉考核工作，促进行业安全、有序、稳定发展。

（白海鹏）

【机动车综合性能检测】 年内，抓好机动车综合性能检测站的监管，规范检测行为，维护检测各方合法权益，全年共监督检测机动车15560辆。

（白海鹏）

【安全接送铁路列车零事故】 年内，加强辖区铁路道口安全监管。采取日查与夜查、实地查与监控查、公开查与暗访查相结合的方式实现安全监管，全区8处无人看管铁路道口安全接送列车339840列次。

（白海鹏）

【维护行业安全生产形势】 年内，逐级、层层签订综合治理、交通安全、安全生产监管责任书，落实安全责任。

（白海鹏）

【学习贯彻《中华人民共和国道路交通安全法》】 年内，强化行业机动车驾驶员遵纪守法观念和安全行车意识，严格车辆及驾驶员管理。获得北京市交通安全委员会颁发的“2011年度交通安全先进单位”称号。

（白海鹏）

【监督指导水运游船行业】 年内，组织完成顺义公园、顺鑫绿色度假村、卧龙公园、汉石桥湿地、奥林匹克水上公园航期安全检查，监督指导水运企业做好安全隐患排查整改，实现水运行业全年安全生产无事故。

(白海鹏)

【进出京车辆检查】 年内，北务、大孙各庄综合检查站充分履行首都东北部“护城”职责，全年无休息，坚持领导带班、24小时坚守岗位，严查客货进出京车辆证照、运输单据及所装载物资。

(白海鹏)

【全程办事代理服务】 年内，坚持公开、便民、优质、高效的办事原则，积极做好行业经营许可、停歇业手续的办理及各种营运证件的核发、换发工作，减少经营者办事环节，缩短办事时间，提高办事效率。2011年共接待来电来访经营者16403人次，办结各类事项5100件，群众评议满意率达到100%。

(白海鹏)

【从业人员教育培训】 年内，运输协会、培训学校充分发挥行业教育阵地作用，培训学校教师自编教材，开展道路运输行业从业人员法律法规、职业技能知识培训，增强了从业人员的法制观念和就业能力。2011年共组织举办各类培训45期、培训人员6208人次，其中：上岗资格培训16期、2627人次，法规培训24期、2596人次，客运再教育培训5期、985人次。

(白海鹏)

公路建设

【概　况】 2011年，顺义公路分局在市交通委路政局和顺义区委、区政府的正确领导下，以“三大交通”理念统揽全局，以高标准迎接全国干线公路养护管理检查为重心，以高质量推进公路建设、养护管理为主线，落实“精细管理、无痕服务”的理念，提高公路服务品质，圆满完成了年度任务，以优异成绩献礼党的九十华诞。全年完成公路建设、养护项目20项，完成投资5亿元。其中：新改建工程7项，完成投资1.3亿元；大修工程11项，完成投资1.9亿元；列养公路里程791公里，实施中小修维护等工程30项，完成投资1亿元。全年修建公路里程224公里，新增公路里程40公里。乡村公路建设89公里、改造乡村公路危桥10座，完成投资8500万元。严格执法，文明服务，切实维护路产路权，全年办理行政许可88项，实施行政处罚136件，发现违法违章案件803起。

单位名称：北京市交通委员会路政局顺义公路分局

地址：顺义区府前东街8号

电话：(010)69443512

网址：http://www.sygl.net.index.aspx

(顺义公路分局)

【大修工程使用TX半柔性路面铺装新工艺】

为解决道路出入口易出现车辙病害的问题，在顺平路九王庄路口、南彩路口、水屯路口、木燕路口进口车道处采用了TX半柔性路面铺装层。施工面积3690平方米。TX半柔性路面是指在使用开级配沥青混合料的大孔隙(空隙率高达20%－25%)基体路面中，灌入以水泥为主要成分的特殊浆剂而形成的路面，具有高于水泥混凝土的柔性和高于沥青混凝土的刚性，是一种既保留沥青混凝土路面主要使用品质，又具有水泥混凝土路面部分性能的结构形式，同时具有耐油污、可着色等特性。由于具有较高的刚性，使其在抵抗车辙方面性能表现优越。

(李宁)

【机场东路大修工程】 4月30日机场东路大修工程完工。本次大修北起顺平路以南

357米,仁和立交六环入口处(桩号为k0+357),南止李天路(桩号为k9+272.791),道路长7.2公里。路面宽26.1米,路基宽27.6米。该工程于3月15日开工,由北京市交通委员会路政局投资,投资总额2794.77万元。

(董小红)

【完善路网管理平台】 5月初,顺义公路分局公路养护管理与路政巡查一期升级系统投入运转。实现了路政、养护事件处理、应急处置、公众服务等核心业务的全流程信息化控制,极大地提高了路政、养护作业的工作效率、业务能力和公众出行服务水平。根据《北京市公路路网交通信息采集与发布设施规划》,在11条县级以上公路上,增设外场点位20处和外场设备30套,进一步提高了公路运行效率和服务水平。

(佟慧超)

【全国干线公路养护管理检查】 5月25日,顺义公路分局接受了交通运输部"十一五"全国干线公路养护管理检查。检查组成员由海南省交通运输厅组成。检查组一行收看了分局制作的"发展中的顺义公路"宣传片;听取了分局张玉霞局长作的题为"抓住机遇、勇于挑战,全面推进顺义公路养护管理工作再上新台阶"的顺义区"十一五"期间公路养护与管理工作汇报;检查了分局内业资料和路政许可大厅,并驱车查看了顺平路、白马路、木燕路、京沈路顺义段等部分路段和北务综合治超站和富各庄公路服务站。本次"国检"北京市取得了"直辖市第一,全国第二"的优异成绩。

(杨广岳)

【顺义区首次应用聚合物(SRX)新材料】 8月30日,分局聚合物柔性基层在李木路大修工程中成功铺筑。该路段南起龙塘路,终点为顺平南线,长1公里。聚合物材料是近年来国际筑路工程中广泛应用的一类新型高分子树脂聚合物路用稳定剂。与传统的石灰、粉煤灰稳定碎石基层相比具有无污染、对人体无害、工艺简单和快捷、不需要洒水养生、凝固速度快、随着时间的延长聚合物稳定强度持续上升、明显提高道路使用寿命、大大降低养护成本等优点。

(李宁)

【"宇通杯"机动车驾驶员节能技能竞赛保障工作】 8月31日,第二届全国交通运输行业"宇通杯"机动车驾驶员节能技能竞赛启动仪式暨北京赛区选拔赛开幕式在奥林匹克水上公园举行。市交通委刘小明主任主持开幕式。按照赛会相关要求,分局积极做好服务保障工作。一是成立了张玉霞局长担任组长的协调配合工作领导小组,划分责任分工,协调领导全方位工作;二是抽调15名路政人员和4台执法车辆,配合区交通支队做好赛事路段及周边道路的交通疏导;三是负责赛事路段周边巡视和突发事件的处置;四是提供赛时后勤服务,出色地完成了道路保障任务。

(杨广岳)

【首届环北京国际职业公路自行车赛保障工作】 10月8日,顺义区迎来首届环北京国际职业公路自行车赛第四赛段的比赛。赛道包括国道京沈线和市道白马路,全长15公里。为保证赛事的顺利举办,顺义公路分局积极实施赛道保障工作,做到了"三个确保"。比赛当天,确保了路域环境的美观、大方。比赛开始前,确保了路面的整洁、平顺。比赛进行期间,确保及时处置突发事件。累计出动养护工程车5辆、养护作业人员60余人,为环京赛的成功举办和展示首都及顺义区的魅力风采做出了积极贡献。

(周秋立)

【顺义区首次使用自发光交通标线】 10月16日,随着第一炉自发光热熔涂料在县级公路龙凤路上施划,标志着自发光交通标线在顺义区首次使用。自发光交通标线具有吸收能量并于夜间自动发光的功能,既能做到普通交通标线的被动反光,又可在无灯光照射下自动发光而清晰可视,因此特别适用于郊区路、山区路和乡村路等无灯光的道路,堪称在郊区路、山区路、乡村路出行的“救命线”。本次施划面积总计3000平方米,投资约40万元。

(王三军)

【顺平路预防性大修工程】　10月18日顺平路预防性大修工程完工。本次大修西起燕京桥(桩号K11+300),东止顺义平谷区界(桩号K39+410),长28.1公里。设计等级为一级公路,计算行车速度80公里/小时,设计荷载标准BZZ-100。该工程于3月15日开工。由北京市交通委员会路政局投资,投资额2753.96万元。

(董小红)

【列入参照公务员法管理单位】　12月31日,按照北京市人力资源与社会保障局《关于批准北京市交通委员会运输管理局东城管理处等16家事业单位列入参照公务员法管理单位的复函》(京人社录函【2011】　333号)文件精神,顺义公路分局正式列入参照公务员法管理单位范围,分局共有干部职工95人,其中90人为参照公务员法管理人员,5人为工勤人员。

(陈楠)

环卫服务

【概　况】　2011年,顺义区城镇环境卫生服务中心在区委、区政府的正确领导下,全面贯彻落实科学发展观,紧紧围绕我区经济社会发展大局,秉承“以人为本、精细管理、科学考核、扮靓新城”的环卫理念,创造了整洁、优美的市容环境,提升了顺义的对外形象和吸引力,促进了经济与环境协调发展。年内,我区道路清扫保洁面积达到315万平方米,机扫面积达到109万平方米,机扫率达到84%,机械化除雪率达到100%,全年共清运生活垃圾约122775吨,清掏粪便8045吨,垃圾清运密闭化运输率达到100%。

单位名称:顺义区城镇环境卫生服务中心

地址:顺义区新顺南街5号

电话:(010)69444468

网址:http://www.bjshyhw.com

(席丽伟)

【郊区县市容环境卫生专业考评第一】　年内,北京市市政市容管理委员会委托市环境卫生协会开展北京市郊区县环境卫生检查考评。区环卫中心建立了详细的业务工作台账,加大城区道路及公共卫生间清扫保洁力度,增加清运频次,确保垃圾日产日清,车走站净。在全年的专业检查评比中,顺义区荣获郊区县市容环境卫生专业考评第一名。

(席丽伟)

【春节期间环境卫生工作】　环卫中心采取多项措施,做好春节期间环境卫生工作:清洁队将工作时间由原来的早7点调整为早5点,360名清扫保洁员放弃休假,坚守岗位,节日期间清理城区各街道烟花爆竹残渣60余吨;机械化作业队、镇村清运队采取延长清运时间、增加清运班次等措施,保障城乡生活垃圾日产日清;机械化作业队加大城区道路清扫保洁力度,出动扫路车12辆,每天对57条街道保洁,同时配备洒水车2辆,做好防火阻燃工作;春节期间共出动垃圾压缩车166辆,清运垃圾3605吨;设施科维修更换81座公厕破损设施,抽运粪便105吨,确保了城乡居民正常如厕。

(席丽伟)

【新增道路面积的清扫工作】　年内,新增人行步道及门前三包道路清扫面积约100万平方米。环卫中心一是统筹管理,合理分配,将门前三包及人行步道归所在街道保洁组统一管理,根据各班组情况合理分配;二是加大巡视监管力度,重新划分管理区域,保证全天候有人监管；三是全面提升作业质量，规范作业程序，要求每天普扫一遍，平时随时保洁，尤其是门脸较多的街道周边区域的卫生死角，更是加大清理巡查力度，提升了城区道路的整体清扫质量 。

（席丽伟）

【强化渣土清运管理工作】 环卫中心一是加大宣传力度，全面统计城区各工地和车辆，建立备查档案，向施工工地和渣土从业人员发放《顺义区渣土管理办法》等法规宣传材料260余分，告知率达到100%；二是根据工地分布情况、开工时间和工程进度情况，逐一进行施工现场调查，特别是地铁M15号线及金街改造工地，多次夜间突击检查，渣土管理取得良好效果；建立渣土管理系统信息化办公平台，实现渣土管理办公信息化；此外，3月的渣土管理保障月活动中，渣土管理所共出动检查人员115人次、车辆23车次、检查工地69个、检查车辆60余量，受理渣土消纳咨询7次，渣土申报量达到15075吨。

（席丽伟）

【"两会"期间环境保障工作】 年内，为迎接第十一届全国人民代表大会第四次会议和政协第十一届全国委员会第四次会议召开，环卫中心出动保洁员300余人、干吸车5辆，对城区53条主要大街、辅路、人行步道进行彻底清扫保洁，对街道两侧622个果皮箱进行清洁擦拭；对全区81座公厕进行全面清扫保洁，对破损的设施及时更换维修；同时先后出动120辆垃圾车对全区范围内生活垃圾进行全天清运，"两会"期间共清运550余吨生活垃圾；此外，环卫中心重点对代表驻地周边、"两会"行车路线、重点繁华地区强化渣土管理，严格控制遗撒扬尘等现象。

（席丽伟）

【环境整治工作】 根据"2011年顺义区环境建设工作大会"会议精神，环卫中心建立环境建设台账，逐项分解任务，明确责任落实；加大果皮箱清掏力度，及时修理更新；加强垃圾清运工作，确保垃圾在30分钟内清运完毕；强化道路保洁清扫工作，加大巡回检查力度；强化服务理念，提高公厕保洁质量，及时更换维修公厕设施；对工地扬尘、遗撒等问题开展专项整治活动，推动渣土消纳工作。

（席丽伟）

【汛期环卫保障工作】 环卫中心成立防汛工作领导小组，制定2011年度防汛工作预案，密切关注天气变化，准备充足的防汛急用物资；实行24小时值班制，作业队随时待命，如遇中雨以上天气，及时清理雨水口污物，确保排水畅通；雨后清除道路积水和道路甩泥，确保车辆行人安全；做好粪便抽运工作，防止汛期低洼粪井因雨水倒灌造成满冒。

（席丽伟）

【重大活动环境保障工作】 年内，环卫中心完成第十九届中国国际服装节、第二十届燕京啤酒文化广场活动、第三届北京端午文化节龙舟比赛、迷笛音乐节等重大节日活动的环境卫生保障工作。

（席丽伟）

【市容环境卫生社评第一】 年内，按照北京市市政市容委工作要求，北京市环境卫生设计科学研究所与北京市统计信息咨询中心联合在郊区县新城进行市容环境卫生社会（试）调查与评价工作，通过入户发放调查问卷的方式采集群众对环境卫生工作的满意度。通过数据汇总分析，按照全年社评得分排序，我区在全市10个郊区县新城中排名第一。

（席丽伟）

环境保护

【概　况】 2011年，顺义区紧紧围绕"打造临空经济区、建设世界空港城"的奋斗目标，以生态创建为旗帜,以污染减排为中心,以实施减排三大体系为保障,全面推进环境保护工作,圆满完成了各项任务指标,全区环境质量得到进一步改善,实现了“十二五”的良好开局。

单位名称:顺义区环境保护局
地址:顺义区府前西街铁路桥西
电话:(010)69444834
邮编:101300
网址:http://www.syhbj.bjshy.gov.cn

(法规政策研究室)

【“十二五”主要污染物减排工作】 制定并颁布了《顺义区“十二五”主要污染物总量控制规划》,对区“十二五”减排任务、重点、措施等进行了科学部署,为全面完成减排工作奠定了坚实基础。深化结构减排,关停30家不符合北京市和顺义区产业发展定位的“三高”企业;推进实施清洁能源替代,有天然气管网地区,不再新上燃煤设施;逐步压缩区内“小、散、低”的养殖量,到2015年,规模养殖场减少21%,散养户减少30%;落实工程减排,加强污水处理和再生利用设施建设,“十二五”期间计划新增处理能力22.5万吨/日,新建污水管网200公里;对顺义区水质净化厂、天竺污水处理厂、首都机场东污水处理厂实施污水深度处理工艺;实施水泥窑脱硝工程,完成现有供热中心低氮燃烧和烟气脱硝工程;强化监管减排,全面施行减排三大体系,通过四级管理制度、报表制度和奖惩制度保障运行;加强重点排污企业治理设施使用情况的监管力度,确保治理设施正常运转;建设重点水和大气污染源自动监控系统,保证稳定运行;继续开展环保专项行动,加大挂牌督办力度,积极开展后督察,防止污染反弹。

(李　莹)

【减排体系建设】 制定并颁布了顺义区主要污染物总量减排三大体系实施意见,对我区污染减排考核、监测监察和统计工作进行了全面部署,对三大体系建设工作机构、对象、内容、标准和方法做了详细阐述,建立了顺义区、职能部门、属地单位和重点排污企业四级梯状管理机制,突出了属地单位在减排工作中的主体职能,为“十二五”污染减排任务的顺利完成奠定了基础。

(李　莹)

【“三大体系”实施工作】 一是从组织上保障污染物总量减排监测监察、考核、统计“三大体系”的实施,成立污染减排“三大体系”实施工作小组,负责组织顺义区主要污染物减排监测监察、考核、统计工作领导小组办公室成员的培训,切实提高各单位领导对“三大体系”工作的重视程度,定期听取相关单位关于“三大体系”运行情况的工作汇报;二是从能力上保障“三大体系”实施。不断扩大监测范围,对10家水重点污染源和12家大气重点污染源安装在线监测设施;三是从监管上保障“三大体系”实施。不断加强在线监测设施的监管,做到对监测数据每日调阅、定期分析、每月汇总、每季通报,对存在问题的企业及时责令整改,确保监管效果。

(李　莹)

【国家生态示范区】 组织召开了全区基层创建工作会,制发了《顺义区2011年度创建北京市“环境优美镇”和“生态村”工作实施方案》,针对基层创建资料准备、环境整治、基础设施建设等工作的开展进行了培训。2011年,被环保部正式授予“国家生态示范区”称号,全年共申报国家生态镇4个、国家生态村30个,目前1个市级环境优美镇和160个市级生态村已过专家组验收。截至目前,全区已有国家级环境优美镇12个、国家级生态村1个、市级环境优美镇16个、市级生态村86个。

(李　莹)

【空气质量改善】 制定了《顺义区清洁空气行动计划(2011－2015年大气污染控制措施)》和《顺义区2011年落实<顺义区清洁空气行动计划(2011－2015年大气污染控制措

施）＞实施方案》，成立了清洁空气行动计划领导小组，深入开展大气污染防治工作。全年二级和好于二级天数达到281天，占有效天数的77%，同比增加10天，超额完成市政府下达的任务指标。

（赵 琛）

【大气污染源监管】 深入落实《关于进一步加强全市污染源监管工作意见》，严格执行《绿色施工管理流程》及《顺义区扬尘管理办法》，对11家市控重点源、9个减排项目、82家中小排污企业开展了专项检查。全年共完成51蒸吨燃煤锅炉改清洁能源工作，完成了彩园物业管理中心等5家减排重点源单位的在线监测设施安装工程并联网。

（赵 琛）

【严格监管施工车辆和机械】 以各施工工地运输车辆和施工机械达标排放情况为检查重点，检查施工工地39家，施工机械租赁单位3家，检查车辆87台次，其中施工机械18台，检查出超标车辆1台并进行了处罚。建立了143家施工工地台账，及时更新了42家工地的车辆台账信息；与各施工责任单位签订《排放达标承诺书》，督促其防治措施落实到位；加大宣传力度。发放《致机动车驾驶员的一封信》，告知车主尾气排放的危害，普及环保法律法规，共发放宣传材料323份。

（李 爽）

【地表水环境质量监控】 以市级考核断面达标为中心，采取12项综合措施，每月对16条河流40个断面监测一次，共发布《顺义区水环境保护与建设情况通报》12期。加强重点流域、区域、行业、企业的整治，督促企业对污水防治设施进行升级改造。坚持区、镇、村、企四级巡查制度，依法、按时对8个国控、21个市控重点污染源进行监测、监察，建立完善“一厂一档”和环境监督员制度，依法严肃处理超标排污、偷排漏排等环境违法行为，确保污染物稳定达标排放。重点对全区86家规模化猪场、鸡场、牛场加强监管，确保完成养殖业污水达标排放。

（李 爽）

【环保专项行动】 以8家国控、23家市控和11家区控重点源为监管重点，推进排污企业精细化管理水平；加强对涉重金属企业监管，扎实做好中间环节污染防治。加大环境监察力度，严厉打击环境违法行为。推行“立体监管”机制，加大监察力度，重点督查环境执法的重点和盲点。通过形式多样的环境执法检查，在全区上下形成“有影响、有声势、有震慑、无间歇”的环境执法高压态势。全年共处罚环境违法企业20家，挂牌督办企业3家，共处罚金42.56万元。

（郭 钺）

园林绿化

【概 况】 顺义区园林服务中心为顺义区城市园林绿化业务主管部门，正处级差额拨款事业单位，其主要职责任务是承担园林、绿化等事务性、服务性工作，职责范围包括顺义城区、顺义新城、各中心镇、市区级开发区以及区政府指定绿地，归口顺义区市政管理委员会。园林服务中心机关内设职能科室5个，有下属单位10个。截至年底，实有职工总数为328人，其中，专业技术人员83人，含中级职称20人，初级职称42人，技术员21人。直接管理园林绿地共计97处、585.23万平方米，其中新建绿地5处、面积61.21万平方米；已评定特、一级绿地共计48块、面积443.75万平方米，其中特级32块、333.59万平方米，一级16块、110.16万平方米。区属公园8个，面积105.52公顷；街头绿地65.80公顷；道路绿地413.91公顷。年内，实施仁和公园建设工程、府前街绿化改造工程等项绿化工程。

单位名称:北京市顺义区园林服务中心
地址:北京市顺义区石园西路AMB大厦A座9层
电话:(010)89443205/89443753
邮编:101300
网址:http://www.yl.bjshy.gov.cn

(杨 旭)

【仁和公园建设工程】 仁和公园位于顺义城区南部,以原有杨树片林为基础进行规划建设,总占地面积22.77公顷,其中,水面积0.92公顷。公园规划设计方案以"园林街区,绿色生活"为理念,着力突出公园生态、文化、多彩、功能四大特色。同时,还将具有顺义地方特色的"村名"、"潮白河"等元素融入公园设施建设中,形成了公园独具特色的人文景观。仁和公园建设工程2011年7月开工,11月底完成主体工程建设,共计完成铺装面积3万余平方米;敷设8类管线7.2万延长米;安装生态围栏2500延长米;安装庭院灯418盏、景观灯38盏;安装座椅100组、垃圾筒68个;设置监控摄像头17个;新栽植各种乔灌木2200余株,地被花卉15.5万株,色块植物6.7万平方米,铺设草坪近10万平方米。建成后的仁和公园设东、南、西、北出入口各1个,园内主路环绕中心湖,建有中心广场、桥渡广场、码头主题广场、芳香园、舞场、儿童游乐园等景点和活动场地,街区部分为开放式设计,与街道景观融为一体,周边设有村名广场、街头广场等系列广场14个,可分别满足游客对休憩、娱乐等不同活动内容的需求。仁和公园的建成使顺义城区公园分布更加均衡,也使顺义的城市功能和空间布局得到进一步优化。

(杨 旭)

【机场东路南环立交绿化工程】 机场东路南环立交绿地横跨六环主路,南邻国门商务区和T3航站楼,东北方向与汽车城工业区相接,总绿化面积173212平方米,其中桥区内108004平方米,护坡65208平方米。绿化设计方案着力构建地标性交通枢纽景观,强调立交桥景观的整体性,同时兼顾每个匝道圈的独立景观。在桥区中心匝道圈内,植物配置上使用大量小叶黄杨、金叶女贞、红叶小檗等色带植物组成凤凰图案,并点缀彩叶树种,预留重大节日摆花空间,成为该立交桥的中心景观区。绿化工程共种植常绿植物579株,落叶乔木1243株,灌木7967株,色带植物9321平方米,花卉植物25113平方米,地锦65208平方米,铺种草坪63175平方米。

(杨 旭)

【府前街绿化改造工程】 府前街绿化改造工程西起迎晨桥,东至东大桥环岛,全长4000米,其中迎晨桥至顺白路段长1500米,顺白路至东大桥环岛段长2500米,绿化面积共计4100平方米。工程共计种植国槐154株,加拿大红樱175株,色块3670平方米,宿根花卉430平方米,安置树池花箱259个,栽种应时花卉矮牵牛、三色堇等6.37万盆。

(杨 旭)

【M15号线(一期)沿线绿化工程】 M15号线(一期)沿线顺于路段全长1800米,宽20米,绿化面积36000平方米。绿化设计方案利用微地形划分出前景与背景,以常绿树为背景林,点缀彩叶树种和各季节花灌木,突出景观层次感。工程共计种植落叶乔木831株,常绿乔木25株,灌木255株,绿篱1657延长米,色块4144平方米,铺种草坪27335平方米。

(杨 旭)

【顺白路绿化工程】 顺白路全长5.2公里,南起顺平路,北至京密路,道路绿化总面积9.3万平方米。其中顺平路——卧龙环岛段长度2200米,绿化面积约0.9万平方米;卧龙环岛——京密路段长度3000米,绿化面积约5.4万平方米,卧龙环岛节点绿化面积约2万平方米;石油公司节点面积约1万平方米。顺白路绿化工程共栽植乔木1570株,常绿树439株,灌木1892株,色块18605平方米,花卉13190平方米，铺种草坪49111.7平方米。

（杨　旭）

【南门西街绿化工程】 南门西街位于顺义区义宾北区北侧，道路长度330米，绿化面积1691平方米。绿化方案充分注意到防风、防尘、减少太阳辐射热，以及保证良好的光照、通风和美化等功能上的要求。工程种植落叶乔木82株，常绿乔木8株，灌木65株，色块344平方米，卫矛球23个，女贞球14个，花卉57平方米，铺种草坪398平方米。

（杨　旭）

【怡园、减河五彩园重要实事工程】 年内，区园林服务中心实施顺义区2011年为群众拟办重要实事第十五项工程项目，即更新怡园和减河五彩园设施（包括翻建公园管理处建筑，更换照明设施、座椅、垃圾桶等设施）工程项目。怡园完成公园管理处建筑翻建，更换座椅85组；减河五彩园完成庭院灯123盏、座椅35组、垃圾桶30个的更换工作。

（杨　旭）

【国庆花卉布置工程】 花卉布置工程由区园林服务中心负责组织，9月26日竣工。国庆花卉布置以"共祝愿，祖国好"为主题，在城区府前街等主要道路、光明文化广场等重要展示区和城区各公园及国际职业自行车赛（顺义段）等重要节点，采用主题花坛、立体花架、平面布置等形式进行布置，形成"二纵、四园、一赛事"的总体布置格局，实现"鲜花装扮生活，和谐走进顺义"总体目标。花卉布置工程共计使用夏堇、矮牵牛、蓝花鼠尾草、矾根、金叶薯、孔雀草等20余种、115.4万盆应时花卉。

（杨　旭）

【城区公园文化活动】 年内，为深入贯彻"文化建园"方针，充分发挥园林绿地服务功能，卧龙公园第八届水仙花展、减河公园第四届郁金香花展和顺义公园第九届荷花展分别举办，形成城区系列公园文化活动。卧龙公园第八届水仙花展于1月26日—2月8日举办，此次花展共展出水培、沙培，单植、组合，自然生长、雕刻造型的水仙花千余盆，花展在营造浓郁节日氛围的同时，进一步突出了花展的人文性、互动性和参与性。减河公园第四届郁金香花展于4月20日开幕，共展出金色阿波罗、世界之爱、琳马克等品种的郁金香和海棠、矮牵牛、三色堇、美女樱、花毛茛等应时花卉10余万株。顺义公园第九届荷花展6月25日—7月18日举办，20亩荷塘荷花盛开，盆景荷花近千盆，主要品种有微山红莲、艳阳天、午妃莲、仙女散花、秋水长天、醉杯、白衣战士、万寿红、粉川莲等，同时展出的还有睡莲、千屈菜、旱伞草、蓑鱼草等多种水生花卉及各色应时花卉6000余盆。

（杨　旭）

自　来　水

【概　况】 2011年是"十二五"的开局之年，也是自来水公司成立三十周年。在全区供水面积人口不断增加的趋势下，公司下属的水厂已达9座，独立水源地3个。广大干部职工认真贯彻落实科学发展观，以安全供水为核心，以服务社会和经济建设为目标，各项工作健康稳步发展，取得可喜成绩。全年超额完成了经济增加值、利润、上交税金计划指标，年供水3869万吨，日最高供水14.3万吨。漏失率控制在8%以下。铺设直径75毫米以上管线78公里，砌筑节门井、水表井、消防栓井2046座，安装IC卡水表11562块。各项生产任务及主要经济指标实现了年初的预定目标。

单位名称：北京市顺义区自来水公司

地址：顺义区府前东街10号

电话：(010)69444463

邮编:101300

网址:http://www.Shish.bushy.gov.cn

(自来水公司)

【供水设备维修服务工作】 2011各供水及维修部门对供水设备进行全面检修、保养。维修水泵20余次,维修水表井、节门井等623次,维修更换节门711个,无偿解决孤寡老人实际用水困难26次。应急抢修54次,查处违法用水4处,确保了用户正常用水。此外,新增了站前街、马坡、天竺、牛山4处工商银行代收水费网点,赢得了居民和社会的广泛赞扬。

(自来水公司)

【设备创新升级】 自来水公司抄表工抄表直接输入抄表器,水费单据由手写改为系统机打印,提高了工作效率,减少手写错误率,完成大量基础数据和业务流程优化,水费收缴周期缩短1周,使查表收费进入数字化管理阶段;对新增IC卡售水网点安装售水系统,通过联通3G网络平台,银行售水网点进行实时连接升级,从根本上杜绝了由于数据不同步导致的银行售水无法输入水表的问题;完成了新调度系统的优化调整,调整后的新系统增加了水源井累计流量,总电量和运行时间的自动统计和红外主动报警等多项功能。

(自来水公司)

【重点工程进展情况】 5月17日,取得了发改委下发的自来水公司重点工程项目赵全营水厂扩建及水源地建设工程的立项批复,并委托北京京发招投标代理公司于10月12日完成了勘察、设计招标工作。水源地在原有3眼水源井的基础上新增1眼水源井。

(自来水公司)

【水厂建设】 4月份,自来水公司启动北务水厂办公楼工程,建筑面积1600平米,年底全面竣工,楼内设有化验室,确保北务、李遂两镇水质检测工作;完成高丽营水厂供电增容工作,由原来200KVA增容至400KVA,提高了电源设备的保障能力。

(自来水公司)

【水源地建设】 二水源地重新开凿两眼水源井,其中一眼井已投入使用,另一眼井已基本竣工;为了应对地下水位不断下降,二、三水源地、北小营水源地换泵12台,平均每眼水源井增加泵管6米。

(自来水公司)

【供水管线铺设】 完成顺义西单路口,顺白路、便民街等市政重点工程给水管线改造工程,铺设直径75毫米至600毫米管线4440米;完成林河工业区、顺义新城、牛栏山04、05地块、国门商务区等功能区给水工程,铺设直径200毫米至600毫米管线12600米;完成顺平南辅路、站前西街住宅楼、顺新绿色家园三期、机场东路、农村安饮等给水工程,共铺设直径75毫米至600毫米管线12000米。

(自来水公司)

【职工培训】 全年对初高级运转工、供水营销员、技师、企业安全负责人培训23人,特种作业培训、复查44人。

(自来水公司)

【改善工作环境】 9月16日—12月2日,二水厂完成了地源热泵空调系统安装工程,解决了因锅炉老旧可能引起的安全问题;对公司材料库进行整体改造,盖房16间,路面硬化3200余平米,地源热泵空调系统投入使用,可覆盖东库500平米的面积,改善了职工的工作环境。

(自来水公司)

【捐赠活动】 自来水公司在顺义区慈善协会组织的“冬衣送暖”活动中捐款23850元。本年4月,为顺义区慈善协会捐款46900元。

(自来水公司)

供电工作

【概　况】 顺义供电公司始建于1957年，是北京市电力公司的二级生产单位，共有职工1041人，其中全民职工312人，集体职工18人，劳务工711人。公司下设12个职能处室、三个工区、四个中心、一个多种经营总公司，19个供电所，负责运行维护的资产包括110kV变电站19座，35kV变电站11座，110kV线路281.4公里，35kV线路210公里，10kV线路3412公里，低压线路2027公里。所属用电客户共计31万户，其中居民用户28万户。2011年地区最大负荷达到94.1万千瓦(发生在8月9日11时24分，比去年最大负荷90.7万千瓦增长3.75%)，售电量完成49.35亿千瓦时。

单位名称：北京电力公司顺义供电公司

地址：顺义区南法信中心小学西侧路北

电话：(010)81483347

邮编：101300

（王　蕊）

【安全生产】 2011年度，顺义供电公司以“两抓一建”活动为主线，不断夯实安全管理基础，全年各项生产经营工作平稳有序进行。强化制度执行和安全监督管控。加大生产现场巡视检查和“反违章”工作力度，坚决杜绝人身伤亡事故的发生。继续丰富“思考三分钟”活动内容，启动大学生“安全助理”活动。组织拍摄典型设备规范倒闸操作录像，开展变电运行人员技能比赛，有效提高了运行人员倒闸操作的技能水平和安全作业水平。认真开展“三查四防”安全大检查活动，全面梳理消除生产、基建、营销等各领域事故隐患。强化电网运行管理和安全风险管控。积极开展电网运行分析和安全校核，提前梳理大负荷期间电网薄弱环节，并制定有效的预控和技术改造措施，完成1座35kV变电站(沿河站)增容改造、3路35kV输电线路综合检修和接地电阻整治、33路10kV架空线路综合检修及92台农村配电变压器分换装工程。针对外力破坏高发的重点隐患区域，充分发挥群众护线和专业护线队伍优势，加强反外力特巡和盯守；强化电力设施保护宣传，向输变电设施周边施工人员、吊车司机等“高危人群”发放反外力宣传材料2000余份。逐步推动建立政治供电常态化工作机制。全年共完成供电保障任务22次，其中包括两会保障工作、中高考、成自考及顺义区政府组织的各类活动保障，实现了政治供电“零闪动”的目标。

（王　蕊）

【电网规划与建设】 充分发挥规划引领作用。加强“十二五”地区电网规划与经济发展规划的协调衔接，围绕重要负荷增长点，落实2座220kV变电站、15座110kV变电站站址，推动西辛变电站增容工程列入2012年度夏工程计划。与区规划委、发改委、市政管委等部门建立了定期会商制度，及时解决电网规划和建设过程中遇到的问题。绘制完成基建工程管理流程图。加快推进电网项目实施。完成110kV怀牛线路改造工程，110kV李上一、二和35kV仓河、牛北一等线路迁改工程，有序推进110kV出口加工区输变电工程和西马、顺王等两个220kV送电线路的工程前期工作。

（王　蕊）

【营销与优质服务】 提高电网供电能力。以服务地区经济建设为己任，千方百计满足区内重点工程、重大项目和广大人民群众的用电需求，全年共完成报装接电1.5万户，接入容量36.25万千伏安。优质服务工作。认真开展“塑文化，强队伍，铸品质”优质服务活动，落实窗口售电、用电报装、应急送卡等服务的标准和要求，提高故障抢修的速度。大力开展共产党员服务队系列活动，完成六个社区的挂牌联系任务，落实供电服务“进企业、进学校、进乡村、进街道”要求，彰显供电企业服务民生的企业形象。开展重要用户差异化服务，形成常态化服务机制，确保首都机场、轻轨15号线等17个二级以上重要用户的可靠供电。开展系列便民工程，拓展电费销售渠道，充分利用营业厅资源，增加POS机的设置，加设代收电费网点，方便电费缴纳。计量改造工程。加强计量改造工程现场管理，严格执行规范的业务流程，针对一些敏感小区制定妥善的应急处置预案，顺利完成了1.6万具国网智能表改造任务。积极推进老旧小区改造。顺利完成西辛南区、义宾南北区、石园西区、仓上小区四个老旧小区配电设施改造工程的可研、立项、初设审核和招投标工作。电动汽车推广应用工作。落实了电动汽车充换电站选址工作，配合北京市电力公司启动首都机场太阳能电池梯级利用项目。

（王　蕊）

【经营管理】　人力资源。依托ERP系统建设维护，提高人力资源管理信息化水平，完善劳务人员基础管理信息，稳步推进劳务人员薪酬改革，积极开展职工教育培训和人才培养，突出以赛促培、以赛促学。深入开展全员绩效管理工作，逐步完善管理体系，开发推广绩效管理应用软件，推动绩效管理工作走向系统化、常态化、制度化轨道。财务集约化。将年度可控成本细化分解到各部门，做好费用支出的过程控制。物资集约化。贯彻物资体系改革精神，完成物资职能调整，并积极开展物资清仓查库工作。依法治企。深入开展“法治电网”依法治企专项活动，全面梳理公司各项规章制度，强化工作方式的规范性、严谨性，利用书籍、讲座、刊物、征文等形式加强法制宣传教育，提高员工维护企业利益、规避法律风险的能力。

（王　蕊）

【党建与精神文明建设】　提高全员党性修养。紧紧围绕企业中心工作，大力开展“强素质、保安全、创效益、勇争先”主题教育活动。以学习党史为核心，创新开展“90讲团”、“红色放映队”等特色活动，提高全员政治素养。加强基层党组织和党员队伍建设。以“创先争优”为抓手，深入开展“五好”党支部和“五带头”党员评比工作，突出党员的先锋模范作用。扎实开展精神文明创建工作。主动承担社会责任，深入开展“一助一”帮扶工作。连续第三年到北石槽镇中心小学开展“助学手牵手 真情心连心”捐资助学活动，向10名贫困学生送上学习用品和助学金。充分发挥团员青年的生力军作用。创新开展英语充电站、电力文化校园行等特色活动，展现顺义供电公司团员青年良好的精神风貌，切实发挥了团员青年的生力军和突击队作用。党风廉政建设。积极开展“反思教训、完善监控”主题教育实践活动，完善惩防教育体系。加强“企检共建”，对中层干部和重点岗位人员开展廉洁警示教育，组织参观顺义区预防职务犯罪宣传展，提升廉洁从业水平。

（王　蕊）

顺义区燃气公司

【概　况】　2011年是“十二五”规划的开局之年。一年来，在区委、区政府的正确领导下，在上级主管部门的大力支持下，区燃气公司坚持以科学发展观为指导，团结和带领广大干部职工奋力拼搏、扎实工作，较好地完成了全年各项经济指标和安全生产任务，实现了“十二五”规划的良好开局。全年供销天然气1.6亿立方米；铺设管道82公里；发展居民用户9185户；发展公服用户106家。2011

年,公司克服了北京现代三工厂、萨博汽车等燃气工程的时间紧、任务重等困难,集中施工力量,在确保工程质量和安全的前提下,加班加点施工,保证了调压站及车间内燃气架空管道的施工进度。并于春节前冒着寒冷的天气,及时为现代三工厂的车身、总装和发动机车间接通了天然气。公司还先后完成了地铁15号线燃气管线拆改工程、全国人大顺喜山庄火寺路配套工程等多项燃气重点工程。截至2011年底,全区的天然气管网总长已达1100公里;投入运行高压气源站1座、中低压调压站69座、调压箱154台;居民用户达10.9万户,公服用户达446家。

单位名称:顺义区燃气公司

地址:顺义区顺通路西侧(北京现代汽车南侧)

电话:(010)89498078

邮编:101300

(付　湘)

【供气】 伴随着我区经济和城市建设的快速发展,天然气的应用领域在不断扩大,天然气的供销量在逐年攀升。为此,公司采取多项有效措施强化安全运行管理,加大燃气管网巡检力度,全力以赴保障安全供气。在管网运行过程中,公司周密部署,统筹解决管网供气与带气作业之间的矛盾,努力克服冬季寒冷干燥、夏季高温多雨等不利因素的影响。针对其他单位施工与地下燃气管线交叉作业的状况,公司采取了主动协调、加强防护、专人盯守等严密措施,确保了顺义区天然气管网的安全运行。至2011年底,全区天然气管网已安全运行十三年。

(付　湘)

【项目经理负责制】 实行项目经理负责制,彻底扭转"干多干少一个样、干好干坏一个样"的状况,是公司深思熟虑、集思广益后采取的一项重要举措。也充分体现了公司以"德、能、勤、绩、廉"为标准选人和"能者上、平者让、庸者下"的用人原则。公司按照工程施工中的量化目标考核标准和实施细则,对四个项目部的工作逐步进行量化目标考核。每项工程的成本核算与竣工资料的准确性、及时性将作为目标考核的两个重要指标。考核数据和考核结果将作为奖优罚劣、奖勤罚懒、发放效益工资和奖金的重要依据。公司计划将量化目标考核从燃气施工逐步延伸到燃气管网安全运行、巡视检查、用户服务和后勤管理工作中。计划用1—2年的时间,建立完善公司量化目标考核体系。

(付　湘)

【燃气安全隐患排查整治】 2011年,北京市朝阳区发生"4·11"恶性燃气爆燃事故后,市、区先后召开了"燃气安全隐患排查整治"紧急工作会议。会后,公司按照市、区两级的指示精神,按照市、区市政市容委的工作部署,制订并实施了《顺义区燃气公司关于开展燃气安全隐患排查治理百日行动的工作方案》。在用户年检工作的基础上,公司集中力量对全区老旧管网小区的居民用户和重点公服用户室内的燃气设施进行了全面检测排查。同时,检测了毗邻燃气管线的其他市政闸井4009个,检测了带气燃气闸井阀门1398个,检测了户外引入管3489个。对检测排查中发现的问题和安全隐患,公司都及时组织人员进行了妥善处理。

(付　湘)

【安全用气宣传】 2011年,在公司日常入户安检与售气地点进行安全用气宣传外,公司还与区市政市容委、相关街道办一起,先后5次举办了"防灾减灾从社区做起"、"燃气安全进我家"等主题的大型安全宣传活动。宣传活动采用了摆放展板、实物展示讲解以及发放宣传材料等形式,受到燃气用户的欢迎。为了强化宣传效果,扩大宣传范围,公司还连续四年制作印有燃气安全使用常识的小台历6万份并及时发放到用户手中。

(付　湘)

【安全生产管理】 公司针对燃气行业的工作

特点,为每个施工工地配备了兼职安全员。在此基础上,公司教育施工人员要严格执行岗位安全操作规程,严格执行特种机械设备持证上岗制度,杜绝违章操作、杜绝机械设备带病运转。同时,细化并落实了施工工地防塌方、防高空坠落、防中暑、防中毒、防特殊天气等各种应对意外灾害的预案。

(付　湘)

【科技投入】 2011年,公司引进了"宾得SMT888-3G型"全球卫星定位接收系统(GNSS)。该系统由固定基准接收站和手持移动卫星接收终端组成,在定位测量领域具有速度快、精度高、不受空间距离限制、能全天候使用等优点。经实际测试,该系统定位时间为5秒,平面误差在5毫米以内,高程误差在10毫米以内。该系统的应用,提高了我公司在燃气管线施工定位、竣工测量、管网运维定位和燃气管网维护管理等方面的科技化水平,增强了燃气管网的供气可靠性。

(付　湘)

【应急抢险和消防灭火演练】 结合6月全国安全生产月活动,公司会同区市政市容委、应急办、安监局、质监局、消防支队、城管大队、牛栏山镇政府等一起在宏达液化石油气公司院内开展了应急实战演练。演练科目针对夏季燃气生产供应中容易出现的泄漏、爆燃事故进行。整个演练过程体现了指挥得力有方、场面紧张有序、抢险娴熟果断,为今后处理类似突发事件积累了宝贵的经验。

(付　湘)

【燃气运行调度中心正式投入使用】 经过近2年的建设,顺义区燃气运行调度中心于2011年6月25日正式投入使用。燃气运行调度中心的启用,提高了顺义区供气保障和燃气安全的科技化、信息化水平,改善了办公环境,提升了公司整体形象。

(付　湘)

【荣获多项市、区级荣誉称号】 2011年,在全市安全文化建设示范企业创建活动中,公司因安全管理基础工作扎实,安全生产责任落实到位,安全生产实效明显而被北京市安全生产监督管理局授予"2011年北京市安全文化建设示范企业"的称号。公司的交通安全管理工作也因管理严格、工作到位而连续5年获市级"交通安全先进单位"的称号。同时,公司还荣获国资委系统的"先进党委"等多项荣誉。

(付　湘)

联　通

【概　况】 联通顺义分公司是顺义本地主导通信运营企业,多年来,不断完善顺义区的通信基础设施,用最先进最可靠的信息技术,努力满足顺义广大客户的通信需求,目前已在顺义地区建成语音网、第二代移动通信网、第三代移动通信网、传输网、宽带接入网、IP核心骨干网等电信级专业通信网络。2011年,联通顺义分公司在区委、区政府和北京公司的领导下,在顺义区"十一五"、"十二五"规划指引下,按照北京公司总体安排,结合顺义本地情况和客户实际需求,积极稳妥的开展各项工作。在全体干部员工的共同努力下,较好的完成了全年各项任务指标,网络运营平稳并持续优化,光纤入户宽带提速改造工作稳步推进,服务质量不断提升。

单位名称:中国联合网络通信有限公司北京市顺义区分公司
地址:顺义区石园南大街16号
电话:(010)69441001
邮编:101300
网址:http://www.liantong.bjshy.gov.cn

(冉伯阳)

【市场经营】 2011年联通顺义分公司以融

合业务、农村信息化建设和企业信息化为重点，不断提升区内客户信息化水平。充分利用联通公司全业务经营优势，将固话、宽带、手机业务进行整合，合账缴费，资费优惠，给客户带来便捷与实惠；顺义联通精心制定适合顺义本地的发展计划和宣传推广方案，结合信息化村和宽带小区的推广，加大宣传力度，让更多的客户了解融合业务。由于宣传得当、推广有力，截止年底，有5.1万客户办理了此项业务。在广大农村地区，利用北京联通公司对信息化村的相关优惠政策，进乡镇、村落积极宣传公司相关惠农政策，让区内农村用户得到实实在在的实惠，全年签约信息化村81个，共签约195个村，已受理180个村。针对企业客户，发挥联通网络资源和成功应用案例等方面优势，全力推进区内企事业单位信息化进程，按不同行业召开业务推介会，引导客户需求，并根据客户需求制定解决方案，加强与客户关键人的沟通。全年共召开各类行业推介会19场次，目前已与宝洁，天畅科技等多家企业完成相关合作。

（冉伯阳）

【网络维护】 2011年网络运行维护工作在保证网络运行安全稳定的同时，不断进行优化，努力满足广大用户日益增长的通信需求，保证客户的使用体验。坚持网络资源监控，持续进行网络优化，主动开展大客户实线专线接入改造工作，完成共计50余端DSLAM上联链路调整，实线接入改为光纤接入专线11条。移动网络优化工作有序进行，一季度狠抓基站标准化整治工作，完成1座VIP站、10座A、B类基站的整治工作；二季度按照北京公司“全力压缩基站故障，提升移动网络质量”工作部署，成立以主管副总经理为组长的工作组，认真剖析问题，明确责任单位，狠抓落实，高效的推进工作进展，任务完成率100%。下半年以“提升网络质量，提升客户感知”为中心，着重对用户较敏感的地区进行了有针对性的网络优化，提升网络质量，客户感知逐渐改善。积极配合顺义区的各项市政工程，对每一项工程均认真进行方案制订、线路移改及线路保护工作，紧盯施工现场，确保网络安全和工程的快速推进，全年完成了西单路口地下通道、顺白路改造等20项市政重点工作的配合工作，未出现因配合施工导致的网络故障，有力的配合了各项市政工程的推进，得到相关部门的高度赞扬。

（冉伯阳）

【网络建设】 继续加大20M升速改造工程力度和移动网络建设和优化工作，不断提升顺义区信息基础设施水平，2011年建设项目共368项，涉及金额2.9亿元，敷设电缆2129.59对公里，管道115.04孔公里；光缆63116.9芯公里，安装分光器3000余台，启动建设各类基站200余个。20M升速覆盖和光进铜退工作同时进行，全年共完成10.1万户20M升速改造设计勘察工作，完成11.4万户的光网络覆盖改造工作，有力的保障了全年任务目标的完成；积极推进光进铜退工作，年初做好改造计划，制定入户改造规范，多部门联动，逐步摸索改造经验，较好的完成了改造任务，完成业务迁移2.1万户，实现了全光村5个，撤下废旧电缆65.2条公里，7301.7对公里。

（冉伯阳）

【提升服务】 2011年分公司始终坚持保证服务质量不动摇，在积极推动营业厅台转型同时，做好基础管理，强化服务细节，针对存在的问题，逐一整改，营业员考核与检查结果挂钩，切实提升服务品质；在三方公司暗查中，各营业厅全部达标。不断完善服务网络，为了方便区内客户办理业务，在业务量大但距营业网点较远的地区积极协调上级主管部门，年内北小营营业厅，石门营业厅已开业，极大的方便了周边客户。按照新出台的入户服务规范，对客户经理进行了现场培训，同时结合回访对入户人员行为规范全面进行监督，加强对客户经理进行现场检查，发现问题,及时通知分局进行整改,通过检查整改,线务入户服务有了明显改进,得到了用户的认可,全年共接到客户表扬20余件。

（冉伯阳）

【安全生产】 紧紧围绕分公司生产经营目标,以"安康杯"竞赛为载体,坚决落实"安全第一、预防为主、综合治理"的方针,全面推进安全生产管理。坚持每月一次的安全卫生监督检查活动,对查出的安全隐患、劳动保护存在的问题、安全管理薄弱环节等向各部门提出了改进意见和建议。全年组织各类安全培训8次,消防演习2次,以安全生产保公司的稳定,促科学发展。

（冉伯阳）

邮　　政

【概　况】 顺义区邮政局(以下简称邮政局)位于顺义区新顺南大街7号,机构设置为5部1室,5个专业局(公司),下设8个邮政支局,25个邮政所,5个投递部,全局共有投递道段87条,邮路总长3127公里。全局现有职工492人,其中合同工139人,劳务工353人。截至2011年,已连续13年被评为文明单位标兵。

单位名称:北京市顺义区邮政局
地址:北京市顺义区新顺南大街7号
电话:(010)69444642
邮编:101300
网址:http://youzhj.bjshy.gov.cn

（田秀丽）

【企业发展成果】 2011年,邮政局累计实现业务收入10429.85万元,完成必保指标的106.82%,与去年同期相比增长2168.69万元,同比增幅为26.25%,已连续两年取得市公司升位晋级小组第一名的好成绩

（田秀丽）

【服务三农工作取得突破】 制定下发了《关于顺义区村邮员队伍建设工作的实施办法》(顺农文〔2011〕43号),建立了新型村邮站健康发展的长效机制,为全区村邮站健康运行奠定了坚实基础。完成全区376个行政村村邮员的选聘及《邮政业务委代办协议书》和《顺义区村邮员服务质量管理责任书》的签订工作,并依据《北京市村邮站人员培训手册》及《北京市村邮站人员培训手册》对376个专职村邮员进行了培训,实现了村邮员全部持证上岗。建立了支局业务联系人制度。业务联系人负责巡回检查和指导下辖各村邮站代理邮政服务三农业务,接受村邮站的业务咨询,收集村邮站提供的需求信息,协助办理邮政各项业务。

（田秀丽）

【通信业务管理】 不断强化通信业务管理,规范了基础资料,强化了邮资机使用情况的监控,加强了邮件的验视工作,对投递工作实行闭环管理,确保了投递服务质量。年内,妥善处理11185、95580投诉及群众来电、来访,共计处理解决各类来电、来访34件。修改完善了《服务规范达标奖励办法》,并作为一项激励机制与《服务管理考核办法》同步实施。优化调整了部分道段,解决了樱花园小区的普通邮件插箱投递、空港保税区及周边单位报刊邮件投递、金汉绿港、阳光水岸等居民社区邮件报刊投递时限、水色时光小区居民的邮件投递问题。

（田秀丽）

【加强财务管理,助力企业实现效益最大化】 推进全面预算管理。在成本的支付管理中实行归口审核管理,使成本的预算、支付、审核可以有效的连接,实现预算的计划、执行、考核全过程管理。强化资金的管理,将资金管控工作纳入管理人员关键绩效考核指标(KPI),将管理目标与质量控制结合在一起。

加强网点损益工作,对全局33个营业网点进行了全面的摸底和分析,分别为28个盈利网点制定了符合本单位实际的具体发展措施及目标;为5个亏损网点量身定做了扭亏方案,实现了全部营业网点盈利的目标。加强成本管控,按照"责任明确,分级管理"的组织原则,自上而下落实成本管控、降本增效的各项措施,把成本管控作为一项重要的日常工作来抓。

(田秀丽)

【机关建设】 对《机关管理岗位关键绩效指标管理考核办法》进行了完善,形成个人保部门,部门保全局的良好氛围,为全局管理水平的提高起到了很好地推动作用。制定了员工绩效考核奖励办法,并在执行过程中结合实际进行了修改、完善,使办法的激励作用更清晰明确,可操作性更强。出台了《中层管理人员考核评价办法》,将考核结果与绩效奖挂钩,对考核成绩差或不合格的进行诫免谈话、岗位调整或降职处理。全面落实市公司"双定"标准。按照市公司"双定"工作要求,制定了"双定"标准实施方案,对全局各岗位进行认真疏理,摸清人员使用情况、工时利用率,优化生产作业组织,最大限度提高人员利用率。

(田秀丽)

【培训工作】 抓好常规化培训工作。全年共组织干部职工各类培训500余人次。结合职业技能鉴定工作,组织业务练功、服务规范答题、业务知识竞赛、网上学习等活动,提高职工业务素质。在全局范围内招聘优秀人员充实到管理岗位,做到人尽其才,使有能力的职工在实现自己人生价值的同时为企业发展多做贡献!

(田秀丽)

【安全生产管理】 将安全生产工作与全局各项工作同计划、布置、检查、总结、评比,纳入经营承包责任制一票否决内容。层层签定安全生产、安全保卫、安全防火、综合治理等责任书。按照市、区两级交通安全委员会的工作部署,以"保两节、保两会和建党90周年"交通安全为工作重点,认真贯彻落实交通安全责任制度,积极落实各项管理措施。加强宣传教育,提高安全意识。每月召开安全生产例会,定期召开资金安全领导小组会。结合"两会"、重大节日、安全月、"119消防宣传周"等重点时期,制作宣传横幅、板报,营造安全氛围。

(田秀丽)

防震减灾

【概　况】 顺义区地震局是直属区政府的职能部门,全额拨款事业单位(依照公务员管理),职能是负责区属范围内地震监测预报、震害防御和地震应急救援工作。下设监测预报科、震害防御科、应急救援科和局办公室。在编人员14人,其中,处级领导干部6人,科级中层干部4人,主任科员级司机2人,科员1人,招聘应届硕士研究生1人。2011年,地震局大力加强科技投入,积极做好监测设备的数字化升级改造,强化监测手段,加密震情会商,提高震情预报的准确性,修订完善应急预案,督促指导各单位各部门开展疏散演练,深入开展多种形式的防灾宣传活动,圆满完成了地震安全保障工作任务。

单位名称:北京市顺义区地震局

地址:顺义区府前中街5号

电话:(010)69443890

邮编:101300

邮箱:dizhb@bjshy.gov.cn

(王兴春)

【组织地震监测预报】 负责顺义区地震监测预报工作体系建设,组织开展地震次生灾害及其它人工诱发地震的监测和研究工作,负责全区宏微观地震监测、地震分析预报,观测点规划建设与管理、地震会商、地震信息交流、宏微观异常落实,制定顺义区地震监测预报方案并组织实施,负责对强震动观测设备的管理和维护,负责震情和灾情速报网的管理,对擅自向社会散布地震观测意见提出处罚建议,通过撰文及时澄清地震发生后种种谣传,负责震情跟踪的管理。2011年度获得了北京市监测预报工作先进单位。

(王兴春)

【区内地震监测台网】 2011年全区地震监测台点共有32个。其中,前兆台点9个,分别是板桥、第三水厂、顺义一中、杨镇一中、龙湾屯政府。测震台点2个,分别是奥林匹克水上公园和顺义区地震局。强震台点13个,分别是板桥、杨镇政府、高丽营镇政府、南法信政府、李桥政府、李遂政府、北务政府、大孙各庄政府、北小营政府、龙湾屯政府。流动测震点5个,分别是奥林匹克水上公园、马坡镇政府、牛栏山镇政府、高丽营镇政府和杨镇一中。宏观观测点3个,分别是前鲁鸭厂、杨镇中学爱国主义教育基地、野生动物保护中心。以上台点同时兼职为我区地震速报台网。

(柳茂林)

【2011年我区发生地震目录】 2011年,我区地域内共发生大小地震7次,其中上半年3次,下半年4次,分别是3月1日,Ml0.5;3月25日,Ml1.7;4月15日,Ml1.0;6月14日,Ml0.9;8月19,Ml0.7;10月3日,Ml2.1;12月10日,Ml1.3。地震总的活动水平与2010年稍弱,相当于正常年份的地震活动次数。

(柳茂林)

【依法开展震害防御工作】 会同有关部门建立震灾预防工作体系,对地震小区划工作进行技术指导和监督;管理建筑工程的地震安全性评价工作;管理以地震动参数和烈度表述的抗震设防标准;组织项目建设区域的地震烈度复核工作,监督生命线工程、重大工程、大型企业、重要城镇的抗震设防工作,破坏性地震发生后,根据灾情重新组织审定抗震设防要求,管理顺义区地震灾害预测工作,参与制定地震灾区重建规划;负责全区的工程建设场地地震安全性评价监督管理;负责全区建设工程抗震设防要求的监督管理;负责防震减灾法律法规和地震知识宣传。

(王兴春)

【积极做好中小学校舍安全改造工作】 积极配合区教委对全区中小学校舍抗震安全进行全面排查鉴定工作。落实我区中小学校舍安全工程实施方案。配合区教委等相关部门对全区学校校舍存在的安全隐患进行改造加固工作,使学校校舍达到重点设防类抗震标准。正确提供地震重点监视防御区、7度以上地震高烈度区及地震断裂带和地震分布情况,协助审定中小学布局调整规划和校园建设规划;全面改善我区中小学校舍安全状况,提高综合防灾能力。

(王兴春)

【积极做好应急救援工作】 2011年,根据北京市地震安全保障的要求,完成了区地震应急预案的制定和修订并报区政府批准。指导各镇(办事处)完成了地震应急预案编制工作,构成了顺义区政府地震应急预案体系,并与北京市成功联网。加强应急物资储备;协调应急避难场所建设;统筹地震应急救援队伍建设;指导学校、企业、社区等组织开展地震应急疏散演练。2011年推进应急避难场所建设工作。与区园林中心协作,按照GB 21734-2008以及DB11/224-2004相关标准完成了顺义公园、光明广场应急避难场所标识牌的设立工作。并购置了越野应急监测车,地震应急专业队员的应急服装、应急手电等常规的应急用品,为应对地震等突发事件提供有力的保障。

(鲍志国)

【继续进行地质断裂勘察】 在完成了顺义—前门断裂顺义段勘察工作的基础上,继续对高丽营断裂和二郎山地域进行实地勘察,并开展二十里长山地区断裂缝野外考察活动,进一步查明并详细确定断裂的具体位置和走向。

(张华春)

【大力加强防震减灾科普宣传】 2011年防震减灾宣传教育工作,紧紧围绕落实科学发展观,贯彻"以预防为主,防御与救助相结合"的防震减灾工作方针,坚持"因地制宜、因时制宜、经常持久、科学求实"的宣传原则,宣传党和国家有关防震减灾工作的方针政策,积极、主动、科学、有效地开展防震减灾宣传教育,全面提高全社会的防震减灾意识和公众的自救互救能力,促进社会公众建立科学的防震减灾意识和观念,为构建和谐顺义提供地震安全保障。投资30000余元建成了赵全营中学防震减灾宣传教育基地,配备了展板、实物、图片、书籍和防震减灾仪器设备,基本满足了顺义西部地区中小学生防震减灾教育的需要。

(王兴春)

【加强档案管理做好保密工作】 建立健全地震档案管理规章制度,规范技术资料收集整理和归档秩序,明确保密人员职责,完善保密工作措施。对历年地震档案资料进行整理分类,确定保密级别,按照档案管理规定进行分类管理。

(王兴春)

科技·教育

科　　技

科技工作

【概　况】 2011年是“顺义区十二五科技事业规划”的开局之年,全区按照规划确立的各项工作指标和任务,围绕区委、区政府中心工作和市科委工作部署,以提升区域自主创新能力和落实科学发展观为目标,以构建区域科技创新体系和提高科技服务质量与水平为重点,以高新技术产业带动和科技项目支撑为抓手,各项科技工作顺利开展。年内完成国家级高新技术企业重新认定10家(累计发展57家)。高新技术企业实现销售收入232亿元,增加值87亿元。完成技术合同登记202份,成交总金额3.26亿元,新认定北京市专利示范单位2家(累计发展5家)。

单位名称:顺义区科学技术委员会
地址:顺义区光明南街24号
电话:(010)69443483
邮编:101300

(闫兆东)

【科技进步先进区】 自国家科技部获悉,顺义区获评2011年全国县(市)科技进步考核科技进步先进县,林向阳、李国震、张德顺等三位同志获评2011年全国县(市)科技进步考核先进个人。顺义区区自2001年至今参加评选5次,获得合格三次,优秀两次。

(闫兆东)

【“促进企业自主创新”科技政策专题宣讲会】

2011年10月26日下午,顺义区“促进企业自主创新”科技政策专题宣讲会在区科委举行。本次科技政策宣讲会由北京市科委和顺义区科委联合主办,区内部分高新技术企业领导、重点经济功能区领导100人到会。市科委法规处邀请业内专家对北京市重点实验室、工程技术中心、科技研究开发机构认定相等近年来新出台的促进企业技术创新的有关科技政策进行了深入解读并现场答疑。

(闫兆东)

【扎实推进“百家创新型科技企业培育计划”】

按照“百家创新型科技企业培育计划”实施进度要求,继续深入开展国家级高新技术企业认定工作,不断壮大区域自主创新主体规模。通过集中培训和深入企业一对一辅导,提高服务质量和水平,年内,顺义区获得科技部认定的国家级高新技术企业达到57家。

(闫兆东)

【扎实开展农民实用技术培训】 年内,顺义区科委充分发挥基层科技组织、农民专业合作社、农村科技协调员的作用，通过集中授课、播放课件、邀请农业专家深入田间地头实地指导等多种形式，扎实开展农民实用技术培训。1～12月底，完成农民培训11000人次。

（闫兆东）

【科技项目运作取得新进展】 年内，区科委根据"科技北京"行动计划的支持重点，围绕临空经济高端产业功能区、北京重点新城建设、现代制造业基地等重点领域的科技需求，着力整合区域科技资源，积极运作各级各类科技项目，加大区域主导产业和重点行业的科技支撑力度。1～12月，完成创新基金、绿色通道等各类科技项目申报50项，"国际鲜花港花卉服务产业科技促进工程"等项目获得上级科技资金5648万元。

（闫兆东）

【科研机构建设取得新突破】 年内，组织区内科技企业积极向市科委申报市级研发机构，获准1家，累计发展16家；新发展北京市工程技术中心2家，北京市重点实验室2家。

（闫兆东）

科普工作

【概　况】 2011年，顺义区科协围绕顺义区委、区政府的中心工作，在市科协的指导下，认真贯彻中国科协八大精神，全面落实科学发展观，围绕《全民科学素质纲要》这一主线，以实施科普惠农兴村计划工程、社区科普益民工程、科技后备人才早期培养工程、科普队伍建设工程为抓手，为提升全区公众科学素质、构建和谐顺义做出了应有的贡献。

（孙静思）

【广泛开展科普宣传】 年内，全区围绕"科普之春"、"科技周"活动主题，积极协调各镇、街道及各学会，成功举办"2011年全国科普日顺义区科普进社区"、"顺义区2011年家庭数字生活技能大赛"等科普宣传活动22场，科普展览4次，发放科学健身、低碳生活等宣传资料50000份，光盘200张。

（孙静思）

【北京青少年科技创新大赛创佳绩】 3月27日举行的第31届安捷伦北京青少年科技创新大赛中，顺义区共有29个项目参赛。获得一等奖2项、二等奖12项、三等奖12项。

（孙静思）

知识产权

【概　况】 2012年，区知识产权局按照市局总体部署，结合区区情，着力抓好政策宣传、专利申报、专利试点示范和专利执法检查等各项工作。企业自主知识产权生成取得长足发展的同时，全区知识产权保护环境建设取得显著成效，全民知识产权保护意识显著提高。

（闫兆东）

【积极推动知识产权工作】 年内，顺义区深入开展专利试点示范工作。1～12月，新发展专利试点企业3家，专利示范企业2家。加强企业知识产权申报工作的服务和管理，全区申请专利876件，授权专利589件，均创历史新高。

（闫兆东）

教　育

综　述

2011年,落实国家和北京市中长期教育改革和发展规划纲要,召开顺义区教育工作会议,出台《顺义区"十二五"时期教育事业发展规划》《关于加强青少年体育 增强青少年体质的实施意见》《关于进一步加强职业教育发展的意见》等7个文件,提出今后发展目标和具体措施。师训、干训、科研等分项规划和学前教育三年行动计划全面启动。城乡联动教育改革实验全面启动,成立三大教育联盟,9个组团。

一是加强队伍建设。组建首届师德巡回报告团;举办全国首届新时期班主任工作高峰论坛;评选出师德标兵147名、优秀师德群体60个。与高校合作,实施7个培训项目;承办首届全国小学名师表彰会;召开第二届"牛栏山一中杯"全国不同风格与流派课改名家论坛;举办小学名师大课堂6400余人次参与;开展异校授课活动,260名优秀教师展示课堂教学能力。召开邱学华尝试教育报告观摩会。参加北京市网管教师基本功展示,一等奖获奖数量与获奖总数均居全市第一位。招聘应届毕业生249人;招聘社会在职人员101人。公开招聘幼儿园编外教师80人。目前,拥有特级教师16人,市级学科带头人20人,市级骨干教师104人;评选出区级首席教师26人,学科带头人151人,园丁新星120人,优秀校长28人,优秀班主任109人,骨干教师956人。

培训新任校(园)长25名,新任副校级、中层干部80名。设计主题模块课程培训,面向全区中小学干部推出5门选修课,干部培训菜单式课程体系初步构建。继续开展"名校体验之旅"活动,共计560余人次。组织二期后备班15人到教委机关挂职,7名幼儿园园长到北京市示范幼儿园挂职,30名幼儿园副园长到上海、南京等地学校挂职。组织10名领导干部赴美国学习,122名校(园)长分赴广东、福建、四川、浙江考察,48名小学业务干部和教研员到华南师大参加有效教学组织管理培训。40名中学教学、科研干部和50名教研员分别到东北师大和华东师大参加业务培训。在2所小学尝试置换培训。

公开招聘幼儿园副园长9名。提任校级干部29人,其中正校级10人,副校级19人;提任中层干部40人。流动校级干部36人,其中正校级15人,副校级21人。对14名拟任校级干部任前考查,对9名一把手转正考察。

二是提高教育质量。启动城乡联动教育改革实验,出台《城乡联动教育改革实验方案》;成立教育改革办公室,创建城乡联动教育改革网站;建立教育改革工作季报和专人负责、专项档案、专题交流汇报等制度。坚持课题引领,确立区级重点课题10项、联盟组团级课题16项和实验校级课题22项。确定科技创新人才早期培养基地建设、生物科技实验室建设等8个重大改革项目,全年投入专项资金300多万元。与北师大确立教育改革合作共建项目,确定重点实验校22所和参与校39所,组建特色校建设及校长领导力提升等3个高级研修班和城乡教育一体化机制研究小组。

出台《关于加强中小学课程建设的指导意见》,开展课程整合培训、研究活动,各中小学以课程统整为重要取向,制定课程发展规划，初步实现国家、地方和校本三级课程的互补和融合。获市级课程建设优秀成果一等奖4项、二等奖9项、三等奖22项；2所学校获课程建设先进单位。开展攀登英语实验，确立联盟管理机制，项目专家走进课堂指导，召开中期交流会，及时反思与提升。召开基础教育课程改革总结会，总结课改十年成绩和经验。

出台《顺义区中学教育教学规范管理项目指南》《顺义区中学教学管理常规》《关于加强中小学实验教学和实验室建设工作的意见》，课堂教学、指导实验、学业考核与评价等各项教学常规进一步规范，教学的过程管理得到有效强化。开展初中新课程改革走进顺义八中活动。出台《顺义区小学特色建设级制评定实施意见》，学校特色建设制度初步建立，方向进一步明确。

教学视导针对性提高。坚持常规视导与专题视导结合、集中视导和分散视导结合；探索主题式、协商式、菜单式等视导方式。视导中小学校74所，实现视导全覆盖。

新增3所公办幼儿园和1所村办幼儿园，对8所幼儿园进行扩班改造，增加学位990个，扩大幼儿园招生规模，满足适龄儿童入园需求。创新办园模式，尝试以乡镇中心园为核心、大村独立建园、小村设立分园或联合办园的模式。继续完善招生工作，方便家长报名、幼儿入园。迎接全国政协教科文卫体考察组调研和四川、广东、云南等省同行174人观摩学习；在北京市学前教育大会上交流经验。

利用"国学动漫城"节目，开展多种形式活动，增强学生传统美德意识。深入推进彩虹读书行动，为基层学校配齐配好指定图书。坚持社会大课堂活动，9万多名中小学生参加，区级财政投入220余万元。将寺上美术馆纳入区青少年文化艺术教育基地。开展文明礼仪教育活动，组织学生参与社区志愿服务活动达2万余人次，2408人次被评为社区文明小使者；聘请心理专家围绕青春期心理、网络游戏、与人沟通等问题到各校讲座，引导学生树立健康心态。启动中小学生长跑活动，增加3个月的长跑时间。召开区中小学生田径运动会；连续20年获得北京市中学生田径运动会远郊区县团体总分第一名；4名运动员获北京市银帆奖。在全国中学生运动会上，区运动员为北京代表团获得唯一一枚田径金牌。召开体育特色校交流会，推广跳绳、舞龙、空竹、大鼓等特色体育经验；大孙各庄中小创下一人跳多绳吉尼斯世界纪录。举办首届《国家学生体质健康标准》测试赛，全面掌握区内学生身体健康情况，参加市级测试赛获第五名。

组织各类科技比赛20余项，参与到决赛阶段的学生占全区学生总数的三分之一。全区广大师生参加国家、市级科技竞赛活动，共获得一等奖26项、二等奖45项，三等奖118项。开展首届学生实验操作竞赛，30所学校的999名学生参加；开展中小学生综合素养展示活动。在北京市第14届学生艺术节中，22个集体项目获一、二等奖，4名学生获"艺术之星"称号。开展卫生与保健知识竞赛活动；协助区红十字会做好"自救互救"活动，培训师生6500余名。组织学生开展暑期英语夏令营。积极参加翱翔计划。

三是职成民办教育服务经济社会发展。中高职累计招生4086人，安置就业2223人，就业率100%。把握民办教育的整体布局，引导民办学校特色发展，加强民办幼儿园的考核工作。加强驻顺高校、国际学校及校园周边环境的治理工作，与国际学校开展英语教学交流活动。

四是优化教育环境。推进校安工程和学习型顺义建设，建立开放式督导模式，强化教育管理。

考试中心试运行。全年共组织高考、中考、初高中毕业会考等考试8次，31296人参加，累计122687人次。组织高等教育自学考试、成人高考等考试项目29个，累计82074科次。

在市级以上各类媒体发表稿件近500篇，其中在《中国教育报》《中国教师报》《现代教育报》等报刊刊发专版6期。在区级媒体报道新闻300余条，其中在顺义电视台制作播出教育专题片25集。围绕基础教育均衡发展、城乡教育一体化等制作专版图册3000册。在教委网站刊载动态新闻191条、图片新闻30余条；出版《教育动态》14期、《顺义教育》6期。在《顺义区情》《顺义网城》和市教委网站(含《市教育信息》)分别刊发信息40条、27条和7条。

单位名称：顺义区教育委员会
地址：顺义区建新西街1号
电话：(010)69444324
邮编：101300
网址：http://www.shyedy.gov.cn

(周君姝)

学前教育

【概　况】 2011年，区共有公办幼儿园38所，入园4180人、在园12724人，离园3499人；教职工1149人，其中专人教师1129人，教职工中大学本科学历595人，大学专科学历393人 其他161人(中专114人，高中级以下47人)；中级专业技术职称520人，初级专业技术职称395人；专任教师865人学历合格率100%。市级学科带头人1人，市级骨干教师4人，区级学科带头人5人，区级骨干教师112人，区级园丁新星15人。学前三年教育普及率100%，0—3岁幼儿受教育率90%以上。区公办一级一类幼儿园26所，北京市示范园5所，市级早教基地30所。全区公办幼儿园图书馆藏书21.85万册，电子图书19片。校舍总占地面积240656平方米，总建筑面积108224平方米。固定资产总值12062.94万元。全年教育经费投入16759.1万元，其中，国家拨款16510.7万元，自筹经费248.4万元。

(周君姝)

【办好学前教育服务百姓民生】 年内，顺义区继续办好学前教育服务百姓民生，截止12月31日取得以下成果。1.大力发展公办园所。36所教育部门办园占区内园所总数的73.5%，收幼儿近万名；投资2.6亿元用于改扩建幼儿园、购置图书、配备班车等项目。2.加强队伍建设。公开招聘副园长29人，组建后备干部班共60人；培训转岗教师近400余名。3.确保育儿质量。实施级类年度动态管理，新评定北京市示范园3所，截止年末共5所；新评定一级一类园3所，截止年末共26所，占区内教育部门办园总数的72.2%。4.规范收费管理。按照园所不同级类标准收费，教育部门办园最高收费400元，最低收费300元。

(徐振阳)

【解决学前教育热点问题】 年内，顺义区3项措施解决学前教育热点问题。1.增加幼儿学位。接收3所小区配套幼儿园；对8所幼儿园实行扩班改造，将亲子室或音体室改造成活动室，开拓幼儿活动空间，提高园所容纳力。截至年末，共增加学位990个。2.充实教师队伍。协调区编办等单位，新补充教师180名；面向社会公开招考80名编外教师。3.创新办园模式。开办1所村办园，属地镇政府全面负责，加大经费投入力度，村委会发动村民捐资助学，所聘教师在公办园接受培训，合格后上岗。

(徐振阳)

【小幼衔接工作】 5月，顺义区多园开展小幼衔接工作，10日牛山幼儿园组织大班幼儿参观活动，观看外部环境，参与课间操活动，观摩上课、课间活动，聆听教师介绍小学生活讲解，该园2个大班近70名幼儿参加。11日，石园北区幼儿园组织大班幼儿到石园小学体验小学生活，观摩体育课、观看消防疏散演练体验活泼与有序。12日，怡馨、建南、建北幼儿园大班幼儿走进东风西校体验小学生活，参观校园文化、种植园和先进教学设备，走进一年级课堂看学生读书写字展示。19日，北石槽中心幼儿园举办小幼衔接座谈会，继参观小学后该园邀请中心小学主任及低年级教研等来园与教师进行座谈。就“入学前良好习惯培养、家长如何配合教育、及以往新生入学初有哪些弱项”等问题进行交流、讨论，此后各班开展“我要上学了”主题活动，为幼儿从心理、能力方面做好充足的入学准备。

（邵建新　任玉华　孙海英　黄秋凤）

【城乡互动促均衡发展】　3月10至30日，顺义区多园城乡互动促均衡发展。10日港馨幼儿园教师与姊妹园劲松一幼教师共同听取朝阳区教科所主任季建红作《关于进行园本教研的五点思考》专题报告；15日，石园北区幼儿园邀请手拉手幼儿园北京市棉花胡同幼儿园来园指导工作，石北幼儿园展示大班户外活动，年级组长汇报环境创设和活动开展情况，双方就幼儿园管理、教学、科研等工作进行交流23日后沙峪中心幼儿园同市光明幼儿园共同研讨教育活动设计等问题。24日双兴幼儿园、馨港幼儿园派出干部教师到10余所市区两级示范园观摩学习。30日怡馨幼儿园邀请北海幼儿园园长柳茹等外区县8位园长就“如何以园长理念引领幼儿园发展”问题进行专门指导。

（徐振阳）

【家园共育活动】　5月，顺义区开展不同形式的家园共育活动。一是共同体验型，12日双兴幼儿园开展“大手小手显身手”手工制作活动，石头、小药瓶、橡皮泥、刮痧纸等许多材料通过家长和孩子们的巧妙构思和利用，变成了好玩的玩具、漂亮的饰品和欣赏画等数十件，既丰富活动区游戏材料又让孩子和家长体会到合作的快乐、成功的惊喜。二是全面展示型，13日，后沙峪中心幼儿园近日组织开展家长开放日活动，家长们观看园所环境、幼儿活动，听园长和教师分别介绍汇报幼儿园及班级情况，请家长填写“家长意见调查表”，就教师工作态度、责任心、教育教学水平、生活护理等方面进行评价并提出建议。

（肖金梅　刘洋）

【提高教师故事教学技能】　11月，顺义区幼儿园多举措提高教师故事教学技能。一是举办研究课，金汉绿港幼儿园开展“故事教学”同课异构活动，挖掘故事教学的价值。二是举办专题培训，北石槽幼儿园开展“讲故事的技能和技巧”学习与指导活动，马坡第三幼儿园邀请市儿童艺术剧院导演张哲做讲故事培训。三是以赛促学活动，宏城幼儿园、吉祥幼儿园、天竺中心幼儿园开展教职工讲故事大赛。

（徐振阳）

【农村幼儿园办园体制改革】　年内，顺义区尝试农村幼儿园办园体制改革，1至8月在全区25各乡镇（街道）开展的摸底调研；9月，南彩乡镇中心园为核心开展尝试，在河北村独立建园该园所有权为集体所有，在园幼儿园152人。11月28日，顺义区政府主持在河北村幼儿园召开“创新办学管理模式促进社会和谐发展”现场会，区委副书记胡尚云、副区长燕瑛参加出席。进一步明确指出，顺义区学前教育继续巩固深化政府主导、社会参与并举的管理机制，合理规划，完善镇、村学前教育网络的发展思路。同时通报相关情况。相关委办局一把手和主管领导，各镇街道处一把手、主管领导、教育助理及村支部书记村长，幼儿园园长等400余人参加。

（徐振阳）

中小学教育

【概　况】　2011年,区共有小学39所(不含4所九年一贯小学部,各分、完小与中心校按一所学校统计);教学班873个,在校生31081人(借读生12711人),招生6554人(借读生2935人),毕业5001人;教职工2758人,其中,专任教师2202人;小学入学率100 %,巩固率100 %,毕业率100 %,及格率100 %。中学37所,其中,初中27所,完中2所,高中4所,九年一贯制学校4所;教学班746个,其中,初中教学班335个、完中教学班105个、高中教学班212个、九年一贯制学校教学班数94个;毕业9286人(初中4984人)、招生9581人(初中5566人),在校学生25096人(借读生1224人),其中,初中13593人(借读生1199人),高中11503人(借读生25人);初中入学率100%,巩固率100%,毕业率100%,及格率100%;高中阶段入学率70.74%,毕业合格率75%,应届高考录取率93.4%;教职工3924人,其中,专任教师2922人(初中1647人、高中1239人)。校外教育单位及其他教育单位10个,教职工438人。小学专任教师学历合格率100%、初中专任教师学历合格率100%、高中专任教师学历合格率100%。中小学市级特级教师16人,其中,小学特级教师1人、中学特级教师15人。中小学教师具有高级专业技术职称1187人,其中,小学教师26人、中学教师1161人。全区中小学图书馆藏书267.52万册,电子图书3348片。校舍总占地面积3579869平方米,总建筑面积993438平方米。固定资产总值143516.6万元。全年教育经费投入149550.2万元,其中,国家拨款145675.3万元,自筹经费3874.9万元。

(刘美坤　周君姝)

【第十届中小学生艺术节】　1至5月,顺义区举办第十届中小学生艺术节比赛,比赛分个人项目比赛和集体项目比赛。1月8日至9日,个人项目比赛在光明小学举行。全区千余名学生参加声乐、舞蹈、器乐、戏曲、相声、绘画、剪纸、篆刻等项目比赛,从中选拔37名学生参加市级展演,其中4名学生获北京市中小学生"艺术之星"称号并分别参加在国家大剧院专场演出。3月26日,集体项目比赛在顺义一中报告厅举行。全区1110名学生参加比赛。通过专家评委的评选,44个节目分获一、二、三等奖。其中9个集体项目参加北京市第十四届学生艺术节比赛中获得市级一等奖,13个集体项目获得二等奖,22个项目获三等奖。

(刘美坤　周君姝)

【第九届中小学生健康知识与技能决赛】　12月31日,顺义区第九届中小学生健康知识与技能决赛在区卫生举行。活动由区教委和区卫生局联合举办。在初赛(笔试)基础上,分别产生中小学组各8支代表队参加,每支代表队由3名选手组成,决赛分必答和抢答两个环节。最终,仁和中学与石园小学分获中小学组一等奖。市疾控中心副主任曾晓芃,区教工委书记、教委主任冯义国,区卫生局局长单德智等领导出席,参赛校师生代表共计200余人参加。

(梁　芳　周君姝)

【免费配发学生装】　年内,顺义区教育装备部严把五关免费配发学生装。1.严把采购关。委托政府采购办,面向全国生产厂商招标采购,确定生产厂家。2.严把监督关。实地考察中标厂家,避免弄虚作假。3.严把安全关。要求厂家提供面料检测报告,杜绝甲醛含量、PH值等超标的布料。4.严把订制关。厂家入校,依据各校具体款式要求,为每名学生量身定做。5.严把验收关。现场抽查、封存，送检测机构全面检测，确认符合招标技术指标后，做出合格认定。2011 年区级财政投入资金 200 余万元，共配发 3 万余套。

（王　伟　周君妹）

【高考成绩创佳绩】 年内，顺义区高考再创佳绩，总录取率 92% 以上。2011 年全区普高报名共 4869 人，同比减少 451 人。600 分以上高分段人数共 184 人，同比增加 41 人，增加率居全市第一。考入清华北大 50 人，增幅达 8.7%；本科以上录取 3341 人，在全市本科招生计划减少情况下，录取率达 66.8%，创恢复高考以来录取率之最。文科最高分 656 分，考生为牛栏山一中赵睿璇；理科最高分 686 分，考生为顺义一中徐梦琦。

（陈惠明）

【食堂大宗食品原材料集中采购】 年内，顺义区实施食堂大宗食品原材料集中采购，保障校园食品安全。1. 注重市场调研。协调食品办等部门，深入调研，实地考察食品供应基地，制定《学生食堂食品原材料集中采购工作方案》。2. 坚持招标程序。按照公告、审核、评标、公示等步骤，确定 8 家中标单位，确定大宗原材料指导价。3. 洽谈协商供货。举行产品展示洽谈会，各学校根据实际情况，确定供货商，现场签订供货合同。4. 加强日常管理。汇总米、面、油等食品采购数据，重视日常检查和抽查，及时调整工作措施。该项工作涵盖全区 61 所中小学、幼儿园，3 万余名师生受益。

（徐振阳）

【坚持四化保校园安全稳定】 年内，顺义区坚持“四化”确保校园安全稳定。1. 隐患查消网格化。126 家基层单位被分成 9 个组，以组为单位开展组内自查、组际互查；坚持“主任包片、科室包镇”制度，加强督查、抽查力度。2. 宣传教育普及化。利用校园橱窗、电子屏、电视台等阵地，宣传安全常识；抓住“6·26 禁毒日”“11·9 消防日”等契机，开展教育活动，提高师生安全意识。3. 应急避险常态化。将应急避险教育与升旗、做操、集会、放学、下晚自习等日常工作结合，定期开展应急疏散演练，增强师生自护能力。4. 安全防范一体化。各校成立护校队，加强课间、住宿生返校等重点时间段的巡查防范力度；构建由值日教师、专职保安、执勤民警、社区志愿者协同合作的安全防护网。

（徐振阳）

职业教育

【概　况】 2011 年，顺义区职业教育学校 7 所，其中，公办 4 所（其中高职院校1所），民办3 所，设置专业 24 个，开设教学班51个；毕业 2223 人，应届中等职业教育毕业生 531 人，就业签约率达到 100%。招生 1965 人，在校生 5380 人，积极参加职业技能比赛，共有10人获市级奖项。与北京现代汽车有限公司联合开办“北京现代实验班”，探索校企“订单培养”人才新模式。教职工 613 人，其中，专任教师 450 人。全部职业学校占地 432086 平方米、建筑面积 204179 平方米，固定资产总值 12869.5 万元。全年教育经费投入 9220.8 万元，其中，国家拨款 7260.8 万元，自筹经费 1960 万元。

（李建生）

【开展中等职业学校技能展示活动】 11 月 23 至 24 日，顺义区组织开展中等职业学校技能展示的活动。汽车职高展示汽车双人保养、四轮定位、故障排除、发动机拆装与检测、汽车喷涂等实训项目。顺义电专学校以“护士的一天”为主题，展示了铺床、测量生命体征、无菌技术、静脉输液、肌肉注射、心肺复苏等六项操作。师生精湛技能和精彩表演，赢得与会人员称赞。

（高　成　周君妹）

【**加强职业教育与市场对接**】　年内，顺义区职业学校加强与市场对接。一是顺义一职开办“北京现代实验班”。90名学员先经北京现代选拔入班，再由顺义一职与企业共同培养，招生与招工同步。采用“2+1订单培养”模式，实现学习与就业的无缝对接。二是汽车职高与区内20余家汽修厂建立经常性联系，稳定和拓展了学生的就业渠道。

（李建生　周君姝）

【**加强实训基地建设**】　年内，顺义区职业学校加强实训基地建设。一是现代学院新建国际物流报关报检、物流货运代理运输与配送、大通关物流、叉车等5个物流专业实训室，升级改建物流技术和物联网实训室2个实训室；完成汽车、数控等实训基地相关设备的采购；增建实训室和增购实训设备项目。二是顺义一职完成了电工、电子及自动化实训基地增建项目。新增实训室2个，高级维修电工实训考核实训室和制冷制热实训考核实训室；新增实训设备5项。

（李建生　周君姝）

【**加大教师培训力度**】　年内，顺义区职业学校加大教师培训力度。一是举办了教学优秀案例撰写的专题讲座。各校组织教师编写教学案例，并且进行评比和经验交流，推荐优秀案例参加区级评选；二是现代学院组织专业教师50余人次到北京工业职业技术学院、北京电子科技职业学院等兄弟院校学习培训；三是汽车职高选派教师到奔驰4S店实地学习培训，选派教师到北京理工大学车辆工程专业半脱产学习研究生课程；四是顺义一职组织教师外出业务培训10余人次，校本培训420人次，技能证书培训9人次，教师下厂实践15人次。

（李建生　周君姝）

【**加强校企合作**】　年内，顺义区职业教育加强校企合作。一是现代学院为恩布拉科有限公司员工280人培训专业理论，为顺义农村劳动力转移培训汽车维修初级工200余人，为中石化顺义分公司100余人培训团队建设理论，为大龙公司员工200余人培训职业礼仪等；会展专业学生为第十八届国际建筑装饰及材料博览会、第十九届国际服装服饰博览会、第十二届国际机床展览会提供1788人次的展会运行服务。二是顺义一职为北京现代、北一大偎等企业培养维修电工技师15名，维修电工高级工22名，数控加工高级操作工15名。开展职工素质培训，为空港开发区、物流基地内、华茂建工集团等8家企业培训职工805人。

（李建生　周君姝）

【**举办职业学校计算机应用基础竞赛**】　5月27日，顺义区举办全区职业学校非计算机专业学生中开展计算机应用基础竞赛，内容包括汉字录入、程序应用等，最终评出一等奖10名、二等奖20名。

（田　杰　周君姝）

【**围绕市场需求办学**】　顺义一职，是北京市重点中等职业学校，是区规模最大的中等职业学校，在校生2000多人。多年来，紧紧围绕市场需求办学，取得了丰硕的成果。根据区域产业发展定位和专业设置，开发汽车运用与维修、机电技术与应用、电气运行与控制等11个新专业，建立装备了汽车制造、机电技术、数控车床、电工电子等实训基地，还积极开发汽车制造、现代物流等校外实训基地，实现“理论与实践”、“教师与师傅”、“学生与徒弟”、“作品与产品”五合一的效果，切实提高学生的技能水平。“十一五”期间，该校共培养毕业生3000多人，每年向社会输送合格的中职以上学历技能型人才800多人，就业率和顶岗实习率连续5年实现100%。“十一五”期间，学校累计向北京现代输送近500人，同时学校利用设备和师资优势，为北京现代职工开展各类培训，培养维修电工技师、高级钳工、高级维修电工等高技能人才100余人，职工素质提升培训100余人。北京现代汽车有限公司给予学校多方支持，为学校捐赠实习设备，提供师生实习岗位、安排毕业生就业等。

（李晓红　周君姝）

【现代职业技术学院与南方航空公司首次建立合作关系】　截至1月5日，北京现代汽车职业技术学院与南方航空公司首次建立合作关系，22名2011届毕业生顺利通过面试和笔试，于1月4日走上工作岗位。

（李晓红　周君姝）

成人教育

【概　况】　2011年，顺义区成人学校3所，开设专业30个。毕业2696人、招生2667人，在校生8772人；教职工92人，其中，专任教师76人。2011年，其他成人学校学历教育累计招生4800余人，完成全年计划的103%。各类、各层次学历教育在校生达到12400人。完成企业职工培训、农民培训等短期培训10738人次。继续加强“兴农讲堂”学习品牌建设，开展拆迁村农民素质培训，累计培训农民6380人次。推进“顺义市民学习网站”建设，发起“绿港书香”全民读书倡议书，开展全民终身学习周活动。启动学习型党组织创建工作，创建各类学习品牌，服务全民学习。学习型社会工作稳步推进，终身学习观念深入人心。共组织31296人参加8项共计122687人次的高考、中考、初高中毕业会考等考试。共完成高等教育自学考试、成人高考、计算机等级考试等29个项目，累计82074科次的成人类考试。

（李建生　王振宇）

【召开成人学校校长工作会】　9月8日，顺义区学习型社会领导小组办公室召开2011年成人学校校长工作会。社区中心领导就今后一段时期工作提出五点要求：一是要充分认识社区教育的意义。二是要加强宣传引领工作。三是要加强社区教育课程建设。四是要加强社区教育志愿教师队伍建设。五是要加强成人学校教学设施建设。镇、街道成人学校校长及相关人员近40参加。

（王振宇　周君姝）

【举行全民终身学习活动周启动仪式】　10月19日，顺义区2011年全民终身学习活动周启动仪式在区社区教育中心举行。以“学习 进步 和谐”为主题，时间为9月16日至25日，包括学习型组织理论培训、“快乐读书——读书的技巧与方法”专题讲座等活动，旨在使读书、学习融入市民生活，成为每个人高质量生活不可或缺的一部分。

（王振宇　徐振阳）

【举办兴农讲堂系列活动服务发展】　4月12日，“争做学习型农民，服务城乡一体化发展”暨顺义农广校2011年“兴农讲堂”系列活动启动仪式在杨镇镇政府召开。该活动是顺义农广校“兴农讲堂”学习品牌活动的一部分。顺义农广校围绕重点镇建设、加快“城乡一体化”发展进程和培养新型农民等方面，采取大讲堂的形式，充分发挥“兴农讲堂”的品牌作用，以文明礼仪、科普知识、法制观念、学历提升为主要内容，为区域农民向二、三产业转移、增加收入，做新型农民，推动区域经济发展，提供良好的服务保障，达到提高农民素质、转变农民观念的目的。共计开展讲座10次，培训1250人。

（陈更硕　周君姝）

【开展顺义学习网建设问卷调查】　4月21日至5月15日，社区教育中心开展顺义学习网建设问卷调查工作，共回收问卷9326份，为有效了解顺义上网人群文化水平、上网条件、上网时间、阅读习惯、学习方式等提供科学依据，对网站宣传与推广也起到积极促进作用。

（王振宇　周君姝）

【举办高等学历＋技能素质提升班】　4月23

日,顺义农广校和马坡镇政府合作开办的新型农民"高等学历+技能(中高级)"素质提升班正式开班,46名学员拿到了中国农业大学专科、本科录取通知书。

(陈更硕 周君姝)

【自考组考工作成绩显著】 7月4日,在北京教育考试院召开"北京市高等教育自学考试年度总结会"上,顺义自考办获得"2010年北京市高等教育自学考试一等奖",社区中心获得"北京市高等教育自学考试制度建立三十周年先进考点",顺义区获得"北京市高等教育自学考试制度建立三十周年先进考区",三项荣誉。

(王振宇 周君姝)

【顺义电大组织开展实用管理课程进企业活动】 11月9日,顺义电大组织开展"实用管理课程进企业"实践活动,45名"一村一"乡镇企业管理专业学员到学校教学实践基地,新农村建设示范村北郎中村,进行听讲座、实地参观学习等活动。刘建民教授结合北郎中村建设、发展的历程、取得的荣誉和成果,将《实用管理基础》课理论知识结合实际作精辟分析。课堂上师生互动,学员对如何正确决策、沟通、用人等方面有更深刻理解。课后,学员实地参观北郎中农产品配送中心,开拓的视野,对现代化农业、都市型产业等有更直观的认识。学员一致认为:课堂进企业实践活动,激发学员们学好理论知识,在新农村更好创业、做好农村致富带头人的热情。

(张 静 周君姝)

【镇街道成人教育学校积极开展农民培训】 年内,顺义区充分发挥镇校的骨干作用和村校的基础作用,积极开展农民培训,共培训近5万人次。培训方式多样,内容丰富。2011年,先后召开街道教育助理工作会和新老教育助理座谈会。会议上,进行工作经验和工作方法交流。另外,强调了工作的统筹与管理,明确了工作中要注意目的性和时效性。

(李建生 周君姝)

民办教育

【概 况】 2011年,顺义区共有各级各类民办学校和教育机构90所,民办幼儿园13所,在园幼儿1113人,教职工319人;民办中学6所,(其中完中1所、高中1所、九年一贯制3所、十二年一贯制1所)在校学生5310人(其中小学972人、初中3043人、高中1295人),教职工541人;民办职业高中3所,在校学生1187人,教职工186人;培训机构68所,主要培训内容为文化补习、外语、电脑、艺术类、文体类、汽车驾驶 等。2011-2012学年度共培训各级各类人员540人。固定资产563078.9万元,教学实习仪器设备资产值达到412649.27万元,教学用计算机1406台,多媒体教室座位数4223个,占地面积595663.1平方米,教学行政用房建筑面积178782平方米,图书藏量669499册。

(王 焱)

【民乐团在维也纳金色大厅演出】 2月11日,牛栏山一中实验学校民乐团19人参加由文化部艺术服务中心在奥地利举办的第五届文化中国——维也纳金色大厅青少年文艺晚会演出及交流活动。演员身着民族特色服装表演民乐合奏《茉莉花》等曲目,得到当地观众高度评价。

(李士柱)

【完成民办教育年审工作】 2月至4月,顺义区完成民办教育机构年检工作,共年审合格各级各类学校共75所,其中,中小学5所、职业学校3所、幼儿园8所、各类培训机构60所;学历教育在校生6620人,幼儿教育在园儿童963人,培训学校在校学生17960人,毕(结)学生44263人;学历教育、幼儿园专兼职教师599人,培训学校专兼教师978人。

(王　焱)

【开展拉网式安全检查】 5月5日至9日,顺义区教育系统开展拉网式安全检查,依据“领导包片、科室包镇”制度,共出动300余人次,采取座谈询问、实地查看等方式,全面排查消防、交通、食堂、房屋出租等方面的安全隐患,检查范围涵盖全部登记在册的所有民办教育机构,采集资料照片2000余张。

(陈慧明)

【民办教育培训机构办学情况检查】 6月1日至30日,顺义区开展民办教育培训机构办学情况检查。1. 重点检查69所民办教育培训机构办学情况,整顿超范围经营、违规设立分校或教学点等违法违规办学行为。2. 开展各机构办学环境拉网式安全排查,限期整改排查中发现的问题和隐患,确保暑期就学人员安全。3. 走访各机构,了解办学难题,及时协调消防、卫生等职能部门妥善处理。

(徐振阳)

【加强民办幼儿园考核】 11月16日至24日,顺义区教委组织民办科、纪检监察审计科、综合治理科、幼教培训中心及区妇幼保健院、民政局社团科等相关部门科室,对全区12所民办幼儿园进行年度考核工作检查,通过听汇报、教师座谈会、查看档案资料和财务账簿、看幼儿活动等形式,按照“评价标准及细则”进行逐项考核、评审、打分,对幼儿园取得成绩给予肯定,对存在的不足,及时进行反馈。检查结果显示,各民办幼儿园能够坚持依法办园、保障教职工利益,财务管理规范,办园条件不断改进,教育教学质量有所提高,保教活动丰富多彩,卫生保健符合要求,安全保卫方案详实、设施齐备。

(王　焱)

【完成民办教育行政审批工作】 年内,顺义区教委共受理并办结各种民办许可事项30件,其中新审批学校4报,变更举办者、校长11件,变更办学地址5件,变更校名4件,增加办学范围1件,终止办学5件。

(王　焱)

【依法取缔2所流动人口自办校】 年内,顺义区加强民办学校规范管理依法撤销流动人口自办学校2所,采取公办校和民办校联合分流方式对全部365名学生进行妥善安排,其中南彩镇1所,分流学生324人;石园街道办1所,分流学生41人。

(王　焱)

【撤销自办校校车和学生食堂】 年内,顺义区教委会同相关部门联合检查撤销自办校校车和学生食堂,为确保专项活动顺利进行,制定切实可行工作方案及督办措施,通过检查按规定对全部9辆校车作停用处理,对4所自办校学生食堂作停办处理,有效保障教职工和学生安全。

(王　焱)

【加强安全管理培训】 年内,顺义区加强对各民办学校及自办学校校长及安全管理人员的培训。组织学校安全工作负责人进行三次大规模培训,内容包括交通安全、消防安全、单位内部安全防范等紧急 散演练,提高各民办学校主办者安全管理意识。截至年末共千余人次参加培训。

(王　焱)

特殊教育

【概　况】 2011年,顺义区有特殊教育学校1所,占地面积14593平方米,建筑面积4182平方米。图书馆建筑面积25平方米,图书馆(室)藏书总数1万册,电子图书200册,订阅杂志、报刊15种。固定资产总值698万元。全年教育经费投入866万元,其中,国家拨款866万元。全年信息化经费投入10万元,拥有计算机80台,多媒体教室座位30个,校园网出口总带宽100 Mbps,数字资源量100 GB,"信息技术"课程28课时/周(指学校所有班级总课时数)。普通教室17个,专用教室5个。教职工68人,其中副高级职称3人,中级职称42人。专任教师58人。包括本科以上学历58人;市级骨干教师1人。开设教学班17个,结业6人、招生20人,在校生154人(其中住宿135名)。残疾儿童入学率100%、巩固率100 %。

(胡金侠)

【残疾幼儿亲子音乐】　2月14日,特教学校个训康复部针对学龄前残疾幼儿特点,推出残疾幼儿亲子音乐活动课。亲子音乐活动中,教师通过音乐欣赏、乐器演奏活动及律动活动等不同形式的音乐活动,为残疾幼儿提供利用音乐调整情绪、融入集体活动的平台,为家长提供相互沟通、学习的机会。活动得到家长们的支持,至今已有近30个家庭参与了亲子音乐活动的学习。

(周艳红　周君姝)

【彩虹读书交流】　3月4日,特教学校举办主题为"以诗书之气育教师之气"彩虹读书交流活动。各部门推选出教师代表将各自读书体会与全体教师进行交流。同时举行赠书仪式。该校从2001年就推出教师读书活动,一直延续到现在。2011年以"彩虹读书"为契机进一步深入开展此项活动,教师在工作生活中经常与书为伴,多读书、读好书,做有内涵的教师。

(武红静　周君姝)

【亲子庆六一】　6月1日,特教学校在顺义公园举办"快乐六一 分享成长"亲子庆祝活动。学生和家长共画《我们美丽的家乡》画卷,共破"两人三足""勇过独木桥"等"难关",互送祝福。与会人员观看该校智障部、听障部学生表演的歌曲、舞蹈等节,接受孩子精美的手工制作。家长表示,喜欢这种形式为孩子与家长间搭起心灵的桥梁,使他们的心更近,情更浓。首都机场物业、天竺团委、家长及该校师生200余人参加。

(王　颖　周君姝)

【接受职业培训回归社会】　9月,特教学校,4名学接受职业培训回归社会,其中3名被"北京奥峰铭金属制品有限公司"录用,一名学生被"马坡金属制品厂"录用,成为真正的社会人。4名学生均为2010年9月职业部招收的10名18周岁的智力障碍学生,针对学生特点开设社会实践课、生活自理课和家庭烹饪课,同时还对学生进行一年的体力康复训练、持久性训练、专注性训练等,4名残疾学生走进社会,独立生存。该校职业部于2001年承担九年义务教育后的1至2年的职业培训,为残疾学生提供职前培训,实现自强自立,学校基本形成学前康复、学龄教育、职业培训为一体的办学体系。截至年末,经过该校职业部指导培训共有近30余名学生回归社会。

(杨翠伶　周君姝)

【提高安全防护能力】　11月9日,特教学校开展系列互动采取理论+实践的形式切实提高师生安全防护能力。首先学校开展消防知识宣讲活动,由团支部和少先队发起,以照片和视频方式让学生了解防火知识和相关措施,后勤主管重点进行灭火器使用方法讲解并指导学生使用灭火器。随后组织逃生演练活动,按照预案要求警报器拉响后不到3分钟全部学生迅速有序撤离,安全快速到达操场。理论+实践的方式使学生们真正掌握在危险中迅速逃生、自救、互救的基本方法,提高抵御和应对紧急突发事件的能力。共有100余名师学生参加。

(王　颖　周君姝)

【办思维导图使用方法培训】　12月7日,特教学校聘请区考研中心干训科教师来校作"思维导图使用方法"培训,介绍思维导图的简单使用方法和功能,进行现场操作指导。思维导图强大的整理功能为学校提供一个科学管理学校和规划自身工作的有效方法。此后干部教师尝试运用思维导图梳理自身工作、部门工作,规划设计学校、部门和自身发展,逐步达到熟练运用。

(王向辉　周君姝)

【参与公益慈善活动】 年内,特教学校参与社会公益慈善演出。5月24至25日,特教学校生与北京电影学院导演和演员们共同参与"大学生回馈社会关注残疾儿童慈善活动"的第三部分即,"走进残疾人学校"。电影学院摄制组一行15人和活动的形象代言人张一山、杨紫来到特教学校,和师生一起活动、一起录制公益视频。6月8日,参加由北京电影学院主办"我们共有一片蓝天"晚会的演出,听障学生表演手语歌曲《国家》,智障学生表演舞蹈《说唱脸谱》,震撼在场观众。

(武红静　王　颖)

牛山一中

【概　况】 2011年,北京市顺义牛栏山第一中学学校占地面积181652.31平方米,建筑面积80536平方米。体育场馆面积1164平方米。图书馆建筑面积587平方米,图书馆(室)藏书总数7.26万册,电子图书2万册,订阅杂志、报刊394种。固定资产总值8612.47万元。全年教育经费投入6546.5万元,其中国家拨款6027.5万元,自筹519万元。普通教室63个,实验室13个。教职工(总数)450人,其中副高级职务158人(说明:中学高级为副高级职务),中级职务119人。专任教师405人。包括本科以上学历390人;北京市学科带头人3人,市级骨干教师10人,市级特级教师4人。开设教学班56个。初(高)中毕业学生886人,招生636人,在校生1998人,其中,寄宿生1903人。初(高)中录取分数线515分(顺义区),应届高考本科上线率95。

单位名称:北京市顺义牛栏山第一中学

地址:北京市顺义区牛栏山镇育才大街1号

电话:(010)69411142

邮编:101301

网址:http://www.nlsyz.com.cn/

(许　坤)

【国家级教育体制改革试点项目】 2011年,牛栏山一中获得两项国家级教育体制改革试点项目,项目分别为"探索城乡教育一体化发展的有效途径"试验项目学校(以下简称:城乡一体化)和"基础教育课程教材改革实验项目学校"(以下简称:基教教材改革)。"城乡一体化"是以"均衡、优质、共享、共进"为主题,以深入推进教育联盟建设为抓手,围绕"切实优化资源配置,着力实施组团发展,促进教育均衡公平"的三大目标,开展联盟内校际研讨活动,全面推动联盟内各校的教育教学工作在更高层次、更高水平上实现均衡发展、优质提升。年内分别在教学、德育、科研、工会四部分工作中开展了活动。"基教教材改革"项目围绕《牛栏山一中有效教学模式的研究》课题的研究,在不断总结经验,认真研究教学方式与学习方式的基础上,实现教师教学方式的转变带动学生学习方式的改变;在预习学习的基础上,不断培养学生自主学习的能力,探索新的教师与学生的评价体系;促进教师专业发展,促进学生全面而有个性的发展。

(许　坤)

【拆除南教学楼、艺术楼、办公楼】 5月,牛栏山一中拆除南教学楼和艺术楼。该教学楼建于1987年,建筑面积3838.7平方米,内有学生教室32间。艺术楼初称综合楼,建于1994年,建筑面积1381.5平方米,初建成时为二层,1999年改扩建增加一层,建筑面积增至为1981.5平方米,内设音乐教室、美术教室、舞蹈教室、心理咨询室、音美教研组、德育处、工会、督导室等。10月,拆除办公楼,该楼建于1990年,建筑面积2215平方米,两层。初建为食堂,2005年装修改造为办公楼,内设校长办公室、副校长办公室、党政办公室、会议室、会计室、档案室、总务处及库房等。此次拆建工作是该校2009年启动的总投资5亿元的校园改扩建工程项目之一,将在拆除的南教学楼原址兴建一座建筑面积为15000平方米,集办公和教学为一体的综合楼,预计在2012年底投入使用。

(许　坤)

【与美国凤凰传媒学院合作办学】 6月4日,牛栏山一中与美国凤凰学院合作办学项目签约。此次合作办学以“互惠、互信、互利”为原则,发挥各自的资源优势,开展国际化教育校本课程建设实验,丰富各自的办学内容,培养具有国际视野、通晓国际规则的现代中学生,满足人们对现代教育的多元化需求。双方约定参照国际教育的模式共同培养学生,学制3年。

(许　坤)

【“中国特色品牌学校共同体”培训基地】 10月29日,在全国不同风格与流派课改名家论坛暨“第二届‘牛栏山杯’高效课堂教学展示交流会”上。牛栏山一中获“中国特色品牌学校共同体”培训基地称号。“中国特色品牌学校共同体”是《中国教师报》联合中国关心下一代教育研究院、清华大学基础教育研究所倡议发起的,旨在认真总结全国中小学多年来特色办学的成功经验,打造一批在全国具有较大影响的特色中小学校,在全国营造一种“以特色创建突破教育发展瓶颈,以特色发展打造教育品牌,以特色发展促进师资整体提升,以特色发展实现教育公平,以特色发展促进区域均衡”的教育大势,真正实现“为每个孩子提供适合的教育”的至高教育理想。现在成员校达200余所。本次授牌仪式在牛栏山一中举行,《中国教师报》特色品牌学校共同体副秘书长,中共北京市顺义区教委主任及部分领导,牛栏山一中校长、领导班子成员及部分师生,全国16个城市部分校长,顺义区中小学校长及部分教师代表500多人参加。

(许　坤)

【清华大学优质生源基地】 10月,牛栏山一中获2011年至2012年清华大学“新百年领军计划”优质生源基地。“新百年计划”是清华大学深化高效招生考试制度改革的重要举措,分为“领军计划”、“拔尖计划”和“自强计划”三个部分。“领军计划”面向志向远大、追求卓越、品学兼优、素质全面的应届高中毕业生,采用中学推荐的方式报名,清华大学将根据各中学近年考入清华考生的在校综合表现,确定具有推荐资格的中学名单和推荐人数。审核通过者免于参加自主招生笔试,只参加综合面试。面试通过者高考享受降60分录取的优惠,并根据面试成绩给予最多加30分选专业的优惠政策。获得优质生源基地奖牌的学校即认定具有推荐资格,该校2011年获得1名推荐名额,经广泛征求意见、履行清华大学实名制推荐工作程序,高三年级学生王田歌获此推荐。

(许　坤)

【北京大学校长实名制推荐资格】 1月,牛栏山一中获得2011年北京大学校长实名制推荐资格,资格需由北京大学自主招生专家委员会审议,通过综合考察申请中学的办学条件、生源质量等因素后最终确定的。推荐学生标准包括品学兼优、成绩突出、综合素质全面等条件。该校经广泛征求意见、履行北京大学校长实名制推荐工作程序,推荐高三年级学生冯美娜就读北京大学。

(许　坤)

顺义一中

【概 况】 2011年,北京市顺义区第一中学占地面积66000平方米,建筑面积48500平方米。体育场馆面积6000平方米。图书馆建筑面积532平方米,图书馆(室)藏书总数9.36万册,电子图书100册,订阅杂志、报刊673种。固定资产总值9793万元。全年教育经费投入5397万元。全年信息化经费投入60万元,拥有计算机806台,多媒体教室座位4870个,校园网出口总带宽50Mbps,数字资源量500GB,“信息技术”课程28课时/周(指学校所有班级总课时数)。普通教室55个,专用教室28个,实验室19个。教职工(总数)282人,其中高级专业技术职称0人,副高级职称95人,中级职称83人。专任教师228人。包括本科以上学历226人;北京市学科带头人2人,市级骨干教师8人,市级特级教师3人。开设教学班46个。初(高)中毕业学生746人,招生620人,在校生2088人,其中,寄宿生2088人。初(高)中录取分数线497分(顺义区),应届高考本科上线率97.6%。

单位名称:顺义区第一中学

地址:顺义区建新北区

电话:(010)69444448

邮编:101300

网址:http://www.syyz.bjedu.cn

(何雪莲)

【自我教育和自我管理取得成果】 4月27日,中国教育学会在北京召开“十一五”教育科研规划重点课题“中小学学生自我教育和自我管理实验研究”成果座谈会,顺义一中校长代表“中小学学生自我教育和自我管理实验研究”课题实验校作典型发言。该校目前已经自主教育渗透到各个领域,9月23日举办“自我教育与课程建设”报告会。12月28日,学校召开第十六届教育科研成果报告会,会上《高三思想政治复习课唱响生活的旋律》《依托FLL机器人竞赛 培养学生自主创新能力》《走“近”抽象艺术,感悟抽象艺术之美》《班级自我教育实践与思考》《人文学科综合性校本课程的开发与实施》等课题均作为该校承担的中国教育学会十二五重点课题《在课程实施中培养学生自我教育与自我管理能力的研究》子课题。该课题2006年9月开始进行实验研究,全国15个省、市、自治区的77个单位参与其中,参加实验研究的教师2317人,中小学学生23218人,家长17095人。该实验研究历时5年,取得了丰硕成果。该课题2010年10月在顺义一中召开结题成果交流大会。

(何雪莲)

【赴美冬令营】 1至2月,顺义一中组织部分学生赴美参加为期14天冬令营学习交流活动。走访美国旧金山、休士顿、洛杉矶市区和斯坦福大学、莱斯大学、休斯顿大学、加州理工学院、加州大学洛杉矶分校等名校;体验美国课堂和美国文化感受中西文化差异,感受差异碰撞带来影响。参加者一致认为,活动有助于提高英语会话水平与表达能力。

(何雪莲)

【范曾题写校名】 5月23日,著名书画大师范曾先生无偿为顺义一中题写校名,范老书写的校名“顺义一中”四字采用横披款式,从左至右书写,繁体行楷,用纸底色为金黄色,绘有云龙图案。“顺义一中”四个字端庄沉稳而不失灵秀,结构匀称,笔画之间顾盼呼应,功夫精深,体现先生一贯追求的“清新俊逸”的书法风格。字幅的右侧属有两款印章,一阴一阳,为“恒东十翼”“范曾书画”。该校名悬挂于顺义一中仁和新校区大门。

(辛加伟 何雪莲)

【顺义区网管教师交流会】 10月14日,2011年顺义区网管教师交流会在顺义一中举行,与会人员参观该校校园网络硬件设备,观摩一中网管教师展示学校EG-1000E网关等新型网络硬件设备和新型网络设备管理软件使用,听取网管教师介绍IT运维管理系统的使用方法及具体使用情况,并联合相关网络公司技术人员与全区网管教师进行了技术交流。与会教师认为注重实际实用,有借鉴和指导价值。区教育信息中心领导及全区网管教师80余人参加。

(陈智启 何雪莲)

【科教作品获全国一等奖】 8月2至8日,顺义一中教师许实云制作的科教作品《自动跟光太阳能板演示装置》在第26届全国青少年科技创新大赛中获一等奖。该活动由由中国科协、教育部、科技部、国家发展改革委、环境保护部、国家体育总局、共青团中央、全国妇联、国家自然科学基金委员会和内内蒙古自治区人民政府共同举办,该作品为太阳能利用作品,包括充电板,光电检测器,放大电路,驱动电路,电机,支架和底座组成。电气控制部分既可与充电板安装在一起,也可将电气控制部分安装在底座中。光电检测器由光敏元件连接成桥路并按一定角度相应排列安装在暗盒中。支架联接充电板和电机利用太阳能电源系统中充电板的太阳能自动跟踪。经过全国初评,入围参加全国决赛,经过答辩和公示,最终获得全国一等奖。全国共有200件作品入围决赛,其中北京30项作品入围,最终3项一等奖、10项分获二三等奖。

(许实云 何雪莲)

【把握自我赢得未来】 3月10日,"把握自我,赢得未来"报告会在顺义一中报告厅举行,《杰出青少年——自我管理手册》作者——黄泰山针对学生亟待提高学习效率问题,给予学方法指导、策略制定、思维训练等方面培训,引导认识自我,进行"自我管理",对未来学习和人生进行规划,帮助学生从每分钟开始,促成习惯养成,并希望他们能用良好的习惯改变命运。高二年级全体学生参加会议。

(赵彤云 何雪莲)

杨镇一中

【概 况】 2011年,北京市顺义区杨镇第一中学占地面积491714平方米,建筑面积95422.46平方米。体育场馆面积9418平方米。图书馆建筑面积658平方米,图书馆(室)藏书总数10.1万册,电子图书10GB册,订阅杂志、报刊210种。固定资产总值25695.91万元。全年教育经费投入5794万元,其中,国家拨款5213万元,自筹581万元。全年信息化经费投入95万元,拥有计算机753台,多媒体教室座位5300个(指学校所有配备多媒体教室座位总数),校园网出口总带宽80Mbps,数字资源量3071GB,"信息技术"课程40课时/周(指学校所有班级总课时数)。普通教室74个,专用教室16个,实验室23个。教职工(总数)416人,其中副高级职称164人(说明:中学高级为副高级职称),中级职称105人。专任教师305人。包括本科以上学历298人;北京市学科带头人3人,市级骨干教师8人,市级特级教师3人。开设教学班73个。初(高)中毕业学生885人,招生749人,在校生2926人,其中,寄宿生2776人。初(高)中录取分数线482分(顺义区),应届高考本科上线率96%。

单位名称:顺义区杨镇第一中学

地址:顺义区杨镇

电话:(010)61451520

邮编:101309

网址:www.bjyzyz.net。

(马洪良)

【杨镇一中 60 年】 10月16日,顺义区举行杨镇一中建校60周年校庆庆典,6000余人参加了庆典活动。杨镇一中1951年2月建校,校址在顺义城关小学内,同年迁址到杨镇,校址设在杨镇西北关帝庙内,更名为顺义中学。1958年开始高中班,更名为杨各庄中学。1978年被顺义县人民政府认定为顺义区县重点中学。1987年学校更名分为杨镇一中(高中校)和杨镇二中(初中校)。2003年杨镇一中被认定为"北京市示范性普通高中",同年成立"杨镇一中教育集团",2005年成立内地新疆高中班,2011年成立内地新疆和田班。杨镇一中是一所兼容现代气息与古典韵味的花园式学府。校园东部是中国古典式建筑长廊、梦池水榭浑然一体;历史悠久的古庙、碑林及龙井与古银杏相映成趣。西部是现代化建筑和国际教学区,设施完备的综合楼、体育馆、游泳馆、室内田径馆与青春飞扬的16个民族的学生点缀成的学习画面。构成杨镇一中特有的人文景观。

(徐振阳 杨文功 周君姝)

【新疆和田高中班】 11月14日,北京新疆和田高中班开班仪式在北京会议中心举行,在杨镇一中和密云二中开设两个班每届各招收和田学生50名。市委教育工委、市教委、市人民政府教育督导室、新疆和田地区领导和顺义区主管区长,各区县民委主任,各区县教委主任、主管主任、中教科长,全市各举办内地民族班学校校长,和田班内派管理教师和全体新生共200余人参加了会议。2005年杨镇一中设立内地新疆班,具有丰富的办学经验和成果。该校和田班筹备工作于3月启动,基建工程和教学装备于10月底全部完工、到位。9月23日市教委基教二处处长来校调研对口支援承办和田班准备工作进展情况;10月8日北京援疆指挥部副总指挥来校调研和田班准备工作情况;11月12日,在该校50名和田学生到京,区教委及学校领导带学生安全抵校。学生正常学习后,12月16日,自治区人民政府督学、自治区内学办主任来校调研内高班工作和对口支援办班情况。通过参观考察,听取汇报,对杨镇一中的内地新疆班工作非常满意,并和田地区的第一个中学教育班设在杨镇一中表示信任。

(杨文功)

【日本代表团访问】 12月10日,日本长崎县立佐世保北高校209名高二学生抵达杨镇一中,与该校高二年级3班,4班,12班,6班,10班,14班及其他班级的学生进行友好交流。高二年级教师主持活动。中日校长代表及学生代表分别讲话,双方代表交换礼物。杨镇一中街舞社与乐队为代表团表演精彩节目,日方进行空手道表演;双方还就学习情况进行交流,尤其是针对学习方式、方法进行深入交流。中日双方学生一对一结队并交流互换礼物,双方的学生彼此结下深厚友谊。该校学生对中日关系,青少年发展等问题有更客观、更深刻的思考与感受。日方代表团对学校先进设备,优美环境及学生优秀表现大加赞赏并希望继续交流合作。

(杨文功)

【开展多类活动】 年内,杨镇一中开展开展多类活动丰富学生活动。一是党建活动,4月20日,举行第25期党课开班仪式,60名业余党校学员参加学习。二是社团活动,6月2日举办"社团有我更精彩"汇报演出,至年末学校共有各类社团近百个学生参加近万人次;三是励志感恩活动,2月25日,高三年级全体师共同宣誓,决战高考;11月11日举办班主任节,高一年级的"各班代表为班主任送祝福"、高二年级的共叙师生情谊、高三年级的亲手制做奖状颁发班主任等活动使师生之情更深。四是专题讲座活动,3月7日,学校邀请北京师范大学著名心理咨询与心理测评博士郭召良教授,为高三全体学生作主题为《心态调整与方法优化》心理辅导;3月11,邀请北京大学法学教授周旺生全体学生作法律讲座;5月8日,举办"月球与月球探测"科普讲座;5月21日举办科技创新专题讲座;12月3日,邀请现任品牌中国产业联盟秘书长王永来为全体学生作《90后,我梦,中国梦》报告,告诉学生要善于从日常生活中磨练自己,要善于把长远目标分解成易实现的小目标。五是开展读书活动,4月27日举办“书香60年”名师大讲堂活动;9月10日举办“魅力杨中”顺义区作家采风活动;11月29日高二年级举办“读书点亮人生”演讲比赛。

(教 委)

现代职业学院

【概 况】 2011年,北京现代职业技术学院占地面积11.29万平方米,产权建筑面积7.27万平方米。图书馆建筑面积6635平方米,藏书15万余册。固定资产总值1.27亿元,其中教学仪器设备总值4000余万元。全年教育经费投入4673.38.47万元,其中,国家拨款2794.38万元、自筹1879万元。设有三系一部,分别是汽车工程系、机电工程系、经济管理系和基础部,开设汽车制造与装配技术、数控技术和社区管理与服务等9个专业,拥有43个实验实训室。教职工212人,专职教师128人,其中,博士1人、硕士40人,教授、副教授7人。在校生1910人,招生482人。高考北京地区提档线理科150分、文科150分。毕业生756人,毕业生一次就业率96.03%。

单位名称:北京现代职业技术学院

地址:北京市顺义区裕龙花园三街

电话:(010)69449311

邮编:101300

网址:www.moderncollege.com.cn。

(李跃谦)

【暑期开展企业调研】 6月20日至8月2日,现代职院利用暑期开展企业调研。组织32名干部教师分成4个调研组,对顺义区内航空航天、汽车、现代制造、物流等产业方向的86家企业进行实地调研,其中走访国有企业46家、民营企业18家、外资企业8家、合资企业14家。调研组深入生产一线,与企业管理人员、技术工人进行面对面交流,通过座谈、问卷等形式对企业的用人需求、岗位设置、职工培训需求、工人学历进修需求等内容进行详细了解。共发放问卷86份,收回有效问卷84份。

(李跃谦)

【为企业培养技能型人才】 通过调查和分析发现,近五年,企业技能型人才需求缺口较大;企业用工青睐北京生源;企业对职工学历提升、技能培训、科研等方面有一定需求;企业参与职教的热情较高;企业非常注重毕业生的职业道德等素质;临空经济区需要大量航空相关专业人才,民航商务和模具设计与制造两个专业人才需求量极大;物流管理人才需求呈多样化特点,需求比较分散,不足以支撑开发新专业,但可以将物流管理专业开设基础物流、货运代理、民航运输三个方向,为企业培养更有针对性的专业人才。学院2009级、2010级机电一体化技术、数控技术、汽车、物流专业的学生几乎全部被各大企业预订。学院将搭建起校企共需信息网络平台,开通“校企新干线”;进一步加强专业建设,为企业输送高素质技能型人才;进一步丰富校企合作新形式,与企业共建实训基地;为企业员工学历提高与技能提升提供服务。

(李跃谦)

【学生社团开展社会实践】 6月22日至10月14日,现代职院学生社团——现代会展协会,组织会员积极开展社会实践,承担大型展览会服务工作,先后参与了中国国际信息通信展、中国国际石油展、北京国际航空展览会、北京美化家居展、中国国际纸浆造纸林业展、水博会等大型展览活动共16次。主要在展会接待组、引导组、维护组、门禁组等具体负责接待、引导、调查、运行保障等工作任务。

（李跃谦）

【与北航继续教育学院洽谈合作】 4月20日，现代职院与北京航空航天大学继续教育学院洽谈合作。双方在成人本科学历教育、两校双证书远程教育、HND项目、师资培训和交流、航空相关专业开发建设及联合科研等方面达成合作意向。

（李跃谦）

【与SMC公司洽谈合作】 7月25日，现代职院与SMC公司洽谈合作。双方围绕学院教育供给和公司发展需求，达成合作意向：1. 建立SMC订单班；2. 共建实训基地；3. 开展人员交流，学院选派专业教师到公司培训员工，公司选派管理和技术人员到学院担任客座教授和兼职讲师。

（李跃谦）

【开展主题教育活动】 10月19日起，现代职院在全院干部、教职工和学生中开展"读写经典 立德立行"主题教育活动。活动将历时一年，学院统一发放《弟子规》、《三字经》等国学经典著作，分层次组织集中观看"百家讲坛"等视频资料，组织开展诵读经典语句、书法比赛、话剧音乐剧创作等。12月23日举办学生《弟子规》诵读大赛，各班均参加初赛，12个班级进入决赛，最后，2个班获一等奖、4个班获二等奖、6个班获三等奖。

（李跃谦）

【与北京博萨模具公司洽谈合作】 11月4日，现代职院与北京博萨模具制造有限公司洽谈合作，达成以下意向：1. 公司参与学院专业建设，共建模具设计与制造专业；2. 公司作为学院模具设计与制造专业校外实训基地；3. 学院为公司职工提供技能认证培训及学历培训。双方将通过签订框架协议的形式，落实达成的合作意向。

（李跃谦）

【完成冬季征兵工作】 11月份，现代职院完成冬季征兵工作，共为部队输送优秀学生32人（男生26人、女生6人），其中1人进藏。

（李跃谦）

【加强实训基地建设】 年内，现代职院加强校内实训基地建设。至年底，完善了汽车实训中心的功能分区；投资580余万元新增数控实训中心设备；新建5个物流专业实训室，升级改造2个物流专业实训室；完成物流实训基地二期、2010年中央财政支持的数控实训基地、2009年中央财政支持的汽车检测实训基地的设备安装调试。

（李跃谦）

社区教育

【概　况】 2011年，社区教育中心学历教育累计招生4800余人，完成全年计划的103%。各类、各层次学历教育在校生达到12400人。完成企业职工培训、农民培训等短期培训10738人次，超额完成全年任务。应届中等职业教育毕业生531人，就业签约率达到100%。积极参加职业技能比赛，共有10人获市级奖项，获奖人数和人次再创新高。与北京现代汽车有限公司联合开办"北京现代实验班"，探索校企"订单培养"人才新模式。继续加强"兴农讲堂"学习品牌建设，积极开展拆迁村农民素质培训，累计培训农民6380人次。加快推进"顺义市民学习网站"建设，发起"绿港书香"全民读书倡议书，开展全民终身学习周活动。启动学习型党组织创建工作，创建各类学习品牌，服务全民学习。学习型社会工作稳步推进，终身学习观念深入人心。共组织31296人参加8项共计122687人次的高考、中考、初高中毕业会考等考试。共完成高等教育自学考试、成人高考、计算机等级考试等29个项目,累计82074科次的成人类考试。中心各类考试做到了规范管理,严格操作,确保了考试安全,维护了考试形象。

单位名称:顺义区社区教育中心
地址:顺义区府前西街铁路西
电话:(010)69443449
邮编:101300
网址:http:www.sheqjy.bjshy.gov.cn

(王振宇)

【召开成人学校校长工作会】 9月8日,顺义区学习型社会领导小组办公室召开2011年成人学校校长工作会,镇、街道成人学校校长参加。议就今后一段时期的工作提出了五点要求:一是要充分认识社区教育的意义。二是要加强宣传引领工作。三是要加强社区教育课程建设。四是要加强社区教育志愿教师队伍建设。五是要加强成人学校教学设施建设。

(王振宇)

【北京市高等教育自学考试】 4月9日,北京市高等教育自学考试举行,顺义区共有考试4567名,15763个科次,48门考试科目,设顺义社区教育中心、北京美国英语语言学校两个考点,共511个考场。考试于4月9日、10日、16日、17日4天进行。

(王振宇)

【顺义学习网建设问卷调查】 4月21日至5月15日,社区教育中心在顺义网城对顺义学习网建设工作开展问卷调查,共回收问卷9326份,此次调查工作为有效了解顺义上网人群的文化水平、上网条件、上网时间、阅读习惯、学习方式以等提供了科学的参考依据,对网站的宣传与推广也起到了积极促进作用。

(王振宇)

【"党在百姓心中"宣讲】 6月16日,北京市纪念中国共产党成立90周年"党在百姓心中"百姓宣讲团第二分团来到中心进行宣讲。宣讲员们用朴实的话语,讲述着发生在自己及身边的一个个感人故事。他们扎根基层、甘于奉献、奋勇争先的先进事迹教育感染着会场中的每一个人,宣讲现场不时爆发出热烈的掌声。听了宣讲团的精彩报告,广大师生纷纷表示深受鼓舞,今后要加倍努力工作,用实际行动回报党,回报社会。顺义区各部门政工副职、社区教育中心干部教师代表300多人聆听了报告。

(王振宇)

【学习型社会工作信息员培训会】 9月22日,顺义区召开学习型社会工作信息员培训会。北京市学习型组织理论专家马成奎对撰写学习型社会工作简报及信息的方法和技巧进行了详细的讲解。全区各单位学习型社会工作责任科室负责人及信息员200多人参加了培训。

(王振宇)

【全国成人高校招生统一考试举行】 10月15日、16日,2011年全国成人高校招生统一考试举行。顺义区共有考生4777人,其中专升本2692人,高起本276人,高起专1809人,设社区教育中心、顺义二中、顺义三中、顺义五中、顺义八中5个考点,165个考场,14607科次。

(王振宇)

【全民终身学习活动周启动】 10月19日,顺义区举行"全民终身学习活动周"启动仪式。要求1、整合资源,构建和完善终身教育体系。有序开放教育培训场地、文体设施,为终身教育提供便利条件,逐步实现各种教育培训资源共享。2. 要加大力度,营造关心和支持社区教育良好氛围,普及和推进社区教育发展。3. 要拓展领域,深化学习型组织建设。坚持分类指导,抓住重点,拓展领域,不断提高各类学习型组织建设水平。4. 要扩大影响,打造全民终身学习活动品牌。把"全民终身学习活动周"作为推进学习型顺义建设的重要品牌,长期坚持下去,积极探索市民学习的新形式、新途径、新方法，吸引市民广泛参与。仪式上，表彰了2010年度学习型组织先进单位、先进工作者、学习之星、学习型家庭。

（王振宇）

【顺义区自学考试举行】 2011年下半年顺义区自学考试于10月22日、23日、29日、30日举行。本次考试共有考生3471人，10335科次，290门考试科目，为期四天。共设三个考点，分别为顺义三中、顺义五中、顺义美国英语语言学院。

（王振宇）

教育研究考试

【概　况】 2011年顺义区教育研究考试中心，有教职工总数135名，其中专任教师122名（副高级职务65名，中级职务32名）。市级学科带头人9名，市级骨干教师35名，市级特级教师6名。开展各级各类培训6项，培训各级各类人员16000人次。2011年是“十二五”的开局之年，顺义区教育研究考试中心以促进教师发展为主题，以提高教育教学质量为主线，以构建“四位一体”工作机制为抓手，各方面工作取得丰硕成果：被评为区教育系统先进集体、北京市老教师工作先进单位，综治和档案工作受到政府表彰，干部和教师培训工作双双荣获北京市先进集体，指导高考再创佳绩，参加学科竞赛获887项奖励，其中国家级23项，市级奖864项，参加北京市中小学网管教师基本功培训与展示活动获得“团体奖第一名”和“优秀组织奖。

单位全称：北京市顺义区教育研究考试中心

地址：顺义区中山西街31号，

电话：(010)69443837

传真：(010)69420954

邮编：101300

（许冬梅）

【初三年级实验技能展示】 3月19日，区教委和教研中心联合组织了初三学生实验技能展示活动。本次展示活动分实验笔试和操作技能展示两个内容。在仁和中学、顺义三中、顺义二中三所学校举行，全区999人参加了展示。

（王晓芳）

【“十二五”继续教育启动大会】 6月10日上午，顺义区中小学教师继续教育“十一五”总结暨“十二五”启动大会在区教育研究考试中心召开，总结顺义区“十一五”教师继续教育工作取得的成绩，指出了存在的问题，部署了“十二五”继续教育工作。区教委、教研中心领导及顺义区中小学校校长、主管教师继续教育的副校长、幼儿园园长、先进教师代表300余人参加了大会。

（顾军荣）

【暑期学生英语夏令营】 2011年暑期，顺义区教委、考研中心与中国英语协会合作，聘请60名英国教师为我区30名教师，900名学生开办暑期夏令营。夏令营为期一个月，其间一方面配合英国教师组织丰富多彩的夏令营活动，对参加活动的学生进行英语口语、英语读写能力的培训；另一方面为英国教师组织丰富多彩的活动，使他们在完成教学任务的同时加深对中国的了解和认识。此次活动为顺义区教委首次举办，预计2012年暑期教委将继续开办此项活动，并将受益师生的范围逐步扩大。

（赵　科）

【中考高考总结表彰会召开】 9月25日，顺义区2011年中考高考总结表彰会在考研中心报告厅召开。会议肯定了顺义区今年中考和高考成绩，表彰了获得高中素质教育成果奖、中考和会考成绩优秀奖的集体和个人。牛栏山一中、顺义三中等校作典型发言。各中学干部、教师代表260余人参加。

(刘之海　徐立新)

【青少年心理健康教育合作项目】 10月17日下午,在中心报告厅,由心研室组织、策划、主持了"顺义区青少年心理健康教育合作项目"启动仪式。团区委、区教研中心领导、香港城市大学著名心理专家、顺义区心理教育咨询中心主任以及顺义区中小学主管心理健康教育的领导和心理健康教师近150人参加了会议。香港城市大学著名心理专家岳晓东博士作了题为"心理咨询技术在中小学教育教学工作中的应用"精彩讲座。

(李立军)

【课堂教学设计与教师专业发展】 10月25日,顺义区教科室、顺义区教育学会邀请《北京教育丛书》之一《为师与师承》一书的作者——石景山区教育研修学院特级教师王能智老师在教育研究考试中心报告厅做了主题为"课堂教学设计与教师专业发展"的报告会。王能智从具体的课堂教学设计与课改情况下的教师队伍专业发展方面做了详实、具体的讲解,其理念和做法很有借鉴和指导意义。顺义区中小学科研负责人、主管教学领导和部分教学骨干教师代表200人参加了此次活动。

(邢颖杰)

【"十一五"继续教育结业】 "十一五"中小学教师培训工作已经结束,2011年11月开始,师训科组织全区教育系统进行"十一五"继续教育结业证办理工作。在办理好前期工作程序的基础上,师训科利用3天时间组织师训科8位教师为全区6598名参加"十一五"继续教育并结业的中小学教师加盖教委章26392个。过程中师训科人员认真核对各学校结业人数、领取结业证人数。确保顺义区教育系统每一位参加培训并结业的教师按时领到结业证。

(赵　辉)

文化·卫生·体育

文 化

综 述

2011年，区文化工作围绕中心、服务大局、面向基层、服务群众，积极工作，锐意进取，主要做了五项工作。

一、完善公共文化服务体系。围绕基层文化阵地建设，着重建立健全乡镇综合文化站设施设备和活动场地。截止2011底，顺义区现有文化设施：文化馆1个、图书馆1个、影剧院10个、镇和街道文化中心25个、国有新华书店1家、焦庄户地道站遗址纪念馆1个和19个镇级文化站，424个行政村级文化大院；6个街道办事处有72个居委会文化室。现已建成镇级文化中心达标单位6个，村级达标文化大院308个。全区镇、村文化设施建筑面积14411平方米，室外活动场地面积168170平方米。共修建文化广场187个，总面积达1297550平方米，投资2.73亿元。目前有区级广场7个，镇级文化广场（比较有规模的）12个，村级文化广场较好的200多个。

二、壮大群众文化队伍。全区文化系统从事群众文化工作专兼职队伍310人，19个镇文化站和6个街道办事处专职文化干部25人。全区已拥有2650名文化志愿者。现有各类文艺团体200余个，总人数达到1.2万人。其中戏剧团体35支、音乐队46支、舞蹈队30支、民间花会队73个、杂技曲艺队1个、美术社15个、文学社3个。

三、开展群众文化活动。一是举办“二月新春”群众文化活动。全区投资约610余万元，举办群众文化活动690余场次，室内活动330余场次，室外活动390余场次，6万人次参与演出，观众达52万人次。二是举办“五月的鲜花”、“十月金秋”系列群众文化活动。三是举办“追溯顺义老八景、描绘绿港新画面”全国书画摄影大赛。四是举办“打造绿色国际港，歌唱美丽新顺义”“鑫大禹杯”全国歌曲征集大赛。活动自2010年7月20日启动，共收到来自北京、上海、重庆、辽宁、新疆、陕西、广东、内蒙等18个省、市、区的参赛歌曲180余首，34首歌曲获得各级奖项。

四、重视文学艺术创作。一是区作协在《中国文化报》、《北京文学》等报刊发表了各类诗文近二百篇，约100万字，出版了《几度杏花红》等五本迎接建党90周年的图书。二是区舞协总设计和总导演的《梦——成真的地方》,杨镇一中建校60周年庆典演出获得好评。三是区书协和区美协有150多名书画爱好者参加了"建党九十周年"书画展并创作作品240件,同时参加了10月7日的"国际鲜花港笔会",全区有42名书画家参加并创作作品近百幅。

五、参加市级重大文化活动。一是顺义龙狮舞艺术团参加在浙江宁波举办的"第十届山花奖"舞龙大赛并荣获银奖。二是区戏协参加"第八届首都职工文化艺术节"戏曲大赛荣获一等奖。三是区摄影家协会参加"幸福生活"北京七日摄影大赛获赛特等奖 四是区作家协会发表了各类诗文近二百篇,约100万字。散文获《京郊日报》读书征文二等奖。五是区曲艺家协会获北京曲协二、三等奖和香港组织的全国特长生快板比赛"金奖"。六是区音协获原创歌曲创作比赛三等奖和2011年北京市区、县、行业文联优秀节目三等奖。七是区美术家协会参加了北京市总工会举办的书法、美术、摄影展览获优秀奖,部分作品入选由中国文联、中国美协举办的中国画作品展。八是区书法家协会在"五一国际劳动节"期间,参加了北京市职工书法大赛,获一等奖、二等奖、三等奖各。

六、建设文化市场长效机制。按照党委领导、属地管理、行业监管、社会监督"四位一体"的原则,全面推行"建三网、考三项、创六无"文化市场长效管理机制(简称"三三六"长效机制),为文化市场的健康发展保驾护航。2011年底区共有歌舞娱乐场所74家,网吧33家,电子游艺场所10家,影剧院3家,文艺表演团体80家,印刷装订企业172家,图书期刊零售店310家。2011年,全区23套流动放映设备和放映车,共建成420个农村数字电影放映厅,全年共放映电影45800场,观众人次达180万人次。

七、发展文化创意产业。2011年1-8月,全区文化创意产业各类企业总计3000余家,从业人员3万余人。其中规模以上企业101家,资产总计342亿元,实现营业收入66.7亿元,税金总额2.4亿元,利润总额5.4亿元,已成为区域经济增长的新引擎。初步形成了以广告会展、出版印刷、设计服务、文体休闲为主导,品牌企业领军,产业集聚、多点支撑的快速发展态势,目前,顺义区共有35个文创项目累计争取到市级文化创意产业资金支持1.7亿元,有力地支持了文化创意产业重点项目的实施及集聚区的建设。

单位名称:顺义区文化委员会
地址:顺义区光明街拥军路
电话:(010)69443669
邮编:101300
网址:http://www.wenhw.bjshy.gov.cn

(赵　菁)

广播电视

【概　况】　顺义区广播电视中心成立于2002年,拥有广播、电视、报纸、视频网站、户外大屏五种媒体。广电中心秉承"创造价值,奉献美好"的核心理念,坚持"节目立台,人才兴台,科级强台,经营富台"的宗旨,创新宣传形式,善于开拓思路,紧紧围绕中心工作宣传主旋律,为"打造临空经济区,建设世界空港城"营造了良好的舆论环境。

单位名称:顺义广电中心
地址:顺义区拥军路4号
电话:(010)69466677
邮编:101300
网址:http://www.bjsytv.com

(广电中心)

【庆祝建党90周年专题栏目】　一是完成庆祝中国共产党建党90周年宣传报道任务。策划推出了"一项活动、一部片子、一批栏目”。“一项活动”是中心于中华世纪坛主办的“绿港党旗红”主题党日活动。“一部片子”是中心制作的30分钟大型历史文献片《顺义脊梁》。该片全面展现了90年来在中国共产党领导下,顺义大地上发生的翻天覆地的变化。该片作为党史教材,中心共发放200余套;“一批栏目”包括电台、电视台统一开办的40集系列报道《党旗飘扬,顺义希望》,时讯报社开辟的《经典回眸》、《我的入党故事》,电视台制作的九集系列专题片《他为人民谋幸福》等栏目。

(广电中心)

【宣传两个五年规划】 两台一报制作的《回首十一五 展望十二五》大型主题报道“见物见人”,全方位、多角度、大视野地宣传了“十一五”发展成就,深入总结顺义城乡改革发展经验,全景展示顺义城乡的巨大变化,同时利用四个媒体全面解读我区“十二五”规划,为全区实现“打造临空经济区 建设世界空港城”的目标提供了精神动力、舆论条件。

(广电中心)

【制作“打非”专题片】 为配合区委、区政府做好“打非”工作,中心持续加大宣传力度,电视台将顺义区打击非法违法生产经营和安全隐患整治大会制作成专题片,并刻制200份光盘发放到全区各基层单位,推动会议精神在基层一线全面落实;两台一报统一开办了《坚决制止违法建设和非法生产经营》栏目,为在全区统一思想,凝聚力量发挥了引导作用。两台一报播出和刊发关于打非工作新闻共计540余条,4个专版,30000余字,采集音、视频素材1500余分钟。

(广电中心)

【“三会”宣传报道】 2011年12月,区委四次党代会、四届人代会、政协四届委员会一次会议相继召开。面对同一时间段三大重要会议的宣传报道任务,中心提前谋划,多部门联动,打破用人限制,形成强大合力,确保了宣传保障工作“隆重、热烈、及时、准确”。利用转播车对三大会议开幕式及重要领导讲话进行录制,会后加紧制作,让顺义人民在短时间内收看到会议实况。制作播出“三会”新闻300余条。顺义时讯“三会”期间推出四个专刊。

(广电中心)

【“走转改”活动启动】 “走转改”活动开展以来,中心高度重视,深化落实,通过“四个结合”积极推动活动顺利开展。相继开设《顺义大地行》、《走基层》、《记者周记》等栏目,截至目前,累计播出、刊发新闻800余条、专题8期。

(广电中心)

【打造精品栏目】 一是区域中心工作舆论主阵地。《顺义新闻》、《顺义时空》等栏目与时政和政策宣传紧密相联,着重报道在实现“打造临空经济区、建设世界空港城”的目标过程中,政府和各职能部门所做的成绩。二是传播文化的重要平台。《国学动漫城》、《歌唱部落》等栏目通过寓教于乐的方式传播文化,推动文明。三是反映民生不可或缺的窗口。电台的直播栏目《越聊越开心》、《顺义时讯》四版的民生新闻、落实“走转改”的相关栏目等,更加注重与受众的互动,内容皆是与民生息息相关的社会热点问题。

(广电中心)

【多媒体传播体系】 广电中心初步实现了从单一媒体向立体化多媒体的跨越,基本建成包括顺义人民广播电台、顺义电视台、顺义时讯、顺广传媒网站、户外大屏在内的多媒体传播体系,节目制播数字化水平逐步提升,2011年投入使用的高清演播室采用国际主流技术和设备,在国内处于先进水平。城乡有线广播共铺设管道359公里,近4000只低音柱音箱遍布全区18个镇400余个村以及城区90余条主干路。

(广电中心)

文化创意产业

【概 况】 2011年,围绕七个方面开展了工作。一是研究制定本区文化创意产业发展规划、年度计划及相关发展政策措施。二是落实国家、北京市和本区文化创意产业相关政策、法规,引导和扶持顺义区文化创意产业发展。三是承担市级文化创意产业重点项目、市级文化创意产业集聚区及人才培训基地的申报工作。四是研究制定本区文化创意产业企业及集聚区认定标准,并组织实施,对本区文化创意产业类企业及集聚区进行认定。五是开展有关文化创意产业发展的重大课题调研工作,掌握顺义区文化创意产业发展的基本情况,建立咨询服务综合平台,及时发布有关文化创意产业信息。六是具体承担本区文化创意产业领导小组办公室的相关职责,完成领导小组交办的工作。七是完成区委、区政府及区委宣传部、区文化委交办的其他工作。

单位名称:北京市顺义区文化创意产业促进办公室
地址:北京市顺义区拥军路
电话:(010)69445143
邮编:101300

(姜希望)

【市级专项资金支持】 2011年度顺义区共有11个项目获得市文化创意产业发展专项资金支持,支持总额度2410.13万元。其中"项目补贴"方式支持项目2个,支持资金1620万元;"贷款贴息"方式支持项目6个,支持资金639.73万元;"奖励"方式支持项目3个,支持资金150万元。11个项目涵盖了北京市文化创意产业分类中新闻出版、广告会展、设计服务、广播电视电影、旅游休闲娱乐等5个领域,涉及顺义区2个经济开发区、4个镇。

(姜希望)

【区级专项资金支持】 2011年,顺义区安排1000万元文化创意产业发展专项资金,全年共征集40个文化创意产业项目为区级专项资金支持重点项目,并列入《顺义区文化创意产业重点项目库》,通过实地踏勘、专家评审、财政审核等程序,最终确定23个项目获得区级文化创意产业发展专项资金支持,支持总额度1000万元。其中"项目补贴"方式支持项目12个,"贷款贴息"方式支持项目4个,"奖励"方式支持项目7个。23个项目涵盖了北京市文化创意产业分类中文化艺术、新闻出版、广告会展、设计服务、广播电影电视、旅游休闲娱乐、艺术品交易等7个领域,涉及顺义区7个经济开发区、16个镇。

(姜希望)

【第六届中国北京国际文化创意产业博览会】 中国北京国际文化创意产业博览会于2011年11月13日至16日在中国国际展览中心举行。顺义区主展台以打造"北京文化创意产业新基地"为目标,以广告会展、设计服务、时尚文体休闲、高端出版印刷四大优势文化创意产业为重点,全面介绍顺义文化创意产业整体形象和成果。开展4天,共计展览50余家企业,累计接待观众5万余人次,发放各种宣传资料1万余份。本届文博会顺义区展台被授予"最佳展示奖"和"最佳组织奖"。此外,顺义区人民政府和中国版权保护中心共同主办的以"推动版权服务创新、助力打造设计之都"为主题的"国际版权服务创新峰会",是第六届文博会的主要活动之一。

(姜希望)

【十二五文化创意产业发展规划】 规划中明确提出了顺义区将重点发展"四大优势"产业,打造"三大中心、一大基地"的目标,即:强化新国展会展产业集群优势,打造全国会展服务中心;整合现代制造业基地设计服务资源,打造北京工业设计服务中心;推进潮白河休闲产业带建设，打造北京时尚文体休闲中心；大力发展高端出版印刷业，打造全国出版印刷产业基地。力争到十二五末，文化创意产业增加值年均增速达到15%以上，实现收入350亿元以上。

（姜希望）

【年度十佳文化创意企业】 为促进文化创意产业发展，加大对顺义区文化创意产业发展的宣传及引导力度，顺义区文化创意办断续开展年度文化创意十佳企业评选活动。2011年，胡萝卜文化艺术产业发展中心有限责任公司、北京首都机场广告有限公司、北京中北电视艺术中心有限公司、北京嘉寓门窗幕墙股份有限公司、北京北广科技股份有限公司、北京恒晖伟业投资有限公司、北京鲜花港投资发展中心、北京西沃国际家具有限公司、北京中泰盛世印刷有限公司、北京顺祥玩具有限公司等10家单位被评为顺义区年度文化创意十佳企业，并在顺义区经济工作大会上予以表彰。

（姜希望）

卫 生

【概 况】 有医疗机构492个（含社区卫生服务站及村卫生室），其中营利129个、非营利363个。（含北京安康医院）卫生技术人员5448人，其中执业（助理）医师2319人、注册护士1916人。床位3252张。平均每千常住人口拥有卫生技术人员5.95人、执业（助理）医师2.53人、注册护士2.09人、床位3.55张。

单位名称：北京市顺义区卫生局
地址：北京市顺义区顺康路1号
电话：89453150 89453176
邮编：101300
邮箱：weisjbgs@126.com

（卫生局）

【生命统计】 全年出生5577人，出生率9.54‰，其中男婴2906人、女婴2671人；死亡3890人，死亡率6.65‰，其中男性2122人、女性1768人；人口自然增长率2.89‰。因病死亡3682人，占总死亡人数的94.65%。死因顺位前十位依次为：脑血管病，心脏病，恶性肿瘤，呼吸系统疾病，损伤和中毒，内分泌、营养和代谢疾病，消化系统疾病，泌尿、生殖系统疾病，神经系统疾病，传染病。

（卫生局）

【社区卫生】 全区所有社区卫生服务机构全部供应零差率药品，零差率药品销售额11524万元，比上年增长57%。全部实行收支两条线，全年上缴收入21642万元，比上年增加6.2%；拨付公用经费4045万元，比上年减少29.5%；财政拨付人员经费10213万元，比上年增长15.5%。年底，在25个社区卫生服务中心中，有24个设置了中医科，占96%。其中20个社区卫生服务中心和9个社区卫生服务站分别建成市级标准的中医特色诊区和中医药服务特色站，可以开展针灸、拔罐、熏蒸、泡浴等中医适宜技术；20个社区卫生服务中心能提供中药饮片服务，中药饮片服务率80%。完成10个中医特色诊区和10个中医特色站的建设。

（卫生局）

【农村卫生】 年内，全区有331名乡村医生分别在14个乡村医生教学点和顺义区卫生学校参加理论、技能培训，经考核全部合格。

（卫生局）

【新型农村合作医疗】 年内参加新农合29.85万人，参合率99.8%。筹集资金总额2.01亿元，支出1.87亿元，累计补偿受益46.99万人次。其中住院和特殊病门诊补偿1.99万人次1.1亿元，普通门诊补偿45万人次7637.7万元。全区领取报销金万元以上2882人，最高领取报销资金18万元。

（卫生局）

【医疗工作】 全年门诊5009535人次，急诊

447110人次,留观196134人次,危重症抢救13955人次(门诊、病房),入院54357人次,出院54464人次,病床使用率74.29%,治愈率57.02%,好转率38.76%,死亡率1.17%,出入院诊断符合率99.89%,住院手术22261例。

(卫生局)

【血液管理】 全年无偿献血11796单位,其中街头采血5926人次11028单位、团体无偿献血768单位。医疗机构使用悬浮红细胞6824单位、血浆3128单位、血小板553个治疗量。

(卫生局)

【医学教育】 区医院、中医医院、妇幼保健院、卫生学校4个区级继续教育培训基地共举办区级继续教育151项200余场、市级2项16场。全区应参加继续教育4955人,实际参加4941人,学习时间达72学时4917人,参与率99.72%,达标率99.51%。区卫生学校举办社区护理和心电图两个专业培训班,取得岗位培训合格证的共86人,其它专业经市级培训班培训后取得岗位培训证合格证39人。区内4家二级医疗机构选送学科骨干16人到三级医院参加全日制脱产12个月的进修学习。

(卫生局)

卫生监督

【食品卫生监督】 有餐饮服务单位4880个,监督10333户次(其中有效监督9999户次),合格9696户次,合格率96.97%(以有效监督9999户次计算)。抽检食品、餐具184件,合格172件,合格率93.48%。发放食品卫生许可证1767个。实施食品卫生行政处罚424起,其中警告290起、罚款134起,罚款金额32.15万元。未发生食物中毒事件。

(卫生局)

【公共场所卫生监督】 有公共场所1934个,监督2121户次,监督覆盖率86.19%,合格率99.57%。公共场所抽检311件,合格264件,合格率84.89%。发放公共场所卫生许可证549个。公共场所行政处罚29起,其中警告4起、罚款25起,罚款金额1.69万元。

(卫生局)

【饮用水卫生监督】 有生活饮用水供水单位638个,监督563户1003户次。生活饮用水抽检132件,合格109件,合格率82.58%。实施生活饮用水卫生行政处罚7起,其中警告4起、罚款3起,罚款金额2.55万元。未发生生活饮用水污染事故。

(卫生局)

【职业卫生监督】 有监督职业、放射危害企业280家。6466名接触职业危害因素的员工进行职业健康体检,检出疑似职业病23人、职业禁忌证9人,并下达建议到上级职业病诊断机构复查的卫生监督意见书和调离通知书。处理职业卫生投诉6起。

(卫生局)

【医疗卫生监督】 有传染病消毒医疗单位473个,医疗保健机构传染病防控监督率200%,监督覆盖率100%。对医疗、妇幼、血液机构,消毒产品生产单位监督覆盖率100%。实施非法行医行政处罚12起,罚没款1.35万元。

(卫生局)

【公共卫生投诉举报】 受理各类投诉634起,其中区卫生监督所接报501起、市所转入133起,包括食品卫生504起、生活饮用水卫生20起、公共场所卫生20起、职业卫生6起、医政84起。处理率100%,办结率98.7%。

(卫生局)

【大型活动卫生保障】 参与全国两会、中国国际建筑装饰及材料博览会、郁金香文化节、顺义区第八届农业博览会、北京国际网球挑战赛、北京国际网球公开赛、首届环北京职业公路自行车赛、北京国际鲜花港菊花文化节等15项重大活动的公共卫生保障工作。

（卫生局）

疾病预防控制

【传染病控制】 全年无甲类传染病报告，报告乙丙类传染病20种7425例，发病率846.64/10万；死亡18人，死亡率2.05/10万；总病死率0.24%。其中乙类传染病14种1414例，发病率161.23/10万；死亡18人，死亡率2.05/10万；病死率1.27%。丙类传染病6种6011例，发病率685.40/10万，无死亡报告。淋病、梅毒、尖锐湿疣、生殖器疱疹、生殖道沙眼衣原体感染等5种性病报告372例，发病率42.42/10万。

（卫生局）

【地方病防治】 检测居民户食盐288件，其中碘盐283件，合格279件，不合格4件；非碘盐5件，碘盐覆盖率98.26%，碘盐合格率98.59%，合格碘盐食用率96.88%，非碘盐率1.74%。

（卫生局）

【精神疾病防治】 全区在册重性精神病3331人，其中精神分裂症1494人、双相情感障碍76人、癫痫所致精神障碍72人、慢性酒精中毒所致精神障碍18人、持久妄想性障碍13人、躁狂发作（伴有精神病性症状和冲动行为）28人、复发性抑郁障碍（伴有持续和严重的社会功能损害）11人、精神发育迟滞（中度及以上）1443人、精神发育迟滞伴发精神障碍38人、其他重性精神障碍138人。本年度新发现和新发病重性精神疾病144人，重性精神疾病发病率0.164‰。571人享受免费服药，为其中131名服用奋乃静的患者换服新型抗精神病药物，服药金额29.4万元。

（卫生局）

【学校卫生】 全区有中小学生66957人，体检56807人。小学生乳牙患龋率23.39%，恒牙患龋率10.35%，沙眼检出率0.01%，视力不良检出率60.29%，贫血检出率8.64%，超重16.56%，肥胖24.13%。

（卫生局）

【慢性非传染性疾病防治与管理】 实施脑卒中筛查及防控项目，累计开展脑卒中筛查调查问卷2200人，颈动脉彩超检查1913人，筛查出高危人群1828人，累计管理高危人群677人，随访5135人次。举办世界高血压日等慢病主题宣传活动6场次，1600余人次参加，发放宣传材料11种2400余份。25家医疗机构累计管理高血压54661人，其中规范化管理42893人；管理糖尿病24246人，其中规范化管理15929人。

（卫生局）

【计划免疫】 本市和流动儿童建卡、建证率均95%以上。本市儿童常规免疫接种基础免疫76939人次、加强免疫51701人次，报告接种率均99%以上。流动儿童基础免疫77612人次、加强免疫47514人次，报告接种率均99%以上。

（卫生局）

妇幼保健

【妇女保健】 孕产妇系统管理率96.03%，住院分娩率100%。助产单位共接产8290人，其中本地4964人、外地3326人，自然分娩率49.08%,剖宫产率50.7%。0~6个月母乳喂养率91.99%。无户籍孕产妇死亡,围产儿死亡率4.65‰,5岁以下儿童死亡率4.30‰,婴儿死亡率3.05‰。新生儿访视率97.22%,出生缺陷发生率9.86‰,出生缺陷监测率100%,漏报率2.96%。

(卫生局)

【儿童保健】 0~2岁儿童系统管理率92.61%。0~6岁儿童免费体检27040人次,丹佛发育筛查(DDST)5216人次,血常规检测9694人次,8月龄听力筛查10768人次,新生儿听力筛查6316人次。新生儿疾病筛查8265人次,筛查率99.70%,可疑患儿追访8例,追访率100%。儿童窝沟封闭12151人次,封闭牙数17642颗,氟化防龋3119人次。

(卫生局)

【计划生育技术管理】 区妇幼保健院对32家计划生育手术机构进行评审,对132名计划生育技术服务人员进行模拟操作及理论考核。全年计划生育手术14518例,无手术并发症。

【妇女病防治】 妇女病普查7671人次,普查率51.17%。检出妇科良性疾病2363例,检出率30.80%。未检出妇科恶性肿瘤。宫颈癌筛查54348人次,其中妇科良性疾病18222人次,检出率33.53%,宫颈癌2例;乳腺癌筛查55887人次,其中乳腺良性疾病11139人次,检出率19.93%,乳腺癌27例。

(卫生局)

【婚前保健】 全年婚前检查1843人次,婚检率15.89%。HIV筛查10039例,筛查率100%。

(卫生局)

【老年保健】 低保老人镶牙筛查105人次,镶牙49人次。

(卫生局)

爱国卫生工作

【环境卫生整治】 第二十三个爱国卫生月期间,完成绿化面积20万平方米,树木刷白147.3万棵,粉刷墙体101.4万平方米,补植、修剪苗木48万株,更新文化墙8万平方米,更新广告牌匾12万平方米,治理乱堆放2400余处,治理坑塘54万平方米,治理小广告21000余处,整修边沟10万延米,拣拾白色垃圾23.8吨,清理垃圾渣土8.8万吨,清除卫生死角382处,新建铁艺围栏42万平方米。城市清洁、环境整治中,拆迁破旧建筑3080平方米,砌临时围墙658米,建围栏563米,建筑外立面粉刷、清洗、改造8533平方米,步道铺装5120平方米,清垃圾渣土50万方。对已进行垃圾分类的12个小区18784户41346人每户配置发放2个(厨余、其他垃圾)10升户用桶,设置小区桶站866个,贴有统一标志,同时购置3台餐厨(厨余)垃圾收集运输车。

(卫生局)

【病媒生物控制】 9月14日,北京市爱卫办组织专家对顺义区病媒生物防制工作进行了专项检查,共检查居民社区6个、宾馆饭店4个、餐饮单位16个和建筑工地4个,检查结果:综合评价5.59;蟑螂阳性率0.86;蚊虫阳性率10.71。7月15日~20日,区爱卫办协调光明街道办事处,在裕龙五区举办了以“科学灭蚊蝇,治理环境我先行”为主题的社区灭蚊蝇活动启动仪式。特聘请具有A级资质的消杀公司——北京环六环环保科技有限公司,进行专业的现场消杀,重点区域包括小区内部的地下管线、楼门口、地下车库、明沟、和水体等,所用喷药器是目前最理想的超低容量设备，药物均为国家指定的环保用药。同时还在现场设立了咨询服务人员，为居民们提供家庭灭蚊蝇技术指导、解答相关疑难问题。全年病媒生物防制工作共使用原粮毒饵500箱，腊块500箱，鼠靶生化灭鼠剂50箱，粘鼠板300箱，卫害净150箱，高氯菊酯100箱，总投资100万元。

（卫生局）

【农村改水工作】　7月13日，市改水办专家对顺义区农村改水工程项目进行评审，同意通过了顺义区申报的2011年农村改水工程项目计划。7月19日，市改水办批复同意顺义改水工程项目立项并安排补助资金。工程包括单村更新改建2个项目、水处理10个项目、臭氧消毒20个项目共计32个项目。2011年12月8日，建设单位对全年的32个农村改水工程进行了全面验收，经验收全部合格，合格率100%。工程符合北京市农村改水工程标准，管网运行稳定，入户龙头水量充足，出水水质达到《生活饮用水卫生标准》，竣工后连续一周供水水质、水压、流量均能满足使用要求，达到设计标准，运行情况良好，无运行故障发生。解决了相关村农民饮用水困难问题，尤其解决了饮用水水质卫生问题，有利地改善了供水设备设施，工程中更新管网、安装节水龙头、改变了原来供水时跑、冒、滴、漏引起的水资源浪费，在节水的同时也减少了用电量，减轻了村集体的负担。年内完成的32项农村改水工程，总投资1371.38万元，受益人口55300人。

（卫生局）

顺义区医院

【概　况】　北京市顺义区医院（以下简称区医院）是集医疗、教学、科研、预防为一体的本辖区最大的综合医院。直接服务于全区90.6万常住人口，并辐射北京市郊区东北部地区。区医院1994年被国际卫生组织命名为“爱婴医院”；2003年通过德国TUV公司评审ISO9001：2000质量管理体系认证；2006年获得“北京市卫生局工作创新先进单位”；2007年成为北京市卫生局专科医师培训内、外科基地；2008年承担北京奥运会顺义水上运动场医疗保障任务，并获得北京市优秀单位；2009年成为北京市卫生局全科医师培训基地；2010年获北京市卫生局颁发“政府为百姓办实事”先进集体。2011年，全院有职工1689人（在编1319人，合同制职工370人），其中卫生技术人员1327人（正高35人，副高101人，中级463人，初级师497人，初级士227人）。

（区医院）

【基本建设】　医院占地面积4.99万平方米，总建筑面积45966平方米，其中医疗业务用房建筑面积34591平方米。在市区两级政府的支持下，48000平方米的急诊病房综合楼正在建设中，外装修工程已基本完成，地下车库工程主体结构已验收完毕。年内，将南病房楼儿科改造为放射科新核磁、CT用房，综合楼四楼改造为体检中心用房（年底时尚未正式使用），此两项改造工程均没有面积的变动。

（区医院）

【医疗设备】　全院有价值1500元以上设备2143台件；价值10万以上37台；价值100万以上7台（套），分别是128排CT1台，单平板数字化X射影机1台，数字彩色超声仪1台，1.5T磁共振系统1套，彩色多谱勒超声诊断仪3台。医院设置病床800张。

（区医院）

【医疗工作】　全年门诊1201089人次，急诊174135人次，急诊危重症抢救11897人次。

全年入院26553人次,出院26576人次,床位周转次数34.95,床位使用率87.72%,平均住院日9.17,七日确诊率98.71%,出入院诊断符合率100%,治愈率43.07%,好转率51.02%,死亡率1.80%,住院手术10020例。孕产妇住院人数2839人,孕产妇死亡0,新生儿数1781人,新生儿死亡率0.56‰。病房抢救成功率67.78%。

(区医院)

【医院感染质量管理】 医院感染质量工作,全院感染率1.11%,漏报率0,感染病例细菌培养加药敏送检率81.1%,医院环境监测合格率100%。

(区医院)

顺义区中医院

【概　况】 顺义区中医医院(以下简称中医院)是一所集医疗、科研、教学、康复、预防保健于一体的二级甲等中医医院,是全国示范中医医院,承担区域内百姓诊疗任务及其他政府指令性任务,是北京市体检中心顺义分中心、顺义区脑血管病防治中心和残疾人康复指导中心。全院有职工617人(在编484人,编外133人)。在编卫生技术人员424人(正高级7人、副高级20人、中级160人、初级师125人、初级士112人),编外卫生技术人员86人。

(区中医院)

【基本建设】 房屋总建筑面积16786平方米,其中医疗业务用房16448.48平方米。2011年,基础建设投资总计427.4万元,其中CT核磁室防护工程款80.1万元,CT核磁室扩建及北综合楼加固工程款150万元,新增呼吸科病房呼叫系统及氧气安装工程款15.5万元,新建职工活动中心工程款41.3万元,全年院内零星维修改建工程款140.5万元。

(区中医院)

【医疗设备】 年底医疗设备总价值6302万元,其中2011年新购置医疗设备总值3403万元。有10万元以上100万元以下设备88台。100万元以上设备有彩超多普勒超声诊断系统、数字化影象处理系统、生化分析仪、X射线计算机断层摄像系统、核磁共振、彩色超声诊断仪、数字化影象处理系统各1台(套),共7台(套)。医院设置病床300张,实有床位297张。

(区中医院)

【科室设置】 院内设有业务科室28个、行政科室22个、其他科室2个。年内新增科室7个。

(区中医院)

【医疗工作】 全年门诊568697人次,急诊22369人次,急诊危重症抢救258人次,抢救成功率96.50%。全年入院8289人次,出院8268人次,床位周转次数14.87,床位使用率88.53%,平均住院日10.86,七日确诊率100%,出入院诊断符合率99.62%,治愈率40.93%、好转率53.14%、死亡率1.26%。住院手术1290例。孕产妇住院870人,无孕产妇死亡。新生儿880人,无新生儿死亡。

(区中医院)

【病案管理】 医院成立了病历质控小组,由质控组按月按时进行检查。全年病案按时归档率100%,病历科内质控率100%,甲级病历率98.80%。

(区中医院)

【医保工作】 全年医保出院3073人次,出院医保病人总费用27452867.47元,出院医保病人次平均费用8933.6元。

(区中医院)

体　育

【概　况】 2011年，在有关单位的大力支持下，紧紧围绕顺义区中心工作，以实现“打造临空经济区 建设世界空港城”奋斗目标为动力，以建设城南体育中心、办好环京公路自行车赛为抓手，群众体育、竞技体育、体育产业蓬勃发展。

单位名称：顺义区体育局
地址：顺义区光明南街2号
电话：(010)69443432
邮编：101300
网址：http://www.tyj.bjshy.gov.cn

（堵　月）

【环京赛筹办】 顺义区体育局作为区环京组委会牵头单位，与有关单位一道，全力做好环京赛顺义赛段各项筹办工作。赛事活动期间组织了北务狮舞、腾龙空竹、仁和大鼓、红绸腰鼓等表演；组织7000余名观众在没有硬隔离的情况下，自觉维护现场秩序和设施环境；15公里的赛道沿线布置了700面灯杆旗、2600面彩旗、100条横幅标语、9万盆鲜花，实现了市、区景观效果的一体化；赛事组织井然有序，全市独一无二的颁奖环节留下了国际体育总会主席维尔布鲁根先生和获奖运动员的签名留念板。

（堵　月）

【广泛开展全民健身活动】 2011年，区体育局相继举办了北京市端午文化节龙舟赛、顺义区第七届全民健身体育节等十余项市、区群众体育品牌赛事，吸引了30余万人次参与其中。组队参加了北京市第七届农运会，取得了21个单项一等奖、4个单项团体一等奖和团体总分一等奖。加大了惠民力度，开展了百村万户助农健身工程，向40个村、千户农民赠送了价值百万元的健身器材、健身设施；免费组织了第九套广播体操、旗操、太极拳、风筝等健身项目培训；为社区、农村更新安装65套健身器材，配建了台球、篮球、乒乓球和羽毛球等25处专项球类场地，创建了9个市级体育生活化社区、体育健身俱乐部。

（堵　月）

【竞技体育夯基固本】 区体育局开展了新苗工程，与区教委共同举办了体育特长生测试、暑期新生适训等活动，发掘了一批有潜力的年轻运动员。争取区政府和教委的支持，建立了运动员高中升学机制和教练员、学校、家长三方联动管理机制，增强了学生的德育、智育建设，解决了关系运动员升学、就业等切身利益问题。投资千万元，启动了体校校舍改造和运动员公寓改造工程。2011年，区运动员在第十届全国中学生运动会、“2011年北京市青少年业余体校田径锦标赛”、市中学生田径运动会等比赛中夺得40余枚金牌。

（堵　月）

【体育产业】 投资近千万元的京郊首个充气膜结构网球馆落成并投入使用，投资2亿元、占地6万平方米、建筑面积17000平方米的城南体育中心建设项目进入招投标阶段。潮白河水上运动休闲集聚区规模化发展效益初显，奥运场馆水上中心、游泳中心、韵动乐健身中心平稳运营，体彩中心实现年销售额5000万元，同比增长142%。

（堵　月）

【队伍建设】 区体育局以庆祝建党90周年活动和服务品牌创建工作为契机，转变政风行风和工作作风，提高体育系统学习创新能力、依法履职能力、廉洁自律能力、服务群众能力，努力构建“风清气正服务科学发展 勤政廉政构建和谐体育”的工作环境和单位形象。一是加强“学习型”、“务实型”、“廉洁型”领导班子和战斗集体建设，制定了中心组学习计划、学习型单位建设意见、党风廉政建设责任制工作意见等规章制度，局领导班子和科级干部人人签署廉政责任书,认真贯彻三重一大制度和严肃换届纪律有关规定,积极推行党务公开政府公开工作,并带头记学习笔记和工作日记。二是健全以岗位、目标、责任、考评为主线的目标管理制度和岗位责任制,开展服务竞赛评比评议活动。三是举办庆祝建党九十周年文艺演出等系列庆祝活动,工会、妇联、团委、办公室等针对不同人群开展了重阳敬老、五四学习会、送温暖、献爱心活动等活动,为重病职工家属和困难家庭送去慰问金5万元。四是制定体育人才引进计划,加强对体育管理人才、产业经营人才、专业技术人才和科研教学人才的引进工作的预测和规划,全方位、多层次、整体性推进体育人才队伍建设。

(堵　月)

奥运水上运动中心

【概　况】 2011年,按照对场馆赛后利用"要大力引进国际、国内水上赛事"的总体要求,继续发挥场馆品牌优势,坚持"高端与大众相结合"的工作思路,以举办国际、国内大型赛事作为推进场馆赛后利用工作的主线,以大型企业进场活动为填充,以群众休闲体育运动为基调,以推进ISO9000认证工作为抓手,进一步挖掘水上运动潜力,吸引填补国内空白和北京空白的亲水休闲体育项目,通过对大型赛事活动全过程、全方位的媒体宣传,吸引各级领导、媒体以及社会各界的关注,打造首都地区亲水休闲体育运动和高端交往平台,实现奥运场馆赛后利用。

单位名称:北京市奥运场馆管理委员会
地址:顺义区白马路19号
电话:(010)69405821
邮编:101300

(奥运场馆管理委员会)

【申办高端水上赛事】 与国家体育总局保持密切联系,以打造奥林匹克水上公园经典传统赛事为原则,精心选择、全力争办了2011年中美滑水明星对抗赛和2011年国际名校赛艇挑战赛两项顶级水上赛事。

(奥运场馆管理委员会)

【信息宣传】 有关中美滑水明星对抗赛的新闻报道15条,国际名校赛艇挑战赛新闻报道21条,端午文化节新闻报道85条,同时,千龙网、中国网络电视台(CNTV)、中国日报、新浪网、搜狐网等媒体对场馆大型活动进行了报道,相关新闻报道稿件500余篇(含转载)。

(奥运场馆管理委员会)

【完成端午文化节筹办工作】 北京市第三届端午文化节是场馆年度内重要的活动。通过中央电视台、北京电视台对活动的转播和新华网、搜狐体育以及北京日报、人民日报海外版等主流媒体对活动全方位的报道,提升了新顺义现代化文明城市的知名度和美誉度,聚集了媒体和大众对顺义的关注度,扩大了顺义奥林匹克水上公园的影响力,全面加速推进奥林匹克水上公园赛后利用以及周边地区综合开发工作。

(奥运场馆管理委员会)

【举办大型企业活动】 2011年,场馆陆续承接了胡润百富"生活奥斯卡"活动、宝马(中国)"超·悦2011"团队建设活动、大众(中国)家庭日活动、西门子集团家庭日活动以及万科北京、拜耳制药、西格玛集团、首都机场股份、金蝶软件、民生银行、英国使馆文化教育处等大型企业的企业活动,高端休闲、娱乐健身以及国际交往平台已经初具雏形。

(奥运场馆管理委员会)

【招商工作】 招商工作截至2011年底,园区引进注册型企业3家(其中有2家正在办理注册手续),新增在谈项目13家。新增在谈项目主要涉及旅游度假、文化创意、会展、汽车赛事等行业内的知名企业。所接触企业主要包括中国进口汽车贸易有限公司、环球嘉年华旅游开发有限公司、法国 JACQUES NICOLET 集团、央视 IMG 体育赛事管理有限责任公司、奥特莱斯中国、银帝集团等。

（奥运场馆管理委员会）

【完成重要项目招标】 一是年初完成了场馆标识系统设计施工招标工作，在国内标示标牌设计制作行业中的知名企业——罗丹莫纳牌业公司成为中标单位。到 2011 年底，完成了指路标识系统制作和安装，同时完成了主要建筑物大型标牌制作安装。二是完成了索道滑水设备招标，按照政府采购招标管理的相关规定，由中国仪器进出口（集团）公司负责招标工作，经过专家评审和区财政局相关部门的监督，确定索道滑水设备采购中标单位为德国瑞克森（Rixon）公司。到 2011 年底，各项设备陆续进场，并完成了组装前的相关准备。

（奥运场馆管理委员会）

社会生活

流动人口管理

【概 况】 2011年,区19个镇、6个街道、9个经济功能区均成立流动人口和出租房屋管理委员会,设办公室,开展了八项工作。一是围绕“以产引人、以业控人、以房管人”。在实践中大胆创新,积极探索对流动人口、出租房屋和用工单位的管理办法和措施;二是接受行政主管部门的委托,负责辖区内房屋租赁登记备案、流动人口登记、办理《暂住证》以及出租房屋税收代征代缴工作;三是贯彻执行国家和北京市有关流动人口、出租房屋管理的法律、法规、规章和政策;四是建立本地区出租房屋、流动人口、用工单位管理档案,实行一户一档、一人一表,对本地区流动人口实行周查月报制度;五是落实属地管理责任,协调公安、司法、民政、工商、劳动、房管、计生、教育等有关部门,对流动人口、出租房屋及用工单位综合管理;六是依法维护流动人口的合法权益;七是对各村(居)委会、用工单位流动人口服务站的工作进行日常管理和考核;八是加强流动人口和出租房屋管理员队伍建设。各村、居委会成立来京人员出租房屋服务站。挂牌的383个,专兼职管理员1692人。

单位名称:顺义区流动人口管理服务中心
地址:顺义区光明南街16号
电话:(010)69426412
邮编:101300

(吴彩云)

【基层基础工作】 落实联系会议、责任倒查等各项制度,建立健全各部门信息通报制度,形成信息定期上报工作机制;联合清整长效工作机制得到充分落实。周查月报制度得到进一步细化,对其使用行为和流程进行了规范,确保使用效果最大发挥;建立重大项目跟踪机制。对顺义区2011年重大项目及重点工程逐一建立工作台账。年内,在顺义区范围内集中开展了流动人口和出租房屋基础调查工作。严格落实周查月报、一查五清、双登单录以及信息比对等各项制度。注重与“六普”数据进行比对,确保了人员信息完整详实。建立动态监测制度。春节前后,在流动人口相对集中的地区确定了60个监测点,对流动人口变化及出租房屋增减情况进行每周监测分析。完善“一站式”办公服务站的工作职能。同时将顺义区111家500人以上服务站全部按照“一站式”办公模式进行了规范。

(吴彩云)

【重点工作】 联合相关部门,对流动人口以及利用出租房屋从事非法违法经营行为进行专项清理整治。抽调人员参与仁和镇三个建材市场的清理整治行动;开展种重点地区整治行动。结合村庄社区化管理建设,对流动人口重点地区实行区级挂销账管理,加大对规划拆迁地区周边村的整治力度，合理疏导流动人口有序流动，避免在拆迁过程中形成梯度转移。

（吴彩云）

【公共服务均等化】 完善“一站式”办公服务站的工作职能。将顺义区111家500人以上服务站全部按照“一站式”办公模式进行规范；流动人口居住服务得到进一步加强。继续推广企业“四集中”、职工公寓、村企联管管理模式，探索推广村民自治管理，通过村规民约等形式，进一步规范房屋出租行为；坚持开展冬季防煤气中毒工作。制定专项行动工作方案，指导各镇、街道、经济开发区对流动人口中的煤火取暖户加强安全管理；严格流动人口权益保障相关政策。依法开展流动人口子女入学、卫生防疫、劳动保障等权益保障工作；宣传教育工作常抓不懈。共开展各类宣传教育活动360余次，发放宣传材料43万余份，制作条幅2273条，展板925块，更新宣传栏717处，板报373块，受教育群众达20万余人。

（吴彩云）

【政策落实】 着力优化产业布局，淘汰低端“三高一低”企业。推进低端产业升级改造，对吸附大量流动人口的“五小”企业实行退出机制，淘汰一批低端产业和劳动密集型产业，减少流动人口用工的总量；开展专项清理整治行动。开展流动人口和出租房屋专项整治行动，实行流动人口和出租房屋问题整改、查办督办制度，对利用出租房屋从事非法生产经营、非法办学、宅基地以外建房用于出租、住房与经营一体、集中居住宿舍、存储易燃易爆物品、出租大院等九类突出问题加大排查整治力度，逐一建立台账，及时处理解决安全隐患。加大对现有低端行业的整治力度，联合卫生、工商、城管、公安等部门对其进行联合清理整治；制定产业准入标准，落实项目准入制度，推行五小行业部门联审联查工作机制。

（吴彩云）

民政工作

【概　　况】 2011年民政事业资金收入53119.4万元，比上年增长19.16%，民政事业资金支出49246.4万元，比上年增长20.66%，主要用于抚恤事业费支出3641.1万元；退役安置2545.1万元；城市居民最低生活保障609.5万元；农村最低生活保障2103.2万元；其它农村社会救济2145.1万元，其中福彩公益金资金880万元；其他城镇社会救济113.5万元；社会福利5338.7万元，其中福彩公益金资金3574.8万元；民政管理事务3438.5万元；自然灾害生活救助140.4万元；行政事业单位离退休972.4万元；医疗救助支出1861.4万元；其他款项用于民政支出1188.2万元。

单位名称：顺义区民政局
地址：顺义区石园北区东侧
电话：(010)69441463
邮编：101300
网址：http://www.minzj.bjshy.gov.cn

（民政局）

【政务服务品牌】 2011年，全局深入开展了创建“亲民、为民、利民”政务服务品牌活动，工作人员统一佩戴胸牌，各科室统一使用印有服务品牌的桌牌，营造了良好的品牌创建氛围。2011年为品牌推广年，制定出台了《关于做好政务服务品牌推广工作的通知》，精心设计宣传活动形式，利用《北京社区报》、《民政信息网》、《顺义民政》、《情动绿港》专题等宣传媒体，广泛宣传，扩大影响。将“民政一卡通”和“四大平台”作为“亲民、为民、利民”服务品牌的宣传载体。在“民政一卡通”的卡体上及“四大平台”首页上显示“亲民、为民、利民”政务服务品牌，使“三民”服务理念充分融入到品牌推广当中。实现了提高服务意识,提高服务质量,提高服务功能,提高服务层次。

(民政局)

【监督检查】 一是招投标制度。为进一步强化民政系统内部廉政风险防范管理工作,制订了《顺义区民政局政府采购管理实施办法》。二是规范了招投标的程序。每年1月底前,科室或单位将需要招投标的项目向局党组提出书面申请;局党组审批同意后,将项目批示、采购实施计划报到局招标办公室。局招标办公室根据局党组批示和单位报送的采购计划,按项目分包编制邀标文件。局招标办公室通过顺义网城、顺义区政府采购网、顺义民政信息网等公布采购信息,从审查合格投标人中通过随机方式选择三家以上的投标人,并向其发出投标邀请书。通过综合评审,确定出供应服务商。近年来,共开展招投标33次,涉及资金3800万元,确保了资金规范使用。为进一步做好集中采购工作,对12项供货期满的项目重新进行招标。目前已完成8个项目,其他项目正在进行中。二是民政事业费检查制度。民政工作点多面广,且大多直接面对困难对象、优抚对象、老年对象等特殊群体,民政事业资金每年投入都在3亿元以上。为了进一步规范民政资金的使用和管理,做到专款专用,建立了民政事业费检查制度,每年分两次由副职领导带队,对全区各镇(街道)和民政对象家庭进行民政事业费的使用情况进行检查。今年,重点对居家养老服务券、退役士兵安置补助资金、农村低保、五保医疗救助资金、大病救助资金和慈善临时救助资金等6个项目进行了检查,共涉及资金1517.73万元,入户实地检查125户,未发现一起挪用、冒领资金等违规问题。

(民政局)

【信访工作】 2011年共办理群众来信来访33件,接待群众直接来访1000余人次,未出现集体越级上访和异常案件,实现了民政信访工作领导阅批率、按期结案率、复信回访率三个100%,荣获了全区信访先进单位称号。

(民政局)

【民政法制】 狠抓普法宣传和队伍建设,坚持开展与民政业务实际相结合的法制教育活动,努力提高民政队伍的执法水平。全年共举办各类培训班10期,80学时,参加培训人员400余人次。局长与14个执法科室负责人签订了执法责任书。全年未出现行政诉讼和行政复议案件,执法合格率达到100%。

(民政局)

社会救助

【概　况】 2011年底,全区共有城市低保对象647户936人,占全区城市户籍人口的0.34%,全年累计新增63户90人,撤销188户374人,发放城市保障金570.14万元;农村低保对象3454户6314人,占全区农业户籍人口的2.1%,全年累计新增256户536人,撤销629户1576人,发放农村保障金2610.19万元。

(民政局)

【区城乡低保标准】 2011年,区两次调整城乡低保标准。1月份,城市低保标准由月人均430元提高到480元,7月份由月人均480元提高到500元,提高幅度分别达到11.6%、4.2%;1月份,农村低保标准从年人均3360元提高到4608元,7月份由家庭年人均4608元提高到4800元,提高幅度分别达到37.1%、4.2%,是2010年调整幅度的1.43倍。

(民政局)

【超转工作】 2011年,顺义区共接收超转人员1667人。全年累计发放超转人员生活补助费1.5亿元,医疗补助费249.1万元,报销医疗费用9966.9万元。目前,顺义区共管理各类超转人员10975名,其中市民政局接收管理的有196名,区民政局接收管理的10212名,各企事业单位自管的567名。区民政局积极落实《顺义区人民政府印发关于提高征地超转人员待遇有关意见的通知》(顺政发〔2007〕38号)及北京市人力社保局《关于北京市2011年调整企业退休人员基本养老金的通知》(京人社养发〔2011〕306号)精神,调整超转人员生活补助待遇,超转人员生活补助待遇自1月1日起由月人均1000元提高到1100元,月增100元,调整幅度为10%。

(民政局)

【大病救助】 深入开展城乡大病医疗救助,对经"一老一小"大病医疗保险、新农村合作医疗等医疗保障政策报销后,个人费用负担仍有困难且影响家庭基本生活的患大病人员,给予大病医疗救助,最高救助标准由8万提高到10万元。2011年共下发大病救助款226.52万元,救助家庭困难的大病人员430人次;发放精神病人救助资金218.79万元,救助困难家庭重症精神病人511人次。

(民政局)

【教育救助】 对城乡低保及低保边缘家庭子女当年考入大学(三类本除外)的新生给予一次性学费补助,由原来的每人补助4000元提高到当年全额学费,三类本学生补助由4000元提高到6000元,并给予一次性生活补贴1000元。协助教育部门做好困难家庭子女上学救助工作,全年共救助306人,发放教育救助资金194.25万元(其中低保家庭69人,发放资金29.633万元,低保边缘家庭237人,发放资金134.017万元,发放生活补贴30.6万)。

(民政局)

【五保供养】 调整农村五保供养标准。将分散供养标准由年人均5299.2元提高至年人均5520元,集中供养标准由年人均8056元提高到8639元。全区共有农村五保对象211户220人,其中集中供养115户122人,分散供养96户98人,全年发放供养资金158万元,有力保障了五保对象的基本生活。

(民政局)

【孤儿管理】 2011年共接收社会弃婴8名,为其办理相关手续,入住儿童福利机构;审批认定社会散居孤儿46人,发放基本生活费83万元。

(民政局)

社区建设

【概　况】 2011年,加强了社区建设。一是完善和谐社区建设平台。修改完善信息发布、机构信息、办事指南、政策管理、城市社区建设、农村社区建设、行政区划、统计分析等8个模块内容,梳理录入社区管理服务信息,实现居民服务查询、社区数据分析、网上日常办公、网上服务预约等4项功能。二是在全市率先出台《关于规范社区用房装修和办公活动设施配置标准的意见》,明确社区用房装修标准每平米1200元,办公设施和活动设施配置资金30万元。三是公开招考67名社区工作者。共有2600人报名,录用比例达39:1。被录用的67名人员中,30岁以下的61人,本科以上的50人,优化了社区队伍结构。四是建设205个农村社区服务站建设。统一配备安装了服务指标牌、办公桌椅、电脑、复印打印传真一体机、公示栏,与镇一站式服务大厅进行对接,实现村民办理基本公共事务不出村。五是和谐社区创建工作效果显著。深化"五型"社区创建工作,3个街道和29个社区被评为北京市和和谐社区建设示范街道、示范社区。

(民政局)

【社区服务总中心】 区社区服务总中心有休养员273人,孤残儿童115人,工作人员163人。服务人员持证上岗率达100%,老人满意度达100%。完成中心2号休养楼卫生间、水房、楼道、楼梯扶手改造、休养楼太阳能安装工程。完成道路改造和院内绿化工程;对餐厅机械设备进行更新,添置了大型设备,规范了机械设备的安全操作流程。

(民政局)

【96156服务】 规范96156加盟服务商管理与考核,完善服务商准入和考核机制。2011年在调研居民服务需求的基础上新发展7家服务商,区有各类加盟服务商34家,全年小呼叫接单量13678条,电话回访率达到100%,居民对服务满意率达100%。全年开展各类96156社区服务宣传活动30余次。完成96156“情满两节、爱在社区”两节服务活动。制定出台《顺义区96156社区大课堂活动方案》,区街居三级社区服务中心全年开展各类课程1446次。引导96156签约服务商、社区辖区单位,面向本辖区80岁以上特困空巢老人开展“四助”活动共计服务约618次,受益人数共计约1449人。

(民政局)

【社区义工】 2011年,区共发展注册社区义工16112人,建立分会18个,工作站78个,主题服务队伍736支,参与活动义工7万余人次,年人均参与志愿服务时间达到了300小时,受益群众达到10万余人次,130名义工获得“北京市社区志愿服务志愿之星”和“北京市社区志愿服务终身荣誉奖”称号,北京京顺医院获得“北京市优秀志愿服务组织”称号。一是推进品牌项目建设。促进人的全面发展,打造“春雨,春蕾,绿色,蓝盾,霞光”五大主题服务项目建设,完善尊老爱老、绿化环保、治安维稳、文化建设、便民服务;二是搭建慈善公益服务平台。2000余名社区义工参与了区慈善协会的流动捐款箱管理和接收捐赠工作,共计直接为灾区捐款30多万元,接收整理救灾物资2万多件。联合区慈善协会、摄影协会共同开展了“福照夕阳”为老摄影公益服务项目,免费为全区1万余名70岁以上老年人拍摄艺术照。三是加大宣传力度,提高社会影响力。

(民政局)

政权建设

【概　况】 2011年,区基层政权建设工作突出重点,注重创新,“四个民主”建设效果显著。16个村(居)委会被评为北京市先进村(居)委会,7个(村)居委会主任被评为北京市先进村(居)委会主任。

(民政局)

【创新村务公开民主管理制度】 率先制定出台了《顺义区关于进一步深化村务公开民主管理工作的意见》,修改农村基层组织规范化管理手册“五簿一编”,重点对村务公开、民主决策、民主管理、民主监督部分进行了进一步细致规范。在2011年1月份北京市村务公开民主管理工作会议上,顺义区作为全市唯一一个区县汇报全区村务公开民主管理工作的先进做法。

(民政局)

【难点村”治理工作】 为确保“难点村”治理工作稳步实施,区专门制定了专项治理工作方案,建立了工作台账,采取一系列工作政策和措施,完成了村务公开和民主管理相对较差村的治理工作。

(民政局)

【建立村务监督委员会】 区村务监督委员会建设工作从7月至11月中旬,经历试点、实施、总结三个阶段圆满结束。全区所有村采取无记名投票方式,顺利完成了村务监督委员会组建工作,共推选产生了1565名村务监督委员会成员,其中包村干部157人,大学生“村官”104人,“一助一”工作队人员6人。

(民政局)

【完善村规民约】 修订完善《村民自治章程》和《村规民约》。区统一将村民自治章程分章节、分条款制定,明确村党组织和村民委员会的职责、关系、村民权利和义务、组织机构、民主管理和民主决策、村务管理等方面规定。村规民约包括信仰品德、履行法律义务、维护社会治安、维护生活秩序、加强精神文明建设等内容,村规民约简洁明了,易懂易记,朗朗上口,使其成为能够指导村民依法开展自治的有效工具。

(民政局)

【地方性法规立法调研】 开展了村级民主建设问卷调查活动,问卷调查工作覆盖了全区19个镇379个村,采取在村随机抽查和入户调查相结合的方式进行,共发放调查问卷18950份,回收问卷18789份,回收率为99.2%。调查问卷有20题,涉及村务公开、民主决策、民主管理、民主监督、民主选举等项目。召开组织部、农工委、民政局、相关镇等14家成员单位参加的专题座谈会,认真分析现阶段农村基层民主建设方面存在的问题,对立法工作提出了合理立法建议和具体解决措施。

(民政局)

优抚安置

【概　况】 2011年共接收退役士兵238人,其中城镇退伍义务兵151人,农村退伍义务兵69人,转业士官18人。安置办搭建就业服务平台,提供就业信息和就业指导,请区人保局为退役士兵讲解就业形势,与顺鑫农业、北京现代等20余家企业联手,举办退役士兵专场招聘会。2011度城镇退役士兵应安置169人,37人选择政府安置工作,全部安置到区属企事业单位,132人选择自谋职业,发放自谋职业补助费479.6万元,待安置期间生活补助费25.5万元。69名农村籍退役士兵全部选择自谋职业,发放自谋职业补助费248.1万元,待安置期间生活补助费9.9万元,总计支出763.1万元。安置率保持100%。组织开展优抚对象服务活动,为在乡优抚对象送温暖、送服务、送欢乐。

(民政局)

【优待抚恤】 元旦、春节期间共为全区2337名优抚对象发放慰问金195万元。全年共为优抚对象发放定期抚恤补助资金2411.4万元,为433名义务兵发放优待金780.6万余元,为72名农村籍烈属发放优待金10.8万元,为优抚对象发放一次性生活补贴82.5万元。新认定参战、参试、带病回乡退伍军人员19人,使其享受相关优抚待遇。继续开展优抚对象危旧房屋翻建工程,市、区共投入资金432万元,为80户农村籍优抚对象翻建房屋。按照顺义区优抚对象医疗减免办法,全年共办理3857人次优抚医疗减免手续,减免金额达458万元。开展民政“一卡通”即时结算试点工作,共为全区优抚对象即时结算医药费307人次,报销药费41.4万元,切实解决优抚对象医疗报销难题。

(民政局)

【见义勇为】 2011年,区依法确认6名同志的见义勇为行为,颁发证书及6万元奖励金。在第三届首都道德模范评选活动中,有1名见义勇为人员获得“首都道德模范提名奖”荣誉称号。为5名见义勇为家庭申请生活困难补助1.5万元,为1名家中失火见义勇为人员申请临时救助金0.3万元,为1名遇难见义勇为人员申请慰问金1万元。元旦春节期间,对全区69名见义勇为人员进行走访慰问,送去慰问品、慰问金11万余元。

(民政局)

【光荣院】 年内,投资15余万元用于改善服务设施,休养环境更加安逸、优雅和便利。依照多项工作制度,按月为休养员发放零用钱;按标准发放伤残军人抚恤金;抓好伙食管理,对休养员实行营养量化配餐;及时配发应季服装及生活用品;做到有情况及早发现,有病及时救治,医疗费用年内支出95万元;关注老人心理需求,重大节日工休人员一同座谈、联欢;定期组织开展趣味文体、参观游览、水果采摘等多项活动,做到月月有活动,季季有赛事。依托青少年德育教育基地和优抚对象服务中心两个平台,开展双拥共建活动和爱国主义教育活动,年内共接待中小学生、社会青年及驻区部队官兵800余人次。

(民政局)

【军队离退休干部管理】 2011年底,区有军队系统离退休人员194人,其中军休干部115人,无军籍退休职工79人。出资3.7万元为全体军休干部订阅了《老年日报》等学习资料,出资20余万元分别走访慰问军休干部558人次,遗属38人次,全年累计发放离退休费874.49万元,军工退休费337.56万元;军休干部医报销疗费186.47万元;为6名病故军休干部及4名军工及时申报丧葬费抚恤金和特殊抚恤金等共计84.14万元。

(民政局)

老龄工作

【概　况】 与有关单位联合下发了《千名“双星”和百家为老服务示范单位评选工作的通知》,按照群众评议、好中选优、社会公示、逐级申报的原则,评选出510名“孝星”、500名“寿星”和100家为老服务示范单位。9月29日,全区召开了千名“双星”暨为老服务示范单位命名大会,并整理编印了100名“孝星”事迹下发。

(民政局)

【居家养老服务商管理】 制定了《居家养老服务商管理办法》、《居家养老服务商准入和退出机制》、《服务商联合执法制度》,共签约各类居家养老服务商275家,涉及就餐配餐、医疗保健、家政服务、家电维修、理发美容等5大类20项服务内容。为所有服务商统一制作“定点单位”标识,统一制作两部举报电话标牌,两次组织在全区开展“联合执法周”活动,共出动2230人次,对超范围经营、低价格交易、不规范服务、倒卖券行为、经营资质和消防安全等进行检查,稳定了为老服务市场。老年餐桌和托老所规范化建设工作。

(民政局)

【“小帮手”电子服务器】 “小帮手”电子服务器能满足老年人生活服务、紧急救助、信息咨询等方面的需求,各镇(街道)采取补贴或者政府采购免费赠送老人等方式,为老年人配备“小帮手”电子服务器6500部。

(民政局)

【老年人精神关怀】 开设社区心理咨询室25个、咨询热线1条,配备专业咨询师2名,为社区老年提供精神关怀。通过政府购买服务的方式,深入开展对低保、特困、高龄、空巢、独居等特殊老年群体的精神慰藉和日间照料。2011年共举办心理健康知识展览12场次,举办精神关怀讲座20场次,开展义务咨询活动12场次,组织心理保健活动15次,上门关怀服务16次,参与敬老助老志愿者375人次,惠及老年人57330人次。

(民政局)

【老年文化教育】 开展“敬老月”和“重阳节”庆祝活动,区、镇(街道)、村(居)共投入资金911万元,慰问独居、空巢、贫困、五保老年人3100人,共举办各类表彰庆祝大会、各类文艺演出活动共计260场(次)。组织重阳节登高活动、免费体检活动、趣味比赛活动、送暖下乡、送知识文化健康下乡活动140余次。2011年,新成立老年大学分校50个,为社区进行文化培训百余期,培训文艺骨干800人次。开展"银铃行动",为农村老年人送去文艺演出20场、健康知识讲座120场、健康体检53场。老年维权工作。

(民政局)

【维权服务组织】　完善区、镇(街道)、村(居)三级维权服务组织,涉老案件结案率达到100%。共处理解决来信来访11次,调解2起侵犯老年人权益案例,维护了老年人合法权益。老年优待工作。2011年,共为60周岁老年人办理优待证523个,为65周岁老年人办理优待卡6721张,为10613人次90周岁老年人发放高龄津贴344.71万元,为45位95周岁及以上老年人报销医疗补助7.81万元,"两节"期间,投入2.34万元走访慰问了39名贫困老人。

(民政局)

民间组织管理

【概　况】　全年完成社会组织成立登记9家,变更登记9家,注销登记4家,换发登记证书40家。全区社会组织登记总数达235个,其中社团93个,民非142个。指导各镇、街道办事处规范社区社会组织备案工作,共备案社区社会组织364家。开展社会组织安全大检查,做好档案复核工作,审核600卷、2000件社会组织行政审批档案。

(民政局)

【"社会组织平台系统"全面启动】　社会组织平台系统2011年3月开始运行,包括"社会团体、民办非企业单位、社区社会组织、政务公开"四大部分,涵盖了业务审批、数据分析、基本情况、执法监察、社会服务、社会组织评估等业务,采集数据信息1000余条,体现了网上办公、查询统计、决策分析的功能。社会组织平台系统整合了政府、社会及社会组织自身资源,为推动政府与社会组织的互动,发挥社会组织在经济社会建设中的积极作用。

(民政局)

【服务民生行动】　共有23家社会组织申报公益项目29个。探索政府主导、社会组织参与协调、全社会受益的公共服务供给方式,积极申请市福彩公益金30.99万元,联合区慈善协会、社区居家养老服务中心深入城乡社区开展社会组织公益大讲堂活动27次,提升了社会组织服务功能。成功举办"顺义区第三届社会组织人才专场招聘会"。共有39家社会组织参加,提供就业岗位300余个,吸引求职者2000多人。专场招聘会已成为吸纳人才、宣传展示社会组织形象的平台。开展社会组织自律建设,探索社会组织评估工作。为引导社会组织健康有序发展,拟定民办教育机构作为顺义区评估工作的先行试点,制定完成《顺义区民办非企业单位评估工作方案》及相关评估指标。围绕建党90周年,开展丰富多彩的活动,深入推进社会组织创先争优活动,进一步巩固和扩大学习实践科学发展观活动成果。加大社会组织监管力度。

(民政局)

【建立三方协管机制】　建立登记机关、业务主管单位和属地政府三方协管机制,探索行政处罚程序,8月23日,参加民政部法规司、国家民间组织管理局与市民政执法大队联合组织的执法研讨会,作为唯一的基层代表,介绍了顺义区社会组织执法工作情况。邀请市局执法大队、市社团办法监处实地指导社会组织行政执法工作,经过多次调研,完成了行政处罚文书的起草。强化宣传工作。充分利用互联网、广播电视等新闻媒体,全方位、多角度地宣传社会组织工作。累计报送信息105篇,刊登181篇次,出版《顺义社会组织》4期,选取区戏剧爱好者协会、金旺果品产销协会、老教育工作者协会等社会组织典型,制作顺义电视台《情动绿港》专题节目3期,展现了社会组织良好形象。

(民政局)

殡葬管理

【概　况】 全区共死亡人口3859人,火化3836人,政策允许土葬少数民族23人,火化率100%。殡仪馆全年共火化遗体5066具。截止2011年底,潮白陵园安葬骨灰504份,骨灰堂寄存939份。与镇、街道办和相关民政科、村委会签定《顺义区2012年殡葬工作责任书》和《顺义区2012年公益性公墓管理责任书》。制定《顺义区民政局关于治理散埋乱葬的检查办法》,加强殡葬秩序综合治理,2011年上半年共检查、规范公益性骨灰安置设施41处,投入资金200余万元清理坟墓2000余座,规范丧葬用品销售网点25家,整顿丧葬网点6家,下达限期整改通知书6份,规范区医院太平间1处。

(民政局)

【死亡人口数据统计】 加强三级死亡人员火化核对,按照计生委、统计局要求模式,自9月至12月分四次开展死亡人口数据统计工作,配合局优抚、社救、低保、老龄完成死亡人口数据共享工作。加强联合执法机制建设,全年共出动执法人员300余人次,整顿非法运尸车一起,销毁封建迷信用品15公斤,执法合格率100%,无行政执法败诉案件发生。

(民政局)

【殡葬服务体系建设】 推进城乡公益性骨灰安置设施发展,2011年新建农村公益性公墓12家,全区共有15个镇建成36家公益性公墓。利用殡仪馆搬迁,建设3000平方米城市死亡人员骨灰安置楼,预计年内可以建成。殡仪馆拆迁工程进展顺利,相关准备工作有序进行。

(民政局)

【殡葬惠民政策切实为民减负】 加强法规和惠民政策宣传,发放两个"条例"单行本5000余本,便民、惠民宣传单2000余份,制做宣传牌300余块,提高群众法规和政策知晓度。落实"零百千万"工程,提供充足的百元骨灰盒、千元殡仪服务和万元骨灰安置服务,分别占业务量的10.06%、20.16%和20.04%。

(民政局)

【城乡无丧葬补助居民丧葬补贴】 落实《城乡无丧葬补助居民丧葬补贴办法》,2011年共核准城乡无丧葬补助居民丧葬补贴申请2867例,群众领取补贴款1433.5万元。自2009年《补贴办法》施行以来,共核准申请8937例,群众领取补贴款达4468.5万元,使群众体面办丧事。

(民政局)

【便民、惠民措施】 殡仪馆和潮白陵园投入20余万元,继续提供免费电瓶车接送、免费停车场等20余项便民、惠民措施。在清明节、寒衣节等节日期间,实施专项优惠减免政策,开展免费赠送花链、鲜花换纸钱等活动,受到好评。

(民政局)

【清明节祭扫活动平安、文明】 3月26日至4月10日高峰期内,全区祭扫人数达26.7万人次,机动车4.4万辆次,区重点祭扫单位潮白陵园接待14.6万人次,机动车1.8万辆次。潮白烈士陵园和镇烈士陵园开展革命传统教育,22所中小学生及各地群众5000余人拜祭革命英烈,其中潮白烈士陵园接待3000余人。全区各职能单位及镇、街道办共出动值勤人员、义工2.3万人次。

（民政局）

社会福利

【概　况】 2011年，全区有福利企业87家，共有职工3397人，其中残疾人职工1226人。残疾人职工本市农村户口1150人，本市城镇户口56人，外埠户口20人。福利企业销售收入4.923亿元，利税总额3468万元。累计支出478.2万元用于扶持福利企业发展及保障残疾人职工权益：其中，安置残疾人就业补助金381.2万元；发放安置精神残疾人就业补贴49.8万元；春节走访慰问100户特困残疾人家庭4万元；"助残日"为1236名残疾人职工发放"爱心公交卡"43.2万元。

（民政局）

【制作区福利企业名录】 福利生产办公室将87家福利企业按行业归类，制作了《顺义区福利企业名录》，在顺义民政信息网上展示，树立了福利企业良好社会形象。召开了一次福利企业工作大会，两次厂长培训会，一次财务人员培训会，组织开展残疾人职工免费技能培训16人次，提高了全区87家福利企业厂长和财务人员的法律意识和业务能力。

（民政局）

【福利彩票】 2011年，贯彻中国福利彩票"扶老、助残、救孤、济困、赈灾"的发行宗旨和"安全运行、健康发展"的发行工作方针，全年共发行福利彩票22565.93万元，其中电脑型彩票15538.65万元，即开型彩票7027.28万元。2011年顺义地方共安排使用福彩公益金4454.75万元，用于开展城乡为老服务设施建设（改造）、发放居家养老服务补贴、贫困家庭高等教育新生入学救助等36个福利事业项目。

（民政局）

婚姻登记

【概　况】 2011年，婚姻登记科共办理婚姻登记11960对，其中结婚登记8643对，离婚登记1350对，补领登记1934对，补领离婚登记33件。为当事人和相关单位出具各种婚姻状况证明791人次，查询档案474人次，查获假证件5件。办理收养登记7件。

（民政局）

【率先推出午间登记】 9月，顺利通过首都文明行业复检工作。在全市开展周六办公制度的同时，率先推出午间登记，满足边远镇域当事人随到随办的心愿，同时缓解了周六集中办理的压力，被新闻媒体报道后得到社会各界的好评。

（民政局）

【婚姻家庭建设调研】 参加由北京市婚姻家庭建设协会组织的首次调研活动，并在众多婚姻法学界专家、学者参与的理论调研中，荣获优秀论文奖。全科人员团结协作、积极创新，得到局党组的好评，被评为"2011年度先进科室"。

（民政局）

行政区划

【概　况】 2011年，顺义区行政区划工作注重界线管理和培训工作，开展了全区街道、镇界线联合检查工作和界线管理干部教育培训工作,依法守界、依界施政水平得到提高。

(民政局)

【界线管理和界桩维护】 定期开展边界线巡查工作,建立界桩维护工作的常态工作机制,保证了界线及界线标志物管理到位,未出现越界侵权、跨界建设等影响界线地区稳定的问题。

(民政局)

【区内街镇界线联合检查】 5月份,对全区25个街镇的53条界线开展了联合检查工作,进一步巩固了勘界成果,维护了界线地区的和谐稳定。

(民政局)

【区县界线跨界建设项目清查】 根据市民政局、首都综治办等十委办局《关于印发加强区县行政区域界线管理有关工作意见的通知》(京民划发〔2011〕267号)要求,及时做好区县界线跨界建设项目清查工作,与平谷区签定了"北京金隅平谷水泥有限公司管理协议书",明确了社会管理责任。

(民政局)

【顺义新城标识公共服务场站】 按照顺义区划定的新城范围,在《顺义新城行政区划地图》中标识了社区服务站、托老所、卫生服务站、敬老院、警务工作站等公共服务场站。

(民政局)

民族宗教侨务

【概　况】 2011年,顺义区民族宗教侨务工作按照"围绕中心、服务大局、促进和谐、确保稳定"的指导思想,不断加强工作体制机制建设,全面推进民族宗教侨务社会服务管理。民族工作抓发展促团结,宗教工作抓管理保稳定,侨务工作抓服务促和谐,积极营造民族团结、宗教和睦、侨界和谐的良好局面,圆满完成了各项工作任务。被国家民委评为"五五"普法先进集体,被市侨办评为侨务工作先进单位。

单位名称:顺义区民族宗教侨务办公室
地址:顺义区石园北区东侧
电话:(010)69461734
邮编:101300
网址:http://www.minzqb.bjshy.gov.cn

(民族宗教侨务办公室)

【召开少数民族村经济工作会】 7月20日,区民宗侨办组织召开了少数民族村经济工作专题会。区委统战部、区财政局、区农委、区商务委相关领导以及民族村所在镇主管镇长、民政科长、民族村书记参加了会议。与会人员参观了密云县古北口民族村,学习了市领导的讲话以及北京市少数民族乡村经济发展专项资金2011年以奖代补工作方案,各民族村书记就2011年经济发展工作情况进行了汇报。会议还对少数民族乡村经济发展专项资金"以奖代补"项目迎检工作进行了布置。

(民族宗教侨务办公室)

【穆斯林群众喜迎开斋节】 8月31日,是伊斯兰教的传统节日——开斋节。顺义区委统战部、区政协民族宗教委、区民族宗教侨务办公室和顺义公安分局国保支队的有关领导组成联合慰问组,会同相关镇政府有关领导分别到回民营、高丽营、牛栏山和杨镇四所清真寺为穆斯林群众送去节日祝福,并带去了慰问金。据统计,节日当天共有900余名穆斯林群众进寺参加了节日会礼,各寺活动安全有序。

(民族宗教侨务办公室)

【穆斯林群众喜迎古尔邦节】 11月7日,是穆斯林的传统节日——古尔邦节。区民族宗教侨务办公室会同区委统战部、区政协民族宗教委和顺义公安分局国保支队以及相关镇政府分别到回民营、高丽营、牛栏山和杨镇四所清真寺为穆斯林群众送去节日祝福，并带去了慰问金。

（民族宗教侨务办公室）

【确保复活节安全稳定】 4月24日，是基督教的传统节日——“复活节”。据统计，“复活节”当天在石园北区基督教聚会点参加活动的信教群众达800人次。为确保安全稳定，区民宗侨办加强了对石园北区基督教聚会点管理力度，并会同相关部门采取了有效措施，积极开展工作，有效维护了区基督教领域安全稳定。

（民族宗教侨务办公室）

【朝觐服务保障工作圆满完成】 12月4日，从首都机场前往沙特阿拉伯麦加朝觐的1600余名穆斯林圆满完成功课，平安归来。2011年首都机场T3航站楼清真餐厅朝觐服务保障工作圆满完成。

（民族宗教侨务办公室）

【接待泰国介寿堂慈善会访华团参观考察】 7月25日，在国务院侨办、市侨办相关领导陪同下，泰国介寿堂慈善会访华团一行20人到顺义区参观考察了北京现代汽车有限公司二工厂、燕京啤酒集团公司，并听取了相关情况介绍。顺义区副区长车克欣、区民宗侨办主任臧小华参加。

（民族宗教侨务办公室）

人力资源和社会保障

【概　况】 2011年，以“民生为本、人才优先”为工作主线，按照“保就业、促保障、创和谐、引人才、强服务、加快城乡一体化进程”的工作思路，积极做好就业、社会保障、人事人才、劳动关系等工作。

单位名称：顺义区人力资源和社会保障局
地址：顺义区仓上街16号
电话：(010)89443642
邮编：101300
网址：http://www.shyld.gov.cn

（人力资源和社会保障）

【就业工作】 顺义区积极推进充分就业区创建工作，被评为北京市再就业先进工作单位。顺义区城镇新增就业人员30126人，完成市级下达指标17500人的172.15%；累计安置城镇失业人员再就业10530人，农村劳动力转移就业12259人，分别完成市级下达指标9500人、6000人的110.84%、204.32%；累计安置城镇就业困难人员6136人，完成市级下达指标4000人的153.4%；累计安置农村就业困难人员4925人，完成市级下达指标3000人的164.17%；城镇登记失业率为0.93%，登记失业人员就业率为81.67%。顺义区社区岗位安置就业困难人员6565人，完成市级下达指标4900人的133.98%；其中单位招用就业困难人员2575人，完成市级下达指标2000人的128.75%。顺义区累计培训城乡劳动力13438人，其中农村劳动力10963人，城镇失业人员2475人。公共职业介绍机构累计采集、登记空岗69364个，完成市局下达指标45000个的154.14%；共开展各种类型职业指导46094人次，完成市级下达指标24500人次的188.14%；成功推荐就业9331人，其中失业人员5968人、农村劳动力3363人，分别完成市级下达指标3800人、1370人的157.05%、245.47%。

（人力资源和社会保障）

【社会保险制度改革】 完成“一老一小”和无业居民医疗保险制度、公费医疗保险与城镇基本医疗保险的并轨。顺义区原享受公费医疗人员2.8万人全部纳入基本医疗保险管理，启动社保卡二期工程，实现了门诊、住院费用的实时结算。顺义区累计制卡32.9万张，发卡率99.9%。继续实施“转非进职保”工程，积极推进转非工作，完成征地转非

7417人(其中,劳动力4774人),完成指标(6000人)的123.62%;就业转非2122人,完成指标(2000人)的106%。

(人力资源和社会保障)

【社会保险】 五项社会保险累计收缴基金38.61亿元,同比增长35.11%;五项保险平均参保人数达24.3万人,同期增长14%;五项社会保险基金累计支出17.98亿元,同比增长30.08%。城镇居民基本医疗保险参保人数达7.14万人,收缴4818万元,支出1418万元。城乡居民养老保险参保人数11.54万人,收取基金2.60亿元,农村劳动力参保率达到96%。累计为2.97万人发放城乡居民养老金1.39亿元;为5.33万人发放无保障老年人福利养老金1.99亿元。

(人力资源和社会保障)

【人事人才工作】 引进经济社会发展所紧缺的人才,共受理人才引进31人,已审批通过20人。完成公务员招录101人,为5家全额拨款事业单位95人办理了参公手续,完成顺义区处级、科以下共3045名公务员年度考核与奖励工作;完成24名第二批战略后备人才考察工作。出台《顺义区事业单位公开招聘工作人员实施细则》(顺政发〔2011〕23号),顺义区所有事业单位新进人员全部采取公开招聘,完成事业单位公开招聘888人。为418名副高以上职称专家举办首届专家教育培训班,对46家事业单位113名科级干部进行任职培训。做好博士后工作站申报及管理工作,成立北京江河幕墙股份有限公司、北京东方雨虹防水技术股份有限公司2家博士后科研工作站。完成260名大学生村官的选聘工作。

(人力资源和社会保障)

【维权维稳工作】 扩大劳动合同履行情况的监控范围,共监控各类企业2991户,涉及职工219671人,劳动合同签订率达98.44%,其中农民工签订率达97.89%,劳动合同续订率达95.5%以上。集体合同覆盖企业1037户,涉及职工133343人。顺义区劳动保障监察系统共检查各类企业4074家,涉及职工20.94万人。在顺义区25个属地、28个重点区域推进了"劳动用工规范一条街"工作,覆盖企业786家,涉及职工5.1万人。顺义区劳动人事争议仲裁院筹建工作进展顺利,面向社会公开招聘20名工作人员;全年共受理各类劳动争议案件6052件,审结率达99.8%,调解率达75%。

(人力资源和社会保障)

人民生活

农村居民收入支出情况

【概　况】 据顺义区2011年农村住户抽样调查资料显示:农民人均纯收入为14314元,比上年增加1814元,增长14.5%;农民人均生活消费支出为9926元,比上年增加1287元,增长14.9%。

单位名称:顺义区统计局
地址:顺义区顺通路AMB大厦A座11－13层
电话:(010)89445498
邮编:101300
网址:http://www.sy.bjstats.gov.cn/

(丰艳婷)

【城市化推进农民就业增收】 第一,工资性收入保持平稳增长,是农民增收的主要来源。2011年顺义区农民人均工资性收入为9340元,比上年增加1136元,增长13.8%,占总收入的65.3%。第二,家庭经营纯收入稳步增长。2011年顺义区农民人均家庭经营纯收入为 1585 元，比上年增加 133 元，增长 9.2%，占总收入的 11.1%。第三，财产性纯收入增速较快。2011 年顺义区农民人均财产性收入为 1194 元，比上年增加 235 元，增长 24.5%，占总收入的 8.3%。第四，转移性纯收入稳步增长。转移性收入是农民收入的另一主要收入来源。2011 年顺义区农民人均转移性收入为 2195 元，比上年增加 310 元，增长 16.4%，占总收入的 15.3%。

（丰艳婷）

【农民消费不断升级】 2011 年，顺义区农民人均生活消费支出为 9926 元，同比增加 1287 元，增长 14.9%。其中食品消费支出为 3187 元，同比增长 5.2%。占生活消费支出的比重（恩格尔系数）为 32.1%，同比下降了 3 个百分点。恩格尔系数的下降表明我区农民生活水平在不在提高，富裕进程在不断加快；衣着消费支出 663 元，同比增长 8%；居住消费支出 2426 元，同比增长 69.1%；家庭设备、用品及服务消费支出 703 元，同比增长 32.8%；医疗保健消费支出 1046 元，同比增长 7.3%；交通和通讯消费支出 1043 元，同比下降 2.2%；文化教育、娱乐用品及服务支出 671 元，同比减少 171 元，下降 20.3%。

（丰艳婷）

城镇居民收入支出情况

【概　况】 据顺义区 2011 年城镇居民家庭抽样调查资料显示：城镇居民人均可支配收入 28163.5 元，同比增长 13.4%。；城镇居民家庭人均消费性支出为 16430.6 元，同比增长 15.2%。

（李　征）

【城镇居民收入增长较快】 第一，工资性收入仍是城镇居民家庭可支配收入的主体。年内，顺义区城镇居民工资性收入 18580 元，增长 10.8%，工资性收入占家庭总收入的比重为 60.3%，拉动收入增长 6.5 个百分点；第二，经营净收入增长较快。年人均经营净收入 1927.2 元，同比下降 13.3%；第三，居民投资收益有所增加，财产性收入为 3115.4 元，同比增长 33.8%；第四，养老金和离退休金小幅下降。养老金和离退休金是城镇居民转移性收入的主要来源，2011 年顺义区城镇居民人均养老金或离退休金收入 5870.7 元，同比下降 0.1%，转移性收入 7165.2 元。

（李　征）

【城镇居民消费结构趋向合理】 居民八大类消费支出呈现 7 升 1 降的趋势。具体特点为：一、交通和通信支出快速增长，城镇居民交通和通信支出 2632.1 元，同比增长 39.9%；二、家庭设备用品日趋高档，年人均家庭设备用品及服务支出 1478.1 元，同比增长 36.9%。为了提高生活质量，现代化、数字化、信息化、个性化的耐用消费品成为居民家庭消费的潮流，消费已由量的增长进入质的提升，时尚新颖、智能便捷的新产品吸引着消费者不断更新换代；三、教育娱乐文化服务类支出 1718.5 元，同比增长 18.8%。其中文化娱乐用品支出 505.6 元，同比增长 20.1%，居民用于购买彩色电视机和家用电脑支出增加；四、食品支出持续增长，城镇居民食品支出 5577.6 元，同比增长 9.1 %，人们的食品消费更加注重合理调整膳食结构，追求食品的营养性、均衡性和多样性；五、衣着支出 1907.7 元，同比增长 6.0 %。随着生活水平的提高，人们衣着消费不仅是为了简单穿着，而是更加注重服饰品牌和个人品味，衣着消费日趋高档化、个性化、精品化。

（李　征）

街道·镇

街　　道

光明街道

【概　况】 北京市顺义区光明街道办事处(简称区光明街道办)是区政府的派出机构,在辖区内行使政府管理职能。对辖区内的地区性、社会性、群众性工作全面负责;对辖区内城市管理、社区建设、社会治安综合治理、精神文明建设等方面的工作行使组织领导、综合协调、监督检查的行政管理职能。街道办公地点位于府前东街17号,光明文化广场东北侧。管辖地域范围东至望潮宫宾馆,西至光明南北大街,南至燕京桥,北至减河,占地面积4.12平方公里。辖15个居委会,总户数27307户,常住人口71230人,流动人口7508人,是人口密度比较集中的地区。

单位名称:北京市顺义区光明街道办事处
地址:北京市顺义区府前东街17号
电话:(010)69442246
邮编:101300
网址:http://www.guangm.bjshy.gov.cn

(光明街道)

【插花初级培训】 8月28日—9月5日,光明街道办事处举办为期九天的插花初级培训班,组织辖区60余名技能需求人员参加培训。

(光明街道)

【创建药品安全示范街道】 健全网络,明确责任;创建之初制定“光明街道办事处药品安全百千万工程工作方案”,并成立以区药监局为领导的金字塔型监管模式,工作职责层层落实。提高认识,加强领导;将药品安全工作纳入年终考核内容,定期召开辖区居委会药品安全员工作会,要求从思想上高度重视,细化工作措施。广泛宣传,提高意识;以创建活动为契机,加大宣传力度,推进社区药学服务,普及药品安全法律法规和基本常识,提高群众自我保护和依法维权意识,引导居民科学消费、安全消费。多种方式,检查验收;10月31日市药品安全示范街道评审组通过听取汇报、居民座谈、问卷调查、查阅资料等方式对我街道创建工作进行验收,验收结果表示满意。强化监管,巩固成效;注重药品监管长效机制建设,做到边创建边巩固,促进街道药品安全创建工作全面提升。

(光明街道)

【义工工作站】 2011年,新建滨河二区、裕龙三区2个社区义工工作站,新增义工232

名,目前已建站14个,专业服务队伍84支,在线注册义工3353人。开展了"两节为老助残"、"绿色行动、扮靓社区"、"3·15学雷锋"、"防灾减灾知识进社区"、"庆六一"亲子活动等多种志愿服务活动,参与活动义工12000多人次,人均参与志愿服务时间达到了200小时,杨红军、马长旺被授予北京市社区志愿服务终身荣誉奖称号,王友安等12名义工被评为北京市五星级社区义工。

(光明街道)

【私分就业示范社区】 2011年,对辖区内的10124名劳动力就业情况逐一进行了调查,完成失业人员就业指标416人,"4050"就业指标180人,采集空岗信息2130个,职业指导培训963人,岗位技能培训350人;办理灵活就业手续542人,办理收缴三险手续1152余人次,收缴三险现金近28.6万元;成功创建双兴东就业示范社区,该社区作为顺义区今年唯一的一个社区被推荐参评北京市充分就业示范社区,北京电视台进行了专题报道。

(光明街道)

【社会救助】 2011年,严格落实城镇低保政策,实现动态管理下的应保尽保,累计发放低保金39.4万元,并给19户不再符合低保标准的家庭及时撤销了低保;积极推进"分类救助",对大病、重残、子女上学、单亲等家庭给予重点照顾,帮助解决特殊困难,发放资金20万元;为各类困难对象报销医疗费、药费88.1万元;办理"一老一小"参保手续1916人,报销64.9万元;为24名低保、残疾人办理了免费参加养老保险手续,参保费用21.8万元;发放殡葬补贴14万元;申请廉租补贴金7户,经济适用住房80户,限价商品住房545户;处理工资拖欠案件15起,追回拖欠职工工资10万余元;处理劳动争议两起,追回拖欠职工工资约20万元。

(光明街道)

【居家养老服务站】 认真落实"九养政策",以社区为依托,建立居家养老服务站11个,托老所3个,老年餐桌5个,发放养老券43万元,发放"小帮手"服务器160个,为1294名老年人提供日间照料、家政、餐饮、医疗保健、物业维修、陪聊、代购、法律咨询、救急救难等各种服务;依托96156社区服务平台和"北京市养老精神关怀服务热线"专家资源,组织开展了10余次老年人法律、心理、健康等课程,进一步提升了老年人生活质量;累计投入65万余元,为社区居家养老服务站配备健身器材、图书、音响等,完善了养老服务设施。

(光明街道)

【计生服务】 坚持以人为本、优质服务的原则,扎实提升计生服务水平。全年办理一胎生育证262个,独生子女父母光荣证92个,发放独生子女费93850元,一次性奖励31000元,为17个符合《条例》审批再生育的家庭办理了二胎生育服务证,为两户独生子女死亡家庭办理了特扶审批手续;举办生殖健康讲座43次,为300名社区居民进行了长效措施体检,为700余名居民进行了"两癌"筛查;开展送健康义诊活动,2749人受益;开展"建设婚育文明、构建和谐家庭"活动,发放宣传品14214份,药具5120盒;为350名计生家庭劳动力推荐就业。

(光明街道)

【社区平安】 健全了由街道人民调解委员会、社区人民调解委员会、社区人民调解员、社区人民调解信息员组成的调解防控网络,辖区内共有调解员438人,纠纷信息员1540人;坚持法律服务与人民调节工作相结合,发放了《法律服务联系卡》3000余份;积极调处矛盾纠纷,全年共排查出各类矛盾纠纷202件,调解成功181件,调解成功率为90%;办理群众来信来访11件,受理群众来电反映问题291个,社区信访调处组共排查处理群众来访77件;牵头协调相关部门,圆满解决了东兴一区居民进京上访7年的劳动纠纷难解案件;积极做好摊贩和社区居民的思想工作,实现了滨河农贸市场平稳搬迁。

(光明街道)

【文化活动阵地】 2011年,为绿港家园小区安装了牌桌、脚踏车等健身器材14件;为裕龙三、滨河二等4个社区分别配备了5个书柜、1个报刊柜和1460册图书,成立了社区图书馆,实现了15个社区图书馆的全覆盖;为裕龙花园、双拥等4个社区室内卡拉OK厅购置音响设备,为裕龙四、东兴一等3个社区室外文化广场购置音响设备,进一步提升了我街道文体基础设施水平,使群众文体活动辐射范围更广泛、开展更丰富多彩。

(光明街道)

胜利街道

【概　况】 胜利街道成立于1998年7月,位于顺义城区中心地带,辖区范围东起光明街,西达京承铁路,南到顺平路,北至减河;辖区总面积3平方公里,有居住小区12个,设18个社区居委会,共约2万户,总人口近6万人,是一个集党政办公、医疗教育、商业服务、居住休闲为一体的综合性区域:作为重要的党政机关办公区,顺义区委、区政府就坐落在辖区内,同时办公的还有区教委、区检察院、区财政局、仁和地区办事处等一批重要的行政事业单位;辖区内商业、服务业、企业发达,云集了鑫海韵通商场、国泰广场、新世界百货、甘家口百货、顺义隆华商场、五里仓家具城、物美超市等大型商场和市场,以及金百万、权金城、天赐庄、金兆福等大型餐饮业,同时还聚集着中国工商银行、中国建设银行、中国农业银行、太平洋保险公司等几十家大中型企业;辖区教育资源丰厚,医疗服务发达,有顺义一中、东风小学西校区、建南幼儿园、义宾幼儿园、幸福幼儿园等一批重点学校,顺义区医院、顺义区中医院也都集中在胜利街道辖区内。辖区交通四通八达,有“三竖三横”六条主要道路贯穿东西南北,“三竖”为光明大街、新顺大街、站前北街;“三横”为站前街、府前街、中山街。胜利街道优越的地理位置、悠久的历史文化传统、城市建设的快速发展,铸就了胜利街道良好的经济与社会发展环境和人文环境。

单位名称:顺义区胜利街道办事处
地址:顺义新顺南大街27号
电话:(010)81484259
邮编:101300

(胜利街道)

【法律服务进社区】 联合启动顺义区“法律服务进社区”活动。3月31日,顺义区司法局在胜利街道启动“法律服务进社区”活动,胜利街道与顺义法律服务团签订合作协议书,法律服务团承诺在社区开展普法宣传、法律咨询、法律援助等公益性法律服务、定期参加社区律师值班接待活动、协助化解社区内各类矛盾纠纷。

(胜利街道)

【社区服务中心】 4月10日,胜利街道社区服务中心和信合天地公司签订服务商协议,由胜利街道搭建信息平台、提供技能培训和品牌家政服务,为家政从业人员和居民提供优质的双向服务,拓宽妇女的再就业空间。启动胜利街道社区服务中心“银龄婚姻家庭建设俱乐部”。6月8日,胜利街道社区服务中心在胜利社区市民学校举办“银龄婚姻家庭建设俱乐部”启动仪式。俱乐部旨在解决辖区空巢、单身老人以及再婚老人婚姻和家庭维系问题,定期开展交友、文体活动、健康教育和婚姻家庭咨询等公益服务活动,如老人联谊会、老年人鹊桥会、赶大集庆重阳等,以搭建老年人生活、学习、信息交流平台。

(胜利街道)

【社区公共安全救援体系】 6月23日,胜利街道建新北区社区公共安全救援体系建设项目签约仪式在建北一社区举行。北京市紧急救援基金会、胜利街道、建北一社区3家单位签约，约定北京市紧急救援基金会对建新北一社区公共安全问题展开探索研究，帮助社区针对危险源制定解决预案，加强社区居民防火防暴、疏散逃生、紧急救援等方面的宣传教育，规范社区安全公共场所紧急救援管理，降低突发事件给居民带来的损失。

（胜利街道）

【文化服务进社区】 9月15日，由顺义区委宣传部、区文委、区文学艺术界联合会、区文明办、团区委和胜利街道办事处联合开展的顺义区“文化服务进万家”示范项目在胜利街道怡馨家园文化广场启动，顺义区19个乡镇和6个街道主管文化工作的领导及群众近百人参加了启动仪式。顺义区文化馆馆长介绍了“文化服务进万家”项目情况，市、区领导为19个镇、6个街道办事处颁牌、授旗，为10名文化志愿服务先进代表颁发荣誉证书及文化志愿者服务手册，并现场对参与活动的居民进行文化志愿者招募。随后，市、区委领导实地考察了胜利街道怡馨家园社区文化阵地建设和文化志愿者们日常的排练情况，并对社区文化建设取得的成绩给予了充分肯定。

（胜利街道）

【社区服务管理创新】 3月4日，上海闵行区考察团在区委副书记胡尚云等领导陪同下到胜利街道怡馨二社区调研规范化社区建设。居委会主任张秀文介绍了怡馨二社区“网格化管理”与“一刻钟便民服务圈”工作开展情况。随后考察团参观了社区活动室、健身室、排练室等公共设施建设情况。4月7日，副区长车克欣带队到胜利街道调研社会服务管理创新工作，在听取胜利街道工委书记王学武关于社会服务网格化管理、“服务承诺制”、为老服务以及社区规范化建设等情况的汇报后，车区长参观了建北三社区、建南二社区和龙府花园社区，实地考察社区办公用房、居民活动用房不足问题。5月25日，顺义区委调研室、顺义区党校调研组、北京工业大学调研组一行到胜利街道调研社会服务管理创新工作。调研组听取了街道工委副书记、社区服务中心主任、综治办主任、怡馨二和胜利社区居委会主任就社区一刻钟便民服务圈、社区网格化管理以及居委会创新管理内容、成效工作所做汇报，并就制约社区管理创新发展的代表问题进行探讨。随后，调研小组实地参观了怡馨二社区的创新管理建设情况。

（胜利街道）

【志愿者长效奖励机制】 2011年年初，胜利街道结合实际，制定出台了《胜利街道平安志愿者管理办法》，提出了志愿者星级反哺机制工作思路，将平安志愿者的条件、管理、积分、奖励等方面进行细化和规范，并在建新北区第一社区成功推行。5月12日，区政法委副书记、区综治办主任王金广深入建北一社区对平安志愿者管理情况进行调研，街道综治办、居委会部分工作人员、派出所主管副所长、建北社区民警以及平安志愿者、楼门（组）长代表参加了座谈。8月29日，市政法委副书记、首都综治办主任滕盛萍到建北一社区考察志愿者工作，观看了建北一社区志愿者文化墙并查阅志愿者工作档案记录，并听取居委会主任王骏关于实施管理办法情况汇报；市、区领导对建北一社区志愿者长效奖励机制取得的成果和经验给予了肯定。12月27日，胜利街道在顺义区仁和礼堂举办了“平安志愿者表彰暨慰问演出”，对177名三星级平安志愿者、133名四星级平安志愿者、141名五星级平安志愿者进行了表彰，并随后由社区文体队和志愿者们进行了慰问演出。

（胜利街道）

【国家六部委药品安全检查】 10月26日，胜利街道代表北京市接受了国家六部委对药品安全专项整治工作的检查，北京市药品安全专项整治领导小组各成员单位领导、顺义区人民政府领导、区药品安全专项整治领导小组各成员单位领导及办事处领导陪同检查。检查组领导及陪同领导一行来到胜利街道怡馨一社区,观看了胜利街道药品安全专项整治工作汇报及社区居民自编自演的宣传药品安全的文艺节目剪辑;听取了顺义药监分局李长荣局长关于北京市药品安全百千万工程的介绍及胜利街道工委王学武书记关于群防群治开展工作取得的成效。

(胜利街道)

石园街道

【概　况】 石园街道办事处成立于2005年3月,位于顺义城区南侧,距顺义中心区2.5公里,辖区总面积9.6平方公里。辖区东至燕京啤酒集团东侧与仁和镇接壤,南至林河工业开发区南路与仁和镇接壤,西至京承铁路与仁和镇接壤,北至顺平快速路与光明街道、胜利街道接壤。石园街道办事处为顺义区政府派出机构,设13个社区居委会,其中直管社区11个,协管社区2个,辖区内总户数2.09万余户,常住人口5.5万余人,流动人口1万余人,是一个集党政办公、工业基地、为老服务、生活休闲于一体的综合区域,辖区有:顺义区民政局、药品监督管理分局、老干部局、劳动社会保障局等单位;有燕京啤酒集团、现代汽车生产基地等企业;有老年公寓及分布于各个社区的老年活动站;有餐饮娱乐、银行、邮局、社区卫生服务中心、教育机构、大型购物中心等配套服务机构。石园街道在区委、区政府的正确领导下,坚持以科学发展观为统领,以发展创新为灵魂,以社区服务为抓手,以促进和谐为主旨,以构建和谐社区为目标,突出抓好治安、环境的综合整治,逐步推动职能转变和工作重心下移,夯实基层管理基础,着力解决群众关心的难点、热点问题,切实维护好社会的和谐与稳定。

单位名称:顺义区石园街道办事处
地址:顺义五中路北
电话:(010)81481228
邮编:101300
网址:http://www.shiyuan.shy.gov.cn

(石园街道)

【金融服务进社区】 4月14日,石园街道办召开金融服务进社区"三通"便民工程开通仪式。区金融办、区社会工委、石园街道相关领导参加开通仪式。"三通"社区便民服务工程深入推进"大民政"建设,加快社区服务信息化发展,提高社区居民的生活质量,推动社区建设、社区服务在更高的层次上再上新台阶,实现新跨越。目前,石园街道共有缴费平台15台,分配到13个社区,全部正常投入使用。便民"三通"缴费平台可为社区居民提供燃气、水、电及电信、有线电视、车险和物业等支付缴费、信用卡还款、预约挂号、银行转账、票务购买、旅游服务、宾馆预订、电子结算等多项社区服务。

【贯彻落实"九养政策"】 2011年,石园街道坚持以科学发展观为统领,抓服务、重民生、强管理,逐步建立社区养老助残服务体系,全面落实"九养政策"。1. 在现有9个托老所的基础上,新建五里仓第二社区托老所,服务面积达200平方米。2. 依托石园西区老年餐桌,开展免费送餐特色服务,使老年人足不出户就能吃到可口的饭菜。3. 每月及时办理、发放养老助残券,2011年已申请355人,预计全年发放养老助残券将超过40万元。4. 积极联系辖区内服务商,不断完善社区服务体系,并做好服务券使用的监察工作,目前13个社区共有养老助残服务网点27家。5. 弘扬辖区尊老、敬老、爱老、助老、孝老的传统美德,开展"寿星"、"孝星"双星评选活动。

(石园街道)

【五里仓三栋家属楼管理交接】 5月26日，石园街道办事处举行五里仓三栋家属楼签字交接仪式，粮食局、石园街道相关领导参加活动。顺义区粮油总公司所属五里仓乙6号、21号、22号三栋家属楼地处石园辖区，但由于历史原因，一直未纳入石园街道的服务管理范围，对居民的日常生活和参与社区活动造成了诸多不便。本着方便居民、服务居民的原则，在相关部门的积极配合和顺义区粮油总公司的大力支持下，顺义区粮油总公司与石园街道办事处就五里仓三栋家属楼的服务管理问题进行友好协商、达成了共识。经过管理交接，石园街道将继续积极的推动五里仓社区的科学、合理、规范化管理。

（石园街道）

【市社区信息化特色应用街道】 年内，街道获得"北京市社区信息化特色应用街道"荣誉称号。这是区唯一的一家街道获此殊荣。近年来，石园街道高度重视信息化建设工作，成立了信息化建设工作领导小组。积极建立区、街、居三级信息化办公体系，健全完善信息化管理使用制度，加强信息化培训，进一步提高了办公效率和信息化服务水平。一是建立了"石园街道办事处信息网"及"电子党务""电子政务"和社区信息化的平台；二是组建了"石园街道通讯内网"；三是开通了QQ群办公平台及电子邮件系统。石园街道北三社区2011年3月引进科学嘉互动窗，进一步提高了小区管理水平，方便了社区各项工作的开展。截至目前，已通过此平台发布各类信息5万余条，组织居民活动100余次，极大地丰富了居民的业余生活。

（石园街道）

【丰富居民文化生活】 组织社区志愿文化队每周固定时间为居民表演评剧、京剧、民乐等节目，文化队队员表演情绪高涨，与居民听戏情绪相互照应，其乐融融。居委会利用市民学校和科普绿色大院等资源开展以"绿色生活在我家"为主题的科普展览活动，面向广大社区居民宣传科普知识，倡导绿色生活科普观念。组织社区党员到顺义区神笛陶艺村开展主题为"亲自动手，体味陶艺，享受乐趣"的参观学习活动，进一步增强社区居民的想象力、创造力和凝聚力。

（石园街道）

【市第五届"魅力社区"】 11月24日，北京市第五届十大"魅力社区"评选结果揭晓，石园街道五里仓二社区以"一助一"老年人帮扶特色活动脱颖而出，入围该奖项。五里仓二社区"一助一"帮扶活动主要包括：1、充分利用社区硬件设备，丰富老人生活质量。如：成立日间照料室，让老人感受亲情陪伴；向本辖区60岁以上老人开放社区棋牌室，老人们可以打牌、切磋棋艺，锻炼头脑，充实业余生活；伤残老人在康复室进行康复训练，拥抱健康明天；阳光读书室既丰富了老年生活，还能让老年人认识更多的新朋友。2、上门服务，如：上门理发、送餐。3、组织丰富多彩的文化活动等。社区共有合唱队、秧歌队、腰鼓队、健身队等四支老年文艺团队，老年朋友可以根据自己的喜好，选择合适的团队。

（石园街道）

【流动人口"和谐互助"义工服务队】 11月23日，石园义工分会南区义工工作站举行流动人口"和谐互助"义工服务队启动仪式。顺义区义工联、流管办及石园街道领导参加了此次活动。区义工联领导为服务队揭牌、授牌，向服务队队长授旗，100名流动人口义工代表庄严宣誓：尽已所能，不计报酬，帮助他人，服务社会，志愿成为一名光荣的社区义工。石园南区义工工作站将流动人口服务管理工作与义工工作相结合，对流动人口坚持平等化、亲情化和人性化管理，同时也为和谐社区建设增添了力量。本次活动共有义工及居民200余人参加，发放活动纪念品180余份，现场注册义工50余人。

（石园街道）

旺泉街道

【概　况】　顺义区旺泉街道工委、办事处成立于2007年10月13日，目前管辖8个社区居委会(西辛社区、西辛第一社区、西辛北区社区、铁十六局社区、宏城花园社区、前进花园社区、牡丹苑社区、望泉家园社区)，常住户数10725户，常住人口23677人。旺泉街道位于顺义城区西部，区域面积12.81平方公里。东至京承铁路与胜利街道办事处、石园街道办事处和仁和地区办事处接壤；南至顺义区西南二环路，与仁和地区办事处接壤；西至六环路和小中河，与仁和地区办事处、南法信地区办事处接壤；北至城北减河，与双丰街道办事处接壤。街道辖区交通便利，东有京承铁路；西有六环高速路、机场北线高速路；南有顺义南二环路；北有奥运大道直通京承高速。旺泉街道以服务社区为宗旨，以全面建设“活力旺泉、平安旺泉、优美旺泉、和谐旺泉”的各项目标、任务为根本。

单位名称：顺义区旺泉街道办事处
地址：顺义区顺西路67号
邮编：101300
电话：(010)61409508
网址：wangqjdb@bjshy.gov.cn

(旺泉街道)

【社区工作者培训】　3月26日上午，由旺泉街道与北京市民政教育管理学院联合举办的“旺泉街道社区工作者培训班”正式开课。街道所属6个社区50余名社区工作者参加了开班培训动员会。民政学院沈小平书记作了重要讲话，充分肯定了旺泉街道的做法，分析了当前社区建设面临的形势任务和加强社区工作者队伍建设的重要意义，对参加培训的社区工作者提出了殷切希望。这次培训是旺泉街道积极适应当前社会服务管理创新的新形势，打造一支素质优良、从业能力强的社会工作者队伍的重要举措。为使培训工作取得实效，培训采取合作联办的形式，专门请市民政学院针对社区工作的需求制定培训方案，设置培训课程，并选配了有经验的师资力量负责授课。社区工作者将系统学习社区建设、劳动保障、人口计生、文化建设、帮扶救助等社会工作综合能力和社会工作实务。

(旺泉街道)

【出租房屋安全隐患排查】　日前，旺泉街道出租房屋安全隐患排查整改工作稳步推进。主要采取的工作措施：一是进一步细化了对流动人口和出租房屋的管理与服务工作，在排查整改的同时不放松流动人口与出租房屋的基础调查工作，保证流动人口与出租房屋数据的新鲜、完整、准确；二是坚持“四查五见面”制度，确保不留死角；三是继续对出租房屋全面进行安全隐患排查。街道各社区均已按照区流管办下发的关于出租房屋排查整改的9张报表建立了详细的台账，坚持日报制度，不断完善和充实报表台账；四是加大整改力度，力求取得实效。自5月初打击违法生产经营安全隐患整治工作全面启动以来，旺泉街道就将排查整改出租房屋安全隐患和违法经营列为工作重点，对本辖区739户出租房屋进行逐一摸排，通过细致工作，发现各类隐患和违法经营共计31户，已全部下发口头或书面整改通知。

(旺泉街道)

【百日整治检查验收】　10月19日，北京市百日整治检查组到宏城花园社区检查验收“百日整治”开展情况。区治安大队、城管大队、公安分局、工商局、交通大队等相关职能部门参加了会议。检查组听取了宏城花园居委会主任关于《百日整治进社区 社区事务进网格》的工作汇报，检查相关文字材料并到社区进行实地检查。对于宏城花园社区将百日整治建在"格"上给予高度评价。检查组领导指出,宏城花园社区行动力度大,成效显著,尤其在打击重点、防止蔓延方面取得了新经验,全面调动了社区居民和其他成员单位的积极性。希望宏城花园按照梳理出的宝贵思路再接再厉,完善机制、突破创新,巩固好百日整治取得的各项成果,为"秋风行动"全面开展奠定基础。百日整治开展以来,宏城花园社区居民举报同比下降,群众满意率同比上升,社区和谐稳定,环境秩序良好,实现了"三不、一升、一降"的工作目标。

(旺泉街道)

【关爱妇女公益活动】 11月1日,由北京市妇联、北京同仁堂科技有限公司主办,顺义区妇联承办的关爱妇女社会组织公益活动暨同仁堂2011金秋温暖行主题活动在旺泉街道隆重举办。市妇联社会工作部部长陈延平、同仁堂科技有限公司市场管理部部长车艳、顺义区妇联主席鲍晓芹、顺义区妇联副主席石晓清、旺泉街道工委书记宋学农、旺泉街道工委副书记王彦利等领导及辖区202名社区妇女和社会组织代表参加了此次活动。市妇联社会工作部部长陈延平、同仁堂科技有限公司市场管理部部长车艳做了精彩致辞,与会领导和嘉宾还向妇女组织代表赠送了家庭保健箱。活动还特别邀请了北京同仁堂集团专家、资深讲师蒯文润老师,为大家讲授了秋冬保健知识、疾病预防办法和合理用药常识,并与大家进行了互动,现场的气氛非常活跃。大家纷纷表示能够这么零距离地与专家交谈健康知识,受益匪浅。

(旺泉街道)

【象棋大师进社区】 12月27日,铁十六局社区居委会文化活动室中暖意融融,旺泉街道2011年象棋比赛正在这里举行。辖区六个社区和街道机关的七支代表队参加了比赛,经过七轮角逐,前进花园社区选手王跃以五胜两和的不败战绩夺得个人冠军,团总分第一名则被西辛社区代表队摘获。参加完旺泉街道2011年象棋比赛的社区象棋爱好者们仍然不愿离开赛场,等待北京棋院副院长、中国象棋大师张强、女子象棋大师常婉华到赛场。没有过多的客套,两位大师就和棋友们展开了一对十二和一对十一的比赛。各位爱好者们纷纷把握住这难得的机会,各出绝招与两位大师针锋相对,在与同伴相互交流的同时,还不时向大师探讨几句,气氛非常热烈。经过近一个小时比赛交流,棋友们虽然未尝胜果,但都表示非常高兴,夸奖街道和社区为棋友们办了一件大好事。为了丰富辖区居民尤其是社区老大爷们的两节文化生活,旺泉街道举办2011年象棋比赛,两百多名社区里的大爷、大叔参加了比赛。为提升比赛层次,比赛组织者特意邀请大师到场观赛并为获奖选手颁奖,为象棋爱好者们与大师面对面交流提供了一个宝贵的机会。

(旺泉街道)

【做好M15号线开通外围保障】 12月27日上午,旺泉街道办事处召开M15号线开通外围保障工作会,会前,到工作现场进行实地察看,并划分任务区、工作点位。会议决定,为确保M15号线开通当日的外围保障工作,街道制定了现场处突应急预案:一是成立处突应急领导小组,由办事处主任黄学英任组长,纪工委书记张连玉、办事处副主任张晓芳、仁和派出所副所长肖志国任副组长,派出所民警、街道综治办、街道应急办为成员的处突应急领导小组。二是成立处突应急分队,为了便于开展工作,积极稳妥的处理好外围保障工作,由街道机关、派出所、社区居委会、治安巡防队、社区志愿者组成了两支处突应急分队,负责现场秩序的维护工作。三是在各社区及时进行各类矛盾隐患排查,突出重中之重,抓好重点对象的稳控工作。

(旺泉街道)

双丰街道

【概　况】 双丰街道办位于顺义新城马坡组团核心区,成立于2007年10月。街道办现有人员45人,下设5个行政科室和3个事业科室。辖区面积29.49平方公里,四至范围为:东至左堤路和潮白河,与北小营镇、南彩镇接壤;南至城北减河,与胜利街道办事处、光明街道办事处和旺泉街道办事处接壤;西至小中河,与马坡地区办事处、南法信地区办事处接壤;北至向前村、荆卷村、西丰乐村和奥运水上项目比赛场地北侧,与牛栏山地区办事处和北小营镇接壤。辖区现有2个普通社区(马坡一区、二区),占地32万平方米,2318户,常住人口5674人,流动人口1364人,户籍人口1595人;别墅区8个(龙苑、金宝、华中园、恒丰、阳光、富力湾、枫桥、高尔夫),占地1200亩,入住2000余人,外籍人员104人,涉及19个国家和地区,主要集中在龙苑别墅区。

单位名称:北京市顺义区双丰街道办事处
地址:顺义区马坡镇向阳西街8号
电话:(010)69406262
邮编:101300
网址:http://www.shuangfeng.bjshy.gov.cn/cn/index.asp

(栖怀远)

【民生服务工作】 社会保障及就业再就业工作有序推进。辖区城乡居民养老保险参保45人,城镇居民大病医疗保险参保151人;药费报销13人次,共计39929.75元;职业指导121人次,帮助辖区44名应届毕业生及68名无业人员顺利就业。老龄及弱势群体帮扶救助工作扎实开展。共办理60岁及65岁以上老年优待证95个;发放低保救助、慈善医疗卡救助金、优抚对象生活补助及报销医疗费共计17.4万元,申请慈善助学款2400元。便民利民服务平台不断完善。社区呼叫共接到受理加盟咨询及服务请求等60余人次,组织开展96156"社区大课堂"开课64次,录入大课堂36次,其中精品课程24次。住房保障工作稳步落实。共接待居民来电来访100余人次,共完成9户家庭申请保障性住房的初级审核、公示及上报工作,其中8户限价商品住房,1户经济适用住房。配合其他街道完成5户居住在本辖区内申请家庭的协查入户工作。计生工作逐步深入。建立重点育龄妇女台帐、流动育龄妇女台帐、拆迁村妇女台帐及空挂户育龄妇女台帐,完成辖区户籍人口、流动人口、人在户不在等5101人的全员人口数据库建设。征兵工作圆满完成。辖区适龄青年兵役登记81人,入伍2人。文体活动成效显著。今年已开展助老扶幼、减灾赈灾、环境保护、文体教育等社会服务活动30余次,服务社区居民4000余人次,并获得首届"仁和杯"北京市舞蹈大赛金奖、区第七届全民健身体育节"燕京杯"秧歌比赛一等奖。

(栖怀远)

【社区服务管理创新】 加大投入,改善居委会办公条件。完成了富力湾居委会装修,配齐了各项服务设备、设施。装修了佳和宜园筹备组临时办公场所,为一线同志配置了空调、电脑等必要设施,保证基本办公需要并逐渐完善。结合全区统一政策,积极为马坡花园一区居委会争取社区用房,目前272平方米的用房已基本确定,正在按社工委要求稳步推进。马坡花园二区居委会新增残疾人通道等设施。以上项目全部完成后,累计投入将达到435万元。采取分级分类指导,创新社区管理。对于别墅区,采取以服务促管理,首先解决进门问题,再加强管理,摸清底数情况。对于整建制拆迁村,在调研的基础上提出思路对策。确立取得用房、坚持建居标准、边调研边进驻的工作思路。对于普通社区,以和谐社区创建为契机，不断加强规范化建设，形成从社区工作者到各项制度、管理规范及社区文化的不断成熟。对于在建小区，坚持随时掌握建设进度，在争取社区用房时，据理力争，坚持建居标准。

（栖怀远）

【"平安双丰"创建工作】 平安建设中心发挥积极作用。圆满完成建党90周年和自行车环京赛等重点时段及敏感期安全稳定与外围保障任务。形成"网格化布控，精细化防控，信息化支撑，社会化参与"的社会面防控工作新机制，降低刑事治安发案率、减少安全事故隐患，全面提升社会治安掌控能力。流动人口和出租房屋服务管理成效显著。建立健全了流管和出租房屋服务管理制度。年内新增流动人口408人，核销530人；新增出租房屋87户，核销80户。集中居住宿舍9户，居住与经营一体3户。监督整改安全隐患34处，调解矛盾纠纷3起。"打击非法违法生产经营和安全隐患整治"工作扎实稳妥推进。与公安、工商、城管、食品监督等区职单位联动，全年共组织联合执法3次，出动检查人员133人次，车辆29车次，检查单位34家，发现违法建筑3宗，消防隐患20处，当场下达执法检查文书6份，组织机关、社区、物业公司干部职工80余人进行消防演习，高标准、高效率、高质量的完成"打非"专项工作。全力配合专业部门做好龙苑别墅燃气泄漏隐患治理。自4月份发现龙苑燃气泄漏事件后，街道积极联系各职能部门对燃气泄漏管道进行抢修，每天安排值班人员进行安全隐患巡查及居民的情绪安抚。8月完成30处泄漏点及室外19处泄漏点的抢修工作。10月28日，协助市安监局等相关单位开展12处燃气管道抽检工作，针对其中10处出现漏气问题，已维修完毕，后序维修方案将配合相关部门积极做好工作。畅通信访渠道，积极开展矛盾纠纷排查调处工作。对重点单位、重点时间段开展不定期排查，掌握动态，制定预案，确保发现得早、控制得了，处理得好。全年共摸排28次，反馈信访排查表120余份，制定预案2件，上报摸排情况4件。加强法制宣传，加大人民调解力度。围绕法律服务"三进"工作，调解矛盾纠纷17件，防止矛盾激化1件，并针对辖区企业及小饭桌、小商店、小饭店等逐一进行仔细检查和排查，共排查出各类矛盾隐患3件，解决成功3件。

（栖怀远）

【两会换届选举和人口普查工作】 圆满完成区两会代表选举工作。通过街道前期的精心准备，缜密组织，圆满完成区党代表和人代会代表选举工作，参选率100%。人口普查工作。准确及时上交人口普查各类报表，未出现任何问题，普查表一次光电录入成功。

（栖怀远）

【街、居两级干部队伍建设工作】 机关队伍建设。按照《双丰街道机关干部学习资料》，定期开展专题教育，不定期开展考试测评。要求机关科室结合自身工作，撰写调研报告，并进行集中讨论学习。鼓励支持年青干部参加公务员考试，邀请区人社局专业人士进行笔试、面试知识辅导。多次组织机关干部到光明、胜利等成熟街道进行业务学习。居委会队伍建设。要求各社区每周开展集中学习，每月开展专题学习、季度开展业务考核，不断提升社区干部的思想、政治、业务等素质。要求各社区、特别是成熟社区积极培育人才，4名同志通过民主推荐、测评，成为居委会筹备组负责人或社区副职。3名同志通过助理社会工作师资格考试。

（栖怀远）

空港街道

【概　况】 空港街道成立于2007年10月，

位于顺义区西南部空港地区，东与首都机场相邻，与天竺地区办事处接壤；南至温榆河与朝阳区相连，国家级公路干道京密公路从街道内经过，距市区16公里；西至温榆河与后沙峪地区办事处接壤；北至火沙路、双裕大街与后沙峪地区办事处接壤。空港街道辖区总面积27.38平方公里，下设7个社区居委会1个筹备组，即万科城市花园、裕祥花园、莫奈花园、蓝星花园、莲竹花园、天房一居、天房二居、三山新新家园社区筹备组，辖28个自然小区，其中有高档别墅区18个，拆迁小区2个，普通小区8个，正在建设中的有5个；目前入住总户数约16232户，总人数约48696人。其中：外国人约3000户，约9000人；拆迁户约3600户，约11000人。建设中的5个小区，预计在两年内将再有5000人入住。流动人口1.2万余人，目前文化广场有10个。按照社区"空港国际化、顺义空港化、发展融合化"的定位，和全面推进和谐社会建设的总体要求，空港街道立足街情：辖区基本涵盖了顺义新城——空港城组团的核心部位，紧邻首都机场，临空经济功能区总体在辖区内，高起点、高标准加强社区建设势在必行；中央别墅区高档别墅群落、涉外机构和人员多，国际化社区趋势不断扩大；中高档社区与整体拆迁小区共建共荣，层次多元化的居民对街道的人本理念和服务水平给予了更多的厚望，提出了更高的要求，明确了构建"现代化、国际化、融合化"和谐社区的总体思路，积极打造平安、绿色、和谐社区。2011年度，空港街道办事处荣获"北京市敬老爱老为老服务示范单位"称号；天房第一社区居委会荣获"首都绿化美化花园式社区"称号；蓝星花园社区、万科城市花园社区分别荣获"全国综合减灾示范社区"称号。

单位名称：顺义区空港街道办事处
地址：顺义区裕民大街6号
电话：(010)80477600
邮编：101318
网址：http://www.kgjd.bjshy.gov.cn/index.jsp

（勘柏松）

【信访宣传活动】　4月22日，空港街道在蓝星花园社区广场开展了以"依法信访·有序畅通"为主题的大型信访宣传活动，市信访办副主任李小玲、区政法委书记周颖博及市信访办、区信访办、空港街道相关领导参加活动。活动以文艺演出、现场咨询和发放宣传材料等形式开展。参加活动人员400余人次，发放《信访条例》、《北京市信访条例》、信访行为规范折页、手提袋和小礼品等宣传材料1500份，接待咨询者30余人。

（勘柏松）

【火灾隐患整治】　5月20日，成立空港街道安全隐患排查整治工作小组，加强对辖区火灾隐患工作指导。一是联合所辖空港、后沙峪、天竺派出所集中对辖区内经营性门店、高层建筑、地下室空间开展联合检查，共检查经营性门店29家，地下空间7处，高层建筑5栋，发放整改通知书18份，发现安全隐患46处，已责令限期整改，巩固自查成果，街道下一步将对隐患整改情况进行联合督查；二是围绕北京市火灾隐患排查整治攻坚大会指示精神，对辖区火灾隐患排查工作进行再动员、再部署，联合所辖天竺派出所、天竺工商所、国展工商所对天竺花园社区、三山新新家园社区经营性门店进行集中整治，对存在无证无照经营问题的门店，及时进行挂账取缔；三是联合文教体卫科对辖区内13所学校、幼儿园进行逐一走访，排查消防安全隐患，确保排查整治工作不留死角，落实到位。

（勘柏松）

【第四届社区文化节】　7月23日，空港街道第四届社区文化节如期而至。此次社区文化节在主题为"同心手拉手和谐向前走"的消夏晚会活动中拉开帷幕。区机关工委、一助一办公室、妇联、宣传部、精神文明办、文委、社区教育中心等部门领导参加了此次晚会。消夏晚会由空港街道和木林镇后王各庄村携手共办，既是为了向建党90周年献礼，提升社区居民文化生活品质，同时也是为了更好地落实区政府一助一共建工程，加强村居文化交流，共同构建文明和谐社会。

（勘柏松）

【**争做守法小公民**】　8月26日，空港街道司法所组织所辖社区青少年来到顺义区法院旁听一起未成年人年偷窃的公开审判过程。亲历庄严肃穆的法庭，聆听铿锵有力的申诉，面对泪流满面的嫌疑人，对在场的每位青少年都进行了一次心灵的洗礼。两个多小时的庭审结束后，大家纷纷感慨：这真是一堂鲜活生动的法制教育课，今后一定要做个知法、懂法、守法的好孩子。这次活动让青少年走进法庭，接触社会，旁听法官当庭审案，从中学法、懂法，进而守法，以新鲜生动的案例，震撼激励了参加活动的每一位青少年，促进他们树立遵纪守法、争做合格小公民的意识。

（勘柏松）

【**天然气报警器免费安装**】　9月13日，空港街道全面启动"送平安，构和谐"天燃气报警器免费安全工程。截止到9月23日该工程为辖区60岁以上残疾人、空巢独居老人等共100余户家庭免费安装完民用可燃气体探测器装置。在街道辖区社会单位的共驻共建、共筹资金的努力下，在与顺义区市政管委的沟通和推荐下，街道委托北京市优奈特燃气工程技术有限公司负责具体安装施工。当探测器检测到相应天然气泄漏并达到报警设定浓度值时，就发出声光报警。居民可以在接到报警信号后第一时间采取相应的措施，从而保障居民的生命财产安全。

（勘柏松）

【**"冬衣送暖"捐赠活动**】　10月16日，空港街道召开"冬衣送暖"捐赠活动动员部署会议，对捐赠活动进行安排部署。街道和各社区都指派专人对捐赠物品逐一检查，坚决杜绝黑心棉、劣质棉，保证灾区的百姓能穿得放心、用得安心。各社区在园区宣传栏、楼门前张贴"捐赠倡议书"共2000余份，并在"网上居委会"上发起捐赠号召，广泛动员社区居民弘扬团结自助、扶贫济困的传统美德，奉献仁爱之心，共同营造有爱心、有凝聚力的社区氛围。

（勘柏松）

【**民心律师服务室**】　11月18日上午，顺义区空港街道办事处携手顺义区司法局、顺义区团区委，联合举办空港街道莫奈花园"民心律师服务室"暨"青少年维权之家"揭牌仪式。顺义区司法局副局长、团区委副书记、空港街道工委副书记参加了此次活动，并为顾问律师团律师颁发了聘书。

（勘柏松）

【**社区居民公约行动**】　12月30日上午，空港街道社区居民公约启动仪式在万科城市花园社区拉开了帷幕，标志着空港街道"居民自治、共创和谐"社区居民公约行动正式启动。区委组织部、宣传部、社会工委、精神文明办、文委等部门领导出席了该次活动，街道机关干部，物业公司、社区商户、社区社团组织代表，包片民警，以及社区居民共150余人参加。

（勘柏松）

镇

仁　和　镇

【**概　况**】　仁和镇位于顺义城区中心，地处临空经济功能核心区、顺义新城核心区和现代制造业基地核心区,与首都国际机场零距离对接,101国道、六环路、地铁M15号线、京平(谷)快速路和京承铁路穿境而过,镇域面积54平方公里,辖23个行政村、1个社区,户籍人口5.3万人,流动人口2.7万人。目前仁和已确立了"打造现代服务业核心区"的战略目标,以产业发展为主线,以城乡一体化为引领,以惠泽民生为目标,经济社会等各项事业实现了又好又快发展。未来的仁和将着力发展酒店宾馆、高端商业、金融证券、总部经济等主导产业,努力打造成为顺义新城的"现代服务业核心区"。几年来,仁和镇先后被评为"首都文明乡镇"、"全国环境优美镇"、"全国改革开放30年乡镇企业发展十佳魅力镇村"、"北京市五个好乡镇党委"、"全国创建文明村镇工作先进村镇"、"北京市思想政治工作先进单位"、"北京市爱国卫生先进单位"、"首都平安示范乡镇"等多项荣誉称号。2011年,全镇实现属地财税收入16.3亿元,同比增长2%;地方财政收入3.82亿元,同比增长12%;农民人均劳动所得达到13800元,同比增长10%。

单位名称:顺义区仁和镇人民政府
地址:顺义区顺平西路9号
电话:(010)69448391
邮编:101300
网址:http://www.renhe.bjshy.gov.cn

(仁和镇)

【招商引资】 仁和镇坚持"优化存量保增长,扩大增量上水平"的产业发展理念,下大力气调整优化产业结构,全力以赴吸引高端产业。2011年,全镇共接收项目信息80个,签约并完成项目手续31个,注册资本总额11.18亿元。

(仁和镇)

【仁和工业园】 作为现代制造业的聚集地,仁和镇已累计投资3亿元加强基础设施建设,完成了园区2800亩土地的"七通一平"和绿化工程。截至目前,入驻企业包括北汽有限、李尔岱摩斯、韩一饰件、维益埃电气等15家,总投资达40亿元,其中在建项目包括万方控股、ITW机场电源设备、北京格兰德机电有限公司等6家,总投资达10亿元。工业园区已成为全镇重要的经济发展支柱和农民就业基地。

(仁和镇)

【现代制造业】 2011年,全镇现代制造业完成工业产值300亿元,实现税收11.08亿元,占全镇税收的68%。其中北汽有限、韩一饰件、李尔岱摩斯等重点企业发展势头强劲。全镇规模以上现代制造企业实现税收占全镇总税收的一半以上。

(仁和镇)

【金融产业】 加快金融产业发展,促进金融产业向集群化、高端化、总部化和国际化发展。目前,北京顺义银座村镇银行、光大银行、华夏银行、杭州银行、民生证券等17家金融企业入区发展,使仁和成为顺义新城的"金融中心"。

(仁和镇)

【高端商业】 现代服务业快速发展,涌现出香港新世界、权金城国际酒店、美廉美连锁超市、甘家口百货等多家高端商业项目,现代服务业规模、层级和水平不断提升。

(仁和镇)

【就业工作】 坚持"以培训提高就业、以服务稳定就业"的思路,全镇有劳动能力及就业愿望的城乡劳动力就业率连续四年保持98%,青年劳动力从业人员80%已经实现了"高端产业、高效企业、高薪岗位"就业,月均收入达到2000元以上。

(仁和镇)

【社会保障】 全年农转非2693人,户籍人口城市化率达到80%;农村低保标准提高到每人每月500元,大病救助标准由8万元提高到10万元,福利养老金月均领取额由260元提高到290元;仁和二次报销住院报销人数633人次,报销金额114.5万元。协调资金

3.73亿元,对胡各庄外迁户和复兴村村民进行户口转非安置,共计转非2667人。

(仁和镇)

【环境整治】 以创建“全国文明村镇”活动为载体,全力推进环境建设。累计投入资金190万元,修整顺宁路、临河村等乡村公路。全镇“市级生态村”命名率达到90%以上。2011年,以兴德、建美顺、鑫粤顺3个建材城为重点,开展属地内和建材城两个战场上的“打非”工作,取得了圆满成功。并通过开展绿化工程、修建文化广场、恢复耕地种植等方式,对已经拆除的地块实施环境建设,杜绝违法建设反弹。

(仁和镇)

【文化建设】 将文化建设与和谐社会建设相结合,加大基层文化建设的专业培训、资金扶持和考核力度,对50人以上的文化团队给予5-10万元的奖励。成功举办仁和镇特色文化团队擂台赛和“送欢笑,到基层,走进顺义仁和”大型文艺演出活动及北京市“仁和杯”舞蹈大赛等主题活动。各村建立起了独具特色、符合实际的文化团队,如塔河村凤祥女子龙狮舞艺术团、东方太阳城合唱团等,逐渐走出了具有仁和特色的文化之路,营造了文明和谐的社会新风尚。

(仁和镇)

【教育工作】 始终把教育作为经济社会发展的强基工程,实现仁和中学与顺义一中联合办学,累计投入580万元用于改善学校办学条件,完成仁和小学教学楼重建工程,落实镇领导联系学校制度、“大手拉小手”(机关干部、教师、特困学生)联系制度,取缔流动人口聚集度较高地区的非法园校,有效开展校园周边环境治理,促进义务教育优质均衡发展。目前辖区内4所公办学校教学质量始终在全区名列前茅。

(仁和镇)

【网格化管理】 坚持“以产引人、以房管人、以业控人”的思路,投资百万元建立起125人的基层管理员队伍,实施了流动人口“三·一·一五零”网格化管理模式,(即“1+1+1+150”网格化管理模式),各村由1名党员、1名村民代表、1名协管员负责本村150户村民的流管、就业、社保、计生、文化市场监管等工作,促进流动人口管理工作规范化、精细化,使全镇的流动人口由4.8万人下降至2.7万人。同时通过构筑起严密的立体网格防控体系,实现辖区发案率同比下降16%,仁和地区的社会环境日益稳定。

(仁和镇)

【群团工作】 工会经费税务代收工作稳步推进,工资集体协商目标任务圆满完成,全镇已建会的各类企业中,集体合同、工资专项集体合同签订率均达100%。妇女之家创建工作不断深化,妇联组织建设成为开展妇女工作的“坚强阵地”和广大妇女群众信赖和热爱的“温暖之家”。仁和青年汇联盟成为全市首家镇级青年汇联盟,得到了市、区团委及地区青年的广泛认可和积极响应。工青妇等群团组织已成为党和政府联结各个社会团体的重要桥梁和纽带。

(仁和镇)

马 坡 镇

【概　况】 马坡镇地处顺义新城核心区,毗邻奥林匹克水上场馆,离北京市区30公里,距首都国际机场8公里。镇域面积35.1平方公里。下辖21个行政村(已拆迁8个村),2万口人。马坡镇以“建设新城,发展马坡,加快推进城乡一体化”为主题,扎实开展新城、新农村、新发展、新环境、新形象建设,实现了经济社会发展的新跨越。2011年全年完成地区生产总值22.3亿元,属地财政收入

7.6亿元,地方财政收入2.46亿元,农民人均劳动所得14700元,同比分别增长20%、22%、28%和10%。

单位名称:顺义区马坡镇人民政府
地址:顺成大街15号
电话:(010)69403524
邮编:101300
网址:http://www.bjshymp.gov.cn

(马坡镇)

【新项目建设】 2011年共引进新项目35个,协议资金10.9亿元,到位资金4.36亿元。其中内资实体项目23个,总部、结算类项目10个,外资项目2个。国都航空、汇京融资租赁等符合新城发展定位的高端、新兴、低耗企业先后入驻。注册资金4.5亿元的北京机床所精密机电有限公司是一家高新技术企业,将建设精密机床研发生产基地。

(马坡镇)

【二三产业基地建设】 聚源产业基地二期1000亩土地一级开发手续全部完成,投资1.5亿元的"九通一平"市政设施已可投入使用。朗姿、英迈特、亿都川等"纳税十强"企业发展势头强劲,全年共实现税收2.19亿元。天顺长城、星箭长空、英迈特二期工程已于去年年底建成投产,今年可新增税收3000万元。爱慕内衣、国华科技等5个项目现正加紧建设并将于年内投产。企业上市工作进展顺利。朗姿服装成功登陆深交所A股中小板市场,成为全镇首家上市企业。该服装品牌已申报为北京市著名商标。亿都川、卓良模板、东方昊为等6家企业现已列入全镇上市企业培育计划。

(马坡镇)

【商务休闲品牌影响力进一步提升】 充分发挥商务休闲资源聚集优势,加大宣传推介力度,着力打造"马坡商务休闲度假区"。"商务休闲首选,顺义新城马坡"理念深入人心,马坡商务休闲影响力切实提升。金潮玉玛、意大利农庄等商务休闲业全年实现税收5000余万元。

(马坡镇)

【新城建设稳步推进】 完成了7家拆迁遗留户司法腾退及9户违法建筑拆除任务。配合完成了西马坡双限房土地上市前期征地手续办理工作。鲁能、合景、富力等房地产项目建设进展顺利,一批风格各异的新型城市社区初具规模,新城形象进一步凸显。

(马坡镇)

【新农村建设扎实有效】 村级经济快速发展,2011年实现税收6341万元,同比增长2038万元,增长47%。新农村"五项"工程建设基本完成,"三起来"工程全面展开,农村环境建设水平明显提升。新建良正卷、荆卷两座太阳能公共浴室,更换姚店、马卷等5个村路灯310盏。庙卷、姚店等9个村产权制度改革已经完成。新建综合路、工业区东路等5条道路4万平米,修补路面2800平米。根据"保留原貌,配套提升"的新型农村社区试点建设要求,全力打造"南陈路新农村观光走廊",聘请清华城市规划设计研究院设计人员对沿线7个村进行整体规划设计,现设计方案已完成,即将进入实施阶段。高标准建设农村社区服务站,目前全镇规划保留村实现了社区服务站全覆盖,石家营、庙卷、白各庄被评为"北京市农村社区典型示范社区"。

(马坡镇)

【镇域环境进一步优化】 以文明村镇创建活动为抓手,引导各村提升环境建设水平,衙门村、良正卷等6个村顺利通过"北京郊区生态村"验收。按照"户分类、村收集、镇运输、区处理"的垃圾规范化管理模式,切实做好垃圾分类垃圾减量工作。全镇绿化面积2.4万平米,硬化道路8600平米。完成了镇域内18家单位36台排放不达标锅炉整改更换工作,镇域空气质量明显提升。作为北京市环境精细化管理四个试点单位之一,制定方案,健全机制,努力探索"网格化"管理经验并取得初步成效。加强违法建设巡查力度,健全土地管理长效机制,全年拆除违法建设32宗4.8万平米,有效遏制了违法建设之风。绿化庭院,美化环境,全镇绿化覆盖率达36.6%,地区生态环境切实改善。全镇环境水平始终位于全区前列。

(马坡镇)

【和谐村镇建设】 以社会管理精细化为目标,在已完成9个村村庄社区化建设任务的基础上,今年又高标准完成了其余4个未拆迁村的村庄社区化建设工作。扎实开展"和谐家庭"、"绿色家庭"、"道德模范"等系列创评活动,引导群众建立文明健康的生活方式。社会服务管理创新工作成效明显,营造了和谐稳定的社会环境。12月1日,中共中央政治局常委、政法委书记周永康等领导到镇庙卷村调研后对全镇工作给予了充分肯定。

(马坡镇)

【城乡劳动力就业】 全年共开办就业培训班8期,培训各类人员497人,安置城乡劳动力1112人,成功推荐失业人员155人。目前,全镇就业率98.3%。石家营村被评为"北京市充分就业示范村"。

(马坡镇)

【社会保障体系】 以城乡社会保险、城乡居民养老保险、城镇无业居民大病医保、新农合、"一老一小"医保及最低生活保障制度为重点,完善社会保障体系。目前,全镇2518人参加城乡居民养老保险,参保率100%;1709名城乡无保障老人享受保障待遇;11214人参加新农合,参合率100%。全年共报销住院、门诊及二次报销费用共计830万元。2011年,新出台了镇机关科以上干部联系困难户、统筹城乡低保标准、新农合二次报销、为计划生育农户家庭缴纳意外伤害保险、为高龄老人发放生活补贴等惠民政策,使群众切实享受到了改革发展成果。

(马坡镇)

【创建国家卫生镇】 自93年以来,镇经济迅猛发展,综合实力跨入全市强乡强镇行列,为创建一个更加清洁、卫生、优美、舒适的生活、工作环境,98年初,镇党委、镇政府提出创建全国卫生镇活动,同时把创建工作纳入镇社会发展规划。以绿色生态文明走廊建设、村庄连片整治,花园式村庄创建等为载体,全镇环境建设水平迈上新台阶。经过全镇人民的努力,我镇于2002年获得国家卫生镇荣誉称号、2004年获得全国环境优美乡镇、北京市环境优美乡镇等荣誉。2011年马坡镇以绿色生态、人民幸福、宜工宜居的新面貌迎接全国卫生镇复审工作顺利结束。

(马坡镇)

南 法 信

【概　况】 南法信镇位于首都临空经济高端产业功能区的核心区,镇域总面积20.6平方公里,下辖16个行政村,其中整建制村9个,拆迁村7个,5个村已经完成回迁。全镇总人口30637人,其中户籍人口16292人,流动人口14345人。六环路、京密路、顺平路、机场北线、机场路、M15轨道交通线穿境而过,形成了空中、地下、陆路的立体式交通网络,实现了与首都机场、天竺综合保税区、航空货运大通关、空港物流基地的无缝对接,具有发展临空、总部经济的独特优势。经济指标稳步增长。2011年全镇地方生产总值实现22.98亿元,同比增长75%;属地税收实现7.75亿元,同比增长19%,全区排名第五;一般预算收入实现2.23亿元,同比增长28%,全区排名第六;农村居民人均纯收入实现14854元,同比增长10%。2012年1月份,全镇地方生产总值实现1.7亿元,同比增长69%,预计全年可实现26亿元,同比增长13.1%;属地税收实现9322万元,同比下降

24%,预计全年可实现 9 亿元,同比增长 15%;一般预算收入实现 2514 万,同比下降 28%,预计全年可实现 3 亿元,同比增长 15%。

单位名称:顺义区南法信镇地区办事处、南法信镇人民政府
地址:顺义区南法信镇府前街 47 号
电话:(010)69472495
邮编:101300
网址:http://www.nanfx.cn

(柏松浩)

【慰问老干部】 1 月 25 日,南法信镇积极开展春节走访慰问活动。地区党委书记郭振江走访慰问了西海洪村李启堂,详细了解他的生活状况及身体情况,并祝愿他身体健康,生活幸福。党委书记郭振江还叮嘱镇村干部要给老党员和困难群众更多的关心和帮助,给他们送去更多的温暖,切实安排好他们的生活,为他们解决实际困难,确保让他们度过一个欢乐祥和的春节。此次活动,副职以上领导干部、"一助一"结对帮扶组成员共走访慰问了 260 名建国前、建国初期老党员,困难党员,离任两委干部,退休机关干部及"一助一"结对帮扶对象,并为他们送去米、面、油、生肉等慰问品。

(丁威)

【计生奖励工作】 1 月 26 日,南法信镇完成 2010 年计划生育各类奖励金兑现工作,发放金额共计 16.458 万元。其中向 207 名新生儿入非独生子女父母发放奖励金 1.164 万元;向 49 名独生子女父母发放一次性奖励金 4.9 万元;向 399 名非农业无业独生子女父母发放奖励金 2.31 万元;向 377 名入非农村新生儿及其父母发放新型农村合作医疗补贴 7540 元;向 694 名独生子女家庭成员发放入农保补贴 7.07 万元;向 7 名患生殖系统大病育龄妇女手术费补贴 2600 元。

(马红雨)

【招商引资工作】 南法信镇三项措施做好招商引资工作。1、优化地区产业结构。统筹谋划地区经济发展与机场、物流基地、综保区及大通关的功能对接,搭建合作招商平台,建立定期联系机制,做好外围配套服务,努力促进招商数量、规模和质量的同步提升,2011 年计划引进注册资金 1 亿元以上项目 3 - 5 个。2、推进重点项目建设。确定了康捷空、海天一色、品纳轲等 10 个重点建设项目,成立项目推进工作组,建立台账,倒排工期;每月召开联系会议,研究解决项目实施过程中的各类问题,完善政企联动机制,确保重点项目早竣工、早投产、早见效。3、完善地区产业规划。做好地铁 M15 号线 A、B、C 三个地块及南法信、刘家河两村拆迁后土地上市工作;加强企业周边道路、水电气暖、商业服务业等设施建设,打造地区、企业品牌形象。

(王　攀)

【第一次妇女代表大会召开】 3 月 11 日,南法信镇召开南法信镇第一次妇女代表大会。区妇联副主席董敬红、地区党委副书记王辉等出席。会议审计并通过了南法信镇妇联工作报告;选举于海英同志为南法信镇妇联主席,选举郭春梅等 6 位同志为南法信镇妇联第一届执行委员会委员;选举冯艳芹等 6 位同志为出席区第一次妇女代表大会。

(黄晨伶)

【嘉和一品入住】 4 月 8 日,北京嘉和一品总部基地奠基仪式在南法信镇隆重举行,顺义区人大常委会主任马庚良,政协主席陶宝金,区委常委、副区长林向阳,政协副主席田建国、蒋世林,中国烹饪协会副会长、中国连锁经营协会餐委会主任李亚光,顺义工商分局、质量技术监督局等相关委办局负责人,镇域内企业代表,南法信地区党委书记郭振江、镇长李衍及镇副职领导、科级以上机关干部共 200 余人参加奠基仪式。

(攀　岩)

【专场招聘会】 5 月 20 日,南法信镇举办"南法信镇机场企业专场招聘会"。本次招聘

会共吸引了包括机场国航地面服务部、海南航空、新华航食等18家机场企业，提供岗位800个，参会求职人员2000余人，达成就业意向813人。镇长李衔、顺义区人力资源社会保障局副局长梁永等领导现场观摩了招聘会情况。

（贾　葛）

【流动人口管理】 6月15日，南法信镇三项措施加强流动人口管理工作。1、加大全镇流动人口及出租房屋检查力度，除村内自查外，镇流管办每周进行不定期抽查，将检查与日常管理工作相结合，有效控制流动人口规模。2、发挥流动人口专管员优势，做好流动人口核计、核销及出租房屋防火、防盗、预防煤气中毒宣传工作。3、清理非法劳务市场，与城管、派出所、综治办、社保所等部门共同成立非法劳务市场整顿工作组，定期检查镇域内非法劳务市场，建立长效管理机制，防止反弹。

（王德富）

【新农合解决看病问题】 7月12日，南法信镇举行新农合二次报销发放启动仪式，地区党委书记郭振江、镇长李衔等领导班子成员出席。作为区新型农村合作医疗工作的深化和延伸，南法信镇推出新农村合作医疗住院费二次报销政策，在保证地区经济发展的同时，将改善民生、提高居民生活质量，提升居民幸福指数作为工作的重中之重，今年1－－5月份全镇共有1613人次享受新农合报销76万元，其中82人首次享受新农合二次报销18.67万元，有效缓解了农民“因病致贫、因病返贫”和“看病难、看病贵”问题 。

（张春霞）

【镇区两级人大代表选举】 11月16日，在区人大换届选举委员会的大力支持和指导帮助下，南法信镇认真贯彻市、区换届选举工作会议精神，严格按照法律法规的规定程序，周密部署、严密组织、依法操作、狠抓落实，保证了人大代表选举工作的圆满完成。在这次选举中，设区级选区3个，镇级选区25个，参选单位44家，其中下属行政村16个，镇属企事业及私有企业27个，居民委员会1个。共设投票站25个，选民登记总数为14765人，参选总数为14645人，参选率区代表为99.18%，镇代表为99.13%，6名区人大代表，49名镇人大代表均以高票当选，各选区均一次投票选举成功。

（柏松浩）

李桥镇

【概　况】 李桥镇位于顺义区南端，距北京市区20公里，东依潮白河，紧邻首都国际机场，距T3航站楼1公里，北接顺义区南环路，南接通州区，镇域总面积75.18平方公里，户籍人口3.7万，下辖31个行政村和2个居委会。京平高速路、机场南线、六环路等多元化的交通路网汇集此地，京承铁路纵穿全镇，地理位置优越，交通极为便利。镇域内任李路、顺通路、机场东路上有多条公交线路。得天独厚的区位优势，使李桥镇日益成为首都六大经济功能区之一的临空经济发展的重要聚集地。同时，北京临空经济区全新的核心功能区，临空经济未来总部聚集地国门商务区地处李桥镇域内，随着国门商务区、国家地理信息产业园及相关房地产项目的开发建设，在航空服务、总部商务、酒店公寓、高新技术、商贸服务五大产业体系上均给区域经济发展带来无穷的潜力和发展机遇。航空安全实验基地项目，民航运行管理中心、气象中心的纷纷落户，促进了区域航空配套产业的集聚。现代制造业的支撑项目的首钢冷轧薄板有限公司，充分发挥产业优势，积极打造现代制造业和工业基地，带动首钢制造业转移扩散的相关产业,逐步形成地区经济发展新的增长极。2011年全镇完成二三产业总收入134亿元,同比增长18.3%;完成出口供货额2.36亿美元。属地财税收入实现9.69亿元,同比增长18%;地方财政收入实现1.83亿元,同比增长14%。实现社会生产经营性总资产71亿元,同比增长21%。实现人均劳动所得14090.3元,同比增长9.5%。安置镇域内剩余劳动力就业786人。2011年李桥镇被评为北京市"首都绿化美化花园式单位"、北京市"敬老爱老为老服务示范单位"等荣誉称号。

单位名称:顺义区李桥镇人民政府

地址:顺义区李桥镇头二营村东

电话:(010)89426100

邮编:101304

网址:http://www.lq.bjshy.gov.cn

(王京民)

【2011年度合作医疗参合】 1月,2011年全镇共有25694人参加新农合,参合率达100%。共缴纳合作医疗款项454.9万元,其中镇支持资金294万元,个人出资151.2万元,村代缴资金9.7万元。全镇参合率已连续4年达到100%。

(王京民)

【残疾人生活补助申请办理】 3月,组织各村学习《北京市残疾人生活补助办法》,确保工作人员准确掌握文件精神。充分利用广播、宣传栏等进行政策解读,确保涉及群众及时了解政策精神及申报手续。将镇29名残疾人专职员进行有效分工,每人负责1个村的手续办理工作,为符合标准的残疾人提供上门服务。截至3月底,为193名非低保轻度残疾人、167名非低保重度残疾人及231名享受低保待遇残疾人的申请手续已全部办理完成。

(王京民)

【5千亩小麦完成投保】 4月,李桥镇联合人保财险,为全镇31个村的农户办理了涉及小麦、玉米、大棚等险种的农业保险。相比去年,2011年政策性农业保险条款有所补充,险种上新增了简易大棚、大白菜、农机等项目,保险责任增加了洪涝等极端天气,进一步扩大了政策性农业保险的覆盖面。全镇2011年投保小麦面积5千亩,农户只需交纳总保费的20%,即每亩小麦6元,余下的80%由国家补贴交付。

(王京民)

【首钢落料生产线建成投产】 6月,该生产线于2010年8月开工建设,现已在首钢冷轧薄板有限公司建成投产,总投资约1.6亿元,年加工设计能力为10万吨,产品定位为高强度汽车外板。产线设备主要采用德国舒勒整体进口设备及自动化控制技术。落料生产线的建成为首钢冷轧做强做优产业链,更好地服务汽车生产企业提供了保障。

(王京民)

【城乡居民养老保险集中缴费】 6月,成立工作小组,由主管镇长负责,责成专人做好具体工作。制定详细工作计划,按照参保人员的类别、参保标准等,制定工作进度表,统一培训全体村级工作人员,进行缴费政策指导。通过镇村广播、现场解答等方式,确保缴费政策宣传到户、到人。31个村上交了缴费确认表,完成扣款6300余人。

(王京民)

【计生奖扶资金兑现率达100%】 9月,自2005年实施奖扶制度以来,通过加大政策宣传力度,培训力度、审核力度和落实力度,确保计生工作有序开展。截至目前,共为231名奖扶对象发放奖扶金30余万元,其中镇级出资13余万元。

(王京民)

【超额完成就业主要指标】 9月,到9月底共办理求职登记415人,完成全年指标(350)的118.57%;开发就业岗1869个,完成全年指标(1600)的116.8%;累计培训716人,完成全年指标的(690)的103.7%;实现农村劳动力转移就业534人,完成全年指标(474)的

112.6%。

（王京民）

【新建4条村级公路】 9月，公路由区、镇两级共同投资400余万元，分别为李北路（北河至沿河段）、吴庄西路（吴庄至沿河段）、吴庄北路（吴庄至北河段）和拓新路（首钢西门至临清村段），共计3.7公里。

（王京民）

【召开第十三次党员代表大会】 中国共产党北京市顺义区李桥镇第十三次党员代表大会于9月16日召开，大会应到代表110名；实到代表106名。大会采取无记名投票方式直接差额选举产生了中国共产党北京市顺义区李桥镇第十三届委员会委员和第十三届纪律检查委员会委员。

（王京民）

【第十六届人民代表大会第一次会议】 11月18日，李桥镇第十六届人民代表大会第一次会议召开，大会应到代表62名；实到代表62名，大会采取无记名投票方式选举产生了新一届人大主席团主席，政府镇长、副镇长等。

（王京民）

【就业转非工作】 12月，成立就业转非工作领导小组，实行各村"一把手"负责制，明确专人负责宣传及手续办理工作。深入做好政策宣传工作，加强引导，转变农业户籍职工观念，将转非重点向以二三产业就业的青年人转变。优化服务内容，事先为转非人员规划就业方向及养老保障，实现村就业服务站和社保相关服务无缝对接。结合区级奖励政策加大补贴力度，在区级奖励每人1万元的基础上，镇级再奖励1万元。截至目前，共有128人办理了转非手续，超额完成全年指标（120人）。

（王京民）

天竺镇

【概　况】 天竺镇位于顺义区西南端，东经116°32′，北纬40°4′。隔温榆河与朝阳区相望，距市区15公里，距顺义城区10.6公里，总面积13.24平方公里。首都国际机场、新国际展览中心坐落在境内，首都机场高速公路、首都机场南线高速公路、机场快速轨道、机场辅路穿境而过，西侧有101国道、地铁M15号线，天北路连接首都机场与101国道，东南部有李天路。1992年原国务院副总理田纪云为天竺镇题词"国门第一镇"。1998年顺义县撤县设区，天竺镇亦称天竺地区办事处。2006年天竺被规划定位为国门商务区核心区。辖5个行政村，2个社区居委会。常住人口10370人，其中农业人口6360人，非农业人口4010人，流动人口11223人。2011年，充分发挥首都机场、新国展、临空经济核心区三大优势，以做大做强临空经济为主导，依托楼宇资源，科学构建多点支撑的产业格局，经济总量实现大幅提升。全年实现地区生产总值20.74亿元，同比增长18.67%。完成属地税收11.87亿元，同比增长45.1%。地方财政收入3.48亿元，同比增长36.41%。农民人均劳动所得14054元，同比增长5%。荣获"全国环境优美镇"、"北京市城乡结合部重点村建设工作先进基层党组织"、"首都文明乡镇"、"药品安全示范街道（乡镇）"、"北京市节水型单位"等荣誉称号。

单位名称：顺义区天竺镇人民政府

地址：顺义区天竺镇府右街6号

电话：(010)80462334

邮编：101312

网址：www.tzkgc.gov.cn

（杨春华）

【招商引资】 全年引进新企业118家,实现注册资金27.7亿元。临空经济迅猛发展,利用新华航、中航油等航空产业的龙头效应,引进物流、酒店等航空相关配套企业48家,实现注册资金23.5亿元。文化创艺产业效益显现,年内引进文化创意企业52家,实现注册资金2.4亿元,年缴税金1060万元。紧抓楼宇资源优势,多渠道宣传推介,引进楼宇注册项目98家,实现注册资金3.8亿元。帮扶兴隆水泥厂、吉尔吉文化公司等镇内企业,申报奖励扶持资金;为首航直升机公司搭建融资平台;推荐信厦物业等4家企业加入工商联;组织物流企业实现物流行业对接,多项举措促进企业健康发展。

(杨春华)

【社会保障】 出台《天竺镇关于加大城乡无保障老年居民养老金补贴的实施意见》等4项惠民政策。在全区率先实现农村低保与城市低保接轨,将农村低保对象最低生活保障金标准提高到480元。提高城乡无保障老年居民养老金补贴标准,在市、区两级补贴基础上,由镇财政出资,每人每月再补贴100元。提高独生子女家庭奖励扶助和保障水平,为计生家庭购买国寿计划生育家庭意外伤害保险。为独生子女家庭奖励扶助对象男孩户每人每年增加200元,达到880元;为独女户计划生育家庭每人每年增加200元,达到1000元。2011年全镇惠民政策已达到15项,全年累计投入财政资金526.5万元,各项惠民政策全部落到实处。

(杨春华)

【《天竺镇志》出版】 《天竺镇志》是天竺镇第一本地方志专著,共有历史沿革、地理自然、人口、经济、镇(乡)村建设、交通邮电、财税金融、党派群团、政权、教育、文化、人物十二编内容以及大事记和附录。全书共计35万字,图片80余幅。

(杨春华)

【中共天竺镇第四次代表大会召开】 9月24日,中共天竺镇第四次代表大会在天竺镇政府召开,出席大会的代表101人。会议听取和审查了中共天竺镇第三届委员会报告;听取和审查了纪律检查委员会报告。大会选举产生了中共天竺镇第四届委员会委员11人;选举产生了纪律检查委员会委员5人。在中共天竺镇第四届委员会一次会议上,选举韩凤桐为书记,史卫东、于建波为副书记。纪委第一次会议选举李兵为纪委书记。

(杨春华)

【市民委调研】 10月18日,市民委主任(宗教局局长)池维生,市民委副主任(宗教局副局长)马中璞一行到天竺镇杨二营村调研民族宗教工作,副区长于庆丰陪同。镇长史卫东、杨二营村党支部书记门继苹分别就镇政府对民族村提供政策资金帮扶,村庄社区化管理,编撰杨二营村村史,杨二营村经济发展情况进行了详细汇报。

(杨春华)

【第十六届人民代表大会第一次会议】 11月26日,天竺镇第十六届人民代表大会第一次会议在天竺镇政府召开,出席会议的代表48人。会议听取和审查了镇政府工作报告;听取和批准了镇财政预算和预算执行情况的报告。选举吴连军为人大主席;选举史卫东为镇长,夏鹏伟、姚玉香、吕曙光、史军、周炜为副镇长。

(杨春华)

【市领导调研】 11月15日,市委副书记、市政协主席、市政法委书记王安顺到天竺镇二十里堡村调研村庄社区化管理工作,区委书记张延昆等领导陪同。

(杨春华)

【村庄社区化管理】 针对村庄管理提出"四个一",即:"一只领头羊、一部小宪章、一道防火墙、一个好人防",通过搞好基层组织建设,选好村级两委班子这一领头羊,修订好村民自治章程这一小宪章,规范好村级规章制度这一防火墙,落实好督查督办这一人防工程。

推行“村庄管理规范化，村政村务自治化，治安管理网格化，村民服务优质化”的村庄“四化”管理模式。一是村庄管理规范化。制定出台了《天竺镇村级管理规章制度》、《天竺镇便民服务手册》等规范文本，促进农村管理服务的规范化、制度化。二是村政村务自治化。各村结合自身实际重新修订村规民约，将违法建设、流动人口管理、宅基地经营行为列入村规民约。对村里的水、电、气实行总量控制，流动人口实现源头控制。进一步完善村民代表议事制度、村务公开制度等。三是治安管理网格化。将辖区内4村划分为4个二级网格和11个一级网格，每村设立一个警务工作站，采取社区民警包片、村两委成员和巡防员、辅警包块的形式，由点到面，实现综治工作全覆盖。各村均聘请专业保安值守路口，利用监控系统开展“网上巡逻”。四是村民服务优质化。综合服务中心设“六站四室”，涵盖劳动就业、计生、民政、合作医疗等行政服务职能。机关干部下村实行“一站式”办公，为村民开启“便民服务直通车”。推进村级便民市场建设，配齐早餐亭、慈善超市、维修中心等，方便村民生活。年内，累计为村民及流动人口办理劳动、就业、民政等事项14000余件次，基本实现了让百姓“足不出村，满足所需”。

（杨春华）

后沙峪镇

【概　况】 后沙峪镇位于顺义区西南部，东临首都国际机场，西与昌平、南与朝阳交界，是顺义新城空港新区的重要组成部分。镇域面积42.6平方公里，辖16个行政村，2个社区居委会，户籍人口2.1万，是全市高端外籍人口聚集区，近万名外国友人选择在后沙峪居住。首都国际机场、新国展、花博会主场馆以及天竺综合保税区坐落其中；M15号线在后沙峪镇设有新国展站、国展北站、后沙峪站3个站点。后沙峪镇作为首都临空经济核心区的重要节点，是顺义新城空港城组团重要组成部分，规划功能定位是以居住、综合服务、临空产业为主导。立足新的城市功能定位，后沙峪镇坚持以首都国际机场为依托，发挥新国展和花博会主场馆的资源优势，以临空经济业和会展服务业为主导，确立了“一区四中心”的发展思路和努力构建北京国际空港后沙峪新城的战略目标。

单位名称：北京市顺义区后沙峪镇人民政府
地址：顺义区后沙峪镇双裕街39号
电话：(010)80496873
邮编：101300

（郑　娟）

【党代会选举】 8月15日开始进行党代会选举工作，8月30日前各支部选举出了参加镇党代会代表共109人。9月20日后沙峪地区第四次党员代表大会召开。会上，经党员代表投票，选举出了后沙峪地区党委委员11人，纪委委员5人，同时选举出了出席顺义区第四次党代会代表7人。

（郑　娟）

【第十六届人民代表大会第一次会议】 后沙峪镇第十六届人民代表大会第一次会议，经全体代表表决产生了第十六届人大主席团组成人员9名。选举产生人大主席1名，镇长1名，副镇长5名。

（郑　娟）

【创先争优活动】 4月起，后沙峪镇开展以“让堡垒更强，让党旗更艳”为主题的创先争优活动，各党组织，利用本单位公开栏、宣传栏、电子显示屏、内部局域网等形式宣传五中全会精神，组织党员参与“双学双比双提高”活动，使党员的能力得到提高。

（郑　娟）

【第一次妇女代表大会】 3月14日,后沙峪镇第一次妇女代表大会隆重召开。大会宣读了顺义区第一次代表大会代表条件,介绍了正式代表候选人的情况,大会以无记名投票的形式,圆满完成了选举任务,顺利选出后沙峪镇出席顺义区第一次妇女代表大会的六名代表,而且均高票当选。

(郑　娟)

【招商引资】 签约亿元以上投资项目1个,即投资12亿元的中航油公司总部配套基地项目;海航配套项目正式落地摘牌,计划总投资25亿元。引进注册资本壹仟万元以上大型企业15家,其中亿元以上3家,包括中航信结算公司注册资本75978万元 、北京海航顺投置业有限公司注册资本3亿元、中航油财务公司注册资本12亿元 ,全镇共吸引注册资金30亿元; 其中引进金融企业两家,即展恒理财公司(注册资金450万美元)和北京盛世锦业网络技术有限公司(注册资金5000万元)。

(郑　娟)

【拆迁工作】 西白辛庄村于2011年10月15日进行入户测量评估,于2011年11月27日正式动迁。全村共有人口2402人,宅基地575宗,宅基地面积19万平方米,房屋建筑面积23万平方米。后沙峪村于2011年11月3日进行入户测量评估,于2011年12月24日正式动迁。全村共有人口1532人,宅基地370宗,宅基地面积13.65万平方米,房屋建筑面积14.7万平方米。

(郑　娟)

【环境建设】 2011年后沙峪镇分别对回民营、董各庄村两处环境脏乱差的坑塘进行整治,清理垃圾、白色污染1500余方,并采取回填、铺设管线、硬化,并安装健身路径。董各庄村修暗沟排水2600延米,罗各庄、白辛庄、铁匠营、田各庄、古城村共清理、整治明沟8600米。董各庄村、铁匠营村、西泗上村粉刷村内建筑物外立面,总面积31000平方米;古城村、铁匠营村、董各庄村新增文化墙4000平方米,三山小区东侧、回民营村南修建景观墙950平方米,并进行粉刷。2011年对火沙路、火寺路道路两侧景观绿化、行道树进行补种补植,总面积20000平方米。“龙道河生态治理”工程,河道两侧河坝新增绿化20000平方米,沿岸道路硬化20000平方米,为我镇又增添了一处亮丽的风景线。

(郑　娟)

【劳动就业】 后沙峪镇全年共组织各类招聘会4场,有3200人到场应聘,70余家企业提供了3000余个岗位,有1300余人初步与企业达成用工协议。通过协管员对企业咨询走访,有56人通过招聘会成功就业。

(郑　娟)

【新型农村合作医疗】 镇政府投资163.99万元,使全镇9196人免费参加新型农村合作医疗;同时,根据对镇政府2011年4号和25号文件精神,对18071人次实行新农合镇级再报销工作,发放再报销资金281.17万元;对632名农村参合居民和44名农转非居民实施住院及重特病医疗救助工作,全年发放救助资金172.83万元。

(郑　娟)

【社区化管理】 2010年我镇出资950余万元对西泗上、古城、西田各庄、罗各庄、董各庄和铁匠营6个村进行了社区化管理封闭设施建设, 并于2011年全面启动村庄社区化管理机制。经镇党委、政府研究决定,由镇政府出资根据各村实际情况为其聘请专业保安进行门岗值守和治安巡逻工作。目前,后沙峪镇共聘请保安员416名,其中门岗值守人员243人,对6个村庄社区化管理村的40个门岗进行值守;治安巡逻173人,对各村街道进行巡逻工作。

(郑　娟)

【文化活动】 “二月新春”全镇各村邀请艺术团进行慰问演出,共演出近20场。“五月鲜花”镇政府在顺义十中举办全镇的文艺汇演。

举办后沙峪镇第七届交谊舞比赛，安排星火工程慰问演出，共为村民免费演出30场。“十月金秋”举办全镇的书法、摄影展。为全镇的书法、摄影爱好者提供交流的舞台。后沙峪镇在搞好文化活动的同时，积极组织各项体育赛事，包括举办顺义区第七届后沙峪杯长跑比赛，全镇的第五届“和谐杯”乒乓球比赛。

（郑　娟）

高丽营镇

【概　况】　高丽营镇是《北京城市总体规划》、《顺义新城规划》确定的重点镇，位于顺义西部，处于临空经济区和温榆河绿色生态走廊的延展区域。镇域面积61.1平方公里，下辖25个村（已拆1个村）和1个居委会（丽喜花园），常住人口4.4万人，其中户籍人口2.6万人。2011年，树立“等不起”的紧迫感、“慢不得”的危机感、“坐不住”的责任感，全镇经济社会保持了健康快速发展势头，顺利完成了年初确定的各项目标任务。2011年，该镇荣获全国环境优美乡镇、北京市先进基层党组织、顺义区“五个好”乡镇党委等荣誉称号，全年实现社会经营性总资产81.8亿元，同比增长20%；属地财税收入4.7亿元，同比增长41%；地方财政收入1.38亿元，同比增长38%；人均劳动所得1.34万元，同比增长11.5%。按照总体规划和控制性详细规划，高丽营镇坚持“临空产业强镇，生态宜居小城”的总体定位，坚持科学规划和基础设施建设“两个先行”，实现主导产业培育、生态环境建设和社会事业发展“三个突破”，分重点、分阶段梯次推进，全面建设重点镇，着力打造“一心、两带、三走廊”的城镇空间发展格局。“一心”即面积为2.4平方公里的镇中心区，是以行政办公、居住、公共服务、商业服务、文化等功能为主，服务高丽营镇、顺义新城和临空经济区，是全镇的行政中心、文体休闲中心，是顺义区西部的商业中心。“两带”即西部商务休闲产业带和东部高端制造产业带。东部高端制造产业带依托金马工业园，健全完善招商引资机制，强化基础设施建设，拓展产业发展空间，实现了园区全面快速发展；西部商务休闲产业带依托温榆河绿色生态走廊，形成了“春晖园温泉度假酒店”、“花水湾温泉度假村”等为主的商务休闲品牌；相继引进了总投资78亿元的“首旅华龙”、“北燃实业广场”和东方华美等重点项目，发展后劲进一步增强。“三走廊”即“白马路生态走廊”、“六环路生态走廊”和“顺于路生态走廊”。这三条生态走廊是该镇主要的城市景观带，以生态功能为主，依托现有农业资源，可适度发展都市型现代农业，扩大观光采摘农业的产业容量。

单位名称：北京市顺义区高丽营镇人民政府
电话：(010)69455951
邮编：101302
网址：www.gaoly.bjshy.gov.cn

（王曼羽）

【城镇建设扎实推进】　中心区市政及道路一期全面竣工，实现“七通一平”；行政办公中心、高丽营学校全面竣工并投入使用；供热中心项目已上报市发改委待批复；文体中心项目已获得市发改委批复；中心区－副中心区－污水处理厂主干管线工程管网综合已上报规划分局；副中心区路网及市政工程综合设计已委托城市规划设计院加快实施，其中，道路方案已通过市规委批复；于庄村回迁房项目进展顺利；夏县营村土地一级开发项目A地块规划条件已上报市规委等待批复。

（王曼羽）

【产业发展后劲增强】　招商引资成效显著，引进华江文化等7个在建项目入驻金马工业园,总投资4.8亿元,总建筑面积9.2万平方米,全部建成达产后可实现年销售收入5.2亿元,税收3500万元;引进注册项目52家,注册资本1.64亿元。金马工业园园区建设扎实推进,控规范围内300亩土地一级开发项目进展顺利,其中131亩已完成挂牌上市交易;A区规划新增61.77公顷产业用地控规获得市规委批复。园区基础设施完成投资2180万元,其中投资2080万元完成了B区开闭站建设,投资100万元完成了A区污水处理厂及方氏渠在线监测工程。

(王曼羽)

【环境建设切实加强】 深入开展新农村建设,投资410万元,完成了北唐路等2.7公里连村路建设及牤牛河桥大修工程;投资30万元,完成火寺路南郎中段2公里亮化工程;完成张喜庄等5个村街坊路硬化工程10.8万平方米;完成了西马各庄村等5个村安全饮水工程。完善"以奖代补"政策,深入推进镇村环境整治,投资1200万元的顺沙路(高丽营段)11公里环境综合整治工程一期全面竣工,完成了1.8万平方米地砖铺装、8000平方米路面硬化、4000平方米广告牌匾更换等项工程;集中开展环境整治8次,整治脏乱点45处;投资70万元,完成绿化1121亩。

(王曼羽)

【民生保障明显改善】 强化就业培训和政策引导,安置城乡劳动力1084人,其中安置农村劳动力747人,占全年指标202%;安置城镇失业人员337人,占全年指标109%。完成劳动力等级培训723人,占全年指标的129%。全面落实社会保障政策,完成征地转非472人,其中劳动力298人;完成就业转非47人。城乡居民养老保险参保6456人,完成全年指标的124%。实施"新农合"二次报销办法,报销比例50%,参合率100%。城乡低保率先实现统筹,395名农村低保人员享受城镇低保标准。出台了高校录取新生表彰奖励政策,首批125名优秀学子获奖近30万元。完成低保优抚等23户房屋翻建、维修。

(王曼羽)

【社会管理切实加强】 "打非"工作成效显著。严格落实全区"打非"会议精神,通过集中排查清理、定期联合执法,有效打击了违法生产经营建设行为。全镇建立"打非"台账64宗,其中整治无证照经营商户48家,整改安全隐患10宗,6宗卫片挂账违建全部拆除;清理泔水猪养殖户43家。西马各庄等9个村社区化建设全面完成,860平方米的高丽营技防监控中心及三站两室办公用房新建及改建工程顺利完工。

(王曼羽)

【第十三次党员代表大会】 9月15日,该镇召开了中共高丽营镇第十三次党员代表大会,105名党代表参加了会议。会上,镇党委书记肖承继同志代表上届党委向大会做了工作报告,会议投票选举产生了中共高丽营镇第十三届委员会委员、纪律检查委员会委员及出席顺义区四次党代会代表,并通过了中共高丽营镇第十三届委员会工作报告和中共高丽营镇第十三届纪律检查委员会工作报告。

(王曼羽)

【北京寺上美术馆正式开馆】 11月5日,位于高丽营镇的北京寺上美术馆正式开馆,由顺义区人民政府、北京寺上美术馆共同主办的"清晰的地平线——1978以来的中国当代雕塑"展作为首展,迎来了八方宾客。国家文化部副部长王文章,北京市副市长丁向阳、北京市委副秘书长傅华、北京市文化局局长肖培、北京市民政局局长吴世民,顺义区领导张延昆、王刚、杨宝华、燕瑛出席开馆仪式。寺上美术馆是顺义区历史上的第一座专业美术馆,占地4万平方米,包含三个展厅,以及独立影院、实验剧场、研究所、典藏中心等,还拥有咖啡厅、艺术品商店、画材画具店、书店、艺术小酒店等配套设施。作为顺义区发展文化创意产业的承载平台,寺上美术馆的建立,为广大群众走近艺术、理解艺术、感受艺术、享受艺术提供了便利，成为顺义地区一个新的文化标志。

（王曼羽）

杨　镇

【概　况】 杨镇位于北京市顺义区潮白河以东，顺义东部九镇中心，镇域面积96平方公里，是首批国家小城镇、北京市总体规划确定的31个重点镇之一、顺义新城规划的四个重点镇之一；顺平路、白马路、木燕路纵贯杨镇区域，是华北地区主要的交通枢纽。驱车20分钟可到首都国际机场，15分钟可到六环路、M15号地铁线、顺义火车站及顺义城区，10分钟可达水上奥运场馆；杨镇耕地面积7.3万亩，下辖42个行政村，常驻人口近6万人。2011年，杨镇上下共同努力，扎实推进“一园、两区、三组团”建设，各项工作任务圆满完成，经济指标快速增长，北京现代第三工厂等重大项目进展顺利，重点镇建设稳步推进，新农村建设不断深化，社会各项事业蓬勃发展。

单位名称：顺义区杨镇人民政府
地址：顺义区杨镇府前街3号
电话：(010)61451287
邮编：101309
网址：www.yangzhen.bjshy.gov.cn

（史雅宁）

【首届药王节庙会】 2月2日至2月6日，在双阳文化广场举办了第一节“杨各庄药王节”庙会暨2011年“花会闹新春”群众文化活动。期间镇域内8支民间花会队伍共200余名演员参演，各种民间传统花会项目逐个亮相，观看群众2000余人。

（史雅宁）

【新型农民培训班】 4月12日，杨镇新型农民培训班举行开班仪式。此次培训是杨镇作为改善民生的一项重要举措并列入十二五发展规划纲要，加大培训力度，结合农民自身需求和特点，以职业教育、转岗培训、创业培训，促进农民技能的培训，推动地方经济发展，服务农民税收。

（史雅宁）

【中国好人榜】 杨镇二中雒梦妍同学身背肌无力同学上学八年。在中央文明办主办的“我推荐、我评议身边好人——中国好人榜”活动中，从4153名候选人中脱颖而出，光荣入选“中国好人榜”。

（史雅宁）

【英瑞杰第二条生产线开工建设】 英瑞杰是法国英瑞杰汽车系统公司在北京投资的一家外商独资企业，位于杨镇工业基地，主要进行汽车塑料燃油系统的生产和销售。企业根据市场需求状况，计划2011年9月份完成第二条生产线建设，该生产线核心部件占地10平方米，总重量达100吨。

（史雅宁）

【杨镇迎来今年最大降水】 7月24日，杨镇迎来今年最大一次降雨，24日下午17时结至25日下午14时共降雨260毫米。汉石桥湿地蓄水约150万立方米，此次大到暴雨造成全镇16个村39户房屋受到不同程度的损失，镇党委、政府第一时间启动防汛抗洪应急预案，抗洪指挥部600余人组成抗洪领导小组，转移村民百余人，无人员伤亡情况。

（史雅宁）

【杨镇一中喜迎60华诞】 10月16日，杨镇一中迎来了60岁生日。北京市委常委、市委教育工委书记赵凤桐，新疆维吾尔自治区副主席靳诺，市人大常委会副主任柳纪纲，市政协副主席马大龙，顺义区领导张延昆、王刚等领导参加了校庆庆典活动。杨镇一中自1951年建校以来，先后获得全国教育科研先进校、全国中小学和谐校园先进学校、北京市民族团结教育示范校等100多个殊荣,为国家培养了一批又一批德才兼备的优秀人才。

(史雅宁)

【北京现代第三工厂主体工程竣工】 10月18日,主题为“心想 事成 新征程”的北京现代成立九周年庆典暨第三工厂工程竣工店里在现代第三工厂总装车间举行。北汽集团、北京现代董事长徐和谊、区长王刚等领导出席庆典活动。北京现代第三工厂总投资65亿元人民币、总占地面积115万平方米的,历时11个月实现主体工程完工。

(史雅宁)

赵全营镇

【概　况】 2011年经济快速发展,重大项目加快推进,北京自主品牌乘用车基地、德国威乐水泵、华威家具3个重大项目即将竣工,研科技、科净源、人民教育出版社等项目手续进展顺利。招商引资成效明显,坚持以园区为依托,以项目建设为引领,空港C区基础设施不断完善,项目承载能力进一步提升,全年共引进项目28个,投资总额达15.8亿元,其中,买地和租厂房项目8个,投资总额9.8亿元,结算类项目20个,注册资金6亿元。年内镇完成属地财税收入2.05亿元,同比增长27%;完成地方财政收入5876万元,同比增长25%;村级完成属地税收5550万元,同比增长34.3%。经济结构在总量持续扩大中不断优化,三次产业结构比重达到19∶53∶28,荣获2011年度全区二三产业先进镇荣誉称号。

单位名称:顺义区赵全营镇人民政府
地址:顺义区牛板路101号
电话:(010)60432871
邮编:101301
网址:http://www.zhaoqy.gov.cn

(吕建超)

【重点镇功能】 空间布局不断优化,按照“一轴、两区、五社区”城市布局,“一轴”(昌金路、天北路、火寺路等路网拓宽工程完成立项,即将启动实施),“两区”(镇中心区天然气工程竣工,净化水厂、集中供热工程、路网改造工程、街心公园工程完成立项,即将启动实施;镇中心区板桥村拆迁正抓好前期准备工作,年内启动拆迁)。新农村建设成效明显,基础设施“五项工程”深入推进,区镇两级投资400万元,新建乡村柏油路6公里;完成了25个村节能灯改造工程,共改造节能灯870盏;完成了北郎中沼气站太阳能集热工程;完成了大官庄、北郎中、东水泉等11村太阳能浴室安装避雷针设施安装,以及北郎中、赵全营、小高丽等19村太阳能浴室漏电保护器安装工程。生态环境不断改善,成功创建市、区两级生态村17个,全镇生态村合格率达80%;成功创建区级新农村社区12个;成功创建生态文明家庭1504户,累计达1922户;投资80万元,完成了牤牛河、小中河2条河流水污染在线监测点建设;投资30万元,完成了镇污水处理站及小中河河道改造,水质改善明显,生态环境显著提高。

(吕建超)

【社会管理水平】 农村农民人均可支配收入达到1.3万元,同比增长10%。城乡劳动力二三产业就业率达到84.4%;征地转非和就业转非指标完成率均达100%;新型农村合作医疗参合率持续保持100%;协助城镇户口居民申请保障性住房,140余户已完成选房入住。深入落实区委、区政府关于“打击违法建设非法生产经营行为”的部署,与社会治安综合治理相结合,与社会服务管理创新相结合,与安全生产相结合,与流动人口调控相结合,与泔水猪、地沟油治理相结合,全年联合执法累计达20余次,取缔无照无证非法经营单位51家,共计拆除违法建设20宗,拆除建筑面积1.2万平方米,拆除围墙3700延米,恢复耕地75亩。

(吕建超)

【北汽分公司在赵全营成立】 1月27日,北京汽车股份有限公司北京分公司在赵全营成立并举行了揭牌仪式。

(瓮福文)

【北京第九届赵全营杯花会赛】 2月15日下午,北京市第九届“赵全营杯”民间花会大赛在赵全营中心小学举办,来自北京及河北的24档民间花会节目参加了比赛和表演。经过专家打分评比,最终,北务的《龙腾振中华》等3档花会获得金奖、牛栏山的高跷等6档花会获得银奖、高丽营的小车会等12档花会获得铜奖,赵全营的小车会等2档花会获得特别奖。

(瓮福文)

【百姓扭秧歌闹元宵】 2月16日,赵全营镇举办了闹元宵秧歌大赛。共有22支秧歌队参赛,这些秧歌既有传统秧歌《好日子》,也有较为现代的秧歌《欢聚一堂》,更有健身秧歌《自由飞翔》。经过专家打分评比,去碑营等两支秧歌队获得一等奖,解放村等5支秧歌队获得二等奖,板桥等14支秧歌队获得优秀组织奖。

(瓮福文)

【北郎中成为全国示范企业】 兔年伊始,北郎中农工贸集团被农业部评为全国农产品加工业示范企业。

(瓮福文)

【17家非公企业成立妇联组织】 在三八国际妇女节到来之际,京郊顺义区赵全营镇17家规模以上非公企业建立起来了妇联组织,使797名妇女在企业中有了自己的家。

(瓮福文)

【举办农民趣味运动会】 5月7日,赵全营镇举办了农民趣味运动会。有来自全镇25个村的700余名运动员参赛。此次比赛根据农民的特点,共设置了男女二人三足、推轮胎接力、双人对踢毽子等十个项目的比赛。经过比赛,最终,北郎中、小高丽、河庄三个村运动队分别获得团体总分第一、二、三名。

(瓮福文)

【5亿元注入赵全营】 5月18日,投资总额5亿元人民币的中国教育出版传媒股份有限公司、北京科净源科技股份有公司等2家企业入驻兆丰产业基地的签约仪式在赵全营举行。

(瓮福文)

【600党员集体重温入党誓词】 6月23日上午,赵全营镇召开纪念建党90周年庆祝大会。各村、各单位的600名党员再次举起右手,重温了入党誓词。会上,授予了北郎中等15个村党支部“先进基层党组织”称号;授予15名同志为“优秀党务工作者”称号;授予100名同志“优秀共产党员”称号。

(瓮福文)

【推进工资集体协商工作】 7月6日,顺义区总工会的市级工资集体协商指导员和权益部领导来到赵全营镇,为这里25个村的工会联合会主席和镇域内14家企业的工会主席,讲解了工资集体协商的相关事宜和操作流程,并了解了各企业工资集体协商的进展情况。目前,赵全营镇共有建会企业65家,工资集体协商工作正在稳步推进中,9月底前将完成46家企业的工资集体协商工作。

(瓮福文)

【名家丹青妙笔赵全营镇颂廉政】 10月15日,北京燕京书画院院长魏连刚等25名知名画家、书法家齐聚顺义区赵全营镇,开展了一次“走基层——十月金秋廉政文化公益书画交流笔会”活动。

(瓮福文)

【成为充分就业镇】 日前,赵全营镇被顺义区人力资源和社会保障局授予充分就业镇的荣誉称号。

(瓮福文)

牛栏山镇

【概　况】 牛栏山镇位于北京城东北部，东邻潮白河，北接怀柔区，距顺义城区9公里，距北京市区35公里，距首都机场15公里，是“京郊八大古镇”之一。101国道、昌金路和京承铁路贯穿全境，顺安北路、富北路、牛富路交织成网，交通便利。所辖20个行政村，总面积31.4平方公里，2011年荣获全国文明村镇、都市型现代农业工作先进镇、农村社区创建先进镇、新农村创建先进镇、双拥模范镇、建设学习型党组织工作示范点、顺义区第六次全国人口普查先进集体、顺义区信访工作三无镇单位、顺义区都市型现代农业先进镇、顺义区招商引资工作先进单位、二三产业先进镇称号、一助一工作贡献突出单位等荣誉称号。

单位名称：顺义区牛栏山镇人民政府
地址：牛栏山镇府前街9号
电话：(010)69411036
邮编：101301

(姜　涛)

【镇域经济】 2011年，完成属地财税收入8.76亿元，同比增长72%，比年计划超额完成2.66亿元；完成地方财政收入2.72亿元，同比增长71%，比年计划超额完成8200万元，创下历史新高。一、二、三产业全面发展，经济结构进一步优化。

(姜　涛)

【环境建设】 2011年在继续深化“五项创评”活动的基础上，探索创新管理机制，实施“六员一体”管理模式(即环境管理员也是考评员、巡视员、指导员、战斗员、监督员和宣传员)和《牛栏山镇村民建房物料及建筑垃圾渣土管理办法》，巩固扩大环境建设成果。全镇20个村，实现了道路硬化、街巷亮化、环境绿化、村容美化、路面净化，全镇拥有“首都文明村”9个、“市级文明生态村”4个、北京市生态村18个和“北京市卫生村”18个。

(姜　涛)

【创新社会服务管理】 2011年探索出了“服务管理体系抓合力，探索多方联动模式；回迁社区抓创新，探索过渡管理模式；商品房社区抓自治，探索品质管理模式；老旧社区抓基础，探索规范管理模式；村庄管理抓示范，探索农村社区管理模式；流动人口管理抓调控，探索情管并重模式；环境治理抓源头，探索长效管理模式”的“七抓七探索”模式，实现了镇域经济社会更加和谐稳定。

(姜　涛)

【城乡低保金“并轨”】 2011年，我区城乡低保标准分别达到480元/人·月和384元/人·月。为了进一步缩小城乡收入差距，牛栏山镇投资25万元为农村低保户每人每月补助100元，彻底实现了城乡低保金“并轨”，使123户农村低保家庭得到了实惠。

(姜　涛)

【为古树安装避雷装置】 牛栏山镇共有一级古树9株、二级古树19株。在各村及各单位的有效管护下，各古树都完好无损，并在茁壮成长。同时为了避免古树遭遇雷击，芦正卷的古树、北孙各庄村的银杏树均已安装避雷装置。

(姜　涛)

【颐养园托老所验收合格正式挂牌】 牛栏山镇颐养园托老所通过了北京市老龄办副主任陈谊、区民政局副局长钱秀国、区老龄办主任宁一行检查组的验收，正式挂牌投入使用。颐养园托老所建筑面积1000平方米，内设有日间照料室、老年餐桌。其中日间照料室，有床位80个；配备一新的被褥、暖水瓶、洗脸盆、毛巾等生活日常用品，极大地方便了入托老人的生活。

(姜　涛)

【大兴区榆垡镇参观镇环境】 7月22日上午，大兴区榆垡镇镇长带领该镇17个村支部书记等20余人到牛栏山镇参观环境建设成果。首先参观了范各庄、前晏子、兰家营3个村的整体环境情况。随后听取了牛栏山镇主管环境工作负责人周凤华同志关于环境建设长效管理办法和取得成效的汇报。区环境办李光明主任对牛栏山镇以搞创新、出亮点的农村环境建管并举的方式给予了高度评价。大兴参观团表示回去后一定要把牛栏山镇环境管理好的经验和做法在全镇进行广泛宣传，切实抓好农村环境工作，建设宜居家园。

（姜　涛）

【牛栏山镇上市公司添新丁江河幕墙登录A股主板】 8月18日，北京江河幕墙股份有限公司在上海证券交易所A股主板隆重鸣锣开市，股票代码：601886，这是牛栏山镇第二家上市企业。江河幕墙本次公开发行11000万股，其中网上发行的8800万股于今日起上市交易，开盘价每股27.88元人民币，高开于发行价20元/股，发行市盈率37.04倍。所募集资金将用于北京总部基地项目及基地扩建和光伏幕墙项目，达产后可形成90万平方米单元式幕墙和150万平方米构件式幕墙的产能，预计每年贡献营业收入32.21亿元、净利润1.99亿元。

（姜　涛）

【牛栏山地区第四次党员代表大会】 9月9日上午，牛栏山镇隆重召开第四次党员代表大会，经过全镇107名党员代表的共同努力，圆满完成各项议程。会上，与会代表认真听取和审议并表决通过了中共牛栏山地区第三届委员会及第三届纪律委员会的工作报告。报告中，单书记回顾了五年来的工作开展情况，并提出了今后五年地区工作的总体思路、奋斗目标和战略措施。全体与会代表本着高度负责的态度，依法行使权力，合法有效地成功选举出牛栏山镇新一届党委委员11名、纪委委员5名和出席中共顺义区第四次代表大会代表7名。会议自始至终充满了团结、奋进、求实的气氛。

（姜　涛）

【牛栏山镇区、镇两级人大换届选举工作圆满完成】 据统计，牛栏山镇共设5个大选区，27个小选区，共有选民27128人，参加投票选举的有27120人，参选率达99%。11月8日共选举产生区级人大代表11人，镇级人大代表56人，选举公正有序，其年龄结构、政治素质、构成比例、文化程度等方面较为合理，符合法定要求。

（姜　涛）

【完成安乐村(部分)拆迁工作】 该项目位于昌金路与顺安路十字路口的东南角，占地面积248.6亩。11月圆满完成项目涉及的安乐村(部分)村民540人、105宗宅基地(其中回民33户)，其中宅基地总面积约4万平方米，房屋建筑面积约3.6万平方米，非宅基地建筑面积约1.8万平方米。

（姜　涛）

【农村集体经济产权制度改革】 在各级领导的大力支持，以及村干部和工作人员的积极配合下，牛栏山镇农村集体经济产权制度改革工作已经圆满结束。今年改革的下坡屯、张庄等9个村已全部选举产生了董事会、监事会，董事长、监事长，组建了股份合作社机构、成立了股份合作社。

（姜　涛）

南　彩　镇

【概　况】 作为顺义城区的东大门，南彩镇与城区仅潮白河一水相隔，居顺义区中心位置。镇域面积57.6平方公里,辖26个行政村和1个社区,总人口3.5万人。南彩的历史十分悠久,由于全境土质肥沃,地势平坦,水资源丰富,又近京城,历代封建皇室都以南彩为“采邑”。在北京市新城规划中,南彩镇不仅是北京市“两轴、两带、多中心”东部产业发展带的重要节点,同时也被定位为顺义新城河东新区和北京市新城规划预留地。2011年全镇完成属地财税收入5.64亿元,同比增长21.3%;完成地方财政收入1.25亿元,同比增长14.7%;农村社会生产经营性总资产37.2亿元,同比增长11.5%;农民人均劳动所得11946元,同比增长10%。

单位名称:顺义区南彩镇人民政府
地址:顺义区府前东街延长路47号
电话:(010)89477031
邮编:101300

(刘海军)

【重点项目引进】　年内,共引进年产值5000万以上企业18家,高新技术企业4家,市级技术中心1个。其中北京曲美家具有限公司二期家具园项目计划总投资10.9亿元,年产值30亿元,利税1.2亿元;伟世通汽车空调项目投资3.5亿元,产值30亿元,利税1.8亿元;瑞麟湾温泉度假酒店总投资5.5亿元,营业收入1亿元,利税600万元。

(刘海军)

【重点工程建设】　32街区一期基础设施修建达到“八通一平”,包括天然气、自来水、雨污水、道路、信息、电力管井、开闭站及日处理3000吨再生水厂等,总投资约5000余万元;西区配套水平不断提升,进行歌华有线、光纤入区等项目新建,以及原有设施修缮更新、增容扩容工程。

(刘海军)

【在建项目】　全年投资千万元以上的在建项目共有5个,计划总投资5.8亿元。其中,可附特二期项目投资4000万元,建设8200平方米厂房,项目投产后可新增销售收入1亿元,利税1500万元;富荣集团商务大厦项目投资8000万元,总建筑面积18000平方米。

(刘海军)

【村庄社区化管理工作】　围绕“自治、安全、便捷、优美、和谐、富裕”的农村社区建设目标,镇村两级共投入800余万元,为12个村建设完成含“三站两室”的综治维稳中心。同时,建立完善了“网格化”管理模式,将村域划片管理、责任到人,实现了流动人口、登记办证、出租房屋登记备案、计划生育服务、信息咨询、法律法规咨询等“一站式”办公。通过“封村、建站、上人防、上技防”四步走,不断完善流动人口和出租房屋管理制度,实现对村庄实有人口的全面摸底,对流动人口动态把握,对重点人员情况清、底数明,村庄社会治安防范更加科学、规范。全镇治安警情明显下降,群众安全感进一步提升。

(刘海军)

【新农村基础设施建设】　继续进行农村自来水管网改造,投资1320万元,完成24村的安全饮用水管网改造工程;改造户厕3754座,建设公厕15座;新大修镇级公路264.5公里,镇级公路由四级提升三级公路10公里;所有辖村实现了电视、广播、远程教育、互联网等“多网合一”。

(刘海军)

【生态环境】　对M15号线周边和府前街联络线开展了以清理挤街占道、铺装硬化、墙壁粉刷、破旧门脸拆除等为主要内容的环境整治。2011年共拆除私搭乱建1.5万平方米,完成街道路面硬化修建23.65万平方米,修建太阳能公共浴室3座,更换节能灯750套,绿化40万平方米。此外,整修道路边沟179延米,治理坑塘大沟262个,道路两侧树木刷白10万株,新建、更新文化墙1800平方米,有效地促进了区域生态环境建设,提升了全镇景观面貌。农村生活垃圾全部实现统一收集、统一清运、集中处理。投入100万元,建立环境整治专项资金,为各村配备垃圾清运工具和196名专职保洁员,对镇、村道路进行全天候保洁。

（刘海军）

【就业培训工作】 在推进基本就业的基础上,不断提高农村劳动力素质和就业能力,积极组织我镇劳动力参加免费劳动技能培训,使我镇劳动力由体力型向技能型、知识型转变。2011年共推荐农村劳动力就业888人,城镇失业人员再就业615人,培训劳动力969人。全镇26个村均被评为“充分就业村”。

（刘海军）

【社会保障和救助体系】 切实加大农转非工作力度,完成征地转非165人,就业转非251人。深入推进新型农村合作医疗,参保率逐年提高,全镇新型农村合作医疗参保率达到99%。养老保险、无保障老年人福利养老金、“一老一小”大病医疗保险覆盖面进一步扩大。城乡居民养老保险参保人员2011年底已发展到全镇26个行政村,参保人数达9410人,占我镇农村劳动力的73%,其中农村低保人员、重残参保率100%。投资200万对镇敬老院进行升级改造,改善了老人居住条件。

（刘海军）

【文教体卫等事业】 积极组织全镇群众参加“二月新春”、“五月鲜花”、“十月金秋”等传统活动。投资600万元建设4个村级文化服务站,全镇6家星火工程演出团队、20支村级文艺团队演出50余场,25个村完成数字电影厅建设,共放映2000多场次,极大丰富了群众的文化生活。围绕重点工作开展特色文化活动,组织演讲、征文、街舞比赛等各种活动20余次,扩大群众的知晓率、支持率与参与率,形成人人参与、齐抓共管的工作格局。

（刘海军）

【优美乡镇】 以前俸伯、后俸伯、河北村、南彩、后薛、望渠为重点村,以点带面,以更高的标准、更加严格的要求,将环境建设工作进行到底。6个重点规划村庄村已完成实体砖墙,绿化面积达到1000平方米,更新广告牌匾1000平方米,文化墙粉饰一新、修建2座景观荷花池。2011年南彩镇被国家环保部授予“全国环境优美乡镇”称号,21个村获得“北京市生态村”称号。

（刘海军）

【区、镇两级人大换届选举】 南彩镇区、镇两级人大换届选举共设5个大选区,30个小选区,于2011年11月8日统一投票。截至11月8日20时一次性选举产生区人大代表11名,镇人大代表62名。同年11月17日南彩镇第十六届第一次人大代表会议召开,选举产生新一届政府领导班子。

（刘海军）

北小营镇

【概况】 北小营镇位于顺义区东北10公里处,潮白河东岸,距北京城区35公里,距首都机场15公里。平原地貌,平均海拔35米,镇域西部为水源地,由地下管道输送,供北京市内用水。是顺义新城河东新区重要组成部分,2008年第29届北京奥运会赛艇、皮划艇、马拉松游泳以及残奥会赛艇比赛的举办地。全镇总面积55.8平方公里,耕地2.8万亩,2011年底,镇内常住人口38450人,农业人口22444人,居民人口12986人,流动人口7350人。全镇共有17个行政村,1个居民小区。区级文物保护单位有狐奴县遗址1处。镇内拥有汇源果汁、世钟汽车配件、运通泰制衣、怡生园国际会议中心等100余家企业,其中销售收入500万元以上企业28家。2011年,本镇两税收入实现双突破,属地财税收入首次突破4亿元,达到4.74亿元,同比增长35.8%;地方财政收入首次突破1亿元,达到1.11亿元,同比增长36.2%;完成农村经济总收入51.4亿元,同比增长13.4%;人均劳动所得达到12428元,同比增长10%。2011年被评为全国妇联基层组织建设示范镇、北京市社会领域先进基层党组织、首都城市环境建设先进单位、首都绿化美化先进单位、顺义区“五个好”镇党委、信访工作三无镇单位、招商引资工作先进单位、商务工作先进单位、二三产业先进镇、就业再就业工作先进镇称号。

单位名称:顺义区北小营镇人民政府
地址:顺义区北小营镇府前路
电话:(010)60483190
邮编:101305
网址:http://www.beixy.bjshy.gov.cn/

(张乃迪)

【市领导调研维稳工作】 9月20日市委书记刘淇到北小营村调研维稳工作落实情况,郭金龙市长和市委副书记、市政协主席、市委政法委书记王安顺一同调研。刘淇、郭金龙、王安顺走进北小营镇北小营村综治维稳工作分中心,与部分党员、村民深入交流,详细了解这一新模式的组织架构、运作流程和工作成效。(所谓“1+1+15”工作模式,就是以“1名党员+1名村民代表+15户左右村民”的形式,将全村分为44个小网格,充分发挥党员和村民代表的先锋模范作用,从政策宣讲、矛盾排查化解、流动人口服务等十个方面,为村民做好服务。)随后,市领导察看了外来人口和出租房屋管理情况,慰问了24小时坚守维护村庄和谐稳定岗位的治安志愿者。

(张乃迪)

【前礼务村温馨家园】 1月14日,市残联理事长齐静,2月20日,中国残联办公厅主任马志强,参观了北小营镇前礼务村的温馨家园“百合之家”,了解温馨家园的建设运营情况。9月1日,北京市妇联主席赵津芳前往前礼务村视察参观考察“妇女之家”建设情况,“妇女之家”又称“百合家园”,成立于2010年11月,占地2300平方米,建筑面积1500平方米,总投资260万元,整合了原有的妇女学校、托老所、卫生服务站、餐厅、图书室等多项功能,成为组织妇女参与群体活动、参加创业就业培训、展示妇女风采的“坚强阵地”和“温暖之家”。

(张乃迪)

【招商引资良性发展】 2011年,引入北京洪恩教育科技股份有限公司,项目总投资6亿元,预计年产值10亿元,年创税收5000万元;引进注册企业45家,注册资金总额2.85亿元,其中注册资金1000万元以上5家,500万元以上11家,已形成税收的14家;盘活北京建元铝业有限公司等6处闲置资产,引入资金2425万元,占地57亩,预计可解决220人就业。

(张乃迪)

【基础设施建设不断完善】 2011年,西府110KV变电站被列入区重点建设工程;完成永利小区天然气引入和自来水改造工程,834户居民用上了清洁便利的天然气;健全路网系统,启动了5条镇村两级公路建设工程,总计6.42公里。

(张乃迪)

【环境整治力度持续加强】 年内,镇村两级投入大量资金,按照本镇环境建设规划启动第二期北府、后鲁等5个村的环境集中整治;完成赵陈路隔离带、永利小区隔离带的绿化工程。

(张乃迪)

【产权制度改革】 2011年,完成北小营、上辇、前礼务、后礼务、东乌鸡、后鲁各庄、大胡营、牛富屯8个村的产权制度改革,全镇17个村在2011年均已实现产权变股权、农民变股东的转变;农村集体资产清产核资试点工作推进有力,共涉及各类组织、企业128家,通过登记核查,全镇集体资产总额为9.26亿元,比清产核资前增加6000余万元,集体资产产权得到进一步确认。

(张乃迪)

【就业社保水平不断提高】 2011年,本镇加大二三产业转移就业力度,完成农村劳动力推荐就业700人,就业转非206人,二三产业就业率提高到97%;社会保障和救助体系日趋完善,新型农村合作医疗和城乡居民养老保险实现应保尽保;深入落实“九养”政策,在东府村筹建镇级敬老院,积极申报西府、北府等4家村级托老所建设项目。

(张乃迪)

李遂镇

【概　况】 李遂镇位于顺义中部偏南。形成于辽代,距顺义城区10公里,距北京市五环路25公里,距首都国际机场5公里,距天津塘沽港90公里。南与河北省三河县交界,东邻北务镇,西面紧临潮白河,南北长约10公里,东西最宽处约6公里,辖区总面积40.22平方公里,下辖16个行政村,总人口2万,是具有千年文明史、集天地之灵秀的古镇。作为北京市42个重点镇之一,在北京建设世界城市、顺义区打造临空经济区、建设世界空港城的大背景下,坚持“空港国际化、全区空港化、发展融合化”的理念,积极发展会议休闲、医疗康体等特色高端产业,以城市化和城乡一体化为引领,以改善民生为重点,为建设城市基础设施完善、地区文化特色彰显、经济实力较强的现代化新李遂打下坚实的基础。2011年,全镇实现属地财税收入8356万元,同比增长12%;地方财政收入达到2808万元,同比增长18%;人均劳动所得达1.14万元,同比增长10%;重大建设项目加快落实,民生工程、实事工程全面完成。

单位名称:顺义区李遂镇人民政府
地址:顺义区李遂镇南孙路李遂段9号
电话:(010)89481680
邮编:101300
网址:http://www.lisui.bjshy.gov.cn

(李遂镇)

【招商引资】 2011年,中都物流整车发运基地和李遂温泉度假酒店项目先后入驻李遂镇,两个项目全部建成后,年营业额将达到25亿元,可创税1亿元;二三产业基地低效企业有效盘活,引进了世纪经典国际服饰、珠峰天宫玉石等多家具有良好发展前景的项目,基地运行质量有效提升。2011年6月8日,在顺义区第二十届燕京啤酒节招商引资推介暨合作项目签约仪式上,李遂镇作为顺义区仅有的两个乡镇代表之一,参与了此次活动。镇长武捷同志做了题为《碧水翠林,书写诗情画意;钟灵毓秀,共建生态李遂》的报告,并对李遂镇的整体情况、发展定位、资源禀赋、发展机遇、重点项目做了深入细致的描述,充分表达了“吸纳八方才俊,融通多元投资”的良好愿望,在较高层面扩大了李遂的知名度,增强了企业投资李遂的信心。

(李遂镇)

【基础设施建设】 2011年,5000KVA开闭站已在李遂镇二三产业基地内建成投入使用,缓解了园区内企业的用电难题;安排实施了镇域用电负荷卸载工程,有效提高了镇中心区的用电效率;二三产业基地污水处理站改造及在线监测工程顺利通过顺义区环保部门验收,使园区污水得到了有效处理;给水管线项目取得北京市发改委批复,并争取到市级资金860万元;镇中心区路网管网、再生水厂及供热中心项目的手续办理加快推进,即将获得相关部门批复;110kv变电站建设正积极争取列为《顺义区十二五电网规划》重点建设项目。

(李遂镇)

【现代农业发展】 2011年,李遂镇新建和改造镇域北部4条农业生产路,有效改善和提高了宣庄户、后营、葛代子三个村的农业生产和交通条件;推进实施了后营村设施蔬菜产业园项目,一期投资800万元的50栋高标准日光温室已经建成。

(李遂镇)

【小城镇发展基金】 2011年6月份,李遂镇被北京市政府批准为小城镇发展基金首批三个试点镇之一。目前,基金管理公司已完成注册,项目公司正在筹备,首期30亿元资金已经筹集到位,即将签署合作框架协议。

(李遂镇)

【土地利用管理】 2011年,李遂镇深入开展打击非法违法建设行为专项行动和卫片拆违工作,通过协调联动、综合治理,先后拆除违章建筑8000平方米,违法建设行为得到了有效控制;推行农村宅基地翻建备案制,使翻建房屋行为得到四邻的监督和约束,从源头上减少了宅基地纠纷与邻里纠纷的产生。

(李遂镇)

【环境建设】 2011年,李遂镇按照"巩固成果,逐步提高"的环境建设思路,相继开展了春季、秋季、河道环境整治、"百日整治行动"以及"6·29环境日"等六次大型环境整治活动,有效治理了村庄脏、乱、差现象;制定出台《李遂镇环境建设工作意见》,实施了生活垃圾规范化管理,绿化美化工作力度不断加大,镇村环境日益改善。

(李遂镇)

【新农村建设】 2011年,总投资7400万元的街坊路改造工程顺利完成;全镇6000多家农村户厕改造完成并投入使用;7处公共浴室、33座公厕运转正常;新安装路灯400余盏,户用节能灯发放进展顺利。

(李遂镇)

【实事工程】 2011年,投资200万元的李遂卫生院防保科扩建工程竣工并投入使用;投资60万元的李遂中心幼儿园装修及排污系统升级工程圆满完成;总投资5000万元的李遂中学教学楼重建工程初见成效,申报和审批工作加快推进。

(李遂镇)

【社会保障体系】 2011年,李遂镇先后为16户社救、优抚家庭的危旧房进行了改造,为23名白内障患者申请了免费复明手术,发放各类救助金160余万元,兑现独生子女家庭奖励费等资金12万元,全镇新生儿入非率达到97%。出台《李遂镇就业再就业工作实施意见》,465名农村劳动力实现转移就业,427人参与了技能培训,125名失业人员实现再就业,5480人办理了城乡居民养老保险,各项考核指标均排名全区前列。

(李遂镇)

【公共安全保障】 2011年,全镇共组织安全生产专项检查12次,检查各类企业480家,发现各类安全隐患328处,制发现场检查记录210份,责令限期整改指令书139份,消除了大量安全隐患,为镇域经济社会发展创造了良好的环境。

(李遂镇)

【换届工作完成】 召开李遂镇第十三次党代会及十六届人大一次会议,选举产生了新一届党委、政府、人大和纪委班子。完成了李遂镇区、镇两级人大代表换届选举,依法选举产生了区级人大代表7名和镇级人大代表54名。

(李遂镇)

木　林　镇

【概　况】 木林镇,顺义区行政区域之一。下设26个行政村。位于顺义区东北部。木林东邻龙湾屯镇;西望潮白河及怀柔区杨宋镇;北交密云县河南寨镇;南接北小营镇。镇域东西宽约12.2公里,南北长约14.6公里,辖域面积83.35万平方公里。常住人口总数为33224人。木林镇交通便利。距北京市区

50公里、首都国际机场25公里、京承高速河南寨出口8公里。大秦铁路、顺密公路、木燕路纵横穿越于此,因而形成了极佳的立体化交通网。主要公交线路有934、970、顺36、顺31等。另外,木林镇紧邻奥运水上公园及乡村高尔夫球场,区位优势明显。2011年,木林镇完成属地财税收入6500万元,同比增长16%;完成地方财政收入2100万元,同比增长12%;社会经营性总资产达到16.5亿元,同比增长16%;农民人均劳动所得达到9400元,同比增长10%。2011年,木林镇荣获市级节水型单位、首都综治委铁路护路联防工作先进集体荣誉称号、被顺义区委、区政府授予五个好镇党委、都市型现代农业先进镇、招商引资先进单位、区交通安全委员会授予的交通安全先进镇、区森林防火指挥部授予的森林防火工作先进单位等荣誉称号。

单位名称:顺义区木林镇人民政府

地址:顺义区木林镇

电话:(010)60455727

邮编:101314

网址:http://www.mul.bjshy.gov.cn

(蔡学苹)

【产业基地】 2010年9月,木林镇与空港经济开发区签订合作框架协议,共同对木林镇中心区进行开发建设。2011年3月,土地一级开发授权获区政府批复。空港和木林的合作共建,实现了空港经济开发区的资金优势、管理优势、产业聚集能力与木林镇的资源优势、环境优势、成本优势的叠加放大,木林镇经济社会的全面发展注入了新的活力。今年9月,基地市政工程已开工建设,雨、污水管线等各项进工程展顺利。

(蔡学苹)

【现代农业】 始终坚持"高端、高效、高附加值"的发展方向,深入推进结构调整,全面提升综合效益,大力发展都市型现代农业,有效促进了传统产业的优化升级,切实加快了农民的增收进程。产权制度改革工作已经基本完成,农村集体资产得到有效梳理整合,为村域经济发展奠定了良好的基础。近年来,设施农业全面提升。截止到2011年底,累计整理耕地8100亩,新增耕地1007亩。完成王泮庄等9个村、2.5万亩中低产田改造任务。累计清挖排水渠4.3万米,修路30公里,修建大小桥涵157座。累计新建温室大棚1300亩。

(蔡学苹)

【农民专业合作组织】 截止到2011年底,全镇农民专业合作组织引入成员1550户,占全镇农户总数的15%,森安果品产销合作社、北京绿富农瓜菜产销专业合作社已发展成为全镇合作社的典型,在加快农业产业化、规模化和现代化发展,防范自然和市场风险,促进农民增收等方面发挥了重要的引领作用。

(蔡学苹)

【林果产业】 截止到2011年底,全镇果树面积达到6836亩,年产各类鲜果1.4万吨,年产值5800余万元。2010年,以"生态农业+采摘休闲"为主导的"金秋苹果采摘节"正式启动,进一步提高了木林的受知度。全镇森林覆盖率五年增加了7.8个百分点,达到28%。

(蔡学苹)

【水务工作】 完成25个村安全饮水工程,新打饮水井10眼,解决了1.2万余户近3万人的饮水问题。完成雨洪工程2处,新打农业井108眼,采用滴灌、微喷、喷灌方式节水灌溉9160亩,完成小东河上游河道整治和潮白河木林段的环境整治。

(蔡学苹)

【城乡建设】 府前街排水管线改造工程顺利完成并投入使用,经受了2011年夏季集中降雨的考验。顺密路木林段绿化工程设计方案已经完成,正在办理开工手续。唐指山小流域治理项目基本完成。浅山区景观林建设项目顺利完工。累计完成乡村公路37公里,村与村之间的联系更加畅通,群众出行更加便捷。完成府前街、木马路连接线新建工程。

(蔡学苹)

【新农村建设】 近年来,木林镇新农村建设力度不断加大,截止2011年底,完成26个村街坊路改造工程,硬化村内路面82万平方米。全面实施“亮起来”工程,在木燕路、孝德村等安装路灯556盏,发放节能灯泡8.1万余只。完成府前街126盏路灯改造。完成13个村近2300套村内非节能灯总成更换。大力推进“暖起来”工程,改造农宅100余户近4000平方米。建成陈各庄、蒋各庄、王泮庄等8个村的太阳能浴室。完成了26个村、1.3万户的户厕改造,累计修建公厕54个。完成大韩庄、魏家店等9个村一站式服务大厅建设,切实改善了为民办事条件。“百村万户绿化工程”顺利实施,各村各户环境更加靓丽。绿化美化林网40条,栽植各种乔木、花灌木7.5万株。

(蔡学苹)

【村务管理】 规范村级合同管理,严格审批程序。凡涉及集体资产处置和土地流转承包合同,必须由镇政府逐级审核批准,经村民代表会讨论通过后签订。加强合同实施的监督检查,每年对村级合同进行清查,发现问题及时查处。

(蔡学苹)

【长林庄拆迁】 为消除高压电网对长林庄村村民生产生活的严重影响,顺义区委、区政府2007年决定对长林庄村进行拆迁。当前,长林庄新村建设全部竣工,已经具备迁入条件。旧村入户测量顺利完成,为正式动迁提供评估数据准备。入户测量期间,拆迁指挥部严厉打击抢建抢栽抢种行为,维护了社会的公平公正,得到了村民的拥护与支持。2011年底,拆迁工作完满完成,让村民度过了一个温暖、祥和的春节。

(蔡学苹)

【就业工作】 木林镇全年举办18场招聘会,其中三场为“专场精品推介会”,吸引了北京顺丰速运有限公司、北京现代汽车有限公司和北京首都机场航空安保有限公司等40余家高薪企业。全年累计推荐农村劳动力就业750人,完成全年指标175%;农村劳动力转移就业858人,完成全年指标140%;对取得初级职业资格证书的人员发放奖励资金4.6万元。

(蔡学苹)

【镇域环境】 截止到2011年底,累计清理乱堆乱放1万余处,粉刷街道两侧墙壁近10万平方米,修建景观墙1000余平方米,拆除破旧围墙4200余米。先后整治了唐指山、木林、大韩庄等16处非正规垃圾填埋场,整治面积26万平方米。完成大秦铁路沙坑护坡工程,解决了路段安全隐患。加强集贸市场整治,设置固定车位150个,规范了停车秩序,优化了市场环境。完成顺密路魏家店至东沿头路段景观墙建设,完成顺密路木林至贾山路段环境整治,完成规划一路木林段环境整治,沿线环境得到极大改善和提升。

(蔡学苹)

龙湾屯镇

【概况】 龙湾屯镇地处顺义东北部,位于顺义、平谷、密云三区交界,距北京市区60公里,顺义城区30公里,首都国际机场35公里。镇域面积56.6平方公里,辖13个自然村,人口1.5万,其中山林荒坡面积4.3万亩,占顺义区总山地面积近三分之二,耕地面积2.6万亩。龙湾屯镇自然风景秀丽,拥有丰富的旅游资源、文化底蕴和优质的果品资源。大北坞村东金鸡泉发源的金鸡河横贯南北,30里燕山余脉蜿蜒东西,全长10公里的北大沟林场林木茂密,享有“中国地下长城”

盛誉的全国青少年爱国主义教育基地焦庄户“地道战”遗址、安利隆生态农业山庄、焦庄户民俗旅游村等十余个旅游景点分布在环山旅游带沿线。全镇林果涉及十多类共百余种，种植面积达万余亩，获有农业部“无公害食品”认证和北京市食用农产品安全认证，矿泉樱桃及部分苹果、龙湾贡梨等还获得了有机食品认证。每年一届的樱桃采摘节和金秋食品采摘节吸引大批游客观光采摘。2011年，全镇属地财税收入实现6000万元，地方财政收入达到2200万元，社会经营性总资产达到16亿元，农民人均劳动所得达到10394元。

单位名称：顺义区龙湾屯镇人民政府
地址：顺义区龙湾屯镇府前街
电话：(010)60461634
邮编：101306

（龙湾屯镇）

【招商引资】 引进注册类企业92家，注册资金1.285亿元，另有26家正在办理中；引进实体经营类企业2家，注册资金800万元。北京美格兴业家具制造有限公司正式投产，北京古今出版策划有限公司年底可完工。北京市东北郊粮食收储库已完成投资额4500万元，现已动工，将建设19644平米粮食收储库，主要进行粮食加工、储存、调拨、销售，预计2012年8月完工；北京磐宁钢结构有限公司投资3000万元建设2万平米生产车间，年可实现销售收入8000万元，主体已完工，年底前正式投产。北京欧菲堡酒庄有限责任公司总投资2500万元盘活占地27亩的原柳庄户饲料厂，现已投入1200万元。

（龙湾屯镇）

【旅游产业】 全年旅游餐饮企业累计接待旅游总人数近15万人，同比增长7%，实现旅游总收入1300余万元。焦庄户地道战遗址纪念馆接待中外游客40余万人。矿泉樱桃采摘节樱桃产量25万斤，游客采摘15万斤，实现收入625万元，草莓采摘创收24万元。

（龙湾屯镇）

【新农村建设】 为丁甲庄、树行、唐洞、史中务4个村修建街坊路13万平米，已完成40%。投资600余万元修建6条共5.82公里乡村公路。对两户抗震节能保温房进行了实地勘察取样，七连庄村生物质气站试运行。开展环境大检查，对主要道路两侧开展环境专项整治，养护和更新府前街两侧2000余平方米绿化带，顺利完成北京市“环境优美镇”和丁甲庄、张中坞等9个村“生态文明村”创评工作。金鸡河沿岸龙湾屯段排污口治理工作顺利完成。

（龙湾屯镇）

【就业工作】 完成农村劳动力转移就业318人，城镇失业人员就业107人，城镇就业困难人员再就业73人。完成农村劳动力培训342人，城镇失业人员培训35人。职业指导121人次，推荐失业人员60人。空岗信息采集1692个，就业转非100人。

（龙湾屯镇）

【保障体系】 新型农村合作医疗参合率为99%，报销4715人次，报销金额339.8万元。发放低保金137.7万元，审批低收入家庭20户；大病救助14户，发放救助款16.2万元，报批临时救助28份，救助金额1.4万元，二次报销药费8.5万元，社救建修房22户，慈善助学30人，发放助学款7.2万元。新办理老年优待卡117张，发放高龄津贴1.14万元，发放养老券29.8万元。新办残疾证98份，发放重残补助50万元、助残券38.6万元、残疾人生活补助35万元，实施无障碍设施改造251户，为226名残疾人补缴养老保险16万元，为15名白内障患者完成复明手术。发放抚恤金65.66万元，优抚医药费报销12.39万元，发放退伍安置费22万元，优抚建房5户。

（龙湾屯镇）

【农业现代化】 完成14718亩小麦和20369亩玉米的直补表填报工作，兑现每亩20元的抗旱补贴，完成4000亩小麦、8814亩玉米的农业政策性保险投保。完成11个村林改基础性工作和文件归档验收,7个沿山村填报山区生态林股权证并发放2010年生态效益补偿74.076万元,惠及4383户、13370人。实施1.4万亩农田培肥和7000亩小麦换优种,指导组建1家农机服务合作社;高接换优、更新各种果树5000万株,试种蔬菜新品种3个。

(龙湾屯镇)

张 镇

【概 况】 张镇位于顺义区东北部,距北京60公里,首都机场30公里,顺义城区25公里,处于平谷、天津、河北交汇的黄金地带,东临平谷区,西临杨镇,北接龙湾屯镇,南与大孙各庄镇接壤;镇域南北长约10.4公里,东西宽约6.1公里,总面积53.45平方公里,其中耕地面积31078亩;总人口2.39万,流动人口2623人,辖29个村。张镇地理条件优越,地势西北高,东南低,处于山地和平原交界地带,北部为山地,南部为平原,有大小山峰24座,从西北向东南斜贯全境,境内有"无名河"、"金鸡河",均为蓟运河水系,地下水埋深8-10米。镇内路网通及各村,与邻镇、邻区县相通,顺平快速路东西贯通全境,大秦铁路横穿过境,张焦公路南北贯通全境,赵谢公路纵跨西南境,龙凤山路将顺平路和昌金路连接,交通方便快捷。2011年张镇完成地区生产总值11.54亿元,同比增长12%;完成属地税收7857万元,同比增长35%,其中地方财政收入2588万元,同比增长14%;农民人均劳动所得12300元,同比增长8%。

单位名称:顺义区张镇人民政府
地址:顺义区张镇府前街3号
电话:(010)61480550
邮编:101307
网址:http://www.zhangzhen.bjshy.gov.cn

(张镇)

【招商引资】 一是将自主招商与中介招商结合起来,通过上门走访、与注册代理事务所等机构合作的方式,多方搭建招商平台,拓展招商渠道。二是完善引进项目管理机制,按照"引进项目抓投产、投产项目促纳税、纳税项目抓服务"的原则,由专人负责对引进项目进行跟踪管理和服务,营造亲商、惠商的投资环境,确保企业进得来、留得住。三是充分挖掘镇内闲置资源,努力拓展招商空间。定期统计和调查全镇闲置、低效资源,挖掘闲置资源,提高项目承载能力。同时,积极对企业闲置资源进行推介,以促进其尽快实现转型,提高经济效益。全年共计引进招商项目117个,其中楼宇类项目110个、实体项目7个,协议引进注册资金1.4亿元,新增实际利用外资55万美元。

(张镇)

【群众文化】 为丰富群众的文化生活,营造浓郁的节日文化氛围,展现镇域花会队伍风采,张镇于2011年2月3日至2月17日,开展了以"百姓齐参与、欢喜过大年"为主题的秧歌巡演活动。良山、赵各庄等13村的秧歌队伍在全镇主要道路沿途巡演,给全镇人民大拜年。元宵节当天,13个秧歌队伍集体开展了"欢天喜地闹元宵"活动,将秧歌巡演活动推向高潮。

(张镇)

【浅山涵养】 4月2日,在第27个义务植树日来临之际。区园林绿化局、区农委、区绿化办、团区委和张镇机关干部齐聚赵各庄东山,共同开展义务植树活动。此次植树活动是顺义区张镇发展沟域休闲旅游产业,完善基础设施建设的重要内容,标志着浅山区生态涵养工程正式启动。

(张镇)

【节水行动】 对镇域内全部用水单位开展分类分级统计工作，实施分类分级管理，全面掌握全镇节约用水工作状况，建立健全节约用水数据库及动态管理体系，为节约用水有效监管提供科学、准确的依据，实现全镇节约用水管理精细化。

（张镇）

【土地管理】 一是加强拆违控违管理。为做好拆违控违工作，成立了以村镇建设科牵头，工商、城管等相关部门共同组成的拆违控违办公室，严控新增建筑的各项审批程序，严格禁止违法建设。二是加强土地出租管理。针对不同性质、不同区域制定了土地承包指导价格，建立增长机制，提高土地收益率。严格规范了土地发包程序，经镇、村层层审批后方可签订合同。三是加强闲置土地管理。对闲置、低效利用土地资源进行摸底，按工业用地类型，环保要求，设备情况、适合引进项目规模等分类归档，分类管理，积极进行土地盘活。

（张镇）

【产权制度改革】 镇党委、镇政府高度重视产权制度改革工作，成立了由党委书记任组长，镇长和主管副职为副组长，经管站、土地科、农业科、司法所、信访办等相关科室组成的领导小组，形成了主要领导亲自抓，主管部门主要抓，其他部门协同抓，各司其职，密切配合，组织严密的工作格局。做到一村一档，把各阶段所需文件归档，需要什么，随时调取方便快捷，同时把各村召开村民代表会的主持词写好下发到村，利于政策的统一性，确保产权制度改革较快、较好完成。

（张镇）

【生态经济发展】 一是提高山林生态涵养功能，发展林果经济。依据“实施生态涵养，建设生态旅游小城镇”的功能定位，突出自然山水、休闲度假、康体特色，计划利用3年完成未绿化荒山和2个废弃石料厂山门的绿化工程；充分利用山前暖带的特点，发挥山区自然小气候适宜果树生长的优势，在山前台田种植樱桃、奥李、树莓等优质果树。二是整理闲置土地，提高土地利用价值。对土地利用率低、设施不完善、具有开发潜力的地块进复垦整理。三是治理荒沟。改造山前废旧坑塘、沟渠，拦蓄雨洪，补充地下水，并与周边鱼池改造相结合，发展休闲垂钓产业。四是小流域治理。以上游节蓄、下游疏挖，蓄排结合的方式，对无名河、金鸡河进行流域进行堤岸绿化、整治河滩、改善山区水生态环境工程，创造优美旅游环境。

（张镇）

【社区化建设】 开展农村社区建设，是统筹城乡发展，深化村民自治，强化农村公共服务，改善农村生产生活条件的重要举措。张镇行宫、良山等29个村的农村社区服务站已于今年全部投入使用，实现了全镇农村社区服务站全覆盖。

（张镇）

【镇党委换届】 9月16日至17日，中国共产党北京市顺义区张镇委员会第十三次代表大会召开。大会选举产生了以洪全同志为党委书记、王新兵、刘洋同志为副书记的新一届镇党委领导班子，选举产生了新一届纪委，选举产生了张镇出席顺义区第四次党代会的代表。

（张镇）

【镇政府、镇人大换届】 11月13日，北京市顺义区张镇第十六届人民代表大会第一次会议举行，选举产生了新一届镇人大、镇政府领导班子。选举田春普同志为张镇人大主席、王新兵同志为张镇人民政府镇长，王继革、冯术发、赵东杰、郭春利、黎利（按姓氏笔划为序）五位同志为副镇长。

（张镇）

大孙各庄镇

【概　况】 大孙各庄镇位于北京市东北，顺义区东南，东临平谷，南接河北省三河市，经京平高速路30分钟可直达市区，经龙塘路15分钟可达首都机场，交通便利。总面积74.3平方公里，下辖39个行政村，全镇总人口2.6万。镇域处于潮白河东部冲击平原二级阶地，镇域地形北高南低。北部二十里长山斜亘境域，有大小山峰12座，庞山山峰为最高峰，海拔213.2米，东、南、西部大部为平原，平均海拔30米，土壤为潮褐土和褐潮土，土地开发成本较低。镇域河流属蓟河水系，境内水资源较为丰富，地表坑塘水遍布各村，地下水深4－10米，含水层平均厚度为20－50米，水质较好，能够满足生产生活需要。几年来，大孙各庄镇坚持“做精一产、做强二产、提升三产”的发展思路，加快发展经济，加快推进城乡一体化，经过几年的努力，全镇经济及社会各项事业都得到了良好的发展。先后获得北京市经济结构调整“十佳乡镇”、北京市出口创汇先进乡镇、二三产业先进镇、顺义区“都市型农业先进镇”等多个荣誉称号，并列入京郊农业和农村现代化、信息化试点镇。2011年完成属地税收2.4亿元，同比增长19%，其中地方财政收入8187万元，同比增长24%。农村人均劳动所得1.1万元，同比增长11%。

单位名称：顺义区大孙各庄镇人民政府
地址：顺义区大孙各庄镇府前街11号
电话：(010)61432061
邮编：101308
网址：http://www.dsgzh.bjshy.gov.cn

（大孙各庄镇）

【农民就业基地合作开发】 2011年5月26日，经区政府批准，大孙各庄镇农民就业基地正式更名为空港物流基地东区。镇域闲置资产加快重组，《村级发展二三产业奖励办法》效果显现，味星食品等6块，共计90亩闲置土地得到盘活，预计完成总投资1.2亿元，年实现税收900万元，带动农民非农就业330人。同时，新引进11家成长性好的税源项目，预计年完成税收6100万元。

（大孙各庄镇）

【都市型现代农业】 绿奥合作社1300平方米加工车间基本完成，600平方米物流库全部竣工，预计年加工贮藏能力1000吨，年可实现蔬菜配送额600万元。农田基础设施显著改善。赵家峪等3个村4000亩土地的农业综合开发项目和大段等9个村土地整理项目高标准开展，累计改善田间道路11.6公里，修建桥涵43座，打机井15眼，铺设管道7.5公里、高低压线3.5公里。区1.1万亩粮经产业园项目建设顺利推进，主要粮食品种增产增效。一产向二三产业加快融合，成功引进总投资1.2亿元的中国农业科学院农业环境与可持续发展研究所“京郊农业环境综合实验示范基地”项目，助推2个村290户农民增收；成功举办北京市第二届小麦收获节，吸引游客1200余人，大孙各庄镇知名度进一步提高。经过全镇上下的共同努力，大孙各庄镇都市型现代农业取得丰硕成果，获得区“都市型农业先进镇”荣誉称号。

（大孙各庄镇）

【镇村环境建设】 完成7个村太阳能浴室和5个村浴室主体工程建设；完成630套节能灯及6个村；累计5万平方米的街坊路改造；投资480万元，完成4个村水质改造；完成6个沼气站避雷系统及3个村储气罐升级改造，安全用气水平提高。农村环境整治力度不断加大，完成10个灰土场建设和23个市级生态村创建。镇村公路建设水平不断提高，完成大龙路、顾龙路等4条，共计5.44公里镇级公路建设及3座危桥改造。社会环境秩序进一步规范。“打非”专项行动深入开展，累计查处无证无照经营单位27家，拆除违法建设5处。尹家府大集商户顺利撤并，大孙各庄集贸市场及周边环境显著改善。流动人口管理不断加强，累计清理无证照流动人口202人。交通超载超限得到有效治理，镇村交通秩序进一步好转。

（大孙各庄镇）

【改善民生】 完成保洁、服装定制等就业培训440人，成功转移农村劳动力320人，镇域二三产业就业率达到88%，同比去年上升1.5个百分点。农民就业转非成效显著。全年就业转非120人，完成区下达指标的109%。惠民政策全面落实到位。城乡居民养老保险参保6899人，完成全年指标的107%；农村合作医疗参合率保持99.9%，全年累计报销2.7万人次，报销金额1266万元，同比增长22%；完成社救建房、优抚建房12户，发放救助资金58万元；发放低保户、低保边缘户医疗救助金45万元，教育救助78万元。教育教学设施不断改善，小学升初中、初中升重点高中比率进一步提高。人口低生育水平持续稳定，人口服务不断加强，人口素质全面提高。医疗、卫生、科技等工作深入开展。人民武装工作扎实推进，输送优秀兵员15名。

（大孙各庄镇）

【北京市粮食种植大户高产竞赛】 4月26日，来自顺义、昌平、延庆等9个郊区县的农委、农业局、种植中心、农科所推广站部门的相关领导以及全市100余户种粮大户参加。会上，举行了2011年全市高产创建大户竞赛启动仪式，开展了栽培技术培训，并向种粮大户发放了肥料、农药等物资。北京市农业局粮经处处长刘刚出席仪式并讲话。

（大孙各庄镇）

【北京市第二届小麦收获节】 6月18日，北京市第二届小麦收获节在大孙各庄镇成功举办。此次活动由市农业技术推广站、区种植业服务中心和大孙各庄镇联合举办，包括收割体验、麦田创意造型摄影等内容，吸引百余市民下乡体验割小麦等丰收的乐趣，展示了大孙各庄镇都市型现代农业发展的新成果，进一步提升了大孙各庄镇知名度。

（大孙各庄镇）

【第十三次党员代表大会】 9月10日，中共大孙各庄镇第十三次代表大会召开，全镇116名党代表齐聚镇政府会议大厅。代表们畅所欲言，各抒己见，就加快经济发展、改善民生、完善重点基础设施建设等方面积极发表看法。会议选举产生了中共顺义区大孙各庄镇第十三届委员会委员、第十三届纪律检查委员会委员和出席区第四次党代会代表。会后，分别召开了党委第一次会议和纪委第一次会议，选举产生了新一届党委书记、党委副书记、纪委书记和纪委副书记。

（大孙各庄镇）

【区镇两级人大代表换届选举】 11月10日，大孙各庄镇区镇两级人大代表换届选举圆满完成。成功选出张延昆、绳宝良等区人大代表9名，苏东海、王春华等镇人大代表59名。

（大孙各庄镇）

【第二届全国微型课程开发研讨会】 12月9日，共有来自北京、内蒙古、湖北等全国8省市的教委领导、教育专家、教师代表80余人到尹家府小学观摩学习，旨在引导教师在关注学生的基础上，引导学生自主教育、自主发展、完善人格。

（大孙各庄镇）

北石槽镇

【概　况】 北石槽镇位于顺义区西北部，居北京市行政区域的中心地理位置，是顺义、怀柔与昌平三区的交界处,全镇面积32平方公里,呈东西长,南北窄的狭长状,北面临山,京密引水渠东西横贯全境9.2公里,是顺义区唯一一个依山傍水的乡镇。全镇总共有5912户,1.4万人。2011年,全镇共引进企业21家,注册资本1.07亿元;社会经营性总资产达到19.6亿元,同比增长23%;全年实现属地税收8200万元,同比增长25%;镇级财政收入3100万元,同比增长36%;农民人均劳动所得1.21万元,同比增长10%。京承高速建成后,北石槽镇在顺义新城规划中定位为生态涵养保护区,结合实际,该镇将充分利用浅山带的环境优势,大力发展旅游业和现代农业,确立了"国际先锋文化基地"和"绿色低碳生态特区"的发展目标及未来全镇"两轴四区"的产业发展格局。

单位名称:顺义区北石槽镇人民政府
地址:顺义区北石槽镇府前街5号
电话:(010)60421658
邮编:101300
网址:http://www.beishc.bjshy.gov.cn/

(北石槽镇)

【年度工作总结会】 2011年1月8日,镇召开2010年度工作总结汇报会。会议由党委副书记王德伟主持,机关副职以上领导干部、各科室负责人和各村支部书记50余人参加会议。机关科长和各村书记分别对2010年度工作进行了全面总结,并提出了2011年的工作思路。

(北石槽镇)

【推选出席顺义区第一次妇代会代表】 3月11日,北石槽镇召开推选出席顺义区第一次妇代会代表大会,来自镇机关、各村、企事业单位的57名妇女代表参加会议。大会按选举程序,等额选举李囡、张春丽、王艳华、李艳红和李玉英5名代表出席顺义区第一次妇女代表大会。

(北石槽镇)

【三项措施促进清明节文明祭扫】 一是开展主题宣传活动。利用编播有线广播、悬挂横幅、张贴宣传画等方式宣传《殡葬管理条例》及鲜花祭扫、绿色殡葬等新风尚,引导群众文明祭扫。二是制定"两案"。根据镇域亡故人员埋葬点分布情况,制定《清明祭扫工作方案》和《突发事件应急预案》,在祭扫活动较集中的李家史山、良善庄两村的山坡坟地,设立文明祭扫宣传牌,张贴防火告示,实行专人看管。三是专项整治殡葬环境。对影响观瞻的坟墓进行集中清理,确保本辖区内无散埋乱葬现象。

(北石槽镇)

【阶段部署工作会】 4月12日,北石槽镇召开了专题工作会议,部署下一阶段重点工作。会议由王江镇长主持,全体包村干部和支部书记参加会议。会上,各主管副职分别对做好纪念建党90周年相关工作、开展绿色出行时尚达人征集活动、倡导村规民约、环境综合整治、科学市场准入、安全生产和违法建设防治工作进行详细部署。

(北石槽镇)

【防灾减灾系列宣教活动】 5月10日至12日,全镇集中开展了防灾减灾系列宣教活动:一是在下西市村浩岩制衣厂开展疏散应急演练,200余名工厂职工2分钟以内全部疏散到安全区域;二是在北石槽农贸市场开展大型宣传教育活动,现场发放各类宣传资料2000份,解答群众提问20余次,展示展板4块;三是在机关开展火灾安全隐患排查整治活动,为办公区和车辆配置了80余个干粉灭火器,并组织机关干部学习如何正确使用灭火器;四是在小学组织防震疏散演练,480余名师生参加。

(北石槽镇)

【学生安全教育】 北石槽小学四项措施加强学生安全教育:一是各班以"安全在我心中"为主题,召开一次班队会;二是印发《致家长的一封信》、《夏季安全公约》,学校和家长形成合力;三是学生以村为单位,成立安全小组,每天向班主任汇报本组情况;四是定期表彰“优秀安全宣传员”、“安全小卫士”,让广大师生牢固树立“安全第一、健康第一”的理念,确保学生平安健康。

(北石槽镇)

【“两节”走访慰问活动】 国庆节、重阳节前夕,镇机关、学校和各村纷纷开展了走访慰问活动,为困难群众和老人送去节日问候。

(北石槽镇)

【奖励独生子女家庭】 近日,镇投入53.93万元,逐一落实了多项针对独生子女家庭的奖励扶持政策。其中为1223名独生子女父母发放奖励金11.25万元;为129名独生子女父母发放奖励扶助、特别扶助、伤残扶助金11.38万元;为57名符合年龄要求的独生子女父母发放一次性奖励金5.7万元;为179名新生儿入非农业户口家庭发放奖励金15.28万元;投入10万元,免费为千余名育龄妇女进行健康体检并建立了健康档案;为4名品学兼优的独生女孩每人发放了800元助学金。

(北石槽镇)

【法制宣传活动】 12月4日,北石槽镇开展“践行北京精神 弘扬法治文化”主题法制宣传活动。镇司法所、妇联、综治办、计生办、卫生院等部门联合开展了以“关心流动人口 携手共创平安”为主要内容的法制宣传活动。活动共设立北石槽、下西市两个宣传站点,现场悬挂宣传条幅8条,向群众发放《中华人民共和国未成年人保护法》、《北京市人口与计划生育条例》、《来京人员工作服务指南》等宣传品4000余份,接待群众法律咨询9人次,解答法律问题20余个。

(北石槽镇)

北 务 镇

【概　况】 北务镇位于北京市东北部,顺义区东南部,首都机场东侧。镇域面积32平方公里,耕地面积2.8万亩。下辖15个行政村,常住人口10552人。镇域地势平坦,有龙塘路、木燕路等道路穿境而过,京平高速公路在北务设有出口。镇中距首都机场17千米、京哈公路10千米、六环15千米、天津新港100千米,主要公交线路有顺18路、顺29路,东直门—吴雄寺923路。2011年实现属地财税收入3.34亿元,同比增长30.7%;财政收入9325万元,同比增长23.5%;二三产业实现总收入18.86亿元,同比增长41.8%;人均劳动所得11006.3元,同比增长8.4%。2011年北务镇荣获“都市型现代农业先进镇”、“新农村建设先进镇”、“首都城市环境建设先进单位”、“宣传工作先进单位”、“先进人民武装部”“农村劳动力转移就业先进镇”、“社会治安综合治理示范镇”、“信息工作先进单位”、“思想政治工作先进单位”、“劳动力就业转移先进单位”、“食品药品安全工作先进单位”、“残联工作先进单位”、“人口和计划生育工作红旗镇”等多项荣誉称号。

单位名称:顺义区北务镇人民政府
地址:顺义区北务镇府前街1号
电话:(010)61421439
邮编:101300
网址:www.beiwu.cn

(北务镇)

【新农村建设成效明显】 申报北京晨辉农产品产销专业合作社设施农业农发项目,新建高标准日光温室64.59亩,连栋温室1500平方米;完成林上村老旧竹木大棚升级改造工作,将原有竹木设施全部改造成钢架大棚,改造设施面积350亩,进一步提升镇域设施装备水平。完成农业节水项目工程量990亩,更新机井9眼,建机井房9座,配套水泵9台,铺设地埋管线4300米,总投资189万元。新建3座太阳能公共浴室。全年完成郭北新路、赵马路大修工程和郭家务牛道沟桥及林上西桥改造工程,总投资561.52万元。进一步规范基本农田、宅基地和耕地管理工作,加大了违章建设的查处力度,自行拆除7宗违章建筑,建筑面积962平米。8个村完成市级生态村争创工作,6个村荣获首都文明村称号。在顺义区群众环境满意度调查中始终排在全区前列。

(北务镇)

【采摘节效益进一步提升】 成功举办2011年夏、秋两季"绿中名"采摘节,累计接待游客6.1万人次,综合收入661.4万元。采摘节举办方式也有所创新,采用互动式开发模式,加强了和北京国际鲜花港、汉石桥湿地等区内外旅游景点的联系,实现了游客资源共享。党员的责任意识。

(北务镇)

【社会保障体系不断完善】 社会保障水平进一步提高,城乡居民养老保险保完成指标的106%,发放各类政策性补贴,为享受公费医疗的机关干部按时报销医药费。完成北务、闫家渠、小珠宝、于地、南辛庄户5个村便民服务站建设,全镇实现100%覆盖。镇政府出资近10万元对全镇46名寿星、孝星开展庆祝活动。镇、村两级出资6870元,为229户独生子女家庭上"意外伤害保险",以王各庄村、珠宝屯村做试点,真正解决独生子女家庭的后顾之忧,同时也提倡村民少生优生,切实让百姓得到实惠。

(北务镇)

【就业工作顺利推进】 加大就业培训力度,举办等级、非等级培训班3期,培训农村劳动力245人次,完成培训指标的131%。组织劳动力参加镇域内外招聘会7场,安置农村劳动力180人,完成指标的113%。加大就业困难群体帮扶力度,安置城镇失业人员就业110人,完成指标的143%,就业困难人员安置86人,完成指标的302%,失业人员培训57人,完成指标的356%。加大劳动监察,年初与镇内52家企业签订《2011年企业依法用工责任书》,并对镇内企业分类管理,提高了企业的规范用工的维权意识。

(北务镇)

【转非工作有序推进】 就业转非中,83人办理完转非手续,完成转非指标的104%;征地转非中,京平占地和印刷园占地的151个劳动力转非后续手续基本完成,145人三项社会保险补缴手续完成,完成比例在全区位居前列。

(北务镇)

【文体活动丰富多彩】 加强文体设施建设,村级数字电影放映厅、益民书屋、村级健身广场等文体资源实现全覆盖。承办"龙腾狮跃闹元宵全国龙狮大联动"活动,积极开展群众性文体活动,组织龙狮舞民间艺术团参与后沙峪"优山美地社区拜大年"、"文艺团队进社区"、"北京中关村第二节职工运动会"开幕式、"北京市第三届端午文化节""第七届农民运动会"等市、区重大演出活动50余场,龙狮舞文化影响力不断扩大。开展了《走进图书室 重温党史》《党在我心中》读书比赛活动,活动的开展使基层党员群众重温党的光辉历史,起到了鼓舞人、教育人的作用和目的。

(北务镇)

人物

组织机构负责人名单

一、区委机关

(一)中国共产党北京市顺义区委员会

书　记　张延昆
副书记　王　刚
胡尚云(12月免)
闫立刚
周颖博(12月任)
常　委　雷显武(8月免)
肖韵竹(女)
车克欣(女,8月任)
杨宝华(12月免)
李国营
李友生(9月免)
林向阳
于庆丰(9月任)
于凤春
祝卫东(4月任)
朱家亮(12月任)
肖承继(12月任)

(二)中国共产党北京市顺义区纪律检查委员会

书　记　肖韵竹(女)
副书记　田江平(3月免)
李殿宗(3月免)
闫连恒
王文荣(女,3月任)
贾崇彪(3月任)
常　委　李会娟(女)
隗和春
王玉美(女)
袁日晨(满族)
徐立松(女,满族,8月任)

(三)区委工作部门

办公室主任　杨宝华(12月免)
朱家亮(12月任)
常务副主任(正处级)　贾文禹
组织部部长　雷显武(8月免)
车克欣(女,8月任)
常务副部长(正处级)　范学智
宣传部部长　杨宝华(12月免)
肖承继(12月任)
常务副部长(正处级)　赵海波(10月任)
政法委书记　周颖博

统战部部长 王玉奇(12月免)
周颖博(12月任)
常务副部长(正处级) 王 颀
研究室主任 张中茂
精神文明建设委员会办公室主任 张守旺
社会治安综合治理委员会办公室主任(维护稳定工作领导小组办公室主任) 王金广
防范和处理邪教问题领导小组办公室主任(政府防范和处理邪教问题办公室主任) 杨虎明
直属机关工作委员会书记 胡明才
台湾工作办公室主任(政府台湾事务办公室主任) 李树新
保密委员会办公室主任(保密局局长) 陈广会
老干部局书记 王绍发
局长 赵光国
社会工作委员会书记(社会建设工作办公室主任) 巩维国
机构编制委员会办公室主任 李金贵

二、人大机关

北京市顺义区人大常委会

主 任 马庚良(12月免)
胡尚云(12月任)
副主任 周庆禄(12月免)
贾春林(12月免)
冯庆森
董占云(12月任)
吴建国(12月任)
李福成
周淑伶(女,12月免)
白丽洁(女,12月任)
办公室主任 龚玉友
研究室主任 罗振文
代表联络室主任 霍保贵(10月免)
刘永凤(10月任)
教科文卫工作委员会主任
杨国英(10月免)
王守明(10月任)
农村工作委员会主任
李永革(10月免)
张志海(10月任)
城乡建设环保工作委员会主任
徐福元(10月免)
高学通(10月任)
财政经济委员会主任 周振涛(10月免)
刘永凤(10月任)
内务司法工作委员会主任
王世明(10月免)
李国庆(10月任)
信访接待室主任 李赛楠(女,10月任)

三、政府机构

(一)顺义区人民政府

区 长 王 刚
副区长 李友生(10月免)
林向阳
车克欣(女,10月免)
于庆丰(10月任)
祝卫东(5月任,挂职2年)
赵贵恒
燕 瑛(女)
张晓峰
盛德利(12月任)

(二)区政府工作部门

办公室主任 秦拥军
政务信息化办公室(在区政府办挂牌子)主任 秦拥军
政府对外联络办公室(副处级)主任 张忠伟

突发公共事件应急委员会办公室(副处级)主任(应急指挥中心主任)　郭崇峰
监察局局长　田江平(5月免)
　　闫连恒(5月任)
发展和改革委员会主任　董建华
临空经济办公室(在区发展和改革委员会挂牌子)主任
　　董建华(3月免)
　　胡　杰(3月任)
经济体制改革办公室主任　赵汉民
物价局局长　单　林
教育委员会主任　冯义国
政府教育督导室(在区教委挂牌子)主任　姜华阳
科学技术委员会主任　李国震
知识产权局(在区科学技术委员会挂牌子)局长　范玉岭
民政局局长　刘庆顺
民族宗教侨务办公室主任　臧小华(女)
政府法制办公室主任　沈凤江
财政局书记　虞艳娟(女)
　　局长　赵殿江(5月任)
人力资源和社会保障局局长
　　赵殿江(5月免)
　　张尚强(5月任)
住房和城乡建设委员会主任　盛德利
政府住房保障和改革办公室(在区住建委挂牌子)主任　盛德利
市政市容管理委员会主任　李国新
城乡环境建设委员会办公室主任(在区市政市容委挂牌子)　孙立祥
交通局局长　李　成
农村工作委员会主任　闫志广
农业局局长　陈福全(12月免)
动物卫生监督管理局书记　郭春才
　　局长　郭春才(3月免)
　　赵桂清(女,3月任)
商务委员会书记　计战桥
　　局长　王福印
粮食局(在区商务委员会挂牌子)局长　张未利
文化委员会主任　刘振河
文化创意产业促进办公室(副处级)主任　张建国
卫生局局长　单德智
人口和计划生育委员会主任　秦士友
审计局局长　刘福海
环境保护局书记　赵　川
　　局长　李国印
统计局书记　张金林
　　局长　解长春
水务局局长　李守义
经济和信息化委员会主任　吴建国
司法局局长　闻广平
外事旅游局局长　商广清
体育局局长　吕志旺
园林绿化局局长　陈　阳
绿化委员会办公室(在区园林绿化局挂牌子)主任　陈　阳
安全生产监督管理局局长　高士虎
信访办公室主任　陈红宇(女)
民防局局长　张存忠(8月免)
　　张希德(8月任)
政府国有资产监督管理委员会主任　丁文强
城市管理监察大队大队长　周霆钧
金融服务办公室主任　周继武
北京天竺出口加工区管理委员会主任(副局级)　李友生

四、政协机关

政协北京市顺义区委员会

主　席　陶宝金(12月免)
　　杨宝华(12月任)
副主席　王玉奇(12月免)

田建国
闫志广(12月任)
孙桂祥(12月任)
刘享文(女,12月免)
田家玉
蒋世林(12月免)
李向英(女,12月任)
刘　静(女,12月任)
秘书长　张仲奎(11月免)
李景林(11月任)
办公室主任　李景林(11月免)
张存忠(11月任)
专委会工作一室主任　段长山(11月免)
陈福全(11月任)
专委会工作二室主任　刘炳武
专委会工作三室主任　沈凤田
专委会工作四室主任　李树江
专委会工作五室主任　高金龙(11月任)
专委会工作六室主任　王海荣(女,8月任)
研究室主任　金向东

五、综保区机关

北京天竺综合保税区管理委员会
主　任　王　刚
副主任　闫立刚
李友生
庄　杰
董占云
赵英杰
专职委员　李燕凌(女)
兼职委员　陈泽星(1月免)
王　永
孙文康
高世清
办公室主任　赵习文
政策法规处处长　任国峰
规划建设处处长　陈　红
经贸发展处处长
保障处处长　张廷军
信息处处长　罗广玉

六、群众团体

总工会主席　刘永发
常务副主席(正处级)　苏瑞峰
共青团顺义区委员会书记　闫　岩(女)
妇女联合会主席　赵桂清(女,3月免)
鲍晓芹(女,3月任)
残疾人联合会书记　李殿宗(3月任)
理事长　王振军
工商业联合会主席　田家玉
书记　鲍晓芹(女,3月免)
单晓梅(女,3月任)
红十字会会长　燕　瑛(女)
书记　皮志杰(女)
文学艺术界联合会主席　高　源
科学技术协会主席　李国震
慈善协会会长　车克欣(女,12月免)
于庆丰(12月任)
常务副会长(正处级)　聂燕山(8月免)
李玉峰(8月任)

七、政法军事

北京市公安局顺义分局局长　李国营
政委　李耀光(11月免)
刘　泽(11月任)
检察院检察长　张守良
法院院长　郭铁相
司法局局长　闻广平
武装部部长　展　辉
政委　于凤春

八、镇、街道办事处

(一)街道办事处

光明街道办事处　书记　郭树文

主任　高　栓
胜利街道办事处　书记　王学武
主任　梁心愿
石园街道办事处　书记　赵金明
主任　金泰希(女,朝鲜族)
旺泉街道办事处　书记　宋学农
主任　黄学英(女)
双丰街道办事处　书记　郭士才
主任　赵靖宇
空港街道办事处　书记　王晓东
主任　袁树旺

(二)镇(地区)

仁和镇(地区办事处)　书记　吴耀新
镇长(主任)　陈汉松
马坡镇(地区办事处)　书记　朱家亮
镇长(主任)　姜　蒙(4月免)
董敬红(女,4月任)
牛栏山镇(地区办事处)
书记　单成刚
镇长(主任)　王文荣(女,4月免)
郝蔚泉(4月任)
赵全营镇　书记　李宝东(3月免)
胡小兵(3月任)
镇长　史长生(4月免)
赵志勇(4月任)
高丽营镇　书记　肖承继
镇长　单晓梅(女,3月免)
李　刚(3月任)
北石槽镇　书记　宋　鹏
镇长　王　江
南法信镇(地区办事处)
书记　郭振江
镇长(主任)　李　衍
后沙峪镇(地区办事处)
书记　张尚强(3月免)
赵洪涛(3月任)
镇长(主任)　赵洪涛(4月免)
王　辉(4月任)
天竺镇(地区办事处)　书记　韩凤桐
镇长(主任)　史卫东
李桥镇　书记　徐晓武
镇长　张爱冬(4月免)
王卫军(4月任)
南彩镇　书记　马朝龙
镇长　张香东
杨镇(地区办事处)　书记　张友生
镇长(主任)　刘晨光
张镇　书记　洪　全
镇长　王新兵(女)
北小营镇　书记　王　泽
镇长　卞云鹏
木林镇　书记　胡小兵(3月免)
姜　蒙(3月任)
镇长　王海松
龙湾屯镇　书记　张希德(8月免)
马云虎(8月任)
镇长　马云虎(8月免)
朱向国(8月任)
李遂镇　书记　孙书林
镇长　武　捷
北务镇　书记　李长勇
镇长　黄海鹏
大孙各庄镇　书记　苏东海
镇长　马　强

九、事业单位

区委党校　校长　胡尚云(12月免)
周颖博(12月任)
书记、常务副校长　董大明
行政学校　校长　李友生(12月免)
林向阳(12月任)
常务副校长　董大明
农村合作经济经营管理站站长　焦庆海
地震局局长　张东生
水产服务中心书记　谢连海

主任　谢连海(8月免)
张　波(8月任)
经济发展服务中心主任　周福军
北京现代职业技术学院院长
高学通(3月免)
丁久库(3月任)
汉石桥湿地自然保护区管理办公室主任
李福利(8月免)
聂燕山(8月任)
北京市板桥创意天承产业基地管理委员会
主任　张克服
流动人口管理服务中心主任　王振林
北京临空国际经济技术开发中心管理委员会
主任　高春富
政府招待所所长　宋奇良
长青林场书记　李拥军(8月免)
张海泉(8月任)
场长　李拥军
市场经营管理中心主任　贺有余
北京天竺空港经济开发区管理委员会
主任　杭金亮
北京天竺保税区综合服务中心主任　郭旭东(女)
北京顺义三高科技农业试验示范区管理
委员会主任　赵善陶(3月免)
史长生(3月任)
奥运场馆管理委员会主任　管学文
北京林河经济开发区管理委员会主任
刘进奎
北京国门商务区建设管理委员会主任
胡　杰(3月免)
张爱冬(3月任)
投资促进局局长　李向英(女)
书记　黄建民(3月任)
北京顺义空港物流基地管理委员会主任
张东民
北京天竺房地产开发区管理委员会主任
王　奎
北京北方印刷产业基地管理委员会主任
牛玉江
北京汽车生产基地管理委员会主任　董建华
新城建设管理委员会主任　赵振英
书记　杨家栋
北京空港建设管理服务中心主任　姚　颖
档案局局长(档案馆馆长、党史区志办公室主任)　王守明(11月免)
梁　军(11月任)
政府驻海南办事处主任　于泉海
广播电视中心主任　王　颖
信息中心(副处级)主任　王永宝
园林服务中心主任　孙仲秀
种植业服务中心主任　申荣文
农机服务中心主任　李宏伟(女)
书记　李福利(8月任)
社区教育中心主任　丁久库(3月免)
陈成国(3月任)
城镇环境卫生服务中心主任
刘存祥(8月免)
单增友(8月任)
书记　刘存祥
教育研究考试中心主任　张　海
牛栏山第一中学校长　刘克祥
总部企业高管人员服务中心主任　张忠伟
北京花卉展览中心主任　李瑞军(8月任)
卫生局卫生监督所(副处级)所长　于宝鑫
疾病预防控制中心(副处级)主任　李印东
区医院(副处级)书记　黄建江
院长　刘　峰
中医院(副处级)书记　魏　青
院长　王　飞
妇幼保健院(副处级)院长　张久越
人才服务中心(副处级)主任　郭有斌
劳动服务管理中心(副处级)主任　梁　勇
物价检查所(副处级)所长　张枫华

十、企业单位

北京市顺义粮油总公司经理　张末利

北京燕京啤酒集团公司　书记　李福成
总经理　赵晓东
北京双峰建材集团经理　杨富海
北京市顺义区地方工业公司经理　李德安
北京市顺义区自来水公司经理
刘宝春
书记　刘宝春(8月免)
马　成(8月任)
北京市顺义区燃气公司
经理　张树广(8月免)
杨文科(8月任)
书记　张树广
北京市广聚工贸公司经理　马　成(8月免)
北京市顺义区建筑工程总公司经理　罗中义
北京市顺义建筑工程公司经理　李瑞福
北京顺义建筑企业集团公司　杨祥方
北京通达实业总公司经理　孔祥普
北京紫微星工贸集团经理　梁桂林
北京市顺义区供销合作社主任　方建华
北京市顺义永进物资总公司经理　屈宝成
北京市煤炭总公司顺义区分公司经理　刘志新
北京国泰中百商业有限公司书记　董玉忠
经理　刘树忠
北京鑫海韵通百货有限公司经理　张福海
北京市顺义大龙城乡建设开发总公司经理
李绍林
北京顺鑫农业发展集团有限公司书记　李维昌
北京京顺轧辊厂厂长　陈　明
北京天竺空港工业开发公司经理　杭金亮
北京林河工业开发总公司经理　刘进奎
北京临空国际经济技术开发中心
经理　高春富
书记　高春富(8月免)
赵　林(8月任)
北京汽车城投资管理有限公司经理　赵洪峰
北京市天竺房地产开发公司经理　王　奎
北京空港物流基地开发中心经理　张东民
北京北方新辉印刷产业基地经理　牛玉江
北京国际鲜花港管理委员会主任　赵善陶
北京鲜花港投资发展中心经理　李在东
北京顺义水上公园投资发展中心经理　管学文
北京市板桥创意天承投资发展中心经理　张克服
北京国门空港经济技术开发中心
经理　胡　杰(3月免)
张爱冬(3月任)
北京市恒锋市政工程公司经理　张殿友
顺义区国有资本经营管理中心经理　王俊忠
北京天竺保税区开发管理中心经理　张宏志

十一、双管单位

北京市国土资源局顺义分局局长　孙桂祥
北京市药品监督管理局顺义分局局长　李长荣
北京市规划委员会顺义分局书记　董占云
局长　杨卫东
北京市路政局顺义公路分局局长　张玉霞(女)
北京市顺义区国家税务局局长　高瑞君
北京市顺义区地方税务局局长　张天生
北京市顺义区质量技术监督局局长　陈长旺
北京市工商行政管理局顺义分局局长
陈福刚
北京市国家安全局顺义工作站站长
王淑玲(女)
国家统计局顺义调查队队长
孙晓冬(2月免)
张自林(8月任)
北京市顺义区烟草专卖局局长　孙立勇
北京市共青林场场长　李拥军
北京市顺义区气象局副局长(主持工作)
韩晓峰
北京市顺义区邮政局局长　马文良
北京农业生态工程试验基地主任　胡荣海

全国(含部)先进单位及先进个人

先进单位

全国"五五"法制宣传先进区
顺义区
"阳光统计"示范区
顺义区
全国信访系统先进集体
顺义区
全国法制宣传教育先进区
顺义区
全国平安建设先进区
顺义区
全国社区教育示范区
顺义区
全国人口计生综合改革示范区
顺义区
全国中医药特色社区卫生服务示范区
顺义区
全国县(市)科技进步考核科技进步先进县
顺义区
中纪委监察部培训班优秀经验荣誉证书
顺义区发展和改革委员会
全国阳光计生行动示范单位
顺义区人口计生委
全国计生协先进集体
顺义区计划生育协会
全国工会职工法律援助维权服务示范单位
顺义区总工会
2011年度全国职工互助保障先进单位
顺义区总工会
2011年度"两刊"宣传工作北京市顺义区先进单位
顺义区残联
"全国服务农民 服务基层"文化建设先进集体
顺义区文化委员会
全国老龄工作先进单位
顺义区民政局
全国殡葬改革先进单位
顺义区民政局**全国先进基层党组织**
燕京啤酒集团公司党委
2011品牌中国华谱奖
燕京啤酒集团公司
2011品牌中国金谱奖
燕京啤酒集团公司
2011品牌中国大奖——最佳质量奖
燕京啤酒集团公司
全国质量工作先进单位
燕京啤酒集团公司
食品安全普法先进单位
燕京啤酒集团公司
最佳上市公司"金紫荆"奖
燕京啤酒集团公司
全国食品工业优秀龙头食品企业
燕京啤酒集团公司
全国绿色食品示范企业
燕京啤酒集团公司
巾帼文明岗
国税局第一税务所
纪念中华人民共和国国家通用语言文字法颁布10周年系列活动优秀组织奖
顺义区教育委员会
第二届全国百佳语文教师评选活动优秀组织奖
顺义区教育委员会
全国青少年五好小公民主题教育"光辉的旗帜"读书征文活动示范学校
北京顺义牛栏山一中
中国科学院科技人才早培养计划科学教育基地
北京顺义牛栏山一中

在国家海洋局、教育部、共青团中央共同主办的第四届全国大中学生海洋知识竞赛中荣获中学生组组织活动奖

北京顺义牛栏山一中

第五届“文化中国－维也纳金色大厅青少年文艺晚会”最佳组织单位

顺义牛栏山一中实验学校

全国名优学校

顺义区杨镇第一中学

全国十一五科研杰出单位

顺义区杨镇第一中学

作品《跨越》获铜奖

顺义区第九中学

全国创建和谐校园先进单位

四中顺义分校

“太阳花杯”公益活动主体班队会比赛中获得一等奖

顺义区石园小学

“太阳花杯”公益活动各项比赛中获得组织奖

顺义区石园小学

全国和谐校园先进校

顺义区西辛小学

全国语文课改示范校

顺义区西辛小学

全国教师教育学会综合实践活动学科委员会《综合实践活动与师生发展》研究项目国家课题研究先进单位

顺义区高丽营第二小学

国家级语言文字规范化示范校

顺义区后沙峪中心小学校

“心系好儿童”先进单位

北京顺义区宏城幼儿园

第六次全国人口普查先进集体

光明街道办事处

第六次全国人口普查市级先进集体

南法信镇人民政府

全国人口和计划生育依法行政示范乡镇(街道)

北石槽镇

全国环境优美镇

高丽营镇

全国环境优美镇

天竺镇

全国人口和计划生育基层群众自治示范村

仁和镇平各庄村

全国人口和计划生育基层群众自治示范村

牛栏山镇龙王头村

全国人口和计划生育基层群众自治示范村

北小营镇榆林村

全国人口和计划生育基层群众自治示范村

南彩镇河北村

先进个人

全国五一劳动奖章

王莉娜

全国优秀老干部工作者

刘学娟

全国县(市)科技进步考核先进个人

李国震

全国县(市)科技进步考核先进个人

张德顺

全国食品工业科技进步先进科技带头人

贾凤超

全国食品工业科技进步先进科技带头人

林智平

中国酿酒大师

胡建飞　戴永全

中国啤酒制造业领军人物

李福成

中国食品安全十大人物

李福成

食品安全普法先进个人

李福成

全国爱国拥军模范

李怀民

北京市(含系统)先进单位及先进个人

先进单位

2010 年度北京市节能攻坚先进区县
顺义区改革和发展委员会
首都文明单位
质量技术监督局
北京市 2011 年度“全国职工职业安全卫生知识普及教育竞赛活动”优秀组织单位
顺义区总工会
北京市敬老爱老为老服务示范单位
顺义区残联
北京市敬老爱老为老服务示范单位
顺义区人力资源和社会保障局
科技北京新八景
燕京啤酒
市双拥模镇
马坡镇

先进个人

五一劳动奖章
姚俊霞
三八红旗手
姚俊霞
北京教育先锋
姚俊霞
首都精神文明建设奖
冯义国
首都精神文明建设奖
孙孟远
北京市先进工作者
侯亚军
首都“道德模范”
雒梦妍、宋学成
北京市优秀教师
杨丽群
北京市优秀青年知识分子
李万成
北京市“新时期最可爱的人”
蔡玉民
北京市“人民满意的公务员”
高士虎
首都职工素质教育工程先进个人
衣晶

统 计 表

2011年顺义区国民经济和社会发展主要指标统计表

项　　目	计量单位	2011年	2010年	2011年为2010年%
一、基本情况				
土地面积	平方公里	1019.89	1019.89	100.0
街道办事处	个	6	6	100.0
建制镇	个	19	19	100.0
村民委员会	个	426	426	100.0
社区居委会	个	83	79	105.1
总户数(公安局数)	户	262945	261123	100.7
农业户	户	112797	116181	97.1
非农户	户	150148	144942	103.6
总人口(公安局数)	人	587715	581684	101.0
男	人	291327	288409	101.0
女	人	296388	293275	101.1
农业人口	人	276125	285939	96.6
非农业人口	人	311590	295745	105.4
常住人口(市统计局反馈数)	万人	91.5	87.7	104.3
地区生产总值	万元	10149957.0	8678748.0	117.0
第一产业	万元	243847.0	222201.0	109.7
第二产业	万元	4410942.0	3734953.0	118.1
第三产业	万元	5495168.0	4721594.0	116.4
地区生产总值构成	%	100	100	—
第一产业	%	2.4	2.6	—
第二产业	%	43.5	43.0	—
第三产业	%	54.1	54.4	—

项　　目	计量单位	2011年	2010年	2011年为2010年%
二、农　　业				
农林牧渔业总产值(现价)	万元	651669.6	585817.2	111.2
主要农副产品产量				
粮食	万吨	21.3	21.5	99.1
夏粮	万吨	7.7	7.3	105.5
秋粮	万吨	13.6	14.2	95.8
蔬菜	万吨	45.9	47.8	96.0
干鲜果	万吨	7.2	6.9	104.3
出栏生猪	万头	96.5	94.0	102.7
出栏肉牛	万头	4.0	4.2	95.2
出栏羊	万只	15.5	18.2	85.2
出栏鸡	万只	835.7	794.6	105.2
出栏鸭	万只	359.1	403.6	89.0
鲜蛋	吨	13323.9	16425.6	81.1
#鸡蛋	吨	12903.8	15968.3	80.8
鲜鱼	吨	11020.0	10780.0	102.2
牛奶	吨	51606.2	51284.5	100.6
三、工业(规模以上)				
工业总产值	万元	20660927.3	18515647.3	111.6
工业主营业务收入	万元	21038849.3	18654916.6	112.8
工业利润总额	万元	1670405.3	1332343.0	125.4
四、外经．外贸				
三资企业签约项目	个	52	60	86.7
协议外资额	万美元	16392.5	24343.5	67.3
实际利用外资额	万美元	40489.6	40009.9	101.2
注册资本	万美元	20677.5	25194.1	82.1
出口交货总额	万元	3218148.7	3096147.0	103.9
五、固定资产投资				
全社会固定资产投资	亿元	436.0	413.7	111.1*1
城镇固定资产投资	亿元	163.7	135.0	121.3
农村固定资产投资(含农户)	亿元	41.7	82.6	50.5
房地产开发投资	亿元	230.7	196.1	117.6

项 目	计量单位	2011 年	2010 年	2011 年为2010 年%
六、批发零售．住宿餐饮				
社会消费品零售额	万元	2172906.0	1805049.3	117.1*2
网点数	个	16708	16655	100.3
营业人员	人	90992	86813	104.8
七、财政．金融				
财政总收入	万元	3854967.0	2797828.0	137.8
地方财政收入	万元	1176216.0	1457031.0	80.7
#一般预算收入	万元	809096.0	584356.0	138.5
地方财政支出	万元	1948265.0	1615452.0	120.6
各项税收	万元	3435650.0	2404185.0	142.9
#地税	万元	1190361.0	894488.0	133.1
各项存款余额	万元	11741438.0	10725924.0	109.5
各项贷款余额	万元	6003440.0	5776119.0	103.9
城乡居民储蓄余额	万元	4851992.0	4078101.0	119.0
八、劳动工资				
年末职工人数	人	424724	359454	118.2
第一产业	人	2573	3741	68.8
第二产业	人	193370	164916	117.3
第三产业	人	228781	190797	119.9
全年工资总额	万元	2668381.0	1933218.9	138.0
第一产业	万元	7082.1	11927.2	59.4
第二产业	万元	918442.6	670972.7	136.9
第三产业	万元	1742856.2	1250319.0	139.4
九、科　技				
科研机构数	个	2	2	100.0
科研人员	人	92	91	101.1
#自然科学人员	人	5	5	100.0
十、教　育				
学校数:普通中学	个	41	42	97.6
职业中学	个	6	4	150.0
小　学	个	49	48	102.1
在校学生数:普通中学	人	29434	30392	96.8

项　　目	计量单位	2011 年	2010 年	2011 年为 2010 年%
职业中学	人	2337	3212	72.8
小　　学	人	34037	32071	106.1
毕业生数:普通中学	人	9359	11150	83.9
职业中学	人	1140	1413	80.7
小　　学	人	5079	5378	94.4
幼儿园.托儿所	个	63	55	114.5
在园幼儿数	人	14247	12545	113.6
十一、文化体育				
文化馆.站	个	26	25	104.0
公共图书馆	个	1	1	100.0
公共图书馆藏书	万册	57	49	116.3
电影放映单位	个	442	443	99.8
#农村放映单位	个	439	439	100.0
区级以上重点文物保护单位	个	9	9	100.0
体育场馆	个	11	11	100.0
旅游人数	万人	394.0	363.0	108.5
旅游收入	万元	406812.0	352534.4	115.4
十二、卫　　生				
医疗卫生机构数	个	59	57	103.5
#医院及卫生院	个	37	37	100.0
医疗卫生机构床位数	张	3252	3149	103.3
#医院及卫生院床位数	张	3252	3149	103.3
卫生技术人员	人	4954	4562	108.6
#中西医师	人	2009	1853	108.4
平均每千人口拥有中西医师	人	2.2	2.4	91.7
平均每千人口拥有医院及卫生院床位	张	3.6	3.6	100.0
十三、人民生活(抽样调查资料)				
城镇居民人均可支配收入	元	28163.5	24825.3	113.4
城镇居民人均生活消费支出	元	16430.6	14256.7	115.2
农村居民人均纯收入	元	14314.0	12898.0	114.5*3
农村居民人均生活消费支出	元	9926.0	8639.0	114.9
十四、城市建设与环境				

项　　目	计量单位	2011 年	2010 年	2011 年为 2010 年%
全区公路总里程	公里	2667.6	2641.4	101.0
天然气管道供应	万户	10.8	10.0	108.0
天然气供应量	万立方米	16019.0	15026.0	106.6
二级和好于二级天数	天	281	279	100.7
林木绿化率	%	26.68	26.58	100.4
生活污水集中处理达标率%	98.50	74.23	132.7	
十五、能源消耗				
能源消费总量	万吨标煤	917.5	860.9	106.6
全区用电总量	万 kwh	493545.3	461269.3	107.0
第一产业	万 kwh	25695.7	24667.3	104.2
第二产业	万 kwh	237241.3	226430.0	104.8
工　　业	万 kwh	224600.7	213779.8	105.1
建筑业	万 kwh	12640.6	12650.2	99.9
第三产业	万 kwh	155657.2	144835.6	107.5
城乡居民生活用电	万 kwh	74951.3	65336.4	114.7

注：1.2010 年常住人口是第六次人口普查数据。

2."＊1"号表示，从 2011 年起，根据国家统计局相关规定，固定资产投资起点由 50 万元调整至 500 万元，增速按可比口径计算并进行了调整。

3."＊2"号表示，2011 年社会消费品零售额数据是按产业在地原则核算，2010 年数据是按法人。在地原则核算，增长速度按可比口径计算并进行了调整。

4."＊3"号表示，2011 年农村居民人均纯收入按国家统计局方案进行了口径调整，2011 年增长速度按同口径计算并进行了调整。

附　录

中共北京市顺义区委文件

中共北京市顺义区委文件

京顺发〔2011〕1号	关于印发区委三届十二次全会工作报告的通知
京顺发〔2011〕2号	关于表彰2010年度区域经济百强企业二三产业先进镇文明富裕村招商引资先进单位文化创意十佳企业金融产业优秀企业的决定
京顺发〔2011〕3号	关于表彰2010年度就业再就业工作先进单位和个人的决定
京顺发〔2011〕4号	关于全国“两会”安保及维护首都安全稳定工作的意见
京顺发〔2011〕5号	关于顺义区2011年重点信访问题区级领导包案的通知
京顺发〔2011〕6号	关于做好纪念中国共产党成立90周年有关工作的通知
京顺发〔2011〕7号	关于召开顺义区第一次妇女代表大会的通知
京顺发〔2011〕8号	关于转发《习近平同志在中央党校2011年春季学期开学典礼上的讲话》的通知
京顺发〔2011〕9号	关于召开共青团顺义区委员会第二次代表大会的通知
京顺发〔2011〕10号	转发《中共北京委北京市人民政府关于进一步加强审计工作的意见》的通知
京顺发〔2011〕11号	关于深入推进学习型顺义建设的意见
京顺发〔2011〕12号	关于加强青少年体育增强青少年体质的实施意见
京顺发〔2011〕13号	关于深入开展创先争优活动推动全区科学发展的意见
京顺发〔2011〕14号	关于贯彻落实《市委加强和改进新形势下党史工作的实施意见》的意见
京顺发〔2011〕15号	关于做好2011年镇级领导班子换届工作的意见
京顺发〔2011〕16号	关于推进社区共驻共建工作的意见
京顺发〔2011〕17号	关于学习贯彻胡锦涛总书记在庆祝中国共产党成立90周年大会上重要讲话精神的通知
京顺发〔2011〕18号	关于加强新形势下全区党建带团建工作的意见
京顺发〔2011〕19号	关于成立顺义区行政中心项目建设领导小组及其下设机构的通知
京顺发〔2011〕20号	关于印发《顺义区推进党的基层组织实行党务公开工作实施方案》的通

	知
京顺发〔2011〕21号	关于成立共产主义青年团北京市顺义区团校的决定
京顺发〔2011〕22号	关于中国共产党北京市顺义区第四次代表大会代表选举工作的通知
京顺发〔2011〕23号	关于转发《中共北京市顺义区人大常委会关于做好区、镇两级人民代表大会换届选举工作的意见》的通知
京顺发〔2011〕24号	关于进一步加强违法建设查处工作的实施意见
京顺发〔2011〕25号	关于车克欣、雷显武同志职务变动的通知
京顺发〔2011〕26号	关于印发《北京市顺义区北石槽镇机构改革方案》的通知
京顺发〔2011〕27号	关于印发《北京市顺义区北务镇机构改革方案》的通知
京顺发〔2011〕28号	关于印发《北京市顺义区北小营镇机构改革方案》的通知
京顺发〔2011〕29号	关于印发《北京市顺义区大孙各庄镇机构改革方案》的通知
京顺发〔2011〕30号	关于印发《北京市顺义区高丽营镇机构改革方案》的通知
京顺发〔2011〕31号	关于印发《北京市顺义区后沙峪镇机构改革方案》的通知
京顺发〔2011〕32号	关于印发《北京市顺义区李桥镇机构改革方案》的通知
京顺发〔2011〕33号	关于印发《北京市顺义区李遂镇机构改革方案》的通知
京顺发〔2011〕34号	关于印发《北京市顺义区龙湾屯镇机构改革方案》的通知
京顺发〔2011〕35号	关于印发《北京市顺义区马坡镇机构改革方案》的通知
京顺发〔2011〕36号	关于印发《北京市顺义区木林镇机构改革方案》的通知
京顺发〔2011〕37号	关于印发《北京市顺义区南彩镇机构改革方案》的通知
京顺发〔2011〕38号	关于印发《北京市顺义区南法信镇机构改革方案》的通知
京顺发〔2011〕39号	关于印发《北京市顺义区赵全营镇机构改革方案》的通知
京顺发〔2011〕40号	关于印发《北京市顺义区牛栏山镇机构改革方案》的通知
京顺发〔2011〕41号	关于印发《北京市顺义区仁和镇机构改革方案》的通知
京顺发〔2011〕42号	关于印发《北京市顺义区天竺镇机构改革方案》的通知
京顺发〔2011〕43号	关于印发《北京市顺义区杨镇机构改革方案》的通知
京顺发〔2011〕44号	关于印发《北京市顺义区张镇机构改革方案》的通知
京顺发〔2011〕45号	关于印发2011年对各镇主要经济发展指标与社会调控目标考核意见的通知
京顺发〔2011〕46号	关于进一步加快水务改革发展的意见
京顺发〔2011〕47号	关于印发《顺义区建立重大事项社会稳定风险评估机制的实施办法(试行)》的通知
京顺发〔2011〕48号	关于印发《顺义区委宣传部顺义区司法局关于在全区开展法判宣传教育的第六个五年规划(2011－2015)》的通知
京顺发〔2011〕49号	关于于庆丰同志任免的通知
京顺发〔2011〕50号	关于认真学习贯彻党的十七届六中全会精神的通知
京顺发〔2011〕51号	关于加强区级领导班子和领导干部党风廉政建设的实施意见
京顺发〔2011〕52号	关于加强干部队伍建设(2012－2016)的意见
京顺发〔2011〕53号	关于印发顺义区第四次党代会区委、区纪委工作报告的通知
京顺发〔2011〕54号	关于四届区委常委分工的通知

京顺发〔2011〕55号	关于做好北京市出席党的十八大代表侯选人推荐人选推荐提名工作的通知

中共北京市顺义区委办公室文件目录

京顺办发〔2011〕1号	关于2010年贯彻落实党风廉政建设责任制推进惩治和预防腐败体系建设检查考核情况的通报
京顺办发〔2011〕2号	关于区级领导在全国“两会”期间接待群众来访工作的通知
京顺办发〔2011〕3号	关于转发《顺义区委研究室关于做好2011年调查研究工作的意见》的通知
京顺办发〔2011〕4号	关于做好全国“两会”期间信访工作的通知
京顺办发〔2011〕5号	关于转发《北京陆军预备役高射炮兵第二团2011年度调整组工作》的通知
京顺办发〔2011〕6号	关于印发《顺义区全国“两会”安保及维护首都安全稳定工作任务分解》的通知
京顺办发〔2011〕7号	关于印发《顺义区全国“两会”安保维稳工作督查方案》的通知
京顺办发〔2011〕8号	关于印发《顺义区全国“两会”期间安全生产保障工作方案》的通知
京顺办发〔2011〕9号	关于印发《顺义区全国“两会”期间重点人群排查管控工作方案》的通知
京顺办发〔2011〕10号	关于转发市委宣传部关于当前形势的宣传教育提纲的通知
京顺办发〔2011〕11号	关于印发《北京市顺义区机构编制管理暂行办法》的通知
京顺办发〔2011〕12号	关于印发《中共北京市顺义区委党的建设工作领导小组2011年工作重点》的通知
京顺办发〔2011〕13号	关于全区信访系统深入开展创先争优活动的实施意见
京顺办发〔2011〕14号	关于印发《顺义区关于落实信访工作“属地管理、分级负责、分类处理、联动化解”机制的实施办法(试行)》的通知
京顺办发〔2011〕15号	关于印发《顺义区2011年党风廉政建设和反腐败工作任务分工方案》的通知
京顺办发〔2011〕16号	关于印发《顺义区开展严厉打击非法违法生产经营建设行为专项行动工作方案》的通知
京顺办发〔2011〕17号	关于印发《顺义区开展清理和规范庆典、研讨会、论坛活动工作的实施意见》的通知
京顺办发〔2011〕18号	关于印发《北京市顺义区开展党政机关公务用车问题治理工作的实施意见》的通知
京顺办发〔2011〕19号	关于印发《2011年“一助一”工作报告》的通知
京顺办发〔2011〕20号	关于2010年“一助一”工作情况的通报
京顺办发〔2011〕21号	关于认定第二批区级“枢纽型”社会组织的通知
京顺办发〔2011〕22号	关于转发《北京陆军预备役高射炮兵第二团组织参加卫戍区摩托车驾驶基本技能科目汇报现实训练集训事》的通知

京顺办发〔2011〕23 号	关于印发《顺义区纪念中国共产党成立 90 周年政治宣传环境布置实施方案》的通知
京顺办发〔2011〕24 号	关于党政机关干部工作人员暑期休假安排的通知
京顺办发〔2011〕25 号	关于成立第十一届中国菊花展览会执行委员会及其工作机构和职责分工的通知
京顺办发〔2011〕26 号	关于做好 2011 年国庆期间维护社会稳定防范安全事故加强值班等工作的通知
京顺办发〔2011〕27 号	关于转发《区委宣传部、区国资委关于加强和改进新形势下国有企业思想政治工作的实施意见》的通知
京顺办发〔2011〕28 号	关于对 2011 年党风廉政建设责任制贯彻落实情况进行检查的通知
京顺办发〔2011〕29 号	关于印发《顺义区所属单位清理整顿违规生产经营建设行为工作的方案》的通知
京顺办发〔2011〕30 号	关于转发《中共北京市委办公厅关于印发<北京市贯彻落实中国共产党员领导干部廉洁从政若干准则>暂行规定的通知》的通知
京顺办发〔2011〕31 号	关于转发《北京陆军预备役高射炮兵第二团演练集训事》的通知
京顺办发〔2011〕32 号	关于做好 2012 年元旦、春节期间有关工作通知

北京市顺义区人民政府文件

北京市顺义区人民政府文件

顺政发〔2011〕1 号	顺义区人民政府关于加强公共安全风险管理工作的意见
顺政发〔2011〕2 号	顺义区人民政府关于印发政府工作报告的通知
顺政发〔2011〕3 号	顺义区人民政府关于李绍林等同志任免职的通知
顺政发〔2011〕4 号	顺义区人民政府关于印发 2011 年拟实施重点建设工程的通知
顺政发〔2011〕5 号	顺义区人民政府关于公布行政规范性文件清理结果的通知
顺政发〔2011〕6 号	顺义区人民政府关于印发 2011 年政府折子工程的通知
顺政发〔2011〕7 号	顺义区人民政府关于张涛等同志试用期满任职的通知
顺政发〔2011〕8 号	顺义区人民政府关于印发顺义区危险化学品使用单位安全生产监督管理办法的通知
顺政发〔2011〕9 号	顺义区人民政府关于开展顺义区第一次水务普查的通知
顺政发〔2011〕10 号	顺义区人民政府关于马万林同志免职的通知
顺政发〔2011〕11 号	顺义区人民政府关于印发顺义区 2011 年为群众拟办重要实事的通知
顺政发〔2011〕12 号	顺义区人民政府关于印发《北京天竺综合保税区“十二五”发展规划（2011 - 2015 年）》的通知
顺政发〔2011〕13 号	顺义区人民政府关于胡杰等同志任免职的通知
顺政发〔2011〕14 号	顺义区人民政府关于周伟等同志任免职的通知
顺政发〔2011〕15 号	顺义区人民政府关于冯柏林同志任职的通知

顺政发〔2011〕16号	顺义区人民政府关于印发顺义区城乡联动教育改革实验方案的通知
顺政发〔2011〕17号	顺义区人民政府关于印发顺义区学前教育三年行动计划的通知
顺政发〔2011〕18号	顺义区人民政府关于印发顺义区政府投资项目管理办法的通知
顺政发〔2011〕19号	顺义区人民政府关于闫连恒等同志任免职的通知
顺政发〔2011〕20号	顺义区人民政府关于印发2011年财政收入任务分解的通知
顺政发〔2011〕21号	顺义区人民政府关于赵殿江等同志任免职的通知
顺政发〔2011〕22号	顺义区人民政府印发关于推进商标战略实施示范区建设工作意见的通知
顺政发〔2011〕23号	顺义区人民政府关于印发顺义区事业单位公开招聘工作人员实施细则的通知
顺政发〔2011〕24号	顺义区人民政府关于印发顺义区推动企业上市工作办法的通知
顺政发〔2011〕25号	顺义区人民政府关于郭宝生等同志试用期满任职的通知
顺政发〔2011〕26号	顺义区人民政府关于彭智等同志任职的通知
顺政发〔2011〕27号	顺义区人民政府关于印发顺义区加强法治政府建设实施方案的通知
顺政发〔2011〕28号	顺义区人民政府关于印发顺义区促进金融产业发展办法的通知
顺政发〔2011〕29号	顺义区人民政府关于安建军等同志任职的通知
顺政发〔2011〕30号	顺义区人民政府关于印发顺义区进一步促进中小企业发展实施意见的通知
顺政发〔2011〕31号	顺义区人民政府关于单增友等同志任免职的通知
顺政发〔2011〕32号	顺义区人民政府关于赵志齐等同志试用期满任职的通知
顺政发〔2011〕33号	顺义区人民政府关于张希德等同志任免职的通知
顺政发〔2011〕34号	顺义区人民政府关于李颖林同志任职的通知
顺政发〔2011〕35号	顺义区人民政府关于印发顺义区居住小区公共服务设施建设和管理工作有关规定(试行)的通知
顺政发〔2011〕36号	顺义区人民政府关于印发顺义区区域卫生规划(2011~2020年)的通知
顺政发〔2011〕37号	顺义区人民政府关于印发顺义区"十二五"时期环境建设规划的通知
顺政发〔2011〕38号	顺义区人民政府关于仵爱勇同志免职的通知
顺政发〔2011〕39号	顺义区人民政府关于于庆丰同志工作分工的通知
顺政发〔2011〕40号	顺义区人民政府关于印发顺义区进一步优化临空经济区发展政策环境若干意见的通知
顺政发〔2011〕41号	顺义区人民政府关于进一步加强本区行政应诉工作的意见
顺政发〔2011〕42号	顺义区人民政府关于鼓励适龄青年应征入伍工作的意见
顺政发〔2011〕43号	顺义区人民政府2011年冬季征兵命令
顺政发〔2011〕44号	顺义区人民政府关于梁军等同志任免职的通知
顺政发〔2011〕45号	顺义区人民政府印发关于进一步提升邮政普遍服务水平实施意见的通知
顺政发〔2011〕46号	顺义区人民政府关于印发顺义区主要污染物总量减排考核实施意见等文件的通知
顺政发〔2011〕47号	顺义区人民政府关于陈福全同志免职的通知

顺政发〔2011〕48号　顺义区人民政府关于印发区政府领导同志工作分工的通知
顺政发〔2011〕49号　顺义区人民政府关于印发政府工作报告的通知
顺政发〔2011〕50号　顺义区人民政府关于印发顺义区清洁空气行动计划(2011—2015年大气污染控制措施)的通知
顺政发〔2011〕51号　顺义区人民政府关于印发顺义区全民健身实施计划(2011—2015年)的通知
顺政发〔2011〕52号　顺义区人民政府关于林向阳等同志任免职的通知

顺义区人民政府办公室文件

顺政办发〔2011〕1号　顺义区人民政府办公室关于成立顺义区通信保障和信息安全应急指挥部有关事项的通知
顺政办发〔2011〕2号　顺义区人民政府办公室关于成立顺义区架空线入地专项整治领导小组的通知
顺政办发〔2011〕3号　顺义区人民政府办公室转发区经济信息化委关于顺义区2011年重点产业项目的通知
顺政办发〔2011〕4号　顺义区人民政府办公室转发区市政市容委关于顺义区公共厕所管理暂行办法的通知
顺政办发〔2011〕5号　顺义区人民政府办公室关于印发顺义区2011年学法计划的通知
顺政办发〔2011〕6号　顺义区人民政府办公室转发市工商局顺义分局关于促进区域产业结构升级科学市场准入工作意见(试行)的通知
顺政办发〔2011〕7号　顺义区人民政府办公室关于成立顺义区地方政府性债务审计领导小组的通知
顺政办发〔2011〕8号　顺义区人民政府办公室印发关于集中开展“消防平安行动”实施方案的通知
顺政办发〔2011〕9号　顺义区人民政府办公室转发区城管监察大队关于顺义区环境秩序百日整治春风行动工作方案的通知
顺政办发〔2011〕10号　顺义区人民政府办公室转发区教委关于进一步加快职业教育发展意见的通知
顺政办发〔2011〕11号　顺义区人民政府办公室转发区教委关于进一步加强干部教师队伍建设意见的通知
顺政办发〔2011〕12号　顺义区人民政府办公室转发区教委关于2011年顺义区高校招生考试工作实施方案的通知
顺政办发〔2011〕13号　顺义区人民政府办公室关于批准北京龙至瑞自动化技术有限公司“4·4”一般生产安全事故结案的通知
顺政办发〔2011〕14号　顺义区人民政府办公室关于印发顺义区社区用房装修和办公活动设施配置标准的通知
顺政办发〔2011〕15号　顺义区人民政府办公室转发区政府法制办区发展改革委关于开展专项集中清理不利于民间投资发展的政策文件的通知

顺政办发〔2011〕16号	顺义区人民政府办公室转发区园林绿化局关于开展保护发展森林资源目标责任制建立和执行情况检查文件的通知
顺政办发〔2011〕17号	顺义区人民政府办公室关于印发顺义区2011年整治违法排污企业保障群众健康环保专项行动工作方案的通知
顺政办发〔2011〕18号	顺义区人民政府办公室关于加强行政调解工作的实施意见
顺政办发〔2011〕19号	顺义区人民政府办公室关于批准北京三立车灯有限公司"6·9"一般生产安全事故结案的通知
顺政办发〔2011〕20号	顺义区人民政府办公室转发区城管监察大队关于顺义区环境秩序百日整治夏季攻势工作方案的通知
顺政办发〔2011〕21号	顺义区人民政府办公室转发区经济信息化委关于顺义区促进中小企业发展扶持办法的通知
顺政办发〔2011〕22号	顺义区人民政府办公室转发区园林绿化局关于顺义区"十二五"期间年森林采伐限额管理工作意见的通知
顺政办发〔2011〕23号	顺义区人民政府办公室转发北京市民族事务委员会关于2011年开斋节放假文件的通知
顺政办发〔2011〕24号	顺义区人民政府办公室关于印发顺义区深化医药卫生体制改革2011年主要工作安排的通知
顺政办发〔2011〕25号	顺义区人民政府办公室关于批准北京燕山骐瑞化工设备有限公司"6·28"一般生产安全死亡事故结案的通知
顺政办发〔2011〕26号	顺义区人民政府办公室关于批准吉祥庄C－03地块1#两限商品房等6项工程"6·23"一般生产安全事故结案的通知
顺政办发〔2011〕27号	顺义区人民政府办公室转发区农委区经管站关于落实农村土地承包经营纠纷调解仲裁法有关工作意见的通知
顺政办发〔2011〕28号	顺义区人民政府办公室关于开展年度人口抽样调查工作的通知
顺政办发〔2011〕29号	顺义区人民政府办公室关于批准2011年顺义区中小学校校舍安全加固(二标段)裕龙小学裕龙中学办公楼等15项工程"7·26"一般生产安全事故结案的通知
顺政办发〔2011〕30号	顺义区人民政府办公室关于批准北京现代三厂总装车间施工工地"8·20"一般生产安全事故结案的通知
顺政办发〔2011〕31号	顺义区人民政府办公室转发区城管监察大队关于顺义区环境秩序百日整治秋风行动工作方案的通知
顺政办发〔2011〕32号	顺义区人民政府办公室关于贯彻实施行政强制法做好行政强制清理工作的通知
顺政办发〔2011〕33号	顺义区人民政府办公室转发北京市人民政府办公厅关于建立健全共同查处利用集体土地违法建设销售住宅行为责任机制文件的通知
顺政办发〔2011〕34号	顺义区人民政府办公室关于印发顺义区农村土地确权登记颁证工作方案的通知
顺政办发〔2011〕35号	顺义区人民政府办公室关于批准北京瑞实机电工程安装有限公司"9·18"一般生产安全事故结案的通知

顺政办发〔2011〕36号	顺义区人民政府办公室关于印发顺义区耕地保护责任目标考核办法的通知
顺政办发〔2011〕37号	顺义区人民政府办公室转发区人口计生委关于加强顺义区全员人口数据库建设实施意见的通知
顺政办发〔2011〕38号	顺义区人民政府办公室关于成立顺义区阜外医院国际医疗健康中心项目领导小组的通知
顺政办发〔2011〕39号	顺义区人民政府办公室关于成立顺义区劳动人事争议仲裁委员会的通知

顺义区主要外事活动

来访情况

时间	内容
2011年4月21日	朝鲜劳动新闻社祖国统一部全宗浩部长率朝鲜劳动新闻青年记者代表团
2011年5月12日	苏丹喀土穆州农业及灌溉厅厅长率代表团参观顺义三高科技农业试验示范区；
2011年5月12日	瑞典乡村事务部国务秘书麦格那斯·延布先生率代表团参观鹏程食品分公司；
2011年11月7日	朝鲜贸易省计划局申日进局长率代表团参观顺鑫农业股份有限公司；
2011年11月16日–19日	韩国首尔市城北区区厅长金永培率代表团对顺义进行为期四天的友好访问。

顺义区社区居委会

光明街道办事处

名称	电话	名称	电话
东兴第一社区居委会	81492972	裕龙花园社区居委会	81485380
东兴第二社区居委会	89403141	裕龙六区社区居委会	89497679
东兴第三社区居委会	81493785	裕龙五区社区居委会	89408057
幸福东区社区居委会	69448561	裕龙四区社区居委会	89409934
双兴东区社区居委会	69421796	双拥社区社区居委会	66380279
滨河小区社区居委会	89493673		

胜利街道办事处

名称	电话	名称	电话
建新北区第一社区居委会	69422437	怡馨家园第一社区居委会	81490355
建新北区第二社区居委会	69424278	怡馨家园第二社区居委会	81490986
建新北区第三社区居委会	69447615	西辛第一社区居委会	81495731
建新南区第一社区居委会	69441328	西辛社区居委会	69468141
建新南区第二社区居委会	69422257	西辛北区社区居委会	81490017
双兴南区社区居委会	69423702	义宾南区社区居委会	81493064
胜利小区社区居委会	69422524	义宾北区社区居委会	69422312
前进社区居委会	69423441	义宾街社区居委会	69424515
太平社区居委会	69421730	铁十六局社区居委会	69440361
幸福西街社区居委会	69424163	龙府花园社区居委会	69438433

石园街道办事处

名称	电话	名称	电话
石园东区社区居委会	89447283	五里仓第一社区居委会	69447164
石园西区社区居委会	89441202	五里仓第二社区居委会	81493575
石园北区第一社区居委会	81496697	港馨家园社区居委会	89449310
石园北区第二社区居委会	89443998	燕京社区居委会	89496860
石园南区社区居委会	89443151	轻汽集团社区居委会	89496100 - 2117
石园东苑社区居委会	89442147		

旺泉街道办事处

名称	电话	名称	电话
西辛社区居委会	69468141	铁十六局社区居委会	69440361
西辛第一社区居委会	81495731	前进花园社区居委会	89433560
西辛北社区居委会	81490017	宏城花园社区居委会	69439360

双丰街道办事处

名称	电话	名称	电话
马坡花园一区居委会	69402335	马坡花园二区居委会	69405086

空港街道办事处

名称	电话	名称	电话
天房第一社区居委会	84167119	蓝星花园社区居委会	80490152
天房第二社区居委会	84167117	莫奈花园社区居委会	80410282
万科花园社区居委会	80493677	莲竹花园社区居委会	80427155
裕祥花园社区居委会	80494639		

顺义区村民委员会

仁　和　镇

石门村委会	69448156	沙井村委会	69475516
望泉寺村委会	69448355	军营村委会	69448335
梅沟营村委会	69421966	沙坨村委会	69472947
复兴村委会	69422040	北兴村委会	69441925
前进村委会	69421887	太平村委会	69421610
庄头村委会	81495822	石各庄村委会	89446208
平各庄村委会	89498581	胡各庄村委会	89495058
杜各庄村委会	69421809	米各庄村委会	89407387
吴家营村委会	89405021	杨家营村委会	89401016
塔河村委会	89423683	河南村村委会	89492919
陶家坟村委会	89407014	窑坡村委会	89407062
临河村委会	89494682		

马　坡　镇

名称	电话	名称	电话
向阳村委会	69401989	东丰乐村委会	69401782
小孙各庄村委会	69401820	西丰乐村委会	69401179
大营村委会	69401753	西马坡村委会	69401813
北上坡村委会	69405902	肖家坡村委会	69401931
秦武姚村委会	69409819	东马坡村委会	69401759
向前村委会	69409710	白各庄村委会	69409307
荆卷村委会	69409652	良正卷村委会	69409138
庙卷村委会	69409465	衙门村村委会	69409908
泥河村委会	69401072	石家营村委会	69409915

毛家营村委会	69409726	姚店村委会	69409722
马卷村委会	69409659	马坡花园居委会	69405086

南法信镇

名称	电话	名称	电话
南卷村村委会	69474545	三家店村委会	69473663
西海洪村委会	69472488	东海洪村委会	69474733
东杜兰村委会	69472534	西杜兰村委会	69473776
北法信村委会	69472684	大江洼村委会	69473300
焦各庄村委会	69473030	刘家河村委会	69473551
南法信村委会	69472483	马家营村委会	69472557
卸甲营村委会	69475128	哨马营村委会	89425329
冯家营村委会	69473601	十里堡村委会	69474384

李　桥　镇

名称	电话	名称	电话
李家桥村委会	81473104	后桥村委会	81472647
庄子营村委会	81473913	头二营村委会	89428101
三四营村委会	89426511	洼子村委会	81473930
南半壁店村委会	81463411	英各庄村委会	81478296
张辛村委会	89427166	临清村委会	89427969
西大坨村委会	69489427	西树行村委会	69481618
北河村委会	69485993	沙浮村委会	69489948
王家场村委会	69486015	沿河村委会	69486327
芦各庄村委会	69485978	史庄村委会	69481147
吴庄村委会	69486052	永青村委会	69486079
郭庄村委会	69486073	南河村委会	69485772
北桃园村委会	69486025	南桃园村委会	69486081
安里村委会	69486007	苏庄村委会	69486026
官庄村委会	69486010	堡子村委会	69485980
沮沟村委会	69486085	北庄头村委会	69486180
南庄头村委会	69486057		

天　竺　镇

名称	电话	名称	电话
天竺村委会	64567559	楼台村委会	64563498

小王辛庄村委会	64575547	二十里堡村委会	64567541
杨二营村委会	52133600	岗山村委会	64562399
龙山村委会	80497113	桃山村委会	80498222

后沙峪镇

名称	电话	名称	电话
西泗上村委会	69454873	古城村委会	80496381
罗各庄村委会	80496770	西田各庄村委会	80499890
燕王庄村委会	80496759	西白辛庄村委会	80496735
吉祥庄村委会	80496595	马头庄村委会	80496702
后沙峪村委会	80496723	前沙峪村委会	80496760
东庄村委会	80495108	火神营村委会	80496264
铁匠营村委会	80482949	回民营村委会	80496601
枯柳树村委会	80496322	董各庄村委会	80496701

高丽营镇

名称	电话	名称	电话
一村村委会	69455643	二村村委会	69455244
三村村委会	69455634	四村村委会	69455924
五村村委会	69455664	六村村委会	69454356
七村村委会	69455642	八村村委会	69455640
南王路村委会	69455734	北王路村委会	69455794
西王路村委会	69455843	唐自头村委会	69455884
于庄村委会	69455742	张喜庄村委会	69491445
东马各庄村委会	69493946	西马各庄村委会	69491477
水坡村委会	69491472	羊房村委会	69491478
前渠河村委会	69491435	后渠河村委会	69491476
闫家营村委会	69491475	夏县营村委会	69491473
河津营村委会	69491479	南郎中村委会	69491474
文化营村委会	69491193		

杨　镇

名称	电话	名称	电话
一街村委会	61451249	辛庄子村委会	61412910
二街村委会	61451367	高各庄村委会	61412842
三街村委会	61451377	王辛庄村委会	61412905

张家务村委会	61451641	沙子营村委会	61413758
齐家务村委会	61451634	松各庄村委会	61412854
杜庄村委会	61456101	李辛庄村委会	61412830
二郎庙村委会	61453358	沙岭村委会	61444026
东庄户村委会	61455731	于庄村委会	61444776
老庄户村委会	61450848	徐庄村委会	61442354
沟东村委会	61451437	西庞村委会	61442433
东町村委会	61451660	东庞村委会	61442454
红寺村委会	61451307	大三渠村委会	61442474
下坡村委会	61453996	良庄村委会	61444459
下营村委会	61451408	白塔村委会	61442216
汉石桥村委会	61452077	曾庄村委会	61442422
安乐庄村委会	61451915	周庄村委会	61442464
荆坨村委会	61412914	曹庄村委会	61443314
井上村委会	61412846	别庄村委会	61442404
侉子营村委会	61412901	破罗口村委会	61442518
田家营村委会	61412859	辛庄户村委会	61452455
小店村委会	61412904	焦各庄村委会	61441330

赵全营镇

名称	电话	名称	电话
西小营村委会	89422719	北郎中村委会	60431797
赵全营村委会	60432672	小高丽营村委会	60431159
去碑营村委会	60432662	豹房村委会	60431138
陈各庄村委会	60433500	小官庄村委会	60431592
大官庄村委会	60435396	马家堡村委会	60431941
白庙村委会	60432410	忻州营村委会	60431150
前桑园村委会	60432402	后桑园村委会	60432401
红铜营村委会	60435337	板桥村委会	60442124
西降营村委会	60442125	东降营村委会	60442175
稷山营村委会	89422783	东水泉村委会	60442178
西水泉村委会	60442132	联庄村委会	60442139
河庄村委会	60442181	解放村委会	60442103
燕华营村委会	60442129		

牛栏山镇

名称	电话	名称	电话
北孙各庄村委会	69411181	龙王头村委会	69414002

富各庄村委会	69411799	芦正卷村委会	69414074
北军营村委会	69412679	相各庄村委会	69416156
官志卷村委会	69411791	范各庄村委会	89411083
后晏子村委会	69418353	前晏子村委会	69417989
兰家营村委会	69411373	姚各庄村委会	69411708
半壁店村委会	69419010	张家庄村委会	89411601
下坡屯村委会	69414064	史家口村委会	69411752
禾丰村委会	69411605	先进村委会	69415220
安乐村委会	69411081	金牛村委会	60411220

南　彩　镇

名称	电话	名称	电话
南彩村委会	89469015	桥头村委会 89421069	
九王庄村委会	89469044	前郝家疃村委会	89477243
前薛各庄村委会	89469246	后郝家疃村委会	89479330
后薛各庄村委会	89469273	望渠村委会	89469234
于辛庄村委会	89468572	东江头村委会	89469296
太平庄村委会	89469263	西江头村委会	89469294
大兴庄村委会	89460420	前俸伯村委会	89470255
水屯村委会	89469265	后俸伯村委会	89477230
坞里村委会	89469257	河北村村委会	89477714
双营村委会	89469293	杜刘庄村委会	89477269
小营村委会	89469065	北彩村委会	89421634
洼里村委会	89469297	柳桁村委会	89421651
道仙庄村委会	89469278	黄场村委会	89421620

北小营镇

名称	电话	名称	电话
北小营村委会	60483651	上辇村委会	60483652
北府村委会	60483166	东乌鸡村委会	60483617
西乌鸡村委会	60483810	榆林村委会	60482711
后礼务村委会	60483735	前礼务村委会	60480596
马辛庄村委会	60485895	前鲁村委会	60483657
后鲁村委会	60483654	仇店村委会	60483667
西府村委会	60483659	东府村委会	60489700
大胡营村委会	69416975	小胡营村委会	69416973
牛富屯村委会	60480296		

李 遂 镇

名称	电话	名称	电话
宣庄户村委会	89481827	魏辛庄村委会	89481816
后营村委会	89481821	前营村委会	89481377
葛代子村委会	89481773	沟北村委会	89481370
柳各庄村委会	89481817	李遂村委会	89481088
西营村委会	89485058	东营村委会	89481813
李庄村委会	89481097	崇国庄村委会	89481373
陈庄村委会	69436839	赵庄村委会	69436820
太平辛庄村委会	89481815	牌楼村委会	89481823

木 林 镇

名称	电话	名称	电话
木林村委会	60456190	陈各庄村委会	60456377
蒋各庄村委会	60456121	魏家店村委会	60457189
东沿头村委会	60456253	西沿头村委会	60451099
长林庄村委会	60449256	孝德村委会	60458084
唐指山村委会	60456334	贾山村委会	60456139
茶棚村委会	60456123	安辛庄村委会	60456092
王泮庄村委会	60456013	大韩庄村委会	60448379
小韩庄村委会	60448350	马坊村委会	60448401
上园子村委会	60448153	大林村委会	60448151
陈家陀村委会	60492690	李各庄村委会	60492705
业兴庄村委会	60492696	陀头庙村委会	60492703
荣各庄村委会	60492706	前王各庄村委会	60492702
后王各庄村委会	60492691	潘家坟村委会	60492720

龙湾屯镇

名称	电话	名称	电话
龙湾屯村委会	60461278	丁甲庄村委会	60463453
大北坞村委会	60461277	山里辛庄村委会	60461392
焦庄户村委会	60461250	七连庄村委会	60461318
柳庄户村委会	60465999	南坞村委会	60463339
树行村委会	60463103	张中坞村委会	60462683
史中坞村委会	60461610	小北坞村委会	60461260

唐洞村委会	60461403

张　镇

名称	电话	名称	电话
张各庄村委会	61489094	小曹庄村委会	61442038
柏树庄村委会	61443108	驻马庄村委会	61441325
白辛庄村委会	61492416	赵各庄村委会	61491319
侯庄村委会	61493183	行宫村委会	61493792
前王会村委会	61493897	后王会村委会	61491306
前苏桥村委会	61491327	后苏桥村委会	61491687
王庄村委会	61491181	朱庄村委会	61492518
聂庄村委会	61491863	良山村委会	61480697
小三渠村委会	61480705	麻林山村委会	61480706
李洼子村委会	61480707	贾洼子村委会	61480709
吕布屯村委会	61489814	港西村委会	61489045
雁户庄村委会	61481469	大故现村委会	61482455
刘辛庄村委会	61480719	厂门口村委会	61480701
虫王庙村委会	61480702	北营村委会	61480703
西营村委会	61482872		

大孙各庄镇

名称	电话	名称	电话
大孙各庄村委会	61432149	客家庄村委会	61432148
西辛庄村委会	61432141	户耳山村委会	61432143
宗家店村委会	61432142	柴家林村委会	61432149
顾家庄村委会	61432184	田各庄村委会	61432538
小故现村委会	61432174	吴雄寺村委会	61432074
小宋各庄村委会	61432104	小塘村委会	61430523
南聂庄村委会	61432084	王户庄村委会	61432124
龙庭侯村委会	61432114	老公庄村委会	61433054
大坝洼庄村委会	61432134	小坝洼庄村委会	61433211
大塘村委会	61432144	佟辛庄村委会	
薛庄村委会	61432145	前岭上村委会	61432146
后岭上村委会	61432164	东华山村委会	61472820
西华山村委会	61472950	大段村委会	61472917
小段村委会	61472914	谢辛庄村委会	61472927
赵家峪村委会	61472932	湘王庄村委会	61472904
四福庄村委会	61472919	后陆马庄村委会	61472934

前陆马庄村委会	61472930	西尹家府村委会	61472925
东尹家府村委会	61471237	大崔各庄村委会	61472921
大石各庄村委会	61432876	大田庄村委会	61472849
大洛泡村委会	61472846		

北石槽镇

名称	电话	名称	电话
西赵各庄村委会	60423565	下西市村委会	60422531
西范各庄村委会	60422108	良善庄村委会	60425177
南石槽村委会	60422287	北石槽村委会	60425006
东石槽村委会	60422105	东辛庄村委会	60421596
寺上村委会	60422362	武各庄村委会	60422501
刘各庄村委会	60422507	中滩营村委会	60425240
大柳树村委会	60422392	二张营村委会	60422391
李家史山村委会	60422117	营尔村委会	51041663

北　务　镇

名称	电话	名称	电话
北务村委会	61422181	仓上村委会	61423007
陈辛庄村委会	61421248	道口村委会	61421262
东地村委会	61424066	郭家务村委会	61421967
林上村委会	61421224	马庄村委会	61421947
南辛庄户村委会	61421940	王各庄村委会	61421932
小珠宝村委会	61422234	闫家渠村委会	61421506
于地村委会	61422759	珠宝屯村委会	61423035
庄子村委会	61421261		

顺义爱国主义教育基地

序号	基地名称	隶属关系	地　址	邮　编	联系人	联系电话（传真）	命名时间
1	北京焦庄户地道战遗址纪念馆（国家级）	区文化委	龙湾屯镇焦庄户村	101306	马　增	60465088	2001年6月（国家级）
2	顺义区光荣院	区民政局	顺义区石园北区东侧	101300	李　静	69425224	2003年4月21日命名为顺义区青少年首批德育基地。
3	顺义区科技馆	区科委	顺义区光明南街24号	101300	刘全凤	69443483	2003年4月21日命名为顺义区青少年首批德育基地。
4	顺义区图书馆	区文化委	顺义区光明南街20号	101300	史红艳	81483527	2003年4月21日命名为顺义区青少年首批德育基地。
5	顺义区文物管理所	区文化委	顺义区拥军路2号	101300	李建林	69463542	2003年4月21日命名为顺义区青少年首批德育基地。
6	顺义区档案馆（2008年2月市级）	区档案局	顺义区光明北街4号	101300	刘庆林	69460099	1997年4月命名为顺义县爱国主义教育基地；2003年4月21日命名为顺义区青少年首批德育基地；2008年4月被评为市级爱国主义教育基地。
7	顺义区文化馆	区文化委	顺义区光明南街22号	101300	柴松林	69467503	2003年4月21日命名为顺义区青少年首批德育基地。
8	北京林河工业开发区	区直机关工委	顺义双河大街18号	101300	邢瑞红	89492488	2003年4月21日命名为顺义区青少年首批德育基地。
9	北京天竺空港经济开发区	自属	北京天竺空港经济开发区	101312	李媛	80489504	2003年4月21日命名为顺义区青少年首批德育基地。

序号	基地名称	隶属关系	地　址	邮　编	联系人	联系电话（传真）	命名时间
10	北京汇源饮料食品集团有限公司	区工商联	顺义区北小营镇汇源路	101305	曾照虎	13321181069	2003 年 4 月 21 日命名为顺义区青少年首批德育基地。
11	北京燕京啤酒集团	区国资委	顺义双河大街 9 号	101300	郭立刚	89492241	2003 年 4 月 21 日命名为顺义区青少年首批德育基地。
12	北京顺义三高科技农业试验示范区	区农委	北京顺义三高科技农业试验示范区	101300	张海莉	60489550	2003 年 4 月 21 日命名为顺义区青少年首批德育基地。
13	北京顺沿特种蔬菜基地	李桥镇政府	李桥镇西树行村后	101300	田国相	69485876 13910398038	2003 年 4 月 21 日命名为顺义区青少年首批德育基地。
14	北京顺鑫绿色度假村有限责任公司	顺鑫集团	北京市顺义区李遂镇西	101300	闫立新	89485191	2003 年 4 月 21 日命名为顺义区青少年首批德育基地。
15	顺义区潮白烈士陵园（2008 年 2 月市级）	区民政局	北京市顺义区潮白河永久桥东侧 1000 米	101300	郭春霞	89479289 – 8026	1963 年顺义县委、县政府定名为顺义县革命烈士墓地。2003 年 4 月 21 日命名为顺义区青少年首批德育基地。2008 年 4 月被评为市级爱国主义教育基地；
16	北京顺义西单商场	区国资委	顺义区府前西街	101300	李作昌	69429492 或 69441522	2003 年 4 月 21 日命名为顺义区青少年首批德育基地。
17	北京市顺义国泰商业大厦	区国资委	顺义区府前西街	101300	岳庆亭	69447410	2003 年 4 月 21 日命名为顺义区青少年首批德育基地。
18	神笛陶艺村（2008 年 2 月市级）	顺义区三高管委会	北京顺义三高科技农业试验示范区内	101300	张　专	60489273	2006 年底参评市委宣传部牵头组织的“市级爱国主义教育基地”2008 年 4 月被评为市级爱国主义教育基地。

境域公交客运线路

区属运营线路

序号	线路名称	起始站	终点站	途经主要站点
1	顺1路	河南村小区	滨河小区	河南村小区、顺义九中、家具城、港馨家园、胡各庄、电信大楼、石园南区、西单大卖场、工商分局、公安分局、怡馨家园、检察院、隆华、西单、影剧院、胜利小区、便民街东口、三中、公路局、东大桥、裕龙三区、裕龙一区、现代学院、裕龙五区、裕龙六区、滨河小区
2	顺2路	妇幼医院	鲲鹏集团	鲲鹏集团、大江洼村、南法信小学、南法信医院、华英园、石门小区、供销大厦、社教中心、京顺医院、西辛小学、西门、党校、影剧院、西单、国泰、顺义医院、东风小学、五里仓、顺义五中、石园东区、老干部局、妇幼保健医院
3	顺11路	裕龙小区	李家史山	裕龙小区、顺义电视台、东风小学、顺义区医院、国泰、西单、影剧院、党校、西门、前进花园、二中、东海洪、西海洪、南卷、高炮二团、衙门村、庙卷、马卷、姚店、毛家营、石家营、马家堡、大官庄、小官庄、陈各庄、赵全营、小高丽营、(豹房)晨光工贸、去碑营、忻州营、红铜营、二张营、中滩营、大柳树营、京承高速、李家史山
4	顺12路	南法信	安里	机场1号门、六环西、紫微星、木材市场、沙井、望泉寺、社教中心、京顺医院、西辛小学、西门、党校、影剧院、西单、隆华、中医院、东风小学、五里仓、西单大卖场、平各庄、平各庄东、港馨家园、啤酒厂北、职高、河南村北、河南村、工业园、王家场北、王家场、顺美、北河、北河小学、吴庄、沿河卫生院、沿河村委会、沿河派出所、南河、北桃园、南桃园、安里
5	顺13路	馨港庄园	于庄	馨港庄园、平各庄、老年公寓、裕龙小区、顺义电视台、东风小学、建新南区、怡园、检察院、隆华商场、西单、影剧院、党校、西门、前进花园、二中、东海洪、西海洪、东杜兰、西杜兰、三北苗木、文化营、张喜庄市场0、张喜庄、万万树、前渠河、羊房、闫家营、高丽营东、高丽营、高丽营小学、高丽营政府、西王路、北王路、南王路、于庄

序号	线路名称	起始站	终点站	途经主要站点
6	顺14路	北孙各庄	南庄头	北孙各庄、龙王头、富各庄北、富各庄、北军营、嘉寓集团、禾丰、牛栏山、牛栏山小区、龙湖别墅、乔波滑雪场、西丰乐、花园北、马坡花园、乡村赛马场、大营、龙苑别墅、牛山一中分校、双兴桥、双兴南区、胜利小区、影剧院、西单、隆华、中医院、东风小学、五里仓、西单大卖场、平各庄、陶家坟、山子坟、窑坡、后桥、李桥中学、李桥、李天路口、沿河路口、针织厂、西大坨 沿河 南河、郭庄、永青、关庄、堡子、北庄头、南庄头
7	顺15路	西门	山里辛庄(安利隆山庄)	西门、物美、顺义火车站、顺鑫农业、隆华购物中心、国泰、顺义三中、公路分局、东大桥环岛、潮白陵园、彩风小区、俸伯中学、河北村、杜刘庄、南彩、后薛各庄、安乐庄、下营、下坡村、杨镇、二郎庙、东疃、沟东、陀头庙、业兴庄、李各庄、后王各庄、前王各庄、陈家坨、树行、南坞、柳庄户、七连庄、山里辛庄(安利隆山庄)
8	顺16路	法医院	大林	顺义法医院、怡馨家园西口、顺义火车站、顺鑫农业、隆华、国泰、三中、公路局、东大桥环岛、潮白陵园、南彩工业园、后俸伯村、农机驾校、银杏园、北彩、前郝家疃、柳行、黄家场、桥头、白马路口、马辛庄、前鲁、前礼务、后鲁、后礼务、北小营、北小营小区、水色时光、西乌鸡、东乌鸡、构件厂、牛富屯、马坊、木林路口、上园子、小韩庄、小韩庄北、大韩庄、大林西、大林
9	顺17路	龙府花园	大坝洼(大洛泡)	龙府花园、影剧院、西单、国泰、顺义区医院、东风小学、五里仓、西单大卖场、平各庄、林河路口、燕京啤酒厂、河南村、九龙加油站、柳各庄桥、葛代子、李遂骨伤科医院、沟北、牌楼、牌楼东、田家营、小店、辛庄子、高各庄、王辛庄、王辛庄、井上、荆坨、郭家务、(郭家务村)大崔各庄(大洛泡)、大田庄、大石各庄、佟辛庄、桥头、薛庄、龙庭侯西、大塘东口、龙庭侯、大坝洼
10	顺18路	二中	马庄	二中、前进花园、西门、党校、影剧院、西单、隆华、中医院、顺义区医院、三中、公路局、东大桥环岛、潮白陵园、南彩工业园、俸伯车站、南彩派出所、俸伯小学、河北村、前薛各庄、南彩车站、南彩加油站、于辛庄西、于辛庄东、东江头、菜园子、汉石桥、下营、下坡、湿地、杨镇三街、张家务北、张家务、沙子营北、沙子营、辛庄子、高各庄、仓上、北务镇政府、北务中学、北务大集、于地新村、南新庄户、庄子村、小珠宝、珠宝屯、马庄

序号	线路名称	起始站	终点站	途经主要站点
11	顺19路	龙府花园	田各庄	龙府花园、影剧院、西单、隆华、中医院、顺义区医院、三中、公路局、东大桥环岛、潮白陵园、南彩工业园、俸伯车站、南彩派出所、俸伯小学、河北村、前薛各庄、南彩车站、南彩加油站、于辛庄、东江头、菜园子、汉石桥、下营、下坡、湿地、杨镇三街、杨镇二街、双阳小区、科技园、杜庄、焦各庄村、西庞里、沙岭、曾庄、大三渠、行宫、良山、莲花山滑雪场、张镇西、张镇、张镇小学、张各庄、刘辛庄路口、刘辛庄、雁王庄、吕布屯、港西、小故现、小故现村委会、田各庄
12	顺20路	麻林山	相各庄	麻林山、小段、大段、谢辛庄、赵家峪东街、赵家峪、石灰场、小孙各庄、垃圾处理场、辛庄户、果园、齐家务、杜庄、科技园、双阳小区、杨镇二街、杨镇三街、湿地、下坡、下营、汉石桥、菜园子、东江头、于辛庄、南彩加油站、南彩车站、前薛各庄、河北村、俸伯小学、南彩派出所、俸伯、南彩工业园、潮白陵园、东大桥环岛、公路局、三中、国泰、西单、影剧院、党校、西门、庄头、庄头北、泥河、西马坡、白各庄、秦武姚、荆卷、向前、姚各庄、蓝家营、前晏子、后晏子、牛山二中、牛栏山环岛、范各庄、官志卷、相各庄
13	顺21路	大胡营	赵庄	大胡营、大胡营东、小胡营北街、小胡营、榆林东、榆林、榆林西、牛山桥、下坡屯、牛栏山酒厂、牛栏山税务所、牛栏山小区、龙湖别墅、乔波滑雪场、西丰乐、花园北、马坡花园、乡村赛马场、大营、龙苑别墅、牛山一中分校、双兴桥、双兴南区、胜利小区、影剧院、西单、国泰、三中、公路局、东大桥环岛、裕龙五区、滨河北门、滨河东门、毓秀园、河南村东、望潮苑、九龙加油站、柳各庄桥、葛代子、李遂骨伤医院、柳各庄、李遂镇政府、李遂、西营村、东营、崇国庄西、崇国庄、陈各庄、赵庄
14	顺22路	龙府花园	三山小区	龙府花园、双兴南区、便民街东口、国泰、隆华、检察院、怡园、公安局、梅沟营、现代花园、杨家营、吴家营、现代二厂、三四营、头二营、洼子村、洼子南南半壁店、樱花园、立交桥、岗山、国泰超市、机场路口、三五九车站、天竺供销社、天竺卫生院、天竺花园、蓝天大厦、马连店、新国展、嘉浩别墅、白辛庄 燕王庄、水青庭、莫奈花园、三山小区

序号	线路名称	起始站	终点站	途经主要站点
15	顺23路	龙府花园	柳庄户	龙府花园、影剧院、西单、隆华、中医院、顺义区医院、三中、公路局、东大桥环岛、潮白陵园、南彩工业园、俸伯车站、南彩派出所、俸伯小学、河北村、前薛各庄、南彩车站、南彩加油站、于辛庄、东江头、菜园子、汉石桥、下营、下坡、湿地、杨镇三街、杨镇二街、双阳小区、科技园、杜庄、周庄、大曹庄、梁庄南、破罗口东、柳庄户
16	顺24路	龙府花园	东府	龙府花园、影剧院、西单、国泰、三中、公路局、东大桥环岛、潮白陵园、南彩工业园、俸伯车站、南彩派出所、俸伯小学、河北村、前薛各庄、南彩车站、南彩小学、坞里、双营、小营、洼里、道仙庄、望渠、菜市场、仇店、西府、东府市场、东府
17	顺25路	裕龙小区	下西市	裕龙小区、东大桥、公路局、三中、国泰、西单、影剧院、党校、西门、前进花园、二中、东海洪、西海洪村、东杜兰、西杜兰、文化营、张喜庄市场、张喜庄、张喜庄中学、丽喜花园、河津营、南郎中、西小营、稷山营、北郎中、前桑园、后桑园、三农研究会、东辛庄、寺上、北石槽东、北石槽、南石槽、西范各庄、西赵各庄、下西市
18	顺26路	裕龙小区	京顺车管所	裕龙小区、东大桥、公路局、三中、国泰、隆华、检察院、怡馨家园、公安局、梅沟营、望泉桥、南法信、检测场、物流园、回民营、枯柳树村、枯柳树环岛、火神营、华润超市、万科花园、后沙峪、马头庄、罗马湖、西田各庄、龙湾别墅、古城、泗上桥、泗上村、京顺车管所
19	顺27路	国家会计学院	汇源果汁	国家会计学院、薛大人庄新村、天竺花园、蓝天大厦、海关大楼、二十里堡、天馨公寓、杨二营、铁匠营东、铁匠营、火神营、双裕小区、万科花园、后沙峪 、空港医院、后沙峪小学、青岚小镇、西马各庄、东马各庄、天龙汽配城、京密路口、物流园西、物流园东、刘家河北、南法信医院、华英园、石门小区、供销大厦、社教中心、交通局、国泰、便民街东口、双兴南区、双兴桥、牛山一中分校、龙苑别墅、大营、乡村赛马场、马坡花园、花园北、西丰乐、乔波滑雪场 龙湖别墅、牛栏山小区、牛栏山税务所、牛栏山酒厂、下坡屯、牛山桥、榆林、榆林东、水色时光、北小营小区、北小营镇政府、汇源果汁

序号	线路名称	起始站	终点站	途经主要站点
20	顺28路	吉祥庄	太平辛庄（李遂）	吉祥庄、蓝星集团、东庄、火沙路口、万科花园、铁匠营、火神营、枯柳树环岛、枯柳树、回民营、物流园、检测场、南法信、南法信村委会、南法信医院、华英园、石门小区、供销大厦、社教中心、交通局、隆华、中医院、东风小学、电视台、东大桥环岛、潮白陵园、南彩工业园、俸伯车站、南彩派出所、俸伯小学、河北村、前薛各庄、南彩车站、南彩加油站、太平村、宣庄户、魏辛庄、后营、前营、葛代子、沟北、李遂骨伤医院、李遂镇政府、李遂环岛 太平辛庄、太平辛庄村委会
21	顺29路	王庄户	社教中心	王庄户、大孙各庄、大孙各庄中学、西辛庄、东华山、西华山、湘王庄、四福庄、陆马庄、尹家府中学、尹家府、西尹家府、郭家务、陈辛庄、林上、北务路口、道口、北务市场、王各庄、闫家渠、李木路口、李庄、崇国庄、苏庄、沙浮路口、沙浮北、东方太阳城、王家场 工业园 九龙加油站、望潮苑、河南村东、毓秀园 、滨河东门、滨河北门、裕龙五区、东大桥环岛、顺义电视台、东风小学、顺义医院、国泰、交通局、社教中心
22	顺30路	现代二厂	解放村	现代二厂、现代一厂、五里仓、东风小学、顺义区医院、便民街东口、双兴南区、4双兴桥、牛山一中分校、大营、赛马场、马坡花园、白各庄、白各庄加油站、秦武姚、秦武姚西、马卷、姚店村、毛家营、石家营、马家堡、小官庄、白庙、白庙北、赵全营、苗圃 、北郎中、食品厂、西降州营、空港C区、板桥、河庄路口、解放村
23	顺31路	焦庄户	国展	焦庄户、焦庄户西、龙湾屯、史中坞、山丁路口、王泮庄东、王泮庄、王泮庄西、木林中学、木林、木林开发区、东沿头、东沿头南、魏家店北、魏家店、北府路口、上辇、北小营小区、北小营、后礼务、后鲁、前礼务、前鲁、马辛庄、白马路口、桥头、黄家场、柳行、前郝家疃、北彩、银杏园、农机驾校、后俸伯村、南彩工业园、潮白陵园、东大桥环岛、顺义电视台、东风小学 建新南区、怡园、怡馨家园、梅沟营、南法信、检测场、物流园、回民营、枯柳树、枯柳树环岛、火神营、铁匠营、空港B区、空港A区、花梨坎、新国展、国展西

序号	线路名称	起始站	终点站	途经主要站点
24	顺32路	孝德	二中	孝德、长林小区、木林、陈各庄、蒋各庄北、蒋各庄、蒋各庄南、东府路口、魏家店、北府路口、上辇、北小营小区、北小营、后礼务、后鲁、前礼务、前鲁、马辛庄、白马路口、桥头、黄家场、柳行、前郝家疃、北彩、银杏园、农机驾校、后俸伯村、南彩工业园、潮白陵园、东大桥环岛、顺义电视台、东风小学、顺义医院、国泰、交通局、社教中心、供销大厦、石门小区、二中
25	顺33路	龙府花园	别庄	龙府花园、影剧院、西单、国泰、三中、公路局、东大桥环岛、潮白陵园、南彩工业园、俸伯车站、南彩派出所、俸伯小学、河北村、前薛各庄、南彩车站、南彩加油站、于辛庄、东江头、菜园子、汉石桥、下营、下坡、湿地、杨镇三街、杨镇二街、杨镇小学、杨镇派出所、阳州鑫园、二郎庙、徐庄、别庄
26	顺34路	北孙各庄	临清	北孙各庄、龙王头、富各庄北、富各庄、北军营、嘉寓集团、禾丰、牛栏山、牛栏山小区、龙湖别墅、乔波滑雪场、西丰乐、花园北、马坡花园、乡村赛马场、大营、龙苑别墅、牛山一中分校、双兴桥、双兴南区、胜利小区、影剧院、西单、隆华、中医院、东风小学、五里仓、西单大卖场、平各庄、陶家坟、山子坟、窑坡、后桥、李桥中学、李桥、李天路口、馨港庄园、英各庄、通顺物流、张辛、首钢公寓、临清
27	顺35路	裕龙小区	武各庄	裕龙小区、东大桥、公路局、三中、国泰、西单、影剧院、党校、西门、前进花园、二中、东海洪、西海洪村、东杜兰、西杜兰、文化营、张喜庄市场、张喜庄、张喜庄中学、丽喜花园、河津营、南郎中、西小营、稷山营、北郎中、前桑园、后桑园、三农研究会、东辛庄、寺上、营儿、武各庄
28	顺36路	大北坞	二中	大北坞、小北坞、丁甲庄、安辛庄、市场、木林中学、木林、木林开发区、东沿头、东沿头南、魏家店、北府路口、上辇、北小营小区、北小营、后礼务、后鲁、前礼务、前鲁、马辛庄、白马路口、桥头、黄家场、柳行、前郝家疃、北彩银杏园、农机驾校、后俸伯村、南彩工业园、潮白陵园、东大桥环岛、顺义电视台、东风小学、顺义医院、国泰、交通局、社教中心、供销大厦、石门小区、二中

序号	线路名称	起始站	终点站	途经主要站点
29	顺38路	董各庄	临河村	董各庄、残奥会管理中心、庄园、玉马教练场、后沙峪小学、香花畦、十中、枯柳树环岛、枯柳树、回民营、物流园、检测场、南法信、南法信村委会、南法信医院、华英园、石门小区、供销大厦、社教中心、交通局、隆华、中医院、东风小学、五里仓、西单大卖场、平各庄、林河工业区、临河
30	顺39路	龙府花园	(赵各庄)小曹庄	龙府花园、影剧院、西单、隆华、中医院、顺义区医院、三中、公路局、东大桥环岛、潮白陵园、南彩工业园、俸伯车站、南彩派出所、俸伯小学、河北村、前薛各庄、南彩车站、南彩加油站、于辛庄、东江头、菜园子、汉石桥、下营、下坡、湿地、杨镇三街、杨镇二街、双阳小区、科技园、杜庄、焦各庄村、西庞里、沙岭、曾庄、大三渠、行宫、良山、莲花山滑雪场、张镇西、张镇、西营、前苏桥、后苏桥、朱庄、聂庄、王庄、前王会、后王会、赵各庄、白辛庄、柏树庄、驻马庄、小曹庄
31	顺40路	龙府花园	大孙各庄	龙府花园、影剧院、西单、隆华、中医院、顺义区医院、三中、公路局、东大桥环岛、潮白陵园、南彩工业园、俸伯车站、南彩派出所、俸伯小学、河北村、前薛各庄、南彩车站、南彩加油站、于辛庄、东江头、菜园子、汉石桥、下营、下坡、湿地、杨镇三街、杨镇二街、双阳小区、科技园、杜庄、焦各庄村、西庞里、沙岭、曾庄、大三渠、行宫、良山、莲花山滑雪场、张镇西、张镇、张各庄村 刘辛庄路口、贾家洼子、李家洼子村、客家庄、华山、大孙各庄
32	顺41路	龙府花园	东疃	龙府花园、影剧院、西单、隆华、中医院、顺义区医院、三中、公路局、东大桥环岛、潮白陵园、南彩工业园、俸伯车站、南彩派出所、俸伯小学、河北村、前薛各庄、南彩车站、南彩加油站、于辛庄、李木路口、东江头、西江头、望渠、望渠东街、红寺西、红寺一桥、东疃
33	顺42路	顺鑫花语	滨河小区	滨河小区、裕龙六区、妇幼医院、老年公寓、胡各庄、网通大厦、西单大卖场、现代、平各庄、双河路、汇能、陶家坟、山子坟、窑坡、后桥红绿灯、后桥、航诚家园、李桥中学、李桥、馨港庄园、六经路口、机场服务中心、国航地服、中国航油、岗山、国泰广场、南平里、北平里、机场道口、天竺供销社、天竺卫生院、天竺花园、蓝天大厦、索爱、海关大楼、松下电子、喇苏营、铁匠营、万科、东庄南口、东庄、空港医院、后沙峪小学、清岚小镇、火寺路、西马各庄、活动中心、张喜庄、高丽营、二中、顺鑫花语

序号	线路名称	起始站	终点站	途经主要站点
34	顺12路区间	南法信	沙浮	机场1号门、六环西、紫微星、木材市场、沙井、望泉寺、社教中心、京顺医院、西辛小学、西门、党校、影剧院、西单、隆华、中医院、东风小学、五里仓、西单大卖场、平各庄、平各庄东、港馨家园、啤酒厂北、职高、河南村北、河南村、工业园、王家场北、王家场、顺美、北河、北河小学、吴庄、沿河卫生院、沿河村委会、沿河派出所、沙浮
35	顺16路区间	北府	骏马公司	骏马公司、华英园、石门小区、供销大厦、社教中心、交通局、国泰、三中、公路局、东大桥环岛、潮白陵园、南彩工业园、后俸伯村、农机驾校、银杏园、北彩、前郝家疃、柳行、黄家场、桥头、白马路口、马辛庄、前鲁、前礼务、后鲁、后礼务、北小营、北小营小区、水色时光、构件厂、北府
36	顺36路区间	茶棚	二中	茶棚、安辛庄、木林市场、木林、陈各庄、蒋各庄北、蒋各庄、蒋各庄南、东府路口、魏家店、北府路口、上辇、北小营小区、北小营、后礼务、后鲁、前礼务、前鲁、马辛庄、白马路口、桥头、黄家场、柳行、前郝家疃、北彩、银杏园、农机驾校、后俸伯村、南彩工业园、潮白陵园、东大桥环岛、顺义电视台、东风小学、顺义医院、国泰、交通局 、社教中心、供销大厦、石门小区、二中
37	顺60路	樱花园	T2航站楼	樱花园、六区、管头路口、二号门、国泰超市、南平东里、南平里、南平街、机场一小、京客隆、北平里、机场道口、航安路、飞行总队、白云山、T2航站楼
38	顺61路	T2航站楼	南法信	T2航站楼、物流园、国航货运、机场北门、南法信

境内和过境市属运营线路

序号	线路名称	起始站	终点站	途经主要站点
1	915路	东直门外	顺义南彩汽车站	东直门外－左家庄－三元桥－京顺路丽都饭店－大山桥东－望京村－北皋－东郊农场－孙河－北甸－马连店道口－马连店加油站－花梨坎－喇苏营－顺义铁匠营－火神营－枯柳树环岛－枯柳树－空港物流开发区－南法信－梅沟营－顺义二中－顺义西门－顺义党校－胜利小区－便民街东口－顺义区医院－东风小学－顺义老年公寓－顺义彩虹桥－顺义滨河小区－顺义东大桥环岛－潮白陵园－俸伯－俸伯小学－河北村－顺义南彩
2	915支2	东直门外	马坡花园	东直门外－三元桥－大山桥东－孙河－马连店－天竺花园－天竺供销社－机场道口－岗山村－顺义半壁店－馨港车站－李桥－后桥－窑坡－山子坟－陶家坟－林河开发区－石园南区－石园东区－石园北区－仓上小区－东风小学－顺义区医院－便民街－双星小区－大营－乡村赛马场－马坡花园
3	915支3	东直门外	北小营东	东直门外－三元桥－京顺路丽都饭店－大山桥东－孙河－火神营－衙门村－马坡工业区－马坡花园－三高农业示范区－后疃－马辛庄－前鲁－前礼务－北小营－北小营东
4	915快	东直门	顺义南彩汽车站	东直门(枢纽站)－三元桥－空港物流开发区－南法信－梅沟营－京顺医院－顺义西门－顺义党校－胜利小区－便民街东口－顺义区医院－东风小学－顺义东大桥环岛－潮白陵园－俸伯－俸伯小学－河北村－顺义南彩汽车站
5	915支2快	东直门	马坡花园	东直门－左家庄－三元桥－机场道口－岗山路－岗山村－樱花园－顺义半壁店－馨港车站－李桥－后桥－窑坡－山子坟－陶家坟－林河开发区－平各庄－顺义城乡大厦－石园南区－石园东区－石园北区－仓上小区－东风小学－顺义区医院－便民街东口－双星小区－双星桥－枫桥别墅－大营－乡村赛马场－马坡花园

序号	线路名称	起始站	终点站	途经主要站点
6	923 路	东直门外	吴雄寺	东直门外－左家庄－三元桥－京顺路丽都饭店－大山桥东－孙河－火神营－南法信－东风小学－顺义东大桥环岛－潮白陵园－俸伯－河北村－南采－宣庄户－魏辛庄－葛代子－沟北村－李遂骨伤医院－李遂－李庄－闫家渠－王各庄－北务道口－陈辛庄－郭家务－尹家府－大孙各庄－大孙各庄北－西辛庄－故家庄－小塘村－吴雄寺
7	924 路	土桥村	顺义南彩汽车站	土桥村－北京制线厂－小街村南口－通州小街桥东－云景里－格瑞雅居小区－新华联家园－北探小区－通州杨庄－新华联锦园－通州北苑路口西－通州北苑路口东－通州西门路口东－通州西大街路口西－通州西大街路口东－新华大街－通州东关－北关桥－西潞苑小区－北马庄－富豪－双埠头道口－徐辛庄－岗子路口－窑上－张辛－英各庄－沿河路口－李桥－李桥乡政府－后桥－山子坟－汇能集团－临河开发区－平各庄－顺义城乡大厦－仓上－东风小学－顺义电视台－潮白陵园－俸伯－俸伯小学－河北村－顺义南彩汽车站
8	934 路	东直门外	焦庄户	东直门外－左家庄－三元桥－京顺路丽都饭店－大山桥东－ 望京村－孙河－北甸－顺义马连店－花梨坎－ 喇苏营－顺义铁匠营－枯柳树－南法信－东风小学－顺义汽车站－南门－潮白陵园－俸伯－郝家町－马辛庄－北小营－上辇－魏家店－沿头－木林－王泮庄－丁甲庄－史中坞－龙湾屯－焦庄户
9	935 路	东直门外	沮沟村	东直门外－左家庄－三元桥－京顺路丽都饭店－大山桥东－望京村－孙河－北甸－顺义马连店－和平农场东站－东苇路－苇沟－楼台路口－岗山－首安公司－樱花园－顺义半壁店－窑上路口－沿河路口－西大坨－北河道口－沿河－南河－富各庄－堡子－北庄头－南庄头 －西赵村委会－关辛庄－高各庄西口－高各庄东口－港北－南庄头东口－沮沟村

序号	线路名称	起始站	终点站	途经主要站点
10	945路	沙河	顺义南彩汽车站	沙河－沙河北大桥－路桩桥－国兴电子－丰善路口－松兰堡－东沙屯南－百善－百善镇政府－百善北口－航空博物馆－阿苏卫－大汤山－小汤山电信局－小汤山街口－小汤山镇政府－大柳树环岛南－葫芦河－大赴任庄－大东流－赖马庄－高丽营－阎家营－张喜庄－东马各庄－文化营－杜兰庄－西海洪－顺义西门－顺义党校－便民街西口－顺义西单商场－国泰商场－顺义区医院－东风小学－顺义电视台－顺义东大桥环岛－潮白陵园－俸伯－俸伯小学－河北村－顺义南彩汽车站
11	947路	明皇蜡像宫南门	顺义南彩汽车站	明皇蜡像宫南门－昌平西关－昌平南大街－中国政法大学－昌平东关－昌平四合新村－南邵－昌平四合庄－金家坟－绵山村－小辛峰－大辛峰－昌平崔村西口－昌平崔村－秦城大桥香堂－麻峪－秦城路口－象房－兴寿－桃林村－桃峪山庄－上苑－秦家屯－下西市口－后营－河庄－板桥－电木厂－北郎中加油站－北郎中－赵全营－赵全营东口－陈各庄环岛东－牛栏山道口－牛栏山－牛栏山东口－西丰乐－向阳村－乡村赛马场－龙源－双星小区－便民街东口－顺义区医院－东风小学－顺义电视台－顺义东大桥环岛－潮白陵园－俸伯－俸伯小学－河北村－顺义南彩汽车站
12	955路	东直门外	东方太阳城	东直门外－新源南路西口－燕莎桥西－燕莎桥东－安家楼－东风桥东－酒仙桥商场－酒仙桥－将台路口北－陈各庄－王爷坟－大山子路口南－南皋－北皋－和平农场－东苇路－苇沟－天竺－天竺供销社－天竺中学－天竺花园－顺义马连店－马连店加油站－花梨坎－喇苏营－马连店铁匠营－火神营－枯柳树环岛－枯柳村－南法信－梅沟营－五里仓－石园小区－河南村－河南村路口－东方太阳城
13	955支	东直门外	馨港庄园	东直门外－新源南路西口－燕莎桥西－燕莎桥东－安家楼－东风桥东－酒仙桥商场－酒仙桥－将台路口北－陈各庄－王爷坟－大山子路口南－南皋－北皋－和平农场－东苇路－天竺－机场道口－东平里－岗山路－岗山村－顺义半壁店－馨港车站－馨港庄园

序号	线路名称	起始站	终点站	途经主要站点
14	640路	北京站东	顺义半壁店	北京站东－日坛路－永安里路口北－北京制药厂－光华桥西－光华中路－光华路东口－红庙路口北－金台路口南－延静里－红领巾公园－八里庄南里－农民日报社－农民日报社北－十里堡北区－石佛营东里－姚家园西口－姚家园东－平房西口－平房－平房东口－东坝中路南口－东坝中路－北京奥林匹克花园－奥林匹克花园北门－东坝中街－铁十六局－东坝－三岔河－马厂－北马房－郁金香花园－东苇路－蟹岛度假村东门－前苇沟－东苇路北口－苇沟－苇沟大桥－天竺西站－天竺－机场道口－东平里－岗山路－岗山村－岗山村南站－樱花园三区－顺义半壁店
15	975路	东直门外	后沙峪公交场站	东直门外－左家庄－三元桥－花家地南里－阜通东大街－望花路东里－广顺南大街北口－宏昌路－侯庄路口南－望京花园西区－利泽中街西口－广顺桥南－来广营－刘各庄北－奶子房－奶西村口－奶西市场－李县坟－沈家村－炼油厂－顺义沙子营－沙子营加油站－顺义车管所－泗上村－泗上古城－龙湾别墅路口－罗马环岛－中央美院城市设计学院－莫奈花园－后沙峪镇政府－玉马教练场－顺义十中－后沙峪公交场站
16	989路	四惠站	马坡	四惠站－慈云寺桥－红领巾桥南－豆各庄路口东－姚家园东－平房西口－平房－平房东口－高杨树－东坝花园－铁十六局－东坝－东岗子－楼梓庄－楼梓庄乡政府－朝阳曹各庄－皮村西口－皮村－尹各庄西口－尹各庄东口－寨里－葛渠－小葛渠－牡丹花园－顺义半壁店－李桥－后桥－窑坡－陶家坟－林河－平各庄－五里仓－东风小学－顺义区医院－便民街东口－双星小区－龙源别墅－乡村赛马场－马坡花园－马坡
17	916路	东直门	怀柔汽车站	东直门－香河园－左家庄－三元桥－京顺路丽都饭店－大山桥东－孙河－火神营－桑普科技园－杜兰庄－衙门村－马坡－荆卷－姚各庄－晏子村－牛栏山道口－牛栏山－牛栏山北－富各庄－龙王头－赵各庄－焦村－庙城东－南华市场－迎宾路－怀柔南大街东口－怀柔南大街－明珠广场－兴怀大街－湖光小区－青春路北口－怀柔北大街－杨家园－滨湖南街－后横街－怀柔车站路－怀柔汽车站

序号	线路名称	起始站	终点站	途经主要站点
18	916支	东直门	怀柔汽车站	东直门外－左家庄－三元桥－京顺路丽都饭店－大山桥东－孙河－火神营－杜兰庄－衙门村－马坡－荆卷－姚各庄－晏子村－牛栏山道口－牛栏山－牛栏山北－富各庄－龙王头－赵各庄－西树行－南年丰－仙台－杨宋镇－张自口－南房－北坊－安各庄－宰相庄－工业小区－乐园庄－怀柔陈各庄－怀柔汽车站
19	916快	东直门	怀柔汽车站	东直门－ 左家庄－三元桥西站－西坝河－太阳宫－彩各庄－庙城东－南华市场－迎宾路－怀柔南大街东口－怀柔南大街－明珠广场－兴怀大街－湖光小区－青春路北口－怀柔北大街－杨家园－滨湖南街－后横街－怀柔车站路－怀柔汽车站
20	918路	东直门	平谷汽车站	东直门(枢纽站)－左家庄－三元桥－京顺路丽都饭店－大山桥东－北皋－孙河－花梨坎－火神营－南法信－顺义老年公寓－滨河南口－俸伯－俸伯小学－河北村－顺义南彩－于新庄－菜园子－杨镇－杜庄－沙岭－行宫－良善庄－张镇－双营－云峰寺－官庄道口－吉卧道口－大兴庄－鲁各庄－平谷岳各庄－平谷迎宾环岛－平谷区医院－平谷世纪广场－平谷政府街西口－北小区－南小区－平谷滨河小区－东寺渠－园田队－平谷区政府－平谷消防队－平谷汽车站
21	918支	平谷汽车站	金海湖	平谷汽车站－上纸寨－西沥津－张辛庄－丰台道口－南独乐河－新立村－胡庄－韩庄－上寨－金海湖
22	918快	东直门	平谷汽车站	东直门(枢纽站)－三元桥－打铁庄－官庄道口－大兴庄－鲁各庄－平谷岳各庄－迎宾环岛－平谷区医院－平谷世纪广场－平谷大市场－平谷消防队－平谷汽车站
23	936路	东直门外	九谷口	东直门外－左家庄－三元桥－京顺路丽都饭店－大山桥东－孙河－火神营－桑普科技园－杜兰庄－衙门村－马坡－荆卷－姚各庄－晏子村－牛栏山道口－富各庄－龙王头－赵各庄－焦村－庙城东－庙城南－庙城－庙城北－怀柔石厂村－丽湖馨居－南华园四区－南华园三区－华北市场－怀柔汽车站－怀柔招商局－下园市场－于家园－迎宾路北口－怀柔区小中富乐村－雁栖镇－北台下－怀北镇－雁栖湖－怀北庄－青龙峡道口－九谷口(怀北滑雪场)

序号	线路名称	起始站	终点站	途经主要站点
24	942路	东直门外	茶坞火车站	东直门外－左家庄－三元桥－京顺路丽都饭店－大山桥东－草场地－北皋－东郊农场－孙河－北甸－白辛庄－泗上古城－航空工业技校－顺义于庄－南王路－西王路－高丽营－高丽营北口－西水泉－河庄－后营－下西市－范各庄－顺义农药厂－南石槽－北石槽－东石槽－寺上－李家史山－茶坞铁路道口－桥梓加油站－桥梓信用社－茶坞火车站
25	970路	东直门外	密云汽车站	东直门(外)－左家庄－三元桥－京顺路丽都饭店－大山桥东－孙河－花梨坎－火神营－南法信－东风小学－顺义电视台－顺义东大桥环岛－俸伯－郝家町－北小营－上辇－魏家店－沿头－木林－唐指山－贾山－密云钓鱼台－荆栗园－中庄－密云河南寨－宁村－太扬家园－密云南菜园－密云利华－密云电信大楼－花园小区－东菜园小区－密云汽车站
26	980路	东直门	密云汽车站	东直门(枢纽站)－左家庄－三元桥西站－西坝河－太阳宫桥－密云太阳家园－密云少年宫－密云西大桥－密云果园小区－密云鼓楼－密云滨河大桥－密云沿湖小区－密云沙河－密云滨阳小区－密云滨阳西里－密云光阳小区－密云长城环岛－密云新农村－密云汽车站
27	987路	东直门外	密云水库	东直门外－左家庄－三元桥－京顺路丽都饭店－大山桥东－北皋－孙河－花梨坎－火神营－杜兰庄－衙门村－马坡－荆卷－姚各庄－牛栏山－富各庄－龙王头－赵各庄－庙城－怀柔渔场－王化村－怀柔北坊开发区－驸马庄－统军庄－统军庄路口－清水潭路口－大辛庄－密云沿村－渤海寨－苍头－卸甲山路口－董各庄－西田各庄－朝阳路口－韩各庄－季庄西站－季庄村－密云鼓楼西站－新中街－花园小区－东方大厦－密云滨阳西里－滨阳北里－密云沙河－密云沙河火车站－双龙水泥厂－建树路口－东智西－云佛山度假村－东智北－白河风景区－码头山桥－金叵箩－云峰宾馆－溪翁庄－机床研究所－京溪小区－口门子－圣陶路口－密云水库

顺义区主要旅游景区(点)

类别	序号	名称	地址	电话	星级或质量等级
星级饭店	1	和园景逸大酒店	顺义区后沙峪镇裕民大街2号	69457777	五星级
	2	国都大酒店	首都机场小天竺路	64565588(总机)	四星级
	3	顺鑫绿色度假村	顺义区李隧镇西	89485588(总机)	四星级 AAA景区
	4	北京春晖园文化娱乐有限责任公司	顺义区高丽营镇于庄村西侧	69454433(总机)	四星级 AA景区
	5	金宝花园酒店	顺义区马坡顺安北路	69406060	四星级
	6	嘉宾国际	顺义区仁和镇东方太阳城社区	89431700	四星级
	7	北京京林大厦	首都机场生活区南平东里乙1号	64572626(总机)	四星级
	8	北京丰荣君华酒店	首都机场国门商务区李天路27号	81463366－8201	四星级
	9	北京临空皇冠假日酒店	顺义区天竺镇地区府前一街60号	58108888	五星待评
	10	瑞麟湾温泉度假酒店	顺义区南彩镇顺平铺路39号	89468899	五星待评
	11	怡生园国际会议中心	顺义区北小营镇后礼务	60485588(总机)	五星待评
	12	金潮玉玛国际酒店	顺义区马坡向阳东路10号	69406868	五星待评
	13	乔波国际会议中心	顺义区顺安路	69419999	四星待评
	14	北京顺义宾馆	顺义城区府前中街3号	69444815	三星级
	15	北京空港蓝天大酒店	北京空港工业区天柱路28号	80489017	三星级
	16	东航商务酒店	天竺镇小天竺路1号	64575588(总机)	三星级
	17	望潮苑民俗度假村	北京市顺义区河南村村东	89491980	三星级
	18	安利隆生态农业旅游山庄	顺义区龙湾屯镇山里辛庄村东石门	60462323(总机)	三星级
	19	天龙宾馆	北京市顺义区枯柳树环岛东南	80494540	三星级
	20	东竹园宾馆	顺义区顺平东路3号	69448440(总机)	三星级

类别	序号	名称	地址	电话	星级或质量等级
星级饭店	21	北京豪雅商务宾馆	顺义区天竺镇府前二街1号	64533097	三星级
	22	金航线国际大酒店	顺义区四纬路8号	52139999	三星级
	23	花水湾磁化温泉度假村	高丽营镇水源九厂路	69456668	三星级
	24	北京国门商务酒店	顺义天竺地区天柱东路1号	64588866	三星待评
	25	财培中心	仁和镇河南村毓秀园别墅内	89498855	三星待评
	26	裕龙花园大酒店	顺义区裕龙花园2区甲9号	69445678	二星级
	27	北京五洲大地度假村有限公司	北京市顺义区李遂镇柳各庄桥北300米	89489318	达标饭店
	28	北京市馨紫宸酒店有限公司	北京市顺义区天竺镇府前街24号	64570173	达标饭店
	29	北京裕龙花园大酒店(空港分店)	顺义区后沙峪地区府前街裕祥花园北侧	80488881	达标饭店
景区点	30	北京奥林匹克水上公园	顺义区白马路19号	69405821	AAAA级
	31	焦庄户地道战遗址纪念馆	龙湾屯镇焦庄户村内	60461906	AAA级
	32	北京国际鲜花港	北京市顺义区杨镇红寺村北1000米	61417100	AAA级
	33	北京汉石桥湿地景区	北京市顺义区杨镇	61456099	AAA级
	34	北京乡村高尔夫俱乐部	马坡向阳闸潮白河西侧	69403368	AA级
	35	北京高尔夫俱乐部	顺义区南彩镇潮白河东岸	89470246/8	景区
	36	莲花山滑雪场	张镇良山村委会南500米	61483333	景区
	37	乔波室内滑雪馆	顺义区顺安路	69419999	景点
旅行社21	38	北京千禧旅游公司	顺义区义宾北区甲1-4-201	81491588	旅行社
	39	北京阳光假日旅行社	顺义区站前东街商业2号楼316号	81498700	旅行社
	40	北京星空国际旅行社	顺义区李桥镇四纬路3号	64562465	旅行社
	41	北京高尔夫旅行社	顺义区空港交易中心	69472688	旅行社
	42	北京春畅旅行社	顺义区光明南街西侧	69421682	旅行社
	43	银建国际旅行社	顺义区后沙峪地区裕民大街14号	69457127	旅行社
	44	春晖旅行社	仁和地区拥军路2号	69443107	旅行社

类别	序号	名称	地址	电话	星级或质量等级
旅行社21	45	北旅假日旅行社	石园南区33号楼4门603室	81498801	旅行社
	46	华信旅行社	新顺北大街中絮棉纺厂院内	81490506	旅行社
	47	鑫源旅行社	仁和地区双兴北区10楼8门101	69462040	旅行社
	48	海天风情旅行社	西辛北区4号楼1门102	89444713	旅行社
	49	顺天鑫旅行社	顺鑫绿色度假村内27幢一层	89485679	旅行社
	50	北京凯景旅游有限公司	南彩镇河北村委会西500米	13801325901	旅行社
	51	北京海阔旅行社	李桥镇庄子营村委会南300米	81471165	旅行社
	52	北京钰鑫假日国际旅行社	顺义区宏城花园6号1门502	13718283037 张义波	旅行社
	53	天马国际旅行社顺义分社	顺义区裕龙花园六区20－2－102	89497800	分社
	54	神舟国旅旅行社顺义门市部	顺义区旅游局三楼	69421682	门市部
	55	铁道旅行社顺义门市部	仁和地区双兴南区33楼3门101	69428833	门市部
	56	中广国际旅行社顺义门市部	顺义区新顺北大街3号	69462434	门市部
	57	源丰通旅行社顺义门市部	顺义区北务镇市场街6号	69421157	门市部
	58	天安国际旅行社顺义门市部	顺义区港馨西区48号3门602室	89453902	门市部
民俗村4	59	焦庄户民俗村	顺义区龙湾屯镇	60461666	市级
	60	北郎中民俗村	顺义区赵全营镇	60434371	市级
	61	于地民俗村	顺义区北务镇	61422759	市级
	62	柳庄户民俗村	顺义区龙湾屯镇	60465999	市级
工业旅游示范点6	63	燕京啤酒厂	顺义区双河路九号	89495588	国家级
	64	北京顺鑫鹏程食品分公司	顺义区南法信地区顺沙路南侧	69472617	国家级
	65	北京顺鑫牵手有限责任公司	顺义区牛栏山工业区	69410081	国家级
	66	北京顺鑫牛栏山酒厂	顺义区牛栏山镇	69412531	国家级

类别	序号	名称	地址	电话	星级或质量等级
	67	北京汇源饮料食品集团有限公司	北京市顺义区北小营镇汇源路	60487888	国家级
	68	北京现代汽车有限公司	北京市顺义区顺通路18号	89490070	国家级

顺义区律师事务所、公证处及法律服务所

法律事务所

名称	地址	电话
顺义区仁和镇法律服务所	仁和镇政府院内	69444402
顺义区李桥镇法律服务所	李桥镇政府院内	89426388
顺义区天竺镇法律服务所	天竺镇政府院内	80462351
顺义区南法信镇法律服务所	南法信镇政府院内	69472377
顺义区后沙峪镇法律服务所	后沙峪镇双峪街39号	80483800
顺义区高丽营镇法律服务所	高丽营镇政府院内	69455915
顺义区赵全营镇法律服务所	赵全营镇政府院内	60431112
顺义区北石槽镇镇法律服务所	北石槽镇政府院内	60422849
顺义区马坡镇法律服务所	马坡镇政府院内	69403545
顺义区南彩镇法律服务所	南彩镇政府院内	89460046
顺义区杨镇法律服务所	杨镇政府院内	61451594
顺义区杨镇第二法律服务所	杨镇法庭对面	13311289554
顺义区张镇法律服务所	张镇政府院内	61480553
顺义区李遂镇法律服务所	李遂镇政府院内	89489626
顺义区北务镇法律服务所	北务镇政府院内	61421712
顺义区大孙各庄镇法律服务所	大孙各庄镇府前街10号	61432767
顺义区北小营镇法律服务所	北小营镇政府院内	60483625
顺义区木林镇法律服务所	木林镇政府院内	60456247
顺义区龙湾屯镇法律服务所	龙湾屯镇政府院内	60465222
顺义区胜利街道法律服务所	顺义区建新南区甲32号楼	81495500
顺义区光明街道法律服务所	光明街道办事处院内	69421084

律师事务处

名称	地址	电话
北京市顺新律师事务所	顺义区武装部	69441913

北京市青天律师事务所	顺义区大东路南口	81499549
北京市扶正律师事务所	顺义区府前东街9号顺义区建筑工程总公司七层	69441887
北京市律港律师事务所	顺义区仁和地区仓上街2号智能大厦B座605室	89445861
北京市狄克律师事务所	北京市顺义区站前街商业2楼105-2层	81492373
北京市玖典律师事务所	顺义区府前东街东兴路9号	52137927
北京市致知律师事务所	顺义区 仓上街8号(顺义区工商局院内)	89453862
北京曹智勇律师事务所	顺义区仓上街2号智能大厦B座6层	60138181
北京扬智勇律师事务所	顺义区空港地区棋全建材城门口办公室	86838101
北京卞志忠律师事务所	北京市顺义区杨镇红寺村农机南路7号	13910601028

公　证　处

名称	地　址	电　话
北京市龙诚公证处	北京市顺义区光明南街18号	69441820、69448486

顺义区教育机构

幼　儿　园

名称	地　址	电　话
顺义区建南幼儿园	顺义区建南幼儿园36号楼	81492543
顺义区建北幼儿园	顺义区建新北区37号	69442746
顺义区义宾幼儿园	顺义区义宾南区甲10号	69422956
顺义区幸福幼儿园	顺义区幸福西街六号	69423143
顺义区双兴幼儿园	顺义区双兴南区26号楼东	81491161
顺义区怡馨幼儿园	顺义区怡馨家园27号楼	69421015
顺义区滨河幼儿园	顺义区滨河小区14号楼前	69426048
顺义区港馨幼儿园	顺义区港馨家园小区西区	89448913
顺义区金汉绿港幼儿园	顺义区金汉绿港三区	60417288
顺义区裕龙幼儿园	顺义区裕龙花园四区13号楼	89406136
顺义区后沙峪中心幼儿园	顺义区后沙峪镇政府东侧双裕街31号	80496148
顺义区天竺中心幼儿园	顺义区天竺地区府前一街20号	64568509
顺义区杨镇中心幼儿园	顺义区杨镇政府街4号	61451973
顺义区杨镇幼儿园小店分园	顺义区杨镇辛庄子村	61451973
顺义区牛山中心幼儿园	顺义区牛栏山镇府前街24号	69414003
顺义区南法信中心幼儿园	顺义区南法信政府北顺余西路三号	69473313

顺义区石园幼儿园	顺义区石园西区 20 号楼	89444844
顺义区仁和中心幼儿园	顺义区石园南区	89446064
顺义区石园北区幼儿园	顺义区石园北区 20 号楼南	69443353
顺义区马坡中心幼儿园	顺义区马坡镇马坡花园西侧	69404385
顺义区宏城幼儿园	顺义区前进花园石门苑 22 号	89423320
顺义区西辛幼儿园	顺义区西辛南区	69461095
顺义区高丽营中心幼儿园	顺义区高丽营镇张喜庄村托新区 14 号	69491354
顺义区高丽营中心幼儿园分	顺义区高丽营镇火泗路 13 号	69455943
顺义区李桥中心幼儿园	顺义区李桥镇沿河村任李路沿河段 17 号	69485882
顺义区馨港幼儿园	顺义区李桥镇馨港庄园二区 2 号楼	81477259
顺义区李遂中心幼儿园	市顺义区李遂镇政府街南孙路李遂段	89481707
顺义区南彩第一幼儿园	顺义区南彩镇南彩中大街 9 号	89469256
顺义区南彩第二幼儿园	顺义区南彩镇镇政府东侧	89476088
顺义区北务中心幼儿园	顺义区北务镇政府街 4 号	61421717
顺义区尹家府中心幼儿园	顺义区大孙各庄镇四福通大街 82 号	61474200
顺义区尹家府幼儿园分园	顺义区大孙各庄镇府前街 8 号	61432041
顺义区张镇中心幼儿园	顺义区张镇张各庄村建新二路	61483868
顺义区张镇赵各庄分园	顺义区张镇赵各庄村	61483868
顺义区龙湾屯中心幼儿园	顺义区龙湾屯镇府前街路南东侧 4 号	60461747
顺义区木林中心幼儿园	顺义区木林镇顺焦路木林段 83 号	60459100
顺义区北小营中心幼儿园	顺义区北小营镇永利小区路北	60483603
顺义区北石槽中心幼儿园	顺义区北石槽镇府前西街 2 号	60422127
顺义区赵全营中心幼儿园	顺义区赵全营镇政府路北牛板路赵全营营段 113 号	60431157
顺义区仁和镇庄头村幼儿园	顺义区仁和地区庄头村	15910481726
顺义区仁和镇平各庄村幼儿	顺义区仁和镇平各庄村	89491485
顺义区后沙峪白辛庄幼儿园	顺义区后沙峪镇白辛庄	80496148
顺义区木林镇王泮庄幼儿园	顺义区木林镇王泮庄中街 53 号	60459100
顺义区木林镇大韩庄幼儿园	顺义区木林镇大韩庄中路 29 号	60448441
中国人民解放军 66055 部队幼儿园	顺义区拥军路 5 号	81492550

小学

名称	地址	电话
顺义区东风小学(西校)	顺义区建新南区 38 号楼	69433973
顺义区西辛小学	顺义区西辛南区顺西路 12 号	69461147
顺义区仓上小学	顺义区石园仓上小区	69441134
顺义区东风小学	顺义区光明街拥军路 9 号	69445326
顺义区东风小学东校	顺义区拥军路 1 号	69468268

顺义区光明小学	顺义区光明北街东安路东	69422329
顺义区双兴小学	顺义区光明北街 22 号	81493907
顺义区河南村中心小学校	顺义区仁和镇河南村幸福路 3 号	89492187
顺义区港馨小学	顺义区港馨家园东区	89449872
顺义区后沙峪中心小学校	顺义区后沙峪镇后沙峪村	80416782
顺义区天竺中心小学校	顺义区天竺地区府右街 7 号	64584338
顺义区天竺中小裕达隆分校	顺义区天竺空港 A 区天柱西路 28 号	80489121
顺义区杨镇中心小学校	顺义区杨镇环镇东路 12 号	61451244
顺义区小店中心小学校	顺义区杨镇辛庄子村小学路 4 号	61412824
顺义区牛山中心小学校	顺义区牛栏山镇府前街 26 号	69411083
顺义区南法信中心小学校	顺义区南法信镇顺余路 5 号	69473552
顺义区马坡第二小学	顺义区马坡镇马卷村	69409805
顺义区石园小学	顺义区石园北区 28 号楼东	69425729
顺义区空港小学	顺义区空港 B 区三山新新家园南侧	80477515
顺义区马坡中心小学校	顺义区马坡镇向阳西路	69401651
顺义区仁和中心小学	顺义区望泉地区望泉寺村南	69447725
顺义区高丽营第二小学	顺义区高丽营镇张喜庄村拓新区 13 号	69491856
顺义区李桥中心小学校	顺义区李桥镇馨港庄园 38 号	81478405
顺义区沿河中心小学校	顺义区李桥镇沿河村西	69489636
顺义区李遂中心小学校	顺义区李遂镇南孙路李遂段 17 号	89484220
顺义区俸伯中心小学校	顺义区南彩镇前俸伯村东	89477267
顺义区俸伯中小联合小学	顺义区南彩镇柳桁村	89421400
顺义区北务中心小学校	顺义区北务镇商业街 5 号	61424311
顺义区大孙各庄中心小学校	顺义区大孙各庄镇府前东街 6 号	61432073
顺义区尹家府中心小学校	顺义区大孙各庄镇四福通大街 90 号	61472814
顺义区张镇中心小学校	顺义区张各庄西侧张孙路张镇段 2 号	61480604
顺义区龙湾屯中心小学校	顺义区龙湾屯镇府前南街 8 号	60461289
顺义区李各庄学校	顺义区木林镇李各庄育才路 1 号	60493367
顺义区木林中心小学校	顺义区木林镇木林村东	60456039
顺义区明德小学	顺义区木林镇马坊村中心街 5 号	60448505
顺义区北小营中心小学校	顺义区北小营镇北小营村	60483734
顺义区仇家店中心小学校	顺义区北小营镇仇家店村	60483729
顺义区北石槽中心小学校	顺义区北石槽镇府前街 11 号	60422512
顺义区赵全营中心小学校	顺义区赵全营镇牛板路赵全营段 92 号	60435426
顺义区板桥中心小学校	顺义区赵全营镇板桥村牛板路段 1 号	60442174

中学

名称	地址	电话
顺义区第十中学	顺义区后沙峪镇双裕街	80416138
顺义区第二中学	顺义区前进花园南侧	69421643
顺义区第一中学	顺义区站前东街6号	69444448
顺义区第九中学	顺义区仁和镇河南村北	89498802
顺义区杨镇第一中学	顺义区杨镇地区三街村仿古商业街43号	61451055
顺义牛栏山第一中学	顺义区牛栏山镇育才大街1号	69411142
顺义区第八中学	顺义区光明北街18号	69429480
顺义区第三中学	顺义区府前东街27号	69422509
顺义区第四中学	顺义区光明南街2号	69446143
顺义区仁和中学	顺义区双河大街15号	89493698
顺义区天竺中学	顺义区天竺镇府前一街29号	80467213
顺义区小店中学	顺义区杨镇小店村	61412881
顺义区杨镇第二中学	顺义区杨镇三街西	61451155
顺义区牛山第三中学	顺义区牛山镇牛富路2号	60413751
顺义区牛山第二中学	顺义区京密路牛山段3号	69412537
顺义区南法信中学	顺义区南法信镇西海洪村	69476574
顺义区马坡中学	顺义区双丰秦武姚村	69409776
顺义区第五中学	顺义区石园西区	89441490
顺义区高丽营第二中学	顺义区高丽营镇张喜庄村拓新区12号	69491828
顺义区沿河中学	顺义区李桥镇北河村	69480315
顺义区李桥中学	顺义区李桥镇李家桥村	81473876
顺义区李遂中学	顺义区李遂镇南孙路沟北段38号	89481601
顺义区俸伯中学	顺义区南彩镇前俸伯村东200米	89477257
顺义区北务中学	顺义区北务镇北务村商业街7号	61421946
顺义区大孙各庄中学	顺义区大孙各庄镇府前东街8号	61434877
顺义区尹家府中学	顺义区大孙各庄镇四福通大街88号	61472870
顺义区张镇中学	顺义区张镇张孙路张镇段5号	61480765
顺义区龙湾屯中学	顺义区龙湾屯镇府南路5号	60461319
顺义区木林中学	顺义区木林镇顺焦路木林段1号	60457445
顺义区北小营中学	顺义区北小营镇府西路1号	60483730
顺义区北石槽中学	顺义区北石槽镇府前西街4号	60422123
顺义区赵全营中学	顺义区牛板路赵全营段129	60431128
顺义区板桥中学	顺义区赵全营镇板桥村中学街39号	60442108
顺义区沙岭学校	顺义区杨镇沙岭村青年路5号	61442573
顺义区高丽营学校	顺义区高丽营镇四村	69455654

顺义区南彩学校	顺义区南彩镇南彩村东	89469286
顺义区赵各庄学校	顺义区张镇赵各庄村	61491420

职业及成人学校

名称	地　址	电 话
顺义区汽车技术职业高中	顺义区仁和镇河南村西路北	89451090
顺义区第一职业学校	顺义区府前西街顺西路西侧	69444559
北京现代职业技术学院中职部	顺义区光明街道裕龙三街北侧	69445362
农广校	顺义区贯通路	15712907119
顺义电专	顺义区贯通路	81484548
电大顺义分校	顺义区贯通路	81484548

民办学校及培训机构

名称	地　址	电 话
顺义区牛栏山一中实验学校	顺义区顺安路 99 号	81480932
北京市新英才学校	顺义区后沙峪镇安华街 9 号	80467115
北京市圣苑－美语实验学校	顺义区后沙峪镇十中路东	80497460
顺义区民办大方职业学校	顺义区大孙各庄镇杜石路西尹段 3 号	61471503
中国传媒大学附属中学	顺义龙湾屯镇丁甲庄村北	51661876
北京市顺义区君诚学校	顺义区后沙峪镇火沙路古城段 15 号	80490302
北京市海嘉双语学校	顺义区后沙峪镇峪民大街 5 号	80410390
北京国际标准舞研修学院	顺义区后沙峪镇裕民大街甲 4 号	69453012
北京市音乐舞蹈学校	顺义区后沙峪镇枯柳树环岛 1 号	51679555
顺义区万科城市花园幼儿园	顺义区天竺空港开发区 B 区万科城市花园	80485697
顺义区伊顿幼儿园	顺义区天竺镇花犁坎村	80465338
顺义区长颈鹿幼儿园	顺义区裕龙花园二区 4 号楼	81482222
顺义区泛美幼儿园	顺义区顺通路 29 号	89497758
顺义区启明香堤漫步幼儿园	顺义区牛栏山香堤漫步庄园	60428197
顺义区采风幼儿园	顺义区南彩镇前俸伯村	89477510
顺义区景福幼儿园	顺义区仁和镇顺福路 2 号金碧湖畔 42 栋	89452591
顺义区温莎双语幼儿园	顺义区首都机场 89 号丽京花园	13801079505
顺义区汇佳东方幼儿园	顺义区东方太阳城万睛园 54 号楼	89431740
顺义区金翼德懿双语幼儿园	顺义区天竺镇丽苑街 6 号美林别墅会所	13810070641
顺义区丽思嘉洛德双语幼儿园	顺义区天竺府前一街 58 号水木兰亭花园 2 号楼	13911152599
顺义区顺发实用技术培训学校	顺义区新顺北大街影剧院内	13161561431 69425003

顺义区求实外语培训学校	顺义区站前东街商业楼2栋409号	81491180
顺一汽车驾驶员培训学校	顺义区农机局院内	69444415
顺义区巨人金色湖畔培训学校	顺义社区教育中心院内	13801000111
顺义区精诚文化学校	顺义社区教育中心电大楼	69422385
顺义区益民培训学校	顺义区府前中街6号	69421055
顺义区心语语言培训学校	顺义区第一职业学校院内	13691063447
顺义区世纪桥外语培训学校	顺义府前中街6号	69462255
顺义区东方金子塔儿童潜能培训学校	顺义区石园南区33楼4单元502室	81674163
顺义区精灵花雨文化艺术培训中心	顺义区幸福西区甲1—2号	69463345
顺义区九日外国语培训学校	顺义区南彩九王庄兴盛街1号	89469904
顺义区启明星文化培训学校	顺义区	13716709668
顺义区博文鸿智文化艺术培训学校	顺义西辛南区16号楼4号	69460687
顺义区现代电脑培训学校	顺义区站前街商业楼	69464245
顺义区博识培训中心	顺义区府前东街人才中心院内	69442549－8070
顺义区伟宁文化艺术培训中心	顺义区怡馨家园32楼2层	69467266
顺义区顺图计算机培训学校	顺义光明南街20号图书馆内	69447265
顺义区海澄文化培训学校	顺义幸福东区丁19号202室	69426723
顺义区英美外语培训中心	顺义区站前街商业缕	86619550
顺义区育林外语培训学校	顺义区石园北区68号楼4门202	69446117
顺义区朝阳英语培训学校	顺义区石园北区68号楼4门402	69463856
顺义区春蕾文化艺术培训学校	顺义区石园东区居委会院内	89498534
顺义区东方太阳城文体培训学校	顺义区东方太阳城中心会所	89431700
顺义区飞天驾驶学校	顺义区天竺镇府前西街粮库附近	80416379
顺义区英才培训学校	顺义区空港开发A区莲竺小区甲6号楼	64568963
顺义时星宇汽车驾驶学校	顺义区后沙峪镇泗上村	80416126
北京市安立汽车驾驶学校	顺义区后沙峪镇泗上村	69454563
顺义区维特汽车驾驶学校	顺义区后沙峪镇泗上村	13901009355
北京市京顺汽车驾驶学校	顺义区后沙峪镇泗上村	69454512
顺义区群星乒乓球培训学校	顺义区后沙峪镇铁匠营村匠杨路1号	80482538
北京市京城汽车驾驶技工学校	顺义区粮油总公司	80416739
北京恒通汽车摩托车驾驶培训学校	顺义区后沙峪镇泗上村	84328325
顺义区童馨诚文化培训学校	顺义区顺平路后沙峪段17号	13661012965
顺义区爱嘉励儿童双语培训学校	顺义区后沙峪嘉浩别墅3056号	80467082
顺义平安驾驶学校	顺义区南法信顺高路南侧	69472690
顺义区交通培训学校	顺义区南法信顺平路北侧	69478911
顺义区顺交通达汽车驾驶员培训中心	顺义区顺平路南法信段北侧	69433970
北京市五环汽车摩托车驾驶员培训学校	顺义区后沙峪镇泗上村	84913618

顺义区九方教育培训学校	顺义区府前东街金汉绿港二区 12 号楼 301	13301127218
顺义区碧海惊鸿导游培训学校	顺义区李桥镇头二营村	13910991109
顺义区蓝天空港职业文化培训学校	顺义区高丽营二中(四楼)院内	69497040
顺义区津桥培训中心	顺义区赵全营镇河庄村北	60441289
顺义区养元牧业培训示范中心	顺义区北石槽镇	60424717
顺义区农机汽车驾校	顺义区南彩镇后俸伯村	89477650
顺义区兴华职业技术培训学校	顺义区南彩镇后俸伯村北	69422156
顺义区杨名教育培训部	顺义区杨镇三街	13601228960
顺义区酬勤文化培训中心	顺义杨镇燕雄大厦	13371685988
顺义区圆梦文化培训中心	顺义区杨镇双阳小区 14 号楼 10 号	61455213
顺义区百华文化培训学校	顺义区杨镇双阳南区办公楼	13520169301
顺义区勤力富昌外语培训学校	顺义区北务镇敬老院内	13701028762
顺义区明星外语培训学校	顺义区李遂镇潮华路沟北段 2 号	89484999
顺义区启航信息化培训学校	顺义区北小营镇永利小区商业楼	60488111
顺义区成才育人英语培训学校	顺义区木林镇木林村	60455587
顺义区东方英才培训学校	顺义区北小营前礼务村建业路 37 号	13801208740
顺义区卓越文化培训学校	顺义区大孙各庄镇杜石路西尹段 3 号	86755630
顺义区威豪素质教育培训学校	顺义区武警十支队	13146795869
顺义区育圣源培训学校	顺义区中山北路太平小区	69466352
顺义区方村培训学校	顺义区杨镇大街	86050653
顺义区金永大残疾人计算机培训学校	顺义区杨镇小店新街 7 号	61414522
顺义区阳光外语培训学校	6605 部队医院东侧楼房二层	13511033575
顺义区捷创网苑计算机学校	顺义区怡馨家园商业街 37 楼 5 门	69464500
顺义区启智文化艺术中心	北京广播电视大学顺义分校院内	13911737182
顺义区科华培训学校	顺义区石园南区 33 楼 4 单元	13801072063
顺义区绿港培训学校	顺义区站前街商业 2 号楼	69468518
顺义区燕雄建筑职工教育培训学校	顺义区顺平路北侧杨镇三街段	13901183698
顺义区顺锋电脑培训学校	顺义区宏城小区内	69443263
顺义区京奥国门乒乓球培训学校	顺义区京顺	13311289621

教育机构

名称	地　址	电话
顺义区少年宫	顺义区府前东街	69446835
顺义区教师之家	顺义区光明南街	69443059
顺义区中小学生保健所	顺义区幸福西街	69443237
顺义区教育技术装备部	顺义区仁和镇庄头村南	69433295
顺义区教育研究考试中心	顺义区中山西街 31 号	69443837
顺义区社区教育中心	顺义区贯通路	69443449

顺义区幼教培训中心	顺义区光明南街(教师之家院内)	69422069
顺义区特殊教育学校	顺义区光明南街13号	69423095
顺义区教育信息中心	顺义区中山西街31号(教研考试中心院内)	69420914
顺义区劳动技术教育学校	北京市顺义区中山北街	69443237

驻顺高校

名称	地址	电话
中央美术学院城市设计学院	顺义区后沙峪镇裕民大街1号	80410801
北京美国英语语言学院	顺义区京顺路99号	69409588
北京工业大学耿丹学院	顺义区牛栏山镇牛富路牛山段3号	60411788
北京人文大学顺义校区	顺义区后沙峪镇裕东路3号	80497320
首都医科大学燕京医学院	顺义区大东路4号	69443147
北京国家会计学院	顺义天竺开发区	64500088
北京国际标准舞研修学院	顺义区后沙峪裕民大街甲4号	69453012
北京市现代职业技术学院	顺义区裕龙花园三街	81497745

区域卫生机构

名称	地址	电话
北京杏园金方国医医院	北京市顺义区后沙峪	80497556
北京首儿李桥儿童医院	顺义区李桥镇李天路李桥段5号	81472688
北京东方太阳城医院	顺义东方太阳城万晴园104楼	89432458·9
北京市顺义区结核病防治中心	北京市顺义区府前东街大东路	69443478
北京市顺义区医院	北京市顺义区光明南街3号	69444548
北京市顺义区中医医院	北京市顺义区站前东街5号	69442484
北京市顺义区空港医院(北京市顺义区医院二部、北京市顺义区后沙峪镇卫生院)	北京市顺义区后沙峪镇	80496772
北京京顺医院	北京市顺义区府前西街铁路西	69449024
北京市顺义区传染病医院	北京市顺义区张镇侯庄村	61491609
北京市顺义区法医院	北京市顺义区法医街3号	69441489
北京市顺义区妇幼保健院	北京市顺义区顺康路1号	69462216
北京市顺义区第二医院	北京市顺义区杨镇	61451265
北京市顺义区赵全营镇板桥卫生院	北京市顺义区赵全营镇板桥村	60442196
北京市顺义区木林镇卫生院	北京市顺义区木林镇村西	60457195
北京市顺义区张镇卫生院	北京市顺义区张镇大街5号	61480647

北京市顺义区高丽营镇张喜庄卫生院	北京市顺义区高丽营镇张喜庄村南	69491442
北京市顺义区南彩镇卫生院	北京市顺义区南彩镇	89469280
北京市顺义区南法信镇卫生院	北京市顺义区南法信镇顺榆路9号	69473434
北京市顺义区龙湾屯镇卫生院	北京市顺义区龙湾屯镇	60462200
北京市顺义区天竺镇卫生院	北京市顺义区天竺镇府前街27号	64566232
北京市顺义区仁和镇卫生院	北京市顺义区石圆南区东侧	89443896
北京市顺义区南彩镇俸伯卫生院	顺义区南彩镇俸伯村东	89477261
北京市顺义区北石槽镇卫生院	北京市顺义区北石槽镇北石槽村	60422508
北京市顺义区第三医院	北京市顺义区牛栏山镇	69411353
北京市顺义区马坡镇卫生院	北京市顺义区马坡镇卫生院政府北侧	69404194
北京市顺义区杨镇沙岭卫生院	北京市顺义区杨镇沙岭	61441775
北京市顺义区北小营镇卫生院	北京市顺义区北小营镇	60483645
北京市顺义区赵全营镇卫生院	北京市顺义区赵全营镇政府对面	60431136
北京市顺义区李遂镇卫生院	北京市顺义区李遂镇	89481582
北京市顺义区高丽营镇卫生院	北京市顺义区高丽营镇	69455946
北京市顺义区大孙各庄卫生院	北京市顺义区大孙各庄府前东街4号	61432117
北京市顺义区杨镇小店卫生院	北京市顺义区杨镇小店村	61412835
北京市顺义区李桥镇卫生院	北京市顺义区李桥镇沿河村西	69485960
北京市顺义区北务镇卫生院	北京市顺义区北务镇政府东侧	61421715
北京市顺义区城区卫生服务中心	北京市顺义区胜利街办事处建新南街	81490490
首都医科大学燕京医学院门诊部	北京市顺义区大东路4号	69442955
北京康圣德门诊部	北京市顺义区西辛南区北口甲62号	69433879
北京祥顺康医疗器械有限公司正杰口腔门诊部	北京市顺义区仁和地区怡馨家园13号楼104室	13801325355
北京现代阳光医院管理有限公司空港门诊部	北京市顺义区天竺空港工业区A区天柱路27号B座103	80480284
北京嘉华康永投资管理有限公司新世纪荣和儿科门诊部	北京市顺义区天竺镇丽苑街荣和商业中心19号楼K-01	88046206
北京现代人口腔门诊部	北京市顺义区石园北区40号楼3门101号	81496806
北京市向阳中医门诊部	北京市顺义区马坡镇向阳村村南	69401309
北京中亚康门诊部	北京市顺义区顺通路6号	89496999
北京市广怡口腔门诊部	北京市顺义区怡馨家园5号楼19号	81496156
北京市顺义区疾病预防控制中心门诊部	北京市顺义区光明南街1号	69443268
北京真爱门诊部	北京市顺义区怡馨家园商业步行街5-36	81905529
北京松川中医药抗肿瘤研究有限公司松川堂诊所	北京市顺义区彩风新城彩俸北区4号楼1层07室	86240430 13641350584

区文物保护单位

北京市文物保护单位

名称	类别	时代	地址	公布时间
焦庄户地道战遗址纪念馆	革命	近代	顺义区龙湾屯镇焦庄户村	1979年
元圣宫	古建	元末明初	顺义牛栏山一中校内	1995年
无梁阁	古建	元末明初	顺义区大孙各庄镇顾家庄村东	2001年

顺义区文物保护单位

名称	类别	时代	地址	公布时间
烈士陵园	革命	近代	顺义区潮白河东	1984年
胡奴县遗址	遗址	西汉初年	顺义区北小营镇狐奴山下	1984年
古城遗址	遗址	元代	顺义区后沙峪镇古城村北	1984年
顺义城垣	古建	唐代末年	顺义区仁和镇太平村	1984年
孔庙元碑	古建	元代	顺义区文物管理所内	1984年
和硕亲王碑	石刻	清代	顺义区李桥镇王家坟村	1984年

区域文物

名称	类别	时代	地址	公布时间
庞山烈士墓	墓地	近代	顺义区大孙各庄镇	2000年
关帝庙	古建	清代	顺义区高丽营镇南郎中村	1984年
关帝庙	古建	清代	顺义区杨镇一中	1984年
关帝庙	古建	清代	顺义区北石槽镇武各庄村	1984年
开元寺	古建	清代	顺义区仁和镇复兴村	1984年
清真寺	古建	清代	顺义区高丽营镇高丽营村	1984年
清真寺	古建	清代	顺义区南法信镇回民营村	1984年

区域古树名木

序号	乡镇	地点	树种	级别
1	牛栏山	卢正卷	侧柏	1
2	牛栏山	相各庄	侧柏	1
3	牛栏山	相各庄	侧柏	2

序号	乡镇	地点	树种	级别
4	牛栏山	北孙各庄	银杏	1
5	牛栏山	北孙各庄	银杏	1
6	牛栏山	龙王头	国槐	1
7	牛栏山	下坡屯	侧柏	2
8	牛栏山	牛山一中	国槐	1
9	牛栏山	牛山一中	国槐	1
10	牛栏山	牛山一中	侧柏	1
11	牛栏山	牛山一中	侧柏	1
12	牛栏山	牛山一中	侧柏	2
13	牛栏山	牛山一中	侧柏	2
14	牛栏山	牛山一中	侧柏	2
15	牛栏山	牛山一中	侧柏	2
16	牛栏山	牛山一中	侧柏	2
17	牛栏山	牛山一中	侧柏	2
18	牛栏山	牛山一中	侧柏	2
19	牛栏山	牛山一中	侧柏	2
20	牛栏山	牛山一中	侧柏	2
21	牛栏山	牛山一中	侧柏	2
22	牛栏山	牛山一中	侧柏	2
23	牛栏山	牛山一中	侧柏	2
24	牛栏山	牛山一中	侧柏	2
25	牛栏山	牛山一中	侧柏	2
26	牛栏山	牛山一中	侧柏	2
27	牛栏山	牛山一中	侧柏	2
28	牛栏山	牛山一中	侧柏	2
29	杨镇	白塔	国槐	2
30	杨镇	杜庄	国槐	1
31	杨镇	杨镇中学	银杏	1
32	杨镇	杨镇小学	侧柏	1
33	杨镇	杨镇小学	侧柏	1
34	杨镇	东疃	国槐	1
35	杨镇	田营	侧柏	1
36	仁和	京汉房地产公司	国槐	1
37	仁和	京汉房地产公司	国槐	2
38	仁和	胜利	国槐	2
39	仁和	军营	枣	2
40	仁和	赵古营	国槐	2

序号	乡镇	地点	树种	级别
41	仁和	临河	国槐	1
42	马坡	洼子	国槐	1
43	马坡	良正卷	国槐	1
44	马坡	衙门村	国槐	1
45	马坡	马卷	国槐	2
46	北石槽	寺上小学	国槐	1
47	北石槽	寺上小学	国槐	2
48	李遂	葛代子	国槐	2
49	龙湾屯	丁甲庄	侧柏	2
50	龙湾屯	山里辛庄	国槐	2
51	龙湾屯	山里辛庄	国槐	2
52	北务	王各庄	侧柏	2
53	南彩	九王庄	国槐	2
54	李桥	沿河村	国槐	2
55	北石槽	良善庄	国槐	1
56	李桥	南半壁店	枣树	2

顺义区纳税前100名企业

国税纳税前100名企业

序号	单位名称	注册地址
1	北京现代汽车有限公司	北京市顺义区林河工业开发区顺通路18号
2	中国国际航空股份有限公司	北京市顺义区天竺空港工业区A区天柱路28号楼蓝天大厦9层
3	北京燕京啤酒股份有限公司	北京市顺义区双河路9号
4	北京首都国际机场股份有限公司	北京市顺义区北京空港物流园区绿生路2号
5	北京现代摩比斯汽车零部件有限公司	北京市顺义区双河路59号
6	泰鸿控股有限公司	北京市顺义区北京空港物流基地物流园八街1号
7	北京顺鑫农业股份有限公司牛栏山酒厂	北京市顺义区牛栏山镇(牛山地区办事处东侧)
8	中国航空油料有限责任公司	北京市顺义区天竺空港工业区A区天柱路28号蓝天大厦6层
9	华夏基金管理有限公司	北京市顺义区天竺空港工业区A区

序号	单位名称	注册地址
10	联邦快递(中国)有限公司	北京市顺义区天竺空港工业区天柱路 12 号
11	北京龙湖置业有限公司	北京市顺义区牛栏山镇张庄村南
12	北京现代摩比斯汽车配件有限公司	北京市顺义区顺通路西北京汽车工业控股有限责任公司汽车生产基地南地块
13	北京牛栏山鑫鑫贸易有限公司	北京市顺义区牛山地区下坡村西
14	伟世通汽车空调(北京)有限公司	北京市顺义区南彩镇彩园工业区彩祥西路 6 号
15	北京康捷空国际货运代理有限公司	北京市顺义区南法信镇府前街 12 号
16	中国民生银行股份有限公司信用卡中心	北京市顺义区马坡地区顺安路 68 号
17	中国航空油料有限责任公司北京分公司	北京市顺义区北京首都国际机场中国航空油料华北公司办公楼(首都机场内)
18	北京燕京啤酒股份有限公司一分公司	北京市顺义区向阳西街 6 号
19	北京广厦富城置业有限公司	北京市顺义区天竺镇府前一街 32 号楼
20	国航进出口有限公司	北京市顺义区首都机场国航基地四号
21	北京江森汽车部件有限公司	北京市顺义区林河工业开发区林河南大街路南
22	北京地源达房地产开发有限公司	北京市顺义区马坡镇顺成大街 15 号 1 号楼 3 层
23	北京李尔岱摩斯汽车系统有限公司	北京市顺义区仁和镇河南村村委会南 500 米
24	中航鑫港担保有限公司	北京市顺义区北京空港物流基地物流园 8 街 1 号
25	北京索爱普天移动通信有限公司	北京市顺义区天竺空港工业区 A 区天柱西路
26	北京长乐房地产开发有限公司	北京市顺义区天竺镇
27	日上免税行(中国)有限公司	北京市首都国际机场航安路机场商贸公司四楼
28	北京韩美药品有限公司	北京市顺义区天竺镇(北京天竺空港工业区内)
29	北京现代海斯克钢材有限公司	北京市顺义区仁和镇顺平西路 9 号(顺通路西侧)
30	北京市顺义烟草公司	北京市顺义区中山南大街路东
31	北京韩一汽车饰件有限公司	北京市顺义区仁和镇林河南大街 15 号
32	北京航空食品有限公司	北京市顺义区南法信府前街 47 号
33	中恒国际租赁有限公司	北京市顺义区北小营宏大工业开发中心 A 区 6 号
34	SMC(北京)制造有限公司	北京市顺义区竺园一街 7 号(天竺综合保税区)

序号	单位名称	注册地址
35	金刚化工(北京)有限公司	北京市顺义区顺通路51号
36	北京首都机场动力能源有限公司	北京市顺义区天竺镇府右街6号
37	中国民用航空华北地区空中交通管理局	北京市朝阳区首都机场航安路
38	北京朗姿服饰有限公司	北京市顺义区马坡镇向阳西路北侧6号
39	中国国际货运航空有限公司	北京市顺义区天竺空港工业区A区
40	北京飞机维修工程有限公司	北京市顺义区首都国际机场
41	北京松下普天通信设备有限公司	北京市顺义区天竺空港工业区天柱东路19号
42	北京东方雨虹防水技术股份有限公司	北京市顺义区顺平路沙岭段甲2号
43	威乐(中国)水泵系统有限公司	北京市顺义区空港工业区C区兆丰一街
44	北京国泰平安百货有限公司	北京市顺义区府前街南侧(国泰大厦)
45	北京三立车灯有限公司	北京市顺义区林河大街32号
46	北京汇源食品饮料有限公司	北京市顺义县北小营镇
47	中国航空油料集团公司	北京市顺义区天竺空港工业区A区天柱路28号
48	北京恩布拉科雪花压缩机有限公司	北京市顺义区北京天竺空港工业区B区裕华路29号
49	中国新华航空集团有限公司	北京市顺义区天竺镇府前一街16号
50	奥凯航空有限公司	北京市顺义区北京空港物流基地物流园八街一号
51	华龙置业房地产开发有限公司	北京市顺义区高丽营镇拓新区45号
52	北京龙湖庆华置业有限公司	北京市顺义区牛栏山顺安北路8号
53	约翰内斯海德汉博士(中国)有限公司	北京市顺义区天竺空港工业区A区
54	北京合景房地产开发有限公司	北京市顺义区马坡镇聚源西路7号
55	首都机场集团财务有限公司	北京市顺义区首都机场四纬路9号B区三层66室
56	北京首都机场商贸有限公司	北京市顺义区北京空港物流园区
57	天地国际运输代理(中国)有限公司	北京市顺义区空港物流基地八街9号
58	北京世钟汽车配件有限公司	北京市顺义区北小营镇
59	中铁物总能源有限公司	北京市顺义区北京空港物流基地物流园八街1号
60	北京汇源食品饮料有限公司北京销售中心	北京市顺义区北小营镇府前街北侧(北京汇源食品饮料有限公司)

序号	单位名称	注册地址
61	北京平和精工汽车部件有限公司	北京市顺义区南彩镇二三产业基地1号
62	中石油昆仑燃气有限公司	北京市顺义区仁和地区杜各庄村东
63	北京市邮政速递物流有限公司	北京市顺义区顺平路578号天竺综合保税区FTZ－2－023
64	中油燃料油股份有限公司华北销售分公司	北京市顺义区林河工业开发区顺仁路54号2幢3层310
65	北京欣安房地产开发有限公司	北京市崇文区广渠门南水关胡同甲7号一幢205室
66	北京康仁堂药业有限公司	北京市顺义区林河北大街16号
67	北京银座合智房地产开发有限公司	北京市顺义区南彩镇彩祥东路10号
68	北京顺丰速运有限公司	北京市顺义区北京空港物流园区物流八街1号
69	北京利祥制药有限公司	北京市顺义区林河工业开发区顺康路64号
70	北京曲美馨家商业有限公司	北京市顺义区南彩镇彩园工业小区
71	北京北广科技股份有限公司	北京市顺义区天竺空港工业区天柱路A区26号
72	北京英迈特矿山机械有限公司	北京市顺义区马坡聚源工业区
73	北京首都机场广告有限公司	北京市顺义区北京空港物流园区
74	北京金汉房地产开发有限公司	北京市顺义区大孙各庄镇大段村西
75	北京北一数控机床有限责任公司	北京市顺义区林河工业开发区
76	莱姆电子(中国)有限公司	北京市顺义区林河工业开发区林河大街28号
77	北京吉祥德尔格安全设备有限公司	北京市顺义区天竺空港工业区B区峪安路甲22号
78	北京安泰和祥投资管理有限公司	北京市顺义区北小营镇府前街14号
79	西铁城(中国)钟表有限公司	北京市顺义区天竺镇北京国际机场工业开发区
80	首安工业消防有限公司	北京市顺义区李桥镇南半壁店工业区
81	延锋伟世通(北京)汽车饰件系统有限公司	北京市顺义区林河工业开发区顺通路55号
82	北京汽车制造厂有限公司顺义汽车厂	北京市顺义区仁和工业区
83	北京艾莱发喜食品有限公司	北京市顺义区金马工业区
84	可附特汽车零部件制造(北京)有限公司	北京市顺义区南彩镇彩园工业区
85	中国航空传媒广告公司	北京市顺义区南法信镇顺畅大道1号B－0311室

序号	单位名称	注册地址
86	北京奕长丰商业有限公司	北京市顺义区首都机场国际隔离区(新航站楼)
87	北京顺鑫佳宇房地产开发有限公司	北京市顺义区杨镇府前街北侧100米
88	北京京磁强磁材料有限公司	北京市顺义区仁和镇顺通路31号
89	北京亿都川服装集团有限公司	北京市顺义区马坡聚源工业基地聚源东路4号
90	赛多利斯科学仪器(北京)有限公司	北京市顺义区天竺空港工业区B区裕安路33号厂房办公楼
91	中石油昆仑燃气有限公司液化气分公司	北京市顺义区仁和地区杜各庄村东
92	北京大昌庆镇汽车部件有限公司	北京市顺义区杨镇人民政府东侧600米
93	曲美家具集团股份有限公司	北京市顺义区南彩镇彩祥东路11号
94	北京新华空港航空食品有限公司	北京市顺义区天竺空港工业区A区
95	默克雪兰诺有限公司	北京市顺义区顺平路578号(天竺综合保税区FTZ-2-008)
96	北京雅昌彩色印刷有限公司	北京市顺义区天竺空港工业区A区天纬四街7号
97	中国航油集团石油有限公司	北京市顺义区天竺空港工业区A区天柱路28号
98	中国南方航空股份有限公司北京分公司	北京市顺义区空港工业区B区裕华路27号2号楼
99	安泰科技股份有限公司北京空港新材分公司	北京市顺义区空港开发区B区裕华路东侧
100	北京世纪百强家具有限责任公司	北京市顺义区牛栏山镇牛汇南一街5号

地税纳税前100名企业

序号	纳税人名称	经营地址
1	中国国际航空股份有限公司	北京市顺义区天竺空港工业区A区天柱路30号
2	北京现代汽车有限公司	北京市顺义区林河工业开发区顺通路18号
3	北京首都国际机场股份有限公司	北京市顺义区北京空港物流园区绿生路2号
4	华夏基金管理有限公司	北京市西城区金融大街33号通泰大厦
5	中国民生银行股份有限公司信用卡中心	北京市顺义区马坡地区顺安路68号

序号	纳税人名称	经营地址
6	中国新华航空集团有限公司	北京市顺义区天竺镇府前一街16号
7	北京龙湖庆华置业有限公司	北京市顺义区牛栏山镇顺安北路8号
8	北京龙湖置业有限公司	北京市顺义区牛栏山镇张庄村南
9	北京万科企业有限公司	天竺空港工业开发区B区北京万科城市花园梅花园4号楼
10	北京燕京啤酒股份有限公司	北京市顺义区双河路9号
11	中国南方航空股份有限公司北京分公司	北京市顺义区空港工业B区裕华路27号2号楼
12	首都机场集团公司	北京市顺义区天竺空港工业区A区天柱路28号楼
13	北京建升房地产开发有限公司	北京市顺义区仁和地区石门村东侧
14	北京首都航空有限公司	北京市顺义区后沙峪镇吉祥工业区5-1号
15	北京合景房地产开发有限公司	北京市顺义区马坡镇聚源西路7号
16	北京飞机维修工程有限公司	北京市顺义区首都国际机场
17	北京广厦富城置业有限公司	北京市顺义区天竺镇府前一街32楼
18	北京汽车城投资管理有限公司	北京市顺义区顺通路西侧
19	北京丽来房地产开发有限公司	北京市顺义区天竺镇
20	北京顺义新城地产开发有限公司	北京市顺义区马坡镇顺安路88号
21	中国国际货运航空有限公司	北京市顺义区天竺空港工业区A区
22	北京东方太阳城房地产开发有限责任公司	北京市顺义区仁和镇东方太阳城社区中心
23	北京顺义新城建设开发有限公司	北京市顺义区马坡镇向阳西街6号
24	中国民用航空华北地区空中交通管理局	北京市朝阳区首都机场航安路
25	北京路桥瑞通养护中心有限公司	北京市海淀区厂西门路2号吉友大厦
26	北京东君房地产开发有限公司	北京市顺义区高丽营镇中心区南侧高丽营小区1栋
27	北京江河幕墙股份有限公司	北京市顺义区牛汇北五街5号
28	北京银座合智房地产开发有限公司	北京市顺义区南彩镇彩祥东路10号
29	北京天洋志普房地产开发有限公司	北京市顺义区双裕东区丁1号楼
30	北京正华永兴房地产开发有限公司	北京市顺义区仁和地区顺通路38号

序号	纳税人名称	经营地址
31	中铁电气化局集团有限公司北京顺义分公司	北京市顺义区后沙峪镇人民政府西南侧200米
32	默克雪兰诺有限公司	北京市顺义区顺平路578号(天竺综合保税区FTZ-2-008)
33	北京中顺德房地产开发有限公司	北京市顺义区李桥镇头二营村东侧
34	北京顺力成电力设备安装维修有限公司	北京市顺义区南法信镇顺达路6号1幢
35	北京地源达房地产开发有限公司	北京市顺义区马坡镇顺成大街15号1号楼3层
36	北京金汉房地产开发有限公司	北京市顺义区大孙各庄镇大段村西
37	中国工商银行股份有限公司北京顺义支行	北京市顺义区顺通路西侧(石园西路)
38	中国东方航空股份有限公司北京分公司	北京市顺义区小天竺路1号东航大酒店三层302号-327号
39	北京京辰房地产开发有限公司	北京市顺义区博特花园088号
40	北京牛栏山鑫鑫贸易有限公司	北京市顺义区牛山地区下坡村西
41	北京顺丰速运有限公司	北京市顺义区北京空港物流园物流八街1号
42	北京英才房地产开发有限公司	北京市顺义区空港工业B区融慧园9-B
43	北京东方华美房地产开发有限公司	北京市顺义区高丽营金马工业园区16号
44	北京林河工业开发总公司	北京市顺义区林河工业开发区双河大街18号
45	北京华忆园房地产开发有限公司	北京市顺义区怡馨家园26号楼
46	北京空港航空地面服务有限公司	北京市顺义区北京空港物流基地物流园八街一号
47	北京凯迪恒业投资有限公司	北京市顺义区天竺镇小王辛庄南路10号
48	中粮地产投资(北京)有限公司	北京市顺义区天竺空港工业区A区天柱路28号蓝天大厦4层南侧
49	航港发展有限公司	北京市顺义区顺平路566号9层
50	北京汽车股份有限公司	北京市顺义区顺通路25号5幢
51	北京中展投资发展有限公司	北京市顺义区裕翔路88号
52	联邦快递(中国)有限公司	北京市顺义区天竺空港工业区天柱路12号
53	北京市大龙房地产开发有限公司	北京市顺义区府前东街甲2号416室

序号	纳税人名称	经营地址
54	北京长乐房地产开发有限公司	北京东城区东方广场 w3－307
55	北京北一数控机床有限责任公司	北京市顺义区林河工业开发区
56	北京市公路桥梁建设集团有限公司	北京市顺义区北务镇府前街 6 号
57	北京银行股份有限公司顺义支行	北京市顺义区站前街粮食局商办楼
58	国航进出口有限公司	北京市顺义区空港经济开发区 A 区天柱路 29 号
59	首都空港贵宾服务管理有限公司	北京市顺义区北京空港物流基地物流 8 街 1 号
60	北京现代摩比斯汽车零部件有限公司	北京市顺义区双河路 59 号
61	北京顺鑫农业股份有限公司牛栏山酒厂	北京市顺义区牛栏山镇(牛山地区办事处东侧)
62	中国民航机场建设集团公司	北京市朝阳区北四环东路 111 号楼
63	北京顺义国际学校	北京市顺义区安华街 10 号
64	北京顺鑫农业发展集团有限公司	北京市顺义区站前街 1 号院 1 号楼 11 层
65	中国农业银行股份有限公司北京顺义支行	北京市顺义区府前西街
66	北京宏顺兴房地产开发有限公司	北京市顺义区光明北街甲 1 号
67	北京长久物流股份有限公司	北京市顺义区顺平辅线 177 号 10 幢
68	北京康捷空国际货运代理有限公司	北京市顺义区南法信镇府前街 12 号
69	中北华宇建筑工程公司	北京市顺义区顺通路 38 号
70	中航鑫港担保有限公司	北京市顺义区北京空港物流基地物流园 8 街 1 号
71	北京首都机场物业管理有限公司	北京市顺义区北京空港物流基地物流园八街 1 号
72	北京马坡聚源工业开发中心	北京市顺义区马坡聚源工业区
73	北京通瑞万华置业有限公司	北京市顺义区牛栏山镇顺安路 8 号
74	北京嘉和一品企业管理股份有限公司	北京市顺义区南法信镇顺畅大道 1 号 A006 室
75	北京东方雨虹防水技术股份有限公司	北京市顺义区顺平路沙岭段甲 2 号
76	北京丽高房地产开发有限公司	北京市顺义区丽高花园

序号	纳税人名称	经营地址
77	北京景旭房地产开发有限公司顺义分公司	北京市顺义区后沙峪镇政府西南200米
78	北京首都机场航空安保有限公司	北京市顺义区北京空港物流基地物流园八街1号
79	北京首都机场餐饮发展有限公司	北京市顺义区首都机场二号航站楼
80	北京市邮政速递物流有限公司	北京市顺义区顺平路578号天竺综合保税区FTZ－2－023
81	交通银行股份有限公司北京顺义支行	北京市顺义区仓上街2号AMB大厦B区一层
82	北京博维航空设施管理有限公司	北京市顺义区北京空港物流基地物流园八街1号
83	中国航空传媒广告公司	北京市顺义区南法信镇顺畅大道1号B－0311室
84	空中客车(中国)企业管理服务有限公司	北京市顺义区天竺空港工业园区5号华欧航空支援中心1003－1008房间
85	北京索爱普天移动通信有限公司	北京市顺义区天竺空港工业区A区天柱西路
86	北京首都机场商贸有限公司	北京市顺义区北京空港物流园区
87	曲美家具集团股份有限公司	北京市顺义区南彩镇彩祥东路11号
88	北京首都机场广告有限公司	北京市顺义区北京空港物流园区
89	北京德威英国国际学校	北京市顺义区首都机场路89号
90	北京航空食品有限公司	北京市顺义区南法信府前街47号
91	中国航空油料有限责任公司北京分公司	北京市顺义区北京首都国际机场中国航空油料华北公司办公楼(首都机场内)
92	北京顺鑫佳宇房地产开发有限公司	北京市顺义区杨镇府前街北侧100米
93	北京首都机场动力能源有限公司	北京市首都机场航安路
94	北京首钢冷轧薄板有限公司	北京市顺义区李桥镇任李路200号
95	中国航空油料集团公司	北京市顺义区天竺空港工业区A区天柱路28号
96	天地国际运输代理(中国)有限公司	北京市顺义区空港物流基地八街9号
97	北京空港科技园区股份有限公司	北京市顺义区天竺空港工业区A区
98	中国建设银行股份有限公司北京顺义支行	北京市顺义区府前中街

序号	纳税人名称	经营地址
99	北京汉唐建设发展有限公司	北京市顺义区后沙峪镇裕民大街38号
100	北京正华永兴房地产开发有限公司	北京市顺义区仁和地区顺通路38号

顺义区2011年中国名牌和北京名牌名录

企　业　名　称	商标名称	产品名称	类　别
北京鑫大禹水利建筑工程有限公司	鑫大禹	码头防浪堤建筑;管道铺设和维护;建筑	著名商标
朗姿股份有有限公司	朗姿	服装	著名商标
北京首都机场商贸有限公司	航程商业	广告设计;商业管理咨询;推销(替他人)	著名商标
北京世纪百强家具有限责任公司	百强	家具	驰名商标

顺义区2011年驰名商标名录

序号	企　业　名　称	商标名称	产品名称	商标图样
1	北京顺鑫农业股份有限公司	顺鑫 SHUNXIN	新鲜水果、蔬菜	顺鑫 SHUNXIN
2	北京雅昌彩色印刷有限公司	ARTMON		ARTRON

11月28日，国家地理信息科技产业园奠基一周年暨首批企业入园签约仪式举行

6月1日，金融家贸易酒会

4月10日，燕京签约成为中国探月工程官方合作伙伴

顺义区农村工作委员会

农业部长韩长赋视察三秋生产情况

努力打造绿色农产品大区

顺义区作为首都重要的农副产品生产和供应基地，始终按照“设施是条件、品种是重点、市场是关键、效益是核心”的总体要求和“农业生产规模化、都市农业工厂化、农业合作组织化”的发展思路，坚持“高端、高效、高辐射”的发展方向，不断延伸和拓展主导产业链条，积极推进三次产业融合，坚持巩固顺义农业的优势地位，提高对北京高端农产品市场占有率和控制力，全力打造“绿色农产品大区、农产品加工大区、籽种产业大区、花卉产业大区”，充分释放首都农业的生产、生态、生活功能，实现了经济效益、社会效益、景观效益和生态效益的全面提升，为地区经济社会发展提供了强有力的基础保障，发挥着引领北京现代农业发展的示范和带动作用。2011年完成农林牧渔总产值65.2亿元，同比增长11.2%，占全市的1/5。2010年、2011年顺义区先后被农业部评为国家现代农业示范区、国家级农业产业化示范基地。

同时，顺义区全面深入推进社会主义新农村建设，新型农村社区和新民居建设稳步推进，农村公共基础设施建设明显提升，村庄社区化服务管理创建工作率先开展。有效改善了农村地区的生产、生活、生态环境，社会承载能力显著增强。

努力打造绿色农产品大区

加强花卉组培室建设，打造籽种产业大区

顺义区都市型现代农业发展

努力打造农产品加工大区

加强物流配送产业发展，打造农产品加工大区

努力打造花卉产业大区

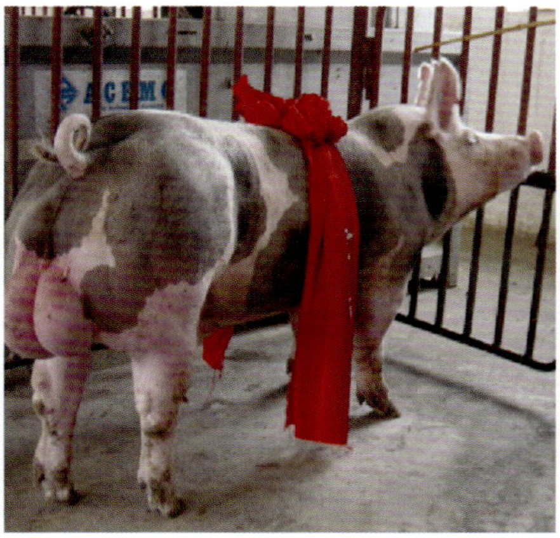

努力打造籽种产业大区

新农村建设农宅门窗改造成果

新农村清洁能源建设成果

顺义区教育委员会

中共中央政治局委员、国务委员刘延东调研顺义区学前教育情况

全国人大常委会委员、教科文卫委员会副主任唐天标调研顺义区学前教育情况

历届区委区政府高度重视教育发展，坚持把教育放在优先发展的战略地位，形成了“党以重教为先、政以兴教为本、企以助教为责、民以尊教为荣、师以从教为乐”的优良传统。

教育系统广大干部教师以“三个代表”重要思想为指针，坚持科学发展观和为人民服务的宗旨，贯彻落实顺义区教育大会精神，全面实施《顺义区“十二五”时期教育事业发展规划》，深入推进“城乡联动”教育改革实验。以办人民满意教育为己任，满足人民群众多样化、高质量的教育需求，着力从以下方面推进打造教育强区进程。

一是落实“一二五”的工作思路，向“二三四”的教育强区目标迈进。“一二五”即，坚持育人为本，围绕教育“十二化”、深推“三名”工程，深化教育改革、提高教育质量这一目标；突出巩固提高基础教育、突出优化完善职成教育两个重点；遵循依法治教、质量立教、人才强教、改革创新、科学发展五项原则。**“二三四”即**，“两合理”：教育布局合理、资源配置合理；“三有”：师生有发展、学校有特色、教育有品牌；“四优”：教育结构优、教育质量优、教育效益优、教育服务优。

二是顺义教育“十二化”发展目标，取得新进展。奠基工程层面：学前教育以促进个性化发展为目标，向着有特色、可持续发展迈进；**义务教育**以优质均衡为目标，涌现了一批办有特色、人民群众满意度高、办学质量高的优质学校；**高中教育**以优质化为目标，探索推进课改新途径，教育质量持续提高。**提升工程层面：高等教育**以精品化为主旨，引进高端技术、高素质人才，提升办学水平，提高服务经济和社会发展能力；**成人教育**以网络化为载体，开展多种形式的“学历+技能”培训，为新农村建设和市民素质提升做出积极贡献；**特殊教育**以人文化为核心，注重细致入微的管理服务，科学有效的康复服务和切合实际的职业技能培训，提升学生的生活品质。**保障工程层面：职业教育**以市场化为导向，创新办学模式和体制机制，着力培养学生就业创业能力，中职毕业生就业率保持100%；**民办教育**以规范化为目标，进一步加强管理，依法规范办学行为；**社区教育**以大众化为模式，将正规教育与非正规教育结合、课堂授课与社会实践结合、教育培训与文体活动结合，提高区域人口素质。**拓展工程层面：民族教育**以融合化为主旨，有重点、

全国政协委员、全国政协教科文卫体委员会副主任、教育部原副部长赵沁平，北京市政协副主席赵文芝、北京市政府副秘书长马林到石园北区幼儿园调研

原国家教委副主任、国家总督学顾问柳斌到天竺中小视察

马坡二小“水娃”舞龙队应邀参加“亿万农民的笑声”农民春节联欢晚会

党以重教为先、政以兴教为本、企以助教为责、民以尊教为荣、师以从教为乐

区委书记张延昆到怡馨幼儿园慰问

区长王刚视察校安工程

分层次、有针对性地大力加强民族团结教育，维护民族团；**国际教育**以多元化为特征，通过参观、交流和开展国际教育合作等方式，培养具有国际眼光的顺义人；**全民教育**以终身化为追求，构建全民终身学习体系，推进终身教育体系建设，实现教育制度的全方位延伸。

三是艰苦创业成绩斐然。近年来，区教委先后获得“全国幼儿教育先进区（县）”、“全国‘两基’工作先进县”、“全国‘两基’工作先进地区”、“全国特殊教育先进区”、“全国社区教育示范区”、“全国青少年体育工作先进集体”、“全国纪检监察工作先进单位”、“北京市教育工作先进区”及“北京市创建学习型区县先进区”等国家级、市级荣誉称号近百项。其中2011年获得国家级荣誉3项、市级荣誉21项。

“北京市小学规范化建设工程系列展示——走进顺义”活动在天竺中小举行

中国教育学会小学教育专业委员会2011年度工作会议暨首届全国小学名师表彰会在顺义宾馆举行，大会向顺义区颁发特别贡献奖

大孙各庄中小勇创网绳吉尼斯世界纪录

顺义一中新貌

张镇中小新貌

赵全营幼儿园新貌

顺义区统计局

局队2011年年定报及2012年上半年工作总结会

顺义区区长王刚在第六次全国人口普查登记日入户走访

2011年是中国共产党成立90周年，是“十二五”规划时期的开局之年，也是统计改革发展建设任务十分繁重的一年。局队紧紧围绕区委、区政府“打造临空经济区，建设世界空港城”的战略目标，科学谋划整体工作，严格实施统计调查，规范统计管理，各项工作有了新气象。

【强化党建工作实效，提升队伍综合素质方面亮点突出】局队始终坚持将机关党建列入重要议事日程，定期听取和研究机关党建工作，提出指导性工作意见，并及时解决机关党建工作中出现的困难和问题。7月1日，局队结合纪念建党九十周年召开了专题党员大会，全体参会人员对今后局队党支部及机关的工作建言献策，会上对十八名优秀党员和九名优秀党务工作者进行了表彰。

【围绕四项工程建设，提高统计数据质量方面措施有效】首先，局队在已建立的基本单位名录库基础上，及时更新名录库单位名单，通过定期、有针对性地对统计所及企业统计人员进行培训，确保了企业一套表制度在我区企业顺利展开。第二，加强了对各镇、街道、各部门统计工作的指导和综合协调，加强了对统计调查项目、统计标准和统计数据发布的管理，加强了对区域发展及产业发展情况进行监测评价和为中央、市属驻区单位提供统计服务的职责。第三，将学习宣传《统计法》和《统计违法违纪行为处分规定》纳入普法工作，制定了《顺义区统计局领导干部学法用法制度》，认真查找统计工作中存在的漏洞和薄弱环节，改进管理，保障统计工作质量。第四，圆满完成统计执法、督导工作。

【以“三个提高”为核心，圆满完成常规统计任务及专项统计调查】各专业科室积极圆满地完成了各项常规统计任务，年定报工作排名由第16位上升为第10位，社会科、工业科取得了满分的好成绩。局队全年共向社会提供统计数据近30万笔，撰写的调研文章《雁阵领航 空港崛起——数据纪实“十一五”发展成就及“十二五”展望》、《顺义经济跨越发展 民生安泰社会和谐》得到区领导充分肯定，分获《顺义调研》优秀调研报告一等奖、三等奖。R&D资源清查受到市局密切关注，针对此次清查，局队分别写出了《顺义区科技创新能力现状及问题》和《顺义区规模以上工业企业自主创

顺义区统计局局长、区人口普查办公室主任解长春冒雨发放普查宣传品

局队到“一助一”联系村进行新春慰问

队长张自林参加法制宣传

市局副局长于秀琴在顺义全国统计资格证考试现场巡查

北京天竺综合保税区统计所成立暨揭牌仪式

新能力分析》两篇具有重要参考价值的分析，顺义区统计局获得全国R&D资源清查先进集体，全市仅7家单位获得此项荣誉。圆满完成北京市2011年度2%人口抽样调查，结合顺义经济和社会发展情况，对全区人口数据进行了推算和评估。

【以服务决策为重心，深度挖掘人口普查数据资料】备受社会关注的第六次全国人口普查工作基本完成。通过对全区人口结构、就业情况等进行分析，及时发布了《顺义区第六次全国人口普查主要数据公报》，撰写了《透过普查数据，看我区人口状况》、《如何面对"人口负债期"人口老龄化》、《顺义区2010年人口年龄结构简析》等多篇短平快分析，为区委、区政府及各部门决策提供了参考。局队对第六次全国人口普查先进集体、先进个人进行了表彰，共评选出国家级先进个人1名、市级先进集体4个、先进个人330人，区级先进集体18个，优秀组织单位14个，先进个人220人。

局队价格科居民消费品价格调查数据采集

2010年一助一活动东尹家府

第六次全国人口普查动员会暨第二次全国经济普查总结会

局队庆祝中国共产党成立90周年大会

局队农经科进行夏粮实割实测工作

顺义区质量技术监督局

国家质检总局局长支树平带队对北京艾莱发喜食品有限公司开展实地抽查，区长王刚陪同

国家质检总局副局长蒲长城在区质量技术监督局召开座谈会

北京市顺义区质量技术监督局是北京市质量技术监督局的直属机构。目前，全局共有干部职工215人，包括公务员及行政执法编人员、事业人员以及编外人员。共设六科三所一室一队一窗口，即：食品科、标准化科、计量科、特种设备监察科、产品科、法制科、顺义区计量检测所、顺义区特种设备检测所、顺义区产品质量监督检验所、办公室、稽查队、综合服务中心。

作为区政府的重要职能部门之一，区质量技术监督局依据《中华人民共和国标准化法》、《中华人民共和国计量法》、《中华人民共和国产品质量法》、《特种设备安全监察条例》，全面履行区域内有关标准化、计量、产品质量、特种设备安全的综合管理和行政执法两大职责，特别是把167家食品生产企业、15685台套特种设备的监管作为工作重点。

“一份耕耘，一份收获”。在局党组的正确领导下，全局干部职工始终坚持与地区经济建设同呼吸、共命运，牢固树立服务社会、服务经济、服务企业的思想，行政、法律、技术手段三位一体，全力服务全区发展大局，着力增强质监工作有效性，不断提升质监部门形象和地位，真正树立了有为、有位、有威的良好形象，顺义质监事业实现了大踏步的

在顺义区第七届全民健身体育节“燕京杯”第八套广播体操比赛中，我局喜获二等奖

积极参与市局系统庆祝建党90周年庆祝活动，并获得殊荣

注重加强队伍建设，开展以“和谐、聚力、向上”为主题的教育活动

一份耕耘，一份收获

市质监局赵长山局长带队到顺义检查工作，区委书记张延昆陪同检查，陈长旺局长汇报了工作

组织开展3.15国际消费者权益日宣传活动，区委副书记胡尚云、区人大副主任贾春林、区政协副主席王玉奇等领导参加了活动

结合质检利剑行动，对农资产品进行市级监督抽查

对农业标准化示范基地进行日常监督检查

对区某建材生产企业进行日常监督检查

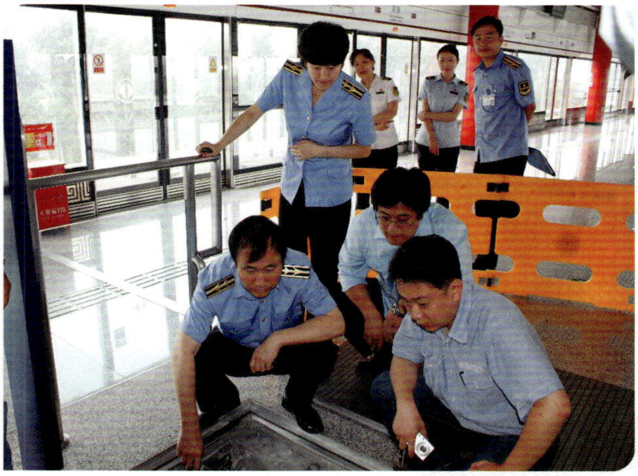

认真履行职责，主要领导带队对重点工作落实情况进行检查

顺义区卫生局

副区长燕瑛、卫生局局长单德智视察医院安保工作

北京口腔医院——北京市顺义区医院口腔疾病诊疗合作中心举行签字仪式

顺义区卫生局在区委、区政府的正确领导和大力支持下，以推进医药卫生体制改革为主线，以创先争优和"三好一满意"活动为载体，紧密围绕"十二五"卫生事业发展规划和医改实施方案，确定年度工作重点，强化医疗质量管理，推进公共卫生服务，扎实开展各项卫生工作，辖区居民卫生服务需求得到有效满足。

医疗工作通过聘请专家来顺义区出诊、加大中青年技术骨干培养、强化重点学科人才梯队建设及加强与优势医疗资源单位合作，有效带动了全区医疗服务水平的提高。在全系统深入开展"三好一满意"及抗菌药物专项整治活动，继续推进临床路径试点及优质护理服务示范工程，医院管理、质量控制、药房建设等工作进一步规范。加强中医药服务内涵建设，传统医学特色诊疗专区落成并投入使用。院前急救体系建设取得阶段性进展，北京急救中心顺义分中心机构设置审批已经完成，各急救站业务用房问题初步解决。

在公共卫生工作中，全面落实免疫规划，强化对鼠疫、霍乱等重点传染病的监测预警，规范社区慢病管理，严格落实农村居民健康体检、大力开展健康科普宣传活动。全年甲乙类传染病发病率同比下降14.3%、完成农民体检20.4万人、两癌筛查11万人次、确诊乳腺癌和宫颈癌30例。扎实开展妇幼保健工作，孕产妇系统管理率达97.39%。全区5.1万名慢性病患者生活质量得到有效改善。制定并完善突发公共卫生事件应急预案，组织应急演练，应急管理水平和风险沟通能力进一步提高。全年较好地完成了北京市规定的各项公共卫生任务指标。

卫生监督执法工作，合理调配卫生监督力量，加大日常监管力度，食品卫生、生活饮用水卫生、公共场所卫生和职业卫生状况进一步改善。完成餐饮业食品添加剂、餐饮环节"地沟油"等专项整治行动10余项，有效打击了各重点环节违法经营行为，全区未发生食物中毒等公共卫生突发事件。集中力量做好重大活动、赛事的保障工作，确保了15项重要活动期间的卫生安全。

爱国卫生工作深入开展。坚持长效管理，加强督导检查，完成国家卫生区复审整改、马坡国家卫生镇复审验收、6个市级卫生村和7个市级健康促进示范村验收以及全区禁控烟等工作，城乡环境卫生状况持续改善。加强农村水厂水质检测，完成农村水处理项目10个、单村水厂（站）更新改造2个、水质消毒项目20个，农村居民饮用水安全得到有效保证。

全区新农合参合率达到99.8%。特殊病门诊医药费用直报工作在区内定点医疗机构全面实施，医院社区管理系统与新农合信息管理系统的无缝对接试点工作顺利运行，参合人员个人垫付资金负担有效减轻。

2011年，顺义区卫生局坚持以人为本，强化卫生队伍各项管理，为营造安全、稳定、和谐的卫生发展环境做出了积极的努力。

以推进医药卫生体制改革为主线，以创先争优和“三好一满意”活动为载体

顺义区医院举行优质护理服务试点病房揭牌仪式

北京肿瘤医院乳腺中心顺义分中心在顺义区妇幼保健院成立

中国中医科学院广安门医院院长王阶到顺义区中医医院传统中医特色门诊调研，副区长燕瑛、卫生局局长单德智及中医院领导陪同

顺义区卫生监督所检查餐饮单位、食堂食品安全

记者采访顺义区流动人口预防接种工作

顺义区卫生局《5·12国际护士节》庆祝大会

马坡镇

全国人大领导来马坡镇调研

中宣部领导来马坡慰问

马坡镇地处顺义新城核心区，毗邻奥林匹克水上公园，距北京市区30公里、首都国际机场8公里，镇域面积35.1平方公里，下辖21个行政村，其中8个行政村已完成拆迁。马坡镇以“建设新城，发展马坡，加快推进城乡一体化”为主题，扎实开展新城、新农村、新发展、新环境、新形象建设，实现了经济社会发展的新跨越。

2011马坡镇先后荣获全国精神文明建设活动示范点(1998年) 全国创建文明村镇工作先进单位（1999年）、全国乡镇企业示范区（2000年）、全国亿万农民健身活动先进乡镇（2002年）、全国卫生镇（2002年）、全国环境优美乡镇（2004年）、全国文明乡镇（2005年）、全国小康建设明星乡镇（2005年）、全国婚育新风进万家活动先进乡镇（2005年）、中国民间文化艺术之乡（2008年）、全国社区教育示范乡镇（2008年）、首都社会治安综合治理先进集体（2009）、首都国家安全工作先进集体（2010）、市双拥模范镇（2011年）等多项荣誉称号。

2011年，全镇完成地区生产总值22.3亿元，属地财政收入7.6亿元，地方财政收入2.46亿元，农民人均劳动所得14700元，同比分别增长20%、22%、28%和10%。

马坡镇新农村建设成果

马坡镇2011年和谐家庭表彰

马坡镇2011年推动科学发展大会

建设新城，发展马坡，加快推进城乡一体化

全国新任乡镇党委书记示范培训班来马坡学习调研

市领导王安顺到马坡镇石家营村调研社会管理创新工作

北京文采文化创意产业园奠基

首批文化示范村

马坡朗姿企业在深圳证券交易所成功上市

李桥镇

“六·一”国际儿童节相关领导到李桥镇慰问并合影留念

李桥镇新春团拜会

李桥镇位于顺义区南端，距北京市区20公里，东依潮白河，紧邻首都国际机场，距T3航站楼1公里，北接顺义区南环路，南接通州区,镇域总面积75.18平方公里，户籍人口3.7万，下辖31个行政村和2个居委会。京平高速路、机场南线、六环路等多元化的交通路网汇集此地，京承铁路纵穿全镇，地理位置优越，交通极为便利。镇域内任李路、顺通路、机场东路上有多条公交线路。得天独厚的区位优势，使李桥镇日益成为首都六大经济功能区之一的临空经济发展的重要聚集地。同时，北京临空经济区全新的核心功能区，临空经济未来总部聚集地国门商务区地处李桥镇域内，随着国门商务区、国家地理信息产业园及相关房地产项目的开发建设，在航空服务、总部商务、酒店公寓、高新技术、商贸服务五大产业体系上均给区域经济发展带来无穷的潜力和发展机遇。航空安全实验基地项目，民航运行管理中心、气象中心的纷纷落户，促进了区域航空配套产业的集聚。现代制造业的支撑项目首钢冷轧薄板有限公司，充分发挥产业优势，积极打造高端现代制造业集聚区，带动首钢制造业转移扩散的相关产业，逐步形成地区经济发展新的增长极。2011年全镇完成二三产业总收入134亿元，同比增长18.3%；完成出口供货额2.36亿美元。属地财税收入实现9.69亿元，同比增长18%；地方财政收入实现1.83亿元，同比增长14%。实现社会生产经营性总资产71亿元，同比增长21%。实现人均劳动所得14090.3元，同比增长9.5%。安置镇域内剩余劳动力就业786人。2011年李桥镇被评为北京市“首都绿化美化花园式单位”、北京市“敬老爱老为老服务示范单位”等荣誉称号。

镇机关俯瞰图

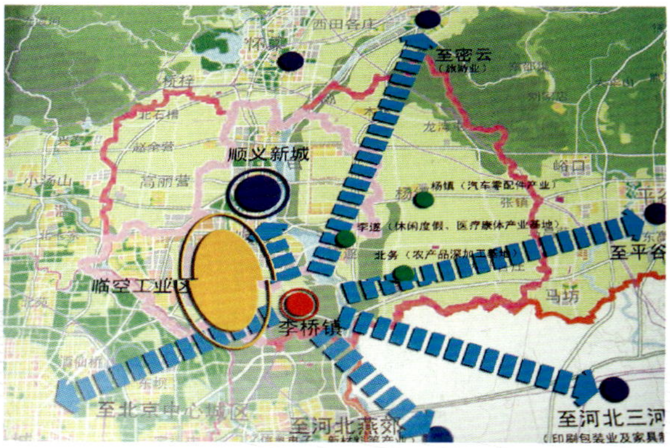

李桥镇镇域规划图——优越的地理位置

李桥镇第十六届人民代表大会一次会议

丰富多彩的群众文化体育活动

首钢冷轧生产车间

十月金秋书画展

北京首安工业消防有限公司俯瞰图

美丽宜居、设施完备的东方太阳城

天竺镇

中央政治局常委、政协主席贾庆林到天竺镇调研文化创意产业

北京市委副书记、市政协主席、市政法委书记王安顺到天竺镇二十里堡村调研村庄社区化管理工作

天竺镇位于北京市东北郊，顺义区西南端，与朝阳区、通州区隔温榆河相望，首都机场、新国际展览中心、空港工业区坐落在境内，是顺义区临空经济核心区，也是天竺综合保税区、国门商务区的重要组成部分。1992年，原国务院副总经理田纪云同志为本镇题词“国门第一镇”。

全镇总面积13.24平方公里，下辖5个行政村，2个社区居委会。常住人口10370人，其中农业人口6360人，非农业人口4010人，流动人口11223人。地区民风文明纯朴，文化氛围浓厚，社会安定和谐，连续多年被评为“首都文明乡镇”。2011年荣获“全国环境优美镇”称号。

地区交通便利，首都机场高速公路、首都机场南线高速公路、机场辅路纵贯南北，李天路、天北路横贯东西，机场快速轨道直通市区，西侧101国道擦境而过，地铁M15号线缩短了与市区的距离，首都国际机场连接五洲，四通八达的立体交通优势得天独厚。

特色经济发达，现已形成以航空产业为主导，以仓储物流业为基础，以酒店、餐饮业为补充，以文化创意产业为新的经济增长点的产业格局。聚集了中国航油华北公司、北京首都机场动力能源有限公司、中国新华航空集团有限公司等一批大型航空企业。北京华谊兄弟音乐有限公司等文化传媒、广告策划企业蓬勃发展。2011年完成属地税收11.8亿元，完成地方财政收入3.5亿元。

积极推进教育、文化、体育、卫生等各项社会事业的发展，针对就业、看病、养老、上学等农村群众关注的大事，先后制定出台《关于促进劳动就业工作的奖励办法》、《关于加大城乡无保障老年居民养老金补贴的实施意见》等十五项惠民政策，建设了北京首家社区脑中风免费康复中心和首家区县级家政服务行业协会，让百姓充分享受改革发展成果。2011年兑现各类帮扶、奖励资金600万元。

天竺镇在“十二五”期间将着力发展航空产业、商务金融产业、商贸休闲产业，全力打造“临空经济区新型典范，世界空港城商务港湾”，通过“商务强镇、和谐兴镇、生态扬镇”，构建和谐国门新形象。

北京首都机场动力能源有限公司

天竺镇府前一街

北京天竺乡村高尔夫俱乐部

国门第一镇　笑迎天下客

市委政法委副书记、首都综治办主任、市流管办主任滕盛萍到天竺镇二十里堡村调研村庄社区化管理工作

天竺镇政府与北京首航直升机通用航空服务有限公司举行签约仪式

家政服务行业协会揭牌仪式

天竺镇召开庆祝中国共产党成立90周年暨“七一”表彰大会

天竺镇召开春季就业专场招聘会

为大学新生颁发奖学金

赵全营镇

赵全营镇是北京城市总体规划布局中确定重点发展的42个小城镇之一，也是顺义确定的4个重点镇之一。赵全营镇位于顺义区西北部，北接北石槽镇，南临高丽营镇、马坡镇，东接顺义新城牛栏山组团，西至顺义区边界与昌平接壤。镇域面积64.45平方公里，辖25个自然村，人口2.8万，其中户籍人口2.4万。

依据规划全镇功能定位为：生态宜居城镇、活力产业新区、特色高效农业，依托现有的经济发展条件、交通条件、规模基础将重新组合划分，形成“中心—副中心—中心村”的小城镇结构以及“一轴、两中心、五社区”的总体空间布局，形成空港C区、板桥创意产业园、北郎中生态农产品加工园等三大组团的产业支撑，培育了“马大姐”、“北郎中”、“绿友”、“三水”等北京市著名商标。

按照镇域发展的总体思路，赵全营镇坚持以加快转变经济发展方式为主线，以重点镇建设为支撑，以投资拉动、项目带动、创新驱动为载体，以改善民生为根本，加快新型工业化、城市化步伐，着力发展现代制造业、高新技术产业、文化创意产业和都市型现代农业，推进社会服务管理创新，实现镇域经济社会又好又快发展。2011年全年完成属地财税收入2.05亿元，突破2亿大关，同比增长27%；完成地方财政收入5876万元，同比增长25%； 村级完成属地税收5550万元，同比增长34.3%。经济结构在总量持续扩大中不断优化，三次产业结构比重达到19：53：28。

北京汽车股份有限公司北京分公司揭牌仪式

党员培训开班仪式

举办在党旗下歌唱文艺汇演

镇域企业举办消防演习

第九届北京“赵全营杯”民间花会大赛

民间秧歌大赛

加快实施重点镇建设
全力推进城乡一体化发展

C70G汽车设计终发布暨生产准备启动仪式

集体签约仪式

举办“党在我心中”演讲比赛

共产党员在建党90周年时重温入党誓词

召开优秀学子表彰大会

书画交流笔会

南彩镇

银座合智三期基建

南彩镇镇域面积57.6平方公里，辖26个行政村，1个居民小区，户籍人口3.5万人。南彩镇是顺义新城31、32街区的所在地，更是顺义新城河东新区和北京市新城发展备用地。31街区的主导功能为居住、商务，重点发展商务、现代服务业等产业，未来将为新城远期发展、体现国际化职能奠定基础。32街区是河东新区的重要产业基地，以现代制造业及绿色食品加工业为主导产业的地区，将构建成为南彩组团及周边地区人口主要就业基地和产业配套服务区。

经济社会发展现状：多年来，南彩镇坚持以“转变发展方式，扩充经济总量，优化产业结构，促进经济发展”为目标，以二三产业基地为平台，积极推进镇域经济快速发展，逐步确立了以汽车配件、高档门窗、航

五月的鲜花绽放在南彩

居民文化活动

大力发展二三产业

新农村环境建设见成效

空配件、医疗器械为主导的产业格局，三产在镇域经济中的比重不断增加，社会各项事业保持了平稳较快增长。

地方特色：“为花结实自殊常，摘下盘中颗颗香。味重不容轻众口，独于寝庙荐先尝。”六月的南彩，夏风习习，一座座樱桃园里新叶曼殊，丹实娇艳，满园晶莹剔透的樱桃迎来了一年一度的采摘节。樱桃成熟期早，有早春第一果的美誉，号称“百果第一枝”。其果实色泽红艳光洁，玲珑如玛瑙宝石一样，味道甘甜而微酸，可谓味美形娇，营养丰富。 樱桃的含铁量居水果之首，有很好的抗贫血功能，且有补中益气，祛风胜湿等药用价值，枝、叶、根、果实、果核皆可入药。经常食用樱桃还可驻容养颜。

樱桃新熟之时，南彩镇双河果园、彩虹庄园、人之初、顺彩新特庄园等果园纷纷推出樱桃采摘系列活动，这几家采摘园均是集观光、采摘、餐饮、休闲娱乐为一体的综合性采摘园，来采摘的游客不仅可以体验到亲手采摘樱桃的乐趣，品尝最新鲜的樱桃，还可以在采摘结束后尝尝当地的农家饭，过一把“农家乐”的瘾。其中双河果园以其出产的樱桃核小、皮薄、肉厚而远近闻名，其红灯优系樱桃更是连续6年蝉联北京市樱桃大赛一等奖，当之无愧称为“樱桃王”。

南彩镇樱桃栽种面积约为1180亩，主要品种有红灯、红艳、红蜜、先锋、早大果、雷尼、美红等，今年，双河果园还引进了名为冰糖脆的新品种，果树预计一两年内便可长成。6月底，新桃成熟，届时游客们又可一饱口福。

瑞麟湾的荷花开了

汇源®
汇源优质饮品
中国探月工程指定果汁饮料
3不添加
不加糖
不加色素
不加防腐剂
不加色素
不加防腐剂
不加糖
汇源
100%

汇源
100%
Grape Juice
Peach Juice
Orange Juice
橙汁
Apple Juice
苹果汁

效果图

效果图

中核二三公司建设完成的岭澳二期核电厂

中国核工业二三建设有限公司

中国核工业二三建设有限公司（简称“中核二三”），中国核建集团所属重要成员单位，创立于1958年，是中国规模最大的核工程综合安装企业，是国际上唯一一家连续近30年不间断从事核电建设的大型企业，是经国家住房与城乡建设部核定的施工总承包一级企业，拥有联合国国际原子能机构（IAEA）授权的全球唯一的“核电建设国际培训中心”，并控股一家香港上市公司。

中核二三拥有国家核安全局颁发的民用核承压设备制造及安装许可证，以及特种设备安装改造维修许可证、特种设备制造许可证、测绘、计量认证、起重机械安装维修等10多项资质，具有对外承包工程资格。

50多年来，中核二三在核工程、核电建设工程、核电检修、航空航天、石油化工、轻工纺织、房屋建筑、市政、环保、建材、汽车、火电、电子等领域创造了多项优良纪录，拥有“核电站大厚壁管道窄间隙全位置自动焊接方法”等多项高科技专利技术，先后80余次荣获包括中国建设工程质量最高奖——“鲁班奖”在内的国家级及省部级以上奖项，多次被党和国家领导人誉为重大工程建设的“国家队”、“铁军”。

在新中国核工业开创之初，中核二三作为核工业的骨干力量，完成了“两弹一艇”的建设任务。在经济建设时期，中核二三作为核电建设主力军，完成了国内几乎全部核电机组的安装建设。当前，中核二三积极响应中国核建转型升级的号召，依托科技兴企战略，加强技术研发及知识产权保护，强化人才队伍建设，努力拓展产业链，形成了集设计、建造、检修、培训于一体的国际化核电建设体系。同时，积极拓展军工、民用市场，扩大市场份额，形成同步发展的新格局。此外，中核二三立足新的起点、构建新的平台，开启了放眼全球、迈步国际的新征程。

中核二三秉承“竭诚为客户服务”的理念，以质量求生存，以创新谋发展，以为社会大众贡献清洁环保的绿色能源和优质工程为己任，以满足世界需要为职责，致力于将公司发展成为具有投融资能力和总承包能力的管理型国际工程公司，竭力为人类文明作出更大的贡献。

地址：北京市顺义区林河开发区顺康路58号
电话：010-57968823　传真：010-57968800

国际原子能机构总干事天野之弥和国家原子能机构秘书长王毅韧共同为核电建设国际培训中心揭牌

中核二三国际正式揭牌，登陆香港主板交易市场

中核二三公司办公大楼

中核二三公司华南预制基地

中核二三公司负责施工的上海联合异氰酸酯工程

核岛内部检修

中国实验快堆

方家山核电1号机组首台蒸汽发生器吊装

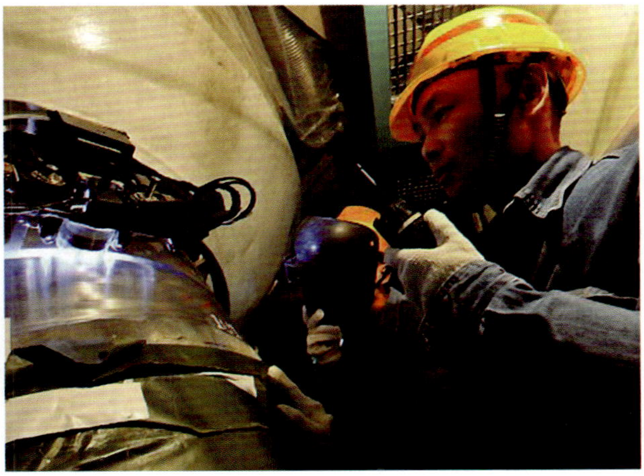
中核二三公司拥有自主知识产权的自动焊技术首次在国内核电建设中应用

建设中的福建宁德核电站

北京燕京啤酒集团公司

北京燕京啤酒集团公司认真按照党中央、国务院的总体部署，以科学发展观为统领，深刻认识并把握新形势、新特点，始终坚持“六个创新”、“四个做强”的指导方针，积极推进市场、产品、品牌三大结构调整，坚持实施全面预算管理，成功战胜原材料、人力、财务成本不断上升及市场竞争加剧的重重困难，较好解决了发展中的主要问题，使企业继续保持了良性增长的发展态势。全年完成啤酒销量551万千升，实现销售收入171.6亿元，利润总额11.7亿元，实现税金27.4亿元，利税总额36.3亿元。较好巩固了中国啤酒行业第一集团军的位置，并连续三年进入世界啤酒行业前八强，其中全国市场占有率达12%，全球市场占有率达2.8%，在“十一五”发展的坚实基础上，顺利实现了“十二五”发展的良好开局。

燕京啤酒集团公司组织多批“中国探月鲜行团”实地观看“天宫一号”发射

6月6日，第二十届燕京啤酒节隆重开幕

国家农业部部长韩长赋为燕京啤酒集团公司董事长李福成颁发CCTV年度中国经济人物奖杯

燕京签约成为中国探月工程官方合作伙伴

•燕京鲜啤•

•燕京冰啤纯生啤酒•

顺义区人民武装部

区委常委、武装部政委于风春参加征兵宣传活动

武装部部长王子利深入各执勤点检查“十八大”民兵执勤

2011年，顺义区人民武装部在顺义区委、区政府的正确领导下，坚持以毛泽东思想、邓小平理论、“三个代表”重要思想和科学发展观为指导，大力加强党委班子和书记队伍建设，全面落实全国民兵工作会议精神，圆满完成了年度各项工作任务。武装部第八次被北京市政府、北京卫戍区表彰为先进人武部，连续被表彰为管理教育先进单位。党委第一书记、区委书记张延昆同志被北京军区表彰为“党管武装新闻人物”，党委书记于风春同志被北京卫戍区表彰为“优秀党委书记”，顺鑫农业党委副书记、副总经理、牛栏山酒厂厂长李怀民同志被表彰为“全国爱国拥军模范”。

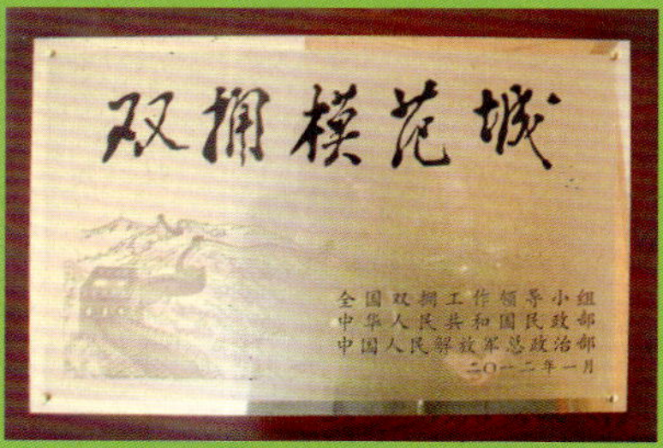

双拥模范城

官兵踊跃为灾区捐款

制作电视专题片《军旗下的顺义儿女》

顺义民兵为“十八大”安保执勤

民兵高炮分队进行专业训练

防汛抢险应急分队进行专业训练

应急维稳应急分队进行专业训练

顺义区市政市容管理委员会

温暖万家工程——城南供热中心

简约时尚的地下通道——西单地下通道

顺义区市政市容管理委员会是区政府的重要组成部门，负责全区市政基础设施建设和管理、城乡环境建设和治理、城市运行保障等工作。近十年来，顺义区市政市容委在区委区政府的领导下，先后组织实施了300余项大型市政重点工程，进行了大规模的环境治理改造，不断增强市政公用设施保障能力，积极探索城市管理新机制，努力提升社会管理和公共服务水平，使顺义的投资环境、人居环境和生态环境不断改善，为打造设施齐全、服务便捷、景观靓丽、环境优美的世界空港城做出了贡献，先后被区委、区政府评为“先进党委”、“北京市群体工作贡献奖”等，并连续10年被评为顺义区政绩突出单位,2008年被中共中央、国务院授予“北京奥运会残奥会先进集体”荣誉称号。

恢弘大气的城市夜景——府前街

质朴大方的城市地标——地铁顺义站

宽阔顺畅的城市主干道——奥运大道

优美多彩的城市街道——右堤路

顺义区人口计生委

3月9日，市人口计生委主任刘志检查指导顺义区计划生育药具工作

3月9日，召开顺义区人口和计划生育大会

5月27日，燕瑛副区长视察顺义区计生家庭劳动力全员就业工程专场招聘会

6月22日，副市长丁向阳视察顺义区南彩镇河北村人口计生工作

年内，顺义区人口计生委坚持以深化综合改革为契机，积极创新，开拓进取，扎实工作。全区低生育水平始终保持稳定，人口调控工作取得明显成效，常住人口91.5万人。出生人口性别比保持在正常值范围内。

顺义区被国家人口计生委评为全市唯一的“阳光统计示范区”；区计划生育协会被国家计生协评为“全国计生协先进集体”；北石槽镇被评为第一批全国人口和计划生育依法行政示范乡镇（街道）；平各庄等4个村成功创建全国人口和计划生育基层群众自治示范村。顺义区人口计生委被市纪委驻市人口计生委纪检组评为北京市人口计生系统2008–2010年政风行风先进集体。

9月23日，召开顺义区人口信息化与人口评估建设座谈会

顺义区市场经营管理中心

市场中心于1999年6月成立的区属自收自支事业单位，主要负责区农贸市场的规划、建设、经营、管理工作。目前，市场中心通过合作、托管等形式，共经营管理47个市场，实现年成交额11.08亿元，成交量3.68亿公斤，承担着顺义70多万常住人口、日均200万公斤农产品的消费需求。近年来，市场中心按照《顺义区农产品市场发展规划》和“城区—乡镇—农村”三级市场网络体系建设，坚持以全区农贸市场建设、管理、发展为己任，以“政府主导、公益经营、市场运作、专业管理”为理念，对外“抓机遇、抢先机、占位置”，对内“打基础、强素质、塑形象”，积极落实政府为民办实事工程，不断丰富百姓的“菜篮子”，努力提升市场建设管理水平，我区农贸市场建设呈现出良好发展局面，走在了全市的前列，有19个市场被市、区评为“首都平安示范市场”、“规范化社区菜市场”、“商业服务业先进单位”，实现了建一个市场，改变一处环境、构建一处和谐、维护一方平安的市场建设初衷。

区委书记张延昆视察东兴市场

区领导视察建北市场

区人大代表视察农贸市场

市场中心开展惠民菜摊活动，以低于市场20%的价格销售8种蔬菜，为平抑蔬菜价格起到积极作用

北务产地批发市场常年免收任何费用，并为上市群体免费提供过磅、验钞、饮用水等项服务

规范化社区菜市场内部设施

顺义区国家税务局

区长王刚元旦慰问税务干部

纳税A级企业授牌仪式

顺义区国家税务局是北京市国家税务局垂直管理的在顺义区区域内实施国家税收征收管理的行政执法机关，地处顺义区府前东街7号。截至2011年12月31日，负责征收管理纳税人共27642户，其中：私营及以上企业15623户，个体工商户12019户。近年来，国税局在顺义区委、区政府和北京市国税局党组的正确领导下，以科学发展观为指导，坚持“打造临空经济区、建设世界空港城”的发展目标，围绕全市税务工作要点及区委、区政府布置的重点工作，采取积极有效措施组织税收收入，落实税收政策，加强税收征管，优化纳税服务，圆满完成全年各项税收工作任务。2011年共组织税收收入2245289万元，同比增加707387万元，增长46%；2011年区级税收，同比增加95083万元，增长56.5%。

在保证完成税收任务的同时，不断规范税收执法行为，大力推进依法治税；加强各税种管理，注重税收政策落实；加强税法宣传，提高纳税服务水平；加强改革创新，积极探索税源专业化管理；加强税收征管，完善稽查评估体系；加强队伍建设，提升全员岗位技能；加强党风廉政建设，强化内部管理效能。2011年度荣获北京市国税系统先进单位称号。2个基层单位被评为北京市国税系统先进税务所。30人荣立三等功，66人获嘉奖。第一税务所被全国妇联授予“巾帼文明岗”荣誉称号。

税务工作会议

为民服务创先争优先进事迹报告会

税法宣传

参加顺义区第七届全民健身体育节

顺义区地方税务局

区委书记张延昆到地税局调研

区长王刚到地税局视察

顺义地税局1994年9月成立，现有干部职工357人，平均年龄41岁，大专以上学历占94.1%。其中，中共党员309人，团员10人，分别占总人数的 86.6%和2.8%。全局共设有14个职能科室、15个税务所、1个稽查局、1个机关后勤服务中心及1个机场分局，并成立了工会、地方税务学会。作为北京市地方税务局的派出机构，顺义地税局承担着辖区内营业税、企业所得税、个人所得税等十余个地方税费的征收管理工作。多年来，在区委、区政府和市地税局的正确领导下，顺义地税局始终认真实践“三个代表”重要思想，以科学发展观为统领，坚持“依法征收、应收尽收，坚决不收过头税，坚决防止和制止越权减免税”的组收原则，在全区发展大局中找准定位，使地税工作不断适应全区经济社会快速发展的需要，税收收入实现了持续稳定增长，为区域经济发展奠定了良好的基础。同时，也实现了精神文明与税收中心工作的“双丰收”，先后获得“全国精神文明建设工作先进单位”、“首都文明单位标兵”、“北京市爱国卫生红旗单位”、“北京市交通安全先进单位”、“首都绿化美化花园式单位”、“顺义区政绩突出单位”等百余项荣誉。今后，顺义地税局将继续发挥税收服务社会，服务区域经济的职能，为顺义区经济社会和谐发展做出更大的贡献。

税企共建签约仪式

局机关办公楼

办税服务厅

税法宣传活动

北京天竺空港经济开发区

北京空港物业管理集团

空港开发区管委会办公地蓝天大厦全景

北京空港科技园区股份有限公司

空港开发区B区全景

北京天竺空港经济开发区于1994年1月经北京市政府批准成立，位于首都机场西侧1公里，总体规划面积6.6平方公里，是首都临空经济高端产业功能区的重要组成部分。历经“起步、壮大、提高、跨越”四个发展阶段，园区现形成航空物流、电子信息、现代服务业、文化创意四大产业集群。已吸引来自20个国家和地区的450家企业入区发展，投资总额达540亿元，项目平均投资额1.2亿元，其中跨国公司90家，世界500强企业有21家在开发区设立了36个项目。现已出让的土地平均每公顷投入1.5亿元，实现产出2.8亿元，实现出口供货额8194万元，实现税金2480万元，单位土地产出在全国同类开发区中名列前茅。

空港经济开发区A区全景

北京汽车生产基地管理委员会

北京市委常委、常务副市长吉林到航空产业园调研，顺义区委书记张延昆、区长王刚等领导陪同调研

顺义区委书记张延昆同志到航空产业园工地，调研中航工业各项目进展情况

汽车生产基地位于首都国际机场东侧，一期核心区面积6.3平方公里，是北京市唯一用于发展汽车产业的基地。自2003年成立以来，按照“总体规划、分期实施、稳步推进、滚动发展”的原则，脚踏实地，开拓进取，勇于创新，与时俱进，不断发展壮大。9年来，累计创造工业总产值3512.14亿元；属地税收347.02亿元；实现财政收入35.74亿元；综合实力已跃居全区前列，现已成为顺义区乃至北京市现代制造业的支柱。

北京现代成立九周年庆典暨第三工厂主体工程竣工典礼在现代第三工厂总装车间举行。顺义区人民政府区长王刚出席庆典活动并致辞

北京汽车股份有限公司北京分公司成立暨揭牌仪式举行，顺义区委常委、副区长林向阳为北汽股份北京分公司揭牌

汽车基地入区企业中国能源汽车传媒集团有限公司成立庆典在人民大会堂隆重举行，顺义区副区长燕燕瑛出席活动并致辞

汽车基地与平安财富管理有限公司北京分公司在顺义区第二十届燕京啤酒节期间签署了入区协议

汽车基地为进一步挖掘人才，本着“以德为本，以才为先”的原则，对空缺正科、副科级职位进行公开竞聘

为庆祝党的90岁生日，重温党的光辉历程，汽车基地隆重举办“党在我心中”主题演讲比赛

北京北方新辉印刷产业基地

区委书记张延昆亲临指导工作

干部员工共商发展大计

北京北方新辉印刷产业基地2004年经顺义区人民政府批准成立。基地规划面积108公顷，建设用地90公顷，多功能用地11.2公顷。现分三期对工业用地进行土地一级开发。基地位于北京市顺义区东南部，地处首都国际机场正东侧10公里处，毗邻通州区和河北燕郊，紧扼北京东部金三角门户。截至目前，基地引进入区企业97家，协议投资总额50亿元。

基地以“承接临空经济区，打造京平发展带现代化制造业中心”为定位，以承接航空、汽车配件等大型现代制造企业配套的研发及生产企业为导向，着力引进节能环保产业、新型能源环保产业为主，文化创意产业为辅的具有行业领先水平，处在产业链条高端，能够拉动上下游的企业。基地规划科学，基础设施完善，组织机构合理，服务体系完备，正在按照“高标准规划、高起点招商、高质量建设、高效益发展”的宗旨稳步发展。

·发展规划中的印刷基地·

顺义区城市管理监察大队

副市长刘敬民到顺义城管调研

区委书记张延昆到城管新春慰问

2011年,顺义城管监察大队坚持以科学发展观为引领，以服务经济、服务发展、服务基层、服务群众为宗旨，以实现精细化管理、提升城市品质、提高管理效能为目标，坚持围绕区委、区政府中心工作、重点工作抓管理，围绕“百日整治”抓推进，围绕重大活动抓保障，围绕环境秩序抓整治，围绕违法建设抓拆除，围绕违法经营抓查处，围绕非法营运抓治理，围绕市容环境抓整治，围绕环境保护抓管理，围绕监察指挥中心抓建设，围绕基层群众抓服务等工作思路，充分发挥城管监察和综合执法的职能作用，不断深化、探索和实践“大城管、大监察、大服务”的工作模式，推进和完善城市管理科学体系，有效遏制了城市管理中各类违法行为和突出问题，全面提升城市管理精细化水平。

2011年，通过综合执法，共规范各类违法行为11万余起，立案查处案件5569起；通过监察，对责任单位发送《告知书》、《责令改正通知书》9616份，解决问题11.8万个；拆除违法建设1007宗，拆除建筑面积82.4万平方米。

区长王刚带队新年慰问城管大队

区人大主任马庚良视察城管工作

区政协主席陶宝金视察城管工作

市纪委常委张才雄视察廉政文化建设

获奖纪念

顺义区城镇环境卫生服务中心

荣获2011年度环卫行业创新奖荣誉

举办2011年度环卫工作体验日活动

2011年，顺义区城镇环境卫生服务中心在区委、区政府的正确领导下，全面贯彻落实科学发展观，紧紧围绕我区经济社会发展大局，秉承“以人为本、精细管理、科学考核、扮靓新城”的环卫理念,创造了整洁、优美的市容环境，提升了顺义的对外形象和吸引力，促进了经济与环境协调发展。年内，我区道路清扫保洁面积达到315万平方米，机扫面积达到109万平方米，机扫率达到84%，机械化除雪率达到100%，全年共清运生活垃圾约122775吨，清掏粪便8045吨，垃圾清运密闭化运输率达到100%。

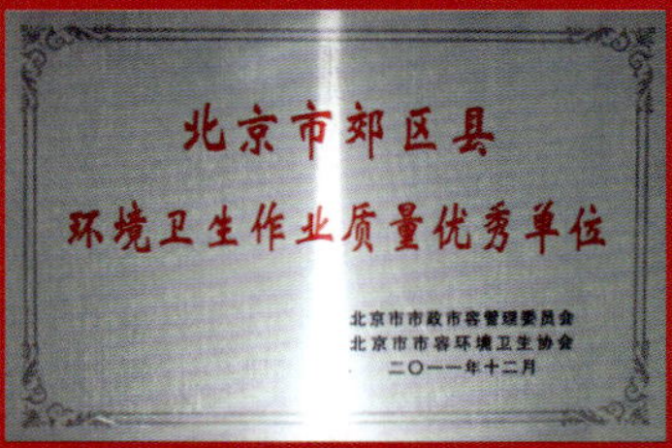
北京市郊区县

环境卫生作业质量优秀单位

北京市市政市容管理委员会
北京市市容环境卫生协会
二〇一一年十二月

获得北京市郊区县环境卫生作业质量优秀单位荣誉

荣获“2011年度环卫行业创新奖”

2011年度环卫行业创新奖奖状

认真做好冬季扫雪铲冰工作

环卫工人清扫雨后落叶

整洁靓丽的光明广场公共卫生间

整齐待发的机械化作业队伍

环卫中心对城区道路进行机械化清扫作业

顺义区环境保护局

区环保局加大环保宣传力度——六·五环境日组织开展环保宣传

顺义区环境保护局是顺义区政府环境保护行政主管部门，主要职责为环境管理、环境监督、环境监测、环保宣教。近年来，顺义区环保局紧紧围绕顺义区“打造临空经济区、建设世界空港城”的奋斗目标，以生态创建为旗帜，以污染减排为中心，为优化经济发展和提高人民生活水平服务，全面推进环境保护工作，实现了区域环境质量的持续改善。

近五年来，顺义区大气环境质量显著提高，优良天数增加了50天；水环境质量逐年改善，主要河流水质综合达标率提高了71个百分点；提前超额完成了“十一五”主要污染物减排任务；成功创建“国家级生态示范区”，全区有国家级环境优美镇12个，市级环境优美镇17个，国家级生态村1个，市级生态村254个，2011年启动了国家环境保护模范城区创建工作，创建进度和比例居全市前列。

由于工作业绩突出，顺义区环保局先后被授予“北京奥运会残奥会环境质量保障工作先进集体”、“第一次全国污染源普查先进集体”和“北京市节能减排先进集体”等荣誉称号。

顺义区生态环境建设成效显著——和谐广场喷泉景观

区环保局环境监管能力不断加强

区环保局推进水污染治理力度——顺义区污水处理厂污水处理情况

区环保局狠抓大气污染防治——尾气监察人员进行监测车辆角反射器中心指向光调节

顺义区园林绿化局

造林工程启动仪式上，市区领导率先植树

北京市副市长夏占义视察顺义平原造林工程

市检查组高度评价顺义区平原造林工作

应用现代化手段防治林木病虫害

城镇、平原、山区都实现高水平绿化

顺义区园林绿化局紧紧围绕“打造临空经济区、建设世界空港城”目标，积极开展平原造林工程，全力实施潮白河滨河森林公园建设，加强林木绿地资源管理与保护工作，园林绿化形成城乡均衡发展新格局。2011年，全区新增绿化面积377.3公顷，森林覆盖率达到21.18%，林木绿化率达到 26.68%，城镇绿化覆盖率达到46.33%，人均公共绿地达到 26.63平方米。获得首都全民义务植树先进单位4个、首都绿化美化先进单位3个、园林小城镇1个、花园式社区4个、花园式单位12个、绿色村庄13个。

顺义区樱桃多次获金奖

顺义区荣获“全国绿化模范城市”

顺义区邮政局

投递员出班前的准备工作

顺义区邮政局

北京市顺义区邮政局是北京邮政下属二级邮政通信企业。全区共有邮政服务网点33个，其中8个支局，25个邮政所；邮路总长2542公里，承担着顺义区87.7万常住人口和近30万外来人口的邮政通信服务。顺义区邮政局在岗职工总数为495人，邮政网点遍布在顺义城乡，为全区各界用户提供着优质、便捷、高效的邮政服务。目前，顺义区邮政局承办的主要业务有：收寄国际国内平常、挂号信函、印刷品、包裹、特快专递、办理国内电子汇兑、邮政储蓄、订阅报纸杂志、集邮、机要通信、商业信函、DM广告等业务；并代办保险、代收固话费、移动话费、代发养老金、代发工资、代售飞机票、火车票等公众服务。多年来，顺义区邮政局坚持以经济效益和社会效益并重的原则，以经营、管理、服务、安全、创建工作为重点，以邮政普遍服务为基础，解放思想，深化改革，锐意创新，保持了持续、稳定、快速的发展势头。顺义区邮政局连续2年被评为《全国精神文明建设先进单位》和《全国邮政服务“百优”先进集体》，连续13年被评为《首都文明单位标兵》，2011年还被评为《先进基层党组织》、《北京邮政先进单位》等荣誉称号。市、区人大代表、政协委员、区文明办领导和国家邮政局领导多次来我局视察，对取得的成绩给予了充分的肯定。随着社会的发展，顺义邮政不断扩大服务的深度、广度，持续满足顺义人民日益增长的用邮需求，为顺义区经济发展和社会进步做出积极贡献。

热情服务全国“两会”

整装待发的投递车辆

干净整洁的营业大厅

顺义区园林服务中心

——深化工作理念　提升园林服务

仁和公园开园

党员干部廉政教育

园林中心自成立以来，在区委、区政府的正确领导下，始终坚持以科学发展观为指导，以“精细化管理”为理念，以建精品园林为目标，先后建设了白马路、仁和公园等一批园林精品工程、创建了北京市特、一级园林绿地300余公顷、打造了北京市精品公园4个，荣获了第七届花卉博览会最佳服务奖等多项荣誉称号，并连续四年被评为首都文明单位标兵。

“十二五”期间，园林中心将紧紧围绕区委、区政府“打造临空经济区、建设世界空港城”的总体目标，进一步解放思想，开阔视野，让现有绿地更加绿，更加美，进一步为民所想，体民所需，不断丰富和完善绿地系统结构和功能，为顺义百姓提供更优质、更便捷的服务。

学雷锋系列活动

庆祝建党90周年系列活动

顺通路景色

卧龙公园湖面

“十一”摆花

顺义区民政局

顺义区领导慰问驻顺部队官兵

顺义区召开千名"双星"暨百家为老服务示范单位命名大会

顺义区民政局在区委、区政府的正确领导下，以"大民政"为引领，坚持"亲民、为民、利民"理念，民政事业资金支出4.8亿元，民政对象切实享受到经济社会发展成果。先后荣获全国老龄工作先进单位、全国殡葬改革示范单位等6项国家级荣誉，荣获北京市老龄工作先进单位等10项市级荣誉。

一、创新工作体制，"大民政"格局全面形成

一是创新工作模式，实现大统筹。整合政府和社会资源，建立政策和人员信息库，搭建社会救助、和谐社区、社会福利、社会组织"四大平台"，实现市、区、镇（街）上下联动，委办局横向对接，内外结合，资源共享。**二是创新服务方式，实现大协调。**在全市率先实施民政"一卡通"，将低保、优抚等民政对象，原有3至6个月的医疗报销周期，缩短为即时结算，提供高效便捷服务。**三是创新政策体系，实现大保障。**从民政对象实际需求出发，建立完善的政策体系，科学提高标准，扩大覆盖范围。**四是融入发展大局，实现大民生。**积极承担政府实事、折子和重点工程12项，形成"政府主导、民政牵头、部门联动、社会参与"大民政格局。

二、创新工作机制，"大民政"成果普惠于民

一是社会救助城乡全面覆盖。农村低保标准科学调整，由年人均3360元提高到4800元，达到城市低保的80%，标准始终位于远郊区县之首。大病救助最高救助标准由8万元提高到10万元，有效解决因病致贫问题。对低收入家庭大一学生实施全额学费救助，并给予1000元生活费救助；对大二至大四的学生，分别给予1800元至3600元学费救助，确保顺利完成学业。修建农村低收入和优抚群体危旧房306户，保持城乡无危房户。**二是社区建设水平全面提高。**将顺义"五型"社区建设成果，融入到全市"六型"社区建设。率先制定社区用房装修和办公设施配置标准，全面提升社区服务管理水平。加强农村社区服务站标准化建设，率先实现全覆盖。**三是社会福利水平全面提升。**全面落实"九养"政策，完善区、镇、村三级养老体系，每百名老人拥有床位达3.2张，超额完成北京市规定的2.8张任务。全国双拥模范城实现"三连冠"，优抚对象和军休干部待遇得到全面提高。殡仪馆迁建工程进展顺利；推广建设农村公益性公墓建设36家，满足居民基本殡葬需求。**四是社会组织实现健康发展。**完善自律发展、行业管理、联席会议、监督执法等制度，社会组织服务民生成效显著。

社区开展邻里节活动

顺义区社会组织第三届专场招聘会

仁和镇河南村低保对象王文秋领到民政社保卡

顺义区人力资源和社会保障局

搭就业金桥 筑保障宏基

市人力社保局副巡视员任建新、副区长李友生为顺义区人力资源市场揭牌

区委常委、常务副区长李友生调研全区居民基本医疗保险管理工作

顺义区人力资源和社会保障局共有职工543人，下设科室45个。2011年在区委、区政府的正确领导下，全局紧紧围绕“打造临空经济区、建设世界空港城”的奋斗目标，以“民生为本、人才优先”为工作主线，按照“保就业、促保障、创和谐、引人才、强服务、加快城乡一体化进程”的工作思路，积极做好就业、社会保障、人事人才、劳动关系等工作。在全体干部职工的共同努力下，在2011年度被北京市人民政府授予“北京市敬老爱老为老服务示范单位”；局就业促进科被中华人民共和国人力资源和社会保障部授予“2008-2010年度全国‘优质服务称号’”；局职业介绍服务中心被北京市妇女联合会、北京市总工会、北京市人力资源和社会保障局授予“北京市‘三八’红旗集体”称号。

组织机关工作人员进行军事拓展训练

真人“一对一”职业指导技能大赛决赛现场

北京市企业退休人员“健康生活每一天”试点启动仪式在区石园街道五里仓第二社区举办

春节团拜会局领导和全体演员合影

组织召开2011年随军家属就业服务月专场招聘会

北京市顺义区医院

副市长丁向阳来院调研信息化建设

医院领导班子

医院加强与三级医院合作

2010年9月骨科疾病诊疗中心成立

2011年11月口腔疾病诊疗合作中心成立

先进的医疗设备

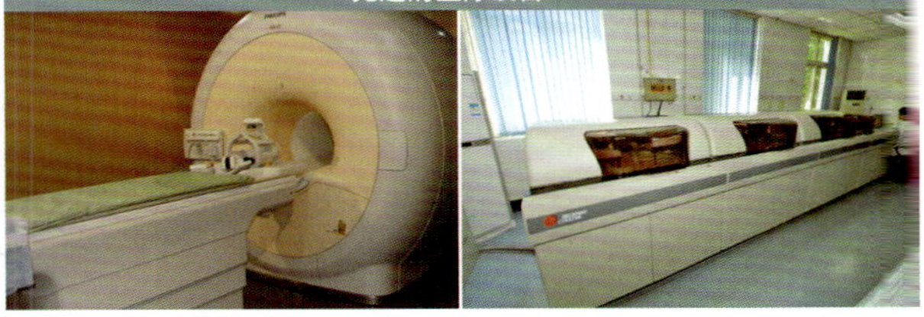

核磁共振仪　　全自动生化分析仪

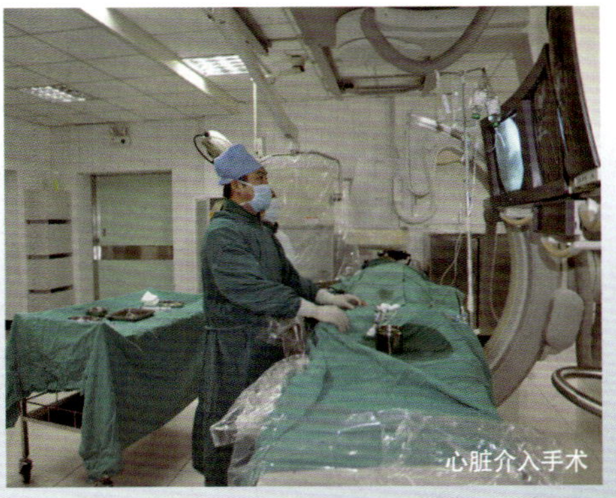

心脏介入手术

北京市顺义区医院始建于1947年3月，是集医疗、教学、科研、预防为一体的本辖区最大的综合医院。现有员工1748名，编制床位800张，年门急诊量1[illegible]余万人次，年出院病人2.68万人次。1994年被国际卫生组织命名为“爱婴医院”；2003年通过了德国TUV公司的ISO9001：2000质量管理体系认证，目前是北京市住院医师规范化培训内科、外科、神经内科基地和全科医师培训基地。

医院拥有强大的技术力量，其中博士后1名，博士18名，硕士161名，专业技术人员中副高以上职称的135人，能成熟开展脊柱手术、脑肿瘤切除术、断指再植手术及心、脑血管、神经、肿瘤的介入治疗等项目。“十一五”期间，先后在北京市首都医学发展科研基金立项13项，对外公开发表论文1291篇。近几年，医院不断加强与三级医院的合作，骨科疾病诊疗合作中心、口腔疾病诊疗合作中心的成立，引进北医三院、北京口腔医院等医院知名专家的智力资源，带动了自身技术、学术和人才的发展。

医院不断夯实科技力量，现有全自动生化分析仪、准分子激光治疗仪、三舱七门高压氧舱、双源螺旋CT、3.0T核磁共振等大型先进医疗设备40余台件。自2009年8月以来，医院在各类医疗设备上的资金投入超过1.5亿元。

建设技术精湛、管理卓越、政府放心、人民满意的数字化医院是顺义区医院的愿景，全体员工将为此不懈努力，力争为区域百姓提供更加安全、有效、方便、价廉的医疗服务。

干净整洁的营业大厅

顺义区疾病预防控制中心

疾控中心成立十周年庆典暨首届顺义区公共卫生论坛召开

吉林大学公卫学院实习基地挂牌

顺义区疾病预防控制中心紧密围绕“为政府提供及时科学的卫生信息，为社会提供优质高效的卫生服务”的工作宗旨，注重科学管理、加强团队建设、提升业务技能，在传染病和慢性非传染性疾病防控、公共卫生服务、健康教育与促进、检验检测等工作领域为全区人民的健康保驾护航。

全面扎实开展卫生防病工作。切实做好《传染病防治法》、《职业病防治法》、《食品安全法》等赋予的各项职责，圆满完成创建国家卫生区、第二十九届北京奥运会、第七届花博会等重大活动公共卫生保障任务；积极支援汶川地震、新疆脊灰疫情、“7.21”暴雨灾后的卫生防疫工作。

科研与教学能力有效提升。北京市营养学会妇幼与学生分会、吉林大学公共卫生学院教学实习基地、北京市医师规范化培训基地在中心挂牌；先后与国家疾控中心、北京大学等单位合作开展国家、省市级科研项目，获得区科技进步奖一等奖1项、二等奖3项、三等奖5项。

为从事矿山开采作业的农民工开展职业病相关咨询、职业健康检查

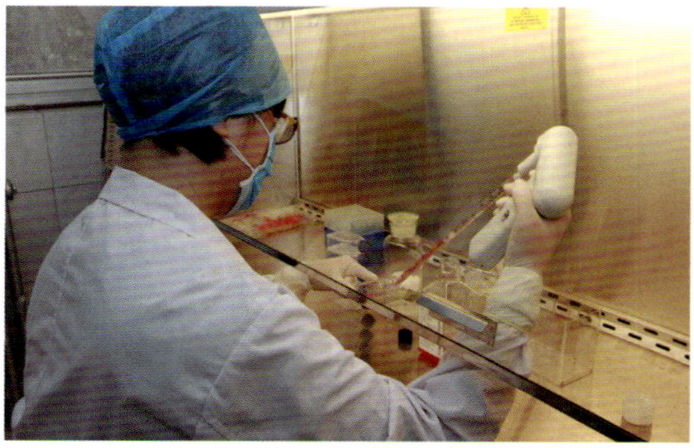

专业人员进行细胞传代

参加北京市疾控系统第一届职工运动会

北方七省鼠疫防控应急演练

顺义区红丝带长跑传递活动

顺义区妇幼老年保健院

2009年10月28日，顺义区妇幼保健院与北京儿童医院建立紧密型合作关系，开展全方位、多学科合作

2011年12月16日，北京大学肿瘤医院季加孚院长（左）与顺义区妇幼保健院张久越院长在签字后合影

顺义区妇幼保健院是集医疗、预防保健、科研教学、老年病防治于一体的二级甲等专科医院。妇幼保健院始建于1995年12月18日，新院于2003年9月28日起破土动工，2006年12月18日正式投入使用，总投资1.4亿元（一期和二期）。医院占地面积33490平方米，建筑面积26166（32903）平方米，设置病床300张，设有医疗医技科室17个,预防保健科室3个,行政管理后勤科室12个，7个病区。日门诊接待量可达2000人，年住院人数约1.2万余人次、年门急诊量为65.9万人次，已成为京郊地区规模最大的专科保健机构。

医院现有职工673人，卫生技术人员占90%，中高级技术职称人员占到40%。目前拥有万元以上医疗设备369台，包括国内先进的16排螺旋CT、乳腺数字钼靶X光机、数字化全自动拍片机（DR）、彩色多普勒超声诊断仪、全自动麻醉工作站、电视腹腔镜、宫腔镜系列微创诊断、手术系统等；拥有世界先进的百、千和万级六个超净化手术间。

妇幼保健院承担本地区妇产科常见和发病的诊治、乳腺癌及乳腺疾病防治、儿童及老年疾病的治疗以及对妇女、儿童及老年三个弱势群体的医疗与保健服务。我院是北京市批准的首批爱婴医院；北京市婚前医学检查指定医院；农村合作医疗、儿童互助基金、医疗保险、公费医疗及各种社会保险定点医院。

保健院在巩固围产保健、儿童保健、妇科微创及老年病诊治等传统优势学科外，积极与北京市三级甲医院开展广泛合作，打造优势专业特色学科，努力满足辖区群众的基本医疗需求。我院与北京肿瘤医院开展合作，于2007年底成立了京郊第一家乳腺癌防治顺义分中心；2009年底与北京儿童医院建立起紧密型合作关系，开展了全方位、多学科的合作；为继续拓宽服务领域，有效提升医疗卫生服务品质，医院坚持积极探索与其他医疗机构的合作途径和模式，于2010年10月20日与意大利锡耶纳大学综合医院正式签约合作，使医院的诊疗标准向国际化迈进。2011年12月8日与北京复兴医院成立宫腔镜诊治中心顺义分中心，进一步提升我院妇科疾病的防治水平，更好的满足顺义区及周边区县群众的妇科微创医疗需求。长期与北京中日友好医院和北京市妇产医院开展合作，建立起转、会诊绿色通道和专家定期出门诊、手术等。

医院秉承以名医促名科，以名科建名院，科学管理、持续发展的宗旨，各临床和保健等科室引进了高、精、尖技术人才，开展了多项新的技术服务。乳腺癌的治疗技术、妇科微创手术水平已经达到了国内先进水平；产科和儿科已成为我区的龙头科室。

妇幼保健院以电子信息技术为依托，优化就诊流程，突出全程和个性化服务，真正以病人为中心。作为政府主办的国营医院，注重体现公益性职能，坚持科技兴院、管理强院，以“办一所老百姓放心的平民医院”为宗旨，使百姓享受到高档的设施，平民的价格。

意大利托斯卡纳大区锡耶纳大学综合医院院长莫雷罗先生与顺义区妇幼保健院张久越院长在合作文本上签字

首都医科大学附属复兴医院宫腔镜诊治中心顺义分中心合作揭牌仪式

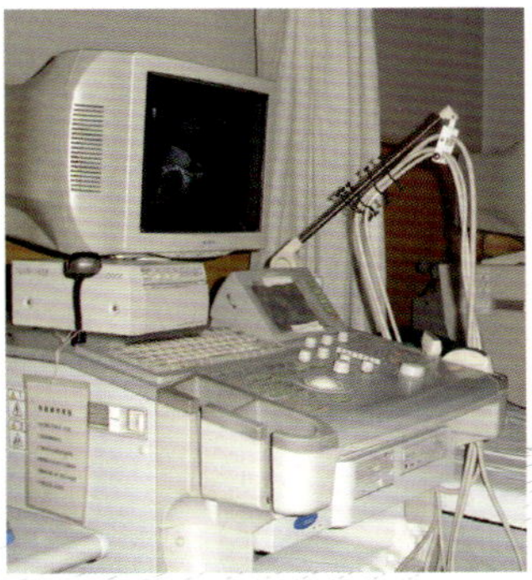

先进的彩色超声多普勒超声诊断仪

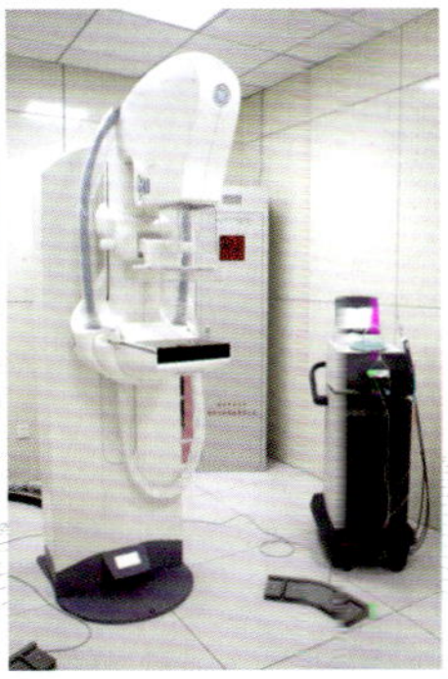

乳腺数字钼靶X光机和麦默通穿刺活检系统

顺义区社区教育中心

顺义区社区教育中心以“引领终身学习理念，弘扬知行合一学风”为宗旨，实施了“一体两翼”（“一体”指推进办学实体教育服务优质化发展；“两翼”分别指推进社区教育内涵式发展和学习型组织建设特色式发展）的推进策略，有效提升了学习型顺义的建设水平。

3月份顺义学习网正式上线，受到全区人民的普遍欢迎，目前月访问量居全区各大网站之首。4月份成功举办首届“绿港书香”全民读书月活动，掀起了全民阅读新高潮。学习型乡镇和各类学习型组织创建活动深入开展，完成了对杨镇、赵全营镇和企事业单位的指导评估，起到了以评促建的作用。年内共招收中高等学历教育新生4000人，在校生达12300人。共完成中高考、成人高考和自考共计63329科次，涉考人数达20190人。公平、公正和规范化的考试工作进一步助推了学习型顺义建设。

区长王刚、区人大常委会副主任董占云和副区长燕瑛到社教中心进行高考工作现场指挥，在电子巡查指挥中心，王刚区长向郭金龙市长汇报了我区高考组考情况

顺义区举办了“绿港书香”全民读书宣传日活动，表彰了读书活动先进集体和个人

顺义区学习型社会工作会暨学习网上线仪式隆重举行，市政府教育督导室副主任刘莉，区委副书记周颖博和区政府副区长燕瑛等出席会议

3月——4月，社教中心开展“感动中国，感动你我”演讲比赛，通过此次活动提高了干部教师的写作能力和语言表达能力，弘扬了诚信、友爱、互助、奉献的道德风尚

社教中心在杨镇镇政府举行“文化驻乡工程”启动仪式暨首届“社会文化艺术中专班“开班典礼，免费对224名农民学员进行培训，使其毕业后成为村镇文艺骨干

北京市顺义区教育研究考试中心

副区长燕瑛到中心调研

教育研究考试中心副主任李树栋（左二）在北京市“十一五”中小学干部培训工作总结表彰暨“十二五”培训工作启动大会上领取先进集体奖

北京市顺义区教育研究考试中心位于顺义区中山西街31号,肩负着全区教育科学研究，指导教学改革；组织教育系统师资培训；促进教育信息技术应用的重要职能。

自2001年成立以来，中心坚持以人为本的管理思想，以科学发展观为指导，以促进干部教师专业发展为核心，以提高教育教学质量为主线，以“问题研究——实践引领——反思提升”为主要工作方式，以改革创新研训机制、构建完善服务体系为工作抓手，逐步把中心打造成“业务指导中心”、“研修培训中心”、“教育服务中心”、“教学评价中心”、“信息资源中心”。区教育系统干部、教师培训工作双双获得北京市表彰，区域教学质量稳步提升，教育科研成效显著，教育信息技术扎实推进，中心为区域教育内涵式发展提供了优质的智力支持和完善的专业服务。

顺义区中小学教师继续教育十一五总结暨十二五启动大会

中心组织党员参观卢沟桥抗日战争纪念馆

顺义区第五届教育科研月启动

北京市唯一一家吴正宪儿童数学研究基地在顺义挂牌

中心行政楼

顺义五中

顺义五中召开“提升沟通艺术 增强育人合力”班主任研讨会

顺义五中教学沙龙

顺义五中始创于1989年9月1日，属全额拨款的区级普通初中校，位于城区东南地带。为适应新的课改要求，五中在探索与实践中，形成了新的办学理念和办学目标：

办学理念：为发展而教育，做发展的五中人。把教师德、识、才、学、能全面发展；学生德、智、体、美、劳全面发展作为我们恒久的追求。

办学思路：确定“为发展而教育”的方向，构建人文、科学的管理模式，创设良好的育人环境，确保优良的教育质量。

办学目标：积极打造优质教育品牌，努力把学校办成实验性、示范性、开放性为一体的全区普通中学一流校。

经过20年的磨砺，顺义五中已拥有一支思想先进、业务水平过硬、乐于奉献的教师队伍；师资力量雄厚，教师整体结构合理，教育教学经验丰富。学校先后被北京市教育委员会评为“北京市城镇教师支援农村教育工作先进集体”；被顺义区精神文明建设委员会评为“文明单位”；被区教育协会党建研究会评为“党建研究先进单位”；被区科委科协评为“科普工作先进单位”；被区教委评为“体育教学工作先进单位”、“英才教育集体优秀奖”、“教学成绩突出成绩奖”、“初中毕业会考学科教学成绩优秀奖”、“高级中等学校招生考务工作目标管理优秀奖”。北京市教育委员会授予“北京市‘十五’继续教育校本培训示范校”的称号；多次被区委、区人民政府评为“教育系统先进单位”。

北京市艺术节合唱二等奖

顺义五中读书节启动仪式

教工舞蹈队

学生健美操队

高丽营学校

顺义区人大主任胡尚云到高丽营学校慰问教师

北京青少年发展基金会秘书长陈淑惠，顺义区副区长于庆丰等领导视察由北京亿都川服装有限公司捐赠的电脑使用情况

高丽营学校成立于2006年4月，是顺义区西部农村一所九年一贯制学校。在区镇各级领导的关怀与支持下，新校舍于2011年11月15日正式投入使用。占地面积73260平方米，建筑面积17616平方米。体育场馆面积14537平方米。内设普通教室37个，专用教室28个。现有学生1270人，教学班31个。教职工110人，其中，中、高级教师56人，市区级骨干教师13人，本科及以上学历教师90人。

学校秉承“以人为本，崇尚科学，追求效益，促进发展”的办学思想，以“办好学校教育，成就学生梦想，服务当地百姓，促进社会发展”为办学目标，坚持育人为本、德育为先、能力为重的教育方针，积极开展教育实践活动。重视干部教师的专业成长，多途径开展培训活动。开展“每月一讲”、教师基本功竞赛、科研月、名校之旅、青年教师拜师等活动。营造相互学习和谐共进的氛围，让教师在学习中增长教育智慧，在成长中享受人生幸福。大力推进三级课程建设，做到国家课程校本化实施，开展“实施三阶段六环节课堂教学模式打造高效课堂”的教学改革。地方课程（《顺义地理》、《攀登英语》《舞蹈》）整合化落实。校本课程（《评剧艺术欣赏》、《文学欣赏与创作》、《跆拳道》）特色化开发。

学校被评为十一五继续教育先进单位，顺义区交通安全示范校，顺义区敬老文明学校，两次被评为顺义区优秀教科室、教育系统宣传工作先进集体，三次被评为顺义区优秀党支部、优秀基层工会、女工工作先进集体，四次被评为顺义区先进团总支和优秀少先队总队，连年被评为教育教学管理先进单位、德育管理先进单位；先后五年获得顺义区教育先进集体称号。除此之外高丽营学校多次被评为：“北京市小黄帽路对制先进集体”。

学校运动健儿在秋运会和体能测试赛上载誉归来

彩虹读书课堂

教师基本功大赛启动会

举行职业生涯教育讲座

评剧社团，展示风采

北京现代职业技术学院

张延昆书记、线联平主任、徐和谊董事长共同启动“校企网”开通按钮

燕瑛副区长与机械工业经济管理研究院副院长史仲光为“机械行业职业技能鉴定点”揭牌

北京现代职业技术学院于2003年8月经北京市人民政府批准成立，由顺义区政府举办，是北京市“职业教育先进单位”。

学院紧紧依托首都临空经济产业优势办学，面向首都现代制造业、现代服务业和战略新兴产业培养输送高端技能型人才，开设了汽车检测与维修、汽车制造与装配、汽车技术服务与营销、数控技术、机电一体化、模具设计与制造、计算机应用视觉传达设计、物流管理、会展策划与管理、民航商务、社区管理与服务等11个专业。

学院以“上善若水、道法自然”为校训，引领教师加强师德建设，遵循职业教育办学规律，引领学生强化道德素养，争做德技双馨人才，实现高级技能毕业、高端产业择业、高薪岗位就业、高尚品德立业。

学院在全国率先提出“现代职业毕业证书、现代职业技能证书、现代职业道德证书和现代职业体能证书”相融合的人才培养方案；搭建了国学经典德育平台；强化了教师的技师、高级技师取证率和学生的中高级工取证率。在国家、北京市各级各类技能竞赛中取得优异成绩。

在促进学生就业上，学院实施订单、定向、定岗培养，确保“不用一个学生自主去市场求职、不用举办一次校园招聘会就能实现理想就业”，就业率一直保持100%，毕业生一年后月均收入4000元以上。同时，在办学规模上，做强全日制教育、做精成人专本科研究生教育、做大社会培训。在工作机制上，搭建了工作创新讲坛、问题管理制度、年度量化考核评价、学习型组织创建四大平台。在服务社会上，自主研发了校企网，为校企沟通搭建了即时的网络互动平台；利用办学资源，积极参与重大社会活动。

学院党委书记、院长丁久库与北京现代汽车有限公司人力资源部部长郑为德共同为订单班揭牌

“吟诵国学经典 书香浸润校园”诵读大赛学生比赛现场

学生志愿者服务长走大会

数控实训中心一角

自动仓储实训室

木林中心小学

木林中心小学校长 刘向东

教师拓展培养团队精神

木林中心小学，地处顺义区东北边陲燕山脚下。这里生机盎然、充满活力，无数莘莘学子在这里述说着自己的梦想和未来。木林中心小学把“和谐”文化的精髓渗透到学校管理制度建设中，将人文关怀和刚性约束紧密结合起来，教育和引导师生形成共同的价值观，达到用学校文化来提升学校管理水平的目标。学校坚持以人为本建三园的办学目标。注重构建“以人为本，实施目标管理”的管理模式，努力将学校建成“学生喜爱的乐园、教师热爱的家园、人民满意的校园”。

提出了书法特色教育这一课题，采用动态生成的观点，实施以“校本课程——书法教学为载体，打造一个墨香校园”的策略。使校园生活成为师生人生中一段重要的生命经历，力求使学科课程全面体现培养目标，促进学生多方面的发展，继而宏扬书法艺术。提高审美情趣，提出了“种木成林 快快乐乐写汉字”的特色发展理念。

学校连年被评为顺义区教育系统先进集体、教育教学管理先进集体，学校也先后获得“国家级规范汉字书写教育特色校”、“北京市体育传统校”、“顺义区小学教师基本功培训展示先进学校”、“顺义区教育信息化先进单位”、“顺义区中小学科技教育示范学校”等近百项荣誉称号。

教学质量测后反思研讨

新农村读书小博士活动

承办北京市中小学书法教育展示交流

校园鸟瞰

东风小学

区人大主任马庚良六一与师生座谈

副区长燕瑛、教委副主任张海东与市级基本功竞赛获奖者

东风小学始建于1960年，2004年，教育布局调整合并原来的裕龙小学和建新小学，实行集团制管理。为了充分发挥优质教育的辐射力，体现办学个性，激发办学活力，以期更好的促进义务教育的均衡发展，站在造福子孙万代的高度，东风小学进一步扩大办学规模，仓上小学正式并入东风小学教育集团。

在刘金广校长"一校四址办学，四位法人代表，一套领导班子，师资队伍合理流动，教育教学同步管理，教育科研适度竞争，教学成果共创共享，和谐优质人民满意"的办学模式的引领下，在各级政府的正确领导下，学校上下团结协作，开拓进取，乐于奉献，扎实工作，形成了和谐共振、求实进取的校园氛围。

目前，东风小学共有教职员工420人，其中市级骨干7人，区学科带头人11人，区园丁新星6人，区骨干教师38人，区优秀班主任8人；134个教学班，5650名学生，是顺义区一所规模最大的现代化区直属小学。

在多元智能理论指导下，学校先后组建了民乐、热巴鼓、腰鼓、伞舞、霸王鞭、合唱、轮滑、空竹、太极扇、篮球、武术、乒乓球、少年军校等丰富多彩的社团和科技电子技术、美术、书法、曲艺、京剧、脸谱、快板、剪纸、电脑制作等活动小组，促进学生全面发展的同时，最大限度的开发学生的潜能，使学生学有所长。

一流的教育管理、一流的育人环境、一流的教师队伍、一流的教学质量、一流的办学平台，学校被社会各界誉为"育人圣地，人才摇篮"。潜龙在渊，蓄势腾飞,今日的东风小学，已形成四足鼎立的局面,更以其非凡的气势和崭新的姿态，励精图治，开拓创新，致力打造顺义区优质小学的"航空母舰",继续为顺义区小学的教育事业续写新的篇章!

校长 刘金广

2010年教师暑期培训中全国优秀班主任孙蒲远作报告

东风小学舞龙队龙腾虎跃

为期一个月的体育节，有11000人次参加各种田赛、径赛，充分体现了学生的主体参与

和谐东风，快乐成长

顺义区光明小学

教师节区委周颖博副书记一行来我校慰问教师

领导班子在研究工作

顺义区光明小学是一所1979年建校的区直属小学。学校有36个教学班，有学生1250人。现有教职工107人，专任教师75人。其中，中学高级教师3人，小学高级教师78人，大专及以上学历98人。

学校占地面积20000平方米，建筑面积17000平方米，整个校园绿树成荫、花团锦簇，是花园式学校。学校由四幢通廊连体楼组成。学生机房2个，多媒体教室39个，教师电子备课室1个，校园网系统、校园广播系统、课堂实录采编播系统各1套，200米环形塑胶运动场，学校办学条件居同类校前列。

学校始终坚持“让每一个孩子接受优质教育”的办学理念，“以人为本、科学管理，依法治校，整体构建，重点突破，全面提高”的办学思想，“抓两全，求特色，创名校”的办学目标。学校拥有强有力的领导班子和以骨干教师为核心的教师队伍，拥有完善的管理制度，治学严谨，管理严格，形成了良好的校风和学风，教学成绩优异。

学校现有市骨干教师3名；市紫禁杯班主任6名；区园丁新星4名；区骨干教师16名……学校先后被评为全国健康促进学校、市普教系统先进集体、市“花园式”学校、市校园环境建设示范校、市基教课改实验先进单位、市中小学艺术教育特色学校、市中小学美育研究先进学校、市支教先进集体，铜管乐队获得市第二、三、四、五届艺术节比赛一等奖，连年获得区普教系统先进集体、区教育教学管理先进单位等荣誉称号。

我们将继续发扬光明小学的优良传统，恪守“文明、乐学、求实、进取”的校训，齐心协力，奋力拼搏，谱写光明更美好的新篇章！

学校获得“北京市城镇教师支援农村教育工作先进集体”的光荣称号

区园丁新星蔡建伟在讲课

学生参加社会大课堂活动

学生书法作品

学校塑胶操场

尹家府中心幼儿园

（以教师与幼儿发展为本、办农村优秀园所）

区政协主席杨宝华来尹家府幼儿园指导工作

区教委冯义国主任来尹家府幼儿园调研

大孙各庄镇尹家府中心幼儿园位于顺义区东南边陲是一所农村园，包含中心园和大孙各庄分园。属于北京市一级一类幼儿园。始建于1984年，一园两址占地面积1.345万平方米，服务本镇辖区39个自然村。现有教学班12个，早教班2个，在园幼儿400名。园所环境优美，布局合理，配有玩具图书馆、早期教育活动室及大中小型幼儿活动玩具、幼儿玩沙、玩水、玩泥等专用活动区域，各项教学设备齐全。每班配备一台办公电脑，一台笔记本电脑，一台录音机、照相机，园内配有复印机、打印机等设备，教师已经初步实现信息化办公。现有教职工65人，正式教职工总数42人，专任教师39人，中级职务21人。本科学历达到90%，现有顺义区园丁新星2人，区级骨干教师5人。形成了富有凝聚力的教师团体。

尹家府幼儿园认真落实《幼儿园规程》和《教育指导纲要》精神，结合农村地区实际，围绕关注教师专业技能成长、幼儿能力不断发展，因地制宜，依托农村地区教育资源，充分挖掘身边现有资源教育价值，为幼儿发展创设（神奇沙画、多米诺、水吧、摄影等）16个生态活动区， 鼓励幼儿在体验中大胆想象、创作、交往合作，表达表现，培养做事专注性、持久性。遵循“自然、和谐、健康、发展”的办园理念，以培养讲文明懂礼仪，善合作乐探索、爱自然常快乐的幼儿为目标。促进幼儿富有个性的发展。

3月28日，学前处张晓红处长来园调研

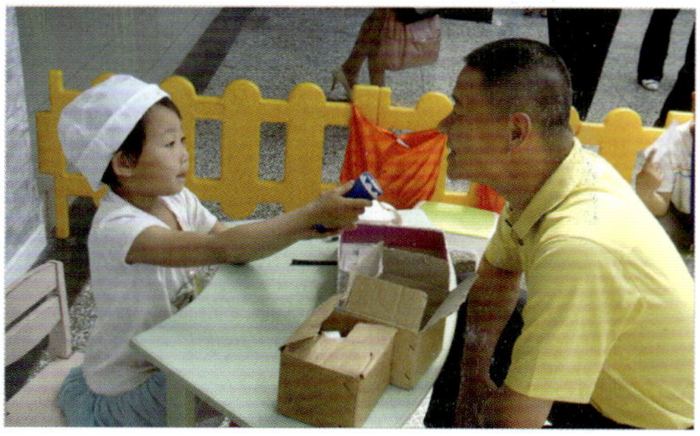
体验不同的社会角色——服务他人

采摘——走进大自然

大带小——别着急我帮你

体验种植园里的乐趣

北京市顺义区石园北区幼儿园

北京市政协委员到石园北区幼儿园调研

时任顺义区区长刘剑到石园北区幼儿园视察

北京市顺义区石园北区幼儿园始建于2004年9月，是北京市示范园，北京市信息化基地、社区儿童早教基地和特殊教育基地。占地面积 6300平方米，建筑面积 3750平方米，开设11个教学班。

石园北区幼儿园在建园初期即确立了“健康第一、快乐生活”的办园理念，明确了创建健康教育特色园的目标，在探索中建构了用“阳光理念”统领的阳光健康教育特色，形成“以尊重保障特色、以阳光体育深化特色、以小课题研究拓展特色、以主题月落实特色、以班级建设彰显特色、以四个走进推动特色”的实践思路。

让每个孩子成为活动的主角，学习的主人，这是全园教师追求的目标。我园以健康领域为突破口，从情绪情感、运动、营养、安全四方面构建园本健康课程，培养幼儿学会调节情绪，学会运动，学会健康饮食，学会保护自己。开展了养成月、安全月、衔接月、运动节、艺术节等主题活动。让教师和幼儿在多彩的环境、多彩的活动、多彩的课题中得到适宜、充分的发展，实现教师快乐工作，幼儿快乐发展的教育品牌。

校园环境

国际交流——我教外国人抖空竹

“六一”儿童节跆拳道表演

小小足球队

我演童话剧——小猪变干净了

我是小小面点师

感受丰收

宏城幼儿园

hongchengyoueryuan

全国人大常委会委员、中国人民解放军上将，教科文卫委员会副主任唐天标等领导来园调研

全国政协委员代表来园调研

宏城幼儿园始建于2006年，隶属于北京市顺义区教育委员会，是北京市示范幼儿园、北京市社区儿童早教示范基地。占地面积4726平方米，现有12个教学班，入托幼儿494名，设有亲子室、创意坊、舞蹈厅、书吧等专用活动室。幼儿园拥有优美的育人环境和团结进取、和谐创新的教师队伍。

幼儿园认真贯彻《幼儿园工作规程》和《幼儿园指导纲要》精神，坚持“以德获信、以质求存、以研兴园、和谐创新”的办园宗旨，将“提高保教质量，促进幼儿发展”作为工作的出发点和落脚点，依法办园，民主管理，以科学发展观指导全园各项工作，秉承“尊重+鼓励=体验成功”的育人理念，重视《快乐与发展》课程的实施和园本培训，逐渐形成“三美育人”办园特色。

宏城幼儿园先后代表顺义区公立园接待全国人大常委会委员、全国政协委员代表的调研，承担教育部联合国儿基会“早期儿童发展ECD”及“爱生幼儿园”项目组、其它省市参观团观摩。圆满完成北京市阳光体育视导、全市示范园开放、市区两级教研现场会等展示活动。先后获得“北京市辛勤育苗先进单位”、“北京市示范园与农村乡村园手拉手特别贡献奖”、“北京市奥运先锋红旗团支部”、“北京市妇女儿童工作先进单位”、顺义区文明单位、顺义区先进党支部、顺义区教育系统先进集体等多项荣誉。

教师风采

快乐游戏

健康乐园

春天写生

创意活动

北京市顺义区港馨幼儿园

顺义区人大副主任教师节慰问全体教师

北京市教委领导与小朋友共渡“六一”儿童节

港馨幼儿园位于港馨家园西区院内，2006年9月7日破土动工，2007年9月正式投入使用，隶属区教委。幼儿园总占地面积3780平方米，建筑面积3000余平方米，共有九个教学班，在园幼儿360余名，48名教职工，其中有六名一线男教师。2009年北市教委评为北京市早教教育示范基地、北京市一级一类幼儿园。

园所一直坚持“以心为本”的管理理念，在园所成立和规范建设的过程中，坚持“以研促教、以研强师、以师兴园”理念为指导，逐渐明确了“质量立园 师资强园 科研兴园 特色名园”的办园思路。在注重教师良好师德和专业素质的培养过程中，努力为教师专业培训学习创造机会，搭建平台，在教育实践中形成“坦诚相待、做事不怠”的工作作风。再近六个年头里，先后有七名优秀教师成功受聘园长、副园长职位，一名教师评为区级学科带头人，四名教师成长为区级骨干教师，一名教师为北京名师工作室成员，五名教师分别为区幼教中心兼职教研员。

冯园长和孩子们在一起

在《幼儿园教育指导纲要》精神的指引下，幼儿园确立了“健康成长、快乐发展、成就自信”的幼儿发展目标。园所教学以实施《幼儿园快乐与发展课程》为主，借助社区、家庭等教育资源，开展“生态式共享区域活动”，打破班届，让更多的幼儿享有更大的空间和更多的教育资源，分享更多的经验，使其在社会性发展方面得到提升。

园所先后承担教育部“重建更美好项目”、“幼儿教师国家级培训计划”、北京市幼儿师范学校实习生观摩、新教师园本教研和集体教学观摩等700多人次的参观接待任务。荣获北京市先进基层党组织、顺义区教育系统先进集体、顺义区巾帼文明岗、青年文明号等市区级集体荣誉42项，教师专业论文获国家级、市区奖项百余人次。园所将以“质量、内涵、特色”发展为核心目标，带领这支乐群合作、明理质真的年轻教师队伍将“幼儿教育”这份幸福的事业做厚、做实！

开展“祝福祖国祝福党”党建活动

开展“我和妈妈架大桥”亲子游戏

幼儿园一角——百草园

为四川代表团做现场教研展示

光明街道

北京市充分就业社区检查组莅临光明街道双兴东社区检查指导

光明街道庆祝建党90周年暨“七一”表彰大会

光明街道办事处位于顺义区府前东街17号，管辖地域范围东至滨河南路，南至顺平快速路，西至光明南北大街，北至减河，占地面积4.12 平方公里。下设15个社区，总户数27307户，常住人口71230人，流动人口7508人。在区委、区政府的正确领导下，光明街道围绕“关注民生，构建和谐、平安光明”目标理念，深入贯彻落实科学发展观，积极探索社会服务管理创新，稳步推进和谐社区建设，各项工作取得新成绩。以建党90周年为契机，持续深入创先争优活动，深化党员认岗领责机制，基层党组织战斗力提升；立足民需，优质服务，落实各项便民利民措施，社区服务满意度提高；升级文化设施建设，发挥品牌团队引领作用，社区文化呈现蓬勃生机；加大环境专项整治力度，倡导绿色文明生活方式，社区环境更加宜居；社会治安实施网格化管理，志愿者队伍进一步壮大，社区平安建设扎实推进。先后获得多项市、区奖励：首都文明街道、北京市“药品安全”示范街道、第六次全国人口普查先进集体、全民义务植树先进单位、党建工作先进单位等；裕龙三、裕龙五、绿港家园、东兴一等多个社区也分别荣获了北京市科普社区、北京市节水型小区、北京市环境卫生工作先进社区、全国综合减灾示范社区、北京市敬老爱老为老服务示范单位等多项荣誉称号。

光明街道举办“缤纷五月 和谐平安”群众文艺演出

光明街道社区党员认岗领责

光明街道社区开展垃圾分类亲子游戏宣传活动

光明街道社区志愿者参与社区治安巡逻

南法信镇

区长王刚、城管大队长周霆钧在南法信镇书记李衍的陪同下考察M15号线南法信地段

区委常委、武装部政委于凤春在镇党委书记李衍、副书记杨登科的陪同下慰问南卷村建国初期老党员秦玉兰

南法信镇位于北京临空经济高端产业功能区的核心区，是顺义新城建设的重要组成部分，镇域面积20.6平方公里，距北京市区仅20公里。这里与中国最大的航空港——北京首都国际机场无缝对接；与北京市唯一的航空——公路国际货运枢纽型物流基地——空港物流基地融为一体；与全国首家空港型综合保税区——天竺综合保税区一网之隔。交通便利，地理位置优越，六环路、京密路、顺平路、机场两线路、M15、L1轨道交通线穿境而过，形成了空中、地下、陆路的立体式交通网络，得天独厚的区位优势让入驻企业占足先机，赢在起跑线。

近年来，在顺义区委、区政府的正确领导下，南法信镇按照科学发展观的要求，以发展临空、总部经济为核心，明确提出了“发展总部经济，建设临空经济高端产业核心区”的发展思路，地区经济实现平稳较快增长,产业结构进一步优化，重点项目和基础设施建设步伐加快推进，招商引资实现新突破，社会各项事业全面协调发展。

未来的南法信，将坚持“高端、高效、高辐射”的发展方向，树立服务机场、服务空港物流基地、服务天竺综合保税区、服务航空货运大通关的理念，紧紧锁住国内外的航空产业及相关产业的总部基地，努力将本地区打造成为以临空经济产业为中心的多点支撑的总部经济产业格局，不断加快地区现代化、国际化、都市化进程。我们将按照人性化、个性化的招商服务模式，为入驻企业提供更加优质、高效的服务，确保项目引进快捷、投产迅速、运营高效，努力实现融合发展、共创双赢的局面。

海内存知己，天涯若比邻。发展的南法信，以无限希望，无限生机，诚邀各界有识之士到这片热土投资兴业，让我们成为合作的伙伴、真诚的朋友、永远的知己，让我们携手并进、共同奋斗、共创美好明天！

北京嘉和一品总部基地奠基仪式在我镇隆重举行

南法信镇思想政治经济工作会议

2011年首都机场企业南法信镇专场招聘会

南法信镇纪念建党91周年暨创先争优活动表彰大会

后沙峪镇

书记张延昆，区长王刚到镇调研

区长王刚慰问北京四中分校教师

后沙峪镇位于顺义区西南部，东临首都国际机场，西与昌平、南与朝阳交界，是顺义新城空港新区的重要组成部分。镇域面积42.6平方公里，辖16个行政村，2个社区居委会，户籍人口2.1万，是全市高端外籍人口聚集区，近万名外国友人选择在后沙峪居住。首都国际机场、新国展、花博会主场馆以及天竺综合保税区坐落其中；M15号线在后沙峪镇设有新国展站、国展北站、后沙峪站3个站点。后沙峪镇作为首都临空经济核心区的重要节点，是顺义新城空港城组团重要组成部分，规划功能定位是以居住、综合服务、临空产业为主导。立足新的城市功能定位，后沙峪镇坚持以首都国际机场为依托，发挥新国展和花博会主场馆的资源优势，以临空经济业和会展服务业为主导，确立了“一区四中心”的发展思路和努力构建北京国际空港后沙峪新城的战略目标。

后沙峪镇创建全国文明村镇动员大会

后沙峪镇机关纪念建党90周年红色歌曲比赛

文化广场晨练的居民

国航飞行模拟训练基地模拟机投入运行

罗马湖特色休闲港湾

高丽营
GAOLIYING

高丽营镇

□ 建党90周年文艺汇演 □

□ 奥林匹克体育文化产业园奠基仪式 □

高丽营镇是《北京城市总体规划》、《顺义新城规划》确定的重点镇，位于顺义西部，处于临空经济区和温榆河绿色生态走廊的延展区域。镇域面积61.1平方公里，下辖25个村和1个居委会，常住人口4.4万人，其中户籍人口2.6万人。2011年，在区委、区政府的正确领导下，高丽营镇全面贯彻落实科学发展观，坚决执行区委、区政府的决策部署，牢固树立“等不起”的紧迫感、“慢不得”的危机感、“坐不住”的责任感，着力在各项工作落实上下功夫，全镇经济社会保持了健康快速发展势头，全年各项目标任务顺利完成。2011年，该镇荣获全国环境优美乡镇、北京市先进基层党组织、顺义区“五个好”乡镇党委等荣誉称号，全镇实现社会经营性总资产81.8亿元，同比增长20%；属地财税收入4.7亿元，同比增长41%；地方财政收入1.38亿元，同比增长38%；人均劳动所得1.34万元，同比增长11.5%。按照总体规划和控制性详细规划，高丽营镇坚持“临空产业强镇，生态宜居小城”的总体定位，坚持科学规划和基础设施建设“两个先行”，实现主导产业培育、生态环境建设和社会事业发展“三个突破”，分重点、分阶段梯次推进，全面建设重点镇，着力打造“一心、两带、三走廊”的城镇空间发展格局。

□ 整洁优美的新农村——北王路村 □

□ 重点镇中心区道路 □

□ 民族村清真寺 □

牛栏山镇

2011年2月23日，顺义区国土分局局长孙桂祥带领其班子成员到牛栏山镇政企对接，现场解决项目推进中存在的问题

2011年5月26日，区政协副主席田建国到牛栏山幼儿园进行慰问

2011年7月8日，上海中心大厦塔楼内墙工程花落江河幕墙有限公司

2011年8月18日，北京江河幕墙股份有限公司在上海证券交易所A股主板隆重鸣锣开市

据县志记载，古镇牛栏山始建于1368年。新中国成立以后，牛栏山各村先后成立了互助组，高级社。一九五八年八月成立了牛栏山人民公社。自一九七三年二月由牛栏山人民公社划出15个自然村，成立了赵全营人民公社。

至此牛栏山人民公社辖区面积31.4平方公里，有20个自然村，农业人口10436人、非农业人口18348人左右。耕地面积15214余亩。2011年全镇完成属地财税收入9.24亿元；完成地方财政收入2.88亿元，全年共引进项目103个。改革开放以来，一、二、三产业全面发展，经济结构进一步优化。传统农业逐步向高效、生态、现代农业转变，综合生产能力和产业化水平日益提高，农村经济稳步增长。城市化进程稳步推进，全镇综合实力明显增强。继嘉寓门窗创业板、江河幕墙A股主板成功上市。全镇现有中国驰名商标企业7家，北京市著名商标企业8家。先后荣获“全国文明村镇”、“全国环境优美乡镇”、“首都文明镇”、“北京市卫生镇”“首都绿化园林小城镇”等荣誉称号，全镇拥有“首都文明村”9个、“市级文明生态村”4个、北京市生态村18个和“北京市卫生村”19个。

2011年10月25日，国家安监总局局长骆琳到我镇调研

北小营镇

北京市委书记刘淇到北小营村调研

北京市妇联赵津芳主席到北小营镇调研

北小营镇位于顺义区东北10公里处，潮白河东岸，距北京城区35公里，首都机场15公里。全镇总面积55.86平方公里，耕地2.8万亩，下辖17个村，1个居委会。2011年底镇内常住人口3.8万人，其中户籍人口3.5万。

作为顺义新城河东新区重要组成部分，北小营镇确定了“奥运名镇、绿色新城”的总体定位和“一轴两翼”的空间布局。已初步形成都市型工业、现代制造业、文化创意产业、体育休闲产业、农业观光业、高端房地产业等六大产业格局。2011年，全镇实现农村经济总收入51.4亿元；属地财税收入4.74亿元；地方财政收入1.11亿元；人均劳动所得12428元。

全镇道路、供水、供电、供热、排水、电讯、燃气等公共基础设施建设相继完成,百姓生活更加便捷。镇、村整体面貌显著改善，林木覆盖率达到27.1%，先后获得“京郊环境优美镇”和“北京市卫生镇”等荣誉称号。社会公共服务体系更加健全,全镇劳动力就业率达98%,“社会保险、养老助残、社会救助”三大体系互帮互衬，教育文化、医疗卫生事业蓬勃发展，社会治安防范和公共卫生服务体系基本形成，人民生活水平不断提高，综合实力持续增强。

北小营镇政府办公楼

北小营镇举办经济发展交流会

小胡营村街心公园

大胡营村高跷会

“五月的鲜花”镇歌合唱大赛

李遂镇

李遂镇第十六届人民代表大会第一次会议隆重召开，依法选出了李遂镇新一届人大、政府领导班子

区领导到李遂镇检查“三夏”生产情况

李遂镇位于顺义中部偏南。形成于辽代，距顺义城区10公里，距北京市五环路25公里，距首都国际机场5公里，距天津塘沽港90公里。南与河北省三河县交界，东邻北务镇，西面紧临潮白河，南北长约10公里，东西最宽处约6公里，辖区总面积40.22平方公里，下辖16个行政村，总人口2万，是具有千年文明史、集天地之灵秀的古镇。

李遂镇作为北京市42个重点镇之一，在北京建设世界城市、顺义区打造临空经济区、建设世界空港城的大背景下，坚持“空港国际化、全区空港化、发展融合化”的理念，积极发展会议休闲、医疗康体等特色高端产业，以城市化和城乡一体化为引领，以改善民生为重点，为建设城市基础设施完善、地区文化特色彰显、经济实力较强的现代化新李遂打下坚实的基础。

2011年，在区委、区政府的坚强领导下，李遂镇深入贯彻落实科学发展观，牢牢把握发展这个第一要务，大力推进重点镇建设,坚持不懈改善民生，创新社会服务管理，经济社会呈现出持续稳定、势态良好的发展局面。全镇实现属地财税收入8356万元，同比增长12%；地方财政收入达到2808万元，同比增长18%；人均劳动所得达1.14万元，同比增长10%；重大建设项目加快落实，民生工程、实事工程全面完成。

中共李遂镇第十三次党员代表大会胜利召开，出席大会代表102人，大会高票选出了11名镇第十三届党委委员、5名镇第十三届纪律检查委员会委员，6名出席区党员代表大会代表

李遂镇举行以“阅读、进步、和谐”为主题的全民读书活动启动仪式

李遂镇举办了以“弘扬北京精神，争创和谐家庭”为主题的和谐家庭宣讲活动启动仪式暨首场报告会

李遂镇春节期间举办“二月新春”系列特色文艺展演和丰富多彩、形式各异的民间花会表演，全镇人民一同闹新春、度佳节

木林镇

市政工程启动仪式

“一助一”共建联谊会

2011年，木林镇“十二五 ”规划实现良好开局，镇域经济社会发展呈现一系列新的积极变化。镇域经济运行质量和效益进一步提升。2011年，全镇完成属地财税收入7430万元，同比增长33%。地方财政收入2469万元，同比增长31%。

空港木林高端制造业基地加快推进，雨、污水改造工程圆满完成，基础设施承载能力显著增强。府前街排水管线改造等重点工程顺利竣工，经受住了夏季强降雨的考验。全镇基础设施建设不断加强，公共服务水平不断提升。

浅山区开发前期准备工作顺利进行。按照区政府统一部署，积极寻求对外合作，建设唐指山风景区。

换届选举平稳有序，为经济社会发展提供可靠保障。选举产生了新一届党委、人大、政府班子及参加区党代会的党代表和出席镇、区的人大代表。圆满召开了镇党代会、人代会，明确了今后五年木林镇发展思路、主要目标和工作任务，全体班子成员凝心聚力，干劲十足，团队的凝聚力和战斗力不断增强。

长林庄拆迁群策群力，圆满完成。在较短的时间内，完成104户拆迁任务。拆迁政策公平公开公正透明，拆迁后群众情绪平稳，拆迁使群众居住环境得到极大改善，生活水平得到提高。拆迁后的长林庄村环境优美、关系和谐，成为高标准的新农村建设示范村。

保障和改善民生力度加大。全镇转非进职保顺利推进，2010年、2011年累计完成759人，在全区各镇排在第一位，区委、区政府惠民政策得到落实，群众享受到城市居民的社会保障，保障质量和保障层次进一步提升。我镇被评为2011年度全区就业、再就业工作先进镇。

社会环境保持稳定。社会管理不断加强，打非工作扎实深入、取得实效，不断完善制度，建立长效机制，从源头上打击违法建设和盗采砂石行为，村级管理水平不断提高，镇域和谐水平进一步提升。

2011年，木林镇综合考核排名第十二位，综合竞争力进一步增强。

全民健身活动器材

残疾人运动会

府前街排水管线改造工程

大力发展都市农业——彩叶林

龙湾屯镇

游客采摘龙湾屯矿泉樱桃

度假胜地安利隆山庄

新农村建设蓬勃发展

北大沟林场神秘称奇

龙湾屯镇地处顺义东北部，位于顺义、平谷、密云三区交界，距北京市区60公里，顺义城区30公里，首都国际机场35公里。镇域面积56.6平方公里，辖13个行政村，人口1.5万，其中山林荒坡面积4.3万亩，占全区山地总面积近三分之二。

龙湾屯镇自然风景秀丽，拥有丰富的旅游资源、丰厚的文化底蕴和优质的果品资源。龙凤金鸡河横贯南北，燕山余脉蜿蜒东西，北大沟林场神秘称奇，千亩双源湖碧波荡漾。享有“中国地下长城”盛誉的全国青少年爱国主义教育基地焦庄户“地道战”遗址、安利隆生态农业山庄、焦庄户民俗旅游村、欧菲堡酒庄等十余个旅游景点分布在环山旅游带沿线。全镇林果涉及十多类共百余品种，植种面积达万余亩，获有农业部“无公害食品”认证和北京市食用农产品安全认证，矿泉樱桃及部分苹果、龙湾贡梨等还获得了有机食品认证。每年一届的樱桃采摘节和金秋果品采摘节吸引大批游客观光采摘。顺义区启动北部浅山联络线的建设后，龙湾屯镇紧抓发展机遇，超前谋划，打造“浅山旅游核心区”，通过规划设计、引进重大旅游项目，整体推进旅游产业发展，加快旅游区建设规划，着力打造六大功能区，既对外国际交往中心、森林公园、红色旅游观光区、文化创意观光区、生态休闲山庄、二三产业基地。

今后，龙湾屯镇将围绕打造“顺义浅山旅游核心区”的发展目标，紧抓机遇，超前谋划，开拓创新，脚踏实地，全力快速推进全镇经济社会事业健康发展。

区委书记张延昆慰问大孙各庄镇困难老党员

区长王刚在东华山村调研新农村建设

大孙各庄镇

大孙各庄镇位于北京市东北，顺义区东南，东临平谷，南接河北省三河市，经京平高速路30分钟可直达市区，经龙塘路15分钟可达首都机场，交通便利。总面积74.3平方公里，下辖39个行政村，全镇总人口2.6万。镇域处于潮白河东部冲击平原二级阶地，镇域地形北高南低。北部二十里长山斜亘境域，有大小山峰12座，庞山山峰为最高峰，海拔213.2米，东、南、西部大部为平原，平均海拔30米，土壤为潮褐土和褐潮土，土地开发成本较低。镇域河流属蓟河水系，境内水资源较为丰富，地表坑塘水遍布各村，地下水深4-10米，含水层平均厚度为20-50米，水质较好，能够满足生产生活需要。

近年来，围绕“京城东部观光旅游带的重要节点、顺义新城重要的现代农业和工业基地、顺义区高效农业产业示范基地、京城东部生态宜居、城乡统筹示范基地”的总体定位，坚持“巩固提高农业大镇地位，加快建设工业强镇步伐”的发展思路，加快发展经济，加快推进城乡一体化，经过几年的努力，全镇经济及社会各项事业都得到了良好的发展。先后获得北京市经济结构调整“十佳乡镇”、北京市出口创汇先进乡镇、二三产业先进镇、顺义区“都市型农业先进镇” 等多个荣誉称号，并列入京郊农业和农村现代化、信息化试点镇，在顺义区提出建设“五彩浅山”旅游的构想中，大孙各庄镇依托特色农业，景观环境，独具特色的文化资源及先进农业科技优势，将努力打造东西方文化交融的国际田园风情小镇。2011年全镇完成属地税收2.4亿元，同比增长19%，其中地方财政收入8187万元，同比增长24%。农村人均劳动所得1.1万元，同比增长11%。

大孙各庄镇资源丰富，民风淳朴，村风和谐。大孙各庄镇教育、医疗设施健全。全镇建有中小幼4所学校，师资力量雄厚，教育教学环境优雅。地区升学率逐年提高，教师队伍建设不断加强。建有镇卫生院，14个村社区卫生服务中心，医疗服务设施齐全，群众、职工的就医环境良好。镇域旅游资源丰富，新特新葡萄观光园、绿奥生态休闲园区、名胜无梁阁等景点分布镇域，镇域文化色彩浓郁。

镇村环境建设推进会在镇召开

中华老字号——正隆斋全素食品有限公司落户我镇

“欢歌劲舞闹新春 凝心聚力创和谐”主题文艺汇演

北京市文物保护单位无梁阁

北石槽镇

北石槽镇人民政府

东石槽村

北石槽镇地处北京市顺义区西北的燕山脚下，在北京行政区域的中心地理位置，镇域面积33.5平方公里，下辖16个自然村，人口1.2万人，企业220家。区域内交通便捷，距首都机场25公里，距北京市区不足40公里，京承高速公路在镇域内设有两个出入口，与穿越境内的怀昌公路、天北路、北台路、火寺路、富北路形成了完备的交通网络。另外，该镇森林覆盖率达45%，上风上水，空气质量常年一级。京密引水渠东西横贯全境，拥有北倚燕山山脉连天碧，南临京城水脉映翠林的独特自然景观。

北石槽镇在顺义新城规划中定位为生态涵养保护区。结合实际，该镇充分利用浅山带的环境优势，大力发展旅游业和现代农业，确立了“一轴三区”的发展格局，即以京承高速公路沿线都市型现代农业走廊为轴心，在镇域西部建成功能齐全、绿色宜居、特色鲜明的高端休闲养生区，镇域中部形成集工业设计、金融服务、科技研发等新兴产业于一体的高薪技术产业示范区，把镇域东部打造成为设施完善、产业高效、环境优美的形象展示区。目前，北石槽镇初步形成了果品采摘业、花卉苗木业、休闲餐饮业相互促进，共同发展的局面。拥有御杏园、永辉大地等知名度较高的果品采摘园，并成功举办了10届御杏采摘节。

近年来，北石槽镇坚持以环境建设为突破口，把经济社会发展与生态建设、环境保护有机结合起来，镇内水、电、气、学校、医院、银行、邮政、电信等配套设施齐全，全镇所有村都达到了环境整治达标村的标准，村村实现了硬化、绿化、美化和亮化。先后被评为顺义区环境整治十佳镇、北京市环境优美镇和国家级环境优美镇称号。

如今，便利的交通条件与优越的自然环境已经使北石槽镇成为顺义区最富活力和最具希望的地区之一，日益显示出广阔的发展前景和强劲的发展后劲。北石槽镇党委、政府将结合顺义区建设新城的总体规划，紧紧围绕“产业高端、绿色宜居、生态涵养、民生兴旺、社会和谐”发展目标，紧抓机遇，乘势而上，全力抓好“一轴三区”建设，努力实现地区经济社会发展新跨越。同时热忱欢迎各界朋友前来旅游观光、投资创业、联谊交流，共创美好未来！

御杏园内采摘——把幸福带回家

京承高速公路北石槽路段

京密引水渠

北务镇

——京郊蔬菜第一镇

办公大楼

全民健身——单臂舞龙

北务镇位于北京市东北部，顺义区东南部，首都机场东侧。镇域面积32平方公里，耕地面积2.8万亩。下辖15个行政村，常住人口10552人。镇域地势平坦，有龙塘路、木燕路等道路穿境而过，京平高速公路在北务设有出口。镇中距首都机场17千米、京哈公路10千米、六环15千米、天津新港100千米，主要公交线路有顺18路、顺29路，东直门——吴雄寺923路。2011年，北务镇紧紧围绕区委、区政府提出的“稳增长、调结构、上水平”的工作要求，以“扩总量、促增收、惠民生”为主要目标，全面推进城镇化进程，该镇的都市型现代农业发展迅速，基础设施更加完善，社会服务管理水平有效提高，镇域社会和谐稳定，经济社会实现全面协调可持续发展。2011年实现属地财税收入3.34亿元，同比增长30.7%；财政收入9325万元，同比增长23.5%；二三产业实现总收入18.86亿元，同比增长41.8%；人均劳动所得11006.3元，同比增长8.4%。2011年北务镇荣获“都市型现代农业先进镇”、“新农村建设先进镇”、“首都城市环境建设先进单位”、“宣传工作先进单位”、“先进人民武装部”“农村劳动力转移就业先进镇”、“社会治安综合治理示范镇”、“信息工作先进单位”、“思想政治工作先进单位”、“劳动力就业转移先进单位”、“食品药品安全工作先进单位”、“残联工作先进单位”、“人口和计划生育工作红旗镇”等多项荣誉称号。

环境优美——珠宝屯水库

四通八达——京平高速

现代化都市型农业

中信银行顺义支行

中信银行顺义支行大楼

支行贵宾室

中信银行顺义支行于2011年11月30日正式开业，是中信银行总行营业部在北京市设立的第48家同城分支机构。

顺义支行为广大客户提供的主要特色业务：

公司业务：为各类企事业单位提供代理发行债券、短期融资券、中期票据及财务顾问等投资银行服务。为各类企事业单位提供公司理财及存款、贷款、票据、国际国内结算等金融服务，为各类企事业单位提供集团现金管理服务，为类企事业单位提供量身定做的创新金融服务。

支行服务大厅

零售业务：顺义区域内独家推出个人保管箱服务，为社会各界提供独具特色的出国上午、留学、旅游、移民等全程出国金融服务，提供美国、德国、南非等国家签证代传递业务，代售美国签证预约电话卡和签证费，为各类综合批发市场提供自助ＰＯＳ机结算服务，为广大居民提供本外币储蓄存款、理财、私人银行、个人经营贷款、个人消费贷款等传统金融服务，为贵宾客户提供一对一ＶＩＰ金融理财服务。

北京农商银行空港支行

北京农商银行乔瑞董事长到空港支行调研

北京农商银行与中国新华航空有限责任公司签订战略合作协议

北京农商银行空港支行的前身为北京市顺义区天竺农村信用社，2005年10月19日，北京市农村信用社改制成立为北京农村商业银行后更名为北京农村商业银行天竺支行，2006年8月24日，天竺支行升级为管辖支行，更名为北京农村商业银行空港支行（现简称：北京农商银行空港支行），隶属于北京农村商业银行总行，地址为北京市顺义区天竺镇府前街37号。截止9月底，空港支行所辖经营网点6个，在职员工160人，做为顺义区主要的金融机构，对顺义区的经济发展，尤其是临空经济发挥了重要作用。

支行参加顺义区“五月的鲜花”文艺汇演

举办“青春展风采、合规伴我行”演讲比赛

举办小微企业金融服务及产品推介座谈会

中国农业发展银行北京市顺义区支行

中国农业发展银行北京市顺义区支行（以下简称：农发行顺义支行）成立于1997年3月，办公地址位于顺义区新顺南大街27号，是顺义区唯一一家农业政策性银行，主要职责是按照国家的法律、法规和方针、政策，以国家信用为基础，筹集资金，承担国家规定的农业政策性金融业务，代理财政支农资金的拨付，为农业和农村经济发展服务。目前，农发行顺义支行设有“两部一室”，即：办公室、客户业务部、会计结算部，有在职职工24人。截止6月末，支行各项贷款余额21亿元，其中：政策指令性贷款15.2亿元，政策指导性贷款0.8亿元，商业性贷款5亿元。

建行以来，农发行顺义支行认真贯彻落实国家粮棉流通体制改革和购销政策，以防范政策性金融风险为重点，不断强化内部管理，大力推进机制创新，较好的履行了农业政策性银行的职能作用，在有效解决农民卖粮难问题，促进农民增收，维护国家和地方粮食安全等方面发挥了积极作用。特别是2004年以来，农发行顺义支行以科学发展观为指导，认真贯彻落实国务院第57次常务会议精神和总分行工作部署，坚决服从和服务国家宏观调控，全面落实国家各项强农惠农政策，实现了良好的社会效益和经济效益，有效发挥了在农村金融中的骨干和支柱作用，其中2007至2011年度年人均创利均在300万元以上。

随着我国社会主义新农村建设的全面推进和农村金融体制改革的不断深化，根据中央和国务院的有关政策，中国农业发展银行的业务范围得到了大幅拓展。作为中国农业发展银行的分支机构，农发行顺义支行目前已可以开办农业产业化龙头企业贷款、粮食加工企业贷款、农业科技贷款、农业小企业贷款、农村流通体系建设贷款、农业综合开发贷款和农村基础设施建设贷款等贷款业务，形成了以支持国家粮棉油购销储业务为主体，以支持农业产业化经营和农业综合开发、农村基础设施建设为两翼的业务发展格局。

农发行顺义支行将在农发行总分行党委以及顺义区区委、区政府的正确领导下，立足顺义，以城乡结合部重点村改造工程、水利建设工程、文化设施建设中的农民安居工程为重点，不断加大信贷支农力度，切实履行好农业政策性支农职责，为顺义“三农”工作做出新的更大的贡献。

顺义支行党支部书记、行长冯建亭

行长冯建亭赴北京市顺义牛栏山粮食收储库对小麦收购情况进行实地调研

行长冯建亭带领支行全体员工赴延庆开展集体踏青活动

支行与贷款企业召开银企廉政共建工作座谈会议

顺义支行召开主题党日活动，开展爱国主义教育

支行全体员工参加北京分行系统职工运动会

中国邮政储蓄银行北京顺义区支行

顺义支行行长 陈东林

石园南区支行

中国邮政储蓄银行北京顺义区支行成立于2007年11月28日，自组建以来，秉承“进步 与您同步”的企业核心价值观，以“根植邮政 立足城市 面向农村”为企业定位，立足于服务社区、服务“三农”、服务中小企业、服务实体经济，依托百年邮政的品牌和网络优势，致力于“打造有特色的全功能零售商业银行”。在激烈的市场竞争中，开拓创新、锐意进取，不断完善服务功能、丰富业务品种，产品种类从传统的储蓄、汇款业务发展到零售负债业务、信贷业务、理财业务、国际业务、公司业务等几大金融业务板块，逐步形成了个金、公司、信贷“三足鼎立”，同业、票据、国际等特色业务为补充的业务发展新格局。

截止2011年12月31日，顺义支行资产规模达79亿元，拥有储蓄帐户99.91万户，储蓄余额达59亿元；代发工资帐户40万户，代发养老金帐户212万户，累计代发额32.5亿元;累计发放贷款5.56亿元；公司业务余额实现7.54亿元，年日均余额7.56亿元。

支行下辖5个二级支行，27个邮政储蓄网点，与全国3.6万个邮政储蓄网点实现互联互通，成为沟通城乡居民个人结算的主渠道，同时，分布于全区的36台自动柜员机(ATM)和2个自助银行也为百姓生活提供了切实的便利。

顺义支行现有员工154人，其中，研究生3人，大学本科44人，大学专科82人，人员综合素质较高，且平均年龄只有32岁，是一支较为年轻的队伍。自2009年以来,顺义支行响应北京分行工作部署，履行社会责任，把大学生“村官”作为重要的人才资源，于2009年7月率先为“村官”转岗就业开通“绿色通道”，现已累计聘用大学生村官33名，支行非常重视对他们的培养，帮助其设计职业生涯，目前，这些村官分布于支行信贷、公司、管理等重要岗位，最大限度为每名“村官”提供了展示自己的舞台。

在向全功能商业银行转型的过程中，顺义区支行始终努力发挥着邮政金融的网络优势和资金优势，秉承以客户为中心的原则，不断提高综合能力，服务百姓生活，并为企事业单位提供了安全、优质、快捷的金融服务。

遍布城乡的金融网点

优质的大堂服务

专业的理财团队

履行社会责任开展反假币宣传

送贷下乡服务“三农”

中国建设银行北京顺义支行

顺义新城支行开业典礼

顺义建行——政银企联手恳谈会

顺义区人民政府授予建行北京顺义支行“2011年度区域经济百强企业”称号。支行现有综合性营业网点4个，储蓄网点8个。

截止2011年末，实现账面利润1.54亿元；一般性存款余额79.22亿元；贷款余额51.72亿元。

在经营过程中，建行顺义支行始终坚持客户至上、支持地方经济建设的宗旨。支行严格执行宏观经济政策，稳健经营，资产质量长期保持优良；支行紧跟顺义区经济热点，对公及对私业务获得了快速发展；支行灵活调整业务结构，资产、负债、中间业务实现了均衡发展；在支行服务的客户中，既有政府机构类客户、大型企业集团，也有大批中小企业客户，客户结构较为合理。

日常工作中，对内开展业务竞赛，对外开展业务营销，并积极创新营销方式，针对客户需求采取差别化的营销方式，取得了良好效果。

在内部管理方面，顺义支行一贯秉承“以人为本”方针，做到严谨、科学、规范。注重风险内控管理，注重党建、企业文化建设，以内部管理促进业务发展。

顺义建行——参加顺义区金融办组织的政银企对接会

顺义建行——2011年联欢会

牛栏山

【中国驰名商标】

北京牛栏山酒厂

北京牛栏山酒厂建于1952年10月26日，位于北京市顺义区牛栏山镇，傍依风景宜人的潮白河畔，是上市公司——北京顺鑫农业股份有限公司的分公司。

企业主要生产以清香型“牛栏山”牌二锅头为代表的系列产品，共计400余种。多年来，企业恪守传统的酿造工艺，始终坚持“质量是市场、质量是效益、质量是生命”的质量方针，充分保证了牛栏山酒的绝佳品质。

古镇牛栏山的饮酒文化，有据可考的历史，可追溯到距今三千余年前的周代。1982年，在牛栏山酒厂附近出土的一批青铜酒具，据专家考证为周代燕国贵族使用过的饮酒器皿。牛栏山镇的老烧锅鼎盛时期约始于清康熙年间。据《顺义县志》记载：“造酒工：做是工者约百余人（受雇于治内十一家烧锅）。所酿之酒甘洌异常，为平北特产，销售邻县或平市，颇脍炙人口，而尤以牛栏山酒为最著。”此处所提及的“烧酒”，即现在的牛栏山二锅头酒。历经数百年的发展，牛栏山二锅头酒已成为中国白酒清香型（二锅头工艺）代表，酿酒技艺被入选成为国家级非物质文化遗产。“千年的饮酒文化、百年的酿酒历史”，孕育出牛栏山浓厚的酒文化品位和牛栏山酒的独特风格。

牛栏山奥运庆功酒开坛嘉宾共饮庆功酒表示祝贺

如今，牛栏山酒厂已经发展成为北京地区白酒行业：保持自主酿造规模最大的白酒生产企业；最早拥有“中华老字号”、“中国驰名商标”、“中国酿酒大师”的白酒企业、最早获准使用“纯粮固态发酵白酒标志”的白酒企业；唯一一家“在太空开展清香型酒曲实验”、惟一一家获得“原产地标记保护产品”认定、惟一一家获得“全国工业旅游示范点”、唯一一家通过“国家级实验室”认可、唯一一家将“二锅头工艺标准”纳入国家标准的白酒企业。

展望未来，牛栏山酒厂将以全力打造中国二锅头第一品牌为己任，演绎二锅头经久不衰的生命价值和市场价值，开启牛栏山酒厂发展的崭新时代，去引领中国二锅头产业的不断发展。

牛栏山酒厂升级改造工程开工奠基仪式

牛栏山酒厂新厂区鸟瞰图

·北京顺义劳动大厦·

中北华宇建筑工程公司

中北华宇建筑工程公司始建于1976年，经过30余年的发展，现已成为顺义区内唯一的建筑、市政、钢结构、装饰装修均为一级资质的综合性建筑企业，公司注册资本金20339万元，是顺义区内唯一自2004年以来连续八年荣获区域经济百强的建筑企业。

多年来，公司坚持立足顺义、走向北京、面向全国的市场发展战略。在巩固、扩大区内市场的同时，努力开拓区外业务，多年来保持区域内市场份额最大。公司先后在全国17个省、市、自治区承建了30余项工程。2011年公司开竣工面积实现了186万平方米。

公司的发展得到了社会的广泛认可，多次荣获北京市和全国优秀施工企业、全国建筑业AAA信用企业、全国安康杯竞赛优胜企业、全国五四红旗团总支、北京市安全生产先进企业、北京市消防先进单位等国家级、市级荣誉50余项。2011年，公司承建的爱慕北京基地项目荣获了“全国绿色施工示范工程”（北京市仅有两家企业获此殊荣）。多年来，公司的文明施工水平、工程质量始终保持区域内领先，北京市长城杯奖、北京市文明安全工地奖的数量占全区总数1/4以上。

公司“十二五”奋斗目标是：创鲁班奖、升特级企业。公司开竣工面积将突破200万平方米。下半年，公司将加大力度推进企业信息化建设和企业技术中心建设，年底将申报鲁班奖。

公司“十二五”任务艰巨、使命光荣，前进的道路上有困难、有挑战，也有机遇。我们坚信在各级党委、政府的正确领导下，在政府各职能部门和全社会广泛的支持下，发扬中北华宇人“自强不息、永攀高峰”的精神，科学管理、扎实工作，我们的“十二五”目标一定会实现，也一定能够实现！

·北京板桥创意天承商务办公区·

·爱慕内衣（北京）研发生产基地·

·北京天竺综合保税区综合办公楼·

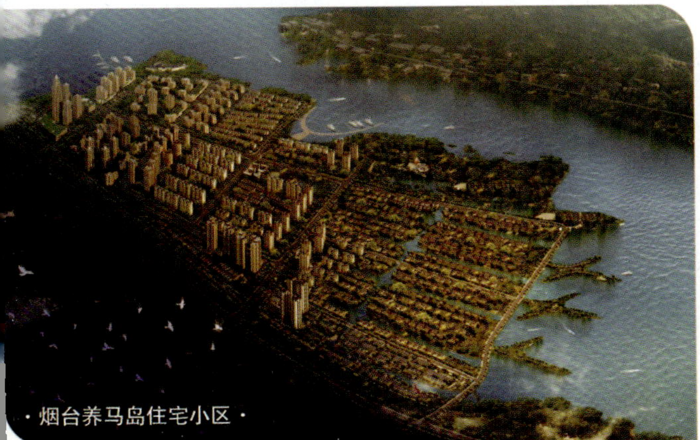

·烟台养马岛住宅小区·

·国家动物检验局动物隔离场·

曲美现代家具
欧洲原创设计

QUMEI MODERN FURNITURE | ORIGINAL DESIGN OF EUROPE

曲美家具集团简介

【概述】
曲美家具集团经过多年稳健发展，成为中国领先的集设计、制造、销售于一体的大型规范化、综合性家具集团，拥有专业的生产基地和千人工作团队。秉承“曲美现代家具　欧洲原创设计”的品牌理念，倡导企业创新精神，致力于开拓中国人更美好的居家环境与生活方式。

【设计】
曲美家具是国内首家引进国外设计师的家具企业，自1998年起，曲美就开启了与全球优秀设计师及知名设计事务所的合作之旅。至今为止，已有超过30位设计师在曲美国际设计中心设计了超过20个系列的不同产品。“简约、时尚、现代”是曲美家具风格的代言。

【制造】
曲美家具制造实力雄厚，拥有多个现代化家具生产基地，是国内最大的弯曲木生产厂家，独创的弯曲木工艺已经历了多年的发展历程，成为行业内的经典代表，并成为曲美家具品牌的经典象征。
曲美家具建有世界先进的板式家具生产线和实木家具生产线，80%的设备均由德国、意大利等地进口，确保专业、精湛的品控管理和制造工艺。

【环保】
曲美家具始终践行低碳环保的企业精神，2011年牵手气候组织，作为该组织“碳路未来”项目在中国家具行业的首家合作伙伴，成为绿色低碳经济发展的领军代表。今后，曲美家具将全力融入、参与、组织“碳路未来”新项目，提升中国企业的低碳意识，切实推动低碳产业的发展，肩负起一个企业对社会的责任。

【销售网络】
曲美家具拥有庞大的销售网络，直营店和专卖店遍布全国各大城市。产品除在国内销售外，也大量销往海外市场。曲美家具更建立了专业系统的网络销售平台，线上与线下完美结合，用更便捷的流通渠道和经营方式，为广大消费者降低购买成本，共同分享科技带来的购物新体验。

【企业荣誉】
曲美家具现为中国家具协会副理事长单位，是国内首家获得“绿色选择”称号的家具企业，名列环境标志产品政府采购清单。曲美家具拥有“中国驰名商标”、“消费者最喜爱的绿色商标”等多项荣誉，“曲美”品牌的实木家具曾于2006年被国家质量监督检验总局评为“中国名牌产品”。

电话:+8610-84937626　客服:400-696-8898　地址:北京市朝阳区望京北路51号院8号楼
www.qumei.com

中国政府权威认证标准 选择绿色产品的依据　中国驰名商标　2011中国消费者最喜爱的绿色商标

北京首钢冷轧薄板有限公司

首钢冷轧公司汽车板生产突破年产80万吨，提前15天完成全年汽车板生产任务

酸洗连轧生产线

北京首钢冷轧薄板有限公司（以下简称“首钢冷轧公司”）由首钢总公司、北京首钢股份有限公司、北京汽车投资有限公司出资设立，注册资本26亿元，3家股东单位分别占注册资本的9.72%、70.28%、20%。首钢冷轧地址在北京市顺义区李桥镇，厂区占地面积1100亩，毗邻首都国际机场，紧邻京承线，交通便利。首钢冷轧项目是2005年2月国务院批准的《首钢实施搬迁、结构调整和环境治理方案》的重要内容之一，是首钢落实科学发展观，进行战略性结构调整，做强钢铁主业，实现可持续发展的重要举措。首钢冷轧设计和建设吸收国内外经验，选择先进、成熟、可靠的工艺技术，主要工序有1条酸洗连轧线、1条连续退火线、2条连续热镀锌线，关键设备从国外引进，总体装备达到了世界先进水平。项目总投资64亿元，产能150万吨，其中退火板70万吨，热镀锌板80万吨。产品厚度范围0.3～2.5毫米，宽度范围900～1850毫米，主要生产汽车板、家电板、专用板等高端产品。酸轧线2007年11月试生产，连续退火线、2号和1号热镀锌线分别于2008年5月、8月、11月试生产，年内实现全线生产贯通。

首钢冷轧公司产品具有规格多、宽度大、钢质纯净、表面光洁、板形平直、性能稳定等特点，不仅能够满足北京汽车和家电制造企业对冷轧薄板的需求，对整个环渤海地区汽车等制造业的发展也将起到积极的促进作用，产品有着极为广阔的市场前景。首钢冷轧公司在全面分析冷轧生产现场的特点上，建立了以ISO9000为标准框架，以欧洲、日本、美国等国际标准指导下的产品标准，以满足用户要求为最终目的的过程控制体系，并成功通过了ISO9000标准的认证和TS16949质量管理体系认证，以此控制体系为指导，全面推进冷轧的各项生产工作。

连续退火生产线

热镀锌生产线

· 首钢冷轧公司厂房外景 ·

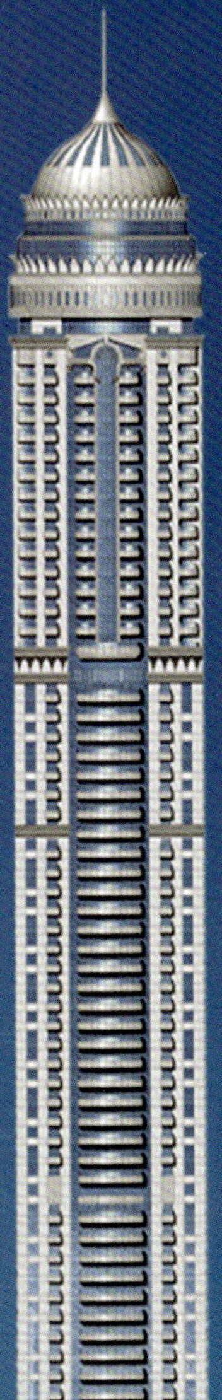

北京市顺义区燃气公司

顺义区燃气公司召开2011年厂务公开暨职工代表大会

顺义区燃气公司2011年第五届职工羽毛球比赛获奖合影

1988年，顺义在全国县级城市中率先建设了城市管道民用煤气。1999年又引入陕京天然气，成立了北京市顺义区燃气公司。公司现为区属国有企业，承担着顺义区天然气，部分液化气和压缩天然气的供应管理和建设发展工作。

近年来，顺义区加大市政基础设施投资力度，促进了天然气的发展。到2011年底，区内天然气管网总长1037公里；投入运行的高压站1座；次高压站及中低压调压站（箱）220余座；居民用户11万户；公服用户446家，包括北京现代、首钢冷轧等大型企业。2011年的供销气量已达1.6亿立方米。

燃气安全是城市安全的重要保障。顺义燃气始终牢记“安全责任重于泰山”的宗旨，坚持把管网安全运行管理放在各项工作的首位。到2011年2月4日，顺义燃气管网已安全运行12周年。

随着顺义城市建设的快速发展，顺义燃气以《顺义区燃气发展规划》为指南，紧抓机遇，乘势而上，将“发展才是硬道理”的理念融进了不断延伸的天然气管网中。“雷厉风行、严谨认真、团结协作、勤奋创新”的工作作风，保证了顺义燃气的安全和可持续发展。在“打造临空经济区、建设世界空港城”口号的引领下，顺义燃气的全体干部员工正在用勤劳和智慧，续写着新辉煌！

区“创先争优”活动优秀共产党员董学增同志接受区电视台采访

自编自导节目《红歌联唱》在“党在我心中”首都职工合唱比赛中获得优秀节目奖

七干渠路燃气工程施工现场

未雨绸缪，开展有限空间抢险演习

顺义城区夜景照明

地铁 15 号线一期东段地下车站

潮白河柳各庄闸桥“小瀑布”

中国空间技术研究院领导将遨游太空后的酒曲移交给牛栏山酒厂厂长李怀民

牛栏山酒厂在国营60年之际举办第二届拜师仪式

北京市副市长苟仲文等领导出席牛栏山酒厂国营60年大会，并参与牛栏山酒曲研发项目启动仪式

区委常委、常委副区长林向阳等领导出席牛栏山酒厂国营60年文艺晚会

正宗二锅头　地道北京味